AU NOM
DU PÈRE

JACQUES DUPUIS

Professeur émérite de l'Université de Paris
Membre de l'Académie des Sciences d'Outre-Mer

AU NOM
DU PÈRE

L'ESPRIT ET LA MATIÈRE

LE ROCHER
Jean-Paul BERTRAND
Éditeur

DU MÊME AUTEUR

Madras et le Nord du Coromandel, Paris, 1960, 588 p., Adrien-Maisonneuve.

Les Ghât orientaux et la Plaine du Coromandel, Pondichéry, Institut Français, 1959.

Histoire de l'Inde et de la civilisation indienne, Paris, Payot, 1963 (épuisé).

L'Asie Méridionale (Collection Magellan), Paris, P.U.F., 1969, (épuisé). Traduit en italien et en espagnol.

L'Himâlaya (Coll. « Que sais-je ? »), Paris, P.U.F., 1972, 1982, Traduit en japonais.

Singapour et la Malaysia (Coll. « Que sais-je ? »), Paris, P.U.F. 1972.

L'Inde et ses populations (Coll. « Pays et populations »), Bruxelles, Complexe, 1982.

A mes petits-enfants Adeline et Eric.

La paternité humaine est une invention de la société.

Margaret MEAD, *Male and Female*, 1949

AVANT-PROPOS

L'origine de ce livre remonte aux enseignements donnés il y a près de quarante ans par le grand indianiste Paul Masson-Oursel à l'Ecole Pratique des Hautes-Etudes, et par André Varagnac, qui était alors le directeur du Musée des Antiquités nationales à Saint-Germain-en-Laye : *les hommes primitifs ignoraient la paternité, ils ne soupçonnaient pas le principe de la procréation par l'union des sexes.*

De telles déclarations, surprenantes pour le grand public, n'avaient cependant rien de mystérieux dans le monde de l'anthropologie, depuis que James Frazer y avait répandu cette notion au début du siècle. Mais les historiens et anthropologues qui mentionnaient en passant l'ignorance primitive de la paternité, n'avaient point songé à en évaluer toutes les implications sociales. Ces implications m'apparurent au cours des années 1960, lorsque j'entrepris des recherches sur la géographie des types de sociétés : il m'apparut alors que la prise de conscience de la paternité avait été à l'origine d'une profonde révolution sociale, qui bouleversa particulièrement les structures de la famille, la vie sexuelle, les religions et leurs mythologies.

Mais, à première vue, la documentation historique concernant cette révolution semblait très limitée. Depuis plus d'un siècle, les érudits qui avaient cherché à éclairer les origines de la famille s'étaient fondés presque exclusivement sur les témoignages de quelques peuples du bassin méditerranéen. Et Ernest Renan avait pu affirmer dans son *Histoire du peuple d'Israël* (1887) : « Pour un esprit philosophe, c'est-à-dire pour un esprit préoccupé des origines, il n'y a vraiment, dans le passé de l'humanité que trois histoires de premier intérêt : l'histoire grecque, l'histoire d'Israël, l'histoire romaine. Ces trois histoires réunies constituent ce qu'on peut appeler l'histoire de la civilisation, la civilisation étant le résultat de la collaboration alternative de la Grèce, de la Judée et de Rome. » Ce sont les progrès de la science historique dans les pays d'Asie qui ont modifié ces perspectives. Et il est devenu possible aujourd'hui, avec les seules sources indiennes, en sanskrit, en pâli et en tamoul, d'élaborer une histoire de la famille plus complète qu'on ne le fit jamais.

La découverte de la paternité s'est propagée à travers le monde, progressivement, depuis le Néolithique. C'est, en effet, au Ve millénaire, selon ma propre datation, que les Egyptiens et les Indo-Européens prirent conscience du rôle des pères dans la procréation. Grâce à cette datation, l'idée de paternité prend place dans une chronologie et dans un cadre historique. Cette datation est donc l'élément décisif de mes recherches, qui m'a amené à ordonner l'évolution des peuples antiques suivant deux versants : avant l'idée de paternité, l'humanité ne connut que des structures protofamiliales centrées sur les mères, une vie religieuse inspirée par le thème de la fécondité féminine et une vie sexuelle caractérisée par le libre assouvissement du désir ; après l'irruption de l'idée de paternité s'organise progressivement ce que nous appelons la famille ; des dieux nouveaux détrônent les théophanies primitives ; la vie sexuelle est réorganisée suivant un certain ordre. Ces idées simples, vérifiables dans le monde entier, imposaient une association de l'anthropologie et de l'histoire ; et elles ouvraient la voie à un classement génétique des types de sociétés d'après la diversification provoquée par la révolution patrilinéaire.

PREMIÈRE PARTIE

LA PRISE DE CONSCIENCE
DE LA PATERNITÉ

> *Ce qui est premier, c'est l'idée que les enfants ne sont*
> *pas conçus par le père, mais que, à un stade plus ou*
> *moins avancé de leur développement, ils viennent*
> *prendre place dans le ventre maternel à la suite d'un*
> *contact entre la femme et un objet ou un animal du*
> *milieu cosmique environnant.*
>
> Mircea Eliade,
> *Traité d'Histoire des Religions, 1974.*

Il y a six ou sept millénaires, les sociétés humaines les plus avancées découvrirent le rapport entre l'acte sexuel et la procréation. Cela les amena à prendre conscience de la paternité. Cette nouveauté les engagea insensiblement dans une révolution profonde, qui transforma les structures sociales, les religions, les comportements sexuels. Mais le souvenir de cette révolution s'est effacé à tel point que la connaissance de la paternité humaine est aujourd'hui considérée comme innée ; et pour arracher à l'oubli ces faits lointains, il aura fallu les recherches d'une poignée d'historiens et d'ethnologues, tels James Frazer, E. S. Hartland, Bronislaw Malinowski, Jean Przyluski, Paul Masson-Oursel, Margaret Mead, André Varagnac, Mircea Eliade.

CHAPITRE PREMIER

L'IGNORANCE PRIMITIVE
DE LA PATERNITÉ

> *Nuit enfanta l'odieuse Mort, et la Noire Kère, et le*
> *Trépas. Elle enfanta le Sommeil et avec lui toute la*
> *race des Songes, et elle les enfanta seule sans dormir*
> *avec personne, Nuit la ténébreuse.*
>
> Hésiode, *Théogonie*, trad. Paul Mazon.

L'ignorance de la paternité dans l'humanité ancienne est démontrée par un faisceau de preuves : outre l'ignorance naturelle, attestée jusqu'à notre époque dans plusieurs peuplades primitives, il faut prendre en compte les témoignages de la linguistique, de l'histoire religieuse et des coutumes.

L'ignorance naturelle de la paternité

Aucun être vivant ne peut connaître les conditions physiologiques de la procréation, si on ne les lui révèle pas. Les animaux s'accouplent par instinct en ignorant la finalité procréatrice de leur acte. Il en était ainsi dans l'espèce humaine primitive. La connaissance du principe de la procréation n'est pas une donnée immédiate de la conscience ; c'est une découverte expérimentale. Un enfant ignore son origine ; et à une époque assez rapprochée, nous avons connu trop d'enfants, soumis aux préjugés sexuels de l'éducation victorienne, qui ignoraient la cause physiologique de leur naissance.

Dans les systèmes anciens, écrit l'historien Mircea Eliade,

les enfants ne sont pas conçus par le père ; mais, à un certain stade de leur développement, ils viennent prendre place dans le ventre maternel à la suite d'un contact de la femme avec un animal ou un objet. Cette ignorance primitive a persisté jusqu'à notre époque dans diverses populations que leur isolement géographique avait maintenues à un stade culturel aujourd'hui dépassé. C'était le cas notamment de nombreuses tribus australiennes et des habitants des îles Trobiand : ceux-ci, remarquait Malinowski, ne voyaient aucun rapport entre l'acte sexuel et la procréation, mais ils attribuaient la conception à l'introduction des enfants dans les flancs de la mère sous la forme d'esprits très ténus, généralement par l'intervention de l'esprit d'un parent maternel décédé. Même ignorance du rôle fécondateur de l'homme chez les Canaques de Nouvelle-Calédonie, chez les Guajiros de Colombie et d'autres peuplades.

On a pu objecter à cela que certaines tribus australiennes, qui reconnaissaient le système de descente patrilinéaire, ignoraient encore la paternité physiologique. Mais cette contradiction s'explique aisément : l'adoption de la filiation patrilinéaire est due, dans ce cas, à la simple diffusion des institutions sociales, qui a été souvent observée.

Les témoignages historiques et mythologiques

Chez les Chinois, l'un des textes écrits les plus anciens, le *Livre des Odes*, qui transmet sans aucun doute de très vieilles légendes, emploie à plusieurs reprises des expressions qui trahissent l'ignorance du principe de la procréation. Voici, par exemple, l'Ode 245, qui célèbre les débuts de la tribu Chou :

Celle qui au commencement donna naissance au peuple,
Ce fut Chiang Yüan.
Comment donna-t-elle naissance au peuple ?
Elle fit un sacrifice et pria
Pour ne pas être plus longtemps sans enfant.
Elle marcha sur le gros orteil de l'empreinte du pied de Dieu,
Elle fut exaucée et obtint ce qu'elle désirait.
Alors, dans la vénération et dans la crainte,
Elle enfanta, elle nourrit son enfant,
Et ce fut Hou Chi.

Chez les Indo-Européens, il est frappant que la strate primitive du monde divin est caractérisée par les déesses vierges et mères. Hésiode, dans sa *Théogonie*, évoque les divinités terrifiantes de ce panthéon primitif, enfantées par la Nuit : « et elle enfanta seule, Nuit la ténébreuse ». Cette mythologie reflète une société qui ignorait le pouvoir procréateur de l'accouplement. Dans cette société, la Grande Déesse, d'origine néolithique, est le symbole unique de la fécondité. La dévotion s'adresse à la Déesse, manifestée par d'innombrables figures féminines. Elle ne s'adresse jamais au Père, dont l'existence est ignorée. Et le pénis n'a aucune place dans l'iconographie.

C'est plus tardivement, à des époques variables selon les peuples, que les représentations mythologiques sont dominées par des couples divins, qui engendrent des enfants, à l'image des familles humaines dont les familles mythologiques sont un reflet. En même temps, les représentations du phallus apparaissent dans l'iconographie, parce que l'importance de l'organe masculin dans la procréation est alors reconnue. Le grand indianiste Paul Masson-Oursel, signalait volontiers, dans son enseignement, cette évolution, qui est la connotation religieuse des nouvelles croyances concernant la procréation.

Les témoignages linguistiques

Dans un certain nombre de langues, on constate que l'idée de filiation, de descente génétique, se réfère au lien maternel. Ainsi les mots grecs qui désignent le frère et la sœur, *adelphos* et *adelphè*, ont le sens étymologique de co-utérin ; car ils sont composés du préfixe *a* (au sens copulatif) et du mot *delphus*, qui signifie la matrice.

En latin, où *frater* désigne le frère, le mot *fratruelis* s'applique au cousin germain maternel : indice que l'idée primitive de fraternité se référait à la mère.

Dans certaines langues, la famille, la lignée sont désignées par un terme qui signifie le ventre (*batn*, en arabe). En Indonésie, les personnes apparentées par le sang sont désignées par une expression signifiant « ceux qui sont sortis d'un ventre » (*sabuwah-pèrut* chez les Minangkabau, *pasaribattan-gang* à Makassar), ou « qui ont bu le même lait » (*sanatotoan* chez les Alfours du Minahassa.)

En Chine, les représentations pictographiques du II⁰ millénaire désignent la femme par un caractère dont le trait le plus distinctif est une paire de seins, alors que le caractère désignant l'homme associe un carré (lopin de terre) à l'acte de travailler, sans aucune allusion pénienne, sans référence à une idée de procréation ou de filiation. Or comme nous savons que les Chinois connaissaient la paternité avant le II⁰ millénaire, nous pouvons conclure que l'écriture conservait une ancienne association d'idées, qui reliait la femme aux enfants et l'homme au travail.

Le témoignage des coutumes

Chez les anciens Hébreux, écrivait Ernest Renan, « les fils d'une même mère étaient seuls de vrais frères, ayant sucé le même sein ». Cette constatation n'est, en fait, que la vérification de la filiation exclusive par la mère, car la communauté de l'allaitement, explication avancée par Renan, ne peut fonder qu'une forme parodique de fraternité.

On connaît d'ailleurs d'autres coutumes attestant que la forme primitive de la filiation était exclusivement la filiation maternelle. La plus frappante est celle des mariages entre frère et sœur de même père, mais de mères différentes. Ce n'est qu'une dérogation apparente à la loi de l'exogamie : elle s'explique par une ignorance primitive de la parenté par le père. De tels mariages étaient permis dans la Grèce classique par les lois de Solon ; ils étaient pratiqués dans l'Arabie anté-islamique, chez les Parthes, chez les Perses à l'époque sassa-nide. Plus récemment, on les a observés chez les Finnois, chez les Slaves du Sud, chez les Hovas de Madagascar, au Cambodge et dans certaines populations du Congo.

Il en est de même de la succession de l'autorité dynastique par filiation utérine : pour détenir le pouvoir royal, un homme devait l'avoir hérité de sa mère ; ou bien, dans certains cas, il exerçait ce pouvoir au nom de son épouse, qui en était l'héritière. C'était le cas de l'Inde méridionale dans les premiers siècles de l'ère chrétienne : les souverains tamouls

16

héritaient du royaume par leur mère. Cette forme matrilinéaire de succession dynastique se maintint à Ceylan beaucoup plus tard. Dans l'Egypte pharaonique, Margaret Murray a pu montrer qu'en l'absence d'un code explicite, les règles de l'héritage peuvent être connues par l'étude des généalogies, spécialement pour les Pharaons : c'est en épousant l'héritière du trône que l'on devenait pharaon, quel que fût le degré de consanguinité que l'on eût avec celle-ci. Cléopâtre fut épousée successivement par César et Antoine, non pas en raison d'une ensorcelante beauté, mais parce que le seul moyen de régner sur l'Egypte était d'en épouser l'héritière. Contrairement à ce qu'avaient imaginé les partisans du « matriarcat », de tels faits n'attestent nullement que les femmes détenaient l'autorité ; mais ils démontrent que les règles de succession dynastique avaient été établies en fonction de la transmission génétique en un temps où la paternité était inconnue.

CHAPITRE II

LA DATATION
DE L'IDÉE DE PATERNITÉ

> *Et le grand Ciel vint, amenant la nuit ; et, enveloppant
> la Terre, tout avide d'amour, le voilà qui s'approche et
> s'épand en tout sens. Mais le fils, de son poste, étendit
> la main gauche, tandis que, de la droite, il saisissait
> l'énorme, la longue serpe aux dents aiguës ; et brusque-
> ment il faucha les bourses de son père pour les jeter
> ensuite au hasard derrière lui.*

Hésiode, Théogonie, 176-182.

Les premiers hommes qui prirent conscience du principe de
la procréation ne purent le faire que dans un contexte
permettant le contrôle de la sexualité. Ce n'était pas le
contexte humain, parce que la défloration des filles dès le plus
jeune âge et leurs rapports constants avec des garçons interdisaient toute observation précise à cet égard. Mais c'est la
pratique de l'élevage qui fut partout décisive. Dans les groupes
humains où l'on élevait des animaux en semi-liberté, ce qui se
fait encore de nos jours dans certaines populations, le contrôle
était impossible. Mais lorsque les animaux furent gardés en
captivité, il devint rapidement évident que l'on ne pouvait
tuer préférentiellement les mâles pour conserver seulement
les femelles puisque celles-ci devenaient alors stériles. C'est à
partir de telles expériences que put s'amorcer une réflexion
aboutissant progressivement à l'idée de paternité. C'est donc à
l'époque néolithique que les peuples les plus évolués prirent
conscience de la paternité. Une datation plus précise de cette
découverte capitale est maintenant possible grâce à la connaissance des mythologies et aux progrès de l'archéologie.

Les égyptologues admettent sans difficultés qu'Osiris est un grand roi divinisé. A la différence de la plupart des dieux égyptiens, il n'est pas enraciné dans une circonscription territoriale particulière, il n'est jamais représenté sous la figure animale ou végétale d'un totem ; et sa « biographie » présente des traits évidents de l'humanité néolithique. Le couple Isis-Osiris étant l'un des couples divins les plus anciens, on peut dire que l'apparition de cette constellation dans la mythologie égyptienne permet de reconnaître le milieu et les circonstances dans lesquels les Egyptiens prirent conscience de la paternité.

La légende d'Osiris imprègne la civilisation égyptienne. Tous les habitants du pays la connaissent dans ses moindres détails, comme le prouve sa diffusion. Et James Frazer a pu écrire que, même si nous n'avions pas les récits de Diodore de Sicile et de Plutarque, il serait parfaitement possible de reconstituer la légende grâce aux textes dispersés qui attestent sa popularité, et particulièrement grâce aux Textes des Pyramides. Nous sommes ainsi en présence d'une tradition universellement reconnue, qui a ses origines dans la période mémorisée que nous appelons protohistoire. A travers les brouillards du temps écoulé, les listes de dynasties divines, qui existaient en Egypte comme en d'autres pays, nous reportent à l'époque où les dieux n'avaient pas encore quitté la terre. D'après Diodore de Sicile, qui utilisait ces listes dynastiques aujourd'hui perdues, Osiris était le quatrième roi des dynasties divines. Il émerge alors comme un roi national. Ce n'est pas qu'il ait régné sur l'Egypte entière, car nous savons que l'unification fut l'œuvre de la première dynastie thinite à la fin du IVe millénaire. Mais ses alliances et les personnages de sa cour révèlent assez nettement qu'il a réalisé l'union du delta. Quant à l'amplification de ses conquêtes, c'est un caractère courant des traditions légendaires.

Nous pouvons nous représenter Osiris avec sa famille. Interprétant les Textes des Pyramides, l'égyptologue belge Louis Speleers énumère les nombreux pères et mères du grand roi. Au regard des modernes, qui conçoivent une famille dans laquelle un individu ne peut avoir qu'un seul père et une seule mère, cette pluralité paraît bien étrange ; et Louis Speleers essaie de l'expliquer en disant qu'il s'agit soit d'une titulature, soit de symboles signifiant les hautes origines du héros. Mais cette explication n'est ni claire ni convaincante. La réalité est plus simple : il s'agit de la parenté classificatoire, découverte par l'Américain Morgan au XIX⁰ siècle. En un temps où les lois physiologiques de la procréation n'étaient pas connues, et où rien de ce que nous appelons « famille » n'était encore constitué, la parenté apparaissait sous l'aspect rudimentaire d'un rapport entre générations : on appelait « pères » et « mères » toutes les personnes de la génération précédente. Cette terminologie qui a survécu jusqu'à notre époque dans de nombreuses sociétés traditionnelles, était évidemment en vigueur dans l'Egypte ancienne, même après la découverte de la paternité. C'est pourquoi la pluralité des « pères » et des « mères » d'Osiris ne doit pas être considérée comme un caractère fabuleux qui rejetterait celui-ci dans l'irréalité ; elle est, au contraire, un témoignage qui le place dans une société vivante. Certes, ces pères et ces mères sont des dieux et des déesses : c'est l'inévitable coloration mythologique du réel, la projection rétrospective des conceptions religieuses sur une réalité mémorisée.

Dans la perspective diachronique, la parenté classificatoire situe Osiris à une charnière. Il baigne encore dans une société néolithique sans familles, où l'on discerne des groupes humains procréant collectivement. Mais en même temps, il est considéré comme le fondateur de la famille monogamique et nucléaire qui deviendra celle de l'Egypte. Qu'il en soit réellement le fondateur, c'est un fait individuel qu'on ne peut prouver. Mais, avec son épouse Isis et les enfants qu'il engendre par celle-ci, il est certainement le témoin d'une société qui prend conscience de la paternité et qui commence à constituer la famille autour du couple masculin-féminin. Témoin de cette société, le grand roi en devient naturellement le symbole.

Les Textes des Pyramides, qui furent gravés sur la pierre vers le milieu du III⁰ millénaire, insistent à satiété sur la paternité d'Osiris :

20

Car je suis Horus
Je suis venu en suivant mon père,
Je suis venu en suivant Osiris.

La répétition inlassable de cette paternité montre qu'elle est un élément essentiel du symbole.

Son épouse Isis se situe sur le même plan humain. Dans la légende et dans la théologie héliopolitaine, elle a subi, comme Osiris, une métamorphose divinisante ; la ferveur des foules concentre sur elle le contenu émotionnel que le culte de la Grande Mère transmettait depuis une époque plus ancienne. Mais cette métamorphose n'a pas oblitéré les traits essentiels qui rattachent Isis à l'humanité. D'abord, elle est la sœur d'Osiris. Cette particularité, qui a soulevé chez les modernes d'interminables controverses, est parfaitement compréhensible dans la perspective de l'immémoriale endogamie (que nous décrivons plus loin) : avant l'application de l'exogamie, les unions sexuelles se faisaient entre frères et sœurs classificatoires, qui étaient aussi nombreux que les pères et les mères, puisque l'on confondait frères et cousins, sœurs et cousines, sous les mêmes appellations. La coutume des mariages entre frères et sœurs, qui est restée très vivante dans l'Egypte ancienne, n'est pas due à l'exemple d'Osiris et d'Isis : elle est d'une antiquité immémoriale. Et son inscription dans la mythologie n'est que la projection de la réalité sociale.

Dans ce mariage, Isis apporte autant de biens qu'elle en reçoit : c'est un trait authentique de la société égyptienne, qui n'est pas encore patriarcalisée et dans laquelle les filles ont les mêmes droits que les garçons. Dans l'exercice du pouvoir, elle règne aux côtés de son époux, qu'elle remplace à la tête du royaume lorsqu'il est en expédition guerrière. On peut reconnaître dans cette situation le reflet d'une société qui n'a pas encore conçu l'idéologie patriarcale. Enfin les connaissances d'Isis dans la magie et les succès opératoires qui lui sont attribués dans la résurrection d'Osiris ne sont pas une prérogative divine ; les femmes étaient alors considérées comme les dépositaires d'une science occulte qui s'est transmise depuis des temps immémoriaux jusqu'aux ultimes générations de magiciennes.

Chef d'une famille humaine, qui est l'exemple d'un nouveau système de parenté, Osiris apparaît aussi comme l'initiateur des Egyptiens à l'agriculture et à la métallurgie, ce qui contribue à situer son existence dans un contexte historique. Sans doute, il n'est pas l'inventeur personnel de ce qu'on lui attribue ; et la légende adorne son image glorieuse des inventions techniques dont il est plus ou moins contemporain. L'agriculture égyptienne, en réalité, a débuté avant lui. Le néolithique égyptien, comme le néolithique chinois, commence dans la seconde moitié du VI⁰ millénaire ; et si on lui cherche une connotation mythologique, on l'associera au dieu Min, qui est plus ancien qu'Osiris. Au culte de Min est liée la culture de la céréale la plus primitive, l'épeautre, qui remonte probablement à l'époque où les nomades du désert s'installaient dans la vallée du Nil. Mais Osiris se situe dans une société plus avancée politiquement (royaume) et socialement (famille) ; et c'est seulement dans une telle société que la révolution osirienne est possible. C'est alors que se produit la disparition de l'anthropophagie, facilitée par l'initiation à une nouvelle agriculture : Osiris enseigne à cultiver le blé, l'orge et la vigne ; il invente le pain, le vin et la bière. Etant crédité par surcroît de la conquête de la Haute Egypte, il est censé y découvrir des mines d'or et de cuivre ; et il enseigne le travail des métaux.

Une dernière circonstance contribue encore à rattacher Osiris à l'agriculture : lorsqu'il est assassiné par son frère (ou son fils) Typhon (Seth), qui l'enferme dans un coffre et le noie dans le Nil, la date de sa mort, le 17 du mois de Hathor, coïncide avec le moment où le Nil décroît, où le vent du désert commence à souffler, où les arbres perdent leurs feuilles. C'est une date à signification végétale et agricole qu'un peuple pré-néolithique n'aurait pu choisir.

La divinisation d'Osiris

La divinisation d'Osiris n'est pas un fait isolé. Nous sommes, en effet, à l'époque d'Osiris, au début de ce qu'on a appelé « l'âge des héros », période de guerres et de conquêtes dont les figures dominantes ont pris place dans la mythologie selon un stéréotype conforme aux croyances de ce temps. Dans l'opinion de l'égyptologue allemand Kurt Sethe, Osiris pourrait être le plus ancien de ces humains prestigieux que la ferveur populaire a immortalisés ; mais tandis que cette promotion,

22

fréquente au Moyen-Orient, a fait généralement ce qu'on appelle des héros, celle d'Osiris a atteint très tôt le degré supérieur de la divinisation, qui fixe à jamais les traits de sa personnalité dans les Textes des Pyramides et dans la théologie d'Héliopolis. Cette suprême distinction du dieu égyptien ne le dégage cependant pas du stéréotype commun : un être jeune, qui meurt prématurément et qui renaît.

Le passage de la figure historique à la divinité s'est réalisé selon des modalités qui présentent le plus grand intérêt. L'ancienne religion égyptienne avait un caractère sombre, avec des dieux maléfiques et inquiétants. On y adorait plus dévotement les animaux les plus sauvages et les plus malfaisants. Ce caractère est celui de la première strate, la plus primitive, de la vie religieuse historiquement connue : les divinités ne distinguent pas le bien du mal, et le culte a surtout pour but d'écarter leurs maléfices.

Or, avec Osiris et Isis, une nouvelle strate religieuse apparaît, qui correspond à une société plus évoluée, plus policée, capable d'assurer la primauté à un idéal considéré comme le bien. « *Osiris, écrivait Plutarque, est essentiellement bienfaisant* », et ce caractère lui est universellement reconnu, ainsi qu'à Isis. Devenu dieu des morts, il incarne la protestation humaine contre la mort et l'espérance d'une autre vie. La religion égyptienne, dans son conservatisme obstiné, conservera les anciens dieux, intacts, jusqu'à la fin de la période pharaonique. Mais aucun conservatisme ne peut figer l'histoire à un stade de son écoulement : dans une société égyptienne plus avancée, Osiris est devenu le dieu le plus populaire et son tombeau à Abydos, dans le Delta, est le lieu de pèlerinage le plus fréquenté, que James Frazer a pu comparer au Saint-Sépulcre de Jérusalem. Dieu bénéfique et dieu d'espérance, Osiris s'oppose au panthéon primitif, — constatation qui retombe sur son homologue historique pour le situer à un certain moment de l'évolution sociale.

La datation d'Osiris

Une convergence de faits semble ainsi concentrer, sur le personnage historique d'Osiris, les éléments d'une transformation de la société que l'on peut appeler, en ce qui concerne le cadre égyptien, la révolution osirienne. Et comme tout fait historique appelle une datation, nous pouvons chercher à préciser la chronologie au moyen de deux ordres de faits : l'invention de l'agriculture et des métaux, la création du calendrier égyptien.

Dans la chronologie absolue, le radio-carbone a permis de situer les premières concentrations villageoises au Ve millénaire. Les hommes s'assemblent en villages sur les sites du Fayoum vers − 5700 ; beaucoup plus tard, vers − 5200, on trouve leurs villages à Mérimdé en Basse Egypte et à Tasa en Haute Egypte. Ils cultivent l'orge, le blé, le lin. C'est dans une telle société, agricole et sédentarisée, que l'on a pu vérifier le fait de la paternité grâce à la stabilisation des premiers groupes familiaux. Il ne paraît pas possible de situer cette prise de conscience à une époque plus haute, car on se trouverait alors parmi des hordes nomades, qui ne pouvaient pratiquer un élevage contrôlé. La figure d'Osiris, liée à l'agriculture, trouve donc ici un premier cadre chronologique.

En même temps, les Egyptiens découvrent l'usage des métaux : le cuivre est connu au Ve millénaire, et le bronze vers le milieu du IVe. On a donc pu projeter l'initiation à la métallurgie sur la figure d'Osiris : chronologiquement, c'est le même contexte que celui de l'agriculture sédentaire.

Mais l'existence d'un calendrier égyptien doit permettre de recouper ces données approximatives. Théoriquement, l'année égyptienne débute le jour où l'étoile Sothis (Sirius) apparaît, à l'horizon oriental, à la même hauteur que le soleil levant : c'est le lever héliaque de Sothis, qui coïncide avec la montée des eaux du Nil, grand événement national. Mais comme l'année égyptienne ne compte que 365 jours (sans années bissextiles), le premier de l'an se décale constamment par rapport à ce repère astronomique, avec lequel il ne coïncide de nouveau qu'au bout d'une période de 1461 ans. Grâce à cette circonstance, nous savons que le calendrier égyptien a pu être institué à l'une des dates où le premier de l'an se trouve astronomiquement dans une position correcte : − 5701, − 4241, − 2781. La première de ces dates paraît trop ancienne : en 5701, il n'y avait pas encore de société capable de construire des observatoires astronomiques et de concevoir un calendrier. La troisième date, 2781, paraît trop récente, parce que les Textes des Pyramides, rédigés sous les Ve et

24

VIᵉ dynasties, mentionnant le rôle chronologique de Sothis et les jours épagomènes (jours complémentaires du mois), sont certainement postérieurs à l'établissement du calendrier; et aussi parce que la première dynastie thinite, qui est la première dynastie historique, utilisait déjà la datation par années. Pour ces raisons, la plupart des égyptologues se rangent aujourd'hui à la date 4221 pour l'établissement du calendrier; c'est ce que l'on appelle la chronologie courte, établie par l'égyptologue allemand Eduard Meyer, par opposition à la chronologie longue de Flinders Petrie, qui repousse les origines de l'histoire égyptienne dans un passé trop lointain.

Cela permet de dater le royaume d'Osiris au Vᵉ millénaire, avant l'établissement du calendrier, tandis que l'unification de l'Egypte par Ménès (première dynastie thinite) aurait eu lieu vers 3200. Entre Osiris et Ménès, il se serait écoulé au moins un millénaire. Selon cette chronologie, les premiers textes écrits de l'Egypte apparaissent vers 3200; ils sont donc contemporains des premiers textes cunéiformes de la Mésopotamie. Mais il est certain que, dès la Préhistoire, les Egyptiens conservaient à Memphis, sur certains documents, le souvenir de nombreux rois de la Basse Egypte antérieurs à Ménès, le premier souverain « historique ». On peut ainsi admettre que, bien avant la période historique, ils avaient l'usage de quelques signes, indispensables à la fixation des repères d'un calendrier. C'est ce qui permet de situer la vie d'Osiris au Vᵉ millénaire[1].

Cette datation d'Osiris, déjà admise par l'historien Jacques Pirenne, peut laisser un doute si l'on pense que l'élaboration de la légende osirienne pourrait être très postérieure à la vie réelle du personnage. Mais on constatera, par l'examen du mythe d'Ouranos, qu'il est parfaitement correct de situer au Vᵉ millénaire la prise de conscience de la paternité.

1. La chronologie courte de Meyer a toujours été contestée et certains égyptologues préconisent aujourd'hui une époque plus récente pour l'établissement du calendrier. Quoi qu'il en soit, cette modification ne saurait compromettre la datation de l'idée de paternité, car celle-ci est une prise de conscience progressive, qui pourrait être située un peu plus tard sans inconvénients.

Le mythe d'Ouranos et de Varouna

Si l'analyse du mythe Isis-Osiris laissait quelque doute concernant la datation de l'idée de paternité, on verra que le doute n'est plus possible après avoir étudié le mythe Ouranos-Varouna chez les Indo-Européens. Nous devons à Georges Dumézil une étude approfondie qui établit, en effet, l'identité du dieu grec Ouranos (le Ciel) et du dieu védique Varouna, identité non seulement phonétique, mais fonctionnelle : le mythe grec et le mythe védique désignent bien un même personnage divin qui exerce la royauté du monde en des temps très lointains. Ouranos, nous dit la légende, avait une partenaire féminine, Gè (la Terre), — prototype des divinités parèdres que la mythologie accole aux dieux après la découverte de la paternité. Leurs quarante-cinq enfants se révoltent contre Ouranos et l'un d'eux, Kronos, émascule le Père : opération symbolique qui marque la déchéance du Roi-Père par la destruction de sa virilité. Quant au dieu Varouna, il nous apparaît aussi comme un roi qui a des enfants, et dont il est dit qu'il est « impuissant et estropié ».

La concordance de ces deux mythes établit sans doute possible que les ancêtres des Hellènes et des Indo-Aryens avaient pris conscience de la paternité à une époque où ils appartenaient à un ensemble culturel commun. Si nous pouvions savoir à quel moment s'est produite leur dissociation spatiale, nous pourrions connaître l'époque de cette prise de conscience avec une très sérieuse approximation.

Or les progrès de l'archéologie nous donnent précisément la réponse en suivant les fragments de poteries noires qui jalonnent les migrations des Indo-Européens à travers le Moyen-Orient. Au IVe millénaire, les Aryens étaient établis dans la région entre le Don et la Volga. C'est à cette époque que l'on peut suivre, selon R. Ghirshman, la migration des Proto-Indo-Aryens qui franchissent la Volga et le fleuve Oural, contournent la mer Caspienne par l'est et s'établissent, à la fin du IVe millénaire, au sud-est de la mer Caspienne dans la plaine de Gorgân. A partir de leur dissociation du groupe primitif, les Proto-Indo-Aryens n'ont plus aucune communication avec les Proto-Hellènes. Le mythe Ouranos-Varouna, qui

26

leur est commun, a donc été conçu, au plus tard, au début du IVᵉ millénaire, ou au Vᵉ millénaire.

Cela permet de dater la prise de conscience de la paternité chez les Indo-Européens ; et cette datation présente une concordance remarquable avec la datation égyptienne d'après le mythe Isis-Osiris. Il n'est pas inutile de remarquer que cela s'est réalisé dans un milieu culturel relativement avancé, que Rostovtzeff en 1920, pouvait qualifier ainsi : « Une culture et une organisation sociale d'un niveau aussi élevé qu'à Tello, Suse et l'Egypte protodynastique. »

Dans la Chine néolithique :
L'évolution des structures sociales

A l'extrémité de l'Ancien Monde, les Chinois néolithiques vécurent la même expérience que celle des Indo-Européens et des Egyptiens. A défaut de mythes, c'est l'archéologie, comme le montre Ping-ti Ho, qui jette une certaine lumière sur un changement dans la structure de la parenté. Au cours de la période Yang-shao, qui est la période néolithique ancienne (Vᵉ et IVᵉ millénaires), l'immense majorité des sépultures sont des sépultures communes, montrant les morts enterrés individuellement dans les rangées du cimetière de village. Mais on y relève aussi des sépultures particulières, caractérisées par la séparation des hommes adultes et des femmes adultes. Dans une perspective évolutionniste, cette disposition traduit l'existence d'une certaine idéologie : les hommes et les femmes ainsi séparés sont des frères et des sœurs du système classificatoire ; les hommes, dans leur jeunesse, se conformant au principe de l'exogamie, ont épousé des femmes d'un autre clan matrilinéaire ; mais après leur mort, ils n'ont pas été enterrés avec leurs femmes, ils ont fait retour à la sépulture de leur propre clan. Sur d'autres sites Yang-shao, on trouve des tombes groupant la mère avec ses jeunes enfants ou bien une masse de sépultures secondaires rassemblées autour du corps d'une femme adulte : indications claires de l'idéologie matrilinéaire.

Dans la période du Néolithique récent, que l'on appelle le Lungshanoïde (IIIᵉ millénaire et début du IIᵉ), les sépultures communes étaient disposées en rangées. Mais certains tombeaux attestent l'émergence d'une idéologie nouvelle, car ils contiennent un couple adulte, associant mâle et femelle. Ou bien, comme on le voit dans le Kansu (entre − 1725 et − 1695 selon la datation au C 14), le corps d'un homme adulte, allongé sur le dos, sandwiché entre les corps de deux femmes adultes gisant en position fléchie. A ces indications d'une nouvelle conception de la famille, il faut joindre l'apparition de l'inégalité sociale, signalée par l'inégalité dans les dons funéraires. Enfin des signes indiquant la montée de la religion sinitique, basée sur le culte ancestral, spécialement celui de l'ancêtre mâle.

Ces changements d'idéologie et de structure sociale ont dû se produire aux alentours de la charnière entre le IVe millénaire et le IIIe. Mais si l'on veut dater la prise de conscience de la paternité, il ne faut pas oublier que celle-ci, comme on le constate chez les Indo-Européens, n'est pas immédiatement suivie par l'adoption du système patrilinéaire. Les sociétés néolithiques étaient très conservatrices ; et elles conservaient très longtemps leur système matrilinéaire après avoir pris conscience de la paternité. C'est pourquoi il n'est pas invraisemblable que les Chinois découvrirent la paternité au IVe millénaire, sinon au Ve : cela se serait produit dans l'environnement économique de la période Yang-shao, qui comportait la présence d'animaux domestiques, particulièrement du porc.

L'Amérique précolombienne

Lorsque les Européens découvrirent l'Amérique, ils y trouvèrent deux régions qui avaient indubitablement le régime patrilinéaire : l'Empire des Incas et celui des Aztèques, dont la civilisation reposait sur l'agriculture. Quant aux autres parties du continent américain, dont les organisations sociales n'ont été inventoriées que plus tardivement par l'ethnologie moderne, nous avons de sérieuses raisons de penser qu'au XVIe siècle, elles étaient encore régies par le système matrilinéaire.

L'introduction du système patrilinéaire sur le continent américain ne doit rien à l'Ancien Monde ; car la migration des Américains précolombiens fut très nettement antérieure à la prise de conscience de la paternité dans l'Ancien Monde. Il s'agit donc, concernant le Pérou et le Mexique, d'une éclosion propre à ces deux pays. On en supputera les origines dans les premières manifestations d'une économie agricole au IIIe millénaire, suivies par la domestication de quelques animaux. Il y a deux domaines de recherches qui permettent actuellement d'esquisser l'histoire des origines de la conscience de la paternité en Amérique : les Mochicas et les Mayas.

Dans les vallées proches de la côte nord du Pérou, une grande civilisation agricole, faisant suite à celle des chasseurs, se développa à partir de − 2500 (datation au C 14). Nous la connaissons surtout par les tombeaux et des poteries abondantes qu'ont laissées les Mochicas entre 800 et 500 av. J.-C. Parmi toutes les populations amérindiennes, les Mochicas ont le privilège de nous être connus dans leur vie quotidienne par ces poteries peintes, qui présentent l'homme comme un guerrier, maître dans son foyer, tandis que la femme y apparaît comme une humble travailleuse. Cette céramique présente des scènes érotiques de toutes sortes, hétérosexuelles et homosexuelles, montrant l'homme triomphant dans son plaisir avec un pénis presque toujours en érection. L'art mochica est donc une glorification du mâle ; la femme n'y joue qu'un rôle très subordonné. C'est évidemment l'image d'une de ces sociétés « machistes », dans lesquelles l'homme affirme son pouvoir procréateur. On en peut déduire que le Pérou connaissait la paternité au moins au Ier millénaire avant l'ère chrétienne, mais sans doute plus tôt.

Nos informations sur l'Amérique centrale sont plus tardives, car la civilisation des Mayas s'épanouit du VIIIe au Xe siècle de notre ère. Comme cette civilisation n'a point laissé de littérature, les données recueillies après la conquête espagnole nous font connaître une société dans laquelle les lignages patrilinéaires se superposaient à des lignages matrilinéaires, mais en discordance, — ce qui, dans la perspective évolutionniste, indique l'installation récente du système patrilinéaire sans effacer complètement le système plus ancien. Il est évident que les patrilignages dominaient grâce à une transmission de l'héritage exclusivement en ligne masculine dans une société de classes fortement marquées. Mais les matrilignages conservaient certaines fonctions, probablement dans la vie religieuse, et par des interférences dans les règles des mariages.

Il resterait à interpréter les nombreux vestiges archéologiques mayas. Ceux-ci révèlent la présence de multiples symboles phalliques, particulièrement à Uxmal et à Chichen Itza dans le Yucatan. C'est par méprise que l'historien Eric Thompson, imbu des préjugés du XIXᵉ siècle, a vu dans ces sculptures le signe d'une décadence maya, « symptomatique d'une civilisation malade », car les symboles phalliques apparaissent universellement, à un certain stade de l'évolution des sociétés, comme la connotation d'une prise de conscience du principe mâle de la procréation. On peut donc penser que la civilisation maya à son apogée prit conscience de la paternité à l'instar des civilisations néolithiques de l'Ancien Monde.

LA MÈRE OU LE PÈRE ?

RÉFLEXIONS SUR UN « CHOIX DE SOCIÉTÉ »

> « *Athéna : Je n'ai point eu de mère pour me mettre au monde. Mon cœur, toujours — jusqu'à l'hymen, du moins — est tout acquis à l'homme : sans réserve, je suis pour le père. Dès lors, je n'aurai pas d'égard particulier pour la mort d'une femme qui avait tué l'époux gardien de son foyer.* »
>
> Eschyle, les *Euménides* (735-738).

Apparemment, la découverte de la paternité plaçait les sociétés humaines en face d'un dilemme : la filiation des groupes consanguins devait-elle se faire en ligne maternelle ou en ligne paternelle ? Mais raisonner ainsi ne ferait que revenir à l'attitude de l'anthropologie non évolutionniste, qui ne reconnaissait pas l'antériorité des sociétés matrilinéaires et considérait, par conséquent, les deux modes de filiation comme les options symétriques d'un choix de société. En réalité, ces deux modes de filiation sont successifs et aucun document historique ne suggère qu'il y ait jamais eu une réflexion comparant les systèmes matrilinéaire et patrilinéaire. Ce type de réflexion est moderne. D'après les textes les plus anciens, surtout dans la littérature sanskrite, les peuples n'ont eu aucun choix : les groupes dominants se sont approprié les femmes, réalisant ainsi sans s'en rendre compte une société à domination et à filiation mâles[1].

Il est remarquable que, dans la Protohistoire, les guerres de conquêtes furent principalement le fait de peuples patrili-

---

1. Cf. plus loin : Troisième partie, Chap. I, les Conquérants patrilinéaires.

néaires, qui mirent en place des dominations durables. Ces conquêtes pourraient-elles *a priori* suggérer l'idée d'une supériorité du système patrilinéaire antique, porteur des plus hautes cultures ? Une telle interprétation risque de confondre les effets des conquêtes avec leurs causes. Aussi me paraît-il préférable de rechercher, par une approche géographique, les facteurs qui amenèrent certains groupes humains à se révéler supérieurs dans une certaine phase de l'évolution. Au cours de la Protohistoire, les peuples les plus avancés furent ceux qui maîtrisèrent le mieux l'agriculture et l'élevage dans des espaces géographiques particulièrement appropriés à leur technologie. C'est ainsi que des peuples tels que les Sumériens, les Egyptiens, les Sémites, les Chinois, réalisèrent des aspects protohistoriques de la « modernité ». Leur production agricole leur donnait une supériorité démographique et, par suite, des possibilités d'expansion. En regard de ces peuples avancés, les groupes attachés à l'économie de chasse et de collecte, éparpillés dans un espace non maîtrisé et mal exploité, n'avaient aucun moyen économique ni aucune organisation politique leur permettant une expansion par la guerre.

Comme je le montrerai plus loin, ce sont les conquêtes qui permirent aux peuples plus avancés de devenir patrilinéaires. Ce n'est donc pas le système patrilinéaire qui assura la « victoire » de certains peuples ; il n'en est que la conséquence. L'exemple de l'Egypte ancienne montre d'ailleurs qu'une société matrilinéaire pouvait s'organiser efficacement pour la guerre, lorsqu'elle maîtrisait un espace géographique par une agriculture relativement perfectionnée.

Ces considérations incitent aussi à se demander si la tension qui oppose les deux types de société correspond à un « progrès » dans l'espèce humaine. Par définition, le système matrilinéaire peut être qualifié d'archaïque en raison de son antécédence dans l'évolution. Mais cela ne signifie nullement qu'il soit frappé d'une infériorité intrinsèque. L'expansion du système patrilinéaire dans la plus grande partie du monde a été favorisée par des circonstances historiques qui valorisaient la force physique masculine et lui permettaient de modeler la société à sa guise. En réalité, le progrès de la civilisation ne paraît pas lié à la substitution d'un système de parenté à l'autre. L'expérience a montré que la filiation matrilinéaire est

32

parfaitement compatible avec une haute civilisation (particulièrement chez les anciens Egyptiens, chez les Mayas, et aujourd'hui chez les Minangkabau de Sumatra, qui sont devenus le groupe le mieux scolarisé d'Indonésie). Quant aux sociétés que nous qualifions aujourd'hui de « primitives », c'est-à-dire celles qui sont restées attachées à des modes de production traditionnels, elles se partagent entre les deux systèmes de filiation, les groupes patrilinéaires étant aujourd'hui en majorité. Il n'est donc pas démontré que l'expansion du système patrilinéaire ait constitué un progrès. Mais il est vrai qu'à une certaine époque de l'histoire il convenait mieux à des sociétés de guerriers ; et que, de nos jours, il répond mieux à la psychologie des pères, qui ne comprennent pas pourquoi leurs propres enfants leur seraient étrangers, comme c'est le cas dans le système matrilinéaire.

SECONDE PARTIE

LES SOCIÉTÉS ANTÉRIEURES
A L'IDÉE DE PATERNITÉ

Les fils d'une même mère étaient seuls de vrais frères, ayant sucé le même sein.

Ernest Renan.

A travers la littérature sanskrite, apparaît le souvenir du mariage gândharva, ou mariage d'amour, ainsi appelé par référence aux Gandharva, les Musiciens du Ciel. Comme nous le montrerons plus loin, cette forme d'union sexuelle, qui ne trouve pas correctement sa place dans les mariages de l'ère patrilinéaire, est une évocation de la liberté légendaire qui avait existé auparavant, un souvenir de l'offre sexuelle sans entraves qui caractérisait une autre société.

Car l'histoire humaine est profondément marquée par la « révolution » patrilinéaire, due à la prise de conscience de la paternité. Cette révolution, qui s'étale en réalité sur plusieurs millénaires, affecte non seulement la structure de la famille, mais aussi la vie religieuse et la vie sexuelle. Nous nous proposons ici d'en faire le bilan. Mais ce bilan ne sera parfaitement clair que si nous parvenons à établir tout ce que la Préhistoire avait légué aux sociétés humaines à l'époque où l'idée de paternité ne les avait pas encore effleurées.

Que savons-nous de cette période antérieure à l'Histoire ? Les historiens modernes, à juste titre, ont reconstitué les actions et les institutions humaines à partir de l'époque où ils disposaient de témoignages écrits. Mais les progrès de la réflexion anthropologique nous suggèrent que ces témoignages recèlent l'héritage d'un passé plus lointain, qui recouvre l'ensemble de la période néolithique et même, en ce qui concerne certains faits, les plus récents millénaires de la longue période paléolithique. C'est pourquoi cette reconstitution, qui aurait semblé très aventureuse au temps de Sir James Frazer, il y a plus d'un demi-siècle, devient aujourd'hui possible grâce à l'examen de nombreux fossiles sociologiques légués par ce passé sans histoire. Par fossiles sociologiques, il faut entendre des institutions et des comportements qui sont restés relativement figés au milieu d'un monde en évolution, tels les moiéties, la parenté classificatoire, les dortoirs d'adolescents, les fêtes religieuses et certaines formes de mariages archaïques comme la coutume des maris visitants et le mariage gândharva de l'Inde. Non seulement nous disposons ici d'un très abondant matériel d'archéologie sociale, mais aussi l'établissement d'une chronologie devient possible grâce à une meilleure connaissance du changement des climats et des écosystèmes régionaux, de la variation des niveaux marins, et finalement grâce à la datation de l'idée de paternité.

CHAPITRE PREMIER

L'HÉRITAGE PALÉOLITHIQUE

> *Un homme pouvait vivre toute sa vie sans rencontrer un homme d'une autre tribu, surtout d'une autre culture.*
>
> F. Bordes, *Le Paléolithique dans le monde*, 1968.

Les sociétés matrilinéaires, fondées exclusivement sur la filiation féminine, se sont organisées au Néolithique dans la phase sédentaire et agricole de la Préhistoire. Elles resteraient inintelligibles, si nous ne prenions pas en compte l'héritage qu'elles ont reçu d'un passé plus lointain, notamment l'immémoriale endogamie des hordes humaines primitives et leurs comportements sexuels.

Les isolats démographiques de la préhistoire : l'immémoriale endogamie

Parmi les conditions fondamentales de la vie préhistorique, il faut souligner tout d'abord l'extrême dissémination de l'espèce humaine au Paléolithique. On a pu dire que la Terre habitée était « un désert humain fourmillant de gibier » (F. Bordes, 1968).

Dans l'état actuel des recherches, il n'est pas encore possible d'établir une carte de l'occupation humaine du sol. En laissant de côté la longue période des Archanthropiens, terme qui recouvre une humanité fort mal connue entre 1 000 000 d'années et 150 000 ans avant nos jours, on peut tenter d'esquisser provisoirement l'occupation de la Terre par ceux que l'on appelle les Paléanthropiens entre 150 000 et 35 000 ans, soit depuis l'Interglaciaire Riss-Würm jusqu'à la phase ancienne du Glaciaire Würm. Dans cette civilisation de Chasseurs, qu'on appelle le Moustérien, les hommes de Néanderthal occupent une grande partie de l'Europe et de l'Afrique du Nord, peut-être du Sahara ; à l'est, ils s'étendent jusqu'au Turkestan. D'autres faciès du Paléolithique moyen se reconnaissent au Proche-Orient, à Java, en Chine. L'Amérique et l'Australie ne semblent pas conquises par l'homme, bien que des abaissements du niveau marin rendissent possible le franchissement du détroit de Behring et celui des archipels insulaires entre l'Asie et l'Australie. Dans l'ensemble, l'humanité de type moustérien semble adaptée à des écosystèmes de steppe, qui prédominent sur les marges méridionales de l'inlandsis nordique ; elle s'adapte aussi aux pseudo-steppes et savanes de la zone subtropicale. Mais elle semble écartée de la zone des forêts tropicales ; et l'hémisphère austral paraît vide.

L'homogénéité des techniques dans le monde moustérien fait supposer des communications entre les groupes éparpillés qui le composaient. Il faut cependant se rendre compte que cette homogénéité s'est réalisée, par des échanges de techniques, au cours de plusieurs dizaines de milliers d'années, ce qui ne nécessitait pas des rapports constants, ni même fréquents. En Europe, les quelques centaines de sites moustériens, qui sont reconnaissables sur le terrain avec leurs territoires de chasse, révèlent une dispersion telle qu' « un homme pouvait vivre toute sa vie sans rencontrer un homme d'une autre tribu, surtout d'une autre culture » (F. Bordes). Ces conditions soulignent à l'évidence l'affirmation du préhistorien H. de Lumley : « grâce à ces territoires de chasse, les diverses ethnies moustériennes ont pu se côtoyer pendant des millénaires et évoluer parallèlement sans perdre leur individualité ».

Notre vision du monde moustérien sur le terrain nous permet ainsi de comprendre une réalité géographique, qui a été celle de toute l'humanité préhistorique jusqu'au Paléolithique récent inclusivement : les sociétés humaines étaient constituées par des isolats démographiques pratiquant obligatoirement l'endogamie. Divers facteurs freinaient la croissance démographique : l'incertitude d'une alimentation qui provenait uniquement de la chasse et de la collecte, la forte mortalité infantile et parfois les épidémies. En revanche, la traumatologie des squelettes paléolithiques montre que la guerre n'existait pas dans des communautés qui n'avaient entre elles que peu de contacts.

Dans les populations de chasseurs, on peut évaluer très approximativement les densités démographiques d'après quelques données de l'ethnologie moderne. A la fin du XVIIIe siècle, on a estimé que les chasseurs d'Australie se répartissaient à raison d'un individu pour 25 à 30 km^2.

On ne peut éviter de conclure à l'immémoriale endogamie, qui fut imposée aux groupes humains par les conditions démographiques de la Préhistoire. L'exogamie ne fut possible que tardivement, lorsque le peuplement devint plus dense.

Des hordes d'enfants et d'adolescents

Dans leur représentation de « l'homme préhistorique », nos contemporains échappent rarement à la vision que leur impose notre actualité : celle d'une société composée d'une majorité d'adultes. Pourtant cette image est contredite par toutes les données démographiques provenant des nécropoles ou des squelettes isolés des époques préhistoriques. En dépit des variantes et des incertitudes de ces données, on ne peut échapper à la conviction que la mort frappait les êtres humains presque toujours avant 40 ans, et, dans la grande majorité des cas, avant 30 ans. Cette brièveté de la vie est restée stable pendant tout le Paléolithique ; et les conditions n'ont pas changé sensiblement au cours du Néolithique en dépit d'une certaine amélioration. C'est ce que révèle la nécropole épipaléolithique de Columnata (Algérie occidentale) aux VIIe et VIe millénaires, où probablement un peu plus du tiers des individus ont dépassé l'âge de 30 ans. Les conditions restent encore très sévères à l'Age du Fer, où la nécropole celtique de Saint-Urnel-en-Plomeur (vers 500 av. J.-C.) fournit, sur 225 squelettes, la statistique suivante : 50 p. 100 de bébés et de très jeunes enfants, 25 p. 100 de 6 à 20 ans, 15 p. 100 de 20 à 30 ans, 5 p. 100 de 30 à 40 ans, 5 p. 100 au-delà de 40 ans. Ainsi les trois quarts des individus sont morts avant l'âge adulte et un dixième seulement ont dépassé l'âge de trente ans.

Les données démographiques nous imposent donc cette évidence : les sociétés préhistoriques étaient des bandes d'enfants et d'adolescents menées par une minorité d'adultes. L'être humain, lorsqu'il atteignait l'adolescence, vivait à peine le temps de procréer. Les générations se succédaient à une cadence rapide, cinq ou six par siècle. Pour ces adolescents voués à une mort hâtive, l'accumulation d'une expérience transmissible par l'éducation était très réduite.

Cependant la longévité potentielle de l'être humain est pratiquement le triple, et même davantage, de la longévité des temps préhistoriques. Elle excède notablement la longévité connue des Anthropoïdes. Mais elle n'a pu être mise en évidence que dans des sociétés plus tardives, à l'époque protohistorique ou historique, lorsque la différence des classes sociales donnait à certains individus, voire à certains pays, des conditions de vie privilégiées.

*Les influences de la grande chasse
sur la structuration des sociétés*

Au tournant de 40 000 ou 30 000 ans av. J.-C., se produit un changement capital dans les sociétés paléolithiques. Ce changement se manifeste semble-t-il, par l'apparition de races nouvelles, répandues sur toute la planète, que l'anthropologie désigne sous le générique de Néanthropiens. Ces groupes raciaux, assez proches des races humaines actuelles, succèdent aux types plus primitifs des Paléanthropiens, qui occupaient la planète pendant l'interglaciaire Riss-Würm et le Würm ancien (approximativement entre 150 000 et 35 000 av. J.-C.). Mais leur origine est obscure[1].

Ce qui est plus clair, c'est le développement d'une nouvelle

1. *Homo sapiens* est un concept inventé pour désigner l'homme nouveau qui se substitue à l'homme de Néanderthal en Europe vers 30 000 — 40 000 av. J.-C. La substitution est trop rapide pour que l'on puisse admettre la mutation du type Néanderthal en type Homo sapiens. Les spécialistes considèrent aujourd'hui que Homo sapiens correspond à l'ensemble des Néanthropiens. Mais les races néanthropiennes offrent une telle diversité que leur différenciation n'a pu s'effectuer que dans un délai très long, qui repousse leur origine dans un passé beaucoup plus lointain que le Paléolithique récent.

civilisation, fondée sur la grande chasse, et dans laquelle se définit le Paléolithique récent. Vers cette époque, en effet, se développe la grande chasse, qui se distingue de la chasse néanderthalienne par des procédés beaucoup plus efficaces : outillage lithique plus perfectionné et diversifié, outillage plus léger en os et en bois d'andouiller, chasses collectives en grandes battues, invention de l'arc et des flèches (probablement entre 15 000 et 10 000 av. J.-C.). La chasse devient ainsi plus productive et moins dangereuse. Par suite, la densité du peuplement s'accroît dans certaines régions.

La géographie de cette expansion du Paléolithique récent demanderait à être précisée. Le développement de la civilisation néanthropienne est avéré dans la zone des steppes qui frangent l'inlandsis boréal à travers l'Eurasie pendant la dernière phase du Würm, entre 30 000 et 10 000 av. J.-C. C'est incontestablement dans cette zone que sont apparues les plus brillantes civilisations néanthropiennes, telles que l'Aurignacien, le Solutréen et le Magdalénien. Mais cette civilisation des Chasseurs gagne aussi l'Afrique septentrionale et le Sahara : c'est l'Atérien, dont les techniques prennent la suite du Moustérien. Elle gagne le nord de l'Iran (grotte de Shanidar). Grâce à l'abaissement du niveau marin pendant la dernière phase du Würm, la migration des Australoïdes implante cette civilisation en Australie, où les sites du lac Munga (dans le Victoria) permettent une datation de 30 000 av. J.-C. En Amérique enfin la migration dite paléo-indienne a pu franchir le détroit de Behring non point sous le climat trop sévère des périodes glaciaires, mais pendant les rémissions climatiques des interstades würmiens, soit avant 30 000, soit plus sûrement vers 14 000-15 000 av. J.-C. On peut remarquer que la civilisation du Paléolithique récent a prospéré dans des zones de steppes ou de savanes arborées, riches en gibier et propices à la circulation humaine. Les zones forestières tropicales lui paraissent fermées. La zone arctique ne sera gagnée que plus tard, après le recul de la glaciation, par des populations telles que les Esquimaux.

Une conception géographique de la maîtrise de l'espace

A première vue, on pourrait imaginer que les hordes humaines de la Préhistoire ressemblaient structurellement aux hordes d'anthropoïdes, telles que les Gorilles et les Babouins. Mais, en réalité, l'hominisation avait progressivement transformé l'Hominien primitif en un chasseur capable de maîtriser l'espace. Si l'on adopte l'évolution alimentaire comme le critère principal permettant de définir un comportement de chasseur, c'est entre − 15 millions et − 5 millions d'années que l'Hominien, selon l'anthropologue britannique Alison Jolly, se serait transformé en chasseur, c'est-à-dire séparé des Primates, chez lesquels la consommation de viande restait fortuite ou très limitée. L'Homme est, parmi les Anthropoïdes, la seule espèce à être devenue carnivore et à avoir adopté la chasse comme genre de vie dominant.

Cette spécialisation humaine repose sur des aptitudes particulières. L'Homme partage avec les Primates la supériorité de la vision. D'abord, par l'angle optique, qui n'est que de 10° chez l'Homme et les Simiens, ce qui donne aux regards des directions presque parallèles, permettant la vision stéréoscopique (alors que l'angle facial est de 92° chez le chien, de 137° chez le cheval, qui ont des regards divergents comme ceux des autres animaux). L'Homme partage aussi avec les Primates l'acuité de la vision grâce à une rétine qui comporte une aire centrale spécialisée, la fovéa (ou macula), qui leur assure une acuité visuelle comparable à celle des oiseaux diurnes. De plus, le chiasma partiel (croisement partiel des nerfs optiques) favorise la vision binoculaire et la mobilité des regards. Enfin la différenciation des couleurs, qui semble inconnue de la plupart des mammifères inférieurs, est une précieuse supériorité que l'Homme et les Primates partagent avec les Oiseaux diurnes, les Insectes et certains animaux inférieurs[1]. Les Primates possèdent ainsi (à l'exception des Lémuriens, qui n'ont pas de fovéa) les qualités de vision qui permettent la maîtrise de l'espace.

1. Le spectre visuel des Insectes exclut le rouge, mais comprend l'ultra-violet. Les radiations ultraviolettes, par leur énorme aberration chromatique, ne pourraient que gêner la vision des Primates, alors qu'elles sont sans inconvénients pour les Insectes, dont les yeux ne forment pas d'image.

Ce qui fait la supériorité de l'Homme sur ses congénères anthropoïdes, c'est qu'il a la faculté de fixer un objet, c'est-à-dire de soutenir la convergence des foveae sur un point. A ces qualités s'ajoutent bien entendu les acquisitions fondamentales de l'hominisation : la complète libération des mains par la station verticale, qui permet l'usage d'outils ; et une faculté exceptionnelle de mémorisation, qui permet l'acquisition de l'expérience et l'élaboration des concepts. Ces conditions expliquent comment les hordes humaines primitives maîtrisent un domaine vital plus étendu et mieux contrôlé que celui des Anthropoïdes et autres mammifères.

Ce domaine vital est l'espace économique de la cueillette et de la chasse qui assure l'alimentation du groupe. Chez les Anthropoïdes, il est géographiquement mal défini et, par suite, mal défendu contre les incursions de groupes concurrents. Aucune défense du territoire chez les Gorilles et les Babouins. L' Américain Schaller, partageant la vie d'un groupe de gorilles pendant 457 heures, a pu mettre en évidence leurs déplacements lents, pacifiques, apparemment inorganisés. Chez les Macaques, le territoire est plus ou moins défendu. Mais chez les Hommes chasseurs que les ethnologues ont pu observer, il est défendu avec acharnement.

Plus instructive encore est l'étendue du territoire contrôlé : 7 à 15 km^2 chez les Babouins, jusqu'à 20 km^2 chez les Macaques, alors que chez les Hommes chasseurs, la tribu contrôle de 500 à 1 500 km^2. Ces traits peuvent être comparés à ceux des grands mammifères : l'Ours brun de Russie contrôle un domaine de 16 à 20 km^2 ; les Loups d'Alaska, qui décrivent des cercles de 80 km de rayon, peuvent couvrir un territoire de 20 000 km^2, mais suivant un genre de vie qui est un nomadisme sans rapport avec l'occupation effective du sol.

Dès le Paléolithique Moyen, entre 80 000 et 35 000 av. J.-C., l'évidence géographique des territoires de chasse distincts apparaît en Europe dans les implantations de la civilisation moustérienne, contemporaine des phases anciennes à la glaciation Würm.

Les conditions nouvelles réalisées par la civilisation des Chasseurs ont pour première conséquence l'extension des territoires de chasse, dont l'exploitation exigeait un personnel plus nombreux que dans la chasse moustérienne. En même temps, la population devenait plus dense. On estime qu'au

Magdalénien supérieur (fin de la période würmienne) la France avait au plus 50 000 habitants, ce qui correspond à une densité maximale de 10 km² par habitant. L'accroissement démographique rendait plus fréquents les contacts entre les groupes de chasseurs. Les conflits entre chasseurs se sont probablement multipliés pour la défense de leurs territoires respectifs. Cependant, comme la traumatologie observée sur les squelettes ne révèle que des accidents de la vie courante, on peut être certain que la guerre n'était pas encore une habitude.

Un autre aspect de la civilisation des Chasseurs est l'apparition d'une division du travail, à la fois dans la spécialisation de certains métiers et dans les fonctions des deux sexes. La grande chasse, en effet, exigeait la fabrication des armes et des outils de pierre dans des ateliers spécialisés. Mais surtout les fonctions des hommes et des femmes différaient à tel point qu'elles entraînaient leur séparation. Les hommes partaient en expédition cynégétique sur des territoires de plus en plus étendus. Les adolescents se joignaient à la horde des chasseurs probablement dès l'âge de dix ou douze ans. En revanche, les femmes, enceintes ou chargées d'enfants qu'elles ne pouvaient porter très loin, devaient mener une vie plus sédentaire, pratiquant la cueillette des végétaux, qui constituaient encore une part notable de l'alimentation. Il en résultait une relative ségrégation des sexes, que l'on n'a jamais observée chez les Anthropoïdes. C'était la conséquence de l'extension des territoires de chasse.

Un des faits importants du Paléolithique récent est donc la multiplication des contacts entre les groupes chasseurs. Cela signifie que les isolats démographiques commençaient à s'ouvrir. Dans ces conditions nouvelles, les contacts sexuels entre communautés différentes devenaient possibles. C'est donc seulement à cette époque, et plutôt vers la fin du Paléolithique, qu'il conviendrait de rechercher les origines de l'exogamie.

Les traits fondamentaux de la sexualité humaine

Pour éclairer le contexte de ces communautés, qui n'étaient pas encore des familles, il n'est pas inutile d'esquisser les caractères de la sexualité humaine primitive, assez différente

44

de la sexualité maîtrisée des époques plus tardives. Contrairement à l'ensemble des mammifères, chez lesquels la femelle n'est réceptive aux actions du mâle que durant une courte période (trois ou quatre mois chez la plupart des Primates), la Femme n'est pas soumise à la périodicité impérative des amours. On ne peut échapper à l'évidence que, pour les animaux, l'œstrus représente une norme qui permet aux femelles de consacrer leur temps à la quête de nourriture en restreignant la perturbation amoureuse à certaines périodes. La disparition de l'œstrus, en tant que saison des amours, n'a pas été expliquée. On songe à une dure sélection naturelle qui aurait favorisé les individus les plus aptes à la procréation.

Mais la transformation féminine ne se limite pas à cette modification du calendrier de l'activité sexuelle. Selon l'enquête de M. J. Sherfey, réalisée à l'Institut de sexologie de Bloomington (Indiana), la physiologie de la femme se distingue de celle de l'homme par son aptitude à des orgasmes répétitifs, dont il faut tenir compte pour comprendre la laxité sexuelle reconnue aux sociétés matrilinéaires. Affranchie de toute périodicité des amours, la Femme primitive apparaît avant tout comme génitrice. On a pu considérer la sexualité humaine comme une sexualité de crise en rupture avec le système régulateur du monde animal. Avant les disciplines sexuelles de l'époque patriarcale, qui ont habitué la plupart des humains à des comportements plus mesurés, l'offre permanente et anarchique du corps féminin donne une certaine tonalité à une civilisation, qu'elle marque fortement dans les structures sociales et la vie religieuse du Néolithique. En outre, la vie sexuelle, étant alors dépourvue de toute signification procréatrice, ne peut avoir qu'une finalité de plaisir et de pouvoir magique.

Les racines lointaines de l'exogamie :
les sociétés de Chasseurs

Puisqu'il est démontré que l'endogamie est immémoriale et que l'humanité primitive n'a pu survivre qu'en des isolats démographiques, le problème de l'anthropologie est d'expliquer pourquoi l'humanité, à une certaine époque, s'est orientée vers l'exogamie. La réponse la plus simple serait de dire que l'accroissement de la population au Néolithique avait amené les groupes humains à se rapprocher, de telle sorte que leurs contacts devenaient plus fréquents et que la quête masculine d'accouplements sexuels pouvait s'assouvir dans la rencontre de groupes voisins. Cette explication paraît juste, parce qu'elle repose sur une condition géographique inéluctable : la proximité des groupes étrangers. Mais elle n'est pas suffisante ; car nous savons, par les documents historiques les plus anciens, que les hommes furent contraints à l'exogamie par un tabou effrayant, qui interdisait tout rapport sexuel entre individus consanguins. Or, au début de l'histoire, les origines de ce tabou étaient complètement oubliées, car sa signification ne fut jamais mentionnée. Et cette ignorance des origines du tabou a posé à l'anthropologie un de ses problèmes fondamentaux.

Parmi les explications avancées, la plus célèbre est celle de Freud. Dans une société patriarcale, le père tout-puissant se réserve l'usage exclusif des femmes de sa horde au détriment de ses propres fils. Les fils se révoltent et tuent le père. Puis impressionnés par le crime qu'ils ont commis, ils renoncent unanimement aux rapports sexuels avec leurs sœurs, ils chercheront désormais des femmes dans d'autres familles. Ce roman historique pouvait être imaginé à une époque où l'on connaissait mal l'histoire. Mais aujourd'hui nous savons que les débuts de l'exogamie sont antérieurs au système patriarcal, puisque la migration interclanique des garçons a débuté dans des sociétés matrilinéaires, qui précèdent indubitablement les sociétés patrilinéaires. Il convient donc d'écarter définitivement la romantique théorie de Freud.

On peut faire une objection du même ordre à Claude Lévi-Strauss, dont la théorie anthropologique se situe aussi dans une société à dominance masculine, où les hommes d'un clan échangent leurs femmes avec des clans étrangers. Avec une grande virtuosité dialectique, la prohibition des relations sexuelles consanguines est présentée comme un aspect de l'échange des femmes en société patrilinéaire. Mais comme nous savons que l'exogamie était pratiquée bien avant les sociétés patrilinéaires, nous pouvons constater que la théorie de C. Lévi-Strauss ne répond pas au problème posé. Contre cette évidence, on ne peut absolument rien. Les impératifs de la chronologie ne peuvent pas être transgressés.

Pour tenter une meilleure approche du problème, il est donc préférable de l'envisager dans une chronologie. A cet égard, nous avons une première indication dans le fait que les migrations interclaniques les plus anciennes se produisent dans des sociétés matrilinéaires : ce furent des migrations de garçons, qui allaient vivre dans un groupe étranger[1]. De plus, la mythologie grecque la plus ancienne révèle que les Erinnyes, divinités redoutables qui ignoraient la paternité, poursuivaient implacablement dans les Enfers ceux qui avaient commis un inceste avec leur mère[2]. Il est donc sûr que l'origine du tabou frappant les rapports entre consanguins est antérieure à l'idée de paternité.

D'autre part, comme la prohibition de ces rapports est connue dans la plus grande partie de l'humanité, y compris les sociétés d'Amérique précolombienne et d'Australie, cette universalité ne paraît possible que si l'on admet que la naissance du tabou a précédé les migrations qui peuplèrent ces continents avant la fin de la glaciation du Würm, c'est-à-dire avant le Xe millénaire.

Le tabou frappant les unions consanguines apparaît ainsi, à l'échelle chronologique de la Préhistoire, comme un héritage des sociétés de Chasseurs. Il vivait dans la pensée collective des hommes comme un phantasme particulièrement effrayant. S'il n'en était pas ainsi, on ne s'expliquerait pas la dureté implacable de la répression contre l'inceste dans les plus anciennes législations et dans les coutumes du monde tribal. Nous pouvons lire dans les condamnations des Lois hittites, qui ont été retrouvées sur des tablettes cunéiformes du XIVe siècle av. J.-C. : « *Si un homme pèche avec sa propre mère, c'est une horreur. Si un homme pèche avec sa fille, c'est une horreur. Si un homme pèche avec son fils, c'est une horreur.* » C'est la puissance de ce tabou sur les rapports entre consanguins qui explique l'exogamie.

L'explication de cet interdit a été suggérée par deux grands ethnologues, R. et L. Makarius (1961) dans un ouvrage que son inspiration évolutionniste a fait longtemps écarter par les ethnologues d'obédience fixiste : l'exogamie aurait pour origine l'angoisse suscitée chez les primitifs par l'écoulement du

1. Cf. ci-après Deuxième Partie, Chap. II : les migrations interclaniques et les « maris visitants ».
2. Cf. ci-après Troisième Partie, Chap. I : chronologie de l'exogamie.

sang, sang menstruel ou sang des blessures, sang de la défloration ou des accouchements. La femme, en particulier, par ses saignements périodiques, apparaît comme un être dangereux. De là, le tabou qui pèsera sur elle[1]. Mais pourquoi le tabou pèsera-t-il spécialement sur la femme qui appartient au même groupe consanguin ? Précisément en raison du principe de consanguinité : pour les primitifs, qui considèrent le groupe consanguin comme un seul être, la perte de sang par l'un d'entre eux est un danger pour l'ensemble. C'est ce danger sanglant qui les conduit à écarter les femmes consanguines de leurs rapports sexuels et à inventer l'exogamie : « *Le sang est le tabou fondamental de la société chasseresse.* »

C'est l'apparition de ce tabou qui devait provoquer l'une des transformations les plus profondes vécues par les sociétés humaines en les obligeant à briser les cadres étroits de l'endogamie. Les rapports sexuels avec des groupes étrangers avaient, en effet, en eux-mêmes un pouvoir magique. De même que l'échange des sangs et le partage des vivres, la communauté sexuelle est un des moyens par lesquels les sociétés primitives fraternisent. C'est donc cette communauté qui a fait de l'exogamie une institution fondamentale, ouvrant la voie à des alliances entre des communautés non consanguines.

Dans la nouvelle société, le groupe qui reste isolé risque de périr, parce qu'il est moins efficace dans la grande chasse et plus faible dans les compétitions violentes avec ses rivaux. Mais celui qui s'associe à d'autres groupes trouvera dans cette fraternisation les moyens de survivre. Nous comprenons ainsi pourquoi l'exogamie est devenue universelle : elle était une nécessité vitale pour survivre et ceux qui ne l'ont pas compris ont disparu (sauf lorsqu'une protection géographique assurait leur survie).

Mais les groupes ainsi associés par des unions sexuelles ne se sont pas intégrés, car l'intégration les aurait rendus consanguins, ce qui les aurait ramenés au problème initial. Le caractère étranger, et théoriquement ennemi, des groupes associés par des intermariages est resté jusqu'à nos jours un trait frappant, révélé par l'ethnologie chez des peuples divers.

1. Le caractère dangereux de la femme chez les primitifs a déjà été signalé, bien avant R. et L. Makarius, par plusieurs auteurs, notamment Crawley, Durkheim, Briffault, Westermarck.

Par exemple, disent les Bantous « *on n'épouse pas ses amis, mais ses ennemis.* »

L'exogamie archaïque et les moiéties :
une exogamie globale

Si l'on admet, selon la géniale théorie de R. et L. Makarius, que l'exogamie a son origine dans un tabou de la société paléolithique, on doit cependant constater que l'exogamie archaïque fut très différente de l'exogamie des temps historiques. Dans les groupes consanguins du Paléolithique, il n'y avait, en effet, aucune discrimination des degrés de parenté ; car la confusion des rapports sexuels à l'intérieur du groupe rendait une telle discrimination impossible. La consanguinité archaïque avait donc un caractère global, tous les membres du groupe se rattachant indistinctement à un rameau biologique relié par les mères.

A la conception primitive de la consanguinité globale, correspond, par hypothèse, une culture archaïque qui a laissé à travers le monde un ensemble de témoignages : les organisations dualistes, conceptualisées par l'anthropologie sous l'appellation de moiéties (forme anglicisée de « moitiés »). Dans un tel système, une tribu ne se divise pas en clans multiples, mais en deux moiéties associées. Chaque moiéty est complémentaire de l'autre ; et suivant la définition *actuelle*, les deux moiéties, qui sont exogames, ne pratiquent les rapports sexuels et les intermariages qu'entre elles. La très haute antiquité de ce système dualiste est suggérée par trois arguments.

Tout d'abord, les moiéties sont généralement matrilinéaires, ce qui les rattache à l'ordre ancien protofamilial. Lorsqu'elles sont patrilinéaires (comme les Sherente et Caingang du Brésil), cette particularité doit être interprétée comme une forme tardive due à l'évolution. Le régime matrilinéaire des moiéties prouve au moins que leur existence est antérieure à la découverte de la paternité.

Un deuxième argument est fourni par la situation des moiéties dans des aires de protection géographique. On les rencontre, en effet, en Australie, en Mélanésie, en Asie du Sud (les Garo matrilinéaires du Meghalaya, les Angami patrilinéaires de l'Assam), en Amérique du Sud (les Canella, les

Apinayé, les Bororo etc.), en Amérique du Nord (les Algonkin et de nombreuses autres tribus). Il est évident que les moiétés forment une diaspora, qui n'est que le vestige d'une organisation beaucoup plus étendue. On ne les trouve absolument pas dans les aires de grande circulation et de peuplement dense, où d'autres formes d'exogamie ont prévalu.

Enfin le troisième argument est l'archaïsme même de cette organisation dualiste. C'est la forme la plus simple de l'exogamie, associant seulement deux groupes, qui sont étrangers l'un à l'autre ; car chaque moiété était primitivement l'ennemie de son associée, comme l'indiquent parfois certaines coutumes, aujourd'hui symboliques, rappelant l'hostilité primitive. Pour certains auteurs, la société des moiétés était aussi une société totémique (la transmission la plus ancienne des totems étant matrilinéaire).

C'est pourquoi plusieurs anthropologues (Olson, Testart, etc.) ont pensé que l'organisation dualiste représente une culture archaïque. En Amérique, elle correspondrait à la vague des premiers immigrants, ce qui permet de situer les origines de l'exogamie au Paléolithique. Le recul progressif du dualisme tient à sa simplicité même, qui implique une rigidité dans l'échange des conjoints ; les groupes humains lui ont préféré des migrations interclaniques plus souples, lorsque la densité du peuplement est devenue suffisante pour permettre l'association de clans plus ou moins nombreux. Le recul du dualisme s'explique aussi par la fragmentation des moiétés en sous-sections exogamiques et par l'apparition de la filiation patrilinéaire. On rencontre, en certains pays, des vestiges de cette culture primitive. Ainsi, sur l'Altiplano des Andes, les célèbres ayllus péruviens, que certains auteurs considèrent comme d'anciennes moiétés exogamiques. De même, l'organisation à quatre clans matrilinéaires des Minangkabau de Sumatra, ou l'organisation à quatre clans patrilinéaires chez les Munda du Dekkan.

La haute antiquité des moiétés pourrait donc être un témoignage de l'antiquité du tabou qui, selon R. et L. Makarius, contraignit les groupes consanguins à des unions sexuelles entre groupes différents. Mais il faut absolument se rendre compte que les conditions sociales différaient profondément de ce que nous pouvons observer aujourd'hui. Au Paléolithique, la promiscuité des rapports sexuels à l'intérieur du groupe consanguin interdisait toute discrimination des degrés de parenté. C'est pourquoi l'exogamie ne pouvait être que globale : autrement dit, elle ne pouvait se pratiquer que par une copulation collective avec un groupe « ennemi », qui consentait à ce rapprochement temporaire (sans doute en des jours de fête). *A une consanguinité globale correspondait une exogamie globale.* Il est vraisemblable qu'il n'y avait alors aucune migration interclanique, aucune association de deux conjoints.

Cependant, l'immémoriale endogamie était trop profondément ancrée dans les habitudes pour céder d'un coup à la nouvelle loi ; et l'on se rappellera à ce sujet la réflexion de Herbert Maisch, historien allemand de l'inceste, que la formulation d'un interdit ne préjuge pas de son application. Dès les sociétés de Chasseurs, en effet, il est facile d'imaginer les facteurs défavorables à l'exogamie.

En premier lieu, un facteur géographique : l'humanité, très peu nombreuse, clairsemée, était encore pulvérisée en ses isolats démographiques, qui contrariaient les rendez-vous sexuels entre communautés étrangères. Cela correspond à l'époque où les moiéties s'organisèrent pour réaliser, à certaines saisons, des rencontres collectives. Nous percevons un écho tardif de ces coutumes dans les orgies de la société paysanne chinoise, que décrit Marcel Granet :

> ... *pendant tout le cours de l'année, la règle, c'est l'isolement, la vie monotone des petits groupes, bornée aux soucis quotidiens et privés. Il n'existe de vie sociale qu'aux moments où se marque l'alternance des genres de vie : occasion d'une assemblée générale où la communauté retrouve son unité première.* Fêtes et chansons anciennes de la Chine.

Pour Marcel Granet, l'assemblée du printemps avait un caractère marqué d'orgie sexuelle, alors que celle de l'automne, dans ces communautés d'agriculteurs, était plutôt une orgie alimentaire. Mais il va de soi que, dans les sociétés de Chasseurs, les assemblées périodiques ne pouvaient avoir aucune signification agraire, et qu'elles se situaient dans le calendrier à des moments significatifs pour la chasse. C'est ce que fait comprendre Margaret Murray, qui avait en vue les plus anciennes fêtes de l'Europe, les Sabbats, lorsqu'elle indique que ces fêtes orgiastiques avaient lieu le 2 février (Chandeleur), au début de mai, le 1er août (Lammas), au début de novembre (All Hallows, Toussaint) :

> *Ceci montre une division de l'année en mai et novembre par deux dates de coupure trimestrielle. Une telle division appartient à un calendrier très ancien, antérieur à l'introduction de l'agriculture. Elle n'a aucun rapport avec les semailles et la moisson, elle ignore les solstices et les équinoxes, mais elle marque l'ouverture de deux saisons d'accouplements pour les animaux, aussi bien sauvages que domestiques. Elle appartient donc aux époques de la chasse et de la vie pastorale ; et elle est en elle-même une indication. de l'extrême primitivité du culte, soulignant sa très ancienne origine, qui remonte peut-être jusqu'au Paléolithique.* (The God of the Witches, p. 79)[1].

Si les fêtes périodiques étaient les occasions des accouplements intercommunautaires, il faudrait se faire de grandes illusions sur la nature humaine pour s'imaginer que les groupes consanguins, repliés sur eux-mêmes pendant des trimestres, s'abstenaient d'activités sexuelles. Les organisations dualistes avaient pour fondement une vocation exogamique ; mais il n'est pas probable que cette exogamie ait été exclusive. Tel apparaît un des legs les plus importants du Paléolithique.

---

1. Cet exemple européen ne saurait être transposé en tous pays, car le folklore paléolithique a disparu dans certaines civilisations.

CHAPITRE II

LES STRUCTURES PROTOFAMILIALES NÉOLITHIQUES

> *Les mâles... ne sont pas, en ce qui concerne le rapport direct de la parenté naturelle primitive, des éléments intégraux et vitaux du groupe. Ils ne peuvent pas l'accroître ni le procréer, puisque la parenté n'est pas calculée d'après eux. Ils sont nécessaires à la protection et à la subsistance économique du groupe ; et l'accroissement de leur nombre est hautement apprécié. Mais ils ne sont pas essentiels à la continuité et à la constitution du groupe social lui-même, qui est cohérent par la succession des mères et des filles, et dans lequel les mâles ne sont que des rejetons de la tige femelle principale, qui assure au groupe sa stabilité sociale.*
>
> Robert Briffault, *The Mothers*, 1927.

Une vérité s'impose : tant que l'existence de la paternité fut ignorée, il était impensable d'organiser la société en fonction du père. La fonction procréatrice n'étant reconnue qu'aux femmes, la première organisation sociale fut matrilinéaire. Cette vérité fondamentale étant admise, les discussions vieilles de plus d'un siècle sur l'antériorité des structures matrilinéaires ou patrilinéaires deviennent sans objet. L'organisation matrilinéaire précède nécessairement l'organisation patrilinéaire. L'inverse n'est pas possible.

Toutes les recherches particulières sur l'origine des sociétés aboutissent au même résultat, qui est la vérification de ce principe. Le temps est loin où un grand ethnologue, R. Lowie, pouvait affirmer que la Mélanésie est la seule partie du globe où la substitution du système patrilinéaire au système matrili-

néaire a été bien établie. De plus, à chaque fois que l'ethnologie a pu observer le passage d'un système à l'autre, il s'agit du
matrilinéaire vers le patrilinéaire, et jamais de l'inverse (le cas
inverse, parfois invoqué, celui des Kwakiutl en Amérique du
Nord, n'est pas probant, car il ne révèle qu'une oscillation
dans une évolution encore indécise).

L'avènement du Néolithique et ses conséquences sociales

L'avènement du Néolithique est lié à l'agriculture, qui ouvre
une ère nouvelle dans l'organisation des sociétés. Dans
l'Ancien Monde, les premières traces d'agriculture apparaissent dès le VIIe millénaire en Chine, en Egypte, au pays de
Sumer ; et même bien plus tôt, aux IXe et VIIIe millénaires,
dans certaines régions du Croissant fertile (Palestine, Mésopotamie). Dans le Nouveau Monde, la domestication des plantes
est plus tardive ; elle apparaît au Mexique vers le milieu du
IIIe millénaire.

Pour les premiers découvreurs de la préhistoire, qui étu-
diaient l'Europe, ce changement des bases de l'économie
aurait été provoqué par la modification profonde de l'écosystème après le retrait des glaciers : il en était résulté une crise
alimentaire qui contraignait les groupes humains à perfec-
tionner leurs méthodes d'alimentation. Mais on peut remarquer, à ce sujet, que le Néolithique n'est pas apparu seulement
sur les marges méridionales de l'inlandsis boréal ; il s'est
manifesté aussi dans les zones tropicale et équatoriale. C'est
pourquoi ce changement économique exige une explication
plus générale. Probablement, le Néolithique est le résultat
d'une maturation propre à certaines sociétés, qui ressentent
les effets de leur croissance démographique à la fin du
Paléolithique récent et s'efforcent, pour cette raison, de mieux
maîtriser leur environnement. Vers la même époque, la
glaciation würmienne prenant fin, il se produit un déplace-
ment général des zones climatiques et de leurs écosystèmes
vers le Nord ; et, en même temps, dans les massifs monta-
gneux, la montée des étages climatiques et la fonte des
glaciers. Ces déplacements des écosystèmes ne pouvaient
qu'entraîner des crises alimentaires dans certaines régions (ce
qui rejoint l'explication des préhistoriens du XIXe siècle).

54

De telles mutations ont des conséquences capitales pour l'organisation des sociétés. L'agriculture, inventée par les femmes, devenant l'activité économique essentielle, la chasse est peu à peu marginalisée ; elle restera cependant, dans la société de classes, un des passe-temps préférés des maîtres, qui, n'ayant pas besoin de travailler la terre pour vivre, peuvent continuer à chasser. La structure des groupes humains se trouve alors transformée. Au Paléolithique, les chasseurs-collecteurs constituaient des groupuscules, disséminés dans les forêts ou la steppe : la faiblesse de la densité démographique, l'instabilité de l'habitat et le caractère des techniques ne leur permirent jamais d'atteindre un niveau culturel élevé, ni une organisation sociale complexe. Mais, au Néolithique, les hommes, qui renoncent à la chasse, refluent progressivement vers les villages, qui se sédentarisent et rassemblent une population de plus en plus nombreuse grâce au passage de l'économie de prédation à l'économie de production.

Corrélativement, les concepts relatifs au territoire occupé se modifient : de la notion de territoire de chasse, on passe à celle de terroir agricole, qui est très différente, car l'ancien territoire de chasse n'est que partiellement cultivable. Les terroirs agricoles, qui restent géographiquement instables, — c'est l'agriculture itinérante, — ne sont appropriés et cultivés que collectivement. Dans les conditions de la parenté classificatoire, l'appropriation individuelle ou familiale du sol n'aurait pas de sens, puisque la famille, dans le sens actuel du terme, n'existe pas : tous les enfants se trouvant confondus dans la collectivité, les adultes ne peuvent pas avoir d'héritiers personnels.

L'appropriation privée du sol ne sera possible qu'avec l'apparition de la société de classes et du système de parenté descriptif, qui permet à un individu de distinguer ses propres héritiers dans la masse des enfants.

Les migrations interclaniques et les « maris visitants »

Au Néolithique, lorsque les sociétés les plus évoluées commencèrent à se sédentariser, les premières agglomérations villageoises rassemblaient des communautés biologiques, groupes consanguins qui étaient liés exclusivement par les mères, la seule filiation connue étant alors la filiation utérine. Ces groupes biologiques, comme l'avait très bien compris un des plus lucides historiens de la famille, A. Giraud-Teulon, étaient cohérents « par habitude, par nécessité, par sentiment instinctif de compagnonnage ». Mais, dans le système de parenté classificatoire qui prévalait alors, ils n'avaient pas la notion de parenté individuelle, qui ne s'imposa que lentement par suite de la structuration interne des communautés et des progrès de la conceptualisation.

Dans ces communautés, soumises par nécessité à l'immémoriale endogamie, les rapports sexuels étaient libres de tout interdit : c'est ce que les historiens de la famille ont appelé la « promiscuité ». Les témoignages de cette promiscuité ne peuvent pas être contemporains, puisqu'il n'y avait pas d'écriture. Ils apparaissent plus tard dans l'héritage mythologique et dans les comportements sexuels anarchiques des plus anciennes familles patrilinéaires, comme nous le montrerons plus loin par l'interprétation des textes sanskrits. Ces comportements, qui mêlaient ce que nous appelons « parents et enfants », « frères et sœurs », paraissent aberrants du point de vue de l'idéologie patrilinéaire ; ils doivent donc être considérés comme un héritage des sociétés plus anciennes.

Les premières structurations des communautés apparurent, à une époque indéterminée, sous la pression d'un tabou d'origine obscure, qui interdit les unions sexuelles entre individus consanguins et exige par conséquent l'exogamie. La densité croissante du peuplement de la terre et les rapports plus fréquents entre les groupes humains favorisaient alors la rupture des isolats démographiques. C'est dans ces conditions que débutèrent les migrations interclaniques, qui permettaient des relations sexuelles entre individus non consanguins. Or, comme les femmes étaient inamovibles dans leurs matrilignages ou leurs matriclans, il apparaît que les seules migrations possibles étaient alors des migrations de garçons, qui se rendaient dans un autre village pour accéder aux femmes étrangères.

Lorsque les groupes humains prirent conscience de la paternité (dès le Ve millénaire en ce qui concerne les sociétés les plus avancées), la situation ne fut pas sensiblement changée ; car, dans la pratique usuelle de la promiscuité, les

« pères » étaient dans l'impossibilité de reconnaître les enfants qu'ils engendraient. Les filles, déflorées dès le plus jeune âge, étaient à la disposition de tous les mâles et répondaient à la demande. Le principe d'organisation des sociétés restait donc matrilinéaire. Il serait illusoire de se représenter des couples mariés, stables, rassemblant autour d'eux leurs propres enfants : *la famille nucléaire n'existe pas dans les sociétés néolithiques.* Les enfants n'appartiennent ni à un père ni à une mère déterminés ; ils forment une collectivité de jeunes.

La migration interclanique des garçons apparaît notamment dans la Chine ancienne, où Marcel Granet a montré l'existence des « maris-gendres », annexés au lignage de leur femme : la force de cette institution, qui était en contradiction avec l'usage patrilinéaire de la résidence patrilocale, donne à penser qu'elle provenait d'un usage plus ancien accordé aux coutumes et à l'idéologie matrilinéaires. Marcel Granet a également mis en lumière le fait que, dans la noblesse chinoise, se pratiquait la coutume du fosterage, par laquelle un seigneur envoyait ses fils séjourner chez un autre seigneur, où ils formaient une sorte d'école de pages : cette migration temporaire peut être considérée comme dérivant de l'exogamie en système matrilinéaire.

Ces migrations interclaniques sont à l'origine des plus anciens couples hétérosexuels, qui furent des couples à résidence duolocale, dans lesquels chacun des deux partenaires résidait dans son propre clan. Il est vraisemblable que les migrations primitives donnaient lieu à des accouplements collectifs. Par la suite, les rapports sexuels s'individualisant, les couples furent constitués par ce que l'on a appelé les « maris visitants » et leurs conjointes, auprès desquelles les garçons n'avaient qu'un droit d'accès sexuel.

Exemples historiques et actuels de « maris visitants »

L'institution des maris visitants diffère du véritable mariage par des traits caractéristiques du système matrilinéaire. Il en existe un exemple historique, assez peu connu, dans les Lois hittites, document du XIVe siècle av. J.-C. écrit en cunéiforme. Vers le milieu du IIe millénaire, les Lois hittites témoignent d'une société patriarcale, dans laquelle le père exerce l'autorité sur la famille et la résidence des époux est patrilocale. Cependant, la section 27 de ces Lois témoigne d'une alternative, selon laquelle la femme ne réside pas chez son mari, mais chez son propre père. Si une femme vient habiter chez son mari en y apportant son *iwaru* (bien patrimonial), ce bien est acquis à la famille du mari : en cas de décès de la femme, l'*iwaru* reste dans la famille du mari (il faut noter qu'à cette époque, la terre a peu de valeur et ce sont surtout des biens mobiliers, comme des troupeaux et des bijoux, qui constituent un patrimoine). Mais si la femme a continué à habiter chez son propre père et si elle y meurt, l'*iwaru* ne revient pas au mari ; il reste dans la maison de la femme et de son père, même si la femme a des enfants.

Cette section 27 des Lois hittites se trouve donc en discordance avec le droit patriarcal prédominant dans cette société. Elle atteste qu'il existe encore une forme de mariage duolocal, dans laquelle le mari n'est pas intégré au clan de la mère et se trouve donc dans la situation de « mari visitant », qui ne peut avoir aucune prétention sur l'*iwaru* de son épouse, même si celle-ci a eu des enfants de lui. Selon E. Neufeld, cette manière de voir semble la seule interprétation logique de la section 27 des Lois hittites.

Au XVIe siècle, le voyageur portugais, Duarte Barbosa[1], visitant l'Inde du Sud-ouest, donne une description parfaite de ce qu'était la famille duolocale, à mari visitant, dans la caste des Naïr : la famille n'était constituée, en fait, que par la mère, les enfants et les frères de la mère ; le mari n'était qu'un hôte étranger et temporaire dans la maison, où il n'entrait qu'à certains jours fixés ; et il ne lui était même pas permis de prendre ses repas à côté de sa femme et de ses enfants.

A notre époque, où la famille traditionnelle des Naïr montre certains signes de désintégration, nous trouvons encore un exemple des « maris visitants » dans l'archipel voisin de Lakshadvîp (Laquedives), — un groupe d'atolls dont l'isolement a préservé les très vieilles coutumes en dépit de l'influence islamique. Le couple marié, en effet, y a conservé la résidence duolocale, la femme vivant dans son propre clan, et

1. Barbosa fut un compagnon de Magellan dans son tour du monde. Il périt avec Magellan.

le mari dans le sien[1]. Le mariage ne crée donc pas une nouvelle unité sociale ; il ne donne au mari que le droit d'accès sexuel.

Situation analogue chez les Minangkabau de Sumatra, où l'on a maintes fois observé la tradition des « grandes maisons » qui est en voie de disparition aujourd'hui : ces grandes maisons abritaient toutes les personnes d'un même matrilignage ; et les femmes y recevaient aussi des « maris visitants » venus d'une autre grande maison. Il n'y avait donc pas de vie commune du couple ; selon l'idéologie minangkabau, le mari était seulement « prêté » par un autre clan pour passer la nuit avec sa femme. A la fin du XIXᵉ siècle, M. Glaumont notait de même qu'en Nouvelle-Calédonie, la femme vivait avec ses enfants, mais ne cohabitait pas avec son mari. De telles situations persistent aussi dans certaines communautés de Ceylan et en Afrique chez les Bantous.

Dans ces conditions, l'appelation de « maris visitants », qui est passée dans l'usage, est un peu inexacte. Il s'agit, en réalité, de l'une des formes protofamiliales du mariage, survivance de l'exogamie primitive, qui était une exogamie de garçons. Au cours de l'évolution, les « maris visitants » se sont stabilisés en venant cohabiter avec leur épouse : cette forme de mariage, uxorilocale ou matrilocale, est devenue une structure typique des sociétés matrilinéaires.

La matrifocalité et l'autorité des frères

Au XIXᵉ siècle, Bachofen, qui avait découvert l'antériorité des sociétés matrilinéaires, croyait à l'existence primitive d'un matriarcat, gouvernement par les femmes. Mais cette idée de l'autorité maternelle, suggérée par celle de l'autorité paternelle, dont elle est symétrique, n'a pas été vérifiée par des témoignages historiques ; et elle se trouve, de plus, en contradiction avec l'organisation des sociétés matrilinéaires survivantes, qui sont soumises à l'autorité du frère de la mère.

En vérité, les mères détenaient exclusivement une responsabilité capitale, qui était celle des enfants. Lorsque l'organisa-

1. Il en est de même dans l'archipel des Comores sous un régime patriarcal polygynique.

tion collective protofamiliale se transforma en familles, la mère de la famille conserva cette fonction, alors que le Père, qui restait imprégné de la psychologie matrilinéaire, n'avait aucun sens de cette responsabilité (ce qui est encore le cas, de nos jours, dans certaines sociétés récemment converties au système patrilinéaire, notamment en Amérique latine). C'est l'origine de la matrifocalité des familles traditionnelles. Dans la famille patrilinéaire de l'Inde, la mère exerce, en effet, une autorité incontestée non seulement sur les enfants, mais sur les brus. Dans la famille matrilinéaire de Lakshadvîp, la plus vieille femme est distinguée par un statut spécial : elle est hautement respectée, consultée sur tous les sujets importants, et obéie des enfants qu'elle a le droit de punir ; et même si le groupe familial se disperse, on ne ferait pas une cérémonie sans l'en informer et l'y inviter.

On peut ainsi, dans le système matrilinéaire, se représenter la femme exerçant une forte autorité intérieure. Les « pères » ne pouvaient pas régner sur les enfants, puisqu'ils n'en avaient pas. Ils n'avaient ni droits ni devoirs à l'égard des enfants de leur lignage. Cette irresponsabilité des « pères » sans paternité se prolonge dans les sociétés patrilinéaires primitives, comme on le voit très bien chez les Hébreux au XIXe siècle av. J.-C. dans le mariage d'Isaac et de Rébecca (que nous commentons plus loin) : ce n'est pas le père de Rébecca qui donne sa fille à Isaac, mais son frère. Le père est à peine consulté. Comme l'avait fort bien remarqué James Frazer, c'est le frère qui donne sa sœur en mariage.

Ainsi, dans les sociétés matrilinéaires, le frère aîné avait autorité sur ses sœurs classificatoires et sur leurs enfants, ainsi que sur ses frères classificatoires, dans son propre clan exclusivement ; dans les autres clans, où il avait accès sexuel, il n'exerçait aucune autorité. Cette autorité est accusée universellement par le rôle que joue le frère de la mère dans les familles matrilinéaires d'aujourd'hui, où il reste généralement le chef de famille. A cette autorité, est constamment associée un lien affectif puissant, qui attache l'oncle maternel à ses neveux et nièces utérins, parce que ceux-ci sont reconnus de même sang. L'oncle maternel, dans le groupe protofamilial, a certainement détenu des prérogatives qui furent plus tard assumées par le père. Telle est l'institution de l'avunculat, qui a survécu sous des formes variées dans les sociétés patrilinéaires postérieures. Cette institution était-elle assortie du droit de vie et de mort sur les enfants des sœurs, qui a été attesté dans plusieurs sociétés matrilinéaires modernes, notamment chez les Ashanti du Ghana et les Bantous de l'Afrique centrale ? On ne peut pas le prouver ; car les sociétés matrilinéaires évoluées, étudiées par l'ethnologie, ont subi l'influence du milieu patrilinéaire ambiant et ne reproduisent donc pas en toutes choses les traits primitifs.

Sous ce régime de l'avunculat, nous pouvons cependant distinguer un cas où la femme ne subissait aucune autorité masculine : c'est le cas de la femme sans frère, dans la société indo-aryenne évoquée par le Rig Véda, recueil d'hymnes religieux du IIe millénaire. Cette société avait déjà adopté le système patrilinéaire. Mais le Rig Véda témoigne fréquemment de la persistance de l'idéologie et de comportements matrilinéaires, comme ce passage qui montre la déesse de l'Aurore, Ushas, dans toute sa gloire et dans la liberté sexuelle des temps anciens :

« Elle cherche les hommes comme une femme qui n'a pas de frère, montant sur son char comme pour acquérir des trésors.

« L'Aurore, comme une femme amoureuse de son époux, souriante et bien parée, dévoile sa beauté. »

On n'avait pu expliquer cette expression, « *une femme qui n'a pas de frère* », parce que l'état d'avancement de l'anthropologie comparée ne permettait pas d'éclairer la situation. Mais nous savons maintenant que le frère de la mère détenait l'autorité chez les peuples de la famille indo-européenne, notamment les Germains, les Francs et les Celtes. Il jouait aussi un rôle important chez les Crétois préhelléniques. Et l'on peut tenir pour certain qu'il en était de même dans les populations pré-aryennes de l'Inde, en raison de la persistance de l'avunculat chez les Dravidiens modernes et dans certaines ethnies de l'Inde du Nord et du Népal. Par conséquent, les Brahmanes qui composaient les hymnes du Rig Véda savaient très bien ce qu'ils disaient : à leurs yeux, la femme sans frère était la femme qui n'était soumise à aucune autorité.

La femme, inamovible dans son lignage

La reconnaissance de l'autorité des frères ne dit cependant pas le dernier mot sur le statut de la femme, car cette autorité était nécessairement limitée par les structures mêmes de la société matrilinéaire. La mère des temps néolithiques est, en effet, l'axe biologique de toute organisation familiale, l'axe de toute transmission génétique et juridique, de toute filiation, de tout héritage. En conséquence, elle est inamovible dans son clan. Et dans le système classificatoire de parenté, quelle que soit l'autorité exercée par les frères des mères, ils ne peuvent donner ni leurs sœurs ni leurs filles à d'autres clans ; la migration interclanique débutera par une migration des garçons sous la pression du tabou frappant les rapports sexuels consanguins. Lorsque s'instaure le système descriptif de parenté, que nous pouvons aujourd'hui observer dans les communautés matrilinéaires survivantes, la situation est encore plus nette : le frère de la mère ne peut donner aux autres clans ni sa sœur ni ses filles, — différence capitale avec les sociétés patrilinéaires, qui exportent leurs filles. Le pouvoir du frère de la mère se heurte ici à une limitation absolue qui tient à l'essence même du système matrilinéaire ; car une société matrilinéaire ne saurait exporter ses éléments féminins sans renoncer au principe même de son identité.

L'inamovibilité de la femme dans son lignage se traduit par une fixité géographique dont nous retrouvons parfois les traces, notamment dans l'archipel des Maldives, qui fut visité au XIXᵉ siècle par le voyageur maghrébin Ibn Battûta. Ces îles sont des atolls situés dans l'Océan Indien à quelque 400 000 miles au sud-ouest de Ceylan, et où se conservèrent longtemps des coutumes antiques. Les mariages, dit Ibn Battûta, y étaient extrêmement faciles ; lorsqu'un navire y faisait escale, les membres de l'équipage épousaient des Maldiviennes, puis divorçaient avant leur départ, — mariage temporaire qui rappelle les mariages de *mot'a* pratiqués encore en Arabie au temps du Prophète. Les femmes, dit-il, ne quittaient jamais leur pays, — ce qui signifie leur inamovibilité dans le lignage où elles étaient nées. Lui-même, qui avait plusieurs femmes légitimes et des concubines, rapporte qu'il passait la nuit chez chacune d'elles à son tour : il se trouvait donc dans la situation de « mari visitant », dans une situation qui tenait à la fois du système patriarcal par l'autorité du mari, et du système matrilinéaire par l'inamovibilité des épouses.

D'autres témoignages permettent de vérifier cette coutume ancienne qui ne s'explique que par la structure matrilinéaire. C'est ainsi que dans le Sahara algérien, le Français A. M. Goichon notait, en 1927, que les femmes du Mzab n'avaient point le droit de quitter le pays. En Arabie du Sud, l'ethnologue anglais Richard Burton écrivait que les Bédouins « ne refusent pas leur fille à un étranger, mais (que) le gendre sera forcé de s'établir parmi eux ». Et Ibn Battûta notait la même coutume au Yémen dans la ville de Zabîd : « Les femmes de cette ville, écrivait-il, ne refusent pas, quand des étrangers leur font une proposition de mariage. Mais si ceux-ci veulent partir, les femmes ne peuvent pas les suivre. Lorsqu'il y a des enfants, c'est la mère qui en prend soin et qui satisfait à leurs besoins jusqu'à ce que le père soit de retour. » Enfin, en Amérique du Nord, l'ancienne société des Cheyennes obéissait au même principe : une femme née dans un groupe devait y rester toute sa vie.

Le principe de matrifocalité donnait aux mères, dans le milieu familial, une importance et une autorité que l'on peut constater encore aujourd'hui dans maintes sociétés. L'inamovibilité des femmes dans le matrilignage leur conférait une garantie imprescriptible contre les trafics de femmes qui devinrent communs dans les sociétés postérieures. Et c'est par méprise que C. Lévi-Strauss a expliqué la toute-puissance du frère de la mère par le fait qu'il est « donneur de femmes » : cette qualité, valable en régime patrilinéaire, est inacceptable pour le régime matrilinéaire qui l'a précédé.

D'autre part, le statut de la femme ne se définissait pas seulement par ces éléments structuraux de la société, mais aussi par la prépondérance religieuse et les fonctions de prêtresse, par une liberté sexuelle inconnue des sociétés plus tardives, et enfin par l'indépendance à l'égard des hommes venus de lignages étrangers, qui n'étaient pas des « maris » au sens moderne du terme, puisqu'ils n'avaient qu'un droit d'accès sexuel.

Un fossile sémantique, la parenté classificatoire : le système hawaïen

On comprendra beaucoup mieux la structure de la famille néolithique en considérant le système de parenté classificatoire découvert par L. A. Morgan. Pour un esprit moderne, il peut paraître incroyable qu'un enfant ne connaisse pas ses « parents », strictement définis comme son père et sa mère. Dans les familles de type moderne, les termes de parenté, tels que mère, père, fils, fille, cousin, cousine, neveu, nièce, etc., cernent parfaitement la personnalité de l'individu désigné, sans ambiguïté, sans confusion possible avec une autre personne. Un enfant appelle « père », « oncle », « mère », « tante », etc. une personne particulière avec laquelle il a un lien de parenté bien défini. C'est le système dit *descriptif*, parce que le terme employé décrit la personne désignée. Mais il n'en a pas toujours été ainsi en raison de l'évolution des concepts relatifs à la parenté.

En des temps éloignés, on peut imaginer que la première discrimination, à l'intérieur du groupe consanguin, se fit entre jeunes et vieux. Puis les progrès de l'exogamie, vraisemblablement, nécessitèrent une discrimination plus nuancée, permettant de distinguer des catégories de parents : ceux qui sont interdits et ceux qui sont permis dans les rapports sexuels. On en arrivera ainsi à des organisations de parenté, appelées système *classificatoire*, dans lesquelles les termes de parenté désignent toute une catégorie au lieu d'une personne particulière, comme c'est le cas dans les systèmes descriptifs.

Le plus ancien des systèmes classificatoires est le système hawaïen (qui était appelé malayen par L. A. Morgan). Dans ce système premier les enfants ne connaissaient pas leur père, puisqu'on ignorait la paternité. Quant à leur mère, nous pouvons affirmer qu'ils ne la connaissaient pas davantage, parce qu'il y a des témoignages historiques et ethnologiques d'un élevage collectif des enfants dans ces sociétés où la famille nucléaire n'existait pas. Les termes signifiant « père » et « mère » étaient utilisés dans toutes les langues ; mais ils ne pouvaient s'appliquer qu'à la catégorie des adultes sans connotation génétique entre telle mère et tel enfant. Dans ces conditions, la notion de cousin n'existait pas ; les cousins et cousines étaient confondus avec ceux que nous appelons frères et sœurs (ou siblings). C'est le caractère essentiel du système hawaïen, qui est, par suite, extrêmement pauvre en termes de parenté (Margaret Mead n'en a compté que treize dans les îles Samoa).

Ce vocabulaire remonte à une époque où la famille nucléaire n'était pas constituée. Dans les matrilignages néolithiques, l'élevage des enfants étant collectif, on se contentait d'un vocabulaire catégoriel. Les rapports de parenté n'étaient pas conceptualisés comme chez nous en rapports de personne à personne, mais en rapports de catégories. Les peuples sans écriture avaient ainsi inscrit dans leur vocabulaire, une conception des rapports familiaux qui est parvenue jusqu'à nous par la tradition du langage.

Le choix de la Polynésie, comme exemple du système classificatoire, tient aux propriétés exceptionnelles du milieu insulaire pour conserver intactes les formes sociologiques primitives. Les Polynésiens sont issus de l'un des groupes mongoloïdes, qui passèrent de l'Asie du Sud-Est dans les archipels, à la fin du Pléistocène, lorsque l'abaissement du niveau marin, qui semble maximum vers 15 000 av. J.-C., établit des ponts terrestres entre le continent et Sumatra, Java, Bornéo, Taiwan, et probablement Palawan. Après la remontée du niveau des mers, entre 14 000 et 10 000, ces groupes humains se trouvèrent piégés dans les îles, où ils formèrent des isolats génétiques et culturels. Leur isolement prolongé donna aux Polynésiens un type physique particulier, dû à la dérive génétique, mais favorisa la conservation de leur patrimoine culturel, de sorte que, sous un régime familial considéré comme patrilinéaire, ils ont conservé des caractères anciens, notamment leur système de parenté.

Tous les peuples, au cours de leur évolution, sont passés par le stade hawaïen ; et aujourd'hui encore, un grand nombre d'ethnies ont conservé cette nomenclature simple, non seulement en Polynésie, mais chez les Indiens d'Amérique du Nord et du Sud. Les peuples sud-asiatiques ont généralement une appellation commune pour les cousins et siblings.

La signification des échanges d'enfants

C'est la fossilisation relative du système hawaïen qui explique un des traits de mœurs actuels les plus caractéristiques de la Polynésie : les échanges d'enfants. Ces populations, en effet, ont gardé, dans leur système familial actuel, la psychologie de l'ancien système classificatoire selon lequel les enfants étaient communs à tous : chaque père ou mère considérait l'ensemble des enfants comme sien. A notre époque, un enfant polynésien, qui connaît parfaitement son père et sa mère réels, ne fait aucune discrimination entre ceux-ci et ses oncles et tantes ; il peut aller, à sa guise, d'une maison apparentée à une autre, sans qu'on se soucie de son absence, car il est également « chez lui » chez les uns et les autres. Cette communauté des enfants, vestige du collectivisme matrilinéaire, explique que l'on puisse donner un enfant à une autre famille.

A un degré plus avancé de l'évolution, c'est cette psychologie du collectivisme qui explique la survivance de la famille indivise chez certains peuples. Dans la société actuelle de l'Inde, par exemple, la famille nucléaire n'est pas encore devenue le type familial courant ; car les fils continuent à vivre sous le même toit que leur père avec leurs épouses et leurs enfants, aussi longtemps que le volume de la famille n'exige pas sa dissociation. Il est remarquable que, dans ces conditions, les foyers familiaux juxtaposés tendent à une étroite coopération et que les enfants ont le sentiment d'appartenir simultanément à chaque foyer, ce qui illustre leur usage courant de la terminologie hawaïenne : ils appellent frère (bhâî) et sœur (bhaginî) leurs cousins et cousines, père (bâp) et mère (mâ) leurs oncles et tantes, etc. Ils appliqueront aussi bien ces termes à des proches de la famille étendue et même à d'autres personnes de la même génération.

Les dortoirs d'adolescents

Le tableau des sociétés néolithiques ne saurait être entièrement explicite, si l'on ne plaçait au centre des villages les maisons d'adolescents, celles des garçons et celles des filles, qui jouent encore aujourd'hui un rôle capital, aussi bien dans les sociétés patrilinéaires que dans les matrilinéaires. Avec des variantes, explicables par leur universelle dispersion, ces institutions présentent des traits communs caractéristiques. En principe, tous les adolescents quittent la maison de leurs parents vers l'âge de la puberté et vivent dans ces collectivités de jeunes jusqu'à leur mariage. Ils peuvent passer la journée et travailler avec leurs parents, mais ils reviennent obligatoirement passer la nuit dans leurs dortoirs. La fonction actuelle de l'institution est évidemment l'éducation de groupe, l'éducation par classes d'âge, qui — dans les sociétés traditionnelles — transmet les rites de la tribu, procède aux initiations, assure l'apprentissage du travail et de la vie en société. L'éducation sexuelle des plus jeunes s'y fait par l'exemple de leurs aînés, car les dortoirs séparés pour garçons et filles n'impliquent aucune ségrégation sexuelle : dans la plupart des cas, les garçons et les filles peuvent passer la nuit dans la maison du sexe opposé, à la condition d'y éviter les rapports avec un partenaire consanguin. Ces maisons peuvent aussi servir de lieux de réunions, de salles des fêtes, de lieux d'hébergement pour les étrangers. Dans les territoires où se pose encore un problème de sécurité, comme l'Assam et le nord de la Birmanie, la maison des garçons rassemble la force guerrière prête à défendre éventuellement le village.

Les dortoirs d'adolescents sont signalés sur des aires géographiques très étendues : l'Afrique orientale et australe, le Dekkan, l'Himalaya, l'Asie du Sud-Est, l'Indonésie, l'Océanie, Madagascar, le Guatemala, l'Amérique du Sud (tribu des Sherente). Ils existaient chez les Mayas au moment de la conquête espagnole. Et il en était vraisemblablement de même dans la Crète préhellénique où les jeunes gens vivaient en troupe.

L'origine des dortoirs d'adolescents a posé à l'anthropologie un problème difficile à résoudre, parce que, dans notre habitude de penser en fonction de nos concepts usuels, nous appliquons inconsciemment ces concepts à des sociétés primitives qui les ignoraient. En l'espèce, les anthropologues sont habitués à considérer comme normale la cohabitation des parents et de leurs enfants ; et lorsqu'ils se trouvent en présence de la ségrégation des adolescents, ils y voient une anomalie, qu'ils cherchent à expliquer comme telle. Mais, le problème étant mal posé, on ne trouve pas de solution satisfaisante.

En réalité, à l'époque où les dortoirs d'adolescents furent établis, toutes les sociétés humaines vivaient dans le système classificatoire : les enfants n'avaient donc pas de « parents » au sens actuel du terme, ils constituaient une collectivité indifférenciée qui se distinguait de la collectivité des adultes, les « mères » et les « pères ». Au temps du genre de vie imposé par la grande chasse, les jeunes enfants vivaient avec les « mères » ; et les adolescents, les garçons uniquement, suivaient le groupe des « pères » dans les expéditions de chasse. La société était plus ou moins nomade. Mais au Néolithique, lorsque les groupes commencèrent à se sédentariser sous la pression de l'économie agricole, la question de l'habitat se posa. Il ne pouvait venir à l'esprit de personne d'installer les enfants autour de leurs « parents », puisqu'il n'y avait pas de « parents » : il n'existait aucune famille. Nous pouvons ainsi comprendre pourquoi la sédentarisation donna aux jeunes un habitat collectif. L'universalité du système classificatoire, explique la très large dispersion des dortoirs d'adolescents. La discrimination de dortoirs pour filles et pours garçons est en rapport avec la ségrégation des sexes, bien connue en anthropologie, qui remonte probablement au Paléolithique récent.

Les fonctions de ces collectivités d'adolescents se définirent d'elles-mêmes selon les besoins. L'éducation des plus jeunes s'y faisait au contact de leurs aînés, car il n'existait pas d'autre système d'éducation. Les initiations collectives, la formation des jeunes par classes d'âge, sont nées, selon toute probabilité, dans ces organisations collectives néolithiques. La densité croissante de la population rendait les conflits plus fréquents avec les groupes voisins : les maisons d'adolescents assumèrent ainsi leur fonction défensive à une époque où il n'existait aucune force armée organisée. Quant à la vie sexuelle des jeunes, elle n'était nullement entravée par cette séparation de l'habitat ; elle devait ressembler à ce qu'on observe aujourd'hui dans la plupart des maisons d'adolescents, avec cette différence qu'elle n'aboutissait pas à des mariages stables, tels qu'ils furent conçus plus tard.

Il apparaît, de nos jours, que les maisons d'adolescents servent aussi à éviter l'inceste avec les parents. Telle était l'opinion de B. Malinowski dans son étude sur les îles Tro- briand (Nouvelle-Guinée) : pour respecter le tabou de l'exogamie, écrivait-il, la maison familiale se vidait de ses adolescents au moment de leur puberté ; quant aux filles, elles allaient aussi vivre dans une maison d'adolescentes, mais pouvaient revenir coucher chez leurs parents dans leurs rares nuits de chasteté. Cette interprétation, nous le voyons immédiatement, est applicable aux sociétés actuelles organisées en familles. Mais dans quelle mesure l'est-elle aux sociétés néolithiques avec la parenté classificatoire et la promiscuité sexuelle ? Il est vraisemblable que la fonction exogamique des dortoirs d'adolescents s'est développée en même temps que la parenté descriptive, qui permettait seule de discriminer les partenaires interdits.

Or le recul des dortoirs d'adolescents fut provoqué par le passage au système descriptif, c'est-à-dire dans la phase de l'évolution où les enfants apprennent à reconnaître leurs propres parents et où de véritables familles se constituent. Dans les sociétés les plus avancées, les dortoirs d'adolescents disparaissent, parce qu'ils sont devenus anachroniques au point de vue de l'organisation familiale et parce qu'ils ont cessé d'être fonctionnels dans ces sociétés complexes qui assument autrement les fonctions d'éducation, de travail et de défense. La survivance de la collectivité adolescente n'a été possible que dans les aires tribales, en dépit de la parenté descriptive généralisée, parce que ces sociétés rudimentaires ne pouvaient pas assumer ces fonctions. Il est toutefois prévisible que l'institution des dortoirs d'adolescents est condamnée à terme, bien moins par les efforts pudiques des missionnaires chrétiens que par l'extinction progressive de leurs fonctions traditionnelles. Institution caractéristique du collectivisme matrilinéaire, ces dortoirs n'auront plus aucune place dans un monde renouvelé.

L'individualisation de l'exogamie

L'exogamie globale fut la première forme d'exogamie, qui se réalisait, probablement, en certains jours de fêtes, par des rencontres sexuelles collectives. Au cours du Néolithique, il apparaît que ces rencontres s'individualisèrent sous la forme des « maris visitants » : c'était toujours l'homme qui se déplaçait pour rejoindre la femme, inamovible dans son lignage. Puis, l'homme effectuant une migration complète, on vit se former les premiers couples à base sexuelle, à résidence uxorilocale, qui sont la forme protofamiliale des mariages. Toutefois, par une persistance de l'exogamie globale, les migrations interclaniques furent pendant longtemps des migrations de frères (classificatoires ou réels), qui donnaient lieu à des organisations polyandriques ; c'est plus tard, sous la prévalence de la filiation patrilinéaire, que le renversement du sens migratoire entraînera des migrations de sœurs qui aboutiront à former des familles à polygynie sororale.

On peut conjecturer les causes profondes de cette évolution, qui mène peu à peu l'humanité d'une sexualité collective à des couples mariés. Il ne semble pas qu'il s'agisse de causes économiques ; car, d'après ce que nous savons de l'économie néolithique, il n'y avait pas encore d'appropriation privée du sol et des troupeaux. Les terres cultivées et les terrains de parcours des éleveurs appartenaient en commun aux communautés. Mais il est vraisemblable que, dans cette phase de l'évolution, ce sont les progrès de la conceptualisation (progrès d'ordre intellectuel) qui déterminent des choix personnels de partenaires sexuels. La sédentarité des villages agricoles favorisait de tels choix, entraînant les visites répétées et régulières des « maris visitants », alors que le nomadisme des Chasseurs se prêtait plutôt à des rencontres globales et périodiques.

En même temps, le progrès conceptuel amorçait le passage au système de parenté descriptive par une première discrimination qui fut celle de la Mère, une mère personnalisée, connue de sa progéniture, qui se dégageait de la collectivité anonyme des Mères. L'antiquité de cette discrimination est démontrée, chez plusieurs peuples, par les inscriptions les plus anciennes, qui affirment la transmission du nom personnel en ligne matrilinéaire ; la transmission du nom en ligne patrilinéaire est plus tardive, elle accuse un nouveau progrès conceptuel dans l'évolution de la parenté.

Comme cette évolution du système apparaît dans les textes sanskrits les plus anciens, il est possible de préciser l'évolution de l'exogamie, passant d'une exogamie clanique et globale à une exogamie familiale [1].

1. Cf. Troisième Partie, Chap. I : chronologie de l'exogamie.

CHAPITRE III

COSMOLOGIE ET RELIGION
DANS LES SOCIÉTÉS MATRILINÉAIRES

> *Tellus est le principe des déesses, c'est la Grande*
> *Mère, et c'est devant elle que hurlent ces orgies*
> *d'hommes infâmes qui se tordent et se déchirent.*

Saint Augustin, *Cité de Dieu*, Livre VII.

Lorsque l'on veut parler de la vie religieuse des sociétés néolithiques, il faut éviter une confusion constamment commise par les modernes. Les peuples primitifs n'avaient pas la notion d'une entité que l'on appelle « la religion ». A leurs yeux, ce que nous appelons religion n'était qu'une partie intégrante d'un savoir global, qui ne discriminait pas ce que nous appellerions le complexe religion-magie-technologie. Les étapes de ce savoir inchoatif, que nous appelons les religions, sont des approximations successives d'une indicible vérité. Mais, dans la confusion originelle des notions épistémologiques, la religion se confondait avec la magie ; et la magie était une partie essentielle de la technologie, qui permettait d'exercer une action sur l'environnement.

La grande déesse ou la féminité de Dieu

A l'avènement de la société agricole néolithique, les cultes paléolithiques n'ont probablement pas disparu. Mais la prééminence passait à un culte nouveau : celui des Mères, dont les multiples figures répètent à travers le monde l'archétype de la Grande Mère, en qui s'incarne la fécondité. L'agriculture, invention féminine, devenait la principale activité économi-

71

que de l'espèce humaine; elle prenait le pas sur la chasse. Assurer la fécondité perpétuelle de la terre devenait la préoccupation essentielle de la vie religieuse, et, en un temps où l'on considérait la procréation comme un acte exclusivement féminin, les cultes propitiatoires de cette fécondité se tournaient vers la Terre Mère, vers la Grande Déesse, qui assurait seule le renouvellement de toute vie.

Pour cette raison, les cultes de la Grande Déesse s'étendent à l'ensemble des peuples agricoles. Ses témoignages sont d'abord les statuettes féminines, en os, en ivoire, en pierre, dont les formes accentuent grossièrement les signes de la maternité, frustes images découvertes à travers l'Asie occidentale et l'Europe. Mais plus encore ce sont les mythologies d'époques plus tardives, dans lesquelles la Grande Déesse s'anthropomorphise et commence à s'adjoindre un dieu parèdre, qui atteste la prise de conscience de la paternité. Avec les cultes d'Isis, d'Artémis, de Cybèle, des déesses de la Crète minoenne, des déesses celtiques, la ferveur inspirée par la Grande Déesse s'affirme jusqu'à l'aube de l'histoire. Chez les Indo-Aryens du IIe millénaire, elle apparaît dans le Rig Véda sous le nom d'Aditi. Chez les Iraniens, c'est Ardvî, citée dans l'Avesta. Chez les Hittites, la déesse Kubaba.

La même ferveur se porte vers des divinités féminines dans les foyers agricoles d'Afrique et d'Amérique. Ainsi Eka Abassi (Mère de Dieu), chez les Ibos du Nigeria. Sur l'Altiplano bolivien, Alfred Métraux a décrit, chez les Uro-Chipaya, la « Pacha-mama » (la Terre Mère), que les Indiens confondent obstinément avec la Vierge Marie importée par les Espagnols. C'était un culte beaucoup plus répandu dans le Pérou des Incas et qui se prolonge aujourd'hui en secret dans les populations de langues quechua et aymara. De même, dans le Mexique de l'empire aztèque, où régnaient le système patrilinéaire et les dieux masculins, on conservait un grand respect pour les déesses de la terre et de la végétation. Citons enfin, pour l'Amérique du Nord, cet hymne à la Mère Maïs, recueilli chez les Indiens Pawni :

O Mère Maïs, écoute ! Ouvre-nous tes voies !
Oh ! à notre approche puissent nos âmes te toucher
Par la prière que voici :
Donne-nous des enfants ! Mère Maïs, écoute !

72

L'universalité de la Grande Déesse s'est toujours manifestée dans un polythéisme irréductible. La féminité divine est émiettée en une infinité de déesses locales. Et au Ier millénaire av. J.-C., lorsque s'affirment partout les dieux masculins et qu'apparaît, chez certains peuples, l'idée du Dieu unique, cette conception nouvelle s'identifie au Père, et s'inscrit au masculin dans l'usage linguistique. Mais les Mères poursuivront longtemps leur vie à l'ombre des grands dieux. Telle l'Ishtar babylonienne, dont le Prophète Jérémie, au vi^e siècle, dénonce le culte chez les Hébreux :

> *Les enfants ramassent du bois ; les pères allument le feu, et les femmes pétrissent de la pâte pour en faire des gâteaux à la Reine du Ciel, et l'on verse des libations en l'honneur d'autres divinités afin de m'affliger.* (Jérémie, 7,18.)

L'idée de la féminité de Dieu a survécu très longtemps dans la foi et la théologie de l'Inde. Après la déesse Aditi du Rig Véda, la Grande Déesse indo-aryenne s'éclipse pour deux mille ans (ses hymnes, dans le *Mahâbhârata,* sont considérés comme des insertions tardives). La ferveur populaire se porte vers les diverses hypostases hindoues de la divinité féminine. Sous le règne des hiérophanies mâles qui caractérisent la religion brahmanique, les cultes féminins poursuivent une vie sous-jacente dans les milieux populaires, où le culte de la Grande Déesse n'a jamais cessé. Celui-ci réapparaît d'ailleurs dans la littérature sanskrite vers le iiie siècle de notre ère ; et sa manifestation la plus tardive est le *Brahmavaivarta Purâna* (xve siècle ap. J.-C.), dont la théologie de la féminité de Dieu est l'aboutissement d'une longue tradition.

Les femmes et le sacerdoce

Si les femmes occupent une place de premier plan dans le fonctionnement des cultes matrilinéaires, c'est en vertu d'une évolution sociale facilement explicable. Tandis que les hommes passaient leur temps en de longues expéditions cynégétiques, les femmes inventaient progressivement l'agriculture. Il en résultait un nouvel équilibrage de l'économie et de l'habitat. L'agriculture étant devenue, de loin, le principal moyen de production, la chasse se trouvait marginalisée ; et les hommes se regroupaient peu à peu dans le village, que les femmes avaient tendance à sédentariser en raison de la fixité des cultures.

Mais, en même temps, les femmes s'affirmaient comme les principaux agents de la vie religieuse : l'efficacité de la culture des plantes, en effet, ne dépendait en rien d'une agronomie scientifique, mais d'une magie dont les femmes étaient les médiatrices exclusives. On comprend ainsi que les cultes de la Grande Mère et tous les cultes de la fécondité furent desservis par des prêtresses.

A l'époque des sociétés patrilinéaires, les hommes s'emparant des pouvoirs importants, le privilège religieux des femmes s'est effacé progressivement. Cependant, certains cultes féminins ont survécu. C'était notamment le cas de l'Egypte, qui avait conservé l'organisation matrilinéaire de la société : dans l'Ancien Empire, des prêtresses desservaient le culte des déesses et même de certains dieux. Les prêtresses exerçaient encore leurs fonctions dans la Crète préhellénique, la Mésopotamie babylonienne (culte d'Ishtar) et divers pays d'Orient. Au grand temple d'Ephèse, les plus anciennes traditions associaient les prêtresses au culte d'Artémis. Les cultes de la Chine ancienne, où l'on décèle l'influence de prêtresses et de sorcières, remontent vraisemblablement à l'époque matrilinéaire.

Dans le monde moderne, ces survivances se font plus rares. En dehors de certaines régions de l'Inde, qui ont conservé jusqu'à nos jours des sacerdoces féminins de second plan (culte des déesses Haritâlika au Konkan, Isakkiyamman au Tamilnâd), il faut signaler les traditions canariennes recueillies au XVIᵉ siècle par l'humaniste Leonardo Torriani. Dans l'île de Gran Canaria, des jeunes filles étaient élevées dans des maisons, dites « temples de Dieu », qui étaient des collèges de prêtresses.

Une dernière forme du sacerdoce féminin est celui des eunuques volontaires, qui faisaient l'ablation de leurs organes sexuels pour se rendre semblables à leur déesse. Les prêtres-castrats et les hiérodules (prostitués associés au culte) ne nous sont connus qu'à l'époque historique dans les pays d'Orient.

Ils étaient devenus très nombreux dans les cultes orgiastiques, notamment celui de Cybèle, la déesse phrygienne, dont les prêtres, les Galles, étaient obligatoirement des hommes castrés. Au 1er siècle av. J.-C., un long poème de Catulle chante le sacrifice d'Attis, le bel adolescent grec qui se mutile lui-même dans un enthousiasme mystique et pleure ensuite sur la perte irréparable de sa virilité : « Et maintenant, je ne suis qu'une femme, une prêtresse des dieux, la servante de Cybèle, un débris de moi-même, un eunuque. » L'accent désabusé de cette plainte dénote une époque tardive, dans laquelle la conscience de la procréation masculine donne au sacrifice de la virilité son caractère tragique. Mais il est vraisemblable que la pratique de la castration virile avait pris naissance beaucoup plus tôt dans les sociétés matrilinéaires, à une époque où la prise de conscience de la paternité valorisait les organes masculins et conférait à cette oblation sanglante le caractère d'un sacrifice essentiel et irrévocable.

Les dernières survivances de ces pratiques sont encore observables dans certains cultes hindous, qui se sont maintenus en Uttar Pradesh, au Râjasthân, au Gujrât, au Karnâtak et au Tamilnâd : le culte des déesses est assuré non par des femmes, mais par des eunuques appartenant à la caste des Hijrâ (danseurs et prostitués).

La nudité dans le culte

Si l'on veut donner une image complète des anciens sacerdoces matrilinéaires, il faut rappeler que les officiantes et officiants des cultes primitifs étaient nus. Parmi les rares témoignages concernant cette coutume antique, il faut mentionner en Mésopotamie les plaques religieuses de Lagash, d'Ur, de Nippur, le vase d'Uruk et certaines statuettes. Et aussi certains vases grecs, conservés au British Museum (Hamiltonian Collection), montrent une jeune femme qui est sur le point d'être initiée aux grands mystères : nue, elle se tient debout près d'une fontaine, son corps a déjà été lavé et frotté avec le stigil que l'on voit à ses pieds. Ou bien, dans la même collection, on voit encore deux bacchantes nues, qui vont se laver probablement avec du vin ; ces deux femmes se disposent peut-être à assister aux mystères de Dionysos (E. Sellon,

1885). Les historiens du XIXᵉ siècle, qui s'offusquaient de cette indécence dans la religion, avaient-ils réfléchi sur les baptèmes chrétiens par immersion ou par aspersion ?

La nudité rituelle est peu à peu tombée en désuétude, non par un besoin de pudeur, qui resta longtemps inconnu, mais parce que le développement de l'artisanat textile permettait de confectionner des vêtements chargés de symbolisme et de pouvoirs magiques. Cependant le conservatisme inhérent aux cultes ritualistes, a permis de transmettre au monde moderne quelques témoignages ultimes, comme le remarque l'historien de l'ancienne religion germanique, Jean de Vries :

« Celui qui veut jeter un regard sur l'avenir doit se dévêtir complètement. Jusqu'au XVIIIᵉ siècle, lorsqu'il y avait une sécheresse, on mettait nue une jeune fille et on la conduisait en un lieu où poussait de la jusquiame ; puis après qu'elle eut déraciné la plante d'une manière déterminée, on la conduisait au ruisseau le plus proche, et là on l'aspergeait d'eau.

« En plusieurs endroits d'Allemagne, la coutume témoigne que le cultivateur doit faire les semailles nu. Pour protéger des oiseaux le champ labouré, en Transylvanie, le paysan se rendait au champ avant l'aurore, et, après s'être mis nu, il faisait trois fois le tour du champ en priant Notre Père ; le paysan danois faisait de même sur l'île de Fünen. »

Certaines régions de l'Inde moderne ont conservé des cultes féminins archaïques, notamment le Tamilnâd, où l'ethnologue E. Thurston (1909) décrivait le rituel secret d'*auvaiyâr viratam*, — le vœu d'Auvaiyâr (nom d'une célèbre poétesse tamoule), rituel nocturne dont les hommes sont exclus et dont les officiantes étaient nues.

Le savoir féminin

A l'époque paléolithique, les hommes avaient maîtrisé l'art et la magie de la chasse. Mais, au temps de l'agriculture, ce savoir masculin se réduisait à un rôle secondaire ; les fonctions masculines furent marginalisées jusqu'à l'âge de la guerre et des héros, qui rendit aux mâles une prépondérance incontestée. Il revenait alors aux femmes de détenir l'essentiel du savoir, comme prêtresses, magiciennes et cultivatrices. Les modernes s'efforcent aujourd'hui de distinguer la religion de la magie et la magie de la technologie. Mais, à une époque où les concepts de la connaissance scientifique n'existaient pas, il n'y avait qu'un savoir global dans lequel religion et magie s'intégraient.

Les femmes ont ainsi amassé un savoir magique, dont elles ont conservé la tradition après avoir perdu leurs fonctions sacerdotales. Dans l'Egypte ancienne, elles joignaient au sacerdoce les fonctions de danseuses, de sages-femmes, de pleureuses pour les funérailles, — fonctions apprises dès l'enfance et toujours transmises en ligne féminine. Ces spécialisations féminines se sont conservées dans de nombreuses sociétés, notamment celles de l'Inde actuelle.

Partant de cette prééminence du savoir féminin, on comprendra le rôle privilégié des femmes dans l'initiation et l'éducation. Nous en retrouvons le témoignage dans les épopées celtiques, qui comptent parmi les rares textes anciens évoquant d'une manière directe l'héritage matrilinéaire. L'un des exemples les plus significatifs est l'enfance de Cûchulainn le héros de la tradition gaëlique, dont l'historien Jean Markale retrace les épisodes. Cûchulainn, qui vivait dans une société païenne, probablement vers le début de l'ère chrétienne, ·devait sa naissance à une hiérogamie de frère et sœur ; mais l'épopée mentionne rarement son père. En revanche, il restait constamment en relations avec son oncle maternel, Conchobar roi d'Ulster. Il reçut sa première initiation d'un forgeron, maître des forces mystérieuses qui animent la terre. Puis c'est dans l'île de Bretagne qu'il reçut sa formation essentielle, passant une année entière chez une femme nommée Scatach, avec laquelle il entretenait « l'amitié des cuisses », — concubinage légal et temporaire, associant la magie à l'acte sexuel.

Le prestige du savoir féminin existait encore dans les îles Canaries au xvᵉ siècle. Dans l'île de Fuerteventura, dit Torriani, on vénérait encore deux femmes de grande autorité, qui exerçaient une sorte de haute magistrature. L'une, appelée Tamonante, régissait le domaine de la justice et rendait des arrêts que les « ducs » et les notables devaient respecter. L'autre, appelée Tibiabin, était prophétesse et prêtresse : elle dirigeait les cérémonies religieuses et ses prédictions étaient considérées comme prémonitoires.

Les cultes orgiastiques
L'absence d'une notion du péché

Les cultes matrilinéaires sont des cultes orgiastiques, qui exaltent des valeurs d'ivresse, de sexualité, de souffrance et d'extase. Ils nous sont connus parce qu'ils étaient encore pratiqués dans l'Antiquité historique ; certains même ont survécu jusqu'à nos jours, notamment chez les Hindous. A cette affirmation d'un système de valeurs qui s'oppose si profondément à celui des grandes religions, l'Occident moderne a répondu longtemps par des négations sommaires taxant les auteurs anciens d'exagérations ou d'affabulations (ainsi Hérodote pour Babylone, Théopompe pour les Etrusques), ou bien considérant, dans ces manifestations, des formes aberrantes et dégénérées de la religion.

Pour comprendre le système des valeurs néolithiques, il faut se référer à un type d'humanité qui ignorait la notion de péché comme infraction à la loi morale. Cette loi étant alors inconnue, on ne connaissait que des infractions à des tabous d'ordre métaphysique, des infractions rituelles, qui compromettaient l'ordre de l'univers. Les plus anciens témoignages, qui émanent de l'Egypte, nous disent que les Egyptiens n'accordaient qu'une attention très limitée à ce que nous appelons « le mal », — différence frappante avec la société biblique qui avait évolué plus rapidement et était parvenue plus tôt à ce qu'on pourrait appeler — dans le cadre antique — une sorte de « modernité ». L'historien, H. Frankfort, relevant de nombreux mots égyptiens qui dénotent des actes mauvais *(evil acts)*, doute qu'aucun de ceux-ci puisse être rendu par notre mot de « péché » *(sin)*.

« L'Egyptien, poursuit-il, ne considérait pas ses méfaits comme des péchés, mais comme des aberrations. Celles-ci lui apportaient du malheur, parce qu'elles dérangeaient son intégration harmonieuse avec le monde existant ; elles pouvaient même être explicitement désapprouvées par l'un ou l'autre des dieux, mais ceux-ci étaient toujours disposés à bien accueillir de sa part un meilleur aperçu des choses. »

« Il est particulièrement signifiant que les Egyptiens ne montraient jamais aucune trace du sentiment d'être indignes de la pitié divine. Car celui qui se trompe n'est pas un pécheur, mais un insensé, et sa conversion à un meilleur ordre de vie n'exige aucun repentir, mais une meilleure compréhension. »

En d'autres termes, il n'y a pas de règles éthiques qui transcendent le monde des dieux et des hommes. L'homme du peuple, lorsqu'il prie les dieux ou les remercie, n'a en vue qu'un tour favorable de ses chances. « Dans l'ensemble, conclut H. Frankfort, il ne commettait pas, en première instance, un crime contre un dieu ; il agissait contre l'ordre établi, et tel ou tel dieu voyait en cela que cet ordre était justifié. Nous ne trouvons pas en Egypte le conflit violent qui caractérise la religion biblique. »

On observera le même silence sur le « péché » dans toutes les sociétés anciennes qui ont pu laisser leur témoignage sur des documents écrits. Telles les sociétés de Sumer, de Babylone, des Etrusques. La notion de péché comme offense envers les dieux est plus tardive. Le sociologue allemand Max Weber a fort bien vu que, dans ce type de société, la conception d'un « péché originel » était absolument impossible : il ne pouvait y avoir que des offenses rituelles, — ce que nous pouvons interpréter comme des infractions à l'ordre métaphysique de l'Univers, mais non comme des infractions à un ordre éthique qui est historiquement plus tardif.

Cet état d'esprit des sociétés anciennes a pu reculer devant la montée de l'éthique. Mais il n'a jamais complètement disparu, surtout chez les peuples les plus traditionalistes. Dans l'Inde moderne, on constate toujours l'interférence irréductible entre un ordre rituel archaïque et un ordre moral qui est celui d'une société plus évoluée.

La cosmologie primitive :
l'ordre du monde et la mort des dieux

A défaut d'une morale, dans le sens moderne de ce terme, les hommes néolithiques ont une cosmologie, dont nous pouvons dessiner les traits à travers les mythes qu'ils ont laissés. En des temps très éloignés, les hommes ont cherché à expliquer la genèse du monde. Alors que la paternité était ignorée, la plus ancienne cosmologie se forma autour de la Déesse Mère, symbole et agent de toute fécondité, mère de toutes choses.

En inventant l'agriculture, l'homme découvrait le rythme

annuel de la végétation et la fécondité inépuisable de la terre. Il prenait conscience d'un Ordre du monde qui reposait sur les saisons, sur le cycle immuable de la végétation : ensemencement et naissance, croissance, mort, renaissance par la semence. L'Univers, a expliqué l'historien Mircea Eliade, s'en est trouvé sexualisé. Mais, dans cette période ancienne antérieure à la découverte de la paternité, la sexualisation n'est encore qu'une féminisation ; c'est plus tard que l'on verra, dans le monde divin, les deux sexes s'associer ou s'unir en divinités hermaphrodites.

La religion agraire liée à l'agriculture avait pour but d'entretenir la fécondité de la création. Et cette fécondité étant purement féminine, c'est la Mère, ou la Terre Mère, qui est la divinité centrale du panthéon. Si nous suivions nos habitudes de langage et de pensée, nous pourrions voir dans la Terre Mère la divinité unique de l'Univers. Mais cette expression de Terre Mère ne représente en réalité que la conceptualisation moderne d'une multiplicité de déesses. Le concept de la divinité unique n'existait pas.

Par la suite, ces déesses se sont anthropomorphisées. Les diverses déesses de l'Antiquité historique, notamment celle de l'Egypte, de l'Inde, du monde méditerranéen, des Celtes et du monde nordique, sont des formes anthropomorphisées de la Terre Mère primitive.

Aujourd'hui, les cultes authentiques de la Terre Mère sont devenus rares. On en observe localement des survivances, comme ces cultes hindous de la Terre, au Kerala, en Assam, au Bengale, sous la forme d'un jeûne des femmes (les cultivatrices originelles) et d'une suspension des labours pour donner à la Terre quelques jours de repos. Mais plus fréquemment on rencontre les cultes plus anthropomorphisés des vieilles déesses de l'Inde les *grâma devatâ* (divinités de villages), plus répandues au Gujrât et dans les pays dravidiens du Sud, où la religion brahmanique n'a pas éliminé les divinités de la strate primitive.

Ces divinités de village ont conservé le caractère amoral, terrible et effrayant, de la religion ancienne. Les égyptologues furent les premiers à comprendre que ces divinités redoutables appartiennent à la strate la plus archaïque du monde divin. On peut dire qu'elles représentent la strate pré-osirienne, puisque Osiris fut le premier dieu entièrement bénéfique. Elles sont communes à toutes les religions anciennes. Leur comportement n'est point caractérisé par la méchanceté, mais c'est l'agressivité qui les pousse à donner la maladie, la folie, la mort. Ainsi, dans l'Inde du Sud, la très populaire Mâriyamman, qui apportait la variole et la guérissait, et d'autres déesses comme les Sept Sœurs, souvent interchangeables, à la fois bénéfiques et maléfiques. Ces déesses sont considérées comme des *shakti*, personnifications de l'énergie créatrice, de la fécondité universelle.

Reflets de la société humaine, les divinités ont eu une naissance et sont destinées à mourir. Il n'y a point de dieux éternels. La vie divine s'accorde ainsi avec le cycle de la végétation. Dans leurs cosmologies, les hommes de ce temps ne conçoivent jamais l'écoulement éternel du temps, pas plus qu'ils ne conçoivent le caractère infini de l'espace : l'Univers n'est pour eux que la Terre recouverte par la coupole du Ciel.

L'orgie

Principales manifestations des cultes néolithiques, les orgies nous sont connues grâce à leurs survivances nombreuses dans les sociétés de l'Ancien Monde, où elles ont continué à se développer à l'époque historique et ont même persisté dans certains cas jusqu'à l'époque moderne, particulièrement dans les cultes tantriques de l'Inde. D'autre part, on a pu constater des survivances analogues dans les sociétés patrilinéaires du Nouveau Monde, au Mexique et au Pérou.

Pour comprendre le symbolisme de ces cultes orgiastiques, il est inutile de se placer au point de vue éthique des sociétés modernes, puisque l'éthique de nos sociétés était complètement inconnue à l'époque néolithique. Mais il faut envisager ce symbolisme en fonction de la cosmologie des sociétés néolithiques. Dans le cadre de cette cosmologie, l'orgie est d'abord l'acte essentiel d'un culte agraire, destiné à assurer l'efficacité des pratiques agricoles. Mais elle est aussi, dans un sens plus large, l'accomplissement des rites de régénération qui assurent la pérennité d'un Univers constamment menacé d'anéantissement. Elle est enfin la cérémonie collective dans laquelle s'affirme une certaine cohésion sociale.

La tradition des fêtes nous enseigne que ces cérémonies

avaient lieu surtout au printemps, où elles marquaient le début de l'année, parce que cette époque était la plus favorable à l'exaltation de la doctrine vitaliste qui imprégnait la cosmologie. Dans le stupre et l'orgasme, dans l'ivresse alimentaire et bachique, dans la flagellation et les sacrifices sanglants, dans l'extase et la transe, les orgiastes abolissaient leurs individualités. Dans les cérémonies orgiastiques, la recherche de l'extase est un fait constant. Le paroxysme de l'orgie est une exaltation de caractère sexuel, dans laquelle l'individu se dépersonnalise et s'identifie aux forces telluriques. L'union des sexes y est pratiquée comme un rite ; mais ce n'est pas encore un rite de fécondité, car la procréation par l'union des sexes est inconnue.

L'idée de cette extase, c'est de retrouver la condition de la semence, qui se décompose dans la terre pour engendrer un être nouveau. Renoncer à la vie présente pour renaître : destin du végétal, destin de l'homme, destin des dieux, qui s'affirmera plus clairement, à une époque postérieure, dans le symbolisme du dieu mourant et renaissant.

L'idée de la mort qui permet la renaissance devait engendrer la conception du sacrifice sanglant, dont le rituel est resté fondamental dans tous les cultes orgiastiques de l'Ancien Monde et d'Amérique. Or le plus valable et le plus efficace de ces sacrifices apparaissait comme celui d'un être humain. Et mieux encore : le sacrifice de soi-même. L'une des découvertes de James Frazer, c'est d'avoir montré que le roi assurait par son propre sacrifice la survie et la prospérité de son peuple.

Dans une théologie plus ancienne, les recherches de Georges Dumézil ont mis en lumière l'identité du Brahmane des Indo-Aryens et du Flamine de la Rome ancienne : l'un et l'autre apparaissent comme une sorte de dieu visible, ils sont à la fois prêtre sacrificateur et victime promise au sacrifice, non pas dans le présent historique où ils nous apparaissent, mais dans le souvenir lointain d'une coutume abolie. A quelle époque remonte ce souvenir ? L'identité du Flamine et du Brahmane permet de préciser que cette coutume du sacrifice humain existait chez les Indo-Européens avant la séparation de leurs branches proto-indienne et proto-latine, c'est-à-dire au Ve, et peut-être au VIe millénaire.

On peut cependant remarquer que, dans le contexte de la société néolithique, la pratique des sacrifices humains était restreinte par le nombre limité des victimes possibles. Elle devait connaître une bien plus grande expansion à une époque plus tardive, lorsqu'il fut possible de choisir des victimes parmi les masses d'esclaves et de prisonniers razziés dans les guerres.

La morale néolithique.
La nécropole de Columnata

En dehors des attitudes religieuses, comment peut-on se faire une idée du comportement social, qui constitue la substance quotidienne de la morale ?

Voici le témoignage de la nécropole de Columnata, située en Algérie au bord du désert, sur la commune de Tiaret, où l'on a pu déterminer l'âge de décès de 90 personnes sur un total de 116. L'ensemble de ces sépultures s'étale chronologiquement du VIIe au IVe millénaire, c'est-à-dire de l'Epipaléolithique au Néolithique ; mais la grande majorité appartient à l'Epipaléolithique (entre 6 330 et 5 330 selon la datation au C 14). C'est d'abord en considérant ces âges au décès que l'on peut apprécier les dures conditions de la vie : approximativement 45 % des individus sont morts avant l'âge de quinze ans, et 39 % auraient dépassé l'âge de trente ans.

Mais l'attention est attirée par les restes d'une femme blessée, qui a subi une fracture de l'os coxal et un écrasement du sacrum entraînant de graves lésions d'ordre nerveux et urinaire. Il est hors de doute, écrit Marie-Claude Chamla, que cette blessée a dû mener une existence de paralysée grabataire qui s'est prolongée suffisamment pour lui permettre de consolider ses fractures : cela implique une survie de trois mois au minimum et peut-être plus. Pendant cette période, la femme blessée n'a pu survivre, dans la souffrance, que par l'assistance totale de son entourage, qui lui a procuré des soins efficaces.

Cette histoire nous fait comprendre ce qu'était la solidarité du groupe consanguin matrilinéaire dans la société politiquement pulvérisée de l'Epipaléolithique, vers les VIIe et VIe millénaires. On ne saurait s'illusionner sur la possibilité d'une solidarité plus large, lorsque l'on voit le Bouddha, cinq mille ans plus tard, dans une société autrement plus avancée, expliquer à ses disciples la nécessité morale de soigner les malades, quels qu'ils soient. Le premier groupement consanguin (ou proto-familial), était terriblement isolé dans sa pratique de la solidarité. Et cela permet de souligner l'importance de l'exogamie, dont le but ne sera nullement la procréation, mais l'alliance avec un autre groupe, ce qui entraînera un élargissement de la solidarité.

La morale primitive selon Eschyle

Un écho tardif de cette morale étroite se fait encore entendre dans la tragédie grecque. Ecoutons, dans Eschyle, la voix lugubre de l'Erinnye, s'opposant à la morale nouvelle prônée par Apollon et Athéna :

> L'Erinnye : *C'est nous qui de son toit chassons le meurtrier.*
> Athéna : *Et pour lui à quel terme s'arrête la poursuite ?*
> L'Erinnye : *Au royaume où la joie jamais ne fut connue.*
> Athéna : *Voilà donc où vos cris prétendent traquer l'homme !*
> L'Erinnye : *Oui, car il a osé égorger une mère.*
>
> (*Les Euménides*, 422-425).

Le meurtre de la mère, qui appartient au groupe consanguin, est donc le plus grand des crimes : pour les Erinnyes, divinités de la strate primitive, c'est le crime qui ne sera jamais pardonné. En revanche, le meurtre d'un père ou d'un époux les laisse indifférentes, parce que ces personnages appartiennent à un autre clan. Ecoutons encore ces voix furieuses dans Eschyle :

> Oreste : *En tuant son époux, elle a tué mon père* (Clytemnestre a tué Agamemnon).
> L'Erinnye : *Mais tu vis, tandis qu'elle, de son meurtre, elle est quitte.*
> Oreste : *Mais tant qu'elle a vécu, l'as-tu poursuivie, elle ?*
> L'Erinnye : *Non, car elle n'était pas du sang de sa victime.*
>
> (*Les Euménides*, 602-606).

Pour des esprits modernes, cette indifférence au meurtre du père paraît si étrange qu'il n'est pas inutile de montrer le contresens commis dans ces vers célèbres :

Ni livré comme Œdipe à la noire Euménide
Je n'ai puni sur moi l'inceste parricide.

Rappelons qu'Œdipe, accomplissant aveuglément un oracle, a tué son père à un carrefour, puis est devenu l'amant et l'époux de sa mère. Lorsque l'Euménide, c'est-à-dire « la Bienveillante » (euphémisme qui désigne l'effrayante Erinnye) le poursuit implacablement, elle agit d'une manière parfaitement logique en ce qui concerne l'inceste, qui est une infraction à l'exogamie, au plus terrible tabou des anciennes sociétés. Mais l'auteur commet un contresens, lorsqu'il ajoute au crime d'inceste celui de parricide, car l'Euménide ne sait pas ce qu'est un père : elle appartient à un monde dans lequel la paternité n'existe pas. L'auteur, comme ses contemporains du XVIIᵉ siècle, ignorait l'évolution des sociétés : il ne pouvait donc pas concevoir qu'il y a des morales successives et que la condamnation du parricide est plus tardive que celle du matricide.

Cette étroite et puissante solidarité du groupe consanguin est bien un des traits les plus saillants du monde primitif. Elle n'a pas complètement disparu aujourd'hui. Et si ce n'était abuser des extrapolations, on pourrait rapprocher ces exemples antiques d'un témoignage récent recueilli aux Iles Philippines par Christoph von Fürer-Haimendorf. La tribu des Ifugaos, qui vit dans les régions montagneuses de Luçon, se trouve sociologiquement sur les confins de la modernité et des traditions les plus archaïques : c'est pourquoi les garçons et les filles, à la tenue nette, qui fréquentent l'école, « viennent de villages où la sécurité personnelle est encore aussi précaire que dans l'ancien temps de l'hostilité familiale et de la chasse aux têtes ».

Dans tel village, à Hingyon, poursuit l'ethnologue, « j'ai trouvé que, sous un vernis superficiel de vêtements de style américain et des goûts d'acquisition récente pour le gin, le coca-cola et les boîtes de conserves japonaises, les rudes réalités de l'exigence ifugao sont restées inchangées ».

« Une communauté de village n'assure pas à ses membres la protection contre les attaques sur la vie et la propriété. Chaque foyer est indépendant et constitue une entité judiciaire, et personne n'a d'autorité sur ses compagnons de village ou ne se sent obligé de les assister en face d'une menace de violence. Les parents par le sang, seuls, se doivent aide et protection, et leur devoir inclut l'obligation morale de venger toute injure subie par un proche parent. »

Si l'on admet que ce tableau peut présenter certains traits de la société néolithique, on comprendra que la religion orgiastique n'ait exercé pendant longtemps qu'un très faible pouvoir organisateur.

CHAPITRE IV

LA VIE SEXUELLE
DANS LES SOCIÉTÉS MATRILINÉAIRES

Les filles les invitent :
— là-bas si nous allions ?
Et les gars de répondre :
— Déjà nous en venons.

Lors les gars et les filles
Ensemble font leurs jeux.
Et puis elles reçoivent
Le gage d'une fleur.

Chansons anciennes de la Chine.
Trad. Marcel Granet.

La vie sexuelle des sociétés matrilinéaires ne peut être connue que par des témoignages tardifs : ceux des populations paélo-méditerranéennes, comme les Etrusques, les Crétois, les Egyptiens, les peuples d'Orient et de l'Inde méridionale, qui connaissaient la paternité, mais qui ont laissé des témoignages des coutumes anciennes dans les littératures antiques ; ou bien les témoignages chinois, comme ces vieilles chansons évoquant une liberté sexuelle d'antan. Nous avons enfin les observations de l'ethnologie moderne, qui révèlent la survivance de coutumes en contradiction avec la morale établie de l'Occident christianisé.

Jusqu'à une époque assez récente, les peuples ne soupçonnaient pas que leurs sociétés évoluaient. Faute d'une perspective diachronique des changements sociaux intervenus au cours de l'histoire, chaque peuple considérait sa morale présente comme perpétuelle. De là, les réactions de rejet à l'égard des coutumes étranges des anciennes sociétés matrilinéaires. Déjà les Romains de l'Antiquité, imbus des principes du système patriarcal, avaient été choqués par l'immoralité des Etrusques. La condamnation de ces comportements archaïques fut généralement le fait des groupes fortement patriarcalisés, comme les Brahmanes, les Mandarins confucianistes, les Musulmans les plus imprégnés d'enseignement coranique, et, bien entendu, les voyageurs occidentaux, missionnaires, ethnologues, d'époque moderne, qui jugeaient des coutumes exotiques d'après les principes d'une morale établie, considérée comme naturelle et immuable.

Nous pouvons reconnaître l'archaïsme de ces traditions au fait que, dans le contexte historique où nous les saisissons, elles sont en contradiction avec l'idéologie établie : comme elles ne peuvent pas émaner de cette idéologie, ce sont des survivances, des fossiles sociologiques, qui témoignent de sociétés disparues.

Un Érôs physique, amoral et magique

La plus banale des confusions entre le monde moderne et le monde ancien est celle de l'amour romantique d'aujourd'hui avec l'amour antique. Le mot sanskrit *kâma* ne signifie que le désir et l'amour physique. De même, *l'érôs* grec, qui désigne en premier lieu l'amour entre garçons. En latin, ces termes sont plus proches de la *libido* que de l'*amor*. On ne dira jamais trop que l'amour primitif, tel que l'ont hérité l'Antiquité classique et de nombreux peuples jusqu'à nos jours, est avant tout une fonction physiologique au même titre que la respiration, la vision, l'action musculaire. Etant purement physiologique, il n'est pas affecté d'un coefficient de valeur morale, il ne s'enveloppe pas des prétextes de l'amour courtois. L'érôs antique est désir et assouvissement du désir.

N'ayant aucun lien avec la procréation, l'érôs a pour finalité le plaisir. Aucune restriction d'ordre moral n'en vient limiter la manifestation nue et impudique : le syndrome anti-sexuel, né de l'ascèse, ne s'est pas encore répandu dans ce monde païen. Cette conception d'un érôs naturel et amoral est affirmée par les mythologies ; ainsi, selon la mythologie hindoue, les dieux envoient sur la Terre les Apsaras, filles du

Ciel, d'une insurpassable beauté, pour attirer les hommes vers la volupté. Une telle ambiance explique la liberté sexuelle, notamment la liberté sexuelle illimitée laissée aux enfants, telle qu'elle a subsisté chez les Polynésiens jusqu'à notre époque, et en dépit de l'intervention des missionnaires chrétiens.

Dans le monde magique vécu par les anciens, l'érôs a pris naturellement sa place ; et le paroxysme du plaisir, dépourvu de finalité procréatrice, avait une signification magique. On pourrait fournir d'innombrables exemples de ce caractère magique de l'érôs. Nous nous limiterons ici à trois cas. Le premier est celui des accouplements exogamiques, qui scellent des alliances entre les clans. Cette communion sexuelle, dont l'origine est préhistorique, a conservé son effet dans les sociétés plus tardives après la découverte de la paternité : c'est un effet magique de l'acte sexuel, qui persista pendant des millénaires, alors que son origine était oubliée.

Un autre cas est celui de la défloration des filles en Polynésie, telle que les premiers explorateurs ont pu la contempler aux îles Samoa et aux îles Hawaï. Dans de telles sociétés, à sexualité libre, la virginité n'était pas valorisée comme dans les sociétés patriarcales ; on la préservait seulement dans la classe supérieure, qui prétendait descendre des dieux, afin d'éviter un mélange avec les gens du peuple. Mais ce qui est significatif, c'est que la jeune fille nubile était conduite au chef de la tribu pour une défloration solennelle en public : des centaines de spectateurs, silencieux et respectueux, fixaient leurs regards sur les acteurs de ce rite et contemplaient la jeune fille qui se relevait, nue et confuse, le sang coulant sur ses cuisses. Le droit brutal du chef sur toutes les filles — exprimé si fortement au IIIe millénaire dans l'Epopée de Gilgamesh —, ne saurait expliciter toute la signification d'un acte qui suscite cette ferveur contemplative : c'est la magie immémoriale de l'acte sexuel qui a prolongé son effet sur les foules.

Il faut enfin considérer, comme une très étrange survivance, une particularité du droit musulman qui est le tabou du zinâ. Lorsque des juristes arabes, dès le IIe siècle de l'Hégire, codifièrent le droit musulman, ils mirent en garde les fidèles contre ce tabou, interdiction des rapports sexuels avec toute personne à qui l'on n'est pas lié légalement : tandis qu'une femme ne peut avoir de rapports sexuels qu'avec son époux, un homme ne peut légalement s'unir qu'à ses épouses, ses concubines ou ses esclaves. Tout autre rapport tombe sous le coup du zinâ, condamné par Dieu et punissable dès ce bas-monde. Mais, selon l'un des juristes les plus considérables, Mâlik ben Anâs, chef de l'école malékite, l'attentat aux mœurs est moins grave s'il est commis sur un enfant ; et il n'y a point de zinâ, il y a donc absence de tabou, si l'un des partenaires est impubère. Pour les commentateurs modernes, imbus des idées concernant la protection de l'enfance, cette particularité du droit malékite est inintelligible, elle ne peut correspondre qu'à une conception artificielle. Mais, en réalité, elle s'expliquera très logiquement, si l'on considère que l'acte sexuel est un acte magique, qui n'acquiert sa valeur que dans un double orgasme. Si ce double orgasme n'est pas réalisé, l'acte sexuel est nul et non avenu. Cela nous reporte à des temps éloignés, dont les coutumes et les modes de penser devenus pour nous incompréhensibles, ont été charriés par la tradition pour s'incorporer dans le complexe culturel des grandes religions.

*La liberté sexuelle de la femme
dans la mythologie indo-aryenne*

Quel était l'idéal féminin des sociétés matrilinéaires ? C'est la mythologie hindoue la plus ancienne qui peut nous en suggérer l'idée, lorsque les strophes du Rig Véda exaltent l'image d'Ushas, déesse de l'Aurore, en soulignant son comportement libre, impudique et provocant :

> *Elle est comme une beauté qui est consciente de son corps. Elle se tient comme une baigneuse qui s'est redressée pour se faire regarder.*
> *Chassant au loin la haine et les ténèbres, elle est venue, la fille du Ciel, dans la lumière.*
>
> *Comme une jeune fille qui est fière de son corps, tu vas, ô Déesse, vers le Dieu qui te désire,*
> *Et souriante, ô jeune fille, lorsque tu brilles à l'orient, tu dévoiles ta poitrine pour lui.*

90

Le Rig Véda nous donne, avec certaines variantes de traduction, la constante image d'une jeune fille offerte dans sa nudité, et qui, chaque matin renouvelle son offrande :

Innombrables, en vérité, sont les matins où jadis le soleil se leva, depuis que tu accours, Aurore, vers l'aimé, comme si tu ne devais plus le quitter.

Pour les *Rishi*, qui composèrent ces hymnes au IIe millénaire dans une société déjà patrilinéaire, il ne pouvait être question de prêter à la divinité un comportement immoral. Ces hymnes religieux n'étaient nullement des fictions fantaisistes, mais ils étaient l'expression directe de leur foi. Nous pouvons donc tenir pour certain que la société védique, dans son idéalisation de la femme, conservait les principes d'une société ancienne, en dépit de leur contradiction avec la nouvelle idéologie patrilinéaire.

Si l'on doutait que cette mythologie soit l'expression de la société védique, le symbolisme d'Ushas, déesse de l'Aurore, nous sera confirmé par les nombreuses allusions du Rig Véda aux mœurs féminines dans la société indo-aryenne. Il est incontestable que les jeunes filles jouissaient d'une liberté qui apparaît presque exceptionnelle en comparaison des restrictions imposées aux femmes dans la société hindoue moderne. La claustration des femmes était absolument inconnue. On célébrait des fêtes appelées les *samana*, qui étaient un genre de tournoi, de compétition de chars, attirant la foule. Les jeunes filles y apparaissaient la nuit à la lumière des torches, s'offrant aux sollicitations de leurs amants. Les *samana* étaient donc des occasions de rendez-vous amoureux, que le Rig Véda ne condamnait point, mais dont au contraire il sanctifiait les plaisirs en les évoquant dans les hymnes. Ceci démontre la parfaite correspondance entre la mythologie et la société védiques. Le sanskritiste allemand Richard Pischel a pu voir dans la déesse Ushas « le prototype de l'hétaïre ».

Ces vestiges de l'ancienne société néolithique sont d'ailleurs confirmés par maints passages des *Véda* et des *Purâna*, œuvres du Ier millénaire av. J.-C., qui attestent le caractère récent du mariage monogamique. On citera, de même, le passage du *Mahâbhârata*, dans lequel le sage Swétakétou, qui enseigne la doctrine monogamique, raconte un incident de son enfance.

Un homme avait emmené la mère de Swétakétou, que ce procédé enflamma de colère. Mais le père de l'enfant, Ouddilaka, lui répondit : « C'est la coutume éternelle ; même si une femme est attachée à des centaines d'hommes, elle ne commet aucune faute. »

Ce comportement féminin, lascif et provocant, ne peut donc pas être une innovation de la société patrilinéaire, qui devait au contraire le réprimer. C'est une survivance des sociétés matrilinéaires néolithiques. Des fêtes au caractère érotique, comme les samana védiques, datent évidemment de la même époque. Et ce contexte de liberté sexuelle éclaire de façon décisive la condition des « maris visitants » de la société matrilinéaire : ces partenaires sexuels de la femme n'avaient aucun droit exclusif d'accès à celle-ci ; leur condition était donc très différente de celle du mari au sens patriarcal du terme. La vie de la femme au milieu de ses enfants ne pouvait donc que prolonger, sans rupture de comportement, la vie libre de la jeune fille dans les dortoirs d'adolescentes.

Cela explique l'indifférence complète à l'égard de la virginité, qui était perdue dès le plus jeune âge avec quelque partenaire occasionnel. Cela explique aussi l'absence complète de jalousie masculine, aucun homme ne pouvant bénéficier d'un privilège exclusif. On peut certes admettre que des attirances réciproques, des idylles, constituaient des couples au cours des fêtes de caractère érotique ; et l'on peut voir dans ces unions l'origine de ce que l'Inde ancienne appelait le mariage gândharva, mariage d'amour. Mais, dans la société néolithique, ces couples n'étaient pas stables : les femmes appartenaient à tous les hommes, et les « pères » étaient étrangers à toute procréation.

Enfin la liberté sexuelle explique l'absence de toute prostitution dans les sociétés authentiquement matrilinéaires. L'offre du corps féminin, observée dans les cultes orgiastiques dès les temps les plus anciens, était un devoir religieux et n'a été appelée « prostitution sacrée » que dans la nouvelle terminologie de l'âge patrilinéaire.

Fossiles sociologiques : les Saturnales

Il est certes délicat de se représenter les comportements de sociétés qui ignoraient l'écriture et qui n'ont pu laisser, pour cette raison, aucun témoignage littéraire direct. Il nous reste cependant la possibilité d'interroger les authentiques fossiles sociologiques que représentent les fêtes religieuses, grâce au conservatisme rituel qui en a préservé certains éléments à travers les âges. Les fêtes orgiastiques matrilinéaires n'ont pas échappé, bien entendu, au mouvement de l'évolution. Mais il appartient à l'historien de discriminer les éléments tardifs, rites et comportements ajoutés, changements de signification, pour essayer d'isoler des noyaux primitifs plus ou moins fossilisés. A cet égard, nous disposons de matériaux très instructifs en diverses fêtes traditionnelles, comme les fêtes latines et grecques de l'Antiquité, les Sakaia babyloniennes et, jusqu'à notre époque, la grande fête hindoue de Holi.

Le poète latin Ovide a décrit, dans les *Fastes*, la fête d'Anna Perenna, déesse italique qui personnifiait l'année et la succession sans fin des années. C'était la fête romaine du Nouvel An, le jour des Ides de mars, occasion de licence, où l'on chantait des refrains obscènes, où les amoureux s'accouplaient sur l'herbe verte. A ce propos, Sir James Frazer faisait ressortir l'analogie de cette coutume d'Anna Perenna avec les anciennes coutumes du Premier Mai et du Solstice d'été, observées en de nombreuses régions d'Europe, où la licence sexuelle était une relique des rites magiques de fécondité, destinés à maintenir la fertilité de la nature. Un des usages caractéristiques du Premier Mai, dans l'ancienne Europe, était l'échange des femmes : « A l'arrivée de mai, dit une vieille chanson française, les filles et les amants vont changer d'amourettes. » Les unions matrimoniales avaient donc un caractère temporaire ; et comme une telle pratique est formellement en discordance avec l'idéologie patrilinéaire, qui porte en elle l'appropriation de la femme par l'homme, elle ne peut venir que d'une société antérieure, qui ignorait la pérennité des couples.

Mieux connues sont les Saturnales, fêtes du mois de Saturne (décembre), dont le caractère orgiastique est évident. Dans une première approche, elles nous sont données comme une fête typiquement romaine, qui remonterait à l'époque des

Rois. Puis l'assimilation du dieu Saturne avec le Kronos grec et le Baal africain, lui donne un recul plus profond. Et il faut bien reconnaître que cette assimilation n'est pas une opération purement formelle ; car elle n'aurait pas été aussi facile, si les trois cultes en question n'avaient eu des caractères communs. Les ressemblances de la fête grecque des Kronia avec les Saturnales ne sont dues que partiellement au transfert formel des rites grecs. En première instance, ces ressemblances s'expliquent surtout par des mythes et des coutumes communs à deux rameaux proches parents de la famille indo-européenne. Mais, au-delà de cet apparentement, on peut soupçonner l'unité d'une civilisation paléo-méditerranéenne, qui s'étendait du bassin méditerranéen aux pays du Moyen-Orient.

Cela repousse l'origine des Saturnales, Kronia et manifestations similaires à un passé beaucoup plus lointain que celui des Rois romains. Saturne est la vieille divinité agraire qui régnait sur l'Italie — appelée alors Saturnia — vers le milieu du IIe millénaire ; et le mythe sous-jacent peut être supposé beaucoup plus ancien, puisque le mythe de Kronos, contemporain de la prise de conscience de la paternité, peut être daté du Ve millénaire.

C'est dans ce passé lointain que se sont ébauchés le culte saturnien et les cultes similaires, sur la base de la civilisation agraire néolithique. C'est pourquoi les Saturnales sont primordialement une fête agricole, qui commençait le 17 décembre et se prolongeait jusqu'au solstice d'hiver. Après la saison méditerranéenne des semailles, décembre était le mois consacré à Saturne.

Il semble aussi que les Saturnales soient, dans leur tradition pré-romaine, une fête particulièrement sanglante —, caractère sinistre qui a été partiellement gommé à Rome par l'hellénisation du culte et le développement d'une fête paisible, liée au souvenir reconstitué d'un Saturne de l'âge d'or italique, assimilé au Kronos de l'âge d'or hellénique. Ce caractère sanglant est, en effet, celui des anciens cultes italiques, particulièrement ceux des Etrusques, dont la religion exigeait des sacrifices humains, notamment de prisonniers de guerre. Le mois de décembre, mois de Saturne, était à Rome le mois des célèbres *munera* (combats de gladiateurs), qui avaient un lien avec le culte saturnien, comme élément rituel d'une fête agraire de la fécondité.

94

Enfin les Saturnales ont le caractère d'une fête populaire et d'une fête des esclaves : pendant sept jours de liesse, les classes sociales étaient abolies et les gens les plus humbles, les plus méprisés, se faisaient servir à table par les maîtres et retrouvaient une liberté de langage qui les autorisait à dénoncer ouvertement les travers et les vices des maîtres. Il est difficile d'admettre que cette liberté d'une semaine était un effet du paternalisme romain. En raison de la similitude de cet usage avec ceux d'autres fêtes comme les Sakaia babyloniennes et la fête hindoue de Holi, on admettra plus volontiers que c'est la fossilisation d'un trait d'une société abolie : la société sans classes de l'époque néolithique.

Fossiles sociologiques : les Sakaia de Babylone

Nous éloignant de l'aire méditerranéenne, nous trouvons au Moyen-Orient une tradition analogue, dont la fête des Sakaia, — les Sacées des auteurs français —, est le prototype le plus explicite. Les données éparses sur cette fête archaïque nous sont parvenues principalement à travers les *Babyloniaca*, un ouvrage perdu, écrit au IIIe siècle av. J.-C. par Bérose (le Berosos des auteurs grecs), qui avait été contemporain d'Alexandre le Grand. Bérose était un prêtre d'origine chaldéenne, ce qui implique qu'il avait été élevé dans une culture de tradition sumérienne et akkadienne, et que pour cette raison il avait accès aux documents cunéiformes dont la bibliothèque de Ninive contenait une immense collection. De là, l'intérêt exceptionnel des *Babyloniaca*. Bérose avait écrit cet ouvrage en grec pour faire connaître au monde hellénistique la civilisation de son pays. Ce qui nous en reste, ce sont des fragments cités par des auteurs grecs et latins.

D'après les données qui nous sont parvenues, notamment dans Strabon, Athénée, Dion Chrysostome, les Sakaia apparaissent comme une fête typiquement orgiastique, perpétuant les rites d'une autre société. Elle était célébrée à Babylone en l'honneur d'Ishtar pendant cinq jours au mois de Ab (juillet-août) ; et à l'instar des Saturnales elle était considérée par les Babyloniens comme la grande fête des esclaves. Selon Bérose, il était alors permis aux esclaves de vivre tout à fait à la manière des maîtres, — ce qui trahit à nos yeux le témoignage persistant d'une société égalitaire, antérieure à l'asservissement des populations. Nuit et jour se déchaînait une foule en liesse dans une ambiance de beuverie et de plaisirs sexuels. Dans un rite décrit par Bérose, l'un des esclaves était mis à la tête de la maison royale et revêtu d'un costume semblable à celui du roi : on l'appelait le *zôganès*, c'est-à-dire le remplaçant. Pendant les cinq jours, il pouvait se livrer à tous les plaisirs et choisir à son gré parmi les concubines du roi. Puis, la fête terminée, l'esclave était dépouillé de ses vêtements royaux, battu de verges et pendu.

Selon la version de Dion Chrysostome (IV, 66), c'est un condamné à mort qui était substitué au roi pendant la fête, pour accomplir toutes ses volontés et jouir intensément de la vie avant d'être mis à mort.

Cette coutume des Sakaia était très répandue au Moyen-Orient. Strabon la décrit chez les Perses au temps des Achéménides (v^e et ive siècles av. J.-C.) : c'était la même fête orgiastique, liée au culte d'Anaïtis. En les reliant aux Kronies, fête des moissons sous le patronage de Kronos, que Plutarque considère aussi comme la fête des esclaves, nous faisons la connexion avec un ensemble de traditions antiques, dont la littérature définit souvent les traits comme dionysiaques.

Mais Dionysos est surtout pour nous le terme d'une convergence sémantique, dans laquelle survivent les traditions exaltant une sexualité sans frein, une sexualité magique, comme valeur suprême de la société.

La fête hindoue de Holi

Ces fêtes du monde antique, du type Saturnales ou Sakaia, nous ont légué maints témoignages aujourd'hui incompris. Le plus important de ceux-ci est, sans conteste, la fête hindoue de Holi, qui est encore l'une des fêtes les plus populaires de l'Inde, célébrée sous le couvert d'une interprétation brahmanique tardive. Conformément au calendrier zodiacal, elle a lieu dans la moitié claire du mois de Phâlgun (février-mars) : c'est approximativement la Fête de l'Equinoxe. Sa plus ancienne description, appelée fête du Printemps, est due à l'empereur Harsha (606-647), l'un des derniers grands souverains de l'Inde antique, qui avait sa capitale à Kanauj sur les bords du Gange. De l'œuvre abondante, écrite en sanskrit par Harsha, il ne reste que trois pièces de théâtre ; et c'est dans la pièce intitulée *Ratnavali* (Collier de gemmes), que nous trouvons cette évocation réaliste de la fête du Printemps :

> *Regarde de tous les côtés ces garçons bruyants qui dansent, qui se jettent de l'eau colorée et se laissent embrasser par les jolies filles troublées par le vin. C'est bien la fête de l'Amour. De tous côtés à l'entrée des rues, on entend des cris de joie et le son des tambours. L'air est rougi par les poignées de poudre rouge et parfumée que se lancent les gens.*
>
> *Les pavés sont rougis par le vermillon que laissent les empreintes des pieds nus, par le rouge qui tombe des joues des femmes en délire. Leurs piétinements emplissent de boue la cour inondée par les jets intarissables des fontaines.*

Et le chœur des servantes entonne un chant joyeux :

> *Les filles se traînent languissantes :*
> *Enervées, espérant la venue d'un amant.*
> *Elles rêvent de ses caresses*
> *Et pleurent d'être encore seules.*
> *Ce mois d'équinoxe rend les hommes*
> *Plus affectueux, plus consentants,*
> *Aussi l'Amour trouve aisément*
> *Des cibles pour ses flèches de fleurs.*

(Traduction A. Daniélou).

L'érotisme exprimé dans ces vers de Harsha rappelle parfaitement la forme de sexualité qui prévalait dans les sociétés matrilinéaires et qui, bien que condamnée par l'idéologie patrilinéaire, a survécu jusqu'à l'époque moderne chez de nombreux peuples. L'amour, c'est le *kâma* indien, qui est amour physique et désir physique, dépourvu de l'enveloppement sentimental et des justifications éthiques, qui l'agrémentent et le sacralisent dans les systèmes religieux plus tardifs, défavorables aux exaltations sexuelles. Telle la déesse de l'Aurore du Rig Véda, provocante et impudique, ce sont les filles qui offrent leur corps au désir des amants.

Nous comprendrons mieux la signification de cette fête en analysant les rites actuels de Holi. C'est une fête bien antérieure à l'arrivée des Brahmanes dans le monde indien ; et elle conserve, en effet, aujourd'hui, le caractère d'une fête préaryenne malgré la participation de Brahmanes à ses cérémonies. Le symbole caractéristique de celles-ci, répété dans une grande partie de l'Inde, est l'érection d'un grand bûcher où un officiant allume le feu destiné à brûler une image de Holikâ, divinité démoniaque : c'est la victoire des bons sentiments sur le péché et sur l'impureté. Mais il est clair que ce rituel et son interprétation datent d'une époque où la montée de l'éthique et l'avènement des dieux bénéfiques ont refoulé les divinités démoniaques dans une position subalterne : Holikâ appartient à la strate primitive du panthéon hindou et son extermination rituelle sur le bûcher ne peut être qu'une invention tardive, surajoutée à des éléments plus anciens.

Si l'on veut retrouver le véritable symbole de cette fête du Printemps, il faut considérer certains rituels conservés dans plusieurs régions de l'Inde. C'est ainsi que la région du Konkan (entre Goa et Bombay) brûle des images de Kâma, dieu de l'amour physique. C'est surtout dans le Sud dravidien, au Tamilnâd et au Kerala, où les cultes préaryens se sont mieux conservés, que le dieu Kâma est associé à la fête du Printemps : la cérémonie symbolique est le Kâma Dahanam (crémation de Kâma) dans laquelle le dieu est brûlé sur le bûcher. Cette mise à mort du dieu y est suivie de manifestations d'affliction. Cela nous reporte aux rites archaïques dans lesquels les anciens peuples du Moyen-Orient pleuraient la mort d'Adonis et de Tammouz, fauchés dans tout l'éclat de leur beauté. La mort et la renaissance du dieu, selon la théorie de James Frazer, symbolisaient la mort et le renouveau de la végétation. La fête du Printemps se comprend ainsi dans le contexte des cultes de la fécondité. Dans la forme mythologique qui nous est parvenue, c'est le dieu parèdre de la Déesse qui se trouve au premier plan : connotation d'une mythologie élaborée après la découverte de la paternité, mais qui continue à exprimer l'idéologie matrilinéaire de la fécondité.

Commune à tout le peuple hindou, Holî est surtout une fête du petit peuple ; et au Tamilnâd elle est essentiellement la fête des Intouchables. Cela s'accorde avec l'ambiance qui la caractérise encore de nos jours : les barrières de classes n'existent plus et des personnages de haute condition peuvent être frappés sans que la police intervienne, — ce qui reste, comme dans tous les carnavals, le témoignage d'une ancienne société sans classes.

Mais le caractère orgiastique s'affirme aussi dans les coutumes impudiques (relativement atténuées à notre époque), dont de nombreux témoins du XIXe siècle ont laissé les descriptions, notamment le missionnaire Louis Rousselet et l'ethnologue W. Crooke, qui montrent le cortège ivre et déchaîné des femmes, des enfants et des hommes, chantant des hymnes d'un érotisme cru et mimant l'acte amoureux dans les balancements rythmés de leur marche : c'est le rite du *dolayâtrâ* (*dol*, balancement, et *yâtrâ*, défilé, pèlerinage), qui est une survivance directe des rites néolithiques de fécondité. Les enfants participent aussi à la vie sexuelle collective. Les jeunes gens, déguisés en bayadères, caricaturent vigoureusement les danses des filles. Jadis, à Khajurâho, écrivait Rousselet, des hommes se faisaient accrocher à des potences par des crocs enfoncés dans leur chair, jusqu'à ce que la chair déchirée les laissât retomber. Mais cette cérémonie fut interdite par le râjâ.

Les fêtes orgiastiques ont ainsi perpétré les mœurs d'une société d'un autre âge, en contradiction avec l'attitude des Brahmanes, du clergé chrétien, et, d'une manière générale, des grandes religions d'époque patrilinéaire. Elles étaient encore un trait caractéristique de l'Antiquité classique. Elles ont survécu sous diverses formes au Moyen Age, notamment la fête des Fous en France et en Angleterre. Elles nous révèlent le message d'une société sans écriture, qui nous a transmis sa foi par la fixité des rites.

CHAPITRE V

L'HOMOSEXUALITÉ AVANT LA RÉVOLUTION PATRILINÉAIRE

> *L'amour des garçons est aussi vieux que l'huma-*
> *nité, et l'on peut donc dire qu'il est naturel, encore*
> *qu'il aille à l'encontre de la nature. Ce que la culture a*
> *gagné sur la nature* (l'amour de la femme) *qu'on ne le*
> *laisse plus échapper, qu'à aucun prix on ne s'en*
> *désaisisse.*
>
> Goethe

Lorsque l'on introduit dans le cours de l'Histoire la découverte de la paternité, la perspective de l'évolution se trouve radicalement changée par l'apparition d'un principe fondamental : avant la connaissance de la paternité physiologique, les sociétés humaines ne pouvaient voir aucun rapport entre l'acte sexuel et la procréation. On ne pouvait donc pas faire de discrimination entre les diverses formes de l'amour physique, qui avaient la même finalité dans le plaisir.

Les discriminations apparurent plus tardivement, à mesure que l'amour hétérosexuel apparaissait comme l'agent de la procréation. Le couple hétérosexuel, qui n'existait pas dans les sociétés matrilinéaires, apparut alors comme un élément privilégié de la société : il était le fondement de la famille et la condition de sa pérennité. L'amour homosexuel s'en trouva *ipso facto* marginalisé et fut peu à peu dévalorisé. Il faut se placer dans cette perspective pour comprendre la place qu'il occupait dans les sociétés matrilinéaires et que, par la suite, il n'a jamais retrouvée.

Une homosexualité privilégiée

Deux facteurs fondamentaux expliquent la place privilégiée de l'homosexualité dans les sociétés matrilinéaires. Le premier est le comportement des Anthropoïdes, qui ne sont pas doués, à l'instar des insectes, d'une affinité sélective pour le sexe opposé : dans la horde anthropoïde, le mâle le plus fort, le plus prestigieux (parfois même une femelle) exerce la dominance sur les membres du groupe, qui se soumettent à ses désirs sexuels quel que soit leur propre sexe. La procréation se réalise ainsi dans une inconscience parfaite des acteurs suivant le hasard des copulations.

Il n'y a pas lieu de supposer que l'Homme ait reçu, au cours de la phase d'hominisation, une révélation spéciale qui lui permette de sélectionner ses partenaires sexuels en fonction d'une finalité de procréation. Dans la horde humaine primitive, les acteurs du jeu sexuel restent parfaitement inconscients de sa signification physiologique. Le principe de la dominance continue à régir les rapports sexuels du mâle adulte avec ses partenaires des deux sexes.

Mais la structure sociale va constituer, à partir d'une certaine époque, un second facteur qui oriente les sociétés humaines vers les pratiques homosexuelles. D'abord, au Paléolithique récent, la grande chasse exige la séparation temporaire du groupe féminin attaché au campement et du groupe chasseur mobile : dans ces périodes de ségrégation des sexes, les hommes adultes sont, à l'égard des adolescents qui les suivent, des initiateurs qui exercent la dominance sexuelle. Ceci n'est pas une vue de l'esprit. Comme on le verra plus loin, les rites de pédérastie initiatique, constitués dans ce genre de vie du Paléolithique récent, ont survécu chez plusieurs peuples jusqu'à l'époque historique.

Puis, progressivement, l'interdit qui entraîne les sociétés humaines vers l'exogamie ne fera que renforcer cette tendance. L'homme se voit interdire les rapports avec les femmes de son groupe consanguin. Il ne lui est pas possible de vivre avec des femmes de groupes étrangers, non consanguins, puisque les « maris visitants » n'ont qu'un droit d'accès à celles-ci. L'amour hétérosexuel reste donc freiné par les tabous. En revanche, l'amour homosexuel est libre : tout homme peut avoir des rapports sexuels avec les mâles de son matrilignage, notamment avec ses frères classificatoires, sans aucune entrave idéologique, tandis que les rapports avec les femmes de son matrilignage sont un crime.

Cela permet de comprendre que l'homosexualité était entrée profondément dans les mœurs des sociétés matrilinéaires. Or, pour changer les mœurs et la morale établie, il faut des milliers d'années. Voilà pourquoi toute l'Antiquité historique et de nombreux peuples d'époque plus récente continueront à accepter ces pratiques, — preuve rétrospective de ce que fut la vie sexuelle matrilinéaire.

Le témoignage des mythologies

L'éclairage rétrospectif du monde matrilinéaire nous est donné d'abord par les mythologies antiques. Celles-ci, conçues en grande partie à une époque qui connaissait la paternité, n'en reflètent pas moins des images d'une société plus ancienne, d'une société à culture shamanique, dans laquelle l'idéologie patrilinéaire n'existe pas encore.

Dans la mythologie hindoue, l'androgynie est considérée comme un état normal de la divinité. Les plus grands dieux, comme Shiva, Vishnou, Krishna et d'autres, sont parfois représentés avec une moitié mâle et une moitié femelle, — ce qui n'implique pas seulement une synthèse de la vie dans un être complet, mais la possibilité individuelle de jouer les rôles mâle et femelle. La légende nous montre d'ailleurs comment Vishnou, épris de Shiva, prit la forme ravissante de Mohinî, métamorphose féminine qui enchanta Shiva. Leur union donna naissance à Harihara, dont le nom signifie Vishnou (Hari)-Shiva (Hara) : mythe évidemment marqué par une époque où les idées sur la procréation sont encore indécises.

La mythologie grecque abonde plus encore en fables homo-sexuelles. L'enlèvement du jeune Ganymède par Zeus est cité dans les fragments d'hymnes homériques. Selon Hésiode, le jeune Hylas, compagnon d'armes favori d'Héraclès, est appelé par celui-ci « le plus cher de tous les hommes » ; et cette histoire d'Héraclès et Hylas est racontée avec de charmants détails dans les *Argonautica*, unique poème conservé d'Appolonios de Rhodes. On peut faire une anthologie de l'homosexualité divine avec les poètes lyriques grecs : Théognis, Archiloque, Anacréon, Pindare, Théocrite, etc. Les « Histoires d'amour » de Phanoklès sont une guirlande d'élégies qui peignent, sous une forme poétique, des amours de garçons mêlant les dieux et les héros. Dans la littérature latine, Ovide montre Orphée à son retour des Enfers : ayant perdu sa femme Eurydice, mari solitaire, il rejette tout amour féminin et revient dans ses montagnes de Thrace où il se tourne vers les garçons. Laïos, le père d'Œdipe, tombe follement amoureux du beau Chrysippe, fils de Pélops, et l'enlève par la force.

Ces témoignages littéraires ont été contestés par des historiens modernes, notamment l'historien allemand Moritz Meyer, selon qui les mœurs décrites dans la mythologie sont une création tardive des littérateurs, qui transposent les mœurs humaines dépravées de l'époque classique afin de leur donner des modèles divins. Autrement dit, la Grèce classique aurait conçu une mythologie à sa propre image. Or c'est sur ce point précis qu'apparaissent les contradictions insolubles de l'anthropologie non évolutionniste : si l'on accepte l'idée que la mythologie grecque n'est qu'une image de la société grecque classique (v^e-ive siècles), c'est une fresque d'atrocités effroyables qu'il faudra faire assumer par cette même société. Kronos dévorant ses propres enfants. Héra essayant de tuer son fils Héphaïstos en le jetant à la mer. L'horrible banquet des Titans, qui découpent l'enfant Dionysos en sept morceaux pour les faire bouillir dans un grand chaudron. Le repas anthropophagique de Tantale, qui fait cuire les morceaux découpés de son fils Pélops. Le Sphynx dévorant les jeunes Thébains qu'on lui offre en sacrifice. Cette mythologie sanglante est-elle aussi une image de la Grèce classique ? Si cette thèse était soutenue, personne ne croirait que les Grecs du ve siècle ont pu prêter à leurs dieux des comportements barbares que leur morale réprouvait. Tout au contraire, la Grèce classique avait tendance à adoucir ces images terrifiantes, tel Pindare qui expliquait la disparition du jeune Pélops par l'amour de Poséidon, épris de l'adolescent, qu'il emmène sur un char doré.

L'invention poétique des auteurs classiques n'infirme pas l'authenticité des légendes qui lui servent de support. Cette immense fresque mythologique contient les actions sanglantes et atroces des divinités, elle contient aussi leurs amours. Il n'est pas possible de les dissocier pour voir dans les uns le reflet de l'humanité primitive, et dans les autres, une invention de la Grèce classique. Une telle dissociation serait d'un arbitraire trop criant.

Il faut en conclure que les mythologies, notamment celle des Grecs, sont bien le reflet d'une certaine société antérieure à la période historique. Ces mythologies, constituées principalement par des couples divins comme Shiva et Pârvatî, Zeus et Héra, Jupiter et Junon, sont évidemment apparues dans une société qui connaissait la paternité. Mais elles ne sauraient être issues de la société patriarcale, plus tardive, dont elles contredisent les principes : par des traits comme les unions incestueuses, la mobilité des unions sexuelles et l'absence de famille, la libre pratique des rapports homosexuels, le cannibalisme, elles sont évidemment le reflet d'une société plus ancienne, de tradition matrilinéaire, dont la culture peut être assimilée aux cultures shamaniques définies par l'ethnologie.

Le témoignage de l'ethnologie

Le domaine de l'ethnologie moderne offre à notre observation un ensemble de peuples traditionnels, particulièrement en Océanie, en Afrique noire, chez les Indiens d'Amérique, parmi lesquels il est facile de vérifier la persistance des coutumes antiques. Ce ne sont pas seulement les sociétés matrilinéaires qui ont conservé ces coutumes. Dans ces populations dites « primitives », la patriarcalisation des familles ne s'est pas réalisée : la plupart d'entre elles ont adopté la filiation patrilinéaire, modifiant plus ou moins certaines coutumes en fonction de l'idéologie nouvelle, mais en conservant les mœurs anciennes qui se transmettent de génération en génération. C'est pourquoi on peut y reconnaître fréquemment des « fossiles sociologiques », qui sont des coutumes matrilinéaires survivantes en contradiction avec l'idéologie patrilinéaire.

De ces innombrables survivances, il en est qui ont conservé plus purement les traces de l'idéologie matrilinéaire, tandis que d'autres révèlent les empiètements de l'idéologie patrilinéaire. Parmi les premières, on relèvera plus souvent des coutumes d'Amérique, d'Océanie et de l'Inde, qui sont restées longtemps des conservatoires des plus anciennes traditions. Telles sont ces danses licencieuses observées en Louisiane, au XVIIIe siècle, par le Père de Charlevoix :

> *On y voyait des hommes qui n'avaient point de honte d'y prendre l'habillement des femmes, et de s'assujettir à toutes les occupations propres du sexe, d'où s'ensuivait une corruption qui ne se peut exprimer.* (Journal d'un Voyage dans l'Amérique septentrionale, Vol. III, Paris, 1744.)

A la même époque, le Père Lafitau dénonçait les mœurs efféminées qu'il avait observées :

> *Chez les Illinois, chez les Sioux, à la Louisiane, à la Floride et dans le Yucatan : des hommes assez lâches pour vivre comme des femmes ; des jeunes gens qui prennent l'habit de femme qu'ils gardent toute leur vie, et qui se croient honorés de s'abaisser à toutes leurs occupations ; ils ne se marient jamais, ils assistent à tous les exercices où la Religion semble avoir part, et cette profession de vie extraordinaire les fait passer pour des gens d'un ordre supérieur et au-dessus du commun des hommes* (Mœurs des sauvages américains comparées aux mœurs des premiers temps, Paris, 1724).

Dans la Nouvelle-Guinée actuelle, c'est l'ethnologue Margaret Mead qui montre l'ambiguïté des rapports hommes-femmes dans les grandes danses masquées où « *les jeunes gens prennent un étrange plaisir à jouer les invertis en s'associant au groupe féminin* ». Cette attitude va encore plus loin chez les individus atypiques, qui peuvent s'adonner ouvertement à l'inversion et au travestissement : ce comportement est admis par la société. Chez les Mundugomor, un individu peut s'adonner à des occupations considérées comme féminines dans cette société, telles que la pêche, sans éprouver le besoin de souligner son comportement par un déguisement féminin.

Les mêmes attitudes sont communes en Polynésie, chez les Mahu, individus ouvertement efféminés et homosexuels, et que la société reconnaît comme tels. La société polynésienne, pour autant qu'on en puisse juger dans l'archipel des Marquises, admet par ailleurs les actes d'homosexualité comme un substitut des relations hétérosexuelles en cas de rareté des femmes ; et elle les considère spécialement comme une caractéristique du comportement des adolescents.

De même que, chez les Hindous, les danses lascives et efféminées de la fête de Holi, ces attitudes évoquent la forme de sexualité qui régnait avant la découverte de la paternité. Et l'on ne doit pas s'étonner de la remarque de l'ethnologue anglais, A. B. Deacon dans sa classification des complexes culturels de Mélanésie : le complexe matrilinéaire se signale notamment par la nudité, la jupe de natte (*mat-skirt*) que portent les femmes, l'irrigation du taro et un extrême développement de l'homosexualité mâle.

Une forme particulière de ces comportements sexuels apparaît notamment dans les observations publiées par l'American Pediatric Society sur une population de Nouvelle-Guinée, les Kukukuku, isolée dans une région montagneuse sous administration australienne. Avant d'être entrée en contact avec les Européens, cette population soumettait les jeunes garçons de cinq à dix ans à une forme extrême de ségrégation sexuelle : la séparation des sexes en des habitats séparés, qui est courante dans les montagnes de Nouvelle-Guinée, était spécialement renforcée pour ces enfants par l'interdiction du contact et même de la vue des femmes. Les jeunes garçons, élevés dans les maisons des hommes, y acquéraient un comportement féminin ; et ils conservaient, pendant toute leur adolescence, la timidité envers l'autre sexe et l'habitude de fuir à la simple approche d'une femme, entraînés dès le plus jeune âge à des pratiques de fellation.

> *J'ai étudié soigneusement ce comportement*, écrit l'auteur, *dans quelques communautés pendant huit ans avant toute autre pénétration de la civilisation, mais dans la plupart des régions il a soudain disparu sous l'effet d'un édit auto-imposé, lorsque les populations locales, exposées à des contacts croissants de missionnaires, d'administrateurs et de scientifiques, ou même au ridicule auprès de groupes mélanésiens voisins, réalisèrent le caractère aberrant de leur conduite et changèrent rapidement. Dans certains cas, l'évitement du sexe opposé, attitude depuis longtemps établie, a été totalement abandonné en quelques semaines, ainsi que l'homosexualité la plus évidente et la fellation juvénile effrénée.*

Quelle signification faut-il donner à ces témoignages ? Il est évident que, pour le Père Lafitau et le Père de Charlevoix, qui ne soupçonnaient absolument pas l'évolution des sociétés, le seul point de référence était l'existence d'une loi morale immuable, que les populations « sauvages » ignoraient ou qu'elles avaient perdue. Mais, depuis le XVIIIᵉ siècle, l'ampleur des informations collectées par les historiens et les ethnologues a imposé au monde scientifique une vision diachronique des faits à laquelle l'évolution est seule capable de donner une cohérence intrinsèque. C'est pourquoi la plupart des comportements ci-dessus mentionnés se relient logiquement aux sociétés matrilinéaires, dont ils sont des survivances fragmentaires, comme ces archipels épars sur l'océan qui témoignent de continents effondrés.

On doit aussi comprendre que le « droit à la différence », aujourd'hui préconisé dans les sociétés modernes en faveur des comportements homosexuels, n'aurait eu aucun sens dans les sociétés néolithiques. Lorsqu'une tribu primitive pratique l'homosexualité, celle-ci n'est qu'une partie intégrante de la culture collective, sur laquelle tout individu est contraint de s'aligner.

RÉFLEXIONS SUR UN AGE D'OR

> *D'or fut la première race d'hommes périssables que créèrent les Immortels, habitants de l'Olympe. C'était au temps de Kronos, quand il régnait encore au ciel. Ils vivaient comme des dieux, le cœur libre de soucis, à l'écart et à l'abri des peines et des misères : la vieillesse misérable sur eux ne pesait pas...*
>
> Hésiode. *Les Travaux et les Jours.*
> Trad. Paul Mazon.

Les peuples anciens n'avaient pas notre conception d'un temps homogène sans commencement ni fin. Ils se représentaient le temps comme une série de cycles qui mènent des humanités successives depuis le plus haut degré de l'être jusqu'à une fin misérable. Ainsi Hésiode, que la chronologie classique fait vivre au VIIIe siècle av. J.-C.[1], ne pouvait absolument pas concevoir l'évolution des sociétés : il se représentait la préhistoire comme la succession de cinq races humaines, créées par les dieux immortels au cours de cinq âges du monde, depuis l'Age d'or, qui fut celui de Kronos, jusqu'à l'Age de fer, postérieur à la guerre de Troie. Ces âges successifs donnaient alors aux Grecs une représentation de ce que nous appelons l'évolution : leur succession schématisait les étapes de l'humanité dans des conditions de vie qui se dégradent d'âge en âge.

1. Certaines considérations astronomiques permettraient de reculer la vie d'Hésiode au Xe ou au XIe siècle. Cf. M.E. Dehousse. An Astronomical Determination of the Time of Hesiod., *Mankind Quaterly* (Washington D.C.) XXIV, 1984, p. 439-445.

La conception de l'Inde ancienne était similaire : une série de quatre âges *(yuga)*, étapes d'un irrémédiable déclin depuis l'Age de Vérité *(satya yuga)*, jusqu'à l'âge actuel ou Age de Kâli *(kâli yuga)*. D'autres peuples évoquent un âge révolu de bonheur parfait, notamment la Chine avec certaines chansons d'amour du *She King* (Livre des Odes), œuvres très anciennes enregistrées tardivement par l'écriture. Les Australiens ont aussi gardé le souvenir d'une époque paradisiaque où le gibier abondait.

Cette vision pessimiste, sans espoir, du destin des hommes correspond au souvenir embelli d'un paradis perdu. « Chez la plupart des peuples, écrit le préhistorien Max Escalon de Fronton (1977), l'origine mythique de l'homme se situe dans un paradis où règne la paix. Et il est clair que la paix ne règne que parce qu'il n'y a qu'un seul homme ». Les hommes du Paléolithique étaient, en effet, trop clairsemés pour se rencontrer fréquemment. Ceux du Néolithique, beaucoup plus denses, révèlent déjà des conflits par les traces de blessures, par les pointes de flèches fixées dans les squelettes. Cependant les agriculteurs disposaient encore d'espaces cultivables étendus ; au cours de leurs migrations, ils pouvaient se sédentariser dans des régions où erraient de rares chasseurs, qui ne pouvaient leur opposer une résistance efficace.

Selon l'historien anglais Christopher Dawson, la prolongation d'un relatif état de paix s'expliquerait principalement par le fait que la société n'était pas encore organisée pour la guerre. Les affrontements violents de communautés voisines se réduisaient à des bagarres de paysans. Les sociétés néolithiques, en effet, étaient des sociétés homogènes, dans lesquelles n'existaient aucune classe de guerriers, aucune armée, aucun chef conquérant. L'idée que la conquête est une industrie plus lucrative que le travail et le défrichement du sol a dû apparaître progressivement par la tentation de s'approprier les récoltes et le bétail accumulés, et surtout de s'approprier des hommes réduits en esclavage. C'est pourquoi la tradition laissée par ces hommes pacifiques était celle d'un temps où l'on pouvait vivre sa vie entière sans voir les villages et les récoltes incendiés, sans être massacré ni réduit en esclavage.

En se fondant sur ce tableau d'une humanité préhistorique vivant dans la paix, une nouvelle conception de l'Histoire, d'inspiration féministe, a pu réactualiser les vieilles légendes de l'Age d'or en peignant des sociétés matrilinéaires, voire matriarcales, qui coexistaient dans la paix. Et selon cette même conception, c'est l'arrivée du sexe masculin au pouvoir qui aurait déchaîné les guerres. Vision un peu trop idéaliste, qui ne tient pas compte de l'évolution économique et démographique du monde ! En réalité, le changement profond marqué par le passage à l'état de guerre s'explique par des conditions complexes : accroissement démographique, réduction de l'espace disponible, éveil des convoitises par l'accumulation des richesses en des aires privilégiées, utilisation des métaux dans l'armement, domestication du cheval. Ces conditions nouvelles ont entraîné la prépondérance masculine, parce que la femme, nonobstant les interventions légendaires des Amazones, est moins apte que l'homme aux aventures guerrières.

Dans la vision de l'Age d'or, on peut reconnaître une vieille nostalgie des temps heureux, dont le souvenir transparaît à travers le filigrane des siècles de guerre et de malheur. Mais la vérité des temps néolithiques se réduit-elle à cette vision de rêve ? Si l'on met en balance la brièveté de la vie humaine, le cannibalisme, les sacrifices humains, l'absence d'écriture et d'une culture supérieure, l'absence d'une vie familiale au sens patrilinéaire de cette expression, on pourra considérer ce bonheur comme singulièrement pauvre.

Il reste cependant, parmi les souvenirs poétisés, quelques images mémorables. En écartant certaines fictions poétiques d'Hésiode (les récoltes mûrissant d'elles-mêmes, une euthanasie qui ressemble aux approches vespérales du sommeil), on peut reconnaître certaines reliques de l'Age d'or, dans lesquelles se prolongeaient à l'époque historique les conditions fabuleuses de la société disparue : absence de classes sociales, abondance des biens de la terre, sécurité, et une certaine forme de liberté sexuelle.

Selon Hésiode, la race des Héros, la quatrième, n'était pas éteinte. Ceux qui n'étaient pas tombés dans la guerre de Troie. Zeus les avait établis « aux confins de la Terre » :

C'est là qu'ils habitent, le cœur libre de soucis, dans les Iles des Bienheureux, aux bords des tourbillons profonds de l'Océan, héros fortunés, pour qui le sol fécond porte trois fois l'an une florissante et douce récolte. (Les Travaux et les Jours, 171-175).

Il s'agit là des Iles Fortunées, connues des navigateurs et dont Hésiode avait pu entendre parler. Selon toute vraisemblance, ce sont les Canaries, où la protection géographique assura un bonheur incomparable, pendant des siècles, à la race berbère des Guanches.

C'est, en effet, une constatation historique que les conditions de l'Age d'or s'étaient relativement bien conservées jusqu'au xve siècle dans les îles Canaries, dont l'humaniste italien Leonardo Torriani recueillit un peu plus tard les traditions. Cet archipel bénéficia d'une protection géographique, grâce à un éloignement qui le mettait hors d'atteinte des invasions. De plus, les Guanches, qui maîtrisaient très mal la navigation, et n'avaient aucun armement de métal, ne pouvaient se livrer, d'une île à l'autre, qu'à des expéditions de faible portée, que l'on ne peut qualifier de guerre.

TROISIÈME PARTIE

LES SOCIÉTÉS HUMAINES AVEC L'IDÉE DE PATERNITÉ

Der Krieg, der Beweger des Menschen Geschicks...
(La guerre, moteur du destin des hommes)

Frédéric Schiller.

La découverte de la paternité n'a été qu'une prise de conscience très lente. Elle n'a pas entraîné de brusque révolution sociale. Les sociétés anciennes pouvaient très bien reconnaître l'existence du Père sans modifier pour autant leurs structures sociales, leur vie religieuse et leur vie sexuelle. Il a donc fallu plusieurs millénaires pour que s'opère insensiblement une « révolution patrilinéaire », au terme de laquelle nous constatons l'établissement des sociétés patrilinéaires avec des états de patriarcalisation plus ou moins avancés. Le fait décisif de cette transformation est le déchaînement des guerres, qui est évident dans les littératures anciennes, principalement dans la littérature sanskrite : c'est par la guerre que les hommes sont devenus les maîtres de la société, comme chefs de familles, comme rois et comme dieux.

CHAPITRE PREMIER

LES ORIGINES DU MARIAGE
ET LA CHRONOLOGIE DE L'EXOGAMIE

Les femmes destinées à être des épouses,
il les déflore, lui, le premier ;
le mari ne vient qu'après !

Epopée de Gilgamesh (IIIe millénaire)

Il y a une différence radicale entre les organisations protofamiliales du Néolithique et la famille patrilinéaire. Les unions sexuelles du Néolithique n'étaient pas des mariages dans le sens que l'on conçoit à l'époque historique. Elles n'étaient pas stables, mais associaient des partenaires temporaires, comme ce que l'on appelle les « maris visitants ». Ou bien c'étaient des rencontres collectives, qui avaient lieu particulièrement à certaines saisons (notamment le printemps), comme le rappellent les plus anciennes traditions de la Chine et de l'Occident. Elles n'avaient aucune finalité procréatrice et les enfants qui en étaient issus appartenaient collectivement à la communauté matrilinéaire.

La fondation de la famille patrilinéaire n'est pas un acte saint et moralisateur. C'est un acte de prédation sexuelle, conforme à la morale des sociétés primitives, un acte de violence qui disloque les anciens clans matrilinéaires et fait surgir peu à peu une nouvelle société. En même temps que les familles, les conquérants fondent des royaumes, appuyés sur une puissance militaire organisée. La religion et la morale vont se transformer progressivement pour devenir des expressions de la domination masculine.

Les conquérants patrilinéaires

La famille est née dans l'âge que l'on appelle « l'âge des héros », c'est-à-dire un âge de prédateurs et de maîtres. Le grand changement dans l'histoire sociale, c'est, en effet, l'apparition des guerres. Dès le Néolithique, en raison de la croissance démographique et d'une occupation plus dense du sol, la compétition entre les groupes multiplie les actes de violence, dont témoignent de vastes nécropoles avec des pointes de flèches plantées dans les os. Mais la véritable guerre ne devient possible qu'à l'apparition de systèmes politiques étendus, groupant autour des chefs des formations militaires actives et conquérantes.

Si l'on cherche un témoignage de l'apparition des guerres, il faut suivre — dans les publications de Roman Ghirshman — la progression des Proto-Indo-Aryens sur les bords orientaux de la Caspienne. A la fin du IVe millénaire, ils sont sédentarisés au nord-est de l'Iran (dans la plaine de Gorgan), où leur culture porte déjà les traits d'une société guerrière : un type primitif de char de combat, et des clairons d'or et d'argent indispensables aux chefs dans les exercices militaires et les manœuvres des batailles. Les Proto-Indo-Aryens semblent avoir été chassés d'Iran par quelque catastrophe guerrière : maisons désertées avec des trésors enfouis, squelettes des habitants dispersés un peu partout dans des positions qui ne sont pas celles des sépultures, nombreuses pointes de flèches disséminées. La guerre, la voici. On pense à une invasion des Mongols nomades, dont les cimetières forment un large demi-cercle depuis le littoral de la Caspienne jusqu'à la Mer d'Aral et aux sources du Syr-Darya.

Au IIIe millénaire, la guerre est installée chez les peuples du Moyen-Orient. Araméens, Sumériens, Assyriens se trouvent désormais trop rapprochés pour coexister pacifiquement. La guerre devient une industrie plus lucrative que l'agriculture et l'élevage. Dans la croissance démographique, la guerre est le seul moyen d'échapper à l'asphyxie économique. Les Assyriens, agriculteurs pacifiques, se transforment en un peuple de proie, implacable et cruel.

Les populations ne peuvent plus se contenter de leurs cantons primitifs exigus, et elles n'ont pas encore les moyens de contrôler les territoires immenses qui les entourent ; elles flottent, en quelque sorte, sur des surfaces trop vastes pour leurs capacités administratives réelles. (P. Garelli, *L'Assyriologie.*)

La conquête n'est donc qu'une razzia institutionnelle, une prédation permanente sur des territoires ravagés. Dans les butins de guerre, des hommes et des femmes asservis. C'est l'âge des héros, transmis par les épopées dans la mémoire des peuples. C'est alors qu'émergent les monarchies guerrières, c'est alors que les bandes armées affirment la supériorité des mâles et forgent la société de classes dans l'asservissement des vaincus. Dans ces butins d'êtres humains, les jeunes femmes captives sont les premiers modèles de la femme soumise à l'homme, irrévocablement attachée à son maître. Elles illustrent l'adage suivant lequel la femme est une chose, un bien mobilier, un objet de trafic *(woman is a chattel)*. C'est dans ces conditions de l'âge barbare que se produit la rupture des clans matrilinéaires, disloqués par les conquérants, au profit des organisations viriles qui s'approprient les femmes et leurs enfants.

L'un des tableaux les plus expressifs de cette mutation brutale se dessine dans l'épopée de Gilgamesh, un texte récupéré par fragments sur des tablettes gravées d'inscriptions cunéiformes. Dans ses fragments les plus anciens, rédigés en langue sumérienne, la rédaction du poème paraît dater de 2000 av. J.-C. environ. Mais, comme c'est le cas pour toutes ces épopées primitives, la rédaction est postérieure de plusieurs siècles aux événements qu'elle relate. Gilgamesh vécut après le Déluge dans la ville d'Ourouk en Mésopotamie. Plusieurs traits, comme la présence d'esclaves et de courtisanes, révèlent que la société d'Ourouk est une société qui a évolué avec l'idée de paternité sous la dure loi des conquérants patrilinéaires. Selon l'archéologie, cette société aurait vécu dans la seconde moitié du IIIᵉ millénaire.

Gilgamesh est un de ces héros qui s'imposent à leurs contemporains par leur force exceptionnelle et leur puissance sexuelle. Il traite les femmes en esclaves avec la vigueur d'un grand chef : « Il les déflore lui, le premier ; le mari ne vient qu'après. » Il traite de même les garçons :

117

Gilgamesh ne laisse pas un fils à son père ;
jour et nuit sa superbe est immense.
Gilgamesh, lui, le pasteur d'Ourouk aux enclos,
le pasteur de ses habitants, le fort, l'admirable, l'avisé,
il ne laisse pas une fille à sa mère,
ni la fille d'un preux, ni l'épouse d'un héros.

(Traduction Georges Conteneau, Tablette I, Colonne II,
12-18).

Le comportement despotique de Gilgamesh est la plus
ancienne attestation du *jus primae noctis*. Cette coutume
décriée, dont l'ethnographie a relevé les vestiges dans toutes
les parties du monde, ce sont bien les conquérants patrilinéaires qui l'ont forgée dans la loi implacable de la guerre et
de la servitude.

Ces conquérants surgissent dans les batailles. Ils ne sont pas
nés d'une improbable réflexion sur la physiologie de la
procréation. Ils se reconnaissent eux-mêmes dans la simple
affirmation de leur force. Ils créent, sans même s'en rendre
compte, une nouvelle forme de société. Ce que la civilisation
des Chasseurs n'avait pu faire, les conquérants le réalisent sur
la planète entière.

Le mariage patrilinéaire, institution de classe

La prédation sexuelle est donc à l'origine d'une société
nouvelle fondée sur le mariage patrilinéaire. Mais on commettrait une grave erreur en se représentant le mariage primitif à
l'image de celui que nous connaissons à l'époque historique.
Le mot sanskrit *vivâha*, qui signifie le mariage, a le sens
primaire d'enlèvement de la fiancée ; et il dérive du radical
vivah, qui signifie « enlever ». Cette étymologie est la connotation de ce que fut le mariage dès le IVe millénaire : une
institution fondée sur le rapt de la femme, c'est-à-dire sur un
acte de déprédation commis au détriment du matrilignage
dans lequel la femme était primordialement inamovible. C'est
là un fait universel, résultant du déchaînement des guerres ;
les souvenirs et les simulacres du rapt, en effet, sont restés

118

manifestes dans les rites matrimoniaux de nombreux peuples.

L'établissement du mariage par enlèvement eut pour conséquence inévitable l'apparition du mariage par achat. Car les
femmes étant devenues un bien mobilier et un objet de trafic, il
parut naturel de les acquérir par achat auprès de ceux qui désormais disposaient d'elles, leurs frères en premier lieu, puis de
plus en plus leurs pères, à mesure que l'autorité paternelle
s'affirmait dans la nouvelle société. Il est d'ailleurs évident
que le modèle du mariage par rapt ne pouvait être appliqué
que par des groupes dominants, car sa généralisation dans la
société globale supposerait la pratique générale de la prédation
sexuelle, dont le caractère anarchique n'est pas compatible
avec l'organisation de familles stables et d'une société policée.

Les formes primitives du mariage patrilinéaire permettent
de comprendre pourquoi ce mariage est une institution de
classe. On commettrait une erreur historique en le considérant
comme une institution qui s'applique d'emblée à la société
globale. Inventé par des groupes conquérants et dominants,
initialement dépourvus de tout caractère sacré, il ne s'univer-
salisera que progressivement à travers de longues phases de
transition. C'est ainsi que la noblesse chinoise, dans la première moitié du Ier millénaire av. J.-C., fonde les grandes
familles patrilinéaires de la société féodale, qui constituent la
classe dominante, tandis que le peuple des campagnes, sur
lequel les textes anciens sont peu explicites, paraît encore
attaché à la parenté classificatoire, à des modes de travail
collectifs sous le contrôle des intendants, à des formes d'union
sexuelle par groupes lors des grandes fêtes religieuses.

Dans la société romaine, au temps de la République,
l'excellent historien Paul Veyne décrit les conditions du
mariage dans les termes suivants : « ... *toutes les classes
sociales ne pratiquaient pas le mariage. Si l'on n'avait pas de
patrimoine à transmettre, il n'était pas nécessaire de se marier, et,
si l'on était esclave, il était impossible de se marier.* » Dans cette
ancienne société romaine, les classes moyennes libres vivaient
généralement en concubinage et les esclaves étaient en régime
de promiscuité. Quant à la classe dirigeante, « *le gouvernement
romain*, écrit Paul Veyne, *devait parfois supplier les citoyens de
consentir à se marier, pour perpétuer la classe gouvernante, au
lieu de se borner à vivre heureux dans leur harem (car les nobles
romains avaient un harem de servantes et de pages)* ».

Situation analogue dans l'ancienne société hellénique ; car dans les poèmes homériques, qui peignent la société des guerriers (classe dominante), on pratique le mariage par achat, et l'enlèvement de la jeune fille est mentionné dans un cas célèbre : l'enlèvement d'Hélène par Hector, fils du roi de Troie. Dans la Grèce classique du Vᵉ siècle av. J.-C., et particulièrement dans la société athénienne (mieux connue grâce à l'abondance des documents littéraires), il existe un mariage légal, le mariage par *engyèsis*, dans lequel la personne qui a autorité sur la jeune fille donne celle-ci en mariage à son mari. C'est ce contrat qui a force de loi et qui confère la légitimité aux enfants. Or c'est le mariage des citoyens, qui sont une minorité dans la population d'Athènes ; et un citoyen ne peut épouser ainsi qu'une femme de la même classe sociale, Périclès ayant fait voter une loi sur l'invalidité des unions mixtes. Par conséquent, toutes les unions mixtes et toutes les unions entre personnes qui ne jouissent pas de la citoyenneté sont une sorte de concubinat, qui s'apparente au concubinat romain. Il est donc clair que ce mariage grec est une institution de classe. Son but n'est pas de fonder un foyer pour le bonheur de deux individus, mais d'assurer la pérennité de la famille existante en procréant des enfants légitimes. Il ne faut pas se leurrer sur la loi de Sparte, qui fait du mariage une obligation : elle ne concerne que les citoyens.

Il est facile de reconnaître le même schéma sociologique dans l'Inde ancienne. En effet, la littérature sanskrite, qui énumère les différentes formes de mariage, distingue très nettement les mariages *dharmya* (légaux, conformes au dharma), qui sont approuvés par les Brahmanes, au premier rang desquels se situe le mariage *brâhmya*, c'est-à-dire le mariage rituel et religieux des Brahmanes, qui consiste dans le don de la fille par le père et qui s'est plus tard généralisé. A ces formes légales, s'opposent les mariages *adharmya* (illégaux, non conformes au dharma), tels les mariages par enlèvement et par achat. Si l'on prend garde au fait que la littérature sanskrite est avant tout l'expression de la minorité indo-aryenne, qui avait fait la conquête de l'Inde du Nord, on comprend que le mariage *brâhmya* est celui des classes supérieures. La littérature brahmanique laisse dans l'ombre les populations indigènes, leur abandonnant comme illégales (autrement dit : comme formes de concubinat) les anciennes unions de type matrilinéaire ainsi que les mariages par enlèvement et par achat, qui sont les formes les plus archaïques des mariages patrilinéaires.

La convergence des mariages chinois, romain, grec et brahmanique vers le schéma commun d'un mariage de classe, réservé à une minorité de la population, nous aide à comprendre l'attitude générale des conquérants patrilinéaires, lorsqu'ils imposent leur nouvelle loi en s'appropriant les femmes. Leur comportement se définit dans un machisme sommaire, dont l'Amérique latine d'aujourd'hui peut donner une certaine idée : s'emparant des femmes pour faire l'amour, ils n'ont aucun sentiment de responsabilité envers leur progéniture. Ils ont conservé, et pour longtemps encore, la psychologie du monde matrilinéaire, dans lequel la parenté classificatoire et l'ignorance de la paternité entraînent une indifférence complète pour toute appropriation personnelle des enfants. Ils conservent de même, un certain temps, l'indifférence à l'égard du comportement volage des femmes. L'idée masculine d'avoir une postérité génétique n'a pu s'imposer d'un coup à des populations qui ne savaient rien de la filiation et qui n'y pouvaient voir aucun intérêt. C'est pourquoi les sociétés anciennes, lorsqu'elles ont adopté un système de filiation, ont commencé par rattacher les enfants à leur mère. Longtemps, comme Renan le constatait chez les Hébreux, on n'a pu se sentir frères et sœurs que par la communauté de la mère.

La prise de conscience de la filiation et de la communauté familiale patrilinéaires résulte de la constitution d'unités économiques de base correspondant à la mainmise des hommes sur la terre dans les sociétés sédentarisées. Il faut y ajouter l'adoption progressive du système de parenté descriptif, qui habitue les populations à discriminer les frères et sœurs réels de leurs cousins et cousines : la famille nucléaire se resserre autour des parents, même s'il subsiste une communauté plus large du patrilignage ou du clan.

Plusieurs facteurs contribuent à l'établissement du système patrilinéaire aux IIIᵉ et IIᵉ millénaires. D'abord l'avènement des monarchies guerrières, dans lesquelles le système traditionnel de transmission de l'autorité par les femmes se prête mal aux exigences réalistes de la nouvelle société : le souverain préfère transférer son pouvoir au fils dont il a suivi la

121

formation. En second lieu, la société de classes, issue de la subjugation des populations vaincues, exige pour les enfants une éducation appropriée à leur statut, choses incompatibles avec le collectivisme matrilinéaire. Enfin l'évolution des croyances religieuses va permettre la sacralisation du mariage.

L'avènement du couple monogame

Le couple humain monogamique est une invention de la société. Dans la préhistoire, la vie sexuelle était collective. Les plus anciennes tentatives d'organisation du « mariage » sont fondées sur la pluralité des partenaires, qu'il s'agisse des « maris visitants » du système matrilinéaire, ou des unions polyandriques et polygyniques. Et il est aujourd'hui reconnu que le mariage monogamique fut une institution tardive, ce dont les auteurs indiens du Ier millénaire av. J.-C. étaient parfaitement conscients. La femme appartenait à tous ; et comme on le voit encore de nos jours dans certaines sociétés, notamment en Polynésie, elle répondait simplement et sans difficulté aux demandes masculines. Il est donc légitime de se demander comment une sexualité à partenaires multiples a pu donner naissance à l'institution monogamique.

Les conquérants patrilinéaires, comme Gilgamesh, qui s'appropriaient les femmes, ne faisaient qu'appliquer la morale de leur époque. La constitution de harems par les souverains et les nobles est un fait général dans les sociétés antiques, que l'on observe même dans l'Egypte matrilinéaire. Le nombre des épouses et des concubines était une des manifestations de prestige les plus éclatantes. Mais c'est précisément l'accaparement des femmes dans les harems qui devait, pour une raison simplement mathématique, faire naître un nouvel idéal : la démographie est telle qu'il n'y aura jamais suffisamment de femmes pour généraliser la pratique des harems dans la société globale ; aussi les simples particuliers se sont-ils formé l'idéal plus humble de posséder une seule femme. Il n'y a pas lieu de supposer une méditation philosophique profonde pour motiver cette option, qui n'est que l'acceptation d'une nécessité. La sacralisation du mariage, par la suite, transformera l'état de fait en une règle morale.

Toutefois, il est facile d'observer que l'appropriation des femmes ne s'est point faite sans difficulté. Car le mariage resta longtemps fragile, et les femmes conservèrent plus ou moins longtemps leur liberté de choix. Les exemples de cette liberté sont nombreux. On verra plus loin, dans la mythologie suméro-sémitique, le comportement libre et désinvolte de la déesse Ishtar, qui n'est qu'un reflet du comportement traditionnel des femmes. Chez les Irlandais, l'insularité a permis de prolonger ces comportements jusqu'aux premiers siècles de l'ère chrétienne : ainsi Medb, qui choisit ses maris et les répudie au bout de quelque temps.

Non seulement les couples constitués conservaient l'instabilité du système matrilinéaire, mais l'opinion publique ne comprenait pas l'appropriation de la femme par un seul individu, comme le montrent certains passages de la Genèse, relatant des souvenirs de l'histoire hébraïque au temps des patriarches. Au xxᵉ siècle av. J.-C., lorsque Abraham se rendit en Egypte avec sa femme Sara, qui était très belle, il la fit passer pour sa sœur (elle n'était que sa demi-sœur patrilatérale), parce qu'il valait mieux, pour sa propre sécurité, être le frère d'une jolie sœur que le mari d'une jolie épouse. Le même stratagème se répète à la génération suivante : Isaac, fils d'Abraham, fait croire aux Philistins que Rebecca est sa sœur, car il craint d'être tué si l'on sait que Rebecca, qui est belle, est son épouse. Pourquoi donc est-il dangereux d'être le mari d'une jolie femme ? Les commentateurs de la Bible n'ont jamais été convaincants sur cette question, parce qu'au lieu de chercher l'explication dans l'évolution de la morale, ils se sont tenus invariablement sur la position de la morale absolue, en fonction de laquelle les anciens historiens prétendaient juger les vicissitudes de l'histoire. C'est cependant l'évolution de la morale qui permet de comprendre le comportement d'Abraham et d'Isaac : dans la société hébraïque de ce temps, l'ancien statut de la femme, disponible pour tous les hommes, n'était pas encore effacé ; et l'opinion publique admettait difficilement l'appropriation exclusive d'une femme, ce qui devait devenir un trait fondamental du système patrilinéaire.

Dans le *Mahâbhârata*, qui relate des événements légendaires, nous trouvons la même résonance d'une société en mutation. Ainsi lorsque le roi Uddilaka rappelle à son fils, partisan convaincu de la monogamie, que la loi éternelle commande à chaque femme d'appartenir à tous. De même, lorsqu'un roi malade, Pandou, demande à ses deux épouses de faire l'amour avec d'autres hommes pour lui donner des enfants : devant la résistance de l'une d'entre elles, il se lance dans un long discours sur l'ancienne coutume, qui ignorait les couples monogames exclusifs. Et il convient de citer ici l'affirmation du très lucide historien indien S.A. Dange (1949) :

> A travers le Mahâbhârata, les Purâna et les Véda, revient constamment le thème uniforme que le mariage et la famille de l'âge de Kâlî, de la femme liée et dépendante dans le mariage monogamique, des enfants nommés d'après leur père et non d'après leur mère comme autrefois, est une véritable nouveauté, une récente invention de la société, destinée à satisfaire certains besoins, mais qui n'est pas naturelle.

En même temps se profile l'image indécise d'un père, qui ne semble pas complètement assuré d'être le géniteur de ses enfants. Ainsi la Genèse qui définit les frères comme « les fils d'un homme », montre en même temps la permanence du sentiment de fraternité par la mère, illustrée par l'attitude de Joseph devant son jeune frère Benjamin :

> Levant les yeux, Joseph vit son frère Benjamin, le fils de sa mère, et demanda : « Est-ce là votre plus jeune frère, dont vous m'avez parlé ? » Et Joseph se hâta de sortir, car son cœur s'était ému pour son frère et les larmes lui venaient aux yeux : il entra dans sa chambre et là il pleura (Traduction Ecole Biblique de Jérusalem).

Ernest Renan, qui ignorait la découverte de la paternité (comme d'ailleurs tous les savants du XIXe siècle), expliquait la force de ce sentiment fraternel par le fait d'avoir « sucé le même sein », — ce qui n'est pas persuasif, car la communauté de la nourrice n'a point laissé de traces juridiques convaincantes dans les modes de filiation. Cette fraternité utérine trahit simplement une tradition matrilinéaire qui n'est pas encore éteinte.

Le système de parenté descriptif

Au collectivisme du matrilignage succède la structure en famille, dans laquelle les enfants connaissent leur père et leur mère. Ce nouveau système de parenté, qu'on appelle la parenté descriptive, désigne chaque personne par le titre de parenté qui lui est propre, — le père, la mère, le frère, le cousin, l'oncle paternel, l'oncle maternel, — remplaçant le système classificatoire, qui ne connaissait que des catégories. Et cette évolution sémantique porte en elle-même un message, que la tradition du langage a fait parvenir jusqu'à nous, pour nous indiquer la substitution d'une nouvelle conception de la parenté et des rapports familiaux.

C'est un événement historique considérable, qui résulte essentiellement d'un progrès intellectuel permettant une conceptualisation plus nuancée de la parentèle. On l'observe aussi bien dans la société matrilinéaire de l'Egypte que dans les diverses sociétés patrilinéaires de la protohistoire. Il est donc probablement lié au nouvel état social de l'agriculture sédentaire.

Pour dater l'apparition de ce système de parenté, on peut observer la transmission du nom par la mère, qui est attestée comme un fait général dans les inscriptions. La transmission du nom par le père est plus tardive. L'antériorité de la transmission par la mère suggère que l'individualisation des rapports entre la mère et ses enfants s'est manifestée dans des sociétés matrilinéaires, alors que la paternité n'était pas encore reconnue.

C'est beaucoup plus tard que le changement en question est connoté par des inscriptions et des stèles funéraires. C'est probablement en Egypte que nous en trouvons le témoignage le plus ancien. La biographie de Méten, fils d'un scribe, peut en effet donner une idée précise du régime familial à la fin de la IIIe dynastie, soit vers 2730 av. J.-C. La famille de Méten est une famille nucléaire, monogamique, dont la terminologie désigne chaque membre par ces termes descriptifs : le père, la mère, le fils, les filles. L'Egypte était donc sortie du collectivisme matrilinéaire et de la parenté classificatoire dès le début du IIIe millénaire, et probablement plus tôt. La femme mariée est indépendante de son mari et dispose de ses biens par testament. Le père dispose de ses biens en faveur de son fils et de ses filles dans un régime d'égalité successorale. Cette biographie démontre parfaitement l'individualisation de chaque membre de la famille.

Environ 800 ans plus tard, cette situation nous est confirmée par une communication de la grande égyptologue Margaret Murray (1934). Dans un cimetière d'Abydos, en Haute Egypte, les stèles indiquent les parentés avec une grande précision : le frère de son père, la sœur de son père, la mère de son épouse, et même la femme du frère de sa mère. Or ces stèles datent de la XIIᵉ dynastie, soit entre 2 000 et 1 800 av. J.-C. Elles confirment donc, au début du IIᵉ millénaire, l'usage de la parenté descriptive dans le contexte d'une famille fondée sur le mariage. Mais on a remarqué, en Egypte et ailleurs, que les stèles indiquent la filiation du défunt par sa mère plus souvent que par son père, ce qui manifeste l'influence d'une tradition matrilinéaire.

Tous les peuples sans exception sont passés par cette phase de l'évolution : l'adoption du système de la parenté descriptive. Mais cela ne les empêchait pas de conserver dans leur langage l'usage de la parenté classificatoire, dans bien des cas jusqu'à notre époque. L'Inde actuelle en est un exemple avec sa terminologie à double sens, dont les mots désignent soit des parents classificatoires, soit des parents individualisés.

L'époque de ce changement de terminologie est variable d'un peuple à l'autre. Mais elle pourrait, dans certains cas, être précisée par les stèles funéraires. On en voit un exemple chez les Etrusques, peuple paléo-méditerranéen, qui avait conservé un héritage matrilinéaire presque intact jusqu'au IVᵉ siècle av. J.-C. En effet, un écrivain grec du IVᵉ siècle, Théopompe de Chios, nous en donne encore une image répondant au collectivisme matrilinéaire : « Chez les Tyrrhéniens, les femmes sont en commun », « les Tyrrhéniens élèvent tous les enfants qui viennent au monde, ne sachant de quel père est chacun d'eux ». Mais, dans le même temps, les stèles funéraires marquent le passage au système de parenté descriptive en indiquant régulièrement le nom de la mère du défunt et assez souvent celui du père. Il n'est pas douteux que les Etrusques ont adopté peu à peu le système familial des peuples voisins ; il s'agit avant tout de celui des Romains, qui les avaient devancés dans l'évolution.

Le renversement des migrations interclaniques

Sous la pression des conquérants, se constituaient des clans d'un type nouveau et des royaumes, dominés par les guerriers, qui s'appropriaient les femmes et leur progéniture. Ces plans patrilinéaires se superposaient aux anciens clans matrilinéaires, qui perdaient de leur importance [1]. Ce fut l'origine du renversement des migrations interclaniques : à la migration des garçons, sous la forme de « maris visitants », se substitua la migration des filles, qui perdaient ainsi leur inamovibilité dans leur clan originel. Et cette transformation étant progressive, on vit coexister deux sortes de couples. D'une part, des « maris visitants », qui opéraient une migration définitive en s'installant dans le village de la femme : c'est l'origine du mariage uxorilocal ou matrilocal, qui est resté jusqu'à nos jours une institution typiquement matrilinéaire et qui s'est même maintenu dans certaines sociétés patrilinéaires. D'autre part, les couples d'un type nouveau, patrilinéaires et à résidence patrilocale, qui devinrent prédominants.

Cependant, il fut un temps où l'on ne concevait pas l'appropriation individuelle d'un conjoint. Selon la tradition ancestrale des copulations en groupes, les clans échangeaient de jeunes garçons, frères classificatoires, qui allaient vivre avec une femme dans un autre clan : cette formation protofamiliale préfigurait ce que nous appelons la polyandrie fraternelle. Les anthropologues, déconcertés par ce comportement, qui paraît étrange à notre époque, lui ont cherché des explications rationnelles, telles que la rareté de la terre arable, contraignant les familles à marier plusieurs frères à une seule épouse pour éviter le morcellement de la terre. Cette explication, apparemment valable dans un domaine restreint comme le Tibet, ne résiste pas à une confrontation universelle ; car la plupart des peuples pauvres ignorent la polyandrie, alors que certaines populations relativement aisées la pratiquent, tels

---

1. La superposition des patrilignages et des matrilignages a pu être observée chez les Mayas au XVIe siècle. Au temps de la conquête espagnole, le Yucatan comptait environ 250 patrilignages exogamiques ; mais la résidence des couples était fréquemment matrilocale, ce qui était une survivance de l'organisation clanique matrilinéaire.

les paysans du bassin de Kandy, dans la région centrale de Sri Lanka.

On ne peut trouver une explication universelle de la polyandrie fraternelle qu'en considérant l'évolution des sociétés : de l'institution des « maris visitants », la formation familiale passe à la migration interclanique de frères classificatoires ; puis, les termes de parenté se précisant progressivement, ce sont des frères réels qui viennent constituer une famille avec une femme ; enfin, lorsque la famille devient patrilinéaire, la pluralité des époux persiste, mais en s'intégrant dans une famille matrifocale. Ce système polyandrique a certainement connu une très grande extension. Mais, au cours de l'évolution générale des sociétés humaines, il n'a survécu que dans certaines formations résiduelles, qui doivent leur persistance à une protection géographique.

On expliquera de même la polygynie sororale, mais dans une société plus tardive. Lorsque les hommes sont devenus les maîtres du jeu, le courant de la migration interclanique s'est renversé : les hommes se font livrer, par un clan étranger, des groupes de filles qui sont des sœurs. Marcel Granet a fort bien décrit cette coutume dans la noblesse de la Chine ancienne : un noble avait normalement droit à plusieurs épouses et concubines, et d'autant plus nombreuses qu'il avait un rang plus important ; mais il devait prendre toutes ses femmes dans la même famille. La polygynie sororale ne saurait s'expliquer par une invention cohérente du législateur : elle procède de la tradition des copulations collectives et de la migration interclanique des femmes.

Eschyle, dans les *Suppliantes*, nous a transmis un écho de cette mutation, en nous montrant les cinquante filles de Danaos, fuyant à travers la mer et cherchant refuge sur la terre d'Argos pour échapper aux fils d'Egyptos :

> *Le trépas vienne donc à moi avant le lit nuptial!* gémit le Chœur des Danaïdes. *Est-il une autre voie de salut que je puisse m'ouvrir encore pour échapper à l'hyménée ?*

Le sens de la tragédie éclate dans les vers d'Eschyle. On y aperçoit clairement la révolte des femmes contre un mariage imposé par la violence mâle, ainsi que le recours au père, qui devient le protecteur naturel de ses enfants. Ce tableau de polygynie sororale, que l'on tente d'imposer aux filles de Danaos, n'est pas une pure affabulation du poète : il traduit, pour les spectateurs athéniens, le souvenir d'une résistance au mariage patrilinéaire, dont les Grecs du Vᵉ siècle étaient encore conscients.

Chronologie de l'exogamie : l'inceste avec la mère

Lors du passage au système patrilinéaire, se produit une importante transformation dans l'exogamie. Primitivement, l'interdiction des rapports sexuels concernait le groupe consanguin tout entier : de là, l'obligation des rapports sexuels interclaniques. Mais la formation des clans patrilinéaires et les progrès de la parenté descriptive bouleversent les règles établies suivant un processus révolutionnaire. La signification du tabou primitif étant complètement oubliée, il n'en reste que la notion d'inceste, qui est une infraction sexuelle commise à des degrés de parenté interdits. Le terme d'inceste exprime d'ailleurs un concept tardif, d'origine patrilinéaire ; car, selon son étymologie latine, *in-castus*, il signifie « non chaste, impudique, non religieux ». Le concept d'inceste porte en lui-même la connotation du péché sexuel qui relève de la morale patrilinéaire, alors que les sociétés matrilinéaires néolithiques ignoraient la chasteté.

Grâce aux recherches d'une sanskritiste indienne, Iravati Karvé, il apparaît que les plus anciens textes sanskrits, les Védas, permettent de reconstituer l'évolution de l'exogamie. Le plus ancien de ces textes, le *Rig Véda* (IIᵉ millénaire, et même, pour certains fragments, IIIᵉ millénaire) reflète une image de la société patriarcale védique, c'est-à-dire de la société des Indo-Aryens, conquérants de l'Inde du Nord. Et l'emploi des termes de parenté révèle que cette société primitivement n'avait pas un grand respect de l'exogamie. En effet, la vieille mythologie védique garde le souvenir d'une époque où l'on pratiquait l'inceste avec la mère. Selon le *Rig Véda*, le dieu Indra épouse sa mère ; et un autre dieu est amant de sa propre mère. De telles pratiques, inscrites dans la mythologie, sont certainement le reflet des pratiques humaines ; car il est impensable que les hommes aient prêté à leurs dieux des comportements en contradiction avec leur

propre morale. Du reste, l'Egypte ancienne témoigne clairement de leur réalité par les mariages dynastiques : comme
l'Egypte avait conservé une succession dynastique matrilinéaire, le Pharaon épousait une parente à n'importe quel
degré de consanguinité pour légitimer son pouvoir.

Parmi toutes les formes d'inceste, l'inceste avec la mère fut
le premier à disparaître. A quelle époque eut lieu sa condamnation ? D'après les données du *Rig Véda*, la mythologie en
question serait datable du IIIe millinaire et probablement plus
tôt. Mais la mythologie grecque est autrement plus précise :
les Erinnyes, qui comptent parmi les divinités les plus primitives, pourchassent impitoyablement, comme le plus grand
des crimes, l'inceste avec la mère, alors qu'elles sont complètement indifférentes à l'inceste avec le père. Il est donc évident
qu'elles appartiennent à la strate archaïque du panthéon
hellénique, qui avait été conçu avant la connaissance de la
paternité. Cela permet de les dater. Nous savons, en effet,
grâce aux mythes d'Ouranos et de Varouna, que les Indo-
Européens découvrirent la paternité vers le Ve millénaire. On
peut en conclure que les Erinnyes et la condamnation de
l'inceste avec la mère appartiennent à une mythologie néolithique, qui remonte plus haut que le Ve millénaire.

A l'époque où se dessina cet interdit frappant les rapports
sexuels avec la mère, les sociétés néolithiques étaient organisées selon un schéma protofamilial, ignorant complètement
notre notion de famille nucléaire. En principe, un homme ne
connaissait pas sa propre mère (comme le prouve la confusion
terminologique entre les siblings et les cousins) ; il ne connaissait que « les mères » de sa communauté. C'est pourquoi
l'interdiction de l'inceste avec les mères eut tout d'abord une
application globale : l'obligation des accouplements sexuels
avec un groupe non consanguin. C'est l'origine des premières
migrations interclaniques, qui furent des migrations de garçons.

Les enfants, qui ne connaissaient pas leurs propres parents
dans le système classificatoire, commencèrent certainement
par identifier leur propre mère à l'époque où l'on n'était pas
conscient de la paternité : ce fut le début du système descriptif. Il est donc concevable qu'à partir de ce moment, le tabou
de « l'inceste » commença à s'individualiser dans un tabou sur
la mère.

Chronologie de l'exogamie : l'inceste avec le père

Tant que les hommes n'eurent aucune notion de la paternité, la condamnation de l'inceste avec le père fut impossible. Alors que la filiation par les mères était le principe fondamental des sociétés matrilinéaires, la filiation par les pères restait insoupçonnée. C'est pourquoi l'inceste avec le père fut condamné beaucoup plus tard que l'inceste avec la mère.

Au II⁰ millénaire, selon le *Rig Véda*, le père de la famille védique avait un accès sexuel à toutes les femmes de sa famille : ses filles, ses belles-filles, ses sœurs. Dans le *Rig Véda*, la déesse de l'Aurore, Ushas, apparaît tour à tour comme la fille et la sœur d'Agni, le dieu du Feu ; et dans les deux cas elle est son amante. Agni lui-même est né d'une union entre père et fille. « Les références védiques aux rapports du père avec la fille, écrit Iravati Karvé, ne sont pas rares et montrent, au-delà de tout doute, qu'une union incestueuse de cette sorte était bien reconnue dans certaines circonstances. »

Pour comprendre la persistance de l'inceste entre le père et sa fille, dans la société patriarcale védique, il faut se référer à l'ancienne idéologie matrilinéaire, dont l'influence n'était pas encore effacée. Selon cette idéologie, la fille appartenait au clan ou à la moiéty de sa mère ; par conséquent, en raison de la loi d'exogamie, son père appartenait à un clan étranger ; et avant la découverte de la paternité, il ignorait absolument le lien de parenté qu'il avait avec celle qui était sa fille. Lorsque le principe de la paternité fut connu et que s'édifia le système patrilinéaire, l'habitude des rapports sexuels entre père et fille persista longtemps par inertie ; et elle persistait d'autant plus facilement que la laxité sexuelle interdisait souvent de connaître le véritable père de chaque enfant. Cependant, lorsque l'exogamie clanique fut remplacée par l'exogamie familiale dans le système patrilinéaire, le lien de parenté entre le père et la fille devint évident grâce à la fidélité requise de l'épouse et à l'identification des siblings dans la famille patriarcale. C'est alors seulement que cette forme d'inceste fut condamnée.

On comprend dès lors pourquoi la disparition des relations sexuelles entre père et fille eut lieu d'abord dans la classe dominante : c'est cette classe, en effet, qui fut fondatrice du mariage patrilinéaire et de la famille patriarcale. C'est dans ce milieu, en premier lieu, que le progrès de la conceptualisation permit de distinguer le père véritable parmi la collectivité des « pères ». Dans la littérature sanskrite, l'union entre père et fille, évidente dans le *Rig Véda*, n'est plus mentionnée dans l'*Atharva Véda* au Ier millénaire. Cette évolution, que l'on observe alors dans la plupart des sociétés avancées, fut probablement favorisée par le développement du culte des ancêtres, notamment dans la noblesse chinoise et les classes supérieures de la société indienne. Les offrandes, en effet, n'étaient adressées qu'aux ancêtres mâles, père, grand-père, arrière-grand-père ; et il n'était pas indifférent de préciser auquel de ces ancêtres elles étaient destinées. Dans la terminologie sanskrite, Iravati Karvé a montré que cette discrimination des ancêtres est réalisée au Ier millénaire pour les ancêtres mâles, alors qu'elle est inconnue pour les ancêtres femelles.

Ces progrès de l'exogamie doivent s'entendre d'abord pour les classes dominantes, qui ont une conception plus claire de la paternité et qui s'organisent dès le IIe millénaire en familles patriarcales. La société globale ne suivra cette évolution que progressivement, à mesure qu'elle adoptera le nouveau type de famille. L'interdit frappant les rapports avec le père sera d'ailleurs difficile à faire admettre, parce qu'il impliquait un renversement complet dans l'ordre de filiation.

Chronologie de l'exogamie : l'inceste entre frères et sœurs

Dans le Rig Véda, les allusions sont courantes aux rapports sexuels entre frère et sœur. Ushas, l'Aurore, présentée comme sœur et amante d'Agni, dieu du Feu. Sûryâ (le Soleil, qui est féminin en sanskrit), épouse de ses deux frères jumeaux, les Ashvin. Et l'on cite souvent le dialogue dramatique entre Yama et sa sœur Yamî :

> *Unissons-nous*, s'écrie Yamî, *dans une intime étreinte, sois un époux et pénètre avec ardeur le corps de ton épouse.*
>
> Et Yama répond à sa sœur : *Je ne veux pas étreindre ton corps avec mes bras, il est considéré comme péché d'épouser sa sœur.*
>
> *Avec d'autres que moi, jouis des plaisirs, ton frère ne te demande pas cela, ô beauté.*

Dans le mythe védique, l'union du frère et de la sœur est donc frappée par le tabou. Yama refuse l'union avec sa sœur et devient le dieu des morts. Mais la version iranienne de ce mythe est différente, parce que plus conforme à la tradition des unions consanguines : Yama est représenté commettant un péché en refusant l'union avec sa sœur, qu'il donne à un démon en échange de la sœur de ce dernier. Yami cependant réussit à s'unir à son frère, lorsque celui-ci est en état d'ivresse ; et c'est leur couple qui engendre le genre humain.

D'autres mythologies évoquent ces rapports entre frère et sœur, en Egypte (Isis et Osiris), en Grèce (Zeus et Héra), au Japon (Izanagi et Izanami, dont l'union représente le premier acte sexuel). Ces mythes soulignent le réel prestige de l'inceste fraternel à l'aube de l'Histoire. Certains auteurs, qui croyaient à l'immutabilité d'une morale divine (ou naturelle), ont essayé de dénier la réalité de l'inceste primitif sous le prétexte que ces témoignages ne sont que des mythes, c'est-à-dire des fictions. Mais ils retombaient ainsi dans la contradiction : comment les hommes, en concevant les mythologies, auraient-ils pu prêter à leurs dieux des comportements immoraux ?

Pour comprendre l'idéologie qui explique et motive ces rapports entre frères et sœurs, il faut tout d'abord remarquer que les mythes et les faits historiques en question se situent dans une époque où les êtres humains ont conscience de l'union sexuelle procréatrice, c'est-à-dire après la découverte de la paternité. C'est à ce moment, au plus tôt dès le IVe millénaire, que commence à se répandre une idéologie nouvelle, suivant laquelle c'est l'homme qui engendre les enfants, alors que la femme n'est qu'une « mère porteuse » : il n'y a donc plus de parenté par les femmes [1]. Il en résulte que les frères et sœurs classificatoires, s'ils ont une mère commune (ou des mères du même clan), ne sont point parents par le sang et peuvent s'unir sans être concernés par le tabou.

En même temps, la nouvelle idéologie proclame la parenté par la communauté du père et prohibe, pour cette raison, les unions entre frères et sœurs de même père. Mais, comme le

1. Voir ci-après Chapitre II : « Un mariage universel : les cousins croisés. »

montre l'ethnologie, cette nouvelle coutume sera difficile à instaurer en raison de l'héritage matrilinéaire, qui prolonge les effets de la non-parenté par les hommes, grâce à l'inertie des traditions[1].

Pendant très longtemps, la coexistence de ces deux idéologies contradictoires jeta la confusion dans les sociétés humaines, tel milieu social se réclamant de l'idéologie matrilinéaire (non-parenté par les hommes) et tel autre se réclamant de l'idéologie patrilinéaire (non-parenté par les femmes). Nous pouvons ainsi nous expliquer le dialogue contradictoire entre Yamî et Yama, chacun des partenaires étant influencé par une idéologie différente. On ne savait pas très bien où était la vérité. Dans l'ambiance de laxité sexuelle héritée des sociétés matrilinéaires, les conditions étaient donc très favorables à cette forme d'inceste.

Selon les documents historiques, l'inceste fraternel persista plus longtemps en Egypte, en Inde, en Perse, en Arménie, chez les Incas. Il a persisté plus longtemps dans les familles royales pour des raisons qui seront analysées ci-après[2]. Primitivement, ces rapports avaient lieu entre frères et sœurs classificatoires. Iravati Karvé, dans son analyse du vocabulaire de la parenté en sanskrit védique et en sanskrit classique, a montré que le concept de cousins était complètement absent (de même qu'en arabe et en d'autres langues) : tous les cousins sont appelés frères et sœurs. Il est probable que la discrimination des cousins et des siblings (frères et sœurs réels) débuta avec la formation de la famille patriarcale, dans laquelle le père et la mère reconnaissaient leurs propres enfants. C'est à ce moment que le tabou sur les rapports consanguins put se réaliser dans des interdictions nuancées, distinguant des degrés de parenté dans la collectivité des cousins.

Mais il est certain que l'inceste entre frères et sœurs conserva longtemps un grand prestige, puisque l'*Atharva Véda* (Ier millénaire) considère l'union mythique de Suryâ et des Ashvin comme le mariage sacré, modèle du mariage humain. Du reste, la littérature bouddhiste en pâli nous donne sur cet inceste un témoignage évidemment tardif, puisque — le Bouddha ayant vécu au VIe siècle av. J.-C. — ces textes sont

1. Voir ci-après Chapitre II : « Un type de mariage archaïque : Isaac et Rébecca. »
2. Cf. Troisième partie, Chap. IV, « L'inceste royal ».

postérieurs au vɪᵉ siècle. Selon un ouvrage bien connu, le *Sumangalavilâsinî*, ou « Lecture reposante et auspicieuse », le roi Okkâka, qui régnait dans l'Inde du Nord, exila ses quatre fils, qu'il déshéritait au profit d'un enfant d'un autre lit. Exilés dans l'Himâlaya, les quatre frères épousent quatre de leurs sœurs (en exceptant l'aînée). Sur le conseil du sage Kapila, ils fondent au pied de l'Himâlaya la cité de Kapilavâstou, qui sera plus tard le lieu de naissance du Bouddha. Au point de vue de l'histoire événementielle, ce récit ne nous apprend rien de certain, car ce n'est qu'un de ces apologues édifiants qui émaillent la littérature bouddhiste. En revanche, il témoigne avec certitude de l'inceste entre frères et sœurs au Iᵉʳ millénaire av. J.-C., car le *Sumangalavilâsinî*, ayant pour mission l'édification de ses lecteurs, ne saurait se permettre une affabulation honteuse, et se doit de leur présenter une toile de fond crédible, conforme à la réalité sociale de leur temps.

Afin de clore cette série de témoignages, rappelons cet hymne du *Rig Véda*, qui incite les humains à chasser le démon responsable des avortements : le démon, pour pénétrer dans les entrailles d'une femme et détruire le fœtus, prend la forme de son frère, de son mari ou de son amant, c'est-à-dire des individus susceptibles de s'accoupler avec elle :« *Celui qui dort avec toi, prenant la forme de ton frère, mari ou amant, et tue ta progéniture, je le chasse d'ici.* » Dans l'*Atharva Véda* se répète une image similaire, mais alors c'est seulement au cours d'un rêve que la femme est pénétrée par son frère ou son père, — indice d'un déclin dans la réalité de l'inceste.

L'inertie des traditions apparaît également dans la Genèse, lorsqu'au xxᵉ siècle av. J.-C. le patriarche Abraham épouse sa demi-sœur Sara, qui est une sœur de même père, mais de mère différente. Ce mariage démontre que l'on évitait les unions entre personnes apparentées par la mère, mais que la parenté par le père n'était pas considérée comme importante (ce qui était un vestige de l'époque où la notion de paternité était inconnue). Cette attitude devant l'inceste avec le père devait se prolonger pendant des siècles. Puis la conscience de la paternité finit par l'emporter chez les Hébreux, comme il apparaît dans le *Deutéronome* (vers la seconde moitié du vɪɪᵉ siècle av. J.-C.). A ce moment, l'ancienne structure tribale du peuple hébreu s'étant affaiblie, l'usage des noms patronymiques est devenu prédominant, de telle sorte que l'on commence à reconnaître à la parenté patrilatérale une importance équivalente à celle de la parenté matrilatérale. Il en résulte que l'union avec la demi-sœur paternelle est prohibée au même titre que l'union avec la demi-sœur maternelle.

Si l'on réfléchit sur la signification de ces textes sanskrits, pâlis et hébreux, il est possible de comprendre que les unions sexuelles entre frères et sœurs (classificatoires ou réels), qui étaient tabou à l'époque de l'exogamie clanique globale, devinrent licites après la découverte de la paternité grâce à deux idéologies concurrentes : l'idéologie nouvelle, qui niait la parenté par les femmes, et la persistance (par intertie) de l'idéologie ancienne, qui ignorait la parenté par les hommes. Le renversement des migrations interclaniques produisit dans les esprits un effet de concurrence idéologique et de confusion, qui mit des siècles à se dissiper, comme le montrent parfaitement la littérature sanskrite et la Bible.

C'est donc seulement par l'établissement d'une chronologie que le vieux problème des origines de l'exogamie peut être élucidé. La chronologie montre, d'une manière précise, que l'exogamie primitive fut clanique et globale au temps de la parenté classificatoire ; puis que les progrès de la parenté descriptive déterminèrent des formes d'exogamie individualisées, qui atteignirent successivement la mère, le père, et finalement les frères et sœurs. Les éminents chercheurs qui, depuis Durkheim, ont approché ce problème manquaient certes d'une formation appropriée pour envisager les choses sous leur aspect chronologique ; mais surtout il leur manquait la notion de la découverte de la paternité et de sa datation, sans laquelle la chronologie de la Préhistoire récente et de la Protohistoire reste évidemment confuse.

CHAPITRE II

DE L'ENDOGAMIE A L'EXOGAMIE : LES TYPES DE MARIAGES

> *Mon fils Sichem s'est épris de votre fille, veuillez la lui donner pour femme. Alliez-vous à nous : vous nous donnerez vos filles et vous prendrez les nôtres pour vous. Vous demeurerez avec nous, et le pays vous sera ouvert : vous pourrez y habiter, y circuler, vous y établir.*
>
> *La Genèse, 34.*

L'exogamie s'était installée par étapes. Elle fut d'abord, au Paléolithique, la rencontre globale et périodique de groupes consanguins. Puis au Néolithique elle s'individualisa par les « maris visitants », qui avaient un droit d'accès sexuel à des femmes d'une autre communauté ; ce qui engendra la migration interclanique des garçons, lorsque ces « maris », cessant d'être « visitants », vinrent cohabiter avec la femme. L'identification de la Mère par ses propres enfants (début de la parenté descriptive) détermina l'individualisation de l'exogamie : on évitait les rapports avec sa propre mère. Enfin, lorsque la parenté descriptive s'étendit au père, puis aux siblings et aux cousins, ces discriminations amenèrent l'individualisation complète et nuancée de l'exogamie.

Avec l'installation du système patrilinéaire et le renversement du sens des migrations interclaniques, l'institution que nous appelons la famille se substitue aux organisations protofamiliales. Le mariage donne alors à l'exogamie la plénitude de sa signification ; il permet de sceller des alliances entre les clans patrilinéaires. L'exogamie, à l'époque des guerres, apparaît comme un puissant agent de transformation sociale, qui détermine le passage des sociétés claniques isolées à la société ouverte. Les étapes de cette transformation se définissent dans la typologie des mariages, que nous allons étudier.

Corrélativement, dans les sociétés qui s'organisent en royaumes ou en empires, les clans perdent leur importance politique. Chez de nombreux peuples, ils disparaissent (l'exogamie étant alors familiale). Ou bien, comme c'est le cas dans l'Inde, ils se maintiennent ; mais ils ne sont plus que les cadres institutionnels en fonction desquels l'exogamie est organisée. De toute manière, dans les sociétés policées, les clans disparaissent en tant qu'entités politiques.

Un type de mariage archaïque : Isaac et Rébecca

Si l'on veut saisir l'une des formes les plus archaïques du mariage, il convient de relire la très belle leçon d'anthropologie que donne la Genèse dans le mariage d'Isaac et de Rébecca. Vers le XIXe siècle av. J.-C., Abraham le Patriarche menait avec les siens une vie de pasteur semi-nomade dans le Néguev, au sud du pays de Canaan. Arrivant au terme de sa vie et désirant marier son fils Isaac, il s'adressa ainsi au plus vieux de ses serviteurs :

> *... tu ne prendras pas pour mon fils une femme parmi les filles des Cananéens au milieu desquels j'habite. Mais tu iras dans mon pays, dans ma parenté, et tu choisiras une femme pour mon fils Isaac.*

Le vieux serviteur partit avec une caravane de chameaux à travers le semi-désert cananéen. Il arriva finalement au pays d'Aram, — le pays des Araméens —, où vivait Nahor, le frère d'Abraham. Sous l'inspiration de Yahvé, il rencontra un soir une très belle jeune fille qui portait une cruche sur l'épaule et à qui il demanda à boire. C'était Rébecca, la fille de Nahor. Vierge, aucun homme ne l'avait encore touchée.

Ce n'est pas Nahor qui introduisit le vieux serviteur dans sa demeure, mais Laban, le frère de Rébecca. La demande en mariage fut agréée et le serviteur d'Abraham remercia Yahvé en ces termes :

138

... j'ai béni Yahvé, dieu de mon maître Abraham, qui m'avait conduit par un chemin de bonté prendre pour son fils la fille du frère de mon maître.

La nuit passe. Au matin, le vieux serviteur proposa d'emmener la jeune fille sans plus tarder. Mais le frère et la mère de Rébecca répondirent : « *Que la jeune fille reste avec nous quelque temps...* ». Là-dessus, ils l'appelèrent pour lui demander son avis : « *Pars-tu avec cet homme ?* » Elle répondit : « *Je pars.* » Le serviteur repartit ainsi à travers le pays de Canaan avec sa caravane. Il amena la jeune fille jusqu'au campement d'Isaac. A la vue de celui-ci, Rébecca sauta au bas de son chameau et se couvrit de son voile, car, suivant l'usage, la fiancée devait se présenter voilée. « Et Isaac, dit la Genèse, introduisit Rébecca dans sa tente : il la prit et elle devint sa femme et il l'aima. Et Isaac se consola de la perte de sa mère » (traduction Ecole Biblique de Jérusalem).

Dans le récit de la Genèse, qui est ici résumé, l'un des traits les plus frappants, c'est qu'Isaac prend son épouse, dans son propre clan en épousant sa cousine parallèle patrilatérale. Un tel mariage est contraire au principe de l'exogamie, tel qu'il se définit en régime patrilinéaire [1]. C'est donc, selon l'idéologie patrilinéaire, un mariage incestueux, qui sera écarté comme tel par la plupart des peuples. Or il n'était certainement pas scandaleux dans l'opinion hébraïque au temps d'Abraham, puisqu'il se fit sous l'autorité de Yahvé ; et il ne l'est pas davantage actuellement chez les peuples qui en ont conservé la pratique, au Moyen-Orient et dans de rares autres pays.

Le problème anthropologique, c'est d'expliquer pourquoi, quelque deux mille ans avant notre ère, le mariage d'Isaac et de Rébecca paraissait tout naturel chez les Hébreux. L'explication de ce fait doit faire appel à la persistance d'un état d'esprit plus ancien. En ce début du IIe millénaire, l'idéologie patrilinéaire n'est pas encore clairement définie ni profondément ancrée dans les esprits ; car le passage du système matrilinéaire au système patrilinéaire, qui s'est produit dans

1. Dans certains passages de la Genèse apparaît une autre version, suivant laquelle Rébecca est présentée comme la fille de Béthuel, fils de Nahor. Il s'agit probablement d'une correction tardive, qui atténue la brutalité de l'inceste, mais qui ne saurait, de toute façon, effacer le fait capital de l'infraction à l'exogamie.

le courant du IIIe millinéaire, est encore tout proche. La filiation patrilinéaire est certes déjà établie suivant des patrilignages comme celui d'Abraham. Mais les esprits restent imprégnés de l'ancienne idéologie, selon laquelle il n'y avait pas de parenté par les mâles puisque le père n'existait pas. Les idées traditionnelles sont lentes à mourir. Voilà pourquoi Abraham et tout son milieu social trouvaient normal le mariage d'Isaac avec la fille de son oncle paternel. Il s'agit d'un type de mariage archaïque, qui perpétue l'endogamie.

Plusieurs traits confirment d'ailleurs cet archaïsme. Tout d'abord le fait que ce n'est pas Nahor, le père de Rébecca, qui introduit le vieux serviteur d'Abraham dans la demeure familiale et mène la négociation pour le mariage : c'est Laban, frère de Rébecca, qui fait ainsi figure de chef de famille, comme à l'époque de la société matrilinéaire. Le père est certes consulté, mais il ne décide pas, — indice particulièrement décisif d'une société qui n'est pas encore complètement dégagée de la mentalité matrilinéaire. Et lorsque le vieux serviteur offre des présents, il importe de citer le texte si clair de la Genèse :

> Puis il étala des bijoux d'argent, des bijoux d'or et des parures, les donna à Rébecca, et donna des objets de prix à son frère et à sa mère.

Enfin, le comportement de Rébecca représente aussi un témoignage très caractéristique. Elle est consultée sur son propre mariage, ce qui ne se fera plus dans la société patriarcalisée ; et c'est elle qui décide de partir pour rejoindre Isaac. Elle part donc avec ce groupe d'hommes, accompagnée seulement par sa nourrice, — attitude singulière pour une vierge : on est encore loin de la séclusion qui sera plus tard imposée aux jeunes filles. La virginité de Rébecca, qui était certainement appréciée par les rédacteurs postérieurs de la Genèse, n'était certainement pas considérée comme un trait édifiant, en ce début du IIe millénaire : comme on peut l'observer chez d'autres peuples par l'anthropologie comparée, c'est un trait de la société de classes, dans laquelle la classe supérieure évite de croiser ses filles avec des garçons d'un milieu inférieur. Enfin la conclusion de ce récit est également caractéristique, car Rébecca se donne immédiatement à son fiancé : « *il la prit et elle devint sa femme* ». Ce comportement atteste une liberté féminine qui ne sera plus de mise quelques décennies plus tard.

Cette charmante histoire d'amour est un des passages de la Bible les plus appréciés, de nos jours, par les Occidentaux. Elle a, en effet, une résonance très moderne. Mais en vérité, il faut se garder d'y voir de la modernité : c'est l'histoire d'un mariage archaïque, dans lequel persiste le libre comportement des unions matrilinéaires, fondées sur l'attraction des corps. Nous pouvons y reconnaître l'érôs physique et amoral des temps primitifs.

L'endogamie clanique : le mariage irano-sémitique

Le mariage d'Isaac et de Rébecca n'est pas seulement une survivance de la psychologie matrilinéaire. Il apparaît aussi comme le prototype du mariage préférentiel dans la société patriarcale du Moyen-Orient irano-sémitique : contradiction évidente, qui a suscité l'une des controverses mémorables de l'anthropologie.

Au cours des siècles, la psychologie matrilinéaire, qui ignorait toute parenté par le père, s'est peu à peu effacée. En revanche, s'imposait presque partout une psychologie patrilinéaire, considérant comme incestueuses toutes les unions entre parents agnatiques, — ce qui normalement devait entraîner la disparition complète des mariages entre cousins parallèles patrilatéraux. C'est effectivement ce qui s'est passé chez la plupart des peuples, où ce type de mariage est devenu très rare. Il n'en est que plus surprenant de le retrouver comme mariage préférentiel dans une aire géographique particulière.

La raison majeure de cette persistance doit être cherchée dans des conditions sociales particulières : une société guerrière, formée de clans rivaux, qui maintiennent farouchement leur indépendance en milieu montagnard ou désertique. Dans de telles conditions, l'autorité patriarcale se durcit et la solidarité clanique se renforce au point de refuser les alliances interclaniques fondées sur les mariages : on préfère les mariages à l'intérieur du clan, parce que l'épouse venue d'un autre clan est la fois une étrangère et une ennemie. Ce particularisme clanique était déjà perceptible chez Abraham, qui ne voulait pas marier son fils à une Cananéenne, mais à une fille de son propre clan : « *Malheur à toi*, disait-il à son serviteur, *si tu ne vas pas dans ma maison paternelle, dans ma famille, choisir une femme pour mon fils.* » Dans ces paroles imprécatoires, Abraham raisonnait en termes de solidarité clanique. A la génération suivante, Isaac raisonnait de la même manière pour marier son fils Jacob : « *Ne prends pas une femme parmi les filles de Canaan...* »

Le fait majeur est donc le maintien de la vieille endogamie clanique par défiance à l'égard de toute femme venue d'un clan ennemi. Ainsi s'explique cette coutume bédouine, caractéristique du milieu tribal arabe dès l'époque du Prophète et aujourd'hui toujours vivante dans certaines tribus : un jeune homme en âge de se marier a un droit presque absolu sur sa cousine germaine patrilatérale (la *bint 'amm*, fille de l'oncle paternel), qui lui est dévolue dès sa naissance et qu'on n'a pas le droit de lui refuser. Si un oncle refuse sa fille à son neveu, celui-ci peut recourir à la force et même tuer le prétendant rival avec l'approbation de la société. La jeune fille n'a aucune liberté de choix ; et lors du mariage, son cousin est même dispensé de payer le prix de la fiancée (le *mahr* des Arabes, le *mohar* des Juifs).

Cette coutume ne s'est pas imposée seulement chez les Sémites du Moyen Orient. Elle s'est répandue également dans les peuples de culture indo-européenne de la même région : les Kurdes, les Afghans ou Pathans, et même les Iraniens, chez qui ce type de mariage bénéficiait autrefois d'une certaine préférence. L'islamisation, en diffusant de nombreuses coutumes arabes, a fait pénétrer en divers pays le mariage avec la *bint 'amm* (notamment en Egypte, au Soudan, dans le Maghreb). Mais dans certains cas, cette coutume s'est heurtée à des tabous inflexibles : en Inde, ce sont les coutumes exogamiques locales qui ont prévalu, et seules les hautes classes musulmanes originaires du Moyen Orient pratiquent ce mariage ; en Chine, les milieux islamisés sont restés fidèles à la coutume interdisant tout mariage entre personnes de même nom, ce qui exclut les mariages à l'intérieur du clan.

Le tabou patrilinéaire, condamnant l'endogamie clanique, a donc restreint le mariage arabe à une aire géographique particulière. La généralité de l'interdiction suggère que la transgression de ce tabou au Moyen Orient se relie à la persistance d'un comportement sexuel matrilinéaire, l'union avec une sœur classificatoire, mais sans parenté avec la mère : cela s'est cristallisé dans l'endogamie d'une société guerrière, portant à son paroxysme le style le plus dur du régime patriarcal, par l'affirmation altière du guerrier et l'humble soumission de la femme, par le sectionnement de la société en clans rivaux, qui sont des lignages de cousins paternels. Plusieurs anthropologues, pour expliquer cette endogamie clanique, ont mis en valeur l'avantage économique de ces mariages, qui est de conserver les biens familiaux à l'intérieur du clan, et leur avantage politique, qui est d'assurer à l'oncle paternel une clientèle de neveux. Ils n'ont pas tort : ces avantages, en renforçant les privilèges de la masculinité, ont contribué à faire prévaloir l'endogamie clanique dans la société bédouine. Toutefois, il paraît vraisemblable que ce phénomène social relève principalement de l'immémoriale endogamie, qui se maintient envers et contre tout aussi longtemps que les conditions le permettent.

Un mariage universel : les cousins croisés

Tandis que l'endogamie clanique, spécifique des Arabes, était généralement rejetée comme incestueuse, un type de mariage interclanique se répandait dans le monde entier : c'est le mariage entre cousins croisés, unissant les enfants d'un frère et d'une sœur, qui se présente suivant le schéma suivant (en appelant Ego le jeune prétendant masculin).

CLAN B Mari de la Sœur du Père	CLAN A Sœur du Père	CLAN A Père d'Ego	CLAN C Mère d'Ego	CLAN C Frère de la Mère	CLAN X Epouse du Frère de la Mère
└─────────┘		└─────────┘		└─────────┘	
Cousine croisée patrilatérale		Ego		Cousine croisée matrilatérale	
CLAN B		CLAN A		CLAN C	

Selon ce schéma, Ego peut épouser l'une de ses deux cousines, soit la fille de la sœur de son père, soit la fille du frère de sa mère. En effet, en régime patrilinéaire, les enfants sont du même clan que leur père : Ego est donc du clan A, la cousine patrilatérale est du clan B, et la cousine matrilatérale est du clan C. Le mariage d'Ego avec la cousine B ou la cousine C est un mariage interclanique, qui respecte à la lettre le principe de l'exogamie. Il fut autrefois celui des Indo-Européens, et celui des Chinois qui le pratiquent aujourd'hui fort peu ; il est resté celui de la plupart des peuples traditionnels, notamment chez les Indiens d'Amérique, chez les aborigènes d'Australie (dans les systèmes de parenté Kariera et Karadjeri), en Mélanésie, en Asie du Sud-Est, dans le Japon rural, dans l'Inde dravidienne, dans une grande partie de l'Afrique.

Aucun type de mariage n'est aussi répandu dans le monde que celui des cousins croisés. En même temps, les populations en question pratiquent souvent le mariage de l'oncle maternel et de sa nièce utérine (si Ego est féminin, elle épouse son oncle du clan C). Ce type de mariage interclanique a posé, dans l'anthropologie, un problème séculaire, parce que, selon nos idées courantes, c'est un mariage entre consanguins, donc une union incestueuse. Sa quasi-universalité est d'autant plus frappante qu'elle affecte des populations de l'Ancien Monde et du Nouveau Monde entre lesquelles il n'y avait pas de communications au moment où ce type de mariage s'est développé (c'est-à-dire après la prise de conscience de la paternité, au IIIᵉ et IIᵉ millénaires). Il faut donc admettre l'apparition parallèle d'une idéologie nouvelle dans les populations concernées, aussi bien en Amérique et en Australie que dans l'Ancien Monde.

Le principe directeur de cette idéologie a été découvert, semble-t-il, par un ethnologue anglais, T. C. Hodson, qui écrivait au sujet des mariages de cousins croisés : « *Ce système ignore tous les liens de la parenté féminine.* » Mais le trait de lumière de Hodson était trop en avance sur la conceptualisation de son époque pour être compris ; et son article, publié dans la revue *Man in India* (1925), ne fit pas école. Hodson, s'interrogeant sur la démarche dialectique impliquée par ce principe surprenant, supposait une absorption complète de la femme dans le clan de son époux.

En réalité, jusqu'à la découverte des spermatozoïdes au moyen du microscope au XVIIᵉ siècle, les idées sur le véritable rôle du mâle dans la procréation sont restées très confuses. L'incertitude sur les véritables conditions physiologiques de l'union des sexes laissait le champ libre à l'idéologie patrilinéaire, dont la plus ancienne attestation se trouve chez un écrivain grec du 1er siècle av. J.-C., Diodore de Sicile (I.80), qui écrit, en parlant d'Osiris :

> *Les Egyptiens croyaient que le père est l'auteur unique de la naissance de l'enfant, auquel la mère n'a fourni que la nourriture et la demeure.*

Ce témoignage reporte à plusieurs millénaires avant l'ère chrétienne le principe de la non-parenté par les femmes.

Au ve siècle av. J.-C., Eschyle exprime la même conception dans les *Euménides*, tragédie où s'opposent deux conceptions, deux âges successifs de la société et de la morale. Le poète met d'abord en scène l'Erinnye, la divinité terrifiante qui ignore la paternité, mais poursuit implaccablement le matricide. Puis il lui oppose Apollon, le dieu des temps nouveaux, ordonnant à Oreste le meurtre de sa mère, qu'il justifie en ces termes :

> *Ce n'est pas la mère qui enfante celui qu'on nomme son enfant ; elle n'est que la nourrice du germe en elle semé. Celui qui enfante, c'est l'homme qui la féconde ; elle, comme une étrangère, sauvegarde la jeune pousse* (Les Euménides, 655-660, trad. Paul Mazon).

Des affirmations analogues se rencontrent ailleurs. Dans la Chine antique, écrit Marcel Granet, la coutume voulait que les fils prissent leurs épouses dans la famille de leur mère, parce que — chez les nobles — la seule parenté reconnue était en ligne masculine et la fille de l'oncle maternel n'était pas une parente (*La Civilisation chinoise*, 1929).

En Amérique du Sud, l'ethnologue Rafael Karsten a retrouvé la conception des Indiens Jivaros, selon laquelle le germe de l'enfant vient de l'homme, qui le dépose dans la femme. En Australie, l'ethnologue Bronislav Malinowski note que, dans quelques tribus du sud-est, seul le père est considéré comme parent consanguin et la part de la mère dans la procréation est sous-estimée.

Enfin, chez les Malais, David J. Banks met en lumière la théorie traditionnelle de la procréation : c'est le mâle qui contribue activement à la formation de la progéniture, la femme n'ayant qu'une contribution passive et nourricière.

La nouvelle idéologie patrilinéaire apparaît ainsi suffisamment répandue dans le monde pour expliquer la très large diffusion des mariages de cousins croisés. Mais comment une telle idéologie a-t-elle pu s'imposer à des peuples si divers, qui ne communiquaient pas entre eux ? Elle représentait une évidence apparente, qui était à la portée de l'esprit humain : pour des hommes qui ignoraient le processus physiologique de la méiose (échange de gènes entre les chromosomes), la procréation résultait apparemment du dépôt d'un germe masculin dans le corps de la femme, de même que la croissance d'une plante provenait du dépôt d'une graine dans la terre. A partir du moment où l'on avait compris le rôle masculin dans la procréation, cette nouvelle conception parut parfaitement logique. Or elle réduisait le rôle féminin à une fonction purement nourricière, comme la fonction de la terre dans le développement d'une graine.

D'autre part, la forme même de la société inclinait les esprits vers cette explication. Les villages néolithiques, qu'ils fussent semi-nomades ou complètement sédentarisés, faisaient très peu d'échanges entre eux et continuaient à vivre en isolats démographiques. L'immémoriale endogamie persistait et imposait, par conséquent, l'unique solution possible : celle du mariage à l'intérieur du village entre familles alliées —, ce que permettait la fiction de la non-parenté par les femmes. Théoriquement, ce mariage se réalisait sur la base d'une migration interclanique de la femme, ce qui sauvegardait le principe de l'exogamie (ou, dans bien des cas, une migration interclanique de l'homme par persistance du principe matrilinéaire de la résidence matrilocale). Dans ces conditions, la jeune fille qui épousait son cousin croisé ou son oncle maternel ne s'expatriait pas : elle allait vivre avec son mari dans une maison voisine et dans une famille alliée qu'elle connaissait depuis l'enfance. On comprend ainsi pourquoi ces alliances se sont perpétuées. L'humanité, au fond, habituée d'une façon immémoriale à vivre en isolats, répugnait à la société ouverte, qui lui ouvrait l'inconnu. Elle acceptait l'exogamie, mais en la contournant. Elle demeurait repliée sur ses villages en sociétés fermées.

Les mariages de cousins croisés, toutefois, ne sont réalisables que dans une société profondément modifiée par l'affaiblissement des clans. A l'origine, comme le montre l'exemple du mariage arabe, il y avait des clans souverains, assumant eux-mêmes la protection de leurs membres ; ces clans répugnaient aux unions interclaniques, qui étaient des unions entre ennemis. Mais, au cours de l'évolution historique, se produisit un affaiblissement des clans généralement sous l'influence des monarchies, mais aussi des organisations tribales, qui assumaient à leur place la protection des individus. Toute organisation centralisatrice a joué ce rôle. En l'absence de monarchie, la tribu, qui est généralement endogamique, réalise souvent une protection suffisante, de sorte que les clans, subdivision de la tribu, perdent leur rôle protecteur et réduisent l'essentiel de leurs fonctions à l'exogamie.

L'exemple de l'Inde du Sud et de Ceylan illustre très clairement cette fonction. Depuis les temps antiques où les castes se sont formées, c'est la caste qui assure la sécurité des individus ; les clans, que l'on appelle ici des gotra, ont complètement perdu leur rôle protecteur. Selon la règle traditionnelle des mariages, on doit choisir son conjoint à l'intérieur de sa caste, mais en dehors de son propre gotra. Pratiquement, le mariage préférentiel consiste à épouser une personne du même village, parmi un groupe de familles alliées, qui constitue une micro-caste endogamique. Les gotra ne sont donc plus que l'ombre des clans souverains originels. Les familles de la micro-caste, qui appartiennent à divers gotra, pratiquent ces mariages de cousins croisés depuis un nombre incalculable de générations, associant ainsi les alliances matrimoniales à une consanguinité de fait. L'exogamie des gotra n'est plus qu'une fiction couvrant l'endogamie de la micro-caste.

L'avènement des sociétés exogamiques :
l'Inde du Nord

Les idéologies ne déterminent pas les types de société. Mais les sociétés, suivant leurs formes et leurs inclinations, adoptent des idéologies dont elles s'inspirent : ce principe, qui prête évidemment à discussion, peut servir de guide pour comprendre l'évolution historique de certaines sociétés vers une forme réellement exogamique.

La coutume de l'endogamie étant profondément atavique, et

partie intégrante d'un système social, il fallait une catastrophe historique ou un changement de vie radical pour en ébranler l'immutabilité. Ainsi la bataille d'Arbèles (331 av. J.-C.), en renversant l'empire achéménide et en faisant d'Alexandre le maître tout-puissant de l'Iran, lui permit de rompre temporairement l'endogamie de la société perse. Le mariage d'Alexandre avec la jeune Roxane fut le modèle des nombreuses unions entre les soldats gréco-macédoniens et les filles du pays conquis. Il en était ainsi dans la plupart des guerres.

Mais il fallait, pour altérer durablement l'endogamie, des changements permanents du genre de vie. La société australienne en donne un exemple dans le système Aranda, qui est le système de parenté le plus répandu en Australie. Toutes les unions matrimoniales entre cousins germains y sont interdites, mais on y favorise les mariages entre les enfants de cousins croisés, c'est-à-dire les cousins au deuxième degré. La concession faite au principe de l'exogamie est donc très limitée, — ce qui peut se comprendre facilement, si l'on considère ce qu'était la société australienne : une société de chasseurs, géographiquement éparpillée, dans laquelle la rupture des isolats démographiques aurait représenté un tour de force sociologique.

Le premier peuple qui ait brisé l'endogamie est probablement celui des Indo-Aryens dans sa conquête de l'Inde du Nord. Au IIe millénaire, les Indo-Aryens étaient une population semi-nomade, dont la société était encore endogamique, ainsi qu'en témoigne ce passage du *Rig Véda* :

> *Ils t'ont offert de la graisse mélangée de ghî* (beurre clarifié), *c'est ta part, comme la fille de l'oncle maternel ou la fille de la tante paternelle sont ta part dans le mariage.*

Ce texte prouve indubitablement que les Indo-Aryens, de culture védique, considéraient comme mariages préférentiels les mariages avec les deux cousines croisées, matrilatérale et patrilatérale, que les Indiens du Nord, par la suite, ont rejetés comme incestueux.

Cette modification profonde des empêchements au mariage s'est produite au cours du Ier millénaire avant l'ère chrétienne, car elle apparaît dans les Lois de Manou (la *Manu Smriti* ou Tradition de Manou, III, 5) qui sont une sorte de code exprimant une conception idéale de la société dans les milieux brahmaniques aux environs de l'ère chrétienne :

> *Celle qui ne descend pas d'un de ses aïeux maternels ou paternels, jusqu'au sixième degré, et qui n'appartient pas à la famille de son père, ou de sa mère, par une origine commune prouvée par le nom de famille, convient parfaitement à un homme des trois premières classes pour le mariage et pour l'union charnelle.*

En d'autres termes : pour les trois classes supérieures (Brahmanes, Kshatriya, Vaishya), les mariages entre cousins sont interdits jusqu'au sixième degré inclusivement ; et cette prohibition concerne aussi bien les cousins du côté maternel que du côté paternel. Depuis l'époque des mariages de cousins croisés, cette évolution des conceptions de parenté prouve qu'il y a eu, dans les milieux brahmaniques, une réflexion aboutissant à une meilleure connaissance du principe de la procréation : la formation d'un être nouveau est désormais attribuée aux parents des deux sexes.

A la même époque, l'évolution de la société rendait possible l'application de cette théorie plus exigente que l'exogamie. Les Indo-Aryens, installés dans la plaine indo-gangétique, vivaient dans un pays fertile où la population était devenue beaucoup plus dense que celle des pays où leurs ancêtres avaient vécu ; et l'Inde du Nord était déjà connue comme le pays le plus peuplé du monde. Pour la première fois dans leur histoire, les villages indo-aryens se trouvaient proches les uns des autres et les conditions d'isolats géographiques avaient disparu. De plus, le développement de la circulation et des échanges, les débuts de l'urbanisation à l'époque des grands empires indiens avaient facilité les contacts entre les groupes. La colonisation de cette plaine agricole s'était faite par implantation de personnes d'un même clan dans chaque village, de telle sorte qu'il n'était pas possible de trouver un conjoint dans son village : différence avec l'Inde dravidienne, où plusieurs clans coexistent dans le village. Dans de telles conditions, les patriclans (*gotra*, dans les langues indiennes) s'identifient généralement avec un village, et l'exogamie clanique est aussi une exogamie villageoise. Le mariage étant patrilocal, les

149

familles doivent chercher des fiancées pour leurs fils dans des villages plus ou moins éloignés.

Certes, la *Manu Smriti* n'avait point force de loi. Elle ne représentait que l'idéal de la classe des Brahmanes. Mais comme cette classe était devenue un modèle de société, ce type d'exogamie a été adopté par les classes supérieures, qui imitaient les Brahmanes [1].

L'extension des sociétés exogamiques

Pour les mêmes raisons économiques et sociales, le modèle de la société exogamique aurait dû se répandre dans plusieurs régions du monde. Mais il n'a pas rencontré partout des conditions aussi favorables que dans l'Inde du Nord.

Dans les grandes plaines chinoises, le peuple des Han développa un type similaire de société, dont les formes les plus anciennement connues révèlent les groupements isolés. Cette société à densité démographique très faible pratiquait anciennement des rencontres saisonnières qui étaient des orgies au sens néolithique du terme. Le développement de l'institution du mariage se fait, comme partout, suivant les règles d'une exogamie qui ignore toute parenté par les femmes : les mariages entre cousins croisés deviennent la forme typique du mariage dans la Chine ancienne. Mais déjà la densité de la population et un certain rapprochement des villages permettent la migration de l'un des conjoints. C'est d'abord une migration des garçons ; puis, comme le dit une ancienne chanson chinoise : « pour se marier, une fille laisse au loin frères et parents ».

Le passage à une société vraiment exogamique devient possible, dans les siècles qui précèdent l'ère chrétienne, grâce à la formation de l'Etat centralisé qui aboutit à l'unification impériale en 221 av. J.-C. Sous la pression de nouvelles conditions économiques, les groupements familiaux ou territoriaux cessent d'être hermétiques ; les individus ne sont plus liés à jamais à leur village. C'est dans ce contexte que se

1. Cette coutume ne s'est pas imposée dans l'Inde entière en raison de la résistance opposée par de nombreuses castes à l'influence brahmanique. Dans le Sud dravidien, où la culture pré-brahmanique est restée très vivante et où d'ailleurs les Brahmanes ne représentent qu'une faible part de la population, le refus de ce type de mariage a été total.

150

développe une nouvelle idéologie, désapprouvant le mariage des cousins croisés à partir du 1er siècle ap. J.-C. Suivant la règle qui sera acceptée en Chine, les lignées agnatique et utérine ne peuvent contracter entre elles un mariage qu'à la cinquième génération. On est frappé par l'analogie de cette évolution avec celle de l'Inde du Nord.

Toutefois, la conversion de la Chine à l'exogamie n'a pas été aussi complète que celle de l'Inde du Nord. La raison en est évidente : il n'existe pas en Chine de caste comme celle des Brahmanes pour imposer un modèle de société. Le mariage des cousins croisés s'y est maintenu dans certaines régions. Et il est pratiqué encore à notre époque, bien qu'il soit devenu rare et qu'on le regarde avec suspicion.

L'islam est certainement l'un des mouvements qui ont le plus contribué à répandre l'exogamie en établissant, du Maghreb à l'Indonésie, une vaste communauté religieuse permettant la circulation des hommes, des idées, des marchandises. Mais l'expansion musulmane, tout en propageant dans une certaine mesure le mariage des cousins parallèles patrilatéraux, a laissé subsister diverses formes locales de mariages, notamment ceux de cousins croisés. La loi islamique n'impose formellement que la prépondérance paternelle et la filiation en ligne masculine, laissant toutefois subsister des sociétés matrilinéaires, comme les musulmans Shâfi'î du Dekkan et les Minangkabau de Sumatra. Le monde islamique se présente donc comme une marqueterie de types de mariages divers. Il est cependant indéniable qu'il a permis et réalisé des mariages entre des peuples différents sous la seule réserve qu'ils partagent la même foi.

Le cas du monde chrétien est tout à fait différent. L'aristocratie, en Europe, avait conservé la pratique des mariages de cousins croisés : on épousait, soit la fille du frère de la mère, soit une cousine plus éloignée. A partir du VIIIe siècle, l'Eglise renforce brutalement les prohibitions matrimoniales du droit canon en interdisant les mariages de cousins croisés. Or le droit canon n'avait fait qu'enregistrer et entériner les interdits de la nouvelle idéologie, répandue de la Chine au monde romain, qui reconnaissait au même titre la parenté agnatique et la parenté utérine. L'Eglise, sans le savoir, suivait la même politique que les Brahmanes en matière d'exogamie. L'une des conséquences de cette politique et du changement des mœurs est une simplification dans la terminologie de parenté. Le latin distinguait l'oncle paternel (*patruus*) et l'oncle maternel (*avunculus*). Cette distinction, bien qu'elle subsiste dans la conscience populaire, disparaît alors dans le langage au profit du mot « oncle », — évolution sémantique traduisant l'égalisation des parentés agnatique et utérine, ainsi que la prohibition de tous mariages entre cousins.

UNE SOCIÉTÉ NOUVELLE : L'INTERFÉRENCE DES SYSTÈMES MATRILINÉAIRE ET PATRILINÉAIRE

⟨ΧΟΡΟΣ⟩

μόνην δὲ μὴ πρόλειπε λίσσομαι, πάτερ.
γυνὴ μονωθεῖσ' οὐδέν οὐκ ἔνεστ' Ἄρης.

Ne me laisse pas seule, je t'en supplie, ô père :
seule, qu'est une femme ? Arès n'habite pas en elle.

Eschyle, les Suppliantes *(750).*

A mesure que se transforment les conceptions et les comportements de l'espèce humaine, on ne doit pas perdre de vue la complexité croissante des sociétés. Jusqu'au Néolithique, leur organisation avait été très simple : c'étaient des sociétés sans classes, dans lesquelles le chef n'était guère qu'un *primus inter pares*, et dont l'ethnologie moderne nous donne encore des exemples nombreux parmi les tribus de chasseurs — collecteurs ou d'agriculteurs-éleveurs. Mais, à partir du IIIe millénaire approximativement, la différenciation des classes sociales fait apparaître des groupes inégaux chez les peuples les plus évolués ; au-dessus de la masse des agriculteurs s'érigent la classe des guerriers et celle d'un sacerdoce de plus en plus puissant. C'est l'organisation tripartite, mise en évidence par Georges Dumézil chez les Indo-Européens, mais en réalité caractéristique des sociétés antiques à un certain degré de leur développement, lorsque la guerre exige la formation d'une classe spécialisée, et que la religion, par l'enrichissement de son idéologie et la construction des temples, s'appuie sur un personnel nombreux et diversifié.

C'est dans ce contexte d'une organisation plus complexe que l'on doit se représenter les nouvelles sociétés issues de la révolution démographique, conséquence de l'économie néolithique, de la généralisation des guerres et de l'application institutionnelle de l'idée de paternité. La société patrilinéaire, issue d'un monde voué à la guerre, va devenir un des traits marquants de l'organisation humaine dans toutes les parties du monde. Il ne s'ensuit cependant pas une substitution totale de cette société à l'ancienne organisation néolithique ; car les sociétés matrilinéaires non seulement vont se maintenir dans certaines régions, mais vont aussi laisser des séquelles très apparentes dans l'organisation de nombreuses sociétés patrilinéaires, ainsi que dans leur vie religieuse et leur vie sexuelle.

L'émergence de l'individu

L'un des faits reconnus dans les sociétés les plus anciennes est l'immersion complète de l'individu dans son groupe. En d'autres termes, l'individu ne se conçoit pas comme autonome, mais comme un élément de l'organisme collectif. La marginalité, admise de nos jours, n'est pas possible dans les conditions de la préhistoire, parce qu'un individu isolé est incapable de survivre. L'état d'esprit qui se relie à la non-autonomie individuelle s'exprime dans la parenté classificatoire, qui désigne par le même terme toutes les personnes appartenant à une même génération. Il explique la répulsion collective devant le danger que représente l'écoulement du sang : ce n'est pas une personne isolée, mais le groupe consanguin dans son ensemble, qui est frappé d'hémorragie. De là, le tabou du sang féminin à l'intérieur du groupe, qui a pour conséquence l'exogamie. Enfin cet état d'esprit se révèle dans le sentiment de la faute (qui n'est primitivement qu'un manquement aux tabous ou une non-observance des rites) : la faute n'est pas conçue comme individuelle, car elle engage solidairement le groupe tout entier.

Le sentiment de responsabilité collective est attesté, au IVᵉ millénaire, par la réaction des Sumériens devant le Déluge, qu'ils interprètent comme un châtiment collectif. Cette conception de la solidarité des groupes était courante chez les peuples anciens et se traduisait par des vengeances collectives. L'ethnologie moderne en retrouve même des manifestations dans certaines populations isolées. Ainsi le Père Marie-Joseph Dubois, décrivant les habitants de l'île de Maré (îles Loyauté, Nouvelle-Calédonie), rapporte qu'une faute commise par un jeune garçon était punie par la flagellation de tous les garçons vivant dans la maison des adolescents, ce qui entraînait par imitation la flagellation des adolescents dans les villages voisins.

La révolte contre le principe de la responsabilité collective apparaît dans la période qui fait suite au Déluge mésopotamien (vraisemblablement à la fin du IVe millénaire ou au début du IIIe), car la onzième tablette de l'épopée de Gilgamesh élève la plus ancienne protestation qui nous soit connue contre le châtiment collectif. C'est le dieu Ea, un dieu bénéfique, qui s'adresse à Enlil le Héros :

O toi, le plus sage des dieux, le Héros,
comment, sans réfléchir, as-tu fait le Déluge ?
Punis le pécheur pour ses propres péchés,
punis le criminel pour ses propres crimes,
(mais) sois sans passion pour que (l'innocent) ne soit pas lésé.

Ce texte si explicite nous fait comprendre que, si le sentiment de la responsabilité collective prévalait encore dans la société de Sumer, l'immense cataclysme du Déluge avait donné à réfléchir sur l'injustice des châtiments sans discrimination. Un peu plus tard, sur les bords de la Mer Morte, la destruction de Sodome et de Gomorrhe devait être interprétée par les Hébreux comme une affirmation similaire de la colère divine.

L'individu n'a commencé à se dégager de la matrice collective que par l'affirmation personnelle des héros, chefs vainqueurs, transgresseurs des interdits, fondateurs inconscients d'une société nouvelle. En s'appropriant la famille patrilinéaire qu'ils fondent, les héros disloquent les vieux cadres sociaux. Ils érigent au-dessus des clans les monarchies guerrières.

Le fosterage, ou l'éducation dissociée de la paternité

Avant la reconnaissance de la paternité et avant l'exercice du pouvoir paternel, il a existé des sociétés matrilinéaires civilisées. Il est naturel d'admettre que ces sociétés donnaient à leurs enfants une certaine forme d'éducation. Mais comment se représenter cette forme ? Divers usages nous suggèrent qu'il s'agit d'une coutume appelée le fosterage, qui consiste à confier un enfant ou un adolescent à une autre famille.

Selon les travaux du grand sinologue Marcel Granet, il apparaît que, dans l'ancienne noblesse chinoise, organisée en système patrilinéaire, les jeunes garçons quittaient leur maison natale à l'âge de dix ans et passaient leur adolescence auprès de leurs parents maternels (grands-parents et oncles) : c'est là qu'ils faisaient leur éducation sous l'autorité d'un maître, s'y exerçant à la danse, au tir à l'arc, à la conduite des chars.

Dans le cadre conceptuel des sociétés patrilinéaires modernes, une telle coutume paraît étrange, puisqu'elle soustrait les fils à la direction de leur père pour faire leur éducation dans le clan de leur mère, qui est un clan étranger. Elle doit donc s'expliquer comme une survivance des premières migrations interclaniques, qui se produisirent à une époque où la paternité physiologique était inconnue. Le jeune garçon, dans la noblesse chinoise, continuait à se sentir très proche de son oncle maternel, alors qu'une distance infranchissable le séparait de son père. Selon Marcel Granet, il n'y a guère de doute que cette migration interclanique des adolescents soit à l'origine du fosterage : ces garçons, en effet, étaient envoyés chez un seigneur, avec la famille duquel on avait des rapports d'intermariages (évidemment entre cousins croisés). Là, ils constituaient une école de pages, lesquels dépendaient du seigneur comme un groupe d'otages.

Si cette coutume chinoise était un fait isolé, nous pourrions la considérer comme une particularité locale. Mais, grâce à l'ancienne littérature tamoule, nous savons que le fosterage était pratiqué dans l'Inde du Sud vers le début de l'ère chrétienne. L'enfant y était mis en nourrice, une mère adoptive étant substituée à la mère naturelle. L'enfant avait donc deux mères, la génitrice et la mère sociale ; et celle-ci, qui

156

conservait son affection, pouvait interférer dans les rapports d'autorité et de dépendance qui liaient l'enfant à ses parents. Une telle pratique nous reporte à une époque où la parenté classificatoire permettait l'échange des enfants entre les mères, lorsque l'appropriation de la progéniture par une famille n'était pas encore nettement affirmée.

Il en est de même d'une ancienne coutume du Caucase, l'atalykat, qui était pratiquée par les Tcherkesses. Le jeune enfant ne restait pas chez ses parents, mais on le confiait à une autre famille, dans laquelle il avait un tuteur, l'atalyk, chargé de le nourrir, de faire son éducation (l'usage des armes et du cheval). Les liens entre l'atalyk et l'enfant avaient un caractère véritablement familial, analogue aux liens que l'enfant entretient de nos jours avec son père, ou avec son oncle maternel dans de nombreuses sociétés. Ce caractère familial était d'ailleurs sanctionné par l'interdiction des mariages entre la famille de l'atalyk et celle de son pupille.

L'atalykat peut donc aussi être interprété comme une survivance d'un état social antérieur, dans lequel la paternité était inconnue ou incertaine, de sorte que les liens avec le père n'étaient pas prédominants. C'est une forme de fosterage. On peut d'ailleurs le rapprocher d'une ancienne coutume des Maori, chez lesquels les enfants ne devaient jamais rester auprès de leur mère, mais étaient confiés dès leur naissance à des parents adoptifs.

De telles remarques suggèrent que le fosterage n'aurait pu être imaginé dans une société patriarcale établie. Il est vraisemblablement contemporain des premières migrations interclaniques, qui étaient des migrations de garçons. Mais il est également contemporain des débuts de la parenté descriptive, puisque le fait qu'on s'éloigne de sa mère suppose qu'on la connaît personnellement.

L'antériorité du fosterage par rapport à la société patrilinéaire nous permet de comprendre pourquoi, lorsque le père apparaît comme chef de famille, sa fonction sociologique ne se définit pas d'emblée comme une fonction éducative : *il y a dissociation de la fonction paternelle et de la fonction éducative, parce que la fonction éducative est antérieure à la paternité.*

A plus forte raison pouvons-nous comprendre pourquoi les initiations de caractère magique, nées dans des sociétés à consanguinité utérine, échappent toujours à l'initiative du père ; car le conservatisme religieux en a fossilisé les rites primitifs[1].

La fonction sociologique de la paternité

C'est la généralisation des guerres qui a donné aux « pères » un pouvoir décisif sur les groupes sociaux et leur a permis de s'approprier les femmes. On voit alors diverses sociétés où l'homme commande en tant que « père », bien que la paternité génétique y reste très confuse. C'est une paternité sociologique, dont la plus claire illustration est donnée par la valorisation du fils.

Celui-ci devient, en effet, indispensable à la pérennité du nouveau groupe familial, puisque ce groupe est patrilinéaire. Et c'est pourquoi la progéniture désirée par le père est, en premier lieu, un fils, alors que les filles, destinées à la migration interclanique, sont beaucoup moins désirées. Mais, chose étrange pour le système conceptuel moderne, l'idée d'avoir un enfant « qu'on a fait soi-même » n'existe pas dans la psychologie ancienne. Selon le droit hindou traditionnel, le père nominal de la famille peut avoir douze sortes de fils, dont la majorité n'ont aucun lien génétique avec lui. Par exemple, ce père nominal peut être un garçon encore impubère, marié avec une fille nubile : dans ce cas, la procréation sera assurée par un autre homme de la famille, soit du côté paternel, soit du côté maternel (selon la coutume des castes). Il est évident que le père est avant tout une institution : il est l'entité qui assure la continuité du groupe.

Le principe de cette paternité sociologique est nettement formulé dans les Lois de Manou (IX, 32-55), affirmant que la femme est le champ (*kshetra*) du mari. Cela signifie que tout ce qui croît sur ce champ appartient à son propriétaire, et que celui-ci peut, soit le cultiver lui-même, soit le faire cultiver par un autre.

1. L'antériorité du fosterage suggère que les réseaux de parrainage pourraient être plus anciens que le christianisme. Dans l'encyclopédie allemande Pauly-Wissowa, Eric Fascher, auteur de l'article « Taufe », après avoir rappelé que la purification par l'eau était connue longtemps avant le christianisme, suggère en termes prudents que le baptême pourrait avoir des antécédents païens.

On vérifiera les mêmes dispositions psychologiques en considérant l'évolution de la polyandrie. A l'origine, ce sont plusieurs frères qui viennent vivre avec une seule épouse. Puis, la parenté s'individualisant, la polyandrie collective s'efface au profit d'une polyandrie successive : lorsqu'une femme perd son mari avant de lui avoir donné un enfant, elle épouse le jeune frère du décédé, qui assumera ainsi la fonction procréatrice. C'est l'institution du lévirat (du latin *levir*, beau-frère, frère du mari). La veuve doit épouser un frère réel ou, à défaut, un frère classificatoire. Cette institution, qui existait chez les anciens Hébreux et chez les Aryens védiques au IIe millénaire, a laissé des survivances chez de nombreux peuples actuels. Elle montre combien le mariage ancien est peu personnalisé, mais relève d'un contrat entre des familles, destiné à assurer leur continuité patrilinéaire.

Il en est de même du sororat, qui s'explique par la mutation de la polygynie sororale, en une polygynie successive : lorsqu'un homme perd son épouse, il la remplace par la sœur de la décédée, ou par une sœur classificatoire.

Cette indifférence à la personnalité du géniteur a été souvent attestée. César, dans la Guerre des Gaules, mentionne la polyandrie fraternelle pratiquée par les Bretons. Strabon, dans un passage célèbre, affirme que chez les Arabes tous les membres d'une famille ont une femme en commun, mais que l'aîné des frères a la priorité sur celle-ci. Tous ces faits s'expliquent par une conception ancienne de la sexualité, très différente de la sexualité personnalisée.

Le père, le fils sont donc les maillons d'une chaîne qui assure la continuité de la famille, — continuité constamment menacée en des temps où la mort décimait les jeunes générations. La famille assure la continuité d'un groupe biologique et d'une classe sociale. En même temps, la fondation familiale fait apparaître une autorité nouvelle qui est celle du père : autorité absolue, allant jusqu'au droit de vie et de mort sur les enfants, et par laquelle la famille se donne les moyens de transmettre rigoureusement aux descendants ses biens, ses pouvoirs et ses traditions.

L'autorité : le conflit du père et de l'oncle maternel

Dans les sociétés matrilinéaires du Néolithique, le chef du groupe consanguin était le plus âgé des frères classificatoires. Cette situation a été progressivement renversée au profit du père pour diverses raisons. La diffusion du concept de paternité n'y a pas suffi. Ce qui est décisif, c'est d'abord la force des conquérants, qui sont, en fait, les maîtres de la femme et de sa progéniture. C'est aussi que la migration interclanique a été bouleversée : primitivement, lorsqu'un homme avait l'accès sexuel à une femme (comme mari visitant) ou venait vivre avec celle-ci (en mariage uxorilocal), la femme restait dans son propre clan et gardait donc auprès d'elle ses frères, qui conservaient l'autorité ; mais, lorsque c'est la femme qui effectue la migration vers un autre clan, elle s'éloigne de ses frères, dont l'autorité sur la migrante, pour cette raison, s'affaiblit, tandis qu'elle s'installe dans le clan de la famille de son mari, à qui elle doit obéissance.

Cependant le transfert d'autorité n'a pas été absolu. Dans la plupart des sociétés patriarcales, le frère de la mère a conservé des prérogatives importantes, qui constituent l'institution de l'avunculat, forme généralement atténuée de ses prérogatives anciennes. C'est le résultat d'un conflit historique, qui a opposé le père et l'oncle maternel depuis la révolution patrilinéaire jusqu'à notre époque. L'arrière-plan sentimental de ce conflit est l'affection profonde qui unit l'oncle maternel à ses neveux et nièces (affection sans contrepartie pour l'oncle paternel). « *Ton oncle maternel,* disent les Nuer du Bahr-el-Ghazal, *c'est ta mère.* » Il est en effet l'homme de grand secours, avec qui les neveux et nièces ont des rapports de tendresse et sur qui l'on peut toujours compter. Ceci nous rappelle la permanence de la solidarité du clan : un individu reste sentimentalement attaché au clan originel de sa mère.

En face de l'autorité paternelle, l'oncle maternel a longtemps conservé des prérogatives d'autorité, qui subsistent de nos jours dans certaines populations. Ainsi, chez les Kiwai de la Nouvelle-Guinée, il agit constamment comme le tuteur de ses neveux et ceux-ci ne lui refusent jamais l'obéissance. On a même vu, chez les Jukun du Nigéria, une situation particulièrement paradoxale, résultant d'un passage récent du système matrilinéaire au système patrilinéaire :

> *Avant l'époque coloniale, un homme pouvait mettre en gage ou vendre le fils de sa sœur, alors qu'il ne pouvait pas traiter ainsi ses propres enfants* (C. K. Meek, *A Sudanese Kingdom*, 1931).

Un Jukun craignait plus son oncle maternel que son père.

Mais ces rapports particuliers ont conservé un effet beaucoup plus général dans la transmission des biens. Il est tout à fait courant que les biens de l'oncle maternel soient considérés comme les biens légitimes de son neveu. Cela explique que, dans certaines ethnies d'Afrique et d'Océanie, le neveu ne peut pas « voler » son oncle, puisque la propriété leur est commune. Chez les Zandé du Soudan, le neveu peut se livrer à un raid prédateur sur les biens de son oncle maternel : selon le droit coutumier, il n'y a aucun recours contre cette forme de vol. Aux îles Fidji, le neveu utérin avait autrefois un droit reconnu sur les biens de son oncle, qu'il pouvait s'approprier et même dégrader impunément. De tels faits, qui ne sont pas exceptionnels, sont les aspects les plus voyants d'une communauté clanique matrilinéaire, dont les survivances les plus banales sont les prétentions du neveu sur une partie de l'héritage avunculaire. L'une des expressions les plus fortes de ce principe a été observée dans l'ancien monde caraïbe, dans l'île d'Hispaniola (Haïti), au sujet de laquelle le chroniqueur des Grandes Découvertes, l'Italien Pierre Martyr d'Anghiera, écrivait, au XVIᵉ siècle :

> *C'est le premier-né de leur sœur, s'il existe, que les caciques choisissent comme héritier de leurs domaines. Si la sœur aînée n'en a pas, c'est l'enfant de la seconde sœur ou de la troisième, et leur raison est que cet enfant est bien réellement de leur race. Quant aux fils que leur ont donnés leurs épouses, ils ne les considèrent pas comme légitimes.*

L'autorité de l'oncle maternel survit aussi dans les mariages, où il a généralement un droit d'intervention : il donne son consentement au mariage d'une nièce, ou bien il exige une part dans le prix de la fiancée. Il joue aussi fréquemment un rôle dans le domaine très conservateur des

161

actes religieux et des initiations, notamment chez les Dravidiens du sud de l'Inde [1].

Il est donc certain que le transfert des prérogatives avunculaires au père a été freiné pendant des millénaires par la fidélité des populations à leur héritage matrilinéaire. Pratiquement achevé chez les Indo-Européens et les Chinois (sauf quelques survivances de détail), il se poursuit chez divers peuples traditionalistes, où la rivalité entre le père et le frère de la mère est restée inscrite dans la vie quotidienne d'aujourd'hui.

La révolution patrilinéaire et le statut de la femme

Les changements dans le système de parenté entraînèrent une modification profonde du statut de la femme. A l'époque du système de parenté classificatoire, l'appropriation du sol cultivé et des terres de parcours ne pouvait être que collective. Mais, avec la parenté descriptive, un individu connaissait ses propres descendants et pouvait donc leur léguer des biens personnels en héritage : ce fut l'origine de l'appropriation privée de la terre. Et lorsque s'établit le régime patrilinéaire, l'appropriation se fit au profit des garçons. Dans les sociétés où le système matrilinéaire persista, comme l'Egypte ancienne, les filles ne furent pas dépossédées de l'héritage.

La situation des filles se trouva considérablement aggravée par le renversement des migrations interclaniques. Selon la vieille chanson chinoise, « pour se marier, une fille laisse au loin frères et parents », — ce qui signifie qu'elle doit s'expatrier, quitter son village natal pour vivre dans une famille inconnue et hostile sous l'autorité d'une belle-mère âgée. Cela est vrai surtout dans les sociétés véritablement exogamiques, celles qui s'interdisent les mariages de cousins, alors que les

1. Dans le monde actuel, la discrimination des fonctions paternelles et avunculaires est particulièrement évidente chez les Hopi de l'Arizona, qui ont conservé l'organisation matrilinéaire. Un enfant appartient au clan de sa mère et relève de ce clan pour toute sa formation traditionnelle, particulièrement dans l'ordre rituel. Son père n'est pour lui qu'un vieux camarade dont il ne reçoit qu'une formation d'ordre économique (agriculture, élevage des moutons), qui concerne un domaine d'acquisition plus récente. L'enfant craint son oncle maternel et lui obéit ; il respecte son père, mais ne le craint pas.

sociétés endogamiques, grâce à leurs mariages de cousins, atténuent fortement la rigueur de la migration interclanique.

A l'époque des structures protofamiliales, régnait une grande liberté sexuelle, qui laissait aux femmes le libre choix de leurs partenaires. Ces habitudes n'ont pas été abolies partout. Elles persistent de nos jours dans diverses sociétés, sous les formes de la liberté sexuelle prémaritale ou de l'instabilité du mariage. C'est surtout le cas des sociétés tribales, qui ont résisté à l'influence des sociétés patriarcalisées.

On notera ainsi le cas du Pérou, où ni le régime patrilinéaire imposé par les Incas, ni les efforts de l'Eglise catholique n'ont pu réussir à déraciner le très vieil usage du mariage à l'essai, qui s'est maintenu jusqu'à nos jours dans toutes les régions andines et dans certaines sections de la côte : lorsqu'une liaison matrimoniale n'a pas atteint un caractère durable, le père de la jeune femme est tenu de reprendre sa fille, avec sa progéniture, et de restituer au mari soit les cadeaux de mariage, soit leur équivalent en argent ou en travail. Cette institution n'est pas particulière au Pérou. Elle a existé sur les autres continents sous des formes analogues, comme le mariage par usage des Romains, les nuits d'essai de certains peuples occidentaux au Moyen Age, le mariage déterminé par la grossesse à Bornéo et en Birmanie.

Mais, dans les sociétés fortement patriarcalisées, l'abaissement de l'âge du mariage a mis fin à cette habitude du libre choix. Telle fut l'évolution de la société hindoue, passant de la liberté sexuelle exprimée dans le *Rig Véda* (IIe millénaire) aux contraintes de la société patriarcale (Ier millénaire). La littérature sanskrite révèle, en de nombreux passages, que les Indiens étaient conscients de la transformation récente du mariage, notamment de la soumission de la femme à son mari. Certains passages du *Mahâbhârata* recommandent le mariage des filles dès la naissance. Cela ne changera rien à la vie sexuelle, qui a toujours commencé à la puberté. Mais il est évident que les filles, mariées dès leur naissance, ou même promises avant, n'auront plus aucune possibilité de choix.

Ce changement du statut féminin est motivé sans doute par certaines préoccupations, comme la crainte de ne pouvoir marier une fille si elle dépasse l'âge convenable (la première menstruation), ou la volonté masculine de régenter complètement le sexe féminin. Mais il a pour cause fondamentale la volonté des chefs de famille de déterminer eux-mêmes les alliances interclaniques ou interfamiliales. La liberté de l'individu ne compte pas.

En pratique, la condition de la femme s'est dégradée. Aux environs de l'ère chrétienne, les Lois de Manou, qui expriment les opinions des milieux brahmaniques, placent les filles et les femmes à tout âge sous la dépendance du parent mâle le plus proche. La conception patrilinéaire de la procréation leur assigne la fonction d'assurer la pureté de la descendance par une fidélité conjugale sans failles, alors que les hommes n'ont jamais renoncé à la multiplicité des liaisons sexuelles, héritage des sociétés matrilinéaires. La fonction procréatrice, assumée dès l'adolescence et pendant toute la vie active, écarte alors les femmes des études et transfère au sexe masculin les privilèges du savoir.

Dans le même temps, le mariage est progressivement sacralisé. L'intervention de la religion tend à lui donner un idéal nouveau. Mais elle renforce les privilèges maritaux en affirmant le caractère indissoluble du mariage, qui, chez les hindous, se perpétue au-delà de la mort. La veuve hindoue, tout au moins celle des hautes castes brahmanisées, si elle ne se suicide pas pour rejoindre son époux dans l'au-delà, n'a aucun droit au remariage.

La place de la femme au foyer patriarcal

L'évolution du mariage vers la fondation d'un foyer stable et protégé des dieux, n'amène pas nécessairement une tournure d'esprit et une morale plus favorables à la femme. La lecture du *Râmâyana* est, à cet égard, très édifiante ; car elle offre aux yeux des hindous l'un des modèles de l'amour humain dans l'histoire dramatique de Râma et de Sîtâ. Celle-ci, épouse du prince Râma, est enlevée par Râvana, le monstre à dix têtes qui règne sur Lankâ. L'épopée nous raconte l'expédition guerrière menée par Râma dans l'île de Ceylan pour reconquérir Sîtâ. Et la reconquête étant enfin réalisée, il faut lire les réflexions triomphantes et amères du prince Râma, adressées à son épouse :

164

Que l'on sache, avec le bonheur que je te souhaite, que ces travaux guerriers que j'ai terminés grâce à la vaillance de mes amis, ce n'est pas à cause de toi que je les ai entrepris : je me suis garanti de tout affront, j'ai lavé l'opprobre de mon illustre famille.

Ta conduite donne lieu au soupçon ; bien que tu sois à mes côtés, tu me fais autant de mal qu'une lampe à un œil sensible. Aussi va-t'en, je te laisse libre maintenant d'aller où tu veux, ô fille de Janaka.

Quel homme donc, né d'une bonne famille, jaloux de son éclat, reprendrait, en chérissant sa passion dans sa pensée, une femme qui a habité dans la maison d'un autre ?

Le but pour lequel je t'ai reconquise a été atteint par moi. Il n'est plus en moi d'attachement pour toi...

Et voici, en contraste, la soumission de Sîtâ :

Car un mari, c'est la divinité de sa femme ; un mari, c'est son parent ; un mari, c'est son gourou : aussi, même au prix de sa vie, elle doit faire ce qui est cher à son époux, sans rien excepter.

Tel est le mariage dans la société patriarcalisée des Kshatriya, la classe des guerriers. Conquête de la femme par l'homme et soumission de la femme, qui reste essentiellement un bien mobilier. Les Occidentaux modernes, lorsqu'ils considèrent ces sociétés antiques fondées sur le mariage patrilinéaire, commettent le plus souvent une erreur d'interprétation en les assimilant à nos sociétés modernes. En apparence, certes, ces sociétés sont fondées sur le couple, générateur d'enfants. Mais le couple antique n'est pas le nôtre : qu'il soit mariage religieux ou concubinat, il n'est pas constitué par un lien d'amour entre l'homme et la femme. C'est ce que Paul Veyne comprend admirablement, lorsqu'il décrit le mariage romain : « Le mariage, quand on se mariait, répondait à un objectif privé : transmettre le patrimoine à des descendants plutôt qu'à d'autres membres de la famille ou à des fils d'amis, et à une politique de caste : perpétuer la caste des citoyens. »

En dépit des apparences juridiques, la structure des familles antiques différait profondément de celle des familles modernes. Les maris appartenaient à la société des hommes, dans laquelle ils vivaient. En tant que pères, ils étaient très distants de leurs enfants ; et en tant que maris, ils ne se sentaient pas associés à leur épouse par un lien d'amour. En réalité, le lien affectif majeur, à l'intérieur des familles antiques, était celui de la mère avec ses enfants et principalement avec son fils. La faiblesse de la communauté conjugale et la force du lien entre mère et fils sont restés, jusqu'à nos jours, un trait caractéristique de diverses sociétés [1].

La femme asservie du système patrilinéaire trouvait par là une dignité qui lui était inconnue en système matrilinéaire. Elle prenait de l'importance par les fils qu'elle engendrait, — c'était sa fonction capitale. La matrifocalité de la famille antique (et de maintes sociétés d'aujourd'hui) ne semble pas remonter aux sociétés matrilinéaires néolithiques, puisque les enfants y étaient le bien collectif des mères ; elle apparaît plutôt comme une création du système patrilinéaire, qui focalise les groupes familiaux autour de la mère.

L'amour réciproque de l'homme et de la femme est donc pratiquement exclu du couple conjugal. En ce qui concerne la femme, une doctrine est d'ailleurs nettement formulée dans le *Mâhâbhârata* : ou bien la femme ne doit pas du tout aimer réellement l'agresseur de son corps, car elle n'est que l'objet de plaisir dont celui-ci dispose ; ou bien elle doit aimer l'homme, parce qu'elle ne peut recevoir que de lui le sens de la vie.

Dans les littératures anciennes, pourtant, les chants d'amour ne manquent pas. Par exemple, en Egypte, voici la lamentation des femmes pour les défunts, gravée dans le temple d'Edfou :

> *Isis dit :*
> *Viens vers ta demeure (bien-aimé),*
> *Viens vers ta demeure ! Tu n'as pas d'ennemi,*
> *O bel enfant. Viens vers ta demeure, afin que tu me voies.*

1. On cite parfois la formule romaine, *Ubi tu Gaius, ego Gaia* (là où tu es, Gaius, moi Gaia je suis), que la fiancée prononçait à son arrivée dans la maison du mari. Cette formule a été détournée tardivement dans le sens affectif de l'union conjugale. Mais son sens originel, qui avait été oublié, était probablement celui d'une formule par laquelle l'épouse adoptait le nom gentilice du mari.

Je suis ton épouse, celle qui t'aime,
Ne te sépare pas de moi, bel adolescent.
Viens à l'instant dans ta demeure ! je ne te vois pas.

A ces appels déchirants font écho des poèmes érotiques comme le *Cantique des Cantiques* et les chants suméro-akkadiens qui lui sont apparentés. La même tradition se poursuit en Inde avec les hymnes de *l'Atharva Véda*, qui se réclament de Kâma, le désir, puissance primordiale personnifiée :

> *Puisse l'amour, celui qui trouble, te troubler. Avec la terrible flèche de Kâma, je te perce le cœur. La flèche, avec les ailes d'une ardente passion, barbelée d'amour, dont la hampe est le désir qui ne dévie pas, avec cela, ô bien-aimé, puisse Kâma te percer le cœur.* (Atharva Véda, V, III,25).

Ces appels n'ont point cessé. Ils accusent la persistance du libre amour des temps les plus anciens. Mais le nouveau couple conjugal leur est fermé. Alors où sera la place de l'amour dans le monde patriarcal ? Dans un mariage d'amour marginalisé, que l'Inde appelle mariage gândharva, attestant que l'antique tradition n'est pas éteinte ; dans l'amour des courtisanes, en qui survit l'ancienne liberté sexuelle de la femme ; dans l'amour homosexuel.

La survie des sociétés matrilinéaires :
le cas égyptien

La révolution patrilinéaire ne s'est pas imposée à tous les peuples. Dans le monde antique, elle caractérise généralement, mais non exclusivement, ceux qui sont parvenus au plus haut degré de civilisation et ont laissé des témoignages par l'écriture : Chinois, Indiens, Grecs, Latins et une partie des peuples du Moyen-Orient. En Amérique précolombienne, ce sont les Incas, les Aztèques et les Mayas dans la période tardive de leur civilisation. L'expansion patrilinéaire s'est poursuivie jusqu'à l'époque moderne, mais sans absorber le monde entier. Pour expliquer la survie de certaines sociétés matrilinéaires, on peut avancer le principe général de la protection géographique, sans d'ailleurs exclure des circonstances purement locales : d'une manière générale, il a existé des situations géographiques, dues à l'éloignement, à l'insularité, au relief du sol, etc., qui protégeaient certains peuples des conquêtes étrangères et des courants d'influence patrilinéaires. L'un des cas les plus remarquables est celui de l'Egypte ancienne.

L'intérêt du cas égyptien est celui de l'un des peuples qui ont découvert la paternité et qui cependant ont conservé des institutions matrilinéaires pendant des milliers d'années grâce à une protection géographique exceptionnelle. Dès le Ve millénaire, la sédentarisation de la population dans les villages avait réalisé en Egypte l'une des principales concentrations humaines du monde (estimée à 320 000 habitants en 4000 av. J.-C., à 800 000 habitants en 3000 av. J.-C., à plus d'un million en 2500). Pendant toute cette période, la vallée du Nil apparaît comme un véritable sanctuaire d'humanité (au sens biologique de cette expression), ruban de terres fertiles enveloppées d'un immense désert où le grand nomadisme n'existait pas encore. Dans ces conditions, qui contrastent avec celles des peuples installés sur des espaces ouverts, l'Egypte a pu développer sa civilisation à l'abri des grandes migrations et des conquêtes du monde oriental. Elle a organisé une haute civilisation sur une base sociologique très particulière.

Parmi les traits matrilinéaires hérités, on cite volontiers ce passage de Diodore de Sicile :

> *En raison des nombreux bienfaits d'Isis, il fut décidé que la reine jouirait de pouvoirs et d'honneurs plus grands que n'en aurait le roi, et que chez les particuliers la femme dominerait le mari, celui-ci acceptant dans le contrat de mariage d'obéir à sa femme en toutes choses.*

Cette affirmation n'est pas isolée ; elle se vérifie dans certains contrats sur papyrus et l'on peut la rapprocher d'une prière à Isis, écrite en langue grecque sur l'un des Papyrus d'Oxyrhynchos :

168

Tu as donné aux femmes un pouvoir égal à celui des hommes.

D'autre part, Diodore affirme expressément :

Les Egyptiens firent aussi une loi, dit-on, contraire à la coutume générale de l'humanité, permettant aux hommes d'épouser leurs sœurs, ce qui est dû au succès obtenu à cet égard par Isis, qui avait épousé son frère Osiris.

D'après ces textes, il est clair que Diodore, qui ignorait la notion de l'évolution sociale, considérait les coutumes égyptiennes comme exceptionnelles par rapport à la loi immuable des sociétés patriarcales et de l'exogamie. De nombreux historiens modernes ont considéré les choses du même point de vue, en essayant d'expliquer ces coutumes comme anormales et déviantes. Mais, en réalité, le statut de la femme égyptienne s'éclaire, si l'on voit dans la société égyptienne la survivance de certains traits, qui appartenaient à la société matrilinéaire antérieure.

La condition de la femme égyptienne, qui est la plus favorable parmi les sociétés antiques, s'explique par la permanence d'un droit matrilinéaire (qu'il ne faut pas confondre avec le prétendu matriarcat). Aussi haut que notre documentation permet de remonter, on constate le droit de la femme sur la propriété et l'héritage. Et cette situation se prolonge assez tard dans l'Antiquité, puisque selon Hérodote (Ve siècle av. J.-C.), c'est à la fille, et non au fils, qu'incombe la charge de soutenir les vieux parents. La place de la femme dans la filiation est aussi attestée par les stèles funéraires, qui mentionnent la filiation par la mère.

La coutume des mariages incestueux de l'Egypte ancienne s'explique de même par la survivance de coutumes primitives. Divers historiens, imbus de l'idéologie du XIXe siècle, ont vu dans ces mariages des pratiques anormales et déviantes. En isolant l'égyptologie de la science orientaliste qui l'environne, on pouvait tenter de réduire ce type de mariages à une particularité structurale de la société égyptienne, qui s'expliquerait par des facteurs purement locaux, notamment l'exemple royal. Mais ces vues étroites ne résistent pas à la démonstration de l'immémoriale endogamie, ni à la chronologie de l'exogamie, que les sources indiennes permettent d'établir[1]. Les unions incestueuses de l'Egypte ne sont qu'une survivance, parmi d'autres, de l'immémoriale endogamie, qui affecta l'humanité entière. Le plus ancien témoignage historique sur la société égyptienne est l'effacement des clans au bénéfice des nomes, qui étaient des divisions purement territoriales : le souvenir de ces clans n'a guère subsisté que dans leurs totems divinisés. En perdant ses clans, l'Egypte perdait les cadres institutionnels de l'exogamie globale et collective, ce qui, avec le développement de la parenté descriptive, ouvrait la voie aux pratiques de l'exogamie familiale. Il est parfaitement vraisemblable que l'Egypte, suivant la chronologie vérifiée par les textes sanskrits, renonça tout d'abord à l'inceste avec la mère, puis à l'inceste avec le père, qui semblent avoir survécu surtout dans le privilège de la royauté[2]. En revanche, l'inceste entre frère et sœur subsista en Egypte beaucoup plus tardivement, comme chez d'autres peuples.

On ne saurait contester, en effet, l'authenticité des stèles de la XIIe dynastie (vers le début du IIe millénaire), déchiffrées à Abydos par Margaret Murray : ces pierres tombales montrent l'évidence des mariages étroitement consanguins dans des familles de petits fonctionnaires et même d'artisans. Nous savons, de plus, qu'à l'époque romaine, sous le règne de l'Empereur Commode (fin du IIe siècle après J.-C.), les deux tiers des habitants d'Arsinoé, — une petite ville de Basse Egypte, — étaient mariés entre frères et sœurs.

Cette situation a pu sembler exceptionnelle, voire incroyable, à des historiens limités au champ d'observation égyptien. Mais l'histoire comparative fait ressortir le fait que les Perses pratiquèrent les unions incestueuses jusqu'au temps des Sassanides (dynastie antérieure à l'établissement de l'islam). Dans l'Inde, le texte pâli du *Sumangalavilâsinî* atteste que la population bouddhiste n'était pas choquée par des mariages entre frère et sœur. Chez les Hébreux, c'est seulement le Deutéronome (seconde moitié du VIIe siècle av. J.-C.) qui condamna l'union entre frère et sœur de même père.

Ces exemples, dont la liste n'est pas exhaustive, nous font

1. Cf. Deuxième Partie, Chap. I, Les isolats démographiques de la préhistoire, et Troisième Partie, Chap. I, Chronologie de l'exogamie.
2. Cf. Troisième Partie, Chap. V, L'inceste royal.

comprendre pourquoi, dans la poésie égyptienne, les mots « frère » et « sœur » sont synonymes d' « amant » et « amante » : ce ne sont pas de simples appellations de tendresse, mais des reliques d'une des plus vieilles coutumes de l'humanité. Dans l'Egypte ancienne, comme dans l'Inde védique, le frère est l'amant de la sœur. A l'origine, il s'agissait évidemment de frères et sœurs classificatoires, puisque le niveau de la conceptualisation ne permettait pas encore de distinguer les siblings (frères et sœurs de même père et de même mère) ; cela nous reporte à des temps très éloignés, antérieurs à Osiris, où la société égyptienne était régie par le système de parenté dit hawaïen, dans lequel les unions entre frères et sœurs classificatoires étaient courantes. Par la suite, lorsque les progrès de la terminologie amenèrent les Egyptiens à distinguer des degrés de parenté entre les siblings et les cousins, les possibilités de mariages consanguins restèrent longtemps inchangées en raison de l'inertie des traditions. C'est pourquoi la dernière reine d'Egypte, Cléopâtre, pouvait épouser son frère réel sans contrevenir à la morale, car elle se conformait à un usage immémorial et respecté.

Cependant l'isolement de l'Egypte n'a pas épargné à ses habitants l'apparition de traits patrilinéaires, qui recouvrent la trame juridique matrilinéaire. Certes, l'Egypte n'a point subi l'ordre brutal imposé par un conquérant ; mais le développement de sa propre puissance militaire et de son impérialisme a entraîné les conséquences ordinaires de la prépondérance masculine. En premier lieu, l'exercice du pouvoir royal : même si la succession se fait en ligne féminine, c'est un homme, sauf exception, qui exerce le pouvoir. On remarquera, dans le même ordre d'idées, le développement des harems sous le Nouvel Empire, la pratique de la prostitution, la résidence patrilocale des couples mariés, le divorce imposé à la femme en cas d'adultère. Dans la religion, la prédominance des couples divins et du sacerdoce masculin.

On est obligé de constater que l'Egypte, en dépit de sa situation géographique et de l'organisation de sa défense, n'a pas échappé à une mainmise masculine ni à une osmose de concepts provenant de pays voisins patrilinéaires. Cependant, en dépit de ce processus de domination masculine, l'Egypte pharaonique entretenait certaines coutumes orgiastiques, dont elle devait la permanence au conservatisme rigoureux de la religion. Hérodote fut, au Vᵉ siècle avant notre ère, le témoin oculaire de la fête de Boubastis, importante ville du delta, qu'il décrit en ces termes :

> *Lorsque les gens se rendaient à Boubastis, ils circulaient par les rivières, hommes et femmes ensemble, massés en grand nombre sur les barques. Quelques femmes faisaient des bruits de grelots, d'autres jouaient de la flûte tout le long du parcours, tandis que le reste des femmes et les hommes chantaient et battaient des mains. Au cours de ce voyage le long des cours d'eau vers Boubastis, lorsqu'ils passaient près d'une autre ville, ils amenaient leur barque près de la rive ; et là certaines des femmes poursuivaient leur jeu, pendant que d'autres lançaient des plaisanteries aux femmes de la ville ; d'autres dansaient ou se tenaient debout en exposant leur personne. Elles faisaient cela à chaque fois qu'elles passaient près d'une ville riveraine. Mais lorsqu'on avait atteint Boubastis, on faisait une fête avec de grands sacrifices ; et l'on y buvait plus de vin que pendant tout le reste de l'année. Le nombre d'hommes et de femmes qui se réunissaient là, sans compter les enfants, atteignait sept cent mille, au dire des gens du pays. (Hérodote, II, 60).*

Aussi impressionnante est la description de la « Fête des lampes » à Saïs, que nous donne le même auteur (II, 62) :

> *Lorsqu'ils s'assemblent à Saïs, dans la nuit du sacrifice, tous allument des lampes qui brûlent en plein air autour de leurs maisons. Ces lampes sont des soucoupes emplies de sel et d'huile, où la mèche flotte à la surface et brûle toute la nuit... Les Egyptiens qui ne viennent pas à cette assemblée veillent à garder leurs propres lampes allumées pendant la nuit du sacrifice ; et ainsi les lampes sont allumées non seulement à Saïs, mais à travers toute l'Egypte.*

Cette fête présente une ressemblance si frappante avec Dîpâvali, toujours célébrée avec ferveur par les hindous, que l'on peut s'interroger sur la durée des rites et des coutumes, qui transgressent les croyances successives des peuples.

Ainsi l'Egypte pharaonique, sous le couvert d'une société gouvernée par des hommes, conservait en profondeur l'immé-

172

morial héritage des fêtes préhistoriques, du statut de la femme libre, de la filiation matrilinéaire et des mariages entre frères et sœurs. C'est l'exemple le plus frappant de survivances, explicables par la protection géographique et par l'inertie des traditions, que nous retrouvons chez d'autres peuples, notamment dans le Dekkan.

Les survivances matrilinéaires du monde moderne

Bien que le système patrilinéaire se soit imposé à la plupart des peuples, les survivances matrilinéaires restent, de nos jours, innombrables. Sans s'attarder sur de simples coutumes, comme l'avunculat, qui restent pratiquées assez couramment dans les sociétés patrilinéaires traditionnelles, il faut souligner la persistance de sociétés matrilinéaires nettement caractérisées, qui forment un archipel épars dans le monde entier. Leur distribution spatiale suggère le rôle essentiel de la protection géographique dans cette conservation.

L'Afrique au sud du Sahara en est l'exemple le plus évident ; car ses habitants ont été conditionnés non seulement par la barrière que constitue le Sahara, mais par une écologie aux effets répulsifs pour les populations de l'Afrique du Nord et de l'Asie du Sud-Ouest, et par un contact maritime négatif avant la pénétration européenne. Nul étonnement, par conséquent, de rencontrer, en Afrique noire, une prolifération exceptionnelle de tribus matrilinéaires. Isolées dans le Nord-Est, avec les Barea et les Baze d'Abyssinie, elles se signalent dans l'Ouest par les Sérèr du Sénégal, les Ashanti du Ghana, les Lobi de la Haute-Volta, les Yakö du Nigéria sud-est, et, également au Nigéria, les Jukun du bassin de la Bénoué (ces derniers, en cours de transition vers le système patrilinéaire). Dans la zone équatoriale, mieux protégée par son éloignement et son écologie, les tribus matrilinéaires forment des agrégats caractéristiques : c'est la ceinture matrilinéaire (*matrilineal belt*), qui s'étend sur le Zaïre, débordant sur le Congo-Kinshasa et l'Angola. Une autre ceinture matrilinéaire s'étend chez les Bantous d'Afrique orientale entre Dar-es-Salam et Dodoma. On y adjoint les Yao du Nyassaland et les Basuto d'Afrique australe.

Les sociétés africaines sont caractérisées par une forte

173

hybridation des coutumes matrilinéaires et patrilinéaires, due à des contacts et à des migrations d'une grande ancienneté. Dans les ethnies patrilinéaires, qui sont majoritaires, les survivances matrilinéaires sont un trait frappant, particulièrement le prestige universel de l'oncle maternel. Et du côté matrilinéaire, on peut rencontrer, soit les formes les plus archaïques comme les « maris visitants » chez les Bantous d'Afrique centrale, soit des formes très évoluées d'hybridation qui témoignent de l'alignement progressif des ethnies sur un modèle général de civilisation.

En Asie, les sociétés matrilinéaires s'inscrivent sur la carte en plusieurs blocs, éloignés les uns des autres, de cultures différentes, mais similairement abrités par des conditions géographiques. Dans l'Inde nord-est, les versants escarpés du Meghâlaya (plateau de Shillong) ont préservé l'originalité de deux ethnies matrilinéaires, les Khasi et les Garo, les premiers ayant conservé en majeure partie les coutumes matrilinéaires anciennes, alors que les seconds accusent une hybridation marquée par l'autorité du père et la stabilité du mariage. Dans l'Inde sud-ouest, la protection géographique est due à la fois à l'éloignement des grands centres culturels, à la barrière montagneuse des Ghât occidentaux et aux difficultés de circulation que présente la plaine littorale ; il faut y adjoindre les conditions particulières du Lakshadvîp (îles Laquedives). A Sumatra, les Minangkabau ont pu conserver leurs institutions traditionnelles grâce à un important massif volcanique. Ces sociétés sud-asiatiques, de l'Inde du sud-ouest à Sumatra, ont conservé leurs structures matrilinéaires en dépit de leur conversion à l'islam.

L'insularité a joué le même rôle protecteur en diverses îles de Mélanésie. Quant au continent américain, dont les structures précolombiennes furent très éprouvées par la conquête européenne, on peut dire qu'à l'exception des empires patrilinéaires, ceux des Incas et des Aztèques, il représentait une aire de protection géographique où le système matrilinéaire prédominait au moment de la conquête.

L'anthropologie moderne a posé un problème particulier en constatant que les peuples forestiers, qui suivent (ou suivaient récemment) un genre de vie de chasseurs-collecteurs, ont généralement opté pour le système patrilinéaire, alors que les peuples matrilinéaires sont agriculteurs : en raison de l'antécédence du genre de vie des chasseurs-collecteurs sur celui des agriculteurs dans la succession des cultures préhistoriques, cette constatation permettrait de soutenir que le système patrilinéaire, lié à des sociétés de chasseurs, pourrait représenter une option plus ancienne que le système matrilinéaire. Mais ce type d'explication, acceptable au niveau scientifique du xixe siècle, devient parfaitement caduc, lorsque la découverte de la paternité est reconnue comme un des faits décisifs de l'évolution. La particularité des sociétés de chasseurs-collecteurs doit être expliquée autrement.

Les sociétés matrilinéaires survivantes se distinguent des forestiers, parce que ce sont des sociétés d'agriculteurs de tradition néolithique. Le système matrilinéaire s'y était organisé en s'incorporant dans un cadre de vie sédentaire avec groupement en villages et même parfois avec vie urbaine. De là, leur tradition d'une culture matérielle avancée et parfois d'une haute culture de l'esprit[1].

Or ce développement n'a jamais affecté les peuples forestiers, qui restaient émiettés en groupuscules consanguins à la manière des hordes du Paléolithique : en réalité, ces forestiers n'ont jamais atteint le niveau des cultures matrilinéaires. Ils vivaient en marge de l'évolution historique. Lorsque l'idée de paternité a fini par les atteindre, ils se sont ralliés à cette idée sans avoir connu la phase d'organisation matrilinéaire.

Les Vedda de Ceylan en sont un exemple. Population australoïde, installée dans l'île depuis le Paléolithique récent, ils ont conservé leur tradition de chasse et de collecte, de vie saisonnière dans les grottes, qui n'a cédé à la pression de l'agriculture qu'à la fin du xixe siècle. Selon C. G. Seligman, leur société serait organisée en clans matrilinéaires. Mais E. Leach a montré depuis lors que le principe de la filiation est flottant : un enfant se rattache à un certain clan (*waruge*), qui peut être celui de la mère, ou du père, à moins qu'il ne reste imprécisé. L'acculturation, en apportant aux Vedda l'usage de la langue singhalaise, n'a pu leur donner une structure sociale qui dépasserait leur niveau économique et leur genre de vie.

Dans les hautes terres de l'île de Palawan (îles Philippines), il existe un groupe de villages dont les habitants sont

1. Voir notamment Deuxième Partie, Chap. III : Cosmologie et religion dans les sociétés matrilinéaires.

d'anciens forestiers, convertis à l'agriculture sur brûlis. Leur structure familiale est un cas caractéristique d'hybridation. Car le fond culturel est celui de la horde consanguine, qui ne connaît que la parenté par la mère et laisse aux femmes une grande liberté sexuelle. Mais la diffusion des pratiques patrilinéaires, qui prédominent dans le Sud-Est asiatique, a fait prévaloir sur cet héritage culturel les signes usuels de la prépondérance masculine : transmission héréditaire d'un patronyme, présence exclusive des hommes dans les palabres.

Les peuples forestiers, certes, sont plus fréquemment patrilinéaires ; mais ce sont des patrilinéaires récents.

CHAPITRE IV

LA VIE RELIGIEUSE
AVEC L'IDÉE DE PATERNITÉ

Le chœur des Erinnyes :

XO. Ἰὼ θεοὶ νεώτεροι, παλαιοὺς νόμους
καθιππάσασθε κἀκ χερῶν εἵλεσθέ μου.

*Ah ! jeunes dieux, vous piétinez les lois antiques.
et vous m'arrachez ce que j'ai en mains.*

Eschyle, *Euménides*, 778-779.

L'introduction de l'idée de paternité devait entraîner dans la vie religieuse des changements profonds. A la conception primitive d'une Déesse Mère, symbole et agent de la fécondité, succéda une conception dualiste, associant les deux sexes dans la procréation : les divinités androgynes et les couples divins sont caractéristiques de cette période. En même temps, comme les changements du monde divin reflètent l'évolution sociale, le panthéon pré-osirien se trouve dépassé par une nouvelle génération de dieux et de déesses ; et ces jeunes dieux, dont la morale se fonde sur celle de la famille patrilinéaire, sont en opposition avec la conception orgiastique de la vie religieuse. De là, un renversement des valeurs, l'avènement d'une nouvelle conscience morale. Les déchirements qui en résultèrent nous ont laissé maints témoignages, dont la tragédie d'Eschyle, *les Euménides*, est un des plus pathétiques.

177

La piété filiale et ses conséquences

Dans notre enfance, nous avons eu les larmes aux yeux en lisant le discours célèbre de Pasteur : « O mon père et ma mère ! O mes chers disparus ! » La piété filiale nous apparaissait comme le plus naturel des sentiments, comme le plus obligatoire. L'idée de mettre en doute son caractère immémorial ne nous effleurait pas. Il nous eût semblé incroyable qu'un enfant ne connût point son père et sa mère. Et pourtant c'est aujourd'hui une évidence qu'à une certaine époque, il ne pouvait exister ni piété filiale ni aucune des formes de culte des ancêtres que nous connaissons. Cela découle de deux faits fondamentaux. Tout d'abord, dans le système de parenté classificatoire, aucun enfant ne connaissait ses parents, car tous étaient élevés collectivement. Et la non-connaissance du père se prolongea plus longtemps que celle de la mère, parce que, même après la découverte de la paternité physiologique, la liberté sexuelle des sociétés matrilinéaires interdisait l'identification du père d'un enfant. Mais un second fait est tout aussi important : le culte des ancêtres, qui est toujours un culte de patrilignage assuré par des mâles, ne fut pas concevable tant que le sexe masculin resta considéré comme non-procréateur.

Cette absence de sentiment filial pour les parents ne signifie cependant pas qu'il y eut un vide sentimental dans le psychisme des jeunes ; car celui-ci était dominé par le puissant attachement au groupe consanguin, dans lequel l'individu était immergé. La très ancienne pratique des sépultures, qui daterait de quelque soixante mille ans, témoigne de croyances et d'attitudes concertées envers les défunts. Mais le sentiment de piété filiale et le culte des ancêtres envers des parents nominatifs ne peut pas être antérieur à l'organisation de la famille patrilinéaire, c'est-à-dire, dans les sociétés avancées du Moyen-Orient et d'Asie orientale, au IVe ou IIIe millénaire. La piété filiale a engendré, à travers le monde, une grande variété de rites à l'égard des morts. On en considérera ici deux exemples reposant sur des idéologies différentes : la Chine et l'Inde.

Dans la Chine antique, qui a exporté son culte des ancêtres en Corée, au Japon et au Vietnam, l'origine de ce culte est rapportée à Confucius, qui vivait au milieu du Ier millénaire av. J.-C. Mais la morale confucéenne n'est pas une création absolue de ce grand sage : la tradition a concentré sur son nom les acquis de l'évolution morale en régime patrilinéaire, dont il a été le plus fameux exposant. Cette morale repose essentiellement sur l'autorité du père et la piété filiale, qui est le principe fondamental du système social en Extrême-Orient. « La piété filiale, écrit Hiao King, dans le *Livre de la piété filiale* (ouvrage coréen non traduit) est le fondement de toute vertu et de tout enseignement... Elle commence par le respect envers les parents, elle continue par le respect envers le roi et s'achève dans la vie sociale de l'homme ». Cette piété ne s'adresse pas seulement au père ; elle enveloppe les deux parents et l'ensemble des ancêtres. Elle s'exprime dans les offrandes faites aux ancêtres et dans les formes de sépulture, depuis le mausolée des grandes familles jusqu'au mémorial des familles ordinaires. C'est principalement pour cette raison que l'enfant mâle est valorisé ; car si l'on considère l'idéologie de la procréation exclusivement masculine qui prévalait chez des peuples divers et particulièrement dans la noblesse chinoise, il apparaît que seul le fils, à l'exception de la fille, était apte à perpétuer la famille et, par conséquent, habilité à assurer le culte des ancêtres.

Le cas de l'Inde ne repose pas sur la même idéologie. La majorité des hindous, en effet, n'ont pas de sépulture, puisqu'un grand nombre de castes suivent la coutume brahmanique de la crémation. De plus, les hindous croient en une transmigration, qui permet à l'âtman (la partie transmigrante de l'individu) de se réincarner dans des corps nouveaux en attendant sa réintégration dans l'unité du Brahman. Le culte des ancêtres n'est donc pas formellement pratiqué par les hindous. Cependant la piété filiale ne leur a pas moins dicté certains rites, qui doivent être accomplis par le fils aîné dans les cérémonies, funèbres, afin d'assurer des conditions favorables à la survie de l'être transmigrant. De là, comme en Chine, la nécessité d'avoir un enfant mâle qui perpétue la lignée paternelle.

Le développement de la piété filiale dans les sociétés patrilinéaires a des conséquences sociales, éthiques et religieuses qu'il importe de souligner. Au point de vue social, c'est l'établissement, dans la famille, d'une autorité absolue qui ne semble pas avoir existé auparavant. Le père, s'étant arrogé la propriété de sa femme et de ses enfants, dispose du droit de vie et de mort sur ces derniers. Il n'y a aucune camaraderie entre le père et ses enfants, mais la distance olympienne du souverain à ses sujets. Dans la Chine antique, notamment, « une distance infranchissable sépare le père et le fils » (Marcel Granet). Pourvu d'une telle autorité, le père prend en main une certaine part de l'éducation qui transmet aux enfants l'héritage culturel de la société.

Les implications morales de la famille patrilinéaire ne sont pas moins considérables. La femme, tenue de donner des enfants à son mari, est contrainte à une fidélité sans défaillances, généralement sous peine de mort. Cela entraîne le développement d'une morale austère en opposition avec la morale sexuelle libérale des sociétés matrilinéaires. Tandis que les hommes conservent leur liberté traditionnelle, l'éducation des filles impose à celles-ci la soumission, la fidélité à l'époux, l'esprit de sacrifice. Une éthique de l'union conjugale règne sur la société nouvelle.

Dans le domaine religieux, les anciens cultes orgiastiques se trouvent marginalisés, parce qu'ils sont en contradiction avec les mœurs nouvelles. Les peuples patriarcalisés honorent principalement des couples divins, tels Zeus et Héra, Vishnou et Lakshmi, qui sont des modèles et des protecteurs des couples humains. De plus, la puissance du père entraîne la masculinisation du sacerdoce, qui s'observe même dans l'Egypte matrilinéaire. Désormais les prêtresses seront généralement chargées de cultes mineurs ; les femmes assumeront dans les temples des fonctions subalternes, notamment celles de danseuses et prostituées sacrées.

Le symbolisme de Krishna

Avec la mutation des sentiments religieux qui accompagne l'idée de paternité, apparaissent quelques grandes figures divines, théophanies mâles, autour desquelles va se développer une nouvelle forme de vie religieuse : la religion mystique. Car ce sont des dieux essentiellement bienfaisants, qui n'inspirent pas la terreur comme les dieux pré-osiriens, mais l'amour. Après Osiris, qui vécut au Ve millénaire, la divinité la plus illustre est celle de Krishna, l'un des dieux pré-aryens de l'Inde, dont la figure originelle, profondément altérée par les apports du culte brahmanique, a finalement pris place dans le panthéon hindou comme un avatar de Vishnou.

L'indologie admet généralement que le mythe de Krishna proviendrait d'un personnage réel, un héros populaire qui aurait appartenu à la tribu des Yâdava et vivait dans la région de Mathurâ. Derrière les enrichissements de la tradition mystique, il paraît difficile de discerner quelques traits authentiques de ce personnage immensément aimé. Un adolescent au visage noir, d'une extraordinaire beauté, qui joue de sa flûte traversière au chant pur et attirant. Une ambiance de jeux sexuels dans les jardins de Vrindâvana, qui sont comme une réminiscence de l'Age d'or. Une série d'exploits guerriers s'achevant par la défaite et la mort du héros.

Le symbolisme de Krishna, lorsqu'on cherche à dégager ses traits primitifs, correspond à une phase de l'évolution religieuse : on y retrouve, en effet, les thèmes érotiques d'un âge de liberté sexuelle sans bornes, où s'exalte un amour physique et amoral. Les jeux de l'adolescent Krishna avec les bergères (les *gopî*) et particulièrement avec la divine Râdhâ sont un des thèmes caractéristiques de cette tradition primitive :

> *L'habile Krishna, avec enjouement, dépouilla Râdhâ de ses vêtements et de ses parures ; et Râdhâ le dépouilla de son cimier et de son équipement. Et comme tous les deux étaient adroits dans ce jeu, ils ne se firent aucun mal. Krishna lui ôta son miroir ceint de pierres précieuses ; et elle lui arracha sa flûte mélodieuse. Râdhâ enchanta l'esprit de Krishna et Krishna enchanta son cœur. Lorsque ce combat d'amour fut terminé, Râdhâ, les yeux chavirés, lui rendit sa flûte ; et Krishna lui rendit le miroir et le lotus dont elle se servait comme d'un jouet, il rattacha son chignon et fit sur son front une marque de vermillon* (Brahma-vaivarta-purâna).

Dans la tradition krishnaïque des jeux sexuels, le masculin et le féminin ne sont point des qualités exclusives l'une de l'autre. Krishna, comme d'autres dieux, est androgyne, associant dans sa personne les deux sexes, dont il peut jouer les rôles alternativement ; et ce trait fondamental de la tradition s'est perpétué jusqu'à nos jours dans de nombreuses sectes, qui aspirent à la condition androgyne. Au XVIe siècle, le grand sage bengali Chaitanya fut considéré soit comme un avatar de Krishna, soit comme un avatar de Râdhâ. Il se voyait personnellement comme Râdhâ, s'habillant en femme et se retirant chaque mois pendant les jours de la menstruation. Cette divine imitation est restée pour les fidèles, en s'identifiant à Râdhâ, le moyen d'une communion mystique avec Krishna. Car l'identification directe avec Krishna est interdite ; aussi l'identification avec Râdhâ permet-elle d'obtenir sa médiation.

Parmi les nombreuses sectes hindoues qui aspirent à l'androgynie suivant cette tradition, la plus notable est celle des Sakhîbhâva, qui est une forme de vishnouisme, affirmant que toutes les créatures du monde sont femelles, destinées au plaisir de Krishna, le mâle unique. Cette idéologie est évidemment marquée par le principe patrilinéaire de la supériorité mâle. Mais elle conserve, comme on l'observe dans toutes les cultures shamaniques, la conception matrilinéaire de la haute dignité de la femme : les femmes se donnent à volonté, comme les gopî à Krishna ; et les hommes, qui portent des vêtements féminins et vivent comme des femmes, et qui fréquemment sont des eunuques, considèrent comme une dévotion l'acte sexuel auquel ils soumettent leur corps.

Ces coutumes, dont la survivance paraît étrange aux sociétés patriarcales, procèdent évidemment de la société transitoire, aux caractères shamaniques, dans laquelle la femme n'était pas encore abaissée au rang d'un être inférieur. On peut d'ailleurs les situer avec plus de précision dans l'âge des héros, dont la geste épique de Krishna accuse avec insistance l'ambiance guerrière. Assurément, ces actions héroïques, multipliées et amplifiées par les poètes, ne présentent pas l'intérêt d'une documentation événementielle. Mais elles portent, dans leur inspiration, la marque terrible de l'âge des guerres.

Il en est de même de la mort de Krishna. La tradition relate qu'ayant perdu une bataille, tous les chefs des Yâdava ayant péri, Krishna errait tristement dans une forêt du Saurâshtra non loin de la cité de Dvârakâ, dont il avait fait sa capitale. Un chasseur, croyant apercevoir un daim à travers le feuillage, lui décocha une flèche qui l'atteignit mortellement au talon, le seul point vulnérable de son corps. Le thème du dieu qui meurt, si courant dans la mythologie hindoue indigène (voir le sacrifice du Buffle dans la fête du Dasarâ, la mort de Kâma ou de Holikâ dans la fête de Holi), est caractéristique d'une certaine époque des conceptions religieuses.

Selon une opinion généralement acceptée, toutes ces données mythologiques flottent dans une chronologie indécise. Mais, en réalité, il est possible de les situer à un certain moment de la Protohistoire. A la lumière des thèmes essentiels de sa légende, il est évident que Krishna vécut dans un milieu pastoral, dont l'activité principale était l'élevage des bovins. Tous les jeux érotiques de Krishna se font avec des gopî, gardiennes de bétail, et lui-même est un gopâ, un vacher (le mot sanskrit *go* désignant le bétail bovin). Or le bétail en question était constitué de zébus *(Bos indicus)*, comme le prouvent les vestiges laissés par les éleveurs nomades du Dekkan. De plus, l'environnement naturel de Mathurâ, sur les bords de la Yamunâ, était une savane qui convenait particulièrement à cet élevage. Le buffle *(Bubalus bubalis)* ne semble pas avoir été domestiqué si tôt ; c'est d'ailleurs un animal indigène des régions humides, inadapté à l'écosystème qui dominait cette région de l'Inde du Nord.

Or les recherches ont prouvé que le zébu n'est pas indigène en Inde. Il n'apparaît sur le sol indien qu'au IVe millénaire. Cela suffit pour affirmer que la société pastorale à laquelle Krishna appartenait n'a pu exister avant cette époque ; et cela donne aussi une indication sur l'arrivée des Dravidiens, qui semblent bien avoir introduit l'élevage néolithique dans le milieu indien. Par conséquent, Krishna, le dieu noir, le dieu des pasteurs pré-aryens, vécut probablement au IVe millénaire, sinon au IIIe, ce qui le situe dans un monde conscient de la paternité et dans un monde guerrier.

Dieu, le père, et l'androgynie divine

Dans le mythe de Krishna, le dieu apparaît surtout comme un amant. Mais l'image du dieu père va s'affirmer plus nettement dans toutes les mythologies. Il est évident qu'après la révélation de la paternité, la Grande Mère ne peut plus assumer seule l'idée de fécondité ; c'est pourquoi ses frustes images disparaîtront ou seront hypostasiées en déesses parèdres.

En Egypte, il semble que la plus ancienne théophanie de la paternité soit celle du dieu Min, le dieu ithyphallique (au pénis droit), ce qui signifie qu'il est le dieu fécondateur : Min pourrait même être plus ancien qu'Osiris, car son culte n'utilise pas le froment, mais l'épeautre, céréale primitive, sorte de blé vêtu dont le grain adhère fortement à la bale. Dans la mythologie indo-européenne, cette idée paternelle se manifeste dès le Vᵉ millénaire par le couple Ouranos-Gè.

Etant donné l'imprécision des connaissances sur le processus physiologique de la procréation, diverses représentations de la fécondité apparaissent dans les mythologies. La plus ancienne est probablement celle de l'androgynie divine : la divinité n'est pas représentée comme mâle *ou* femelle, mais comme mâle *et* femelle simultanément. Cette dualité sexuelle du divin n'a pu être conçue *ex nihilo*. Les mythologies étant un reflet des sociétés humaines, la dualité sexuelle divine ne peut que refléter le comportement sexuel d'êtres humains qui assumaient indifféremment une fonction mâle ou une fonction femelle dans l'acte sexuel.

Ainsi, dans la théogonie hurrito-hittite, le dieu Kumarbi avale les organes sexuels de son grand-père, An, dieu du ciel lumineux ; il devient ainsi par gestation le père-mère de trois dieux, qu'il vomit. Dans l'Inde, Shiva apparaît aussi comme un dieu androgyne sous le nom de Ardhanârîshvara, le dieu qui est moitié femelle (ou moitié mâle) ; il est à demi confondu dans la forme de Pârvatî, sa parèdre, montrant simultanément ses attributs mâles et femelles. Vishnou, Krishna et d'autres divinités sont également figurés sous la forme androgyne dans diverses sculptures. Ces représentations androgynes ont leurs répliques dans les mythes d'Amérique du Nord, d'Afrique et d'Australie, de Chine.

A la conception primitive de l'androgynie succède la conception de l'androgynie alternante : la divinité est alternativement mâle et femelle. Chez les Indiens védiques, le dieu Indra est un androgyne alternant. Et dans l'Inde pré-aryenne, nous voyons Shiva, épris de Vishnou, prendre la forme féminine de Mohinî : s'unissant à Vishnou, celle-ci donne naissance à Harihara, qui sera identifié avec le dieu androgyne pré-aryen, Aiyanar.

C'est cette idéologie archaïque de l'androgynie qui explique fondamentalement la coutume de la couvade, dont les attesta-

184

tions présentes ont été reconnues en de nombreux pays du monde entier, aussi bien en Amérique que dans l'Ancien Monde. Avec d'inévitables variantes, la couvade consiste, pour l'essentiel, en un simulacre d'accouchement pratiqué par le père de l'enfant au moment même de l'accouchement maternel. Il s'agit évidemment d'une coutume typiquement patrilinéaire[1], qui n'a pu prendre naissance qu'après la prise de conscience de la paternité, dans des cultures de type shamanique, où l'homme éprouvait le besoin d'assumer le partage bi-sexuel de l'enfantement par des rites appropriés (personne, en effet, ne pouvait savoir que ce partage bi-sexuel de la procréation est originellement assumé par la fusion du spermatozoïde et de l'ovule dans le processus de la méiose). La couvade ne s'étant répandue dans l'humanité qu'à l'époque de la paternité, il est impossible d'expliquer son universalité par un centre unique de diffusion. On admet aujourd'hui la pluralité des centres de diffusion dans l'Ancien et le Nouveau Monde ; et ceci ne peut s'expliquer que par l'universalité de l'idéologie androgyne[2].

Les couples divins

Avec le temps, à mesure que les mythologies s'anthropomorphisent, les androgynes se dédoublent en véritables couples à l'instar des couples humains. C'est dans cette phase de l'évolution que les mythologies sont constituées par des couples, association d'un dieu et d'une déesse, qui sont à l'image des couples humains patrilinéaires et accusent la nouvelle conception d'une procréation par l'union des sexes ; tels Osiris et Isis, Zeus et Héra, Shiva et Parvatî, etc.

1. On trouve des exemples de couvade dans des sociétés matrilinéaires, comme les Arawak de Guyane et les Choroti du Chaco, anomalie qui s'explique aisément : au cours de l'évolution, une société peut prendre conscience de la paternité tout en gardant sa filiation matrilinéaire.
2. Coutumes souvent rapprochées de la couvade, la circoncision des garçons et l'excision des filles existent en certaines aires géographiques (Afrique, Asie, Australie, Océanie, Amérique). Elles pourraient s'expliquer par des idéologies différentes, dont l'ancienneté est actuellement inconnue. Il faut d'ailleurs distinguer la circoncision musulmane, qui est un fait d'acculturation tardive due à l'expansion de l'islam.

Dans un premier temps, la déesse, qui primitivement était seule et vierge, s'adjoint un dieu parèdre sous la forme d'un adolescent qui lui est subordonné. Ainsi, en Mésopotamie, le couple sumérien Inanna et Doumouzi (IIIe millénaire), auquel succède le couple sémitique d'Ishtar et de Tammouz. En Phrygie, Cybèle, qui est la Grande Mère, forme un couple avec l'adolescent Attis. En Inde, lorsque la mythologie pré-aryenne se substitue aux dieux védiques pour constituer les bases de l'hindouisme la terrible Kâlî, divinité sanglante du panthéon primitif, s'adjoint Shiva comme dieu parèdre.

Puis, avec l'affirmation du système patrilinéaire, la scène mythologique se transforme. Le dieu subordonné devient le dieu père, c'est-à-dire le maître à l'image de la société humaine. Shiva est le dieu suprême, associé à une déesse subordonnée, appelée Kâlî, Durgâ, Pârvatî, etc..., et qui est sous ces noms variés la personnification de la shakti, énergie féminine et principe de la fécondité. On représente Shiva lié à sa shakti dans une étreinte qui symbolise la fécondité universelle. C'est un renversement des valeurs. La sexualité, primitivement étrangère à la procréation, lui est définitivement associée, — révolution universelle, qui affecte toutes les mythologies dans le système patrilinéaire et qui donne au phallus un caractère sacré. Dans le monde hindou, l'organe masculin, vénéré sous le nom de linga, est associé au culte de Shiva. Dans diverses civilisations, l'apparition du phallus dans le culte et dans l'iconographie est généralement la connotation de l'idée de paternité. La suprématie masculine s'affirmera parfois dans une procréation exclusivement mâle. Ainsi Shiva jette sa semence dans le feu, donnant naissance à Skanda, ou Kumar (l'Adolescent), — le mot sanskrit *skanda* signifiant une giclée. Et Zeus, de sa propre cuisse, engendre Athéna.

Dans la conception la plus ancienne, les dieux ne sont pas immortels. « Le dieu qui meurt », dont Osiris semble le prototype, a répété maintes fois son émouvant symbolisme, associant à l'idée de la mort celle de la renaissance de toute vie : Attis, Adonis, Tammouz, Kâma incarnent successivement le deuil de la nature et son réveil. En certaines régions de l'Inde, le Kérala, le Gujrât, les fidèles pleurent encore, dans la fête de Holi, la mort annuelle de Kâma.

Les dieux nouveaux et la démonisation des dieux primitifs

Une nouvelle strate de divinités prend alors la place des divinités « pré-osiriennes ». Dans cette terminologie, la référence à Osiris n'a aucune valeur en chronologie absolue : elle n'indique qu'une chronologie relative dans l'évolution mythologique. Les divinités primitives étaient des divinités terrifiantes, semant la maladie et la souffrance, l'épouvante et la mort. Le monde divin reflétait des sociétés géographiquement très morcelées, dans lesquelles chaque communauté redoutait ses voisins et où l'environnement naturel était dangereux. Il n'était pas alors concevable de prêter aux divinités un message éthique, qui était inconnu des êtres humains. Ainsi s'expliquent les anciennes divinités de l'Inde pré-aryenne, tels Shiva, Kâlî, les nombreuses déesses de villages. De même, les divinités de l'ancien panthéon hellénique, décrites par Hésiode dans sa Théogonie : « *la Noire Kère et le Trépas* », « *le Sommeil et avec lui toute la race des songes...* », divinités peu anthropomorphisées, nées d'une procréation exclusivement féminine. Au Ve siècle av. J.-C., les Athéniens gardaient le souvenir vivant de ce panthéon primitif, puisque Eschyle, l'auteur des *Euménides*, mettait dans la bouche d'Apollon ces terribles imprécations :

> *Les voilà, vaincues par le sommeil, les vierges maudites, les vieilles filles d'un antique passé, que jamais n'approche dieu, homme ni bête. Nées pour le mal, elles ont en partage l'Ombre, où se plaît le mal, et le Tartare souterrain, exécrées des hommes et des dieux de l'Olympe* (trad. P. Mazon).

Ces évocations littéraires nous transportent dans un monde disparu. Avec les dieux nouveaux, notamment Osiris, le premier dieu entièrement bénéfique, la mythologie représente une organisation sociale qui élargit la notion de solidarité et ouvre la voie à une nouvelle morale. Et lorsque l'individu, grâce au développement de la parenté descriptive, commence à se dégager du collectivisme clanique, il réfléchit sur l'iniquité des châtiments collectifs. Alors se dégage une conception supérieure de la Justice. Dans ces conditions nouvelles, les anciennes dinivités apparaissent comme démoniaques et de

187

nombreuses légendes nous montrent comment elles ont été marginalisées par rapport au panthéon nouveau qui domine désormais la vie religieuse. Les divinités archaïques ne changent pas de caractère : elles restent des divinités à la fois maléfiques et bénéfiques, étrangères à la discrimination du bien et du mal. Mais elles sont vaincues.

Parmi les légendes hindoues, l'une des plus connues est celle du « démon-buffle » que l'on appelle « l'animal aux quatre cornes » (*Chatourshringi*). Chaque année, à la fête du Dasarâ, les hindous commémorent la mise à mort du démon-buffle par la déesse Dourgâ. C'est une légende qui exprime l'extermination des démons par les nouvelles divinités. De même, dans la fête de Holi, les hindous commémorent l'extermination de Holikâ, déesse matrilinéaire, dont une image est brûlée sur un bûcher.

Dans les *Euménides* d'Eschyle, s'élève le cri déchirant de l'Erinnye : « Ah ! jeunes dieux, vous piétinez les lois antiques... ». C'est le drame d'une société qui subit un renversement de valeurs sans précédent : l'ancien panthéon est démonisé, il perd sa prééminence au profit des dieux bénéfiques et tutélaires.

Cependant les dieux primitifs ne sont pas complètement éclipsés par les dieux nouveaux. Dans la Grèce antique, les dieux de l'Olympe n'ont point fait disparaître la multitude des divinités chtoniennes, ni les satyres, ni les Erinnyes. Dans l'Inde actuelle, une multitude de déesses de villages et de démons coexistent avec les grandes divinités du panthéon brahmanique. Dans l'ombre du bouddhisme tibétain, s'agitent aussi une foule de divinités pré-bouddhiques, fantastiques et terrifiantes, comme celles qui sont évoquées par le *Bardo-Thödol*, — « Le Livre des états de conscience de l'être transmigrant », ce livre que les lamas lisent aux défunts pour les aider dans leur cheminement jusqu'à ce qu'ils atteignent l'état du nirvâna, d'où l'on ne revient plus. Le Bouddha n'avait jamais nié l'existence des divinités redoutables, qui hantaient ses contemporains ; il enseignait seulement à les dépasser. Ces divinités sont devenues des démons.

Cette survivance est un fait universel. On l'observe jusqu'au Pérou, en Colombie, en Argentine. Elle s'explique par le caractère redoutable des divinités en question, qui peuvent surgir à tout moment en semant l'angoisse et la désolation. La

188

peur qu'elles inspirent est le motif essentiel de leur culte, qui tend à les neutraliser par des rites, à négocier leur attitude favorable.

La distinction entre dieux nouveaux et anciens est d'ailleurs souvent indécise, parce que les anciennes divinités évoluent et prennent le caractère bénéfique souhaité par les fidèles. La plupart des religions en montrent des exemples. Ce cas est particulièrement net pour la Grande Déesse, dont l'origine néolithique est indiscutée : dans certains hymnes en sanskrit, rédigés à l'époque historique, elle est présentée comme la grande pourfendeuse des démons (*asura*) et la divinité suprême protectrice des hommes :

> *Tu es la Sagesse, ô Déesse, par laquelle on assimile la quintessence de toutes les sciences. On t'appelle Durgâ, parce que tu es un navire sans attache, grâce auquel on traverse l'océan des difficultés de l'existence !*
>
> *O Durgâ (...) Tu chasses la peur ; et si l'on pense à te remercier dans le bonheur, tu en accrois les sentiments dans le cœur du fidèle ! Toi qui emportes la misère, le malheur et la peur, n'as-tu pas toujours le cœur ému de compassion pour le bénéfice de tous ?* (Trad. Jean Varenne, Chant IV).

Une évolution similaire a affecté Aiyanâr, l'un des dieux les plus populaires du panthéon dravidien. Divinité pré-aryenne du monde indien, il appartient par ses origines à la strate pré-osirienne, maléfique et redoutable. C'est un dieu adolescent d'une grande beauté, auquel on continue à offrir des sacrifices sanglants. Il apparaît aujourd'hui comme le chef des démons (bienfaisants), qu'il entraîne dans ses randonnées nocturnes, chevauchant les chevaux de pierre qui ornent ses sanctuaires. C'est un dieu tutélaire et bienfaisant, extrêmement populaire, qui pourchasse dans la nuit les démons malfaisants.

Cette légende toujours vivante fait apparaître qu'il existe d'anciennes divinités « ralliées » à l'ordre nouveau, alors que les autres sont considérées comme des démons malfaisants. Mais la frontière entre ces deux mondes divins n'est pas nette. Et il en a toujours été ainsi, comme le montre l'historien anglais Samuel Mercer dans une étude sur la religion de l'Egypte ancienne :

189

On peut dire que, d'une manière générale, la différence entre un dieu et un démon était très faible en ce qui concernait les penseurs de l'ancienne Egypte. En effet, un démon était un dieu, mais un dieu mauvais. Toutes les divinités mauvaises étaient des démons, tous les bons êtres divins étaient des dieux et des déesses. Et une divinité mauvaise pouvait en devenir une bonne.

Les survivances de la magie

La science occidentale a généralement éprouvé des difficultés à distinguer la magie de la religion. Et de nombreux auteurs ont considéré la magie comme une corruption de la religion. Cette manière de voir provient de l'esprit moderne, qui considère la religion comme une entité, opinion soutenable dans le contexte des sociétés modernes, mais très contestable dans la préhistoire.

Dans la strate archaïque de la culture, la religion ne se distinguait pas du complexe culturel en tant que telle. Elle n'était qu'un aspect du savoir humain ; et ses rites, ses procédés magiques étaient des moyens, parmi d'autres, d'agir sur l'environnement. Ainsi, dans l'agriculture, ce que nous appelons la technologie était intimement lié à des actions magiques propitiatoires ; le sacrifice d'un enfant ou l'intervention d'une jeune fille nue pour assurer la fécondité étaient considérés comme des techniques efficaces au même titre que le travail de la terre.

Etant donné le caractère du monde divin primitif, ce que nous appelons la vie religieuse consistait essentiellement en des espèces de transactions avec des dieux amoraux, maléfiques et bénéfiques, qu'il fallait se propitier par des rites. C'est ce qu'on appelle la religion des rites, qui est universelle à un certain âge de l'humanité. En gros, les modes d'action correspondaient à ce que nous appelons la magie : des rites, des formules incantatoires, des sacrifices, des attitudes déterminées.

Mais, lorsque les dieux nouveaux se substituent à la strate archaïque et qu'apparaît une véritable vie religieuse, les êtres humains découvrent des divinités qui inspirent l'amour, une morale supérieure au simple pragmatisme, la notion de péché comme infraction à la morale. Dans ce nouvel univers mental, la pratique de la magie ne disparaît point. Pour certaines religions, comme l'hindouisme, la magie reste au cœur de la vie religieuse par les sacrifices et les formules magiques (les *mantra*, dont la récitation est un des actes essentiels des cultes hindous). Mais généralement la magie est marginalisée et distinguée de la religion.

Les magiciens, sorciers et spécialistes similaires, sont, en effet, réputés détenir des pouvoirs extraordinaires, extrêmement redoutables, qui peuvent être utilisés pour le bien et pour le mal. En raison des pouvoirs surhumains qu'on leur reconnaît, les magiciens sont toujours utilisés. Mais ils peuvent aussi être persécutés et interdits, parce qu'ils sont dangereux. La magie n'est donc pas une corruption de la religion : c'est une connaissance qui lui est antérieure et qui s'y imbrique plus ou moins mal selon les sociétés concernées. Il convient de garder en l'esprit ce fait de l'évolution, si l'on veut comprendre la place de la sorcellerie dans la vie religieuse des temps historiques.

Le monde des fées, avatar de la religion néolithique

Ces perspectives sur les origines du démonisme universel doivent permettre de comprendre la place des anciens dieux maléfiques dans le monde chrétien. La plupart des auteurs modernes occidentaux ont essayé d'enfermer la magie (ou sorcellerie) dans le cadre théologique du christianisme : l'origine des démons y apparaît dans la chute des mauvais anges, qui selon la Bible (Livre d'Enoch) furent précipités du Ciel et enseignèrent la magie aux hommes. Cette référence à la mythologie biblique n'est pas convaincante, car il est tout à fait improbable qu'une légende orientale ait été à l'origine de la puissante croyance en la magie, si profondément enracinée dans les populations du monde chrétien bien avant l'apparition du christianisme.

L'originalité du monde chrétien en face de la magie, c'est qu'il refuse le syncrétisme : il rejette le monde païen dans son ensemble, alors que les religions précédentes, qui étaient fondamentalement polythéistes, ne voyaient pas trop d'inconvénients à mêler les cultes des dieux pré-osiriens à ceux des dieux post-osiriens. Mais la position doctrinale du christianisme ne préjugeait nullement des croyances réelles qui imprégnaient les populations sous le couvert d'une conversion au christianisme. Il est bien connu, en effet, que la religion chrétienne a mis des siècles à extirper les vestiges du paganisme. Il en est de même de toutes les grandes religions, islam, bouddhisme et brahmanisme, qui ont recouvert un substrat de culte païen.

Parmi toutes les analyses de ces survivances païennes, la plus lucide est celle de Margaret Murray, dont *Le Dieu des sorcières*, publié à Londres en 1931 et constamment réimprimé depuis lors, présente en termes clairs la continuité des cultes anciens avec le monde des fées ou sorcières (ce dernier terme ayant une acception péjorative, tandis que les fées ont conservé dans le grand public le caractère ambigu des divinités anciennes). Ce livre cherche parfois à trop prouver. Il n'établit pas avec certitude la filiation d'un culte païen déterminé avec les multiples figurations médiévales du Diable. Mais il laisse au moins la conviction que la multitude des divinités cornues aux pieds fourchus, qui hantaient le monde rural antique, ne s'est pas éteinte avec la chute de l'Empire romain et l'avènement du christianisme. Parmi les plus célèbres de ces divinités, on peut citer le dieu Pan du panthéon grec, le Minotaure crétois. En Mésopotamie, le culte du taureau est un des plus anciens, attesté notamment par les hymnes des paysans sumériens :

> « *Bœuf sublime, bœuf sublime et tout-puissant,*
> *créateur du monde,*
> *Ô seigneur des pays,*
> *seigneur de la parole de vie.* »

Le même dieu cornu est présent en Egypte, personnifié par Apis. Le même culte est signalé en Inde dès la civilisation de l'Indus (IIIe millénaire), puis à l'époque védique, qui a voué des hymnes nombreux au dieu-taureau. Et nous le retrouvons dans le fameux démon-buffle de l'Inde pré-aryenne.

L'importance capitale des ruminants dans la strate divine pré-osirienne est un héritage des sociétés néolithiques, sociétés pastorales pour lesquelles ces animaux représentaient l'essentiel du cheptel domestique. On peut même penser que certaines représentations plus anciennes de l'animal cornu proviennent de ce que ces ruminants étaient pour les chasseurs le gibier le plus important, abondant et facile à atteindre. Or les cultes païens les plus tenaces furent ceux qui étaient les plus proches de la nature, ceux qui étaient liés à la persistance de l'économie néolithique dans le monde rural profond. Et s'il a existé au Moyen-Age et jusque dans les Temps modernes le culte d'un dieu cornu, celui-ci ne peut être la création *ex abrupto* des adorateurs du Mal. Mais il est l'héritage d'un passé très lointain, que des glissements sémantiques ont rassemblé sous plusieurs noms légendaires tels que Lucifer, Belzébuth, Satan, le Diable.

Cet ancien culte a été combattu par les Brahmanes, par Zarathoustra, par l'Eglise chrétienne. Les populations qui l'ont conservé étaient les plus marginalisées : elles représentaient les vaincus, ceux qui survivaient dans les régions les plus pauvres et les montagnes, dans des régions sauvages et incultes où se perpétuait l'élevage néolithique. La religion de ces populations, telle que Margaret Murray la décrit dans l'Occident chrétien, était un culte joyeux et passionné, qui se représentait le Diable comme le vrai Dieu. Les enfants, baptisés dans la cérémonie du sabbat, étaient solennellement consacrés au Diable. Tel fut le monde des sorcières et des fées, qui perpétuait les usages des sociétés néolithiques, notamment la magie, les rites de fertilité, la liberté sexuelle. Le rôle prépondérant des fées et des sorcières dans ce culte est aussi un héritage de la religion néolithique, où les femmes et le savoir féminin occupaient une place privilégiée.

C'est par un travestissement complet que l'Eglise chrétienne, dans son ignorance de la réalité, représentait le Diable comme le dieu du mal. Et c'est une erreur historique démesurée qui tend aujourd'hui à présenter les fées comme des affabulations médiévales et leur légende comme un tissu de contes enfantins. S'il en était ainsi, on ne pourrait pas s'expliquer l'immensité des traditions et la richesse du « fairylore » qui nous rapporte le témoignage déformé de cette société foulée aux pieds. Les Brahmanes ont beaucoup mieux compris l'authenticité de cette religion vaincue, puisqu'ils l'ont associée à la leur dans le foisonnement du syncrétisme hindou, mais l'Inde n'a jamais connu la querelle du vrai dieu et des faux dieux. Du reste, le christianisme n'a pas échappé à

193

l'obsession du vieux culte pré-osirien, puisque Luther et tous les réformateurs du xvie siècle considéraient encore le Diable comme un acteur vivant du drame humain[1].

Certains historiens indépendants ont voulu restaurer l'image de la religion engloutie. Citons Albert Maury, qui écrivait en 1843 :

> Par un phénomène qui s'est presque toujours produit, quand une religion a triomphé d'une autre, les divinités vaincues ont été transformées, par les sectateurs de la foi nouvelle, en esprits malfaisants, en démons, en génies attachés à la poursuite de l'homme. Odin est aujourd'hui, pour les paysans danois, le nom du diable ; les Parsis sont, pour les musulmans, les adorateurs de Satan. Avec le temps, les fées devinrent, pour le peuple, des sorcières en commerce avec le démon. Les montagnes, telles que le Brocken, le Volbrecht, le Johannisberg, sur le sommet desquelles on sacrifiait aux anciens dieux, furent regardées comme des lieux maudits où ces femmes horribles formaient leurs danses.

Le renversement des valeurs, tel qu'il fut vécu il y a des milliers d'années après l'introduction de l'idée de paternité, nous fournit la seule perspective qui permette de comprendre le monde féerique. C'est en considérant le Diable et les fées dans une vision rétroactive que nous pouvons les éclairer par la prodigieuse inversion culturelle qui nous a laissé ces fragments erratiques de la religion vaincue.

L'apogée des cultes orgiastiques

Les cultes orgiastiques sont originellement des cultes « barbares » associés aux sociétés matrilinéaires néolithiques, à leur liberté sexuelle, au rôle prépondérant des femmes dans la

---

1. En France, en 1660, le Parlement de Paris ne croyait plus aux sorciers ; en 1672, il cassa toutes les procédures faites en Normandie pour raison de sorcellerie. Une ordonnance de Louis XIV, en 1682, supprime le crime de sorcellerie : les sorciers seront considérés seulement comme des escrocs ou des fous. Cette législation se répandit dans le monde au xixe siècle. Cf. Joseph Turmel, *Histoire du Diable*, Paris, 1931.

194

vie religieuse. C'est pourquoi, après le triomphe de l'idée de paternité, il y a un paradoxe apparent non seulement dans leur survie, mais dans leur épanouissement sans précédent qui affecte particulièrement le monde méditerranéen antique.

La société nouvelle, issue de la révolution patrilinéaire, offrait en effet des conditions défavorables aux anciens cultes. En premier lieu, l'avènement d'une nouvelle morale, avec la discipline sexuelle imposée aux femmes, qui se trouvait en opposition avec la laxité du régime précédent. Le recul général du sacerdoce féminin au profit d'un sacerdoce masculin, qui était déjà très affirmé dans l'Egypte des Pharaons et qui gagne ensuite tous les peuples civilisés, peut aussi apparaître comme défavorable aux cultes orgiastiques. Le nouveau régime politique, qui reposait généralement sur la monarchie, impliquait une sacralisation des rois, à laquelle répondait, dans le domaine mythologique, l'avènement d'un panthéon à dominante masculine (de type brahmanique ou hellénique), tendant à éclipser les vieilles divinités féminines. Enfin, le système patrilinéaire et la parenté descriptive favorisaient le développement du culte des ancêtres. Ces diverses conditions ont déterminé, à partir de la seconde moitié du Ier millénaire av. J.-C., un mouvement anti-orgiastique, notamment chez les Brahmanes, les Mandarins confucéens, les Hébreux, les Romains.

Il ne faut cependant pas négliger la vigueur de plusieurs facteurs de survie des anciens cultes. Tout d'abord, le fond culturel paléo-asiatique et paléo-méditerranéen, qui reste vivant dans les masses paysannes : les pratiques religieuses de l'époque matrilinéaire restent ainsi très populaires, ce qui maintient une ambiance psychologique très favorable à l'orgiasme. Ajoutons la permanence des vieux sanctuaires d'Orient et celle des fêtes religieuses dans lesquelles s'exprime le conservatisme inhérent à la vie religieuse. Et l'on ne saurait négliger l'esprit de syncrétisme, qui caractérise toutes les religions primitives : cet esprit ne sera condamné que plus tard, par l'avènement de religions exclusives.

Lorsqu'apparurent de grands ensembles politiques et culturels, comme le monde hellénistique, puis le monde romain, les cultes orgiastiques du Moyen Orient trouvèrent les conditions favorables à leur expansion. A des peuples moins évolués de l'Occident, ils apportaient, grâce à leur avancement conceptuel, la séduction des doctrines d'espérance et d'immortalité. Les somptueux sanctuaires d'Orient exerçaient sur les foules la fascination de leurs cultes sanglants, de leurs hiérodules des deux sexes et des prêtres-eunuques. Ainsi les temples d'Ishtar à Babylone, d'Artémis à Ephèse. La déesse Astarté, décrite par Lucien comme la « Grande Déesse Syrienne », n'est autre qu'Ishtar, vénérée au sanctuaire phénicien de Sidon : les Grecs l'assimilent à Aphrodite. Mais la plus prestigieuse est Cybèle, l'ancienne Kubaba des Hittites, dont le culte érotique et licencieux essaime à travers le monde romain.

Ces succès des cultes archaïques reposaient, en définitive, sur la conservation du psychisme matrilinéaire dans le peuple profond. Ils étaient condamnés à terme par la montée des religions nouvelles et la moralisation de l'érôs. Ils ne purent conserver une place importante que dans le monde hindou, où les conditions particulières, notamment la parcellisation de la société en castes de cultures différentes, assuraient la survie de l'érôs amoral et magique.

La sacralisation du mariage et la moralisation de l'érôs

La survie des cultes orgiastiques dans l'Antiquité ne doit pas nous faire illusion ; car les progrès du mariage patrilinéaire dans des couches de plus en plus larges de la population entraînent le développement d'un nouvel état d'esprit. La nouvelle strate des divinités païennes présente à cet égard un caractère ambigu. D'une part, ces divinités conservent, dans leurs légendes d'origine néolithique, les caractères de la complète liberté sexuelle. D'autre part, divinités bénéfiques et tutélaires, elles constituent des couples divins, — Shiva et Pârvatî, Vishnou et Lakshmî, Zeus et Héra, etc. — qui sont les modèles divins de la société patrilinéaire : ces couples divins deviennent les protecteurs du mariage. L'influence de la nouvelle société va même beaucoup plus loin, puisque nous voyons des dieux typiquement orgiastiques, Erôs et Pan, qui incarnent traditionnellement une liberté sexuelle effrénée, devenir tardivement les protecteurs d'un mariage dans le roman grec de Longus, *Daphnis et Chloé*. On ne saurait échapper à la conviction que le mariage patrilinéaire et l'idée de paternité ont imprégné l'érôs d'une signification nouvelle :

196

c'est l'érôs procréateur, l'érôs de la famille, qui se substitue progressivement à l'érôs amoral et magique. Une abondante collection de textes nous permet de jalonner cette évolution.

L'Epopée de Gilgamesh, dont la conception première se fit après le Déluge, au IVe millénaire, est un des plus anciens documents littéraires concernant le niveau moral de l'humanité. On y voit la cabaretière conseillant à Gilgamesh de vivre simplement en bon vivant :

> *Toi donc, Gilgamesh, que ton ventre soit repu,*
> *jour et nuit, livre-toi aux plaisirs ;*
> *chaque jour, fais une joyeuse fête ;*
> *jour et nuit, danse et joue de la musique...*

Dans cet idéal sumérien, aucune aspiration religieuse. Gilgamesh dans sa quête de l'immortalité, ignore le mysticisme et ne cherche qu'une recette magique pour échapper à la mort. Sa vie de volupté physique est comparable à celle de l'adolescent Krishna dans les jardins enchantés de Vrindâvana. Ce niveau de la conscience morale permet de comprendre les hiérogamies les plus anciennes transmises par les textes. Dans la mythologie sumérienne, le roi-berger Doumouzi, qui semble avoir régné sur la ville d'Ourouk vers le début du IIIe millénaire, s'unit à Inanna, déesse sumérienne de l'amour et de la procréation ; le berger et la déesse semblent vivre comme mari et femme. Mais il s'agit, en vérité, d'un rite qui assure la fécondité universelle et la prospérité du pays. Ce mythe ne reflète nullement le mariage patrilinéaire, car c'est la déesse qui choisit son époux et celui-ci lui reste subordonné.

Cette signification du mythe devient encore plus évidente dans sa forme sémitisée vers le milieu du IIIe millénaire, lorsque la déesse Ishtar (substituée à Inanna) fait des avances à Gilgamesh :

> *Viens, Gilgamesh (dit-elle), soit mon amant,*
> *donne-moi, oui, donne-moi le fruit de ton (corps) !*
> *Je veux que toi, tu sois mon époux ; moi je serai ta femme !*
> *Je ferai pour toi équiper un char de lazulite et d'or.*

Mais Gilgamesh refuse d'être l'époux de la déesse Ishtar, en énumérant tous les motifs de son refus :

197

> *Quel est l'amant (que tu aimas) pour toujours ?*
> *Quel est ton oiselet (qui sut longtemps te) plaire ?*

et d'évoquer une vieille histoire, celle de Tammouz et d'Ishtar :

> *Pour Tammouz, l'amant de ta jeunesse,*
> *année après année, tu l'as voué à des pleurs éternels.*

Car Tammouz, dans la mythologie, personnifie le printemps, qui chaque année meurt et renaît. Les griefs de Gilgamesh sont clairs. Les amours d'Ishtar, telles qu'il les rappelle, illustrent la suprématie de la déesse sur ses époux successifs ; elles illustrent son inconstance, sa conception purement physique de l'amour, sa dureté pour l'amant d'un jour :

> *Tu as aimé aussi un berger de troupeau...*
> *...*
> *tu l'as frappé et l'as changé en loup,*
> *ses propres valets de ferme le chassent (maintenant)*
> *et ses chiens lui mordent les cuisses !*

Les amours d'Ishtar sont une image de la société matrilinéaire : Ishtar reflète la femme indépendante qui reçoit ses « maris visitants ». Rien de commun avec le mariage patrilinéaire, dont Gilgamesh est un protagoniste. Cette histoire se situe évidemment à la charnière des deux sociétés, celle de la femme libre et celle de la femme soumise.

C'est cependant à ces hiérogamies du IIIe millénaire que se rattache le thème du mariage sacré, dans un rite où le Roi s'unit publiquement à la Reine, — rite décrit en détail par un texte cunéiforme intitulé *La Bénédiction de Shulgi* :

> *Dans le Palais, siège du Gouvernement, centre de surveillance de la contrée,*
> *En la Salle-du-Tribunal, là où se rassemblent les têtes noires,*
> *Le Roi fit ériger une estrade pour la Souveraine du Palais,*
> *Et le divin souverain y coucha avec elle*
> *Pour assurer la vie du pays tout entier,*

Pour célébrer exactement le Premier Jour (de l'An),
Pour accomplir avec zèle les saints rites du « Jour de
dormir » (ensemble ?)

Ma Reine, alors, fut baignée côte à côte,
Fut baignée côte à côte avec le Roi,
Fut baignée côte à côte avec Iddin-Dagan !
Et une fois la sainte Inanna lavée au « savon »,
L'on aspergea le sol d'huile odorante de cèdre,
Puis le Roi fièrement s'approcha du giron sacré :
Il rejoignit le giron d'Inanna,
Et Ama-Ushumgalanna coucha avec elle !
Palpant avec tendresse son beau sein !

(Trad. Jean Bottéro)

Il est clair que cette cérémonie se rattache à une cosmologie sexualisée. La Reine y est le substitut de la Déesse Inanna. Son union avec le Roi représente une hiérogamie, qui assure la fécondité de l'Univers. Leur amour a un sens métaphysique, il n'a rien de commun avec l'amour moralisé du mariage populaire, qui est beaucoup plus tardif. Et si l'on doutait que cela fût réellement la croyance du peuple mésopotamien, voici un texte akkadien, *la Descente aux Enfers,* qui décrit, dans son passage le plus frappant, les conséquences de l'éloignement d'Ishtar (substitut sémitique d'Inanna) :

Or, une fois Ishtar (retenue aux Enfers...),
Voilà que nul taureau ne montait plus de génisse,
Nul baudet ne fécondait plus d'ânesse,
Nul homme n'engrossait plus de femme librement :
Chacun dormait seul en sa chambre
Et chacune s'en allait coucher à part !

La sacralisation du mariage et la moralisation de l'érôs apparaissent nettement au Ier millénaire av. J.-C. dans la littature sanskrite. L'*Atharva Véda* évoque le dieu Aryaman (un dieu aryen dont le nom rappelle l'Ahriman des Perses), il le montre « cherchant un mari pour cette célibataire et une épouse pour cet homme sans femme ». Aryaman est le dieu « qui trouve des maris ». L'*Atharva Véda* affirme une religion de caractère sacerdotal et précise le rituel des mariages. L'idéal de la société indienne a donc dépassé le stade des mariages de prédation, qui apparaît dans l'épopée du *Mahâbhârata*. Le modèle divin du mariage, selon l'*Atharva Véda*, est le mariage d'amour entre Sûrya (le Soleil, qui est féminin en sanskrit) et les Ashvin, des dieux fréquemment mentionnés depuis le *Rig Véda*, qui représentent peut-être le Matin et les Etoiles du Matin et du Soir (apparentés aux Dioscures du panthéon hellénique).

Il ne s'ensuit pas que le mariage sacré se soit déjà imposé à l'ensemble des populations de l'Inde, dont la diversité échappe au modèle brahmanique. Les formes de mariages sacrés, décrites dans la littérature sanskrite au cours des siècles qui précèdent et suivent l'ère chrétienne, se réduisent à un modèle, qui est le mariage *dharmya* (conforme au dharma, à la foi éternelle). Ce mariage est théoriquement en rupture complète avec les vieilles coutumes d'enlèvement, d'achat et de trafic des femmes ; car il est basé sur le « don de la jeune fille » *(kanyâ dân)* sans aucune rétribution — idéal généralement peu respecté. Ces mariages se réclament de la protection de couples divins, particulièrement celle d'un couple anthropomorphisé, Vishnou et Lakshmî. Les Lois de Manou précisent alors les conditions du mariage patrilinéaire, qui garantissent la pureté et la légitimité de la descendance :

> *Dans toutes les classes, ceux-là seulement qui sont nés, dans l'ordre direct, de femmes égales à leurs maris sous le rapport de la classe, et vierges au moment du mariage, doivent être considérés comme appartenant à la même classe que leurs parents.*

Les Brahmanes ont poussé la sacralisation jusqu'à l'indissolubilité du mariage : la femme reste attachée à son époux au-delà de la mort, ce qui entraîne l'interdiction du remariage des veuves et aura pour conséquence, au moins dans les castes supérieures, le suicide des veuves sur le bûcher de leur époux. Les Brahmanes ont donc poussé la sacralisation du mariage beaucoup plus loin que l'Eglise catholique, pour laquelle la mort de l'un des conjoints laisse au survivant la possibilité de se remarier.

La sacralisation du mariage intervient en Iran, où la religion mazdéenne lui attribue une origine divine. Mais elle est particulièrement affirmée dans la Grèce classique, où la tragédie d'Eschyle, *les Euménides*, montre l'affrontement des deux morales. A l'Erinnye, qui connaît seulement l'ancien mariage, unissant des personnes de clans étrangers, Apollon oppose la conception nouvelle :

> L'Erinnye : *C'est nous qui de leur toit chassons les matricides.*
> Apollon : *Et la femme qui tue son époux, celle-là ?*
> L'Erinnye : *Son crime n'a pas fait couler son propre sang.*
> Apollon : *Ah ! tu mets donc bien bas — tu réduis à rien ! — un pacte dont les garants sont Zeus et Héra, déesse de l'hymen.*
>
> *La couche nuptiale où le Destin unit l'homme et la femme est sous la sauvegarde d'un droit plus puissant que celui du serment.*

Ce passage des Euménides illustre clairement le renversement des valeurs. Le mariage nouveau est placé sous la protection des dieux.

Citons enfin Pindare, qui répète dans la VIᵉ Pythique le précepte jadis enseigné au jeune Achille :

> *Honore plus que tous les dieux le fils de Kronos, maître qui fait gronder la foudre et les éclairs, mais n'oublie pas de rendre honneur à tes parents, aussi longtemps que le destin fait durer leur vie.*

Le pieux Pindare, épris des adolescents, ne se doutait pas qu'en magnifiant l'idée familiale il préparait le discrédit de la pédérastie initiatique. La nouvelle morale, en effet, développée en fonction de l'idée de famille, entraînait la condamnation du monde orgiastique. Dans l'idéal, sinon dans les faits, certains comportements sexuels se trouvaient marginalisés. Il est d'ailleurs possible de généraliser ce que Paul Veyne écrit pertinemment au sujet de Rome : « Nous sommes dans une société où les conduites sexuelles permises varient selon les classes sociales. »

La place du christianisme dans la moralisation de l'érôs

Les historiens occidentaux, en fondant l'histoire de la sexualité sur l'étude du monde christianisé, furent inévitablement influencés par le spectacle du christianisme s'édifiant sur les ruines de la société païenne : il était difficile d'échapper à l'idée que le message chrétien contenait une morale nouvelle par laquelle fut transformée la société antique. Mais cette manière de considérer les choses n'est plus acceptable, lorsqu'une vision œcuménique de l'histoire nous révèle que la moralisation de l'érôs s'est manifestée dans les civilisations les plus évoluées bien avant l'apparition du christianisme.

Ce qui donne au christianisme une position particulière dans la révolution sexuelle de l'âge patrilinéaire, c'est que son développement est concomitant de cette révolution, aux Ier et IIe siècles de notre ère, dans le monde romain. A ce mouvement de moralisation, il ne peut que s'associer en lui apportant une nouvelle couverture idéologique et métaphysique. Ce que veut le christianisme, nous explique Paul Veyne, c'est que l'on applique avec force « la » morale. Mais quelle morale ? « Celle de l'époque, car on n'en imagine point d'autre . » En effet, en un temps où personne n'avait la notion de l'évolution des sociétés, chacun pensait que la morale de l'époque était unique et immuable, et que ce qui s'en écartait était immoral. Absolument personne ne pouvait concevoir que deux morales successives s'opposaient.

Il arrive parfois qu'un message philosophique ou religieux avorte, comme celui d'Averroès, parce qu'il apparaît trop tôt dans une société qui n'est pas mûre pour l'accueillir. Mais le message chrétien apparaît précisément dans une société dont l'état de maturation correspond à ses revendications essentielles. Il ne provoque pas la révolution sexuelle patrilinéaire, mais il l'assume plus fortement qu'on ne le fit jamais.

CHAPITRE V

LA VIE SEXUELLE
A L'OMBRE DE LA PATERNITÉ

> *La première règle du père de famille est, en vérité, d'honorer l'hôte qu'il reçoit. La sagesse dit qu'il n'y a pas de loi ni de mérite plus élevés que celui-ci, que l'hôte s'en aille après avoir été honorablement traité par celui qui habite la maison. Moi, en effet, j'ai fait ce vœu : Ma vie et mon épouse, et quelque autre chose que je possède, je dois les donner à mes hôtes.*
>
> Le Mahâbhârata, XIII, 2, 34.

Le passage à un type de société dominé par l'idée de paternité entraîne une révolution dans la vie sexuelle. Tombée sous la domination masculine, la femme perd sa liberté sexuelle pour devenir la procréatrice impeccable de la progéniture mâle ; elle n'est qu'un instrument de l'homme et, dans certaines sociétés comme celles de l'Afrique noire, l'orgasme lui est refusé par l'ablation du clitoris. Mais parallèlement se développe la prostitution, dans laquelle l'historienne bengalie Santosha Kumara Mukhopadhyaya a vu très justement un « sous-produit du mariage ». Dans la prostituée survit l'antique liberté de la femme, avec sa fonction religieuse, sa culture, son prestige. En dépit de la réaction patrilinéaire, qui jette l'opprobre sur toute femme insoumise, elle conservera longtemps une haute position sociale, dont témoignent les littératures orientales. Dans le nouveau contexte, la discipline sexuelle touche particulièrement l'inceste, non seulement parce que le système patriarcal permet de mieux discriminer les cas de rapports interdits, mais aussi parce qu'il y aura de plus en plus des autorités religieuses et morales capables de faire respecter les tabous. L'inceste ne survivra que dans certaines sociétés géographiquement protégées, comme les célèbres Kogi de Colombie, dans la Sierra Nevada de Santa Marta ; mais il restera aussi le privilège de certaines familles royales, parce que la hiérogamie est une des formes du conservatisme magique.

D'une sexualité matrilinéaire à une sexualité patriarcale

Dans les plus anciennes familles patrilinéaires, les mâles vainqueurs n'entreprirent pas immédiatement la « mise en ordre » de la sexualité féminine ; car ils n'en avaient pas la moindre idée, pas plus qu'ils n'avaient l'idée d'une responsabilité quelconque à l'égard de leur progéniture. Les preuves de cette indifférence à la sexualité féminine, nous les lisons dans les témoignages des plus anciens textes sanskrits (le *Rig Véda*, les *Purâna*, le *Mahâbhârata*) et dans certains textes pâlis (les *Jâtaka*). Le chef de famille fait l'amour avec toutes les femmes qui dépendent de lui ; il prête sa propre épouse à un ami, à un hôte de passage ; il la joue aux dés, comme le montre « l'Hymne du Joueur » dans le *Rig Véda*.

La persistance du communisme sexuel nous fait comprendre que la famille patrilinéaire primitive était avant tout un fait sociologique : le groupement d'une communauté biologique sous une autorité masculine. La continuité biologique de cette communauté était assurée par les fils ; mais le mode de procréation des fils n'était pas encore d'une grande précision génétique, car les pratiques de promiscuité sexuelle ne pouvaient pas être abolies brusquement. Nous trouvons les preuves de cette laxité concernant la transmission génétique dans les grands traités de droit hindou, comme le Mitâksharâ, qui conservent des traits archaïques de la société. C'est ainsi que le fils légitime n'est pas seulement celui qui est enfanté par une femme épousée en légitime mariage. Il peut avoir été engendré par un proche parent de l'époux ou par un autre parent. Il peut avoir été mis au monde dans la maison de l'époux par une fille non mariée. Il peut être un fils enfanté par l'épouse lors d'un mariage antérieur. Il peut être un enfant acheté, ou qui s'est donné lui-même, ou qui a été abandonné — ce qui a donné lieu à une adoption. La très grande variété d'origine des fils dans le droit hindou traditionnel —, douze modalités d'origine, dont la majorité sans lien génétique avec le père nominal —, montre le peu de cas que l'on faisait du processus physiologique dans la procréation. Ce n'est pas une déviation par rapport à une norme établie. C'est la survivance d'une époque où le processus physiologique était encore incertain. Le fils, comme le mariage, n'était pas destiné à la satisfaction individuelle, mais à la continuation de la famille.

Dans un tel contexte, le comportement sexuel des femmes conservait une grande liberté. A l'époque historique, les sociétés les plus conservatrices, comme Sparte et les Etrusques, peuvent en témoigner. Au ve siècle avant notre ère, l'*Andromaque* d'Euripide se fait l'écho des sarcasmes athéniens sur les femmes de Sparte :

> *D'ailleurs, le voulût-elle, une fille ne saurait être sage à Sparte, où avec les jeunes hommes, désertant leurs maisons, cuisses nues et robes flottantes, elles partagent stades et palestres, — mœurs intolérables à mes yeux !* (Traduction Mouis Méridier).

Aux yeux d'un Athénien, l'absence de pudeur chez les Spartiates est d'autant plus intolérable que les sports se pratiquent nu. Dans cette ambiance de liberté sexuelle, le mari ne ressentait pas de jalousie : un Spartiate ne voyait pas d'inconvénient à ce que sa femme passât la nuit avec un autre homme. La même indifférence au comportement féminin fut un trait de l'ancienne société romaine jusqu'au Ier siècle de notre ère.

L'anthropologie moderne a noté la persistance de cette liberté chez des peuples divers, qui avaient adopté le système patrilinéaire sans être profondément patriarcalisés. Dans certains cas, on note l'indifférence complète du mari à l'égard des « infidélités » de son épouse, notamment dans les anciennes populations du Caucase. Plus fréquemment, la chasteté de l'épouse, ou des deux conjoints, n'est requise qu'à partir du mariage, la jeune fille ayant sa pleine liberté sexuelle jusqu'au moment de son mariage. Et il va de soi que, dans ce type de sociétés, la virginité de la fiancée n'est nullement valorisée. Ces comportements et ces conceptions de la vie sexuelle représentent la survivance des mœurs très anciennes dans les sociétés traditionnelles.

La patriarcalisation des sociétés est une transformation historique comportant une « mise en ordre » de la sexualité féminine, de telle sorte que la jeune épousée soit présentée vierge à son mari et lui demeure fidèle. Elle débute dans les sociétés les plus évoluées du Moyen-Orient, où elle est formellement attestée au IIe millénaire. Selon les données du *Rig Véda*, la famille patrilinéaire est alors bien établie dans la société védique, c'est-à-dire la société des Indo-Aryens, qui poursuivaient alors la conquête de l'Inde nord-ouest. Or, nous pouvons lire dans ce recueil l'hymne à Agni Vaishnâvara, étrange allusion à la femme sans frère :

> *Luxurieuses comme de jeunes femmes qui n'ont pas de frères : comme les femmes de mauvaise conduite qui détestent leur époux, méchantes, déshonnêtes, mensongères, elles sont destinées à ce lieu abyssal.*

Ce passage jette l'opprobre sur la femme mariée qui n'est pas parfaitement soumise à son mari ; il montre que la société védique méprise la femme infidèle. En les comparant aux femmes qui n'ont pas de frères, il fait allusion aux seules femmes qui sont encore libres, les femmes sans frères, hautement honorées dans la déesse Ushas, parce qu'on respecte cette antique liberté féminine, fixée dans la mythologie, alors que la société patriarcalisée ne l'admet plus chez la femme mariée. Une évolution analogue se poursuit en Mésopotamie, chez les Hébreux et les Hittites. Le châtiment de la femme adultère va jusqu'à la mise à mort, alors que les hommes conservent partout leur liberté sexuelle. Mais en Egypte, où le système matrilinéaire prévaut encore, la répression est plus douce : le mari a seulement la faculté de répudier la famme adultère.

A l'origine de ce changement social, il y a certainement une conscience accrue du rôle procréateur des mâles. L'idéologie d'une procréation réalisée exclusivement par les hommes, écartant toute parenté par les femmes, est décelable par la diffusion des mariages de cousins croisés, qui repose sur la négation de la parenté utérine. Or ce type de mariages est avéré chez les Indo-Européens au IIe millénaire, particulièrement dans la société védique. En Egypte, les généalogies

206

attestent les mariages entre cousins, entre oncle et nièce (P. W. Pestman). En Chine, c'est la noblesse qui se mit à pratiquer les mariages entre des cousins et cousines issus de frère et sœur. L'expansion de cette idéologie était nécessairement liée à une réflexion sur la transmission du nom et des biens. C'est pourquoi il faut situer dans ce contexte le passage de la transmission du nom par la mère à la transmission par le père. Et probablement intervient aussi un facteur économique puissant : l'attachement de la famille à un patrimoine agraire, qui accompagne le passage du nomadisme pastoral à une agriculture sédentaire. Dans le contexte de la nouvelle idéologie d'une filiation génétique exclusivement paternelle, il est évident que l'on ne pouvait plus accepter la transmission de ce patrimoine par des voies génétiques incertaines. D'autre part, le développement du culte des ancêtres, qui est un culte mâle, aboutissait à la même exigence : pour les ancêtres défunts, on ne pouvait pas se contenter d'un culte accompli par un fils putatif, il fallait absolument un fils réel.

La morale patriarcale

Ces divers facteurs expliquent le renversement de la morale. Les mythologies étant le reflet des sociétés qui les conçoivent, il apparaît clairement que les couples divins deviennent les protecteurs d'un nouveau type de mariage, dont la fidélité sexuelle est une des principales qualités. La nouvelle morale couvre le changement social et le justifie. Elle gagne la Chine dite confucéenne. Elle gagne aussi le monde romain vers le IIe siècle ap. J.-C. « Entre l'époque de Cicéron et celle de Marc-Aurèle, écrit Paul Veyne, les mœurs sexuelles sont aussi différentes qu'entre le vieux Japon et une société chrétienne. »

Comment les femmes réagirent-elles devant cette répression patriarcale ? Comme les littératures furent presque toujours écrites par des hommes, les résistances féminines n'y ont point trouvé place. Nous pouvons cependant voir, dans la violence des répressions, les preuves de ces résistances. Femmes lapidées, noyées, enterrées vives : le dossier de l'adultère est assez lourd pour souligner son accablante répression.

Comme nous l'avons vu plus haut, les *Suppliantes* d'Eschyle nous apportent un écho lointain de la révolte des femmes, mettant en scène les cinquante filles de Danaos, qui se sont réfugiées à Argos pour échapper à un mariage sous contrainte. Voici le chant dialogué entre le chœur des Danaïdes et les Suivantes :

> Le chœur : *Ah ! que l'auguste Zeus écarte de moi l'hymen des fils d'Egyptos !*
> Les Suivantes : *Ce serait pourtant là le mieux.*
> Le chœur : *Va, traite à ta guise une intraitable.*
> Les Suivantes : *Va, tu ne sais pas l'avenir.* (Traduction Paul Mazon).

Eschyle, en mettant ces paroles dans la bouche des Suivantes, a voulu exprimer le bon sens populaire, tel qu'il pouvait s'expliciter de son temps : le monde étant ce qu'il est, les femmes n'ont pas de meilleure solution que de se placer sous la protection autoritaire du père et du mari.

Et de fait, les femmes non seulement ont accepté l'idéologie masculine, mais sont devenues les défenseurs d'un idéal de « l'honneur féminin », qui est en contradiction parfaite avec la morale matrilinéaire et qu'elles se chargent elles-mêmes de transmettre à leurs filles.

Voici, pris sur le vif par une ethnologue, Mathéa Gaudry, dans la société moderne de l'Algérie, les procédés d'éducation en vigueur dans la région du Djebel Amour. C'est la mère qui inculque à sa fille les vertus féminines par excellence : ne pas voler, obéir, et surtout se taire : « Je te brûlerai » est la menace courante, mise parfois à exécution avec une petite pointe de feu effleurant la langue qui a trop parlé ou piquant les fesses de la coupable. Vers l'âge de dix ou onze ans, lorsqu'une fillette se montre légère, c'est-à-dire marquant un certain intérêt pour les garçons, la répression se fait vaginale : « Je te mettrai de la braise », « je te mettrai du piment pilé », menace la mère. La plupart des filles auraient subi de tels traitements.

Dès son enfance, une fille apprend ainsi la soumission et le silence. Elle sait que son père est le maître et le respecte ; mais elle préfère sa mère en dépit des brûlures infligées, et une intimité s'établira entre mère et fille. Plus tard, devenue mère à son tour, la fille prendra le relais de la répression, inculquant à ses enfants les principes et les modalités de la condition féminine. « L'honneur féminin », inventé par les mâles, n'a pas de défenseurs plus farouches que les femmes elles-mêmes, agents inconscients d'une condition sociale qu'elles croient naturelle. Depuis l'aube de la domination masculine, une semblable répression s'est exercée en silence dans les sociétés patrilinéaires, amenant celles-ci à un état plus ou moins avancé de patriarcalisation.

La prostitution : un acquis de la civilisation

La prostitution n'avait pas de raison d'être dans le contexte de la promiscuité primitive ou de l'organisation matrilinéaire. C'est le développement du mariage patrilinéaire, avec la restriction des libertés féminines, qui donne une valeur commerciale au plaisir sexuel dispensé par les femmes. La prostitution est un sous-produit du mariage.

Le plus ancien témoignage littéraire en est donné par l'Epopée de Gilgamesh dans le contexte de la société suméro-akkadienne au IIIe millénaire. Gilgamesh, ayant rencontré Enkidou, le chasseur sauvage, lui ménage la découverte du corps féminin dans ses accouplements prolongés avec une fille de joie. Et la courtisane dit à Enkidou :

> *Tu es beau, Enkidou ; tu es devenu comme un dieu.*
> *Pourquoi avec les bêtes vagabondes-tu au désert ?*
> *Viens, je veux te conduire dans Ourouk-l'Enclos,*
> *vers le temple saint, séjour d'Anou et d'Ishtar.*

Il n'y a pas d'allusion ici à la vénalité de l'offrande sexuelle. Dans son témoignage le plus ancien, celle-ci est proche du temple où l'on révère les dieux. Et Enkidou, dans sa découverte de la femme, accède à la civilisation :

> *Enkidou est amoindri, sa course n'est plus comme avant,*
> *Mais lui s'est épanoui largement quant à l'intelligence.*

On comprend ainsi l'approbation de la déesse Inanna, qui énumère, sur une tablette en langue sumérienne, les bienfaits de la haute culture apportés à la ville d'Ourouk par le dieu Enki : parmi une centaine d'articles, on remarque le Pouvoir royal, la Vie de famille, l'Agriculture, l'Elevage, les Arts, des techniques diverses, l'Exorcisme, l'Ecriture, le Commerce sexuel, ainsi que *la Prostitution, tant féminine que masculine,* détaillée en trois ou quatre rubriques (d'après Jean Bottéro).

Ce texte sumérien, qui fut écrit en caractères cunéiformes dans le premier tiers du IIe millénaire, se réfère au même état de la société qui est celui de la ville d'Ourouk selon l'épopée de Gilgamesh. Il accuse les progrès décisifs de la civilisation par rapport à une littérature plus ancienne, qui garde le souvenir de Nippour, la cité antédiluvienne où régnait la triade des dieux Anum, Enlil, Enki, évoquant une époque où l'on ignorait les céréales et les animaux domestiques, où les hommes n'avaient pas appris à se vêtir ni à se nourrir comme des civilisés. Ces progrès sont attribués aux interventions des dieux, parce que l'on ignorait l'évolution des sociétés. Dans ce contexte, la prostitution apparaît comme l'imitation des modèles divins, de la laxité sexuelle des déesses, Inanna-Ishtar dans le complexe suméro-akkadien, ou bien l'Aurore Ushas dans la société indo-aryenne du *Rig Véda*, ou bien Rhéa-Cybèle en Asie Mineure.

Les historiens du xixe siècle, y compris des évolutionnistes comme Bachofen et Engels, et même certains historiens et ethnologues du xxe siècle, ont condamné ces mœurs antiques en fonction de leur propre morale, parce qu'ils ignoraient que l'érôs primitif était amoral et magique.

Cette épiphanie de la libre offrande sexuelle dans un texte sumérien est un monument littéraire précieux, car elle ne révèle pas une situation exceptionnelle, elle témoigne au contraire d'une universelle faveur des dieux envers ce que nous appelons la prostitution sacrée. Ce terme de « prostitution » a été trop décrié dans les sociétés patriarcalisées pour que son application à des cultures orgiastiques ne requière pas une mise au point : cela exige de nous, en effet, une profonde révolution conceptuelle, un renversement complet de certaines valeurs éthiques, qui porte au pinacle de la société orgiastique les comportements les plus méprisés de la société patriarcale.

Selon Hérodote, qui écrivait au ve siècle av. J.-C., toute femme de Babylone devait « se prostituer » au temple une fois dans sa vie. Cette chose parut si scandaleuse à certains historiens modernes que l'écrivain grec fut accusé d'avoir romancé sa description ou d'avoir accueilli sans critique des fables fantaisistes. Mais la « prostitution babylonienne » s'éclaire, si l'on considère que la déesse sémitique Ishtar perpétue le système conceptuel et le culte d'Inanna. Elle ne peut être dissociée de l'ambiance orgiastique, décrite par les auteurs anciens dans la fête des Sakaia.

L'extension de la prostitution « babylonienne » est confirmée par le géographe grec Strabon :

> *(Les Arméniens) ont une vénération particulière pour Anaïtis, pour laquelle ils fondèrent partout des sanctuaires, principalement en Akilisênê. Ils vouent au service de ceux-ci des esclaves des deux sexes, ce qui n'a rien d'étonnant si l'on pense que même les plus nobles du peuple y consacrent leurs filles encore vierges et que celles-ci, comme le veut le rite, se prostituent pendant une longue période dans le temple de la déesse avant qu'on ne les marie, aucun homme ne les jugeant indignes, dans cet état, de partager son toit en union légitime.* (Strabon, *Géographie*, XI, 14, 16. Trad. François Lasserre.)

Dans une aire géographique, qui s'étend de l'Inde à l'Etrurie, la prostitution sacrée de type babylonien manifeste le lien de l'antique offrande sexuelle avec la joie des dieux. L'institution des femmes et des hommes attachés au service d'une divinité est un trait fondamental de cette religion, dont les officiants-prostitués sont généralement des danseuses et des danseurs, les esclaves de la divinité, appelés *hiéro-doulos* chez les Grecs et *déva-dâsi* chez les Indiens. Ce personnel féminin apparaît en Egypte dans les temples de l'Ancien Empire, avec une spécialisation presque constante de chanteuses ou musiciennes. C'était une importante profession, dont les apprenties, formées dès la très jeune enfance, étaient toujours représentées nues en contraste avec les apprenties-pleureuses, vouées au service des cérémonies funèbres, qui apparaissent toujours complètement vêtues (ce métier des pleureuses est toujours pratiqué dans l'Inde d'aujourd'hui).

La colonisation sémitique a propagé cette pratique jusqu'en Afrique du Nord, où Valère Maxime (contemporain de l'empereur Tibère) fait allusion aux « femmes puniques » qui se prostituaient au sanctuaire de la Déesse dans la Cirta royale (Le Kef, en Tunisie). La Grèce classique, bien que plus réservée à l'égard des cultes orgiastiques, fait un accueil chaleureux à la prostitution sacrée. Les hellénisants gardent en mémoire les vers célèbres de Pindare :

> *Jeunes filles très hospitalières, servantes de Peithô, dans l'opulente Corinthe, qui faites fumer sur l'autel les larmes blondes de l'encens pâle, tandis que souvent votre pensée s'envole vers la mère céleste des amours, vers Aphrodite, et Aphrodite vous permet sans blâme, ô enfants, de cueillir dans votre aimable couche le fruit de votre tendre jeunesse.*
> (Traduction Aimé Puech.)

Pindare célébrait en ces termes Xénophon de Corinthe, qui illustrait sa victoire olympique en offrant cinquante jeunes filles au service d'Aphrodite (464 av. J.-C.). On peut remarquer, dans ce poème, une certaine réserve exprimée par Pindare : « *Aphrodite vous permet sans blâme, ô enfants...* » Cela signifie qu'une femme mariée, tenue à la chasteté, serait blâmée pour un comportement similaire, mais que la Grèce classique approuve l'offrande de jeunes filles consacrées à la Déesse.

Dans l'Inde du Nord, l'institution des prostituées sacrées ou *dévadâsi* est approximativement contemporaine de la prostitution sacrée babylonienne. Elle apparaît, en effet, avec la construction des premiers temples brahmaniques (dont il ne reste rien aujourd'hui, parce qu'ils étaient en bois). On peut lire, dans le *Brâhma-Purâna*, la description de la cité d'Avanti — qui est la moderne Ujjain, une des cités saintes de l'Inde —, avec ses charmantes danseuses : indication qui situe la prostitution sacrée de l'Inde du Nord dans la seconde moitié du Ier millénaire av. J.-C. Quant à l'Inde du Sud, où la construction des grands temples brahmaniques ne débute qu'au VIIe siècle apr. J.-C., l'implantation de la prostitution sacrée y est certainement plus tardive que dans le Nord, mais elle s'y est maintenue jusqu'au XXe siècle.

La dédication des filles a également été pratiquée dans la plus grande société patrilinéaire d'Amérique, celle des Incas. C'était ce qu'on appelait les « filles choisies », un tribut de fillettes âgées de huit à neuf ans, prélevées par le souverain pour être consacrées comme « Vierges du Soleil », ou parfois sacrifiées aux dieux, ou bien distribuées à des privilégiés.

Parmi les anciens chroniqueurs, le Père Joseph de Acosta donne des détails précis sur le destin de ces vierges, choisies à volonté par le *appopanaca* ou gouverneur des monastères :

> *Aucun père, écrit-il, ne pouvait refuser ses enfants quand le appopanaca lui demandait de les enfermer dans lesdits couvents, et nombreux même étaient ceux qui les offraient de leur plein gré, pensant que c'était un grand mérite pour elles que d'être sacrifiées par l'Inca.* (Histoire naturelle et morale des Indes occidentales, traduction J. Rémy-Zéphir, 1979.)

Destin significatif d'un système qui honore la femme en la sacrifiant aux dieux et en la prostituant !

La morale patriarcale ne condamnait pas, en principe, la dédication sacrée des filles, parce qu'elle n'imposait sa discipline sexuelle qu'aux femmes mariées et aux filles destinées au mariage. Les prostituées sacrées prolongent, dans les régimes patrilinéaires, le comportement des femmes pré-patriarcales et le prestige de l'offrande sexuelle à la divinité qui est un acte métaphysiquement pur, comme tout ce qui est divin ; et cette pureté originelle caractérise également l'offrande sexuelle profane dans la prostitution d'hospitalité et l'hétaïrisme.

Les prostitutions profanes. L'hospitalité

Comme le dit l'étymologie, les prostitutions pro-fanes sont celles qui ne sont pas consacrées : elles sont (au sens étymologique) « devant le sanctuaire », c'est-à-dire en dehors de l'enceinte consacrée. Dans les régimes patrilinéaires, elles se développent pour des raisons qui tiennent à la suprématie masculine ; mais elles conservent plus ou moins longtemps le caractère de pureté métaphysique, qui provient de ce qu'était l'acte sexuel primitif : physique, amoral et magique.

Les conquérants, imposant le régime patrilinéaire, sont les responsables directs de la prostitution profane. Cela n'apparaît nulle part aussi nettement que dans les épopées hindoues. Les femmes, butin de choix d'un homme de guerre, sont souvent mentionnées dans des inscriptions sur la pierre ou sur des plaques de cuivre. Dans le Mahâbhârata et le Râmâyana, les filles, filles-esclaves, dans la fleur de leur jeunesse, sont les cadeaux rapportés par les guerriers. Elles sont aussi offertes comme tribut à des souverains. Le héros Bhârata, dit le Râmâyana, offre à Hanumant « seize femmes parées de boucles d'oreilles, des femmes au teint doré, avec des nez et des cuisses aimables, avec des visages d'une douceur lunaire, parées de toutes sortes d'ornements, et nées de nobles familles ». Dans l'aristocratie, ces beautés captives sont les ornements et les plaisirs de fêtes. Un peu plus tard, vers le début de l'ère chrétienne, un poème tamoul, le *Pattinapalai*, mentionne encore ces « femmes captives », capturées sur les champs de bataille, et distinguées des autres femmes dans les palais princiers.

L'Iliade décrit des pratiques analogues dans la Grèce archaïque. Le drame que développe l'Iliade a pour origine le partage des captives et la colère d'Achille, à qui la jeune Briséis, son esclave-concubine capturée à la guerre, a été injustement ravie. Telle est la loi du monde méditerranéen antique. Les femmes captives y sont devenues un objet de commerce et d'échange. Et l'auteur du *Périple de la Mer Erythrée*, qui visita de nombreux ports de l'Inde occidentale, dit que les marchands romains (ou grecs) exportaient chaque année de belles jeunes filles pour les harems de l'Inde.

Ces pratiques, réduisant la femme à un statut de marchandise sans avilir l'érôs qui était leur enjeu, ouvraient la voie à une prostitution d'hospitalité ; car il était méritoire d'offrir pour la nuit, à l'hôte que l'on recevait, ce délice incomparable d'une réception. Offrir à l'hôte sa propre épouse est une générosité dont le *Mahâbhârata* souligne la lointaine origine : un enfant nommé Swétakêtou, qui était appelé à devenir un grand sage, vit un jour un étranger emmener sa mère ; il en fut révolté, mais son père lui répondit que « ceci est l'éternelle coutume, une femme peut être liée à des centaines d'hommes sans commettre de péché ». On ne saurait se référer plus nettement à l'ancienne pratique matrilinéaire. Mais la scène en question a lieu dans l'Inde patrilinéaire : ce n'est pas la femme qui se donne, elle est donnée.

Telle est la prostitution d'hospitalité, dont l'idéal est affirmé par le *Mahâbhârata* en termes catégoriques : « il n'y a pas de loi ni de mérite plus élevés que celui-ci ». Cependant l'historien allemand J. J. Meyer fait remarquer que ce sermon brahmanique ne reflète pas les conditions réelles de la société indienne : les Brahmanes avait bien érigé en idéal le don de leur fille en mariage sans aucune rétribution matérielle ; mais, concernant l'usage temporaire de leur propre épouse par un étranger, ils étaient beaucoup moins généreux. Cette discordance entre l'idéal proclamé et la réalité tient au fait que le *Mahâbhârata*, composé à partir du IVe siècle av. J.-C., rapporte souvent des faits légendaires et des opinions venus d'un temps beaucoup plus éloigné, qui ne correspondent plus à la réalité de la société patriarcalisée, telle qu'elle apparaît dans l'œuvre de Kautilya (l'*Arthashâstra*, IVe ou IIIe siècle av. J.-C.).

La prostitution d'hospitalité provient d'une époque où le chef de famille, maître de son épouse, est encore indifférent à la filiation génétique. La filiation patrilinéaire répond à une nécessité sociologique : avoir un fils qui assure la pérennité de la famille, quel que soit le géniteur réel de ce fils. Cela traduit la persistance, plus ou moins confuse, des conceptions matrilinéaires, ignorant la paternité génétique.

L'hétaïrisme

Alors que les femmes offertes dans l'hospitalité étaient soumises au pouvoir des hommes, les hétaïres (du grec *hétaira*) ou courtisanes appartenaient à une catégorie radicalement différente. Dans une société où les mâles s'étaient assuré la suprématie, l'hétaïre restait comme un élément insoumis, ou partiellement insoumis. Leur prototype apparaît dans les femmes qui n'ont pas de frère, ou celles qui n'ont pas de mari, et qui pour cette raison conservent disposition de leur corps. Elles ont monnayé leur beauté dans cette société où l'amour n'avait plus son abondance illimitée.

Cependant l'hétaïre conserve, en principe, un statut élevé. Dans le monde des divinités, imaginé comme un reflet de la société humaine, les dieux et les déesses avaient des concubines, des conjoints attitrés et des partenaires de passage : il est évident que cet amour libre pratiqué par les dieux ne pouvait être méprisé chez les hommes. L'érôs avait la même qualité pour l'hétaïre que pour le hiérodule. Ce caractère amoral de l'érôs permet de comprendre l'affirmation de l'historien latin Sextus Empiricus (IIe siècle apr. J.-C.), selon qui les Egyptiens épousaient sans répugnance les filles qui avaient ramassé leur dot en se prostituant ; et les Egyptiennes qui avaient eu commerce avec un grand nombre d'hommes portaient, à titre honorifique, un nombre correspondant d'anneaux commémoratifs de leurs amours.

Les anciens Dravidiens témoignaient aux courtisanes le même respect. Dans la littérature du Sangam, qui se développe au cours des premiers siècles de l'ère chrétienne, l'épouse idéale est parfaitement fidèle à son mari, telle que la conçoit l'idéologie patrilinéaire. Mais en même temps se dessine l'image brillante de la courtisane, telle qu'elle apparaît selon le Roman de l'Anneau *(Shilappadikâram)* dans l'antique cité de Madurai :

> *Dans les rues, on pouvait voir des courtisanes qui, sans montrer de honte, accompagnaient leurs riches protecteurs vers les jardins de plaisir qu'ombrageaient les grands maruda sur les dunes blanches aux bords de la Vaigai.*
>
> *Dans un jardin de l'ancienne ville, les prostituées ordinaires se promenaient gracieuses, avec, dans leurs cheveux, des fleurs de jasmin fraîches, des lis d'eau et des lotus aux fleurs ouvertes.*

L'ancienne religion dravidienne, avant l'introduction du brahmanisme dans l'Inde du Sud, ne manifestait aucune prévention contre l'épiphanie de la vie sexuelle qui caractérise les sociétés orgiastiques. De là, cette large tolérance pour la fréquentation régulière des courtisanes par les hommes mariés, et aussi cette atmosphère de liberté féminine que suggère encore le Roman de l'Anneau :

> *A la nuit, les jeunes filles s'asseyaient sur leurs lits jonchés de fleurs fraîches sur des terrasses qu'éclairait la lune. Et leurs amants leur faisaient oublier les fatigues de la journée, tandis que le roi des nuages, apparaissant en compagnie du vent du sud, revêtait l'antique cité de Madurai d'une robe rouge.* (Trad. A. Daniélou et R. S. Desikan).

Chez les Arabes, jusqu'à l'époque du Prophète, la forme ancienne de l'hétaïrisme avait persisté. L'historien latin

Ammien Marcellin (IVe siècle apr. J.-C.) rapporte que les Arabes, qui passaient leur vie en errances continuelles, ignoraient le mariage durable et définitif : ils louaient des femmes pour un temps déterminé, de sorte que les enfants ne pouvaient être élevés que par les femmes. Ces pratiques, qui rappellent l'organisation matrilinéaire, furent remises en question par Mahomet qui autorisa quelque temps, pour satisfaire ses guerriers, les unions *mot'a* (autorisation spéciale), dont le recueil de traditions de Moslim a conservé un charmant récit :

> *Et je me rendis avec un de mes amis chez une femme des Banû Amir et nous la demandâmes en raison du mot'a. Là-dessus, elle nous demanda ce que nous voulions lui donner. Et nous lui offrîmes nos manteaux. Le manteau de mon ami était meilleur que le mien, mais j'étais plus beau que lui. Lorsque la femme alors regarda le manteau de mon ami, elle fut visiblement séduite par celui-ci ; cependant, lorsqu'elle me vit, j'excitai son admiration. Elle déclara alors que c'était moi qu'elle choisissait et que mon manteau serait un paiement suffisant. Je passai trois jours chez elle, puis le Prophète ordonna à quiconque avait une femme en mot'a de la renvoyer.* (D'après la traduction allemande de G. A. Wilken.)

Ce récit de Moslim, qui se situe en l'an 8 de l'Hégire, est une des nombreuses attestations d'une liberté des mœurs féminines, qui continua longtemps à concurrencer la forme légale du mariage coranique, parce que les tribus arabes lancées dans la guerre sainte ignoraient ce que le Prophète avait permis ou défendu. Le chroniqueur Abou-Ismâîl al Baçrî donne un exemple frappant de ces incertitudes dans l'anecdote que voici :

> *Sous le califat d'Omar Ier, un vieil arabe était convenu avec un jeune homme qu'il lui céderait sa femme de deux nuits l'une, et qu'en retour le jeune homme garderait son troupeau. Ce pacte singulier étant venu aux oreilles du calife, il fit comparaître ces deux hommes et leur demanda s'ils ne savaient pas que l'islamisme défendait de partager sa femme avec un autre. Ils jurèrent qu'ils n'en savaient rien.*

217

(D'après R.P.A. Dozy, *Histoire des musulmans d'Espagne*, I. Leyde, 1821.)

La condition des prostituées

Il était dans la nature de l'idéologie patrilinéaire de magnifier l'image de l'épouse fidèle, et, par conséquent, de marginaliser la femme libre, qui offre son corps à tous les hommes. Celle-ci, cependant, continue à bénéficier du statut élevé qui était celui de la femme en régime matrilinéaire. Les plus anciens textes de Mésopotamie ne jugent point l'hétaïre selon une notion de péché qui n'est pas encore inventée ; mais estimant les individus en fonction de leur réussite, ils trahissent une discrimination sociale. Tel ce passage de l'Epopée de Gilgamesh, qui s'adresse à la courtisane :

> *Jamais tu ne construiras un foyer heureux,*
> *Jamais tu ne t'introduiras dans un harem.*

Et ensuite sont mentionnées les salissures et les humiliations infligées à une femme que sa fonction sociale livre aux caprices de n'importe qui. C'est dans un texte en akkadien, *La Descente d'Ishtar aux Enfers*, que la déesse des Enfers Ereshkigal, annonçant également salissures et humiliations, maudit un inverti : « *tu stationneras dans les renfoncements des remparts* ». A cette époque, ce n'est pas le comportement homosexuel qui est stigmatisé, mais la condition des plus humbles serviteurs de l'érôs. Comme l'a parfaitement compris Jean Bottéro, la marginalisation des prostituées des deux sexes ne résulte pas d'une condamnation morale, mais d'une conclusion ontologique, de la constatation de l'inégalité sociale.

Dans l'Antiquité classique, qu'il s'agisse de l'Athènes de Périclès, de Babylone, de l'Inde, les sociétés avancées reconnaissent le plus haut rang aux courtisanes de luxe, recrutées dans les hautes classes de la société, parées des prestiges de la culture, pratiquant les arts de la danse et de la musique, adulées par l'aristocratie. Quant aux prostituées de condition plus modeste, les littératures anciennes mettent en évidence leur ségrégation dans certains quartiers urbains et dans des bordels de classe inférieure. Selon l'*Arthashâstra*, le grand traité politique en langue sanskrite, qui donne un tableau de l'Inde vers le IIIe siècle av. J.-C., ces lieux de ségrégation sociale étaient fréquentés par des éléments dangereux, meurtriers et voleurs, qu'un surintendant spécial s'efforçait de contrôler.

Les détails concrets sur la vie populaire de l'Inde du Nord fourmillent dans un ouvrage en pâli, les *Jâtaka* (récits des vies antérieures du Bouddha) : derrière la trame édifiante et naïve de ces récits, la toile de fond représente des aspects variés de la société, dont le passage suivant, extrait du *Vattaka-Jâtaka*, éclaire avec précision la vie d'une prostituée. Nous sommes dans une ville du Nord gangétique, pendant la fête de Kattikâ. Le fils d'un haut fonctionnaire est entraîné par ses camarades, qui ont tous trouvé des filles de plaisir et qui voudraient en procurer une à ce jeune homme particulièrement pieux et réservé :

> *A la fin, ses amis repérèrent une charmante fille, ils la parèrent de beaux atours et la laissèrent à la maison du jeune homme en lui donnant pour instructions d'aller dans sa chambre. Mais quand elle entra dans la chambre, elle n'obtint du jeune homme ni un regard ni un mot. Dépitée par ce manque d'égards pour sa beauté, elle déploya toutes ses grâces et cajoleries de femme...*

Mais le jeune homme ne se laisse pas séduire, il donne de l'argent à la jeune fille et la congédie.

Voici une autre évocation extraite de l'*Indriya-Jâtaka*. La scène se passe dans une ville populeuse du royaume de Bénarès :

> *Dans cette ville, il y a une grande rivière dans laquelle se baignent de nombreux hommes ; et sur ses bords sont assises un grand nombre de belles courtisanes, qui s'efforcent de tenter les hommes. L'ascète Nârada remarqua l'une d'entre elles, tomba amoureux et interrompit sa méditation.*

A travers toutes les scènes évoquées, il apparaît qu'il y a une grande liberté sexuelle, particulièrement dans la vie urbaine, où la cohabitation de nombreuses familles rejette au second plan les tabous de l'exogamie. A aucun moment, la société ne jette l'opprobre sur celles qui vendent leur corps. Lorsque des hommes se détournent de ces tentations, ce n'est point par horreur du sexe, mais en raison d'un ascétisme qui prétend rejeter *toutes* les tentations de la vie mondaine. La considération inégale accordée aux individus tient essentiellement au niveau matériel de leur vie sociale, mondaine.

Cependant la condamnation de la non-chasteté fait son apparition chez les Hébreux à l'époque des Prophètes :

> *Lève les yeux vers les hauteurs et regarde :*
> *où ne t'es-tu pas livrée ?*
> *Tu t'asseyais au bord des routes à attendre tes amants,*
> *tel l'Arabe dans le désert.*
> *Et tu as profané le pays*
> *par tes débauches et ton vice.*
> *La pluie t'as été refusée et il n'y a pas eu d'ondée printanière.*
> *Cependant tu t'es fait le front d'une prostituée ;*
> *tu t'es refusée à la honte.*

Ancien Testament, Jérémie, 3, 1-4.

Les variations de l'inceste :
l'inceste royal

Alors que la notion d'exogamie, qui fut originellement globale et collective, était devenue familiale, le comportement sexuel que nous appelons l'inceste apparaît, à l'époque historique, comme une infraction à l'exogamie familiale. Mais, comme le montre la chronologie de l'exogamie établie d'après les textes indiens, l'exogamie familiale ne s'est imposée que par étapes, excluant successivement les rapports avec la mère, avec le père, avec les frères et sœurs. Il en résulte que l'inceste se définit de manières différentes selon les peuples, le tabou sur telle ou telle forme de rapports s'imposant plus ou moins tard. Dans l'Antiquité historique, le tabou de l'inceste reste longtemps inappliqué dans des pays tels que l'Egypte, la Perse, l'Inde (où les comportements diffèrent selon les communautés).

De plus, alors que l'exogamie s'impose progressivement à tous les peuples, l'inceste apparaît comme le privilège de certaines races royales, notamment dans l'Egypte des Pharaons et la Perse des Achéménides. On constate ce privilège également chez les Celtes : selon la tradition du pays de Galles, Merlin l'Enchanteur, amoureux de sa sœur Gwendydd, se retire avec elle dans la forêt ; et le grand chef gaélique Cuchulainn dort avec sa sœur dans une nuit d'ivresse. Au Pérou, il était de règle que l'Inca épousât sa sœur. Le privilège de l'inceste royal a même persisté jusqu'à une époque récente chez plusieurs peuples. En Afrique, l'ethnologue Luc de Heusch a montré sa réalité dans les royaumes interlacustres d'Afrique orientale et chez les Ashanti, tribu matrilinéaire du Ghana. Les Zandé, tribu patrilinéaire d'Afrique centrale, ont conservé le mariage du roi avec sa fille. Aux îles Hawaï, les anciennes familles royales pratiquaient encore le mariage incestueux au XIXe siècle.

Cette persistance des incestes royaux a été expliquée de diverses manières. La plus courante, en régime de succession matrilinéaire, est la nécessité d'épouser l'héritière du royaume afin de régner en son nom. Ainsi les Pharaons du Nouvel Empire, qui disposaient de harems importants, choisissaient pour reine principale l'héritière du royaume à n'importe quel degré de consanguinité, de sorte que les reines d'Egypte pouvaient porter les titres de « sœur du roi », « mère du roi », « fille du roi ».

Cependant l'exemple des Incas montre certaines limites de cette explication par la légitimité de la succession royale. L'Inca, en effet, devait avoir pour épouse principale une sœur de père et de mère (obligation évidemment liée à la reconnaissance de la procréation par le père). Or il désignait lui-même son héritier présomptif parmi ses fils ; et il ne choisissait pas obligatoirement un fils de l'épouse principale. Le mariage incestueux n'était donc pas, chez les Incas, la condition de la légitimité d'un héritier.

L'endogamie royale a été expliquée aussi par la nécessité de conserver la pureté d'une race supérieure, qui descend des dieux et tient son autorité de cette origine. Explication certainement valable à l'époque historique, mais qui est évidemment tardive, puisqu'elle postule la reconnaissance de la procréation dans l'acte sexuel.

Si l'on cherche une explication originelle de l'inceste royal, il faut probablement revenir à l'idée fondamentale, suivant laquelle *l'érôs est amoral et magique*. Amoral, il transcende les arrangements empiriques et pragmatiques de la vie sociale. Magique, il se rapporte à l'ordre supérieur des dieux, dont il symbolise le pouvoir exemplaire et surhumain. L'endogamie royale est donc une hiérogamie, héritage mythologique. Et comme les mythologies sont des reflets d'un certain état de la société, on peut dire que l'inceste royal représente une fossilisation d'une ancienne coutume de la société.

Tous les incestes royaux sont des hiérogamies, qui jouent, sur le théâtre humain, l'acte exemplaire et pur d'un univers supérieur. Lorsque les sociétés humaines ont adopté le principe de l'exogamie familiale, les incestes royaux ont persisté comme des survivances et des fossilisations de l'ancienne société. Ils sont apparus alors comme l'un des privilèges de la race supérieure, un des exemples de ce que Laura Makarius appelle « la magie violatrice des interdits », qui place le violateur en dehors du commun et lui confère des pouvoirs exceptionnels.

Relativité de la notion d'inceste

Si nous laissons de côté les mythologies et leurs fossilisations conceptuelles, considérons l'inceste dans l'humanité elle-même. Selon une croyance moderne occidentale, l'endogamie serait condamnée en raison de ses conséquences génétiques : elle entraînerait une dégénérescence de la race. Cette croyance populaire, qui s'explique par les anomalies génétiques observées dans les isolats, est facile à réfuter par deux arguments. Selon le premier de ceux-ci, on ne pourrait s'expliquer comment l'endogamie immémoriale, pratiquée encore de nos jours dans les mariages de cousins croisés, n'a jamais provoqué la dégénérescence de l'humanité. Cette stabilité du patrimoine génétique humain a pour raison l'invariance absolue des gènes transmis dans la procréation. Ce qui ne veut pas dire que les unions consanguines soient sans conséquence : d'après les lois de Mendel, en effet, elles fixent les caractères génétiques dans une lignée, ce qui est favorable ou défavorable selon la qualité des gènes hérités (de là, la transmission des anomalies dans les isolats) ; de plus, dans les isolats de faibles dimensions, l'endogamie favorise la dérive génétique, qui est un simple phénomène de loterie, donnant la prédominance à certains gènes et en éliminant d'autres, de telle sorte que les caractères de la lignée sont modifiés.

Selon le second argument, les comportements incestueux ne relèvent que de la morale et des lois humaines. Et il est facile de montrer leur relativité selon les types de sociétés. Ainsi, dans le système matrilinéaire actuel, voici l'exemple des îles Trobriand, observé au début du xxᵉ siècle par Bronislaw Malinowski. Les familles y sont constituées par un père, une mère et des enfants. Mais les indigènes des îles Trobriand ignorent le processus physiologique de la procréation : c'est pourquoi le père, qui est bienveillant envers ses enfants et qui en est aimé, ne leur est pas apparenté. Or, nous dit Malinowski, il y a des rapports sexuels très réels entre le père et sa fille. Comment réagit la société devant cette situation ? Vraisemblablement, on considère comme inadmissible qu'un père vive maritalement avec la fille de son épouse, avec laquelle il cohabite. Mais les rapports sexuels du père avec sa fille ne sont pas une infraction à l'exogamie : la fille appartient au clan de sa mère, et le père est d'un autre clan. Donc la faute commise par le père avec sa fille ne relève que d'une question de convenances, elle ne tombe pas sous le coup de l'interdit magique.

Les Nuer, ethnie bien connue du Bahr-el-Ghazal, étudiée par Evans-Pritchard, peuvent être considérés comme un groupe patrilinéaire. Mais leur conception de l'inceste a gardé des traits dont l'origine matrilinéaire est évidente. Leur morale interdit le mariage, et même l'intimité, entre deux individus apparentés. Toutefois les infractions à la morale ont une gravité maximale, lorsque les deux contrevenants ont entre eux une parenté utérine proche : les plus terrifiants sont les rapports qu'un garçon aurait avec sa mère, — « ce serait la mort immédiate », — et avec sa sœur utérine : indications claires de la persistance de l'idéologie matrilinéaire. Mais les rapports d'un homme avec sa propre fille sont considérés comme aussi terribles : ce qui démontre que la paternité est reconnue et que l'idéologie patrilinéaire a un commencement d'application. Pour les parentés plus éloignées, les infractions sont considérées comme moins graves : assez sérieuses, quand il s'agit de parentés du côté maternel (fille du frère de la mère) ; mais seulement mal vues par l'opinion dans les cas de parenté du côté paternel.

Au cours des siècles, l'opinion des groupes sociaux a varié considérablement au sujet de ce qui est incestueux et de ce qui ne l'est pas. De là, l'innombrable diversité des coutumes, dont les interdits des castes hindoues donnent un catalogue abondant et fastidieux. Chaque communauté adopte un comportement conforme non seulement à son idéologie, mais aussi à ce que ses conditions de vie lui permettent. On en verra un exemple frappant dans l'attitude du peuple juif, émietté en une Diaspora qui s'étendait de l'Inde du Sud au Portugal. Au vII^e siècle av. J.-C., le Deutéronome formule un véritable catalogue d'interdits matrimoniaux, en ligne ascendante ou descendante, en parenté matrilatérale ou patrilatérale ; mais il néglige curieusement le cas des cousins, parallèles ou croisés. On peut donner deux explications à cet oubli : concernant les cousins parallèles, ce serait un reliquat du mariage irano-sémitique, qui se fait de préférence à l'intérieur du clan ; et concernant les cousins croisés, c'est évidemment l'attitude habituelle des peuples patrilinéaires qui négligent la parenté par les femmes. Par la suite, on constate que la loi juive a constamment admis tous les mariages de cousins. Il est facile de vérifier à quel point cette loi était adaptée aux conditions sociales de la Diaspora. Les petites communautés juives se groupaient dans des quartiers urbains au milieu de populations chrétiennes, musulmanes ou hindoues (au Kerala). La différence des religions les empêchait de contracter des mariages avec ces voisins ; et l'éloignement aurait rendu très difficile l'échange de femmes entre les communautés juives. C'était une vie de ghetto. Chaque ghetto se trouvait donc réduit à des choix matrimoniaux très limités, dans le cercle de familles de la même communauté, familles le plus souvent apparentées entre elles. Ne disons pas que cette situation sociale a engendré la loi matrimoniale juive, qui existait bien avant la Diaspora. Mais constatons que cette loi juive convenait parfaitement à une société de ghettos : les mariages entre cousins étaient une nécessité vitale ; toute politique d'exogamie, à la manière brahmanique ou chrétienne, aurait été suicidaire, parce que son irréalisme aurait favorisé l'extinction de la race.

Ces vues générales sont confirmées par des observations sur les mellahs marocains en 1947. Dans une ville comme Tanger, où l'on comptait quelque dix mille Juifs, plusieurs types de

mariages se distinguaient ; mariages exempts de consanguinité, mariages entre cousins aux 2ᵉ et 3ᵉ degrés, mariages entre
cousins germains et entre oncle et nièce (la loi juive interdisant les mariages entre tante et neveu). A Marrakech, où ne
vivaient guère que cinq ou six familles juives, ces familles
contractaient entre elles des mariages, qui se répétaient à
chaque génération.

Tous les exemples que l'on peut invoquer montrent ainsi la
relativité de la notion d'inceste, depuis que la découverte de la
paternité et le passage à la parenté descriptive ont diversifié
les types de sociétés. Il n'a jamais existé en ce domaine un
interdit fondamental et immuable. Il n'est pas question pour
autant d'abolir le principe d'exogamie, dont une longue
accoutumance a fait la base de la civilisation. Mais force est de
constater que l'espèce humaine transgresse très facilement
l'interdit magique. Et rappelons le mandement de l'évêque de
Saint-Brieux en 1507 :

> *Nous défendons aux frères et sœurs ou autres parents de*
> *sexe différent de coucher ensemble après l'âge de sept ans,*
> convaincu que cet usage *donne lieu à une infinité d'horri-*
> *bles péchés comme nous l'ont rapporté plusieurs confes-*
> *seurs.*

Au fond, la parade la plus efficace qu'on ait jamais faite
contre les pratiques incestueuses est celle de la société
moderne, ouverte et permissive, qui, en diversifiant les possibilités de rencontres sexuelles, a réduit d'autant la probabilité
de l'inceste.

CHAPITRE VI

AMOURS IMPURES, AMOURS PURES

Doux oiseaux qui chantez là-bas dans la ravine,
Quand donc lèvera-t-on l'écrou du triste amour ?

Victor Hugo, *La légende des Siècles* II, 39.

Lorsque l'on a réfléchi à la place qui était laissée à l'amour dans la famille patriarcalisée, on peut se demander ce qu'il advient de cette passion si profondément humaine après la découverte de la paternité. Car l'amour n'est pas une révélation du romantisme moderne. Il hante la poésie antique ; et son exclusion de la famille n'est-elle pas une frustration ?

Les littératures des sociétés les plus avancées nous répondent. Il existait alors trois versions sociologiques de la passion amoureuse : le vieux mariage d'amour, le mariage gândharva de l'Inde, qui avait son origine dans la tradition matrilinéaire de l'aspiration physique des corps ; l'union homosexuelle, qui était également une tradition préhistorique, mais plutôt liée à l'éducation de l'adolescent par un adulte ; enfin l'amour des courtisanes, forme récente apparue après la découverte de la paternité et qui prend le relais d'un mariage passionnel éclipsé. Mais comme le mariage de type patriarcal se généralise dans les sociétés avancées, la place de l'amour-passion s'amenuise.

Le couple antique, tel qu'il a pris forme à l'âge patrilinéaire, n'était pas notre couple fondé sur l'union sentimentale de deux êtres. L'idéal de l'amour, qui nous est si cher depuis l'amour courtois médiéval, ne se trouvait pas rejeté hors du monde ; mais il flottait, dans le complexe sentimental des

226

sociétés patriarcalisées, comme un champ de fleurs déraci-
nées.

L'inadaptation du mariage d'amour
dans les sociétés patriarcales

Dans les traditions d'origine matrilinéaire, on admet une
forme de mariage qui procède exclusivement d'un élan érotique réciproque. Ce mariage n'est motivé ni par le rapt, ni par
l'achat, ni par le don brahmanique de la jeune fille, mais
seulement par l'attraction réciproque et le libre choix des
partenaires; et ce comportement manifeste une si claire
dissonance avec l'idéologie patriarcale, qu'il faut bien reconnaître son origine dans les mœurs de sociétés antérieures.

Il n'apparaît nulle part si nettement que dans les littéra-
tures de l'Inde. Le *Rig Véda*, au IIe millénaire, contient les plus
anciennes allusions aux samana de la société védique, ces
assemblées de fêtes où filles et garçons se choisissaient. Dans
la littérature sanskrite, il est maintes fois question du mariage
gândharva, appelé ainsi par allusion aux musiciens célestes,
les Gandharva, qui appartenaient à la cour d'Indra, le dieu du
Ciel. Cette libre union des amants ne fut pas agréée par les
Brahmanes comme un mariage sacralisé; mais elle jouissait
d'un prestige certain, elle persistait dans la classe aristocratique des guerriers et les classes populaires.

C'est sans doute cet usage non brahmanique qui lui vaut des
mentions fréquentes dans la littérature bouddhiste sous la
forme voisine du mariage svayambara, dans lequel une fille
choisit librement ses époux. Ainsi, un texte pâli, le *Commen-
taire du Dhammapada*, rapporte que le roi des Asura, Vepacitti,
ayant convoqué une assemblée de son armée, donna une
guirlande de fleurs à sa fille et lui dit de se choisir un mari
parmi les guerriers : la fille en choisit un et lui lança la
guirlande sur la tête. La rapidité de ce choix implique qu'il
s'est fait suivant des critères purement physiques. Nous
sommes ici très loin des passions et des tensions morales des
romans et tragédies modernes. C'est un autre monde, qui
ignore notre amour romantique, fruit d'une culture plus
évoluée. Dans le *Kunâla Jâtaka*, la princesse Kanhâ, en voyant
les cinq fils du roi Pandou, tombe amoureuse de ces cinq

jeunes gens, elle lance une guirlande de fleurs sur leurs têtes et dit : « Chère mère, je choisis ces cinq hommes ». Elle fut autorisée à épouser ces cinq maris. De même, dans le *Mahâbhârata*, les cinq frères Pândava se partagent la belle Draupadî. De telles pratiques, évoquées dans le *Mahâbhârata* et les *Jâtaka*, appartiennent à l'univers matrilinéaire.

Dans la Grèce du ve siècle av. J.-C., nous pouvons méditer l'édifiante histoire de Périclès, qui avait fait voter par l'Assemblée athénienne une loi refusant de reconnaître la légalité du mariage d'un citoyen avec une femme appartenant à une communauté immigrée. Or, dans son propre mariage, Périclès était uni à une femme d'une grande famille athénienne, avec laquelle il fit l'expérience de ne pouvoir obtenir les satisfactions de l'amour dans ce mariage institutionnel, destiné à assurer la pérennité de la famille. Rompant ce mariage classique, il fit scandale en épousant illégalement celle qu'il aimait, la courtisane Aspasie, qu'il imposa à la société athénienne. Aspasie et d'autres courtisanes grecques nous rappellent que la prostitution antique était devenue l'un des refuges de l'amour dans la société patriarcalisée.

L'exemple de Shakuntalâ dans l'œuvre de Kâlidâsa

Mais la plus belle illustration de cet amour est le drame de Shakuntalâ, une très vieille légende, dont le poète Kâlidâsa fit une des pièces les plus connues du théâtre sanskrit. Shakuntalâ, jeune fille d'une parfaite beauté, était fille d'une apsaras et du rishi Vishvâmitra. Recueillie par le sage Kanva, elle vivait avec lui dans un ermitage au milieu d'une forêt, où il l'élevait comme sa fille. Un jour, le roi Dushyanta, au cours d'une randonnée de chasse, rencontre la jeune vierge et veut s'unir à elle ; et comme elle lui résiste par pudeur, il lui jure que, si un fils naît de leur union, celui-ci héritera du trône. Et il souligne ainsi son incitation : « De nombreuses filles ont, dit-on, été épousées en mariage gândharva et approuvées par leurs pères. »

Shakuntalâ s'est donc unie au roi en mariage gândharva. Un fils est né. Mais Dushyanta est reparti très loin dans sa capitale et il oublie sa jeune épousée au cours des années. Selon l'affabulation conventionnelle du théâtre, les deux amants sont victimes d'une malédiction. Mais si nous replaçons ce drame dans le contexte de la société indienne, il est facile de comprendre que la malédiction est l'image naïve d'une fatalité que la société patriarcale porte en elle-même : le roi est reparti pour mener sa vie d'homme au milieu de son harem, tandis que la jeune oubliée poursuit sa vie austère dans les tourments de la séparation. Plus tard, lorsque le souvenir s'est réveillé dans l'esprit de Dushyanta, son remords lui interdit le sommeil : « Comment se fait-il qu'en entendant ce chant je sois profondément triste comme quelqu'un qui pense à l'absence d'un être cher ? ». Le roi refuse tout plaisir et interdit de célébrer la fête du Printemps.

Les deux amants se retrouveront. Mais l'insolite de ce drame jette une lumière sur la société pour laquelle il a été composé. Suivant une chronologie vraisemblable, Shakuntalâ serait une œuvre de l'Antiquité tardive, contemporaine du Bas Empire romain ; c'est pourquoi elle évoque une sensibilité favorable à l'amour conjugal et à la fidélité, une sensibilité qui dépasse le simple amour physique en prenant en compte la personnalité féminine avec ses souffrances spécifiques. Ce n'est plus la société qui s'enchantait du Râmâyana. Cela ne change peut-être pas grand'chose à la réalité quotidienne vécue ; mais ce qu'on rêve est parfois aussi important que le réel.

Tous les témoignages que l'on peut invoquer sur l'amour antique démontrent que les unions sexuelles libres de l'époque matrilinéaire n'avaient pratiquement plus cours dans les sociétés patriarcales ; les formes de mariage gândharva et svayambara, qui en étaient dérivées, se trouvaient manifestement désadaptées. Cet amour physique et amoral, qu'étaient l'érôs grec et le kâma indien, n'avait plus sa place dans des institutions conçues pour la pérennité de la famille. Exclu de la famille, il ne pouvait survivre que marginalement en prenant l'une des deux voies qui lui restaient ouvertes : l'amour homosexuel et l'amour des courtisanes.

L'amour impossible : Sofônbaal de Carthage

Les chants d'amour répétés à travers la poésie antique ne changent rien à cette aride réalité. A leur enchantement suranné répond le chant tragique et funèbre de Sofônbaal,

« Celle que Baal a protégée », dont les historiens nous ont transmis l'irrévocable tristesse. Au IIIe siècle avant notre ère, la fille d'Hasdrubal, appelée Sophôniba par les auteurs grecs et latins[1], grandissait à Carthage dans le silence oppressant d'une guerre lointaine et fatale. Elle était de ces enfants prédestinés, qui sont nés avec la guerre et qui en périront. Tandis qu'Hannibal, après des victoires glorieuses, traînait en Italie le fardeau d'une guerre pourrissante, harassante et sans issue, elle épanouissait en Afrique les dons de sa beauté. Instruite et excellente musicienne, cette enfant séduisait par un charme et un esprit irrésistibles.

Or un visage étranger éclaira cette enfance. Le jeune Massinissa, dont le père était le chef de la grande tribu des Massyles, recevait à Carthage la meilleure éducation phénicienne, qui le dégageait de la barbarie ancestrale. Pour Sofônbaal, qui fut promise à ce brillant prince numide, c'était un beau rêve à l'horizon du sombre avenir; car la société patriarcale, elle le savait, n'accordait aucune liberté de choix aux filles des familles dirigeantes, qui n'étaient que des enjeux dociles, manipulés par les maîtres sur l'échiquier du réalisme politique. Mais, en l'année 206, Massinissa partit pour guerroyer en Espagne contre les Romains aux côtés d'Hasdrubal, le père de Sofônbaal.

Carthage courait alors les plus graves dangers. Le roi de Numidie, Scyphax, qui convoitait la beauté de Sophôniba, se mit à ravager les terres de Carthage; et Scipion, installé en Sicile, y préparait le débarquement d'une armée romaine en Afrique. Dans cette conjoncture critique, tandis que le père et le fiancé de Sofônbaal étaient en Espagne, les dirigeants de Carthage donnèrent l'adolescente à Scyphax, qu'elle épousa vers la fin de l'année 205. C'était sans doute un ordre inéluctable. Sofônbaal, à peine nubile, était donnée à un roi indigène âgé d'au moins cinquante ans, dont l'alliance était indispensable à Carthage dans l'immédiat. Elle ne pouvait qu'accepter son sort. Elle devint ainsi la reine de Cirta (Le Kef, en Tunisie), ville sévère dans son cadre de rochers, qui domine le plateau du Haut Tell. Elle se donnait ainsi à la tâche modeste de sauver sa cité natale en attachant Scyphax dans

1. Appelée Sophonisbe par les auteurs modernes de tragédies : Mairet, Corneille, Voltaire.

230

l'alliance carthaginoise. Sa jeunesse lui assura le succès ; et lorsque peu après Scyphax vaincu devint le prisonnier des Romains, il tenta de se disculper en disant que Sofônbaal lui avait fait perdre la raison.

Lorsque Massinissa revint en Afrique, il avait changé de camp. Il accompagnait Scipion. Revirement explicable par sa rivalité avec Scyphax, non point une rivalité amoureuse, mais une compétition déjà ancienne pour le royaume de Numidie, dont Massinissa se disait spolié. C'est le 23 avril 203 que les Romains, aidés de Massinissa, furent vainqueurs de Scyphax, qui fut fait prisonnier. Le jeune prince numide, en présentant Scyphax enchaîné, se fit ouvrir sans combat les portes de Cirta. Sofônbaal l'accueillit au seuil de son palais.

Elle avait à peine quinze ans, elle était dans tout l'éclat de sa beauté. Elle portait, sur sa personne frêle et délicate, le poids énorme d'un destin historique dont elle était irresponsable et dans lequel sa figuration n'était qu'un acte commandé et inéludable. Captive des Romains, elle se savait promise au défilé misérable des vaincus dans le triomphe grandiose du vainqueur : suivre à pied le char de Scipion l'Africain, monter enchaînée jusqu'au Capitole au milieu des clameurs de mort, avant de finir le soir étranglée dans un cachot obscur. Alors elle se jeta aux pieds de Massinissa, le suppliant de ne point la livrer aux Romains.

Pour tous les auteurs qui relatent la scène, c'est une grande scène d'amour entre les deux protagonistes. Il ne serait pas vraisemblable que cet amour, étant donné ses implications ultérieures, ne soit que la flamme soudaine du désir physique. Cette passion d'un jour se nourrit des rêves d'enfance et des promesses évanouies. Sofônbaal improvise le grand rôle de sa vie et de sa mort. Massinissa répond par un geste dans lequel l'amour profond dépasse le désir : il épouse la belle captive le jour même, en espérant que le mariage, par son caractère sacré, pourra la soustraire au destin des vaincus.

Selon Tite-Live, qui expose le point de vue romain, le jeune prince avait imaginé un plan « téméraire et malséant ». Telle est, en effet, la réaction romaine, qui n'accorde à cet amour aucune considération. Désapprouvé par le Romain Laelius, qui l'accompagnait, Massinissa reprend la route du camp romain pour solliciter l'arbitrage de Scipion. Mais aux yeux de Scipion, le butin du peuple romain englobe Scyphax, sa femme, son royaume, tous ses habitants ; et tous les captifs doivent être envoyés à Rome. Selon l'historien grec Appien, « *Scipion lui ordonna sur un ton tranchant de ne pas essayer de s'approprier par la force aucune des dépouilles romaines de la victoire.* »

Massinissa se retira dans sa tente et pleura. Il se résigna à l'inéluctable. Puis, toujours selon Appien, il repartit pour Cirta avec un détachement romain afin de ramener Sofônbaal captive. Mais secrètement il se détacha en avant, il remit à l'adolescente une coupe de poison et la quitta aussitôt.

Sans doute Sofônbaal n'en fut pas surprise. Habituée dès l'enfance à un monde sans merci, elle n'attendait des Romains aucune mansuétude. Elle dit à sa nourrice de ne pas pleurer, puisqu'elle mourait glorieusement, et elle but le poison sans manifester aucun effroi. On lui fit des funérailles royales.

Ainsi meurt Sofônbaal, tandis que la pensive Clio tourne ses feuillets sanglants.

Lorsque Massinissa revit Scipion, celui-ci le félicita et le traita en roi. Pour le consoler, écrit Appien, il lui dit « *qu'il était débarrassé d'une femme perverse.* » Et cette dernière expression mérite une attention particulière, car le texte d'Appien :

ὅτι πονηρᾶς γυναικὸς ἀπηλλάγη

même s'il n'est pas l'enregistrement fidèle des paroles de Scipion, est conforme à ce que l'opinion publique entendait. L'adjectif *ponèros*, appliqué à la jeune femme, a un sens péjoratif, impliquant mauvaise qualité, méchanceté, perversité.

La tragédie de Sofônbaal mesure le poids réel d'un amour dans l'empirisme réaliste de la société. Massinissa inaugure un règne heureux de cinquante ans. Scipion modèle sa statue pour l'Histoire. Après sa victoire de Zama, il exigera de Carthage qu'elle lui livre tous les déserteurs de l'armée romaine. Les déserteurs latins seront décapités. Mais ceux qui sont citoyens romains seront crucifiés. L'amour de Sofônbaal et de Massinissa est bien oublié. Et l'on pourrait lui dédier en épitaphe cette phrase de Keyserling :

232

Le symbole de la Croix ne saurait être saisi dans toute sa signification si on le sépare de celui de l'Aigle, dont le signe triomphal flamboyait au zénith lorsque commença l'ascension du symbole de la Croix.

La marginalisation de l'homosexualité

Nous aboutissons ainsi à cette constatation que l'union antique des amants est exclue de la société régie par le mariage : le mariage s'est fermé à l'amour. Cette situation explique pourquoi l'amour a trouvé un refuge dans l'homosexualité, qui était aussi une pratique de l'âge préhistorique. Mais, par un effet induit du système patrilinéaire, l'amour homosexuel sera progressivement marginalisé. Si l'amour homosexuel féminin n'est que rarement évoqué dans les littératures antiques, c'est pour des raisons que nous pouvons entrevoir. Tout d'abord, la littérature était écrite par des hommes ; et naturellement les poètes ont chanté leurs propres amours. D'autre part, la vie féminine, qui se déroulait dans l'ombre des gynécées, ne posait pas de problèmes au niveau de la société des mâles : la femme, réduite en objet, tenait une place définie dans les tragédies aux thèmes masculins sans préjudice d'une vie féminine personnelle. Nous n'avons aucune raison de supposer que la femme, sexuellement agressive, conservât l'inertie passionnelle d'un objet inemployé en dehors de la présence et des phantasmes mâles. Lesbos, qui eut la chance d'avoir une Sapphô, n'est que le symbole d'un monde passionnel du silence.

C'est en raison de cette absence de témoignages que toute la polémique sur l'homosexualité concerne l'homme. Après la découverte de la paternité, le contexte nouveau ne dévalorise pas immédiatement l'acte homosexuel. Celui-ci, au contraire, garde sa signification hédonique et magique. Au IIe millénaire, aucune civilisation patriarcale n'a exprimé de condamnation à l'encontre de ce comportement. Les Lois hittites (xive siècle av. J.-C.), impitoyables pour l'inceste et la bestialité, qu'elles punissent de mort, ne soufflent mot de l'homosexualité. L'article suivant : « Si un homme pèche avec son fils, c'est une horreur » doit être interprété comme une condamnation de l'inceste, en raison du contexte qui concerne exclusivement les rapports incestueux avec la mère, la fille, etc. Quant à la

Genèse, elle attribue la destruction de Sodome et de Gomorrhe à une immoralité générale : selon le Rév. D.S.. Bailey, la dénonciation de la sodomie n'est qu'une réinterprétation juive post-exilique du texte de la Genèse (attestant l'avènement d'une morale nouvelle).

Non seulement l'homosexualité n'était pas condamnée, mais elle bénéficia longtemps du regain de ferveur des cultes orgiastiques, où les hiérodules masculins prenaient place dans les sanctuaires à côté des hiérodules féminins. On vit alors la ferveur religieuse pousser des adolescents à désirer la castration pour ressembler à leur déesse et accomplir religieusement l'offrande ardente de leur corps féminisé. Dans un poème célèbre, Catulle décrit un jeune fervent, qui se mutile lui-même avec enthousiasme et se lamente sur l'irréparable :

> *Et maintenant, je ne suis qu'une femme, une prêtresse des dieux, la servante de Cybèle, un débris de moi-même, un eunuque.*

Au second siècle de l'ère chrétienne, Lucien de Samosate décrit encore la fureur orgiastique des jeunes prêtres de Cybèle, les Galles, qui ont amené jusqu'à Rome leur culte d'Asie Mineure. Voici une scène d'auto-castration :

> *Tout adolescent qui veut être Galle rejette ses habits, s'avance en jetant un grand cri au milieu de l'assemblée et se saisit d'un poignard, réservé, je crois, depuis de longues années pour cet usage.*

L'homosexualité masculine, révérée dans la prostitution sacrée, bénéficie alors de conditions favorables grâce à l'abaissement de la condition féminine : la femme étant confinée dans son foyer, vouée aux tâches les plus humbles et tenue à l'écart de la culture supérieure, l'amitié antique se réalise dans les camaraderies masculines du gymnase et de la vie militaire ; elle s'idéalise dans les amitiés intellectuelles en se justifiant par une pratique de la philosophie qui n'était pas possible avec des femmes incultes.

Mais ce sont précisément ces sociétés patriarcalisées qui vont amorcer le renversement des valeurs par leur mépris général de la femme, mépris latent ou affirmé. L'acte homosexuel masculin, en effet, réalise son accomplissement dans un simulacre de disparité, où l'un des partenaires joue le rôle féminin. Ce comportement resta parfaitement admis dans maintes sociétés traditionnelles où survivait l'antique prestige de la femme, notamment les nombreuses sociétés pratiquant le shamanisme, observées par l'ethnologie à travers le monde : les shamans exercent une sorte de sacerdoce, dans lequel l'homme assume le savoir et les pouvoirs antiques de la femme ; ils s'habillent volontiers en femmes et adoptent un comportement sexuel féminin. La même assimilation a survécu dans les sociétés paléo-asiatiques et polynésiennes.

En revanche, les sociétés patriarcalisées considèrent comme méprisable le mâle qui accepte d'assumer le rôle passif dans ces rapports, parce qu'il est dégradant de s'abaisser au niveau de cet être inférieur qu'est la femme. C'est le péché inexpiable. On peut reconnaître dans ce sentiment un exemple caractéristique de la moralisation de l'érôs : amoral et simplement physiologique dans les sociétés néolithiques matrilinéaires, l'érôs se colore progressivement d'une signification morale dans les sociétés dominées par l'idée de paternité et de supériorité masculine. Ce processus de moralisation permet de comprendre aussi pourquoi l'homosexualité féminine a généralement été regardée avec indulgence : la femme, être inférieur, ne saurait descendre au-dessous d'elle-même en parodiant un acte féminin ; elle peut, tout au plus, se ridiculiser en essayant d'assumer dans l'amour un rôle masculin.

La marginalisation de l'homosexualité masculine s'est manifestée, à des degrés variés, dans toutes les sociétés patriarcalisées, non seulement celles de l'Ancien Monde, mais aussi au Pérou précolombien. Garcilaso de la Vega rapporte que les Incas punissaient de mort l'homosexualité, bien que, selon les anciens chroniqueurs, ce fût une pratique profondément ancrée dans la population, installée même dans les temples, ce qui montre qu'elle n'était point considérée comme un péché dans la conscience populaire.

Regards sur la morale antique

A première vue, toutes les sociétés antiques pratiquent une bisexualité sans problèmes, parfaitement admise par l'opinion publique. Cependant un changement sensible se manifeste peu à peu à l'égard de l'homosexualité. Comme l'a montré l'historien Paul Veyne dans une étude sur le monde romain, ce changement a commencé bien avant l'apparition du christianisme : il est dû à une évolution propre des sociétés païennes. Aussi devons-nous prendre garde aux interprétations des historiens modernes « classiques », qui se sont placés exclusivement au point de vue de la morale bourgeoise du XIXᵉ siècle pour considérer les réactions des sociétés antiques à l'égard de l'homosexualité. La morale bourgeoise n'existait pas ; et les historiens modernes, imprégnés de ses concepts, se condamnaient à ignorer les motivations réelles des Anciens dans leurs condamnations de ce comportement. Il faut se livrer à un examen attentif des textes pour comprendre ces motivations.

Si nous abordons le monde indien, qui fut relativement peu affecté par la moralisation de l'érôs, parce que de nombreuses communautés y restaient imprégnées de culture paléo-asiatique, nous pouvons constater que les condamnations de l'homosexualité y affectent seulement les milieux les plus patriarcalisés. C'est surtout le cas de la classe des guerriers, les Kshatriya, qui n'existait que dans l'Inde du Nord et dont la morale est exprimée nettement par le *Râmâyana :* celui qui pratique la sodomie avec un homme, ou un animal, ou une femme de rang inférieur, est condamné à renaître dans le corps d'un homme incapable de procréer. Sanction extrêmement dure pour une société qui croit à la transmigration et exige la présence d'un fils pour rendre les derniers devoirs au défunt. Mais la formulation de cette malédiction ne préjuge point de son application, d'autant moins que la parcellisation de la société en castes endogamiques devait favoriser la conservation de cultures spécifiques selon les régions de l'Inde et les différents niveaux de la société.

Le point de vue des milieux brahmaniques, exprimé dans les Lois de Manou vers le début de l'ère chrétienne, est tout à fait différent. Lorsqu'une femme inflige une souillure à une jeune fille, cette femme « *doit avoir sur-le-champ la tête rasée et les doigts coupés... et elle doit être promenée par les rues montée sur un âne.* » On remarquera le caractère patriarcal de cette législation, qui vise avant tout à assurer l'assujettissement de la femme et la pureté de la jeune fille, considérée comme la propriété de son père. Le même texte ne fait aucune allusion à

236

la protection du jeune garçon, car cette préoccupation est étrangère à l'esprit de l'époque. Et il est évident, d'autre part, que le monde indien dans son ensemble n'a guère été affecté par les condamnations de l'homosexualité. A cet égard, les témoignages ne manquent pas, ne serait-ce que celui du *Kâma Sûtra* et la permanence de la caste des Hijrâ (castrats volontaires et travestis), connus depuis l'Antiquité et qui remplissent encore aujourd'hui des fonctions de danseuses, chanteuses et prostituées sous un accoutrement féminin.

Pour rencontrer des condamnations anciennes de l'homosexualité, il faut remonter aux Hébreux, chez lesquels se manifesta une patriarcalisation relativement précoce (au cours du IIe millénaire). La plus ancienne prohibition de ce comportement, considéré comme un crime, apparaît dans le *Lévitique*, texte postérieur au XIIIe siècle av. J.-C. : « Tu ne coucheras pas avec un homme comme on couche avec une femme. C'est une abomination. » Mais le contexte révèle qu'il s'agit essentiellement d'une condamnation des usages païens, car le *Lévitique* précise : « Vous n'agirez point comme on fait au pays d'Egypte... ni comme on fait au pays de Canaan, vous ne suivrez point leurs lois. »

Du reste, la condamnation proférée par le *Deutéronome*, c'est-à-dire la « Seconde Loi » (VIIe siècle av. J.-C.), est particulièrement explicite, car elle vise les hiérodules femelles et mâles, *kadeshah* et *kadesh* :

> *Il n'y aura pas de kadeshah des filles d'Israël, ni de kadesh des fils d'Israël. Tu n'amèneras pas la location d'une prostituée ou le salaire d'un chien dans les maisons du Seigneur ton Dieu pour aucun vœu, car ces deux choses sont une abomination pour le Seigneur ton Dieu.*

Il est évident qu'il s'agit là de la rupture avec les cultes orgiastiques dans un de leurs caractères les plus voyants : la prostitution sacrée. La nouvelle morale, en éliminant les mythologies païennes, exige un rituel plus austère.

C'est sur le monde hellénique que nous disposons du dossier le plus abondant, si souvent exposé qu'on se bornera ici à quelques exemples typiques. Au VIe siècle avant notre ère, les lois de Solon imposent à Athènes une condamnation extrêmement dure de la pédérastie :

Les maîtres des enfants n'ouvriront pas les écoles avant le lever du soleil et ils les fermeront avant le soleil couché.

Il est défendu à ceux qui ont dépassé l'âge de l'enfance, d'entrer dans les écoles lorsque les enfants y sont, si ce n'est au fils du maître, ou à son frère, ou au mari de sa fille. Que si quelqu'un y pénètre, il sera puni de mort. (Eschine, *Contre Timarque*, 12-14.)

Les lois de Solon condamnent aussi le père, le frère, l'oncle, le tuteur, ou toute personne ayant autorité sur un enfant, qui vendrait celui-ci pour le prostituer. Il y avait même à Athènes certains magistrats, les *sôphronistai*, qui étaient spécialement préposés à la surveillance des mœurs de la jeunesse. Nombre d'historiens modernes se sont autorisés de ces textes pour démontrer que les Athéniens condamnaient sévèrement la pédérastie. Interdiction d'ailleurs trop sévère, assortie d'une peine de mort si difficile à appliquer qu'elle était tombée en désuétude au IVe siècle : certains dialogues de Platon (*Lysis, Charmide*) montrent que les gymnases étaient devenus des lieux fréquentés par les oisifs pour y approcher les beaux adolescents.

En réalité, la loi de Solon était une loi de classe, qui visait essentiellement à protéger les enfants des citoyens contre les entreprises dégradantes des non-citoyens, métèques et esclaves, et contre la condition méprisée de prostitué : un enfant athénien perdait sa citoyenneté s'il livrait son corps pour de l'argent. Solon était d'ailleurs connu comme un amateur de beaux adolescents, ce dont témoignent certains vers qu'il écrivit dans sa jeunesse :

> *Tant qu'il aime des garçons la jeunesse en fleur,*
> *Désirant la douceur des cuisses et des lèvres.*

Vers cités par Plutarque (*Dialogue sur l'amour*, traduction Robert Flacelière). Plutarque précise d'autre part la pensée de Solon :

> *Il interdisait aux esclaves l'amour des garçons et la gymnastique, tout en leur permettant de s'unir à des femmes ; en effet, autant l'amitié est chose belle et bonne,*

autant la volupté est chose basse et commune ; or l'amour qu'éprouve un esclave pour les garçons ne saurait être noble ni honnête, tout comme l'amour des femmes.

Eschine, dans le même plaidoyer (*Contre Timarque*, 139), indique d'ailleurs que « la loi n'interdit pas à un homme d'aimer, de fréquenter un garçon de sa condition et de lui faire la cour. » Ce qui confirme que la loi de Solon était destinée à protéger la classe dominante. En revanche, aucune loi athénienne ne s'opposait à la vente de jeunes esclaves pour la prostitution, ni à leur castration. Les motivations de la législation athénienne sont évidemment très éloignées de la morale bourgeoise moderne !

Cela permet de comprendre les réflexions des auteurs grecs sur l'homosexualité celtique.

Chez les Celtes, écrit Strabon, *on ne considère pas comme honteux, pour les jeunes gens, le fait qu'ils laissent un autre homme abuser de la fleur de leur âge.* Et Diodore de Sicile dénonce également chez les Celtes *une préférence passionnée pour les embrassements immoraux des mâles. Sans aucun respect pour leur dignité*, écrit-il, *ils livrent sans résistance leurs beaux corps à d'autres hommes ; ils ne considèrent pas cette faiblesse comme honteuse ; ils offrent même leurs faveurs et, quand on ne les accepte pas, ils considèrent le refus comme une injure* [1].

Pourquoi les auteurs grecs font-ils de telles réserves sur des mœurs qu'ils pratiquent eux-mêmes ? Les historiens modernes ont été déconcertés par une polémique dont les données sociologiques leur échappaient. La question se réduisait pour eux à une opposition entre le mariage, qui est le bien, et les comportements aberrants, qui sont le mal. Mais chez les Grecs, il s'agissait d'une opposition sociale. On acceptait, quitte à le mépriser, l'indispensable partenaire qui s'avilit dans un comportement féminin. Ce partenaire était un esclave ou un étranger, comme ces Syriens, ces Egyptiens, qui livraient leur corps dans les lupanars d'Athènes, ou bien

---

1. Le dossier concernant l'homosexualité celtique a été présenté et discuté par H. d'Arbois de Jubainville, *La Famille Celtique*, Paris, 1905. Joindre également Albert Bayet, *La Morale des Gaulois*, Paris, 1930, qui conclut : « Il ne s'agit pas de juger nos aïeux au nom de notre morale à nous ; il s'agit de dégager ce qu'était leur morale à eux. »

c'était un jeune homme libre, sur lequel on jetait l'opprobre, mais dont on rétribuait les services. Les Grecs jugeaient honteux le comportement sexuel des Celtes, parce qu'ils ignoraient que la société celtique n'était pas encore patriarcalisée : on y avait conservé des comportements d'époque matrilinéaire.

C'est la même opposition sociale des partenaires sexuels qui caractérisait la société romaine, comme l'a montré Paul Veyne : « Rome n'a jamais opposé l'amour des femmes à celui des garçons ; elle a opposé l'activité à la passivité ; être actif, c'est être mâle, quel que soit le sexe du partenaire passif. » Ce n'est pas l'hellénisation qui introduisit à Rome l'homosexualité ; elle n'apporta dans la vie sexuelle que la pratique aristocratique et somptuaire des mignons et des troupeaux de jeunes pages, que le vieux Caton dénonçait comme des extravagances financières. Dans l'immémoriale bisexualité, la patriarcalisation de la société avait provoqué, là aussi, une dépréciation de la conduite sexuelle non virile. L'injure banale et vulgaire, entre garçons, était l'équivalent latin d'une expression aux formes variées : « je te sodomise » (*te paedico*). Les Romains méprisaient l'*impudicitia*, qui signifiait plus que notre concept d'impudicité, mais la conduite passive, non virile, de celui qui se soumet servilement aux désirs d'un maître. C'est une morale de classe, qui distingue dominants et dominés, supérieurs et inférieurs.

Les classes dominantes, en Grèce et à Rome, ont naturellement cherché à se préserver d'un tel avilissement : la passivité chez les jeunes gens de naissance libre. Des lois grecques interdisaient l'accès des gymnases et des écoles aux esclaves et aux hommes âgés, mais avec une efficacité incertaine. A Rome, on se préoccupait de ne pas laisser les gymnases romains devenir les foyers de l'amour éphébique à l'instar des gymnases grecs. Le problème se posait pratiquement lorsque les parents avaient la possibilité de choisir une école où leurs fils ne seraient pas exposés à déchoir dans un abandon aux entreprises sexuelles de leurs aînés. Mais ces situations posent un autre problème, celui de la pédérastie initiatique et éducative, qui relevait vraisemblablement d'une tradition millénaire et qui constitue la toile de fond du problème sexuel dans les sociétés antiques.

L'évolution de la morale d'après les romans grecs

Si l'on cherche à concevoir ce que fut la morale des peuples de l'Antiquité, l'on se rendra nécessairement compte que cette morale a évolué au cours des millénaires. L'un des traits les plus marquants de cette évolution, vers les premiers siècles de l'ère chrétienne, est la promotion d'une forme de mariage patriarcal, qui se rapproche nettement des conceptions modernes. Primitivement, le mariage patriarcal (notamment celui des Romains) était un arrangement économique concernant la transmission des biens ; il devint peu à peu la fondation d'un foyer avec la perspective d'élever des enfants, ce qui implique la dépréciation de l'infidélité conjugale, aussi bien chez l'homme que chez la femme. Ce changement profond, évident dans le Monde romain à l'époque impériale, a sa réplique dans l'Inde avec la promotion du mariage brahmanique (mais selon une chronologie plus incertaine), de même que dans la Chine inspirée par l'éthique confucéenne.

La lecture des romans grecs d'époque impériale nous aide à percevoir ce nouvel état d'esprit avec certaines de ses conséquences sur la place de l'homosexualité dans la société. Ces ouvrages ne sont certes pas des chefs-d'œuvre littéraires ; mais ils étaient lus dans un large public, dont ils reflètent l'idéal. Tel est le cas des *Ephésiaques*, de Xénophon d'Ephèse, qui racontent le mariage, les amours et les mésaventures de Habrocomès et Anthia, deux jeunes gens d'une insurpassable beauté qui appartiennent à la classe riche. Enlevés par des pirates au cours de leur voyage de noces, les deux enfants d'Ephèse seront longtemps séparés et livrés à d'angoissantes tribulations, qui leur permettent d'affirmer une fidélité sans faille à leur amour. C'est dans ce récit naïf que s'intercale l'épisode où le brigand Corymbos s'éprend du bel Habrocomès :

> *Corymbos est épris de moi*, gémit Habrocomès, *et Euxinos est amoureux de toi, ma chère Anthia. Oh beauté funeste à tous deux ! Ainsi je ne me serai gardé sage jusqu'à ce jour que pour me soumettre à cette honteuse passion d'un brigand ! Et quelle vie vais-je mener désormais si je cesse d'être un homme pour devenir une prostituée, et si je suis*

séparé de mon Anthia ? Non, par cette pureté qui depuis l'enfance jusqu'à ce jour fut la compagne de ma vie, je ne puis me soumettre à la passion de Corymbos : j'aime mieux périr, et que ma mort atteste mon honneur ! (trad. Georges Dalmeyda).

Ce passage des Ephésiaques, exaltant un mariage d'amour, n'exprime à cet égard qu'un idéal ; il ne préjuge en rien de la réalité sociale, qui est celle du mariage sans amour. Mais il souligne la persistance de l'homosexualité, ainsi que les sentiments méprisants qu'elle inspire dans la classe où l'on lisait ce type de romans. Même écho dans les *Pastorales* de Longus : Daphnis, le beau gardeur de chèvres, est épris de la jeune Chloé ; mais l'ignoble Gnathôn tombe amoureux de Daphnis. Un ami, Astylos, s'apitoie sur les larmes de Gnathôn et lui promet d'arranger les choses, ce qui ne l'empêche pas de poser à Gnathôn une question embarrassante :

> *Et pour lui rendre courage, il lui demande en souriant s'il n'avait pas honte d'être amoureux du fils de Lamon et si l'envie le tenait si fort de coucher aux côtés d'un gardeur de chèvres* (Traduction Georges Dalmeyda).

Mais Gnathôn répond habilement en invoquant l'exemple des dieux ! Finalement, Daphnis, mis au courant de ces intentions érotiques, décide de s'enfuir avec Chloé, ou de se tuer, en l'entraînant dans la mort.

Et voici, dans les Ephésiaques, le récit révélateur d'Hippothoos :

> *Etant adolescent, je m'épris d'un beau garçon du pays, nommé Hypéranthès. Ma passion avait pris naissance dans les palestres où je l'avais vu s'exercer avec vigueur à la lutte. Je n'y pus tenir : un jour qu'on célébrait une fête du pays avec veillée religieuse, je l'aborde et je le supplie d'avoir pitié de moi : le jeune garçon m'écoute, s'émeut de mon tourment et me promet tout. Et ce sont d'abord les premières étapes de l'amour : des baisers, des caresses, d'abondantes larmes que je répands ; mais enfin nous pûmes saisir l'occasion d'être seuls ensemble : notre âge pareil écartait tout soupçon.*

Tel est le paganisme sur son déclin, ouvert et indulgent à l'amour des garçons, mais révélant dans son contre-jour une réprobation montante. Cette dernière réflexion, dans le récit d'Hippothoos, indique clairement que les rapports homosexuels peuvent être clandestins. Elle indique aussi clairement que ces rapports sont habituellement ceux d'un adulte et d'un enfant, qui continuent à bénéficier d'une large indulgence en raison d'une tradition immémoriale, alors que la fréquentation entre deux garçons de même âge n'éveille point de soupçons, parce qu'elle n'est pas dans la coutume de la société.

Il s'est donc produit un changement d'état d'esprit depuis l'époque de Pindare. Selon Paul Veyne, l'explication « probable » de ce changement est en rapport avec « *le passage d'une aristocratie concurrentielle (sorte de féodalité où les rivalités entre clans sont féroces) à une aristocratie de service, où l'on fait carrière en étant en bons termes avec ses pairs* ». Ce serait donc un changement dans la société qui aurait provoqué l'apparition de la nouvelle morale conjugale et sexuelle, morale de la respectabilité, qui correspond à ce qu'on a appelé dans l'âge moderne l'esprit petit-bourgeois. Explication valable, mais qui ne se suffit pas entièrement à elle-même, car, si l'on s'éloigne du monde romain pour considérer l'évolution d'autres sociétés policées, on s'aperçoit que le recul de l'état d'esprit orgiastique ne saurait relever d'une simple mutation de la structure sociale. Le monde indien a connu aussi, pendant un millénaire, une série d'empires bien administrés, à société policée, dont témoigne notamment le grand traité de l'*Arthashâstra*. Cela ne l'a pas empêché de conserver pendant toute l'Antiquité, à côté de multiples formes du mariage, une vie sexuelle non puritaine dont témoignent les grands traités d'érotique, comme le *Kâma Sûtra*, écrits et diffusés pour l'instruction publique, ainsi que l'iconographie religieuse érotique des temples hindous, destinée à l'édification des fidèles. Ce que nous appelons l'esprit petit-bourgeois, le puritanisme sexuel, ne s'est répandu, dans le monde indien, que beaucoup plus tard sous d'autres influences.

La morale de la respectabilité nous fait bien comprendre pourquoi le comportement sexuel passif est devenu méprisable. Mais elle n'explique pas pourquoi le comportement actif et viril dans l'acte homosexuel est également déprécié, tandis que le mariage devient un modèle de plus en plus répandu. Il faut faire intervenir ici la moralisation de l'érôs, qui modifie les représentations psychiques dans l'ensemble du monde patriarcalisé

Un scandale anthropologique : la pédérastie initiatique

La pédérastie initiatique et éducative, toile de fond de l'homosexualité antique, est une coutume originale, qui procède d'autre chose que la simple satisfaction du désir sexuel. Sans reproduire ici l'ensemble d'un dossier maintes fois publié, il faut rappeler le passage célèbre de Strabon (X, 483 C) relatif à l'ancienne société crétoise :

> *Mais pour les beaux garçons et de bonne famille, ce serait un scandale de ne pas trouver d'amant ; on dirait que leur caractère est cause de cet affront.*

Cette forme de pédérastie est connue dans toute la Grèce, où dans certains cas l'intervention des lois prouve qu'elle est institutionnelle. L'éraste (l'amant) doit procéder à l'enlèvement de l'éromène (l'aimé) : c'est un rite bien établi, qui apparaît comme un simulacre de mariage par rapt et qu'il ne faut pas confondre avec les banales relations d'un soupirant adulte et d'un adolescent. La fidélité à la vieille coutume est particulièrement marquée dans les institutions de Sparte, qui conservent pour les adolescents une méthode d'éducation purement virile, d'où les femmes sont exclues. L'amour des garçons y était, en effet, une prescription légale, sanctionnée par des pénalités : selon Elien (*Variae historiae*, III, 11), les éphores punissaient le garçon de famille aristocratique qui n'avait point d'amant et ils infligeaient une amende aux beaux garçons qui avaient préféré un amant riche à un honnête homme pauvre.

Ces pratiques ont d'autant plus stupéfié les historiens modernes que leur but essentiel était l'éducation des jeunes garçons. Après l'enlèvement, l'éraste se substitue au père dans l'éducation de l'adolescent pour une période déterminée, qui s'achève par un sacrifice, un banquet et des présents offerts à l'éromène. L'union sexuelle est considérée par les Grecs comme un moyen éducatif puissant qui permet à l'éraste de

244

transmettre à son élève un message moral et les privilèges essentiels de la vie de l'esprit. La beauté physique de l'adolescent recèle, selon l'opinion commune, une potentialité spirituelle que son amant éveille et fait épanouir.

Si l'on cherche à approfondir la nature de l'amour grec dans le cadre moral et institutionnel des sociétés antiques, on ne peut échapper à l'impression qu'il y a dans cette forme d'éducation certains traits anachroniques, une inadaptation à la société ambiante, qui constitue une sorte de scandale, non un scandale de moralité, puisque les rapports homosexuels sont pratiqués ouvertement dans toutes les sociétés antiques, mais un scandale anthropologique : la société grecque, en effet, est régie par le système patriarcal, qui soumet les enfants à l'autorité paternelle ; on ne peut donc s'expliquer pourquoi un adolescent est enlevé à cette autorité pour recevoir d'un étranger les principes essentiels de son éducation. Dès lors, il paraît évident que la pédérastie initiatique et éducative est en contradiction avec la société patriarcale, dont elle nie les principes essentiels, et que nous sommes en présence d'un fossile sociologique, de quelque chose qui vient d'ailleurs et dont l'étrangeté nous surprend. Ces réflexions nous mettent sur la voie d'une explication : les relations de l'éraste et de l'éromène dateraient d'une époque où la paternité n'existait pas. Sinon, on ne pourrait comprendre comment le père se serait laissé dépouiller de ses prérogatives les plus fondamentales à l'égard de ses enfants de sexe masculin. Et cette explication paraîtra encore plus claire, si l'on se rappelle le principe suggéré par les origines du fosterage : les plus anciennes formes d'éducation sont antérieures à la reconnaissance de la paternité.

Il convient donc de rechercher les origines de cette institution dans les strates culturelles plus anciennes, où la paternité était ignorée. La strate néolithique matrilinéaire, qui est la plus proche, n'est vraisemblablement pas en cause, parce qu'elle était caractérisée par le sacerdoce féminin, la détention du savoir par les femmes. Mais certaines de ses institutions, comme les dortoirs d'adolescents, ont pu servir de relais à des pratiques plus anciennes. Les jeunes Crétois, en effet, vivaient en troupe, soumis à une éducation militaire. « *Ils s'asseyaient ensemble sur le sol pour manger*, rapporte Strabon, *portant des vêtements minables, été comme hiver.* » Il est vraisemblable qu'ils ne dormaient pas chez leurs parents, mais couchaient ensemble dans un lieu particulier, semblable aux dortoirs d'adolescents décrits par l'anthropologie. Ces organisations collectives étaient les *agélai* (troupes), bien connues en Crète et à Sparte, et dans lesquelles on rassemblait les jeunes garçons à partir de l'âge de sept ans. L'*agélè*, soumise à une discipline militaire, obéissait à un chef (*archon*), qui conduisait les chasses, dirigeait les gymnases et punissait les jeunes garçons récalcitrants. Comme tous les enfants étaient obligatoirement enrôlés dans ces troupes, il est normal de penser que l'éromène était enlevé par l'éraste au milieu de son *agélè* avec un consentement plus ou moins tacite.

L'enlèvement de l'éromène n'était donc pas un embarquement voluptueux pour Cythère. C'était un rite d'éphébie. La thèse d'Henri Jeanmaire (1939) a mis en lumière les analogies entre ces initiations helléniques et les initiations tribales d'Afrique orientale et australe, — rites marquant l'accession de l'adolescent au milieu de la tribu ou de la cité, avec des épreuves particulièrement dures qui rapprochent les écoles de brousse africaines des initiations spartiates. Qu'il s'agisse des écoles de brousse avec leurs brimades, leurs sévices cruels et leurs châtiments, qu'il s'agisse des crypties lacédémoniennes, avec leurs embuscades et leur chasse aux hilotes, ces rites archaïques et sauvages apparaissent en discordance avec la douceur des sociétés agraires au milieu desquelles ils se déroulent. Ils évoquent moins un entraînement militaire qu'une forme de retraite rappelant les conditions de la vie chasseresse.

Le système d'éducation le plus ancien

Au temps des Chasseurs, l'enfant vivait ses plus jeunes années chez les « mères ». Puis, probablement vers l'âge de dix à douze ans, il quittait leur campement pour rallier la horde nomade des adultes. Inévitablement, l'enfant s'attachait à un chasseur adulte dans des rapports dont le caractère sexuel ne posait alors aucun problème moral. Les adultes mâles, de leur côté, étaient en compétition pour recruter de jeunes garçons, auprès desquels ils pouvaient assumer la première simulation d'une paternité ignorée : initiation et éducation dans la vie des Chasseurs, qui fut le prototype de toute éducation.

246

La permanence de ces rites archaïques est celle de tous les rites de l'âge magique. Depuis les sociétés de chasseurs-collecteurs, ces rites se sont transmis pendant des millénaires, par le relais des dortoirs d'adolescents, à travers des sociétés qui évoluaient et auxquelles leur archaïsme devenait insensiblement étranger. Leurs pratiques homosexuelles, contrairement à ce qu'imagine une certaine opinion moderne, ne s'expliquent en rien par la tolérance ; car elles étaient, il faut le répéter, une partie intégrante et obligatoire d'une culture collective, dans laquelle la tolérance était inconnue.

Les relations de l'éraste et de l'éromène n'étaient institutionnelles que dans certaines sociétés, notamment chez les Crétois et les Lacédémoniens. Elles n'en constituent pas moins la toile de fond de l'amour grec dans son ensemble, qui est toujours — comme le montrent la littérature et les images de la céramique — une relation entre garçons d'âges différents. Dans l'homosexualité grecque, le désir réciproque de deux garçons appartenant à la même classe d'âge est virtuellement inconnu. En revanche, la recherche des jeunes garçons par leurs aînés a certainement été stimulée par le développement de la société patriarcale, qui imposait une rigoureuse ségrégation des sexes, rendant difficiles les rapports hétérosexuels, surtout dans la classe riche où l'utilisation des esclaves pour les tâches extérieures permettait de réaliser une parfaite claustration des femmes au gynécée.

Bien que ce phénomène soit commun à l'ensemble des peuples antiques, l'amour grec, exalté dans la mythologie, dépeint sous des couleurs charmantes par la littérature et profondément admiré par les philosophes, se présente sous un jour plus brillant. Avec l'apologie constante de ses fins spirituelles et le déroulement au grand jour des mœurs homosexuelles (alors que l'amour hétérosexuel est plutôt confiné), il est évident que la pédérastie grecque a fait l'objet d'une véritable épiphanie.

Il convient, à ce sujet, de méditer la remarque de l'helléniste allemand Wilamowitz-Möllendorf :

L'érôs n'associe que des égaux, ce qui veut dire que nous devons penser à autre chose qu'à la recherche occasionnelle d'une jouissance sensuelle auprès de son propre sexe. (Staat und Gesellschaft der Griechen und Römer, 1910, p. 91.)

L'explication la plus claire de ce phénomène de société est probablement d'ordre culturel. La pédérastie initiatique et éducative est une institution de classe : les Hellènes, qui avaient élevé leur culture à un degré supérieur, lui donnaient une base éducative dans cette forme personnalisée de l'éducation, de maître à adolescent, associée au pouvoir magique de l'érôs, qui est la plus ancienne forme connue de scolarité. La pédérastie éducative permettait ainsi de former l'élite dirigeante de la société de classes. La bipolarisation de l'éraste et de l'éromène est donc la base d'une éducation aristocratique. L'école collective, démocratisée, que dédaignent les poètes Théognis et Pindare, est nettement plus tardive et ne prendra toute son importance qu'après Aristote et Alexandre le Grand, dans l'ensemble du monde hellénistique.

Cette forme archaïque et aristocratique de l'éducation n'a pu atteindre le degré d'une épiphanie que chez des peuples parvenus assez tôt à un niveau supérieur de culture. Les Romains ne l'ont guère connue, parce que la culture latine s'est développée sous l'influence hellénistique à l'époque de l'école collective. Mais l'Inde médiévale en porte encore l'évidence dans les rapports du gourou et de son shishya (disciple), dont l'iconographie atteste le caractère sexuel. Dans les sculptures de Khajurâho, les gestes homosexuels représentent des personnages dont l'un au moins porte le costume monastique. De tels faits ne peuvent étonner que les puritains modernes, qui ignorent que l'érôs primitif est absolument amoral et que son caractère magique lui confère une fonction éducative et religieuse.

Lorsque Eschyle, dans les Myrmidons, mettait sur la scène Achille et Patrocle, il ne songeait certainement pas à faire jouer une pièce à scandale. Les deux vers qui nous restent de ce drame aujourd'hui perdu : « *Tu n'as pas eu d'égard pour la pure splendeur de tes cuisses, cruel, malgré tous nos baisers* », n'ont pas la résonance provocatrice qu'ils auraient devant un public puritain. A l'unisson de ses spectateurs, le pieux Eschyle pleurait sur la témérité de Patrocle, qui lui avait valu la mort.

La même ferveur anime Pindare, le contemporain d'Eschyle, lorsqu'il chante l'ultime amour de sa vie, Théoxène de Ténédos :

248

Il fallait cueillir les amours au temps propice, ô mon cœur, avec la jeunesse.

Mais celui qui peut voir rayonner les yeux de Théoxène sans qu'un désir déferle en lui, — celui-là doit avoir un cœur noir, forgé de fer ou d'adamas dans une flamme sans chaleur... (trad. Marguerite Yourcenar).

Selon une tradition, Pindare mourut à Argos, à l'âge de quatre-vingts ans, dans un théâtre ou un gymnase, où il s'était apparemment endormi dans les bras de cet adolescent qu'il chérissait entre tous. Légendaire ou historique, la mort de Pindare exalte un sentiment populaire et témoigne de cette épiphanie qui fait de l'éraste et de l'éromène le symbole même de la culture grecque classique.

Une éducation sociologiquement dépassée

Il n'en est pas moins vrai que cette forme de culture allait bientôt se trouver dépassée par l'évolution de la société. Tout d'abord, l'éducation aristocratique, qui convenait à la noblesse de la Grèce archaïque, devint complètement inadaptée à cette civilisation de la *paidéia* (éducation collective des enfants) qui a caractérisé le monde hellénistique. D'autre part, la dépréciation de l'homosexualité dans ses attitudes non-viriles devait inspirer des craintes au sujet de la « pureté » des adolescents. Ce problème était déjà posé au vi^e siècle av. J.-C., puisque la législation de Solon privait irrévocablement de sa qualité de citoyen le jeune Athénien qui se prostituait pour de l'argent. Mais il fut posé dans toute son ampleur au ive siècle, dans la société cultivée qui gravitait autour de Socrate et de Platon.

L'amour de l'éraste et de l'éromène est-il pur ? telle était la grande question. Ses partisans maintenaient la tradition aristocratique selon laquelle cet amour était le vecteur des plus hautes vertus. Selon d'autres, il pouvait n'être qu'un prétexte à des plaisirs sensuels. Platon voulait conserver le lien spirituel de l'éraste et de l'éromène en le dépouillant des rapports physiologiques ; dans les *Lois*, il condamnait tous les rapports sexuels qui ne tendaient pas à la procréation. Mais c'étaient là des positions d'intellectuels, qui n'affectaient en rien la bisexualité du monde grec. Après Platon, les plus hautes instances philosophiques trahissent leur indifférence au problème posé. Zénon, le maître de l'école stoïcienne, « n'usait que rarement de garçons » (Diogène Laërce) ; et il disait que l'on peut avoir des rapports charnels indifféremment avec des garçons ou des filles, et aussi bien avec les enfants qu'on aime qu'avec ceux qu'on n'aime pas. Quant à Epicure, dans sa « Lettre à Ménécée », il précise en ces termes sa discrimination des plaisirs :

> *Ce ne sont pas les beuveries, les festins ininterrompus, la jouissance de jeunes garçons ou de femmes, de poissons et de tout ce que comporte une table somptueuse, mais une raison sobre, qui recherche les causes des choix et des aversions, qui chasse les vaines opinions, d'où naissent la plupart des troubles qui s'emparent des âmes.*

Epicure ne visait qu'à l'ataraxie : à ses yeux, les plaisirs sensuels appartenaient à un monde qu'il fallait dépasser, quelque chose d'analogue à ce que les Indiens appelaient la mâyâ, l'univers des apparences. A la même époque, les Bouddhistes, qui recherchaient le nirvâna, ne pensaient pas autrement.

Au IIe siècle de notre ère, le débat restait apparemment inchangé, si nous en jugeons par les quelques ouvrages à travers lesquels la polémique platonicienne a survécu. Plutar-que, qui plaidait pour l'amour hétérosexuel, ne pouvait cependant se résoudre à écarter les érastes des éromènes ; car il restait très admiratif pour tous les grands esprits qui avaient pratiqué les amours masculines, en les utilisant comme un moyen d'éducation privilégié pour la formation de la jeunesse. D'autre part, le Pseudo-Lucien, enflammé par les passions qu'inspire Aphrodite, n'en donne pas moins la palme à l'amour des garçons. Au fond, le débat était insoluble dans le cadre conceptuel du paganisme, attaché à une mythologie d'origine néolithique et gardant sa vénération pour un sys-tème éducatif assurément efficace, mais sociologiquement dépassé.

Et comme il n'est pas question de développer ici une

polémique illimitée, nous y mettrons un terme par un texte peu connu, extrait de la *Vie de Plotin*, œuvre de son disciple Porphyre. A ce moment, quelle que soit l'intensité de la polémique sur les pratiques sexuelles, il faut reconnaître le profond renversement de l'opinion publique qui s'est opéré depuis le début de l'ère chrétienne. La moralisation de l'érôs, la popularisation du mariage ont amené de larges couches sociales à réprouver les rapports traditionnels de l'éraste et de l'éromène. C'est dans ce contexte que vit Plotin, dont la maison est fréquentée par de nombreux jeunes gens et jeunes filles, envoyés chez le philosophe par leurs parents. Selon une approche sommaire de sa pensée, le schéma dialectique proposé à ce public par Plotin développe les lignes directrices de la pensée platonicienne. Mais, en réalité, ce néo-platonisme accuse une mutation significative. La pensée platonicienne concernant l'Amour partait de l'émotion sensible inspirée par la beauté physique de l'adolescent, émotion que le philosophe s'efforçait de transcender en amour divin dans une démarche analogue à celle du *Cantique des cantiques*, ou de la pensée hindoue, qui utilisaient le vocabulaire de l'amour charnel pour exprimer l'aspiration vers Dieu. Mais chez Plotin l'atmosphère psychologique est très différente, car l'Amour plotinien est un élan infini, qui ignore toute attache avec la sexualité. Il est indispensable de comprendre cette mutation pour reconnaître les fondements philosophiques du syndrome anti-sexuel, qui intervient désormais dans la polémique en question.

La scène racontée par Porphyre se passe à Rome, sous le règne de l'empereur Gallien, vers 260 apr. J.-C. :

> *Un jour le rhéteur Diophane lut une apologie en faveur de l'Alcibiade du* Banquet *de Platon ; il y soutenait que, par vertu, un disciple doit se prêter aux désirs amoureux de son maître. Plotin s'agitait ; il se leva plusieurs fois pour quitter l'assemblée ; mais il se contint et, quand l'auditoire se fut séparé, il me prescrivit d'écrire une réponse. Diophane ne voulut pas me donner son livre ; je retrouvai de mémoire ses arguments et, devant les mêmes auditeurs réunis, je lus ma réponse. Plotin en fut si satisfait qu'il répétait continuellement pendant ma lecture : « Frappe ainsi si tu veux devenir une lumière pour les hommes. »*

Au recul relatif de l'homosexualité dans l'opinion publique au cours des premiers siècles de notre ère, correspond une certaine promotion de l'amour féminin, dont les grandes littératures antiques apportent le témoignage. L'amour de la femme avait certes existé depuis un temps immémorial, mais au sens d'une attraction purement physique et amorale. Ce qui est nouveau, c'est un érôs moralisé, qui situe la personnalité féminine dans le champ de la conscience. C'est aussi un renversement de l'objectif du mariage : alors que le mariage patrilinéaire était un acte juridique, excluant pratiquement la femme du domaine de l'amour, réservé aux garçons, la nouvelle tendance ouvre ce domaine au sexe féminin et édifie le mariage sur la base de l'amour hétérosexuel.

Nous en avons les indices dans les quelques romans grecs qui nous sont parvenus. Ces œuvres, écrites à des dates incertaines pendant la période de l'Empire romain, attestent une évolution dans l'idéal du mariage. Ce sont des récits très conventionnels, dont les protagonistes sont toujours un jeune homme et une jeune fille d'une extraordinaire beauté, épris d'un amour réciproque, qui doit finalement triompher de tous les obstacles placés sur leur chemin. L'idéalisme de ces romans ne nous amènera nullement à forclore leur témoignage, car ils ont été écrits pour plaire à un large public, celui qui sait lire le grec, qui existe non seulement dans la partie orientale de l'Empire romain, mais aussi dans sa partie occidentale.

Xénophon d'Ephèse, dans les Ephésiaques, nous donne le très bel exemple des amours d'Habrocomès et d'Anthia, enlevés par des pirates après leur mariage, et qui après de multiples tribulations se retrouvent : pendant leur longue séparation, ils sont restés chastes, fidèles l'un à l'autre.

Mais je te suis aujourd'hui revenue, ô cher Habrocomès, s'écrie Anthia, telle que je te quittais jadis, quand on m'emmena de Tyr en Syrie : nul ne m'a su persuader de violer ma foi...

Ce récit est irréaliste, il ne représente pas la société telle qu'elle est, mais il en représente les rêves — de même que le « mélodrame où Margot a pleuré » peint les rêves d'un certain milieu social au XIXe siècle.

Dans une œuvre du IIe siècle de notre ère, le Roman de *Chairéas et Callirhoé*, Chariton d'Aphrodisias peint les amours de deux adolescents d'une surprenante beauté en des termes excessifs : « *Callirhoé, elle, n'eût trouvé aucun plaisir à se marier avec Zeus ; elle eût refusé l'immortalité pour un seul jour passé avec Chairéas.* » De telles outrances font peut-être de la mauvaise littérature, mais elles n'en constituent pas moins un document historique.

Le plus célèbre de ces documents romanesques est l'œuvre de Longus, les *Pastorales,* qui racontent les amours touchantes de Daphnis et Chloé en des termes d'une voluptueuse simplicité. La scène se passe dans l'île de Lesbos. Les jeunes protagonistes, un berger et une bergère, tombent amoureux l'un de l'autre. Lorsque Daphnis se baigne pour laver son corps souillé de boue, Chloé le lave, elle admire son corps nu et n'a d'autre pensée que de le revoir :

> *Lors, le soleil étant à son couchant, ils ramenèrent leurs bêtes à l'étable, et Chloé n'éprouvait autre chose que le désir de voir encore Daphnis laver son corps nu.*

Arrive l'été, et l'amour des deux jeunes gens grandit encore dans la douceur d'une nature propice :

> *On eût dit que les fleuves chantaient en menant leur cours paisible, que les vents jouaient de la syrinx quand ils soufflaient dans les branches des pins, que les pommes se laissaient tomber à terre énamourées, et que le soleil, épris de beauté, ne voulait que corps dévêtus.*

Mais la défloration de Chloé n'aura lieu que dans la nuit de leur mariage.

La conclusion des *Pastorales* est très caractéristique, car, dit l'auteur, « *leurs dieux furent toujours les Nymphes, Erôs et Pan* ». Cela signifie que, dans ce roman païen et optimiste, les amours et le mariage sont placés sous la protection de divinités de la strate primitive, qui étaient originellement redoutables. Au début de l'ère chrétienne, on ne craint pas de leur confier la sauvegarde d'un couple. Mais il ne faut pas trop s'étonner que Pan, qui était un dieu de l'Age d'or, soit invoqué comme le médiateur de ce retour idéaliste vers un passé supposé meilleur.

Cependant ces romans grecs ne sont que des rêves d'évasion. Où trouver un amour véritable en dehors de la famille d'où l'amour est proscrit ? Il reste l'amour des courtisanes, cette institution de l'âge patrilinéaire, dans laquelle survit quelque chose du libre amour des « maris visitants » et des idylles sensuelles évoquées par le *Rig Veda*.

... et dans le théâtre sanskrit

Au temps de l'Empire Gupta, qui était contemporain de l'Empire romain, les hautes classes de l'Inde du Nord avaient sans doute les mêmes rêves que les hautes classes du monde grec ou hellénisé : à travers les conventions du théâtre sanskrit, transparaissent les goûts d'une société qui rêve aussi d'une évasion dans une histoire d'amour au dénouement merveilleux. Mais, tandis que le drame de *Shakuntalâ*, chef-d'œuvre du poète Kâlidâsa, se déroule dans les paysages désuets du mariage gândharva, le mélodrame romantique de Shoudraka, le *Chariot de terre cuite* (la célèbre *Mricchakatikâ*) se situe sur un autre versant de la société, celui de l'amour vénal. C'est une grande habileté de Shoudraka, qui évite ainsi les entraves opposées à l'expression de l'amour par le mariage classique, en offrant à son public la peinture d'un amour libre et voluptueux dans le monde des courtisanes : l'opinion publique, en effet, aurait été choquée par ce langage passionné chez une femme mariée, de qui on exige la soumission et la chasteté, alors que le statut de la courtisane offre encore en milieu indien les plus larges possibilités d'expression à cet amour traditionnel.

Vasantasénâ, la courtisane, s'est éprise d'un jeune Brahmane pauvre, Chârudatta, un de ces êtres d'élite que l'on rencontre parfois sur les sentiers discrets des hautes cultures religieuses. L'amour charnel de Chârudatta ne l'aveugle point sur le néant du monde. Quant à Vasantasénâ, ni la beauté, ni la richesse, ni le pouvoir ne l'ont égarée dans la vulgarité ; elle est une de ces hétaïres qui ont leur place dans la plus haute société. Le récit dramatique de leur amour atteint son point culminant dans l'acte de « l'Orage », — la plus illustre description littéraire de la mousson, qui explose, fulgurante et ruisselante, dans la nature indienne. En cet instant, les amants sont séparés et leur passion prend tout son relief à vaincre les obstacles des météores déchaînés :

> Qu'à cette heure où le ciel est éclairé par les nuages fulgurants et parfumé par les kadambas et les nîpas en fleurs, cette belle, ivre d'amour, joyeuse, et dont la chevelure est toute mouillée par la pluie, vient d'arriver chez son bien-aimé. Effrayée par la lueur des éclairs et les grondements du tonnerre, elle soupire après sa vue en se lavant les pieds couverts par la boue qui s'est attachée aux anneaux dont ils sont ornés.

Les amants enfin se retrouvent et Chârudatta clame sa joie comme un défi :

> Oh ! nuage, tu peux gronder de plus en plus fort, puisque, grâce à toi, mon corps souffrant d'amour devient semblable à la fleur du kadamba, tressaille d'allégresse et sent naître le désir au contact de ma bien-aimée.
> Heureux ceux que leurs amantes sont venues voir et qui enlacent dans leurs membres les membres de celles-ci, mouillés et refroidis par l'eau du nuage !

On a dit avec raison que le *Chariot de terre cuite,* de même que le vaste ensemble du théâtre sanskrit, ne donne pas un tableau authentique de la société indienne ; car c'est un habile montage de thèmes éprouvés, comme la courtisane amoureuse d'un jeune homme pauvre ; et les courtisanes n'habitent pas un somptueux palais comme Vasantasénâ. C'est donc un tableau de mœurs imaginaires empruntées à une littérature romanesque, qui s'apparente à celle du roman grec contemporain. Cependant cette brillante fantaisie ne saurait masquer à nos yeux ce que le *Chariot de terre cuite* a de typiquement indien et d'universellement humain : les archétypes sociaux et psychologiques d'une société millénaire, qui reste un des modèles les plus suggestifs du monde antique.

La société cultivée, à laquelle le spectacle était destiné, y reflète un univers sentimental apparenté à celui des romans grecs de ce temps. Ce que l'on ne peut vivre dans un amour conjugal, on en éprouve les phantasmes compensatoires dans une littérature de rêve où vivent encore les archétypes inoubliés d'un monde sans paternité. Le déchaînement de l'amour y garde la fraîcheur impavide des époques barbares, où le désir ne s'adornait pas de prétextes moraux pour se justifier. Mais, par les assimilations cumulatives de la culture, il s'y joint une attention à la personnalité féminine, une compassion pour l'autre, qui fait de ce drame la création la plus romantique de toutes les littératures anciennes.

Et le rêve indien côtoie la réalité dans une troublante intimité. Car Vasantasénâ, dans sa soif de maternité, est attirée par l'enfant Rohaséna, le fils de Chârudatta, qui joue avec un chariot modelé dans l'argile et lui demande un chariot d'or. L'enfant ne veut pas croire qu'elle est sa mère, parce qu'elle porte sur elle des vêtements et des bijoux magnifiques. Alors Vasantasénâ, qui ne peut donner que ce qu'elle a, détache en pleurant ses propres bijoux pour que Rohaséna puisse s'acheter un chariot d'or et, en s'essuyant les yeux, elle les dépose dans le chariot d'argile.

RÉFLEXIONS SUR LA RÉVOLUTION
PATRILINÉAIRE

*Ma mère, aujourd'hui me revient à la mémoire la
trace de vermillon qui marquait l'arrêt de votre cheve-
lure, le sari que vous portiez, avec sa large bordure
rouge, et vos yeux, ces yeux si beaux, si profonds, si
paisibles. Ils ont éclairé pour moi le voyage de la vie,
comme la première lueur de l'aube, et m'ont donné un
viatique d'or à porter tout le long de ma route.*

Rabindranath Tagore, *La Maison et le Monde.*

L'un des résultats les plus évidents de la révolution patrilinéaire est l'abaissement du statut de la femme par la mainmise de l'homme sur l'organisation familiale, la société et la
religion. Et cependant ce n'est pas un des moindres paradoxes
de l'Histoire que de constater simultanément la révélation de
la Mère dans une épiphanie qui transcende les valeurs de la
société masculine.

Dans les sociétés préhistoriques, en effet, il ne faut pas
confondre la Mère et les Mères. Celles-ci sont la réalité
concrète d'une génération de femmes qui enfantent et élèvent
collectivement les enfants : dans le système classificatoire de
parenté, aucun enfant ne pouvait dire « ma mère », en affirmant ainsi cette appropriation exclusive qui referme sur lui-
même le cercle familial. La Mère, dont les milliers de statuettes grossières nous donnent un témoignage, n'était que le
signe magique du principe de fécondité ; elle n'était pas un
personnage particulier. Il a fallu la fondation de la famille
nucléaire et l'avènement de la parenté descriptive pour que la
Mère se réalise dans une entité sociale, perceptible à chaque

enfant qui n'est pas orphelin ; et dans cette entité s'identifient un dévouement personnel et une continuité de culture avec plus de force que dans la succession des pères plus lointains.

La vitalité de l'idée maternelle est ainsi pérennisée dans la famille patriarcale, dont la Mère personnalisée maintient l'unité profonde. Sous l'apparence de la victoire patrilinéaire, la permanence maternelle, qui est au foyer de la famille, s'épanouit dans la multiplicité des cultes féminins. Les chroniqueurs nous ont accoutumés à déchiffrer l'Histoire à travers la trame événementielle de la geste masculine, qui est le roman héroïque et sanglant des maîtres. Mais cet éclairage superficiel laisse deviner, sous-jacente, la vie discrète du monde féminin, dont voici une évocation dans un village mexicain actuel :

> *Les femmes ne sont pas habitées par l'angoisse de toucher la mort souveraine et de s'en rendre maîtresses. Elles sont en contact étroit avec le cycle de la vie et de la mort : elles lavent les morts, elles donnent naissance, elles accouchent ou avortent leurs voisines ; elles enterrent leur époux ou leur fils. Leur rôle social, elles l'acquièrent d'emblée par les liens du sang, en mettant des enfants au monde, et elles n'ont pas à se mesurer à leurs semblables pour se créer une image* (Véronique Flanet, *La Maîtresse Mort*, 1982).

Cette peinture d'un envers social fait ressortir les frustrations masculines dans une société livrée à la violence. La société des hommes, telle que la décrit Véronique Flanet dans le village de Jamiltepec réduit le masculin créateur à « *la virilité dans sa plus brutale expression : la force, l'orgueil, la violence, le machisme souverain* ». La tristesse incommensurable de la vie livre le sexe masculin à une fuite en avant dans la violence, par laquelle il cherche une compensation à son désespoir et aux frustrations causées par la mainmise de la femme sur les actes fondamentaux de la vie.

> *On comprendra*, ajoute Véronique Flanet, *que les femmes peuvent évoluer au milieu de la violence masculine avec une certaine assurance laissant les hommes à leurs tourments. Et il n'est pas étonnant qu'aux heures les plus difficiles, ceux-ci perçoivent la femme comme un être de glace.*

En méditant sur le drame de la société mexicaine, qui est loin de représenter un cas isolé dans le monde, nous effleurons l'ambiguïté de la révolution patrilinéaire, qui semble réaliser toutes les ambitions des mâles, mais en les frustrant des peines et des privilèges de la féminité. La couvade n'est-elle pas une tentative de retour à cette assomption de la féminité ? En essayant de dégager ce qui apparaît encore des structures matrilinéaires primitives, nous avons constaté que la femme était inamovible dans son lignage et qu'elle détenait une imprescriptible fonction de filiation dans son groupe biologique. Ces privilèges, elle les a perdus, puisque la forme patrilinéaire de l'exogamie l'arrache à son lignage pour la marier et que la fonction de filiation est désormais assumée par l'homme. En revanche, elle trouve, dans le foyer nouveau qu'elle construit, les bases de la puissance assumée par la Mère : la matrifocalité des sociétés traditionnelles, où la Mère exerce un pouvoir incontesté, est plus proche du prétendu matriarcat que ne l'avaient jamais été les sociétés matrilinéaires.

LA PATERNITÉ,
UN GAIN DE LA CULTURE

La formation de la famille patrilinéaire est due à la convergence de trois faits d'origine préhistorique : l'exogamie, la parenté descriptive et la découverte de la paternité, sans oublier le rôle décisif du déclenchement des guerres. L'exogamie, en rompant l'immémoriale endogamie des groupes humains, ouvrit tout d'abord la voie vers la formation de sociétés nouvelles qui seraient autre chose que les groupes consanguins primitifs. Mais les plus anciennes classifications de parenté reposaient sur la notion de catégories de parents, pères et mères, frères et sœurs, et notamment sur la confusion terminologique entre les siblings et les cousins, attestée dans la plupart des langues du monde grâce au conservatisme sémantique par lequel survivent des formes de langage correspondant aux concepts d'une société disparue. Il fallut l'avènement de la parenté descriptive, avec ses degrés de parenté appliqués à des personnes distinctes, pour sortir de ce collectivisme protofamilial : c'était la condition indispensable à la constitution de familles restreintes se distinguant des groupes aux affinités larges. Quant à l'idée de paternité, il importe de reconnaître qu'elle n'était pas une donnée immédiate de la conscience, comme le sont les notions de naissance, de maternité ou de mort, mais qu'elle fut un de ces acquis culturels de la Protohistoire, dont l'origine devint par la suite si confuse qu'on a pu la croire ancrée dans la conscience humaine depuis un passé immémorial. En réalité, elle n'est qu'une innovation assez récente, puisque nous retrouvons les traces de ses origines dans un passé légendaire, c'est-à-dire mémorisé, qui appartient à la Protohistoire. C'est la reconnaissance de cette idée de paternité qui permit de fonder la famille sociale sur les bases réelles de la parenté biologique constituée par la mère, le père et leurs enfants.

Cette généalogie des institutions humaines les plus fondamentales n'a pu être établie que par l'élaboration d'une chronologie. La datation de l'idée de paternité se situe ainsi dans une séquence événementielle qui devient *ipso facto* datable. La chronologie de la Préhistoire récente et de la Protohistoire s'ordonne désormais selon la logique de l'enchaînement des faits, car il n'est pas possible de confondre les concepts, les comportements et les institutions qui précèdent l'idée de paternité avec ceux qui la suivent. Le flou chronologique, dans lequel baignaient de larges pans de l'évolution, fait place à une dialectique où sociétés matrilinéaires et patrilinéaires s'enchaînent logiquement avec toutes leurs implications. L'irruption de l'idée de paternité dans l'Histoire permet ainsi d'étaler sous nos yeux la chronologie évidente de l'évolution des sociétés, — ce qui condamne sans appel l'anthropologie fixiste.

Lorsque l'on a admis que l'idée de paternité est un gain de la culture (sans y impliquer un jugement de valeur), on comprend aisément que la résurgence de cette idée dans la chronologie historique est un gain décisif pour les sociétés humaines. Elle nous aide à saisir la conceptualisation préhistorique et protohistorique à travers les fossiles sociologiques transmis par la tradition. Et surtout elle nous apporte la révélation du renversement des valeurs sans lequel notre société ne serait pas ce qu'elle est. Ce renversement historique, opéré par la révolution patrilinéaire, fait apparaître clairement qu'il existe différents systèmes de valeurs éthiques, appropriés à chaque type de société. En effet, dans chaque société, l'ignorance primitive de l'évolution impliquait la croyance en l'immutabilité de la morale ; et par suite, chaque morale particulière était érigée en absolu, en loi universelle et divine. Mais, si l'on introduit le principe de l'évolution dans l'anthropologie, il devient évident qu'il n'existe aucun système de valeurs privilégié en fonction duquel on pourrait juger tous les autres. Tous les systèmes de valeurs éthiques sont des constructions sociales particulières, plaquées en discordance sur le fond d'une sexualité irréductible. Le développement des concepts et des techniques peut nous donner l'impression d'un progrès relatif des systèmes de valeurs ; mais dans le domaine de l'organisation familiale, ce développement ne peut mettre fin à l'inévitable discordance, car la sexualité brute n'assure que la perpétuité de la vie et non celle de la civilisation.

Depuis le xixe siècle, de nombreux auteurs ont tenté d'élucider l'histoire de la famille, notamment Engels, Giraud-Teulon, Westermarck, Briffault. Mais ils ne pouvaient point atteindre une approximation satisfaisante de la réalité, parce que l'irruption de l'idée de paternité dans le courant de l'Histoire restait inconnue et parce que les sources sanskrites n'étaient pas suffisamment exploitées. Cette double carence entretenait le flou chronologique dans lequel il était difficile de démontrer l'évolution des sociétés et la particularité imprescriptible de chaque système de valeurs. C'est pourquoi le système de valeurs occidental du xixe siècle, conforté par la supériorité temporaire de l'Occident, fut érigé abusivement en absolu, alors qu'il était inapte à donner une vue compréhensive d'un univers qui le dépassait. Il nous faut donc reclasser ce système parmi les états transitoires d'un monde en évolution, ce qui nous amène à constater la dérive inéluctable de ce qui paraissait absolu. En constatant cette dérive, l'anthropologie ne vise pas à déstabiliser les sociétés, mais à faire comprendre comment celles-ci se déstabilisent.

Il nous apparaît ainsi que la résurrection historique de l'idée de paternité constitue un gain culturel sur plusieurs plans : la formation de la famille patrilinéaire, la chronologie des types de sociétés, l'irréductible valeur de chaque système éthique. En permettant de reconstruire scientifiquement l'histoire sociale, cette résurrection de l'idée de paternité est donc un acte scientifique, qu'il faut considérer comme tel, — de même que tous les actes scientifiques par lesquels l'idée de l'évolution dans l'Univers s'est imposée.

BIBLIOGRAPHIE

THÈMES GÉNÉRAUX

BORDES, F. *Le Paléolithique dans le monde*. Paris, Hachette, 1968.

BOUSQUET, G. H. *L'Ethique sexuelle de l'Islam*. Paris, Maisonneuve et Larose, 1966.

BRIFFAULT, Robert. *The Mothers*. London, Allen & Unwin, 3 vol. 1927.

CAMPS, Gabriel. *La Préhistoire. A la recherche du paradis perdu*. Paris, Librairie Académique Perrin, 1982.

CHALINE, Jean. Le Quaternaire. *L'histoire humaine dans son environnement*. Paris, Dion, 1972.

CHAUVIN, Rémy. *Psycho-Physiologie*. II, *Le comportement animal*. Paris, Masson, 1969.

CRAWLEY, Ernest. *The mystique rose. A study of primitive marriage*. London, 1902.

DAWSON, Christopher. *The Age of Gods*. London, 1928.

DUMEZIL, Georges. *Ouranos-Varuna*. Paris, Adrien Maisonneuve, 1934.

ELIADE, Mircea. *Traité d'histoire des religions*. Paris, Payot, 1974.

ELIADE, Mircea. *Histoire des croyances et des idées religieuses. 1. De l'âge de pierre aux mystères d'Eleusis*. Paris, Payot, 1976.

ESCALON DE FRONTON, Max. « La fin du monde des chasseurs et la naissance de la guerre », in *Courrier du C.N.R.S.*, 1977, p. 28-33.

FRAZER, James. *Folk-lore in the Old Testament*. 3 vol. 1919.

FRAZER, James. *The Golden Bough, a study in comparative religion*, London, 1911 (1890), 2 vol. — *Le Rameau d'or*, Paris, 1925-1935.

GIRAUD-TEULON, A. *Les origines du mariage et de la famille*, Genève, Paris, 1884.

GORDON, Pierre. *Le sacerdoce à travers les âges*. Paris, 1950.

HARTLAND, E. S. *Primitive society. The beginnings of the family*. London, 1921.

JAMES, E. O. *Le Culte de la Déesse-Mère dans l'histoire des religions,* Paris, Payot, 1960.

JOLLY, Alison. *The evolution of primate behavior.* London, Macmillan Series in Physical Anthropology, 1972.

LINDNER, Kurt. *La chasse préhistorique.* Paris, 1941.

MAISCH, Herbert. *L'inceste.* Paris, Laffont, 1970 (trad. de l'allemand, 1968).

MAKARIUS, Laura Levi. *Le sacré et la violation des interdits.* Paris, Payot, 1974.

MAKARIUS, Raoul et Laura. *L'origine de l'exogamie et du totémisme.* Paris, Gallimard, 1961.

MONBERG, Torben. « Fathers were not genitors », in *Man,* March 1975.

MORGAN, Lewis H. *Ancient society.* Cambridge, Mass., Belknap Press of the Harvard University Press, 1964. — *La Société archaïque,* Introd. de Raoul Makarius — Paris, Anthropos, 1971.

MURRAY, Margaret. *The God of the witches.* London, Oxford University Press, 1977 (1931).

SHERFEY, Mary Jane. *The nature and evolution of female sexuality.* New York, Random House, 1972.

WARD, R. H. and Weiss K. M. edit. *The demographic evolution of human populations.* London, New York, San Francisco, Academic Press, 1976.

WASHBURN, S. L. and MOORE, S. *Ape into man. A study of human evolution,* Boston, Little, Brown & co., 1974.

WESTERMARCK, Edward. *Histoire du mariage.* Paris, 1935.

ZUCKERMANN, Dr S. *La Vie sexuelle et sociale des singes.* Paris, Gallimard, 1937 (trad. de l'anglais : *The Social Life of Monkeys and Apes*).

AFRIQUE

BEIDELMAN, T. O. *The matrilineal peoples of Eastern Tanzania,* London, 1967.

CHAMLA, Marie-Claude. *Les hommes épipaléolithiques de Columnata* (Algérie occidentale). Paris, Mémoires du Centre de Recherches Anthropologiques préhistoriques et ethnographiques, Arts et Métiers graphiques, 1970.

DUPUIS Jacques. « Les Iles Canaries avant la conquête espagnole (d'après le Manuscrit de Torriani) », in *Caravelle* (Toulouse), Cahiers du Monde hispanique et luso-brésilien, 33, 1979, p. 91-102.

EVANS-PRITCHARD, E. E. *Kinship and marriage among the Nuer.* Oxford University Press, 1951.

GAUDRY, Mathéa. *La société féminine au Djebel Amour et au Ksel.
Etude de sociologie rurale nord-africaine*, Alger, 1961.

KASHAMURA, Anicet. *Famille, sexualité et culture. Essai sur les mœurs
sexuelles et la culture des peuples des Grands Lacs africains*. Paris,
Payot, 1973.

RADCLIFFE-BROWN, A. R. and FORDE, D., edit. *African systems of
kinship and marriage*. London, 1950 (trad. française, 1953).

AMÉRIQUE

BUSCHNELL, G. H. S., *Le Pérou*. Arthaud, 1958.

COE, Michael D. *The Maya*. London, Thames & Hudson, 1966.

EGGAN, Fred. *Social organization of the Western Pueblos*. Chicago,
1950.

FLANET, Véronique. *La Maîtresse Mort*. Paris, Berger-Levrault, 1982.

KARSTEN, Rafael. *The Civilization of the South American Indians*,
London, 1926.

KRICKEBERG, Walter. *Altmexikanische Kulturen*. Berlin, s.d. *Las anti-
guas culturas mexicanas*. Mexico, 1956, rééd. 1961.

LARCO HOYLE, Rafael. *Checan. Essai sur les représentations érotiques
du Pérou précolombien*. Genève, Paris, Munich, Ed. Nagel, 1965.

MAC-LEAN y ESTENOS, Roberto. *Sociologia peruana*. Lima, 1942.

METRAUX, A. « Les Indiens Uro-Cipaya de Carangas », in *Jour. Soc.
Americ.*, 27, 1935.

OLSON, Ronald E. « Clan and Moiety in native America », in :
*University of California publications in American archeology and
ethnology*, vol. 33, N° 4, 1933.

SERRANO, Antonio. *Los primitivos habitantes del territorio argentino*.
Buenos Aires, 1930.

THOMPSON, Eric. *Grandeur et décadence de la civilisation maya*. Paris,
Payot, 1973.

WAVRIN, Marquis de. *Les Indiens sauvages de l'Amérique du Sud*.
Paris, 1948.

AUSTRALIE ET OCÉANIE

DANIELSSON, Bengt. *L'amour dans les mers du Sud* (trad. de l'anglais).
Paris, 1957.

DUBOIS, Marie-Joseph. *Gens de Maré. Ethnologie de l'Ile de Maré. Iles
Loyauté. Nouvelle Calédonie*. Paris, Anthropos, 1984.

DEACON, A. Bernard. *Malekula, a vanishing people in the New Hebrides*.
London, Routledge, 1934.

ELKIN, A. P. *Les Aborigènes australiens*. Paris, Gallimard, 1967.

ELLIS, William. *A la recherche de la Polynésie d'autrefois (Polynesian Researches)*. Paris, Soc. des Océanistes, Musée de l'Homme, 1972.

FOX, C. E. *The Threshhold of the Pacific*. London. 1924.

GADJUSEK, D. Carleton. Sex avoidance and pederasty with juvenile fellatio as traditional homosexuality among bisexual Southwestern Kukukuku people in New Guinea, in *Program and Abstracts of the American Pediatric Society*, 74th Annual Meeting, Seattle, Wash., June 16-18, 1964.

GLAUMONT, M. « Usages, mœurs et coutumes des Néo-Calédoniens » in *Revue d'Ethnographie*, 7, 1889, p. 73-141.

LEENHARDT, M. *Gens de la Grande Terre*, Paris, 1937.

MALINOWSKI, Bronislav. *The Family among the Australian aborigines*. New York, 1963.

MALINOWSKI, B. *Sex and repression in a savage society*. London, 1927. Trad. *La vie sexuelle chez les sauvages. Paris, 1930*.

MEAD, Margaret. *Mœurs et sexualité en Océanie*. Paris, Plon (trad. de : *From the South Seas*, New York, 1939).

PANOFF, Michel. La terminologie de la parenté en Polynésie, in *L'homme*, 5, 1965, p. 60-87.

PÉRICAUD, René. *La Société polynésienne et son évolution*. Paris, Sorbonne, 1978.

SPENCER, B. *Native tribes of Northern Territory of Australia*. London, 1914, p. 25.

SUGGS, Robert C. *Marques and sexual behavior*. London, Constable, 1966.

TESTART, Alain. *Des classifications dualistes en Australie. Essai sur l'évolution de l'organisation sociale*. Paris, Maison des Sciences de l'Homme, Université de Lille, 1972, 222 p.

ÉGYPTE

BUTZER, Karl W. *Early hydraulic civilization in Egypt. A study in cultural ecology*. University of Chicago Press, 1976.

FRANKFORT, M. *Ancient Egyptian Religion. An interpretation*. New York, Columbia Univ. Press, 1949.

GAUTHIER, Henri. *Les Fêtes du Dieu Min*. Le Caire, Inst. Français, Archéologie Orientale, 1931.

LECLANT, Jean. « Les textes des Pyramides » in *Textes et langages de l'Egypte pharaonique*. Institut français d'archéologie orientale du Caire, Bibliothèque d'Etude, T. LXIV/2, p. 37-52, 1974.

MORET, Alexandre. *Le Nil et la Civilisation égyptienne*. Paris, 1937.

MURRAY, Margaret. Marriage in ancien Egypt. *Congrès international des Sciences Anthropologiques et Ethnologiques*, Londres, 1933, p. 282.

MURRAY, Margaret. *The Splendour that was Egypt*. (New and revised edition). London, Sidgwick & Jackson, 1963 (1949).

PESTMAN, P. W. Marriage and matrimonial property in Ancient Egypt. A contribution to establishing the legal position of woman, in *Papyrologica Lugduno-Batava*, vol. IX, Leiden, Brill, 1961.

PIRENNE, Jacques. *Histoire de la civilisation de l'ancienne Egypte*. Paris, 1962, 3 vol.

PIRENNE, Jacques. *Histoire des institutions du droit privé dans l'ancienne Egypte*, tome I, Bruxelles, 1932.

SAUNERON, Serge. *Les prêtres de l'ancienne Egypte*. Paris, 1957.

SETHE, Kurt. « Heroes and hero-gods » in *Hastings Encyclopaedia of Religion*, 1913, pp. 647-652.

SETHE, Kurt. *Urgeschichte und älteste Religion der Agypter*, Leipzig, 1930.

SPELEERS, Louis. *Comment faut-il lire les Textes des Pyramides Egyptiennes ?* Bruxelles, 1934.

EUROPE

ARON, Albert William. *Traces of Matriarchy in Germanic Hero-Lore*. Univ. of Wisconsin Studies in Language and Literature, 9. Madison, 1920.

FARNSWORTH, W. O. *Uncle and Nephew in the old French Chanson de geste*. New York, 1913.

GUERREAU-JALABERT, A. Sur les structures de la parenté dans l'Europe médiévale, in *Annales*, 1981, p. 1028-1049.

KOVALEVSKY, Maxime. « La Famille matriarcale au Caucase », in *L'Anthropologie*, IV, 1893, p. 259-278.

LE ROY LADURIE, Emmanuel. *Les Paysans du Languedoc*. Paris, Ecole Pratique des Hautes Etudes, 2 vol., 1966.

LUMLEY, H. de. *La Préhistoire française*. Paris, C.N.R.S., 1976.

MARKALE, Jean. *L'Epopée celtique d'Irlande*. Paris, Payot, 1971.

MAURY, L. F. Albert. *Les Fées au Moyen Age*. Paris, 1843. Rééd. *Croyances et Légendes du Moyen Age*, Paris, 1896.

VRIES, Jean de. *Altgermanische Religionsgeschichte*. Berlin, 1956.

VRIES, Jean de. *La Religion des Celtes*. Paris, Payot, 1963.

TURMEL, Joseph. *Histoire du Diable*. Paris, 1931.

WOOD-MARTIN, W. G. *Traces of elder faiths of Ireland*, 2 vol. New York, London, 1970 (1902).

EXTRÊME-ORIENT

BANKS, D.J. Changing kinship in North Malaya, in *American Anthropologist*, 74, 1972, p. 1254-1275.

BARNES, R. H. *Kedang. A study of the collective thought of an Eastern Indonesian people*. Oxford, Clarendon Press. 1974.

FÊNG, Han-Yi. *The Chinese Kinship System*. Cambridge, Mass., Harvard University Press, 1948.

FISCHER, H. Th. « The concept of incest in Sumatra », in *American Anthropologist*, 52, 1950, p. 219-224.

FREEDMAN, Maurice, edit. *Family and Kinship in Chinese Society*. Stanford University Press, 1970.

FÜRER-HAIMENDORF, Christoph von. « Tribal tradition in a civilized world », in *Geographic Magazine*, 41, 1968-69.

GERNET, Jacques. *Le Monde chinois*, Paris, A. Colin, 1972.

GRANET, Marcel. *La Civilisation chinoise*. Paris, Armand Colin, 1929, réédit. 1968.

GRANET, Marcel. *Etudes sociologiques sur la Chine*. Paris, 1953.

GRANET, Marcel. *La féodalité chinoise*. Paris, Imago, 1981.

GRANET, Marcel. *Fêtes et chansons de la Chine ancienne*. Paris, 1919.

HA HYON-GANG. « Importance de la descendance masculine dans l'histoire de Corée », in *Revue de Corée*, VII, 2, Eté 1975, p. 39-54. Commission nationale pour l'UNESCO.

HO, Ping-ti. *The Cradle of the East*. University of Hong Kong, 1975.

JOSSELIN DE JONG, Patrick Edward de. *Minangkabau and Negri Sembilan. Socio-political structure in Indonesia*. Leiden, 1922.

KROEBER, A. L. « Kinship in the Philippines », in *Anthropological Papers of the American Museum of Natural History*, 1919, p. 73-84.

LOEB, Edwin. « Patrilineal and Matrilineal Organization in Sumatra » in *American Anthropologist*, 35, 1933, 36, 1934 (I. Batak ; II, Minangkabau).

PIRAZZOLI-T'SERSTEVENS, Michèle. *La Chine des Han*. Paris, Presses Universitaires de France, 1982.

TAKAHASHI, Akira. *Land and peasant in Central Luzon*. Tokyo, Institute of Developing Economics, 1939.

VAN GULIK, Robert. *La vie sexuelle dans la Chine ancienne*. Paris, Gallimard, 1961.

GRÈCE ET ROME

BETHE. « Die dorische Knabenliebe », in *Rheinisches Museum*, LXII 1907, p. 438-486.

BUFFIÈRE, Félix. *Eros adolescent, la pédérastie dans la Grèce antique.* Paris, Les Belles Lettres, 1980.

CUMONT, Franz. *Les Religions orientales dans le paganisme romain.* Paris, 1909.

DOVER, K. J. *Creek Homosexuality.* London, Duckworth, 1978 (traduit en français).

DUGAS, L. *L'Amitié antique d'après les mœurs populaires et les théories des philosophes.* Paris, 1894.

DUMÉZIL, Georges. *Flamen-Brahman.* Paris, 1935.

JEANMAIRE, Henri. *Couroi et Courètes.* Lille, Bibliothèque universitaire, 1939.

LICHT, Hans. *Sexual Life in Ancient Greece.* London, 1932.

MAFFESOLI, Michel. *L'Ombre de Dionysos. Contribution à une sociologie de l'orgie.* Paris, Méridiens-Anthropos, 1982.

MEYER, Eduard. *Histoire de l'Antiquité,* II, Paris, 1914.

VERNANT, Jean-Pierre. *Mythe et Société dans la Grèce ancienne.* Paris, Maspéro, 1974.

VEYNE, Paul. La famille et l'amour sous le haut-empire romain, in *Annales, Economies Sociétés Civilisations,* 33, 1978, p. 35-63.

WILAMOWITZ-MÖLLENDORF, Ulrich von, und B. NIESE. *Staat und Gesellschaft der Griechen und Römer.* Berlin, Leipzig, 1910.

WILLETTS, R. F. *Everyday life in Ancient Crete.* London, Batford, and New York, Putnam's Sons, 1969.

INDE ET ESPACE INDIEN

ALTEKAR, A. S. *Education in Ancient India.* Varanasi, 1965.

BROWN, Cheever Mackenzie. *God as Mother. A feminine theology of India,* Hartford, Vermont, Claude Stark, 1974.

DANGE, S. A. *India from primitive communism to slavery.* Bombay, People's Publishing House, 1949.

DANIÉLOU, Alain. *La Sculpture érotique hindoue.* Paris, Buchet-Chastel, 1973.

DANIÉLOU, Alain. *Shiva et Dionysos.* Paris, Fayard, 1979.

DE, Sushil Kumar. *Ancient Indian Erotics and erotic literature.* Calcutta, Mukhopadhyay, 1969 (1959).

DUBE, Leela. *Matriliny and Islam. Religion and Society in the Laquedives.* Delhi, National Publishing House, 1969.

DUPUIS, Jacques. *L'Inde et ses populations.* Bruxelles, Editions Complexe, 1982.

FÜRER-HAIMENDORF, Christoph von. « Youth dormitories and community Houses in India ». *Anthropos,* 45, 1950, p. 119-144.

GNANAMBAL, K. *Festivals of India.* Calcutta, Anthropological Survey of India, 1969.

HODSON, T. C. « Notes on the marriage of cousins in India » in *Man·in India*, vol. V, 1925, p. 163-175.

KARVE, Iravati. « Kinship terminology and Kinship usages in Rgveda and Atharvaveda », in *Annals of the Bhandarkar Institute* (Poona), 20, 1938-39.

KINSLEY, David R. *The divine player (a study of Krsna Lîlâ)*. Delhi, Motibal Banarsidas, 1979.

LAW, Bimala Churn. *Women in Buddhist Literature*. Colombo, 1927.

MEYER, Johann Jakob. *Sexual life in ancient India*. New York, 1953.

MOTI CHANDRA. *The World of courtesans*. Delhi, Vikas Publishing House, 1973.

NAKANE, Chie. *Garo and Khasi. A comparative study of matrilineal systems*. Paris, Mouton & Co., 1967.

NAKANE, Chie. « The Nayar Family in a Disintegrating Matrilineal System in John MOGEY, édit. *Family and Marriage*. Dharwar, Karnatak University, Dept. of Social Anthropology, 1963.

O'FLAHERTY, Wendy Doniger. *Women, Androgynes and other mythical beasts*. Chicago and London, Univ. of Chicago Press, 1980.

RIVERS, W. H. « The marriage of cousins in India », in *Journa\of the Royal Asiatic Society*, New Series, 1907, p. 611-640.

SANTOSH KUMAR MUKHERJI, (Santosha Kumâra Mukhopâdhyâya). *Prostitution in India*, Calcutta, 1934.

SHENDE, N. J. *The religion and philosophy of the Atharvaveda*. Poona, 1952.

UPADHYAYA, B. S. *Women in Rgveda*. Ram Nagar, S. Chand, 1974.

VARENNE, Jean. *Célébration de la Grande Déesse*. Paris, Les Belles Lettres, 1975.

WEBER, Max. *The Religion of India*. New York, The Free Press, London, Collier-Macmillan, 1958.

MOYEN-ORIENT

AHMED, Akbar S. *Pukhtun economy and society*. London, Routledge & Kegan Paul, 1980.

BARTH, Fredrik. « Father's brother's daughter marriage in Kurcis-tan », in *Southwestern Journal of Anthropology*, X, 1954, p. 164-176.

BOTTÉRO, Jean. « L'amour babylonien », in Léon Poliakov, édit. *Le couple interdit, entretien sur le racisme*. (Colloque de Mai 1977 Cerisy-la-Salle). Paris, Mouton, 1980.

CHELHOD, Joseph. « Le mariage avec la cousine parallèle dans le système arabe », in *L'Homme*, 1965, p. 113-173.

CHOURAQUI, André. *La vie quotidienne des hommes de la Bible*. Paris, Hachette, 1978.

272

CONRAD, J. R. *Le culte du taureau* (trad. de The Horn and the Sword). Paris, Payot, 1961.

CROSS, Earle Bennett. *The Hebrew Family. A study in historical sociology.* Chicago, Univ. of Chicago Press, 1927.

EPSTEIN, L. M. *Marriage Laws in the Bible and the Talmud.* Cambridge, Mass. 1942.

GARELLI, Paul. *L'Assyriologie.* Paris, Presses Universitaires de France, 1972. Coll. Que sais-je ?

GHIRSHMAN, Roman. *L'Iran et la migration des Indo-Aryens et des Iraniens.* Leiden, E. J. Brill, 1977.

KRAMER, S. N. *Le mariage sacré à Sumer et à Babylone.* Paris, Berg International, 1983. Trad. et appendice Jean Bottéro.

PATAI, Raphael. « Cousin-right in Middle Eastern marriage », in *Southwestern Journal of Anthropology*, XI, 1955, p. 371-390.

PERPERE, Jean-Claude. *Les Cités du Déluge.* Paris, France-Empire, 1979.

ROBERTSON, Sir George Scott. *The Kâfirs of the Hindu-Kush.* London, 1896.

SEBBAN-KAHN, A. *Studies in marriage customs.* Jérusalem, 1974.

WILKEN, G. A. *Das Matriarchat (Das Mutterrecht) bei den alten Arabern.* Leipzig, 1884.

ENCYCLOPÉDIES

DAREMBERG, Ch. et SAGLIO, Edm. *Dictionnaire des Antiquités grecques et romaines.* Paris, 1877-1919. 10 vol.

Encyclopaedia Britannica. London, 1964 sq., 24 vol. — Chicago, 1973, sq., 19 + 10 vol.

Encyclopaedia Judaica. Jérusalem, 1971 sq., 16 vol.

Encyclopaedia Universalis. Paris, 1968-1984.

Encyclopédie de l'Islam. Leyde, Brill. et Paris, G. P. Maisonneuve, 1960-78 (en cours).

La Grande Encyclopédie. Paris, Larousse, 1971-1976, 22 vol.

L'Inde classique, par L. Renou et J. Filliozat (avec P. Meile, A.-M. Esnoul, L. Silburn, P. Demiéville, O. Lacombe). Paris 1947, et Hanoi 1953, 2 vol.

The Jewish Encyclopedia. New York and London, 1901-1906, 16 vol.

Lexikon der Ägyptologie, herausgegeben von Wolfgang Helck und Eberhard Otto, Wiesbaden, Otto Harrassowitz, 4 vol., 1972, 1982.

PAULY-WISSOVA. *Realencyclopädie der classischen Altertumswissenschaft.* Stuttgart, Alfred Druckenmüller, 58 vol.

TEXTES ANCIENS
TRADUITS EN LANGUES MODERNES

Les grandes collections avec texte et traduction sont indiquées par les abréviations « Loeb » (= Loeb Classical Library, Cambridge, Mass., Harvard University Press) et « Budé » (= Collection Guillaume Budé, Paris, Les Belles Lettres).

ACOSTA, Joseph de. *Histoire naturelle et morale des Indes occidentales.* Trad. J. Rémy-Zéphir. Paris, Payot, 1979.

APPIANUS. *Roman History.* Trad. White. Loeb, 1964-1972.

Atharva Veda. Trad. William Dwight Whitney. Delhi, Motilal Banarsidas, 1962, 2 vol.

BARBOSA, Duarte. *A description of the coasts of East Africa and Malabar.* London, 1866.

La Bible. Nombreuses traductions, notamment : *La Sainte Bible,* Ecole Biblique de Jérusalem. Paris, Ed. du Cerf, 1961. — *The Jerusalem Bible,* New York, Doubleday, 1966. — *La Bible,* par les membres du rabbinat français. Paris, Colbo, 1973.

DIODORUS SICULUS. Trad. C. H. Oldfather. Loeb, 10 vol., 1946 (1933).

ESCHYLE. Nombreuses traductions. En anglais : *Tragedies.* Trad. H. W. Smyth. Loeb, 1952-63, 2 vol. — *The Orestia,* trad. R. Fagles. New York, Viking Press, 1975. — En français : Louis Bardollet, Les Belles Lettres, Paris, 1975. — Paul Claudel, Paris, Gallimard, 1961. — Paul Mazon, Budé. — En allemand : Ernst Buchor, 1953.

FAULKNER, Raymond Oliver. *The Literature of Ancient Egypt : an anthology of Stories,* instructions and poetry. New Haven, London, Yale University Press, 1973.

Gilgamesh. G. Contenau. *L'Epopée de Gilgamesh.* Paris, Artisan du Livre, 1939, — R. Labat. *L'Orient ancien.* Paris, 1961.

HARSHA (L'empereur). Trad. A. Daniélou. *Trois pièces de théâtre de Harsha.* Paris, Buchet-Chastel, 1977. — Trad. Mrs Bela Rose. *The Dramas of Sri Harsha.* Allahabad, 1948.

HÉRODOTE. *Histories.* Trad. A. D. Godley. Loeb, 4 vol., 1946-1963. — *Histoires.* Trad. Legrand. Budé, 1932 ss. — *Œuvres complètes,* Paris, Gallimard (La Pléiade), 1979 ss.

HÉSIODE. Trad. P. Mazon. Budé, 1928. — Trad. Evelyn White. Loeb, 1974 (1914).

ILANGO ADIGAL. *Le Roman de l'anneau (Shilappadikâram).* Trad. A. Daniélou et R. S. Desikan. Paris, Gallimard, 1961.

Les *Jâtaka.* Trad. anglaise. Cambridge University Press, 1905-1907, 3 vol.

KALIDASA. *Sakuntala.* En français : Frans de Ville, Bruxelles, 1943. — A. Bergaigne. Paris, Librairie d'Amérique et d'Orient, 1965. — En

274

anglais : C. R. Devadhar and N. G. Guru. Bombay, Keshav Bhikaji Dhavale, 1946. — C. Sankara Rama Sastri. Madras, Balamanorama Press, 1958.

KAUTILYA. *Arthasâstra.* — Trad. angl. R. P. Kangle. University of Bombay, 1963. — Trad. angl. R. Shamasastry, Mysore, Sri Raghuveer Printing Press, 1956.

LA VEGA, Garcilaso de. *Les Commentaires royaux ou l'Histoire des Incas.* Trad. Alain Gheerbrant. Paris, Club des Libraires de France, 1959.

Lois Hittites. E. Neufeld. *The Hittites Laws,* London, Luzac, 1951.

Lois de Manou (la *Manu Smriti*). *The Laws of Manu;* trad. G. Bühler, in Sacred Books of the East, vol. XXV, Delhi, Motilal Banarsidas, 1967 (1886). — *Lois de Manou,* trad. A. Loiseleur Deslongchamps. Paris, Editions d'Aujourd'hui, 1976.

LONGUS. *Daphnis and Chloe.* Loeb, 1962. — *Pastorales,* trad. G. Dalmeyda. Budé 1971.

LUCIEN de SAMOSATE (Pseudo-) in Roger Peyrefitte, *La Muse garçonnière et les Amours.* Paris, Flammarion, 1973. — Loeb, 1960-1972. — Cyre Foucault. *L'œuvre amoureuse de Lucien.* Paris, 1923.

Le *Mahâbhârata.* En français : Hippolyte Fauche, 1863-1870, 10 vol. (incomplet). — En anglais : P. C. Roy, Calcutta, Bharata Press, 1883 ss., 8 vol.; Calcutta, Oriental Publishing, 1956, 4 vol. — J. A. B. Van Buitenen, Univ. of Chicago Press, 1973 ss., 4 vol.

PINDARE. En français : A. Puech, Budé, 1961-1966. — En anglais : R. Lattimer. Univ. of Chicago Press, 1976. — J. Sandys, Loeb, 1946.

PLATON. *Works.* Loeb, 1976 ss. — *Collected Dialogues of Plato.* New York, Pantheon Books, 1961. — *Œuvres complètes,* trad. Léon Robin, Paris, Gallimard (La Pléiade), 1977, — Budé, 1923 ss. et 1959 ss.

PLOTIN. *Les Ennéades,* Budé, 1924 ss. — *Works,* Loeb, 1966 ss. 1. *Porphyry on the life of Plotinus.*

PLUTARQUE. *Isis and Osiris.* Loeb, 1969. — Trad. franç. Mario Meunier. Paris, La Maisnie, 1979. — *Dialogue sur l'amour,* trad. R. Flacelière, Budé, 1972. — Trad. angl. Loeb, 1949.

Pyramides (Textes des). The Ancient Egyptian Pyramid Texts. Trad. R. O. Faulkner. Oxford, Clarendon Press, 1949, 2 vol.

Le *Râmâyana de Valmiki.* En anglais : Hari Prasad Shastri, London, Shantisadan, 1957-1962, 3 vol. — En français : H. Fauche, Paris, 1854-1858, 9 vol. — A. Roussel, Paris, A. Maisonneuve, 1979, 3 vol. — G. Courtillier. *La Légende de Râma et de Sîtâ,* Extraits, Paris, 1927.

Le *Rig Véda.* En français : A. Langlois, 1848-1851, 4 vol. — En allem. : K. Geldner, Harvard Univ. Press, 1951, 4 vol. — H. Grassmann, Leipzig, 1876-77, 2 vol. — En anglais : H. H. Wilson, Poona, 1925, 5 vol. — R. T. H. Griffith, Varanasi, C.S.S. Office, 1963, 2 vol.

SCHOTT, Siegfried. *Chants d'amour de l'Egypte ancienne*. Paris, 1956.

STRABON. *Géographie*. Budé, trad. F. Lasserre, 1966 ss. — *Geography*, Loeb, 1960 ss.

SUDRAKA. *Le Chariot de terre cuite* (la *Mrichchkatika*). En français : A. Regnaud, Paris, 1876. — En anglais : Arthur W. Ryder. *The little clay cart*, en prose et vers. Cambridge, Mass., 1905 (Harvard Oriental Series). — *Mrichchakatika*, texte et trad., Delhi, 1972.

TITE-LIVE. *Ab urbe condita Libri*, Loeb, 1962 ss. — *Histoire romaine*, Budé, 1940 ss.

VATSYAYANA. *Le Kâma-Sûtra*. En anglais : K. Rangaswami Iyengar, Lahore, 1921. — S. C. Upadhyaya, Bombay, Taraporevala, 1978. — En allemand : Richard Schmidt, Berlin, 1920. — Nombreuses traductions en plusieurs langues.

XÉNOPHON D'EPHÈSE. *Les Ephésiaques*, trad. G. Dalmeyda, Budé, 1926.

CHRONOLOGIE DE LA FAMILLE

Datation	Époques	Faits marquants	Survivances au XXᵉ siècle
80 000 à 35 000	PALÉOLITHIQUE MOYEN (Moustérien)	Glaciation Würm I-II Extrême dispersion de l'humanité Ignorance de la paternité Groupes consanguins	Populations primitives : Australie, Polynésie, Mélanésie (îles Trobriand, Nlle Calédonie)
35 000 à 10 000	PALÉOLITHIQUE RÉCENT	Glaciation Würm III Grande chasse Accroissement démographique Origines de l'exogamie	Chasseurs-collecteurs : Inde, Asie du S.E. Moiéties : Brésil, Canada, Assam, Australie, Mélanésie
10 000 à 4 000	ÉPIPALÉOLITHIQUE et NÉOLITHIQUE	Fin de la glaciation Sédentarisation Sociétés matrilinéaires Parenté classificatoire Dortoirs d'adolescents Maris visitants Culte de la Grande Mère	Tribus d'agriculteurs-éleveurs Afrique noire (« matrilineal belt » Zaïre à Angola, Bantous, etc.), Inde (Meghalaya, Kérala, Laquedives), Sumatra (Minangkabau), Mélanésie, Amérique N. et S. (Hopi, etc.) Fossiles sémantiques et échanges d'enfants (Polynésie) Afrique noire (orientale et australe), Madagascar, Inde (Dekkan, Himalaya), Indonésie, Océanie, Amérique S. (Sherente), Guatémala Afrique noire (Bantous), Asie du S. (Laquedives, Comores, Kérala, Sumatra, Minangkabau), Amérique N. et S. Vestiges dispersés
Vᵉ et IVᵉ millénaires	PROTOHISTOIRE	Découverte de la paternité Déclenchement des guerres Prédation sexuelle Couples hétérosexuels Parenté descriptive Dislocation des anciens groupes sociaux Apparition des divinités parèdres	Fossiles sémantiques et sociologiques (monde entier)

Datation	Époques	Faits marquants	Survivances au XXᵉ siècle
IIIᵉ et IIᵉ millénaires		Système patrilinéaire Parenté descriptive Mariages de cousins croisés Exogamie familiale Prostitution Couples divins	La plupart des sociétés Monde entier Nombreuses sociétés traditionnelles (Asie du S.E., Inde du S., Amérique, etc.) Monde entier
	PÉRIODE HISTORIQUE		
Iᵉʳ millénaire		Société patriarcale Sacralisation du mariage Marginalisation de l'homosexualité	Sociétés traditionnelles Nombreuses religions Sociétés patriarcalisées
Ère chrétienne		Moralisation de l'érôs Généralisation de l'exogamie	

TABLE DES MATIÈRES

TROISIÈME PARTIE
LES SOCIÉTÉS HUMAINES
AVEC L'IDÉE DE PATERNITÉ

Achevé d'imprimer en janvier 1987
sur presse CAMERON
dans les ateliers de la S.E.P.C.
à Saint-Amand-Montrond (Cher)

Le Rocher
28, rue Comte-Félix-Gastaldi
Monaco

Groupe des Presses de la Cité
8, rue Garancière
Paris 75006

Dépôt légal : Février 1987.
Nº d'Édition : CNE section commerce et industrie Monaco
19023
Nº d'Impression : 3084-1838.

Imprimé en France

Property Law

Cases and Materials Open-So'

Volume Two

2022

Elena Maria Marty-Nelson

Associate Dean Academic Affairs and Professor of Law
Nova Southeastern University College of Law

Eloisa C. Rodriguez-Dod

Associate Dean Academic Affairs and Professor of Law
Florida International University College of Law

Welcome to Volume Two.

In Volume One of Property Law Cases and Materials Open-Source, we explored fundamental concepts of property law, including possession, relativity of title, and allocation of property rights. That volume included the topics of the rule of capture, found property, bailments, gifts, adverse possession, concurrent ownership, marital interests, homestead, estates in land, future interests, easements, licenses, servitudes, homeowners' associations, condominiums, and cooperatives. This volume, Volume Two, continues our exploration of property law. The chapters in this Volume Two include the topics of zoning, takings, competing sovereigns and treaties, contracts of sale, deeds, recording, chain of title, financing, housing discrimination, landlord and tenant, and an introduction to intellectual property law.

As with Volume One, this Volume Two is designed as a teaching tool. Accordingly, we liberally omit footnotes, internal case citations, headings, and concurring and dissenting opinions without notation. Elisions of substantive text are indicated by ellipses or asterisks. Footnotes that are retained may be renumbered from the original source, but we include Editorial Notes indicating the original footnote number.

A note about the cover art. The cover art for this Volume Two is a map of the Florida Everglades. As we both teach in law schools located near the southern Everglades, we often refer to the Everglades when discussing property law concepts, particularly topics such as zoning that are included in this Volume Two.

We are grateful to the H2O team for their help with this open-source casebook and especially thank Catherine Brobston. We also appreciate the work of our research assistant, Kailie Rush. This casebook is enhanced by the spirited discussions we have had with our property law students over our decades of teaching.

Elena Maria Marty-Nelson
Eloisa C. Rodriguez-Dod
February 2022

Table of Contents

14 Chapter 14 · Landlord Tenant — 652

12

Chapter 12 · Zoning and Takings

In Chapters 9 and 10, we addressed the private use and land restrictions of easements and covenants, respectively. In this chapter, we introduce you to governmental land use restrictions through zoning. In addition, we introduce governmental takings of property.

12.1

Zoning

We start our foray into zoning with three cases discussing different aspects related to zoning. *Moore v. City of East Cleveland,* excerpted below, addresses exclusionary zoning. *City of Pharr v. Tippitt*, excerpted below, addresses challenges to zoning amendments. *Town of Belleville v. Parrillo's, Inc.*, excerpted below, addresses challenges regarding nonconforming use.

Before diving into the zoning cases excerpted below, read carefully how the court in *Zwiefelhofer v. Town of Cooks Valley*, 809 N.W.2d 362 (Wis. 2012), described characteristics and purposes of *zoning* ordinances:

> To identify a zoning ordinance, we begin by considering characteristics that are traditionally present in a zoning ordinance.
>
> First, zoning ordinances typically divide a geographic area into multiple zones or districts. ". . . The municipality is generally divided into different districts, such as residential, commercial, and industrial." Because zoning ordinances typically carve a geographic area into multiple districts, they often consist of both the text of the ordinance and a map showing the districts.
>
> ***
>
> Second, within the established districts or zones, certain uses are typically allowed as of right and certain uses are prohibited by virtue of not being included in the list of permissive uses for a district. "In general, zoning

ordinances provide landowners with permitted uses, which allow a landowner to use his or her land, in said manner, as of right."

③ Third, and closely related, zoning ordinances are traditionally aimed at directly controlling *where* a use takes place, as opposed to *how* it takes place. A distinction between a zoning ordinance and other regulations is whether the ordinance is addressed to location or activity. . . .

④ Fourth, zoning ordinances traditionally classify uses in general terms and attempt to comprehensively address all possible uses in the geographic area. . . .

⑤ Fifth, traditionally, though not always, zoning ordinances make a fixed, forward-looking determination about what uses will be permitted, as opposed to case-by-case, ad hoc determinations of what individual landowners will be allowed to do. . . .

⑥ Sixth, traditional zoning ordinances allow certain landowners whose land use was legal prior to the adoption of the zoning ordinance to maintain their land use despite its failure to conform to the zoning ordinance. This practice is motivated by constitutional considerations.

***

The "purposes" of zoning can be articulated in many ways, with varying levels of generality.

broad

On the broad, unspecific end of the spectrum, one treatise asserts that the purpose of zoning is "to promote the welfare of the community as a whole." . . .

less broad

Perhaps a less broad purpose of zoning is "'to regulate the growth and development of the city in an orderly manner.'" The proper purpose of zoning has also been described as "'conserving the value of property and encouraging the most appropriate use of the land.'" . . .

A number of sources, including some of the same treatises, provide more specific statements of the purpose of zoning. For example, "[i]ts ultimate

478

purpose is to confine certain classes of buildings and uses to certain localities;" . . . or "[z]oning ordinances comprehensively assign compatible land uses to ... districts throughout the community."

***

Zoning is a flexible tool utilized in many different ways by local governments across the nation. . . .

12.1.1

Moore v. City of East Cleveland
431 U.S. 494 (1977)

Supreme Court of the United States

Mr. Justice Powell

announced the judgment of the Court, and delivered an opinion in which Mr. Justice Brennan, Mr. Justice Marshall, and Mr. Justice Blackmun joined.

East Cleveland's housing ordinance, like many throughout the country, limits occupancy of a dwelling unit to members of a single family. § 1351.02.[1] But the ordinance contains an unusual and complicated definitional section that recognizes as a "family" only a few categories of related individuals. § 1341.08.[2] Because her family, living together in her home, fits none of those categories, appellant stands convicted of a criminal offense. The question in this case is whether the ordinance violates the Due Process Clause of the Fourteenth Amendment.[3]

I

Appellant, Mrs. Inez Moore, lives in her East Cleveland home together with her son, Dale Moore, Sr., and her two grandsons, Dale, Jr., and John Moore, Jr. The two boys are first cousins rather than brothers; we are told that John came to live with his grandmother and with the elder and younger Dale Moores after his mother's death.

In early 1973, Mrs. Moore received a notice of violation from the city, stating that John was an "illegal occupant" and directing her to comply with the ordinance. When she failed to remove him from her home, the city filed a criminal charge. Mrs. Moore moved to dismiss, claiming that the ordinance was constitutionally invalid on its face. Her motion was overruled, and upon conviction she was sentenced to five days in jail and a $25 fine. The Ohio Court of Appeals affirmed after giving full consideration to her constitutional claims, and the Ohio Supreme Court denied review. We noted probable jurisdiction of her appeal.

II

The city argues that our decision in Village of Belle Terre v. Boraas, 416 U. S. 1 (1974), requires us to sustain the ordinance attacked here. Belle Terre, like East Cleveland, imposed limits on the types of groups that could occupy a single dwelling unit. Applying the constitutional standard announced in this Court's leading land-use case, Euclid v. Ambler Realty Co., 272 U. S. 365 (1926),[4] we sustained the Belle Terre ordinance on the ground that it bore a rational relationship to permissible state objectives.

But one overriding factor sets this case apart from Belle Terre. The ordinance there affected only unrelated individuals. It expressly allowed all who were related by "blood, adoption, or marriage" to live together, and in sustaining the ordinance we were careful to note that it promoted "family needs" and "family values." 416 U. S., at 9. East Cleveland, in contrast, has chosen to regulate the occupancy of its housing by slicing deeply into the family itself. This is no mere incidental result of the ordinance. On its face it selects certain categories of relatives who may live together and declares that others may not. In particular, it makes a crime of a grandmother's choice to live with her grandson in circumstances like those presented here.

When a city undertakes such intrusive regulation of the family, neither Belle Terre nor Euclid governs; the usual judicial deference to the legislature is inappropriate. "This Court has long recognized that freedom of personal choice in matters of marriage and family life is one of the liberties protected by the Due Process Clause of the Fourteenth Amendment." Cleveland Board of Education v. LaFleur, 414 U. S. 632, 639-640 (1974). . . . Of course, the family is not beyond regulation. But when the government intrudes on choices concerning family living arrangements, this

Court must examine carefully the importance of the governmental interests advanced and the extent to which they are served by the challenged regulation.

When thus examined, this ordinance cannot survive. The city seeks to justify it as a means of preventing overcrowding, minimizing traffic and parking congestion, and avoiding an undue financial burden on East Cleveland's school system. Although these are legitimate goals, the ordinance before us serves them marginally, at best.[5] For example, the ordinance permits any family consisting only of husband, wife, and unmarried children to live together, even if the family contains a half dozen licensed drivers, each with his or her own car. At the same time it forbids an adult brother and sister to share a household, even if both faithfully use public transportation. The ordinance would permit a grandmother to live with a single dependent son and children, even if his school-age children number a dozen, yet it forces Mrs. Moore to find another dwelling for her grandson John, simply because of the presence of his uncle and cousin in the same household. We need not labor the point. Section 1341.08 has but a tenuous relation to alleviation of the conditions mentioned by the city.

***

Reversed.

Mr. Justice Brennan,

I join the plurality's opinion. I agree that the Constitution is not powerless to prevent East Cleveland from prosecuting as a criminal and jailing[6] a 63-year-old grandmother for refusing to expel from her home her now 10-year-old grandson who has lived with her and been brought up by her since his mother's death when he was less than a year old. I do not question that a municipality may constitutionally zone to alleviate noise and traffic congestion and to prevent overcrowded and unsafe living conditions, in short to enact reasonable land-use restrictions in furtherance of the legitimate objectives East Cleveland claims for its ordinance. But the zoning power is not a license for local communities to enact senseless and arbitrary restrictions which cut deeply into private areas of protected family life. East Cleveland may not constitutionally define "family" as essentially confined to parents and the parents' own children. The plurality's opinion conclusively demonstrates that classifying family patterns in this eccentric way is not a rational means of achieving the ends East Cleveland claims for its ordinance, and further that the ordinance unconstitutionally abridges the "freedom of personal choice in matters of . . . family life [that] is one of the liberties protected by the Due Process Clause of the Fourteenth Amendment." Cleveland Board of Education v. LaFleur, 414 U. S. 632, 639-640 (1974). I write only to underscore the cultural myopia of the arbitrary boundary drawn by the East Cleveland ordinance in the light of the tradition of the American home that has been a feature of our society since our beginning as a Nation — the "tradition" in the plurality's words, "of uncles, aunts, cousins, and especially grandparents sharing a household along with parents and children . . . ." Ante, at 504. The line drawn by this ordinance displays a depressing insensitivity toward the economic and emotional needs of a very large part of our society.

In today's America, the "nuclear family" is the pattern so often found in much of white suburbia. J. Vander Zanden, Sociology: A Systematic Approach 322 (3d ed. 1975). The Constitution cannot be interpreted, however, to tolerate the imposition by government upon the rest of us of white suburbia's preference in patterns of family living. The "extended family" that provided generations of early Americans with social services and economic and emotional support in times of hardship, and was the beachhead for successive waves of immigrants who populated our cities, remains not merely still a pervasive living pattern, but under the goad of brutal economic necessity, a prominent pattern — virtually a means of survival— for large numbers of the poor and deprived minorities of our society. For them compelled pooling of scant resources requires compelled sharing of a household.

The "extended" form is especially familiar among black families. We may suppose that this reflects the truism that black citizens, like generations of white immigrants before them, have been victims of economic and other disadvantages that would worsen if they were compelled to abandon extended, for nuclear, living patterns. Even in husband and wife households, 13% of black families compared with 3% of white families include relatives under 18 years old, in addition to the couple's own children. In black households whose head is an elderly woman, as in this case, the contrast is even more striking: 48% of such black households, compared with 10% of counterpart white households, include related minor children not offspring of the head of the household.

I do not wish to be understood as implying that East Cleveland's enforcement of its ordinance is motivated by a racially discriminatory purpose: The record of this case would not support that implication. But the prominence of other than nuclear families among ethnic and racial minority groups, including our black citizens, surely demonstrates that the "extended family" pattern remains a vital tenet of our society. It suffices that in prohibiting this pattern of family living as a means of achieving its objectives, appellee city has chosen a device that deeply intrudes into family associational rights that historically have been central, and today remain central, to a large proportion of our population.

***

1 All citations by section number refer to the Housing Code of the city of East Cleveland, Ohio.

2 Section 1341.08 (1966) provides:

> "'Family' means a number of individuals related to the nominal head of the household or to the spouse of the nominal head of the household living as a single housekeeping unit in a single dwelling unit, but limited to the following:

> "(a) Husband or wife of the nominal head of the household.

> "(b) Unmarried children of the nominal head of the household or of the spouse of the nominal head of the household, provided, however, that such unmarried children have no children residing with them.

> "(c) Father or mother of the nominal head of the household or of the spouse of the nominal head of the household.

> "(d) Notwithstanding the provisions of subsection (b) hereof, a family may include not more than one dependent married or unmarried child of the nominal head of the household or of the spouse of the nominal head of the

household and the spouse and dependent children of such dependent child. For the purpose of this subsection, a dependent person is one who has more than fifty percent of his total support furnished for him by the nominal head of the household and the spouse of the nominal head of the household.

"(e) A family may consist of one individual."

3 Appellant also claims that the ordinance contravenes the Equal Protection Clause, but it is not necessary for us to reach that contention.

4 Euclid held that land-use regulations violate the Due Process Clause if they are "clearly arbitrary and unreasonable, having no substantial relation to the public health, safety, morals, or general welfare." 272 U. S., at 395. Later cases have emphasized that the general welfare is not to be narrowly understood; it embraces a broad range of governmental purposes. But our cases have not departed from the requirement that the government's chosen means must rationally further some legitimate state purpose. [Editorial Note: This footnote 6 of the opinion.]

5 It is significant that East Cleveland has another ordinance specifically addressed to the problem of overcrowding. Section 1351.03 limits population density directly, tying the maximum permissible occupancy of a dwelling to the habitable floor area. Even if John, Jr., and his father both remain in Mrs. Moore's household, the family stays well within these limits. [Editorial Note: This is footnote 7 of the opinion.]

6 This is a criminal prosecution which resulted in the grandmother's conviction and sentence to prison and a fine. Section 1345.99 permits imprisonment of up to six months, and a fine of up to $1,000, for violation of any provision of the Housing Code. Each day such violation continues may, by the terms of this section, constitute a separate offense. [Editorial Note: This is footnote 1 of Justice Brennan's concurring opinion.]

12.1.2

City of Pharr v. Tippitt
616 S.W.2d 173 (Tex. 1981)

Supreme Court of Texas

POPE, Justice.

E. A. Tippitt and fourteen other landowners filed suit against the City of Pharr, Mayfair Minerals, Inc., and Urban Housing Associates seeking a judgment declaring a zoning ordinance invalid. The district court upheld the ordinance, but the court of civil appeals nullified it. We reverse the court of civil appeals judgment and affirm that of the trial court.

Mayfair Minerals, Inc. is the owner of 10.1 acres of land which the City of Pharr rezoned from R-l, single-family residence use to R-3, multi-family residence use. Urban Housing Associates, the developer, made the application for change of the single-family classification so that it could build fifty family units consisting of duplexes and quadruplexes. The Planning and Zoning Commission rejected its staff's recommendation that the zoning request be approved; but the City Council, by a four to one vote, enacted an ordinance which rezoned the property. After the district court upheld the validity of the zoning ordinance, Tippitt was the only person who appealed from that judgment. Tippitt's single point of error, which point was sustained by the court of civil appeals, was that the City acted arbitrarily because the amendatory ordinance was spot zoning that was not warranted by any change in conditions in the area.

The land in question is a rectangular 10.1-acre tract. It is on the west side of a larger 60-acre tract. The 60-acre tract and additional large expanses of land to the south and southeast are vacant farmlands. The lands were zoned in 1974 for single-family residences. The tract in question is about two blocks east of Highway 281, a major highway that runs from north to south toward Mexico. The land along the highway is rapidly developing as a commercial strip by reason of a proposed new bridge that will cross the Rio Grande River into Mexico. Sam Houston Street is a major traffic artery that runs from west to east. The tract in question is south of and separated from Sam Houston Street by a 2.6-acre tract of land known as the Aycock tract. Moving clockwise from the north around the 10.1-acre tract, the Aycock tract is zoned for single-family residences. Farther north of there, on the north side of Sam

Houston, there are many city blocks of land that were zoned for multiple-family residences. That area, however, was built as single-family residences. The land on the east, southeast, south, and southwest are undeveloped farmlands, all zoned for single-family residences. Bordering the 10.1-acre tract on the west is Richmond Heights Subdivision, which has been developed as single-family residences on the north end, but is not yet developed toward the south. Three hundred feet to the northeast of the tract, but south of Sam Houston, there is an area that is zoned for multiple housing. Two hundred feet to the west of the 10.1-acre tract is a small area that is zoned for industrial use.

Zoning is an exercise of a municipality's legislative powers. The validity of an amendment to City of Pharr's comprehensive zoning ordinance presents a question of law, not fact. In making its determination, courts are governed by the rule stated in *Hunt v. City of San Antonio,* 462 S.W.2d 536, 539 (Tex.1971): "If reasonable minds may differ as to whether or not a particular zoning ordinance has a substantial relationship to the public health, safety, morals or general welfare, no clear abuse of discretion is shown and the ordinance must stand as a valid exercise of the city's police power." We wrote in *City of Fort Worth v. Johnson,* 388 S.W.2d 400, 402 (Tex.1964), that "a zoning ordinance, duly adopted pursuant to Arts. 1011a-1011k, is presumed to be valid and the burden is on the one seeking to prevent its enforcement, whether generally or as to particular property, to prove that the ordinance is arbitrary or unreasonable in that it bears no substantial relationship to the health, safety, morals or general welfare of the community."

The burden on the party attacking the municipal legislative action is a heavy one. As expressed in Weaver v. *Ham,* 149 Tex. 309, 232 S.W.2d 704 (1950):

> The City had the power to enact the basic zoning ordinance, and to amend it, if a public necessity demanded it. While the presumption would be that the enactment of the amendatory ordinance was valid, that presumption disappears when the facts show and it was determined by the court that the City acted arbitrarily, unreasonably, and abused its discretion; that the ordinance is discriminatory and violates the rights of petitioners under the basic ordinance, and does not bear any substantial relation to the public

health, safety, morals or general welfare; that it "constitutes unjustifiable spot zoning"; and that the ordinance is void.

These general rules for review of zoning ordinances have often been stated, but there has been little discussion of the actual legal criteria or standards against which legislative action should be tested. It has been suggested that such a statement would help to restrain arbitrary, capricious and unreasonable actions by city legislative bodies; improve the quality of the legislation; assist in eliminating *ad hoc* decisions, and focus the evidence from interested parties upon the real issues. We call attention to some of the important criteria:

First: A comprehensive zoning ordinance is law that binds the municipal legislative body itself. The legislative body does not, on each rezoning hearing, redetermine as an original matter, the city's policy of comprehensive zoning. The law demands that the approved zoning plan should be respected and not altered for the special benefit of the landowner when the change will cause substantial detriment to the surrounding lands or serve no substantial public purpose. The duty to obey the existing law forbids municipal actions that disregard not only the pre-established zoning ordinance, but also long-range master plans and maps that have been adopted by ordinance.

The adoption of a comprehensive zoning ordinance does not, however, exhaust the city's powers to amend the ordinance as long as the action is not arbitrary, capricious and unreasonable.

Second: The nature and degree of an adverse impact upon neighboring lands is important. Lots that are rezoned in a way that is substantially inconsistent with the zoning of the surrounding area, whether more or less restrictive, are likely to be invalid. For example, a rezoning from a residential use to an industrial use may have a highly deleterious effect upon the surrounding residential lands.

Third: The suitability or unsuitability of the tract for use as presently zoned is a factor. The size, shape and location of a lot may render a tract unusable or even confiscatory as zoned. An example of this is found in *City of Waxahachie v. Watkins,* 154 Tex. 206, 275 S.W.2d 477 (1955), in which we approved the rezoning of a residential lot for local retail use, because the lot was surrounded by a de facto business area. [This factor, like the others, must often be weighed in relation to the other standards, and instances can exist in which the use for which land is zoned may be rezoned upon proof of a real public need or substantially changed conditions in the neighborhood.

Fourth: The amendatory ordinance must bear a substantial relationship to the public health, safety, morals or general welfare or protect and preserve historical and cultural places and areas. The rezoning ordinance may be justified, however, if a substantial public need exists, and this is so even if the private owner of the tract will also benefit.

Mr. Tippitt's attack upon the amendatory ordinance in this case is that it is spot zoning. The term, "spot zoning," is used in Texas and most states to connote an unacceptable amendatory ordinance that singles out a small tract for treatment that differs from that accorded similar surrounding land without proof of changes in conditions. Mr. Tippitt's present complaint of spot zoning invokes mainly inquiries about the second and third criteria stated above. Spot zoning is regarded as a preferential treatment which defeats a pre-established comprehensive plan. It is piecemeal zoning, the antithesis of planned zoning.

Spot zoning has uniformly been denied when there is a substantial adverse impact upon the surrounding land. The size of a rezoned tract in relation to the affected neighboring lands has been said by some authorities to be the most significant consideration in rezoning.

Amendatory ordinances which have rezoned a single city lot when there have been no intervening changes or other saving characteristic, have almost always been voided in Texas.

Proof that a small tract is unsuitable for use as zoned or that there have been substantial changes in the neighborhood have justified some amendatory ordinances. Here, too, the size, shape and characteristics of the tract have been determinative factors in upholding the amendments.

Amendatory zoning ordinances should be judicially tested against the same criteria that govern the action of the municipal legislative body. In this case, the 10.1-acre tract was not, as urged by the developer who made the application, an interim or automatic R-l zoning following annexation. The tract had been previously comprehensively zoned, along with vast areas reaching south and southeast to the city limits after study, notice, and hearing. The zoning ordinance had classified lands of the city into districts known as residential, single-family (R-1); residential, two-family (R-2); residential, multi-family (R-3); residential, mobile home parks (R-MH); residential, mobile home subdivision (R-MHS); residential, townhouse subdivision (R-TH); general commercial (C), and industrial (M).

The impact of the amendatory R-3 zoning upon the neighborhood, according to some witnesses who lived west of the rezoned tract, would depress the values of their R-1 district. According to other testimony, the new development would enhance values of the entire southeast section of Pharr, and the existing homes in Richmond Heights would be protected by the city's requirement for a conditional permit which would compel the city's prior analysis of the design before development. The new development would require the backyards of the existing residences in Richmond Heights to back upon the backyards of the buildings in the rezoned tract. Most of the traffic from the rezoned tract would be directed to the east and north away from Richmond Heights. The new housing district would have its own internal streets and off-street parking.

The number of potential structures would not be substantially increased. Zoning for single-family dwellings would permit as many as forty-four family units, whereas the rezoning for multiple-housing (R-3) would permit fifty family units. There was evidence that the impact upon the surrounding area would be slight and even beneficial.

We do not regard the ordinance as spot zoning. The ten-acre tract is located in an undeveloped farming area. Large expanses of rural lands are located to the east, south and southeast, the direction which the town must grow. To hold that the undeveloped land cannot be used for anything other than single-family residences (R-l) would mean, for all practical purposes, that there can be no more multiple housing in Pharr within its present city limits, since there is almost no presently undeveloped area which is available for R-8 housing. The size of this tract is large enough for planning as a self-contained orderly development which can in advance provide for the direction and the flow of traffic and assure a careful development of necessary public utilities. The development will not cause that measure of disharmony that occurs when there is a rezoning ordinance that permits a use that affects lands or tracts that are already developed. This is not an instance of an unplanned or piecemeal zoning of an isolated lot or small tract.

There is also evidence that rezoning would benefit and promote the general welfare of the community. The City of Pharr has a great need for multiple housing, the population has markedly increased since 1974, and there are only three small areas in Pharr that are presently zoned for multiple housing (R-3) which are not fully developed. The mayor testified that the need for multi-family housing will continue to grow. The City of Pharr, from the data included in the minutes of the zoning hearing, has 703 acres zoned for residential purposes of all kinds. Only 49 acres are actually used for multiple housing (R-3), and nine acres are actually used for duplexes (R-2). To relieve the City of Pharr's housing and utility needs, the City had agreed with the Housing and Urban Development Department to provide more space for multiple housing (R-3) construction. A block grant to the City of $3,000,000 had been made which included sums to provide needed extensions of sewer and water lines and the construction of a water reservoir. From the record it does not appear that the one complaining of the rezoning ordinance discharged his burden to prove that the City of Pharr acted arbitrarily, capriciously or unreasonably.

The judgment of the court of civil appeals is reversed and the judgment of the district court upholding the ordinance rezoning the tract in question is affirmed.

12.1.3

Town of Belleville v. Parrillo's, Inc.
416 A.2d 388 (N.J. 1980)

Supreme Court of New Jersey

CLIFFORD, J.

We granted certification to review the Appellate Division's reversal of defendant's conviction for violating the zoning ordinance of the Town of Belleville. *Town of Belleville v. Parrillo's, Inc.,* 168 *N.J.Super.* 1 (1979). Specifically, defendant was found guilty of extending a nonconforming use[1] when it changed its operation from a restaurant to a discotheque without having first obtained approval of the local board of adjustment. The Appellate Division concluded that "within the meaning and intent of our applicable statute, *N.J. S.A.* 40:55D-68, defendant did not either extend or enlarge its use of the premises." *Id.* at 7. Our examination of the record satisfies us that a prohibited change in use was established beyond a reasonable doubt, that being the appropriate standard of proof in these *quasi* -criminal proceedings. We therefore reverse and reinstate the judgment of conviction.

I

The record demonstrates that sometime prior to 1955 Parrillo's operated as a restaurant and catering service on Harrison Street, Belleville. On January 1, 1955 the Town enacted a new zoning ordinance of which all provisions pertinent here are still in effect. The system created under that ordinance provided for zoning under which specific permitted uses for each zone were itemized. Uses not set forth for a particular zone were deemed prohibited. Parrillo's was situated in a "B" residence zone, which did not allow restaurants. However, because it had been in existence prior to the effective date of the zoning ordinance, defendant's establishment qualified as a preexisting nonconforming use and, under the terms of the ordinance, was allowed to remain in operation.

In 1978 defendant's owners made certain renovations in the premises. Upon their completion Parrillo's opened as a discotheque. We readily acknowledge that included among those for whom the term "discotheque" has not, at least until this case, found its way into their common parlance are some members of this Court; and on the assumption that there may be others whose experience has denied them an intimate familiarity with the term and the milieu to which it applies, we pause to extend the benefit of definition. *Webster's Third New International Dictionary* 63a (1976) informs us that a discotheque is a "small intimate nightclub for dancing to recorded music; *broadly:* a nightclub often featuring psychedelic and mixed-media attractions (as slides, movies, and special lighting effects)". "Disco" appears to be an accepted abbreviation. Defendant's operation is closer to the broad definition above than it is to a small or intimate cabaret.

Shortly after they had opened under the new format, Parrillo's owners applied for a discotheque license as required by the Town's ordinance regulating dancehalls. Although the application was denied, defendant continued business as usual. Thereupon the municipal construction code official filed the charges culminating in the conviction under review. The municipal court imposed a fine of $250.00.

On a trial *de novo* after defendant's appeal to the Superior Court, Law Division, the defendant was again found guilty. That court correctly framed the issue as whether "a change from a business primarily conducted as a restaurant with incidental dancing and serving of liquor [can] survive the proscription of the prohibiting ordinance when the character of the operation shifts to a form primarily conducted as a dance hall with the serving of liquor and incidental eating." That court determined that the evidence adduced could "lead to no other conclusion" than that there had been a prohibited extension of a nonconforming use, and likewise entered a judgment of conviction.

The Appellate Division reversed. The error in that result is rooted in the court's approach to the case, which was to review separately each component of the municipality's proofs supporting the contention that defendant's operation was not permitted as a nonconforming use. From that perspective it reasoned that since each aspect of the "new" business had been conducted previously, there was no impermissible change from the nature of the "old" business. The analysis was thus quantitative rather than, as it should have been, qualitative. Put differently, the focus in cases such as this must be on the quality, character and intensity of the use, viewed in their totality and with regard to their overall effect on the neighborhood and the zoning plan.

That was precisely the frame of reference of Judge Joseph Walsh in the trial *de novo* in Superior Court, Law Division. Contrary to the suggestion of the Appellate

Division, Judge Walsh made extensive and specific findings of fact. They are amply supported by the record and are as follows:

> The business was formerly advertised as a restaurant; it is now advertised as a "disco". It was formerly operated every day and now it is open but one day and three evenings. The primary use of the dance hall was incidental to dining; now it is the primary use. The music was formerly provided by live bands and now it is recorded and operated by a so-called "disc-jockey". An admission charge of $3.00 on the Wednesday opening and $5.00 on the Friday and Saturday openings is now mandatory as opposed to any prior entry charge. There is no charge for Sunday. Formerly there was but one bar; now there are several.

> During the course of the testimony it was admitted that the business is operated as a "disco". Normal lighting in the premises was altered to psychedelic lighting, colored and/or revolving, together with mirrored lighting. The premises were crowded and there were long lines waiting to enter. There are now fewer tables than the prior use required and on one occasion there were no tables. The music was extremely loud and the premises can accommodate 431 persons legally. There have been numerous complaints from residents adjacent to the area. During the course of the testimony "disco" dancing was described by the owners as dancing by "kids" who "don't hold each other close". The bulk of the prior business was food catering; now there is none. The foods primarily served at the present time are "hamburgers" and "cheeseburgers", although there are other selections available to people who might come in earlier than the "disco" starting time.

Justice
Walsh

On the basis of these findings Judge Walsh concluded that there had been a prohibited change in the use of the premises. He found to be dispositive the straightforward proposition that "a 'disco' is a place wherein you dance and a restaurant a place wherein you eat. It is as simple as that"—an unvarnished exercise in reductionism, perhaps, but one fully justified in this case. He concluded that the defendant had "abandoned all the pretenses of the continued existence of a restaurant as it was before." We agree with that conclusion.

II

Historically, a nonconforming use has been looked upon as "a use of land, buildings or premises that lawfully existed prior to the enactment of a zoning ordinance and which is maintained after the effective date of such ordinance even though it does not comply with the use restrictions applicable to the area in which it is situated." 6 R. Powell, *The Law of Real Property* ¶ 871 (Perm.ed.1979). Under the Municipal Land Use Act, such property is deemed to have acquired a vested right to continue in such form, irrespective of the restrictive zoning provisions:

> Any nonconforming use or structure existing at the time of the passage of an ordinance may be continued upon the lot or in the structure so occupied and any such structure may be restored or repaired in the event of partial destruction thereof. [N.J.S.A. 40:55D-68.]

This statutory guarantee against compulsory termination, however, is not without limit. Because nonconforming uses are inconsistent with the objectives of uniform zoning, the courts have required that consistent with the property rights of those affected and with substantial justice, they should be reduced to conformity as quickly as is compatible with justice. In that regard the courts have permitted municipalities to impose limitations upon nonconforming uses. Such restrictions typically relate to the change of use; the enlargement or extension of the repair or replacement of nonconforming structures); and limits on the duration of nonconforming uses through abandonment or discontinuance.

The method generally used to limit nonconforming uses is to prevent any increase or change in the nonconformity. Under that restrictive view our courts have held that an existing nonconforming use will be permitted to continue only if it is a continuance of substantially the same kind of use as that to which the premises were devoted at the time of the passage of the zoning ordinance. In that regard nonconforming uses may not be enlarged as of right except where the change is so negligible or insubstantial that it does not warrant judicial or administrative interference. Where there is doubt as to whether an enlargement or change is substantial rather than insubstantial, the courts have consistently declared that it is to be resolved against the enlargement or change.

In the instant case it is acknowledged by all parties that the former restaurant had constituted a proper preexisting nonconforming use. The issue then becomes whether the conversion from a restaurant to a discotheque represented a substantial change, and was thus improper. Fundamental to that inquiry is an appraisal of the basic character of the use, before and after the change.

Courts that have engaged in that appraisal have proceeded with a caution approaching suspicion. *See, e.g., Berdan v. City of Paterson*, 137 N.J.L. 286 (Sup.Ct.1948) (change from "light industrial" plant to "heavy industrial" shop disapproved); *Berry v. Recorder's Ct*, 124 N.J.L. 385 (Sup.Ct.) (conversion of farm with incidental use of horses to stable and riding academy unlawful); *Hantman v. Randolph Twp.*, 58 N.J.Super. 127 (App.Div.1959) (change of use from summer bungalows to year-round occupancy dwellings unlawful extension of nonconforming use); *Heagen v. Borough of Allendale, supra* (addition of music and dancing to restaurant substantial change in use); *Gross v. Allan*, 37 N.J.Super. 262 (App.Div.1955) (change from service station with single used car displayed for sale to used car business with six car inventory unlawful); *Morris v. Borough of Haledon*, 24 N.J.Super. 171 (App.Div.1952) (change from vocational school to woodworking business disapproved); *Scerbo v. Board of Adjustment*, 4 N.J.Super. 409 (App.Div.1949) (conversion of hand tailor shop to dry cleaning business unlawful). *Contra, Moore v. Bridgewater Twp.*, 69 N.J.Super. 1 (App.Div.1961) (right to conduct nonconforming quarrying operation not limited to portion of tract used at time prohibitive zoning ordinance adopted); *Kramer v. Town of Montclair*, 33 N.J.Super. 16 (App.Div.1954) (change from parking IV2 ton trucks to parking 6 ton trucks not substantial); *Stout v. Mitschele*, 135 N.J.L. 406 (Sup.Ct.1947) (conversion of dairy farm to horse raising enterprise not unlawful).

Hantman v. Randolph Twp., supra, well illustrates the proper analysis for examining changes in nonconforming uses. In *Hantman*, the plaintiffs owned a commercial bungalow colony which was primarily dedicated to seasonal use. When the area in which the colony was situated was zoned for residential use, the plaintiff's property was afforded preexisting nonconforming use status by the Township. In 1957 the plaintiffs attempted to convert the bungalows into dwellings suitable for year-round occupancy. That effort was challenged by the Township on the ground that the change would constitute an unlawful extension of the nonconforming use. Agreeing with the Township, the Law Division entered an injunction against the proposed modifications. 58 *N.J.Super.* at 132-33.

On appeal, the Appellate Division affirmed. Reviewing the facts the court established that the plaintiffs' bungalows were in fact nonconforming uses. It then proceeded to address the question of whether permitting fulltime occupancy would effect a substantial change in the premises. Answering in the affirmative, the court declared, "an increase in the time period during which a nonconforming use is operated may justifiably be the basis for finding an unlawful extension thereof, just as changes in the functional use of the land or increases in the area of use have been." *Id.* at 137. Recognizing that nonconforming uses are disfavored, the Appellate Division emphasized the deleterious effect that year-round operation of the bungalows might have upon the general welfare of the municipality. Of particular interest was the court's refusal to attach any significance to the fact that the bungalows had been occupied on a fulltime basis in the past. Adopting the findings of the trial judge, the court characterized the previous instances of fulltime occupancy as "sporadic" and "incidental to the primary business conducted." Noting that where there is doubt as to the substantiality of the extension, it should be disapproved, the court found the proposed conversion represented a substantial, and therefore unlawful, change in the nonconforming property. *Id.* at 138. We fully approve of and adopt the approach and analytical framework of the *Hantman* court.

III

We have already expressed our agreement with the municipal court and with Judge Walsh, presiding at the trial *de novo,* that defendant's conversion of the premises from a restaurant to a discotheque resulted in a substantial, and therefore impermissible, change. The entire character of the business has been altered. What was once a restaurant is now a dancehall. Measured by the zoning ordinance the general welfare of the neighborhood has been demonstrably affected adversely by the conversion of defendant's business. Our strong public policy restricting nonconforming uses requires reversal of the judgment below.

***

Finally, we point out that the Court views with disfavor the conduct of the attorney of record for defendant. He has disregarded all written communications from the Clerk of this Court as to counsel's intentions on this appeal. He did not file any responsive papers or brief on the petition for certification; he did not furnish a copy of his Appellate Division brief in lieu of an answering brief to the petitioner's brief; he did not respond to the Clerk's notification with respect to argument before the Supreme Court; and he has not otherwise explained his silence. There may be good and sufficient reasons for the stance he has taken, but in the absence of any explanation whatsoever counsel's ostensible incivility to an arm of this Court—and hence to this Court directly—is *prima facie* the sort of discourtesy contemplated by DR 7-106(C)(6). Public announcement of counsel's dereliction herein should serve as notice to the bar that such disrespectful conduct will not be countenanced in the future.

Reversed. The cause is remanded to the Superior Court, Law Division, for entry there of a judgment of conviction.

1 N.J.S.A. 40:55D-5 defines a nonconforming use as "a use or activity which was lawful prior to the adoption, revision or amendment of a zoning ordinance, but which fails to conform to the requirements of the zoning district in which it is located by reason of such adoption, revision or amendment."

12.1.4

Discussion: Notes, Questions, and Problems

12.1.4.1

Discussion Note #1. Feminist perspective of Moore v. City of East Cleveland

For a feminist perspective of *Moore v. City of East Cleveland*, excerpted above, see Danaya C. Wright, Moore v. City of East Cleveland—*Rewritten Opinion in* Feminist Judgments: Rewritten Property Opinions (Eloisa C. Rodriguez-Dod & Elena Marty-Nelson eds., Cambridge University Press 2021). For a discussion of Wright's revised feminist opinion, see Berta Esperanza Hernández-Truyol, *Commentary on* Moore v. City of East Cleveland—*Rewritten Opinion, in* Feminist Judgments: Rewritten Property Opinions (Eloisa C. Rodriguez-Dod & Elena Marty-Nelson eds., Cambridge University Press 2021).

12.2

Takings

The cases in this section analyze *takings*. Generally, the government may take private property to further a legitimate public purpose as long as the government justly compensates the owner. When analyzing takings, focus first on the Fifth Amendment to the U.S. Constitution, which provides, in pertinent part, "nor shall private property be taken for public use, without just compensation." While the Takings Clause is often covered in the Constitutional Law course, we introduce the topic in the Property course through two U.S. Supreme Court cases excerpted below.

12.2.1

Kelo v. City of New London
545 U.S. 469 (2005)

Supreme Court of the United States

Justice Stevens

delivered the opinion of the Court.

In 2000, the city of New London approved a development plan that, in the words of the Supreme Court of Connecticut, was "projected to create in excess of 1,000 jobs, to increase tax and other revenues, and to revitalize an economically distressed city, including its downtown and waterfront areas." 268 Conn. 1, 5, 848 A. 2d 500, 507

(2004). In assembling the land needed for this project, the city's development agent has purchased property from willing sellers and proposes to use the power of eminent domain to acquire the remainder of the property from unwilling owners in exchange for just compensation. The question presented is whether the city's proposed disposition of this property qualifies as a "public use" within the meaning of the Takings Clause of the Fifth Amendment to the Constitution.

The city of New London (hereinafter City) sits at the junction of the Thames River and the Long Island Sound in southeastern Connecticut. Decades of economic decline led a state agency in 1990 to designate the City a "distressed municipality." In 1996, the Federal Government closed the Naval Undersea Warfare Center, which had been located in the Fort Trumbull area of the City and had employed over 1,500 people. In 1998, the City's unemployment rate was nearly double that of the State, and its population of just under 24,000 residents was at its lowest since 1920.

These conditions prompted state and local officials to target New London, and particularly its Fort Trumbull area, for economic revitalization. To this end, respondent New London Development Corporation (NLDC), a private nonprofit entity established some years earlier to assist the City in planning economic development, was reactivated. In January 1998, the State authorized a $5.35 million bond issue to support the NLDC's planning activities and a $10 million bond issue toward the creation of a Fort Trumbull State Park. In February, the pharmaceutical company Pfizer Inc. announced that it would build a $800 million research facility on a site immediately adjacent to Fort Trumbull; local planners hoped that Pfizer would draw new business to the area, thereby serving as a catalyst to the area's rejuvenation. After receiving initial approval from the city council, the NLDC continued its planning activities and held a series of neighborhood meetings to educate the public about the process. In May, the city council authorized the NLDC to formally submit its plans to the relevant state agencies for review. Upon obtaining state-level approval, the NLDC finalized an integrated development plan focused on 90 acres of the Fort Trumbull area.

The Fort Trumbull area is situated on a peninsula that juts into the Thames River. The area comprises approximately 115 privately owned properties, as well as the 32 acres of land formerly occupied by the naval facility (Trumbull State Park now occupies 18 of those 32 acres). The development plan encompasses seven parcels. Parcel 1 is designated for a waterfront conference hotel at the center of a "small urban village" that will include restaurants and shopping. This parcel will also have marinas for both recreational and commercial uses. A pedestrian "riverwalk" will originate here and continue down the coast, connecting the waterfront areas of the development. Parcel 2 will be the site of approximately 80 new residences organized into an urban neighborhood and linked by public walkway to the remainder of the development, including the state park. This parcel also includes space reserved for a new U. S. Coast Guard Museum. Parcel 3, which is located immediately north of the Pfizer facility, will contain at least 90,000 square feet of research and development office space. Parcel 4A is a 2.4-acre site that will be used either to support the adjacent state park, by providing parking or retail services for visitors, or to support the nearby marina. Parcel 4B will include a renovated marina, as well as the final stretch of the riverwalk. Parcels 5, 6, and 7 will provide land for office and retail space, parking, and water-dependent commercial uses.

The NLDC intended the development plan to capitalize on the arrival of the Pfizer facility and the new commerce it was expected to attract. In addition to creating jobs, generating tax revenue, and helping to "build momentum for the revitalization of downtown New London," id., at 92, the plan was also designed to make the City more attractive and to create leisure and recreational opportunities on the waterfront and in the park.

The city council approved the plan in January 2000, and designated the NLDC as its development agent in charge of implementation. See Conn. Gen. Stat. § 8-188 (2005). The city council also authorized the NLDC to purchase property or to acquire property by exercising eminent domain in the City's name. §8-193. The NLDC successfully negotiated the purchase of most of the real estate in the 90-acre area, but its negotiations with petitioners failed. As a consequence, in November 2000, the NLDC initiated the condemnation proceedings that gave rise to this case.

Petitioner Susette Kelo has lived in the Fort Trumbull area since 1997. She has made extensive improvements to her house, which she prizes for its water view. Petitioner

Wilhelmina Dery was born in her Fort Trumbull house in 1918 and has lived there her entire life. Her husband Charles (also a petitioner) has lived in the house since they married some 60 years ago. In all, the nine petitioners own 15 properties in Fort Trumbull — 4 in parcel 3 of the development plan and 11 in parcel 4A. Ten of the parcels are occupied by the owner or a family member; the other five are held as investment properties. There is no allegation that any of these properties is blighted or otherwise in poor condition; rather, they were condemned only because they happen to be located in the development area.

In December 2000, petitioners brought this action in the New London Superior Court. They claimed, among other things, that the taking of their properties would violate the "public use" restriction in the Fifth Amendment. After a 7-day bench trial, the Superior Court granted a permanent restraining order prohibiting the taking of the properties located in parcel 4A (park or marina support). It, however, denied petitioners relief as to the properties located in parcel 3 (office space).

After the Superior Court ruled, both sides took appeals to the Supreme Court of Connecticut. That court held, over a dissent, that all of the City's proposed takings were valid. It began by upholding the lower court's determination that the takings were authorized by chapter 132, the State's municipal development statute. See Conn. Gen. Stat. § 8-186 et seq. (2005). That statute expresses a legislative determination that the taking of land, even developed land, as part of an economic development project is a "public use" and in the "public interest." Next, relying on cases such as Hawaii Housing Authority v. Midkiff, 467 U. S. 229 (1984), and Berman v. Parker, 348 U. S. 26 (1954), the court held that such economic development qualified as a valid public use under both the Federal and State Constitutions.

Finally, adhering to its precedents, the court went on to determine, first, whether the takings of the particular properties at issue were "reasonably necessary" to achieving the City's intended public use, and, second, whether the takings were for "reasonably foreseeable needs." The court upheld the trial court's factual findings as to parcel 3, but reversed the trial court as to parcel 4A, agreeing with the City that the intended use of this land was sufficiently definite and had been given "reasonable attention" during the planning process.

The three dissenting justices would have imposed a "heightened" standard of judicial review for takings justified by economic development. Although they agreed that the plan was intended to serve a valid public use, they would have found all the takings unconstitutional because the City had failed to adduce "clear and convincing evidence" that the economic benefits of the plan would in fact come to pass.

We granted certiorari to determine whether a city's decision to take property for the purpose of economic development satisfies the "public use" requirement of the Fifth Amendment.

Two polar propositions are perfectly clear. On the one hand, it has long been accepted that the sovereign may not take the property of A for the sole purpose of transferring it to another private party B, even though A is paid just compensation. On the other hand, it is equally clear that a State may transfer property from one private party to another if future "use by the public" is the purpose of the taking; the condemnation of land for a railroad with common-carrier duties is a familiar example. Neither of these propositions, however, determines the disposition of this case.

As for the first proposition, the City would no doubt be forbidden from taking petitioners' land for the purpose of conferring a private benefit on a particular private party. See Midkiff, 467 U. S., at 245 ("A purely private taking could not withstand the scrutiny of the public use requirement; it would serve no legitimate purpose of government and would thus be void"). Nor would the City be allowed to take property under the mere pretext of a public purpose, when its actual purpose was to bestow a private benefit. The takings before us, however, would be executed pursuant to a "carefully considered" development plan. The trial judge and all the members of the Supreme Court of Connecticut agreed that there was no evidence of an illegitimate purpose in this case. Therefore, as was true of the statute challenged in Midkiff, 467 U. S., at 245, the City's development plan was not adopted "to benefit a particular class of identifiable individuals."

On the other hand, this is not a case in which the City is planning to open the condemned land — at least not in its entirety — to use by the general public. Nor will the private lessees of the land in any sense be required to operate like common carriers, making their services available to all comers. But although such a projected use would be sufficient to satisfy the public use requirement, this "Court long ago rejected any literal requirement that condemned property be put into use for the general public." Id., at 244. Indeed, while many state courts in the mid-19th century endorsed "use by the public" as the proper definition of public use, that narrow view steadily eroded over time. Not only was the "use by the public" test difficult to administer (e. g., what proportion of the public need have access to the property? at what price?), but it proved to be impractical given the diverse and always evolving needs of society. Accordingly, when this Court began applying the Fifth Amendment to the States at the close of the 19th century, it embraced the broader and more natural interpretation of public use as "public purpose." . . . . We have repeatedly and consistently rejected that narrow test ever since.

The disposition of this case therefore turns on the question whether the City's development plan serves a "public purpose." Without exception, our cases have defined that concept broadly, reflecting our longstanding policy of deference to legislative judgments in this field.

In Berman v. Parker, 348 U. S. 26 (1954), this Court upheld a redevelopment plan targeting a blighted area of Washington, D. C., in which most of the housing for the area's 5,000 inhabitants was beyond repair. Under the plan, the area would be condemned and part of it utilized for the construction of streets, schools, and other public facilities. The remainder of the land would be leased or sold to private parties for the purpose of redevelopment, including the construction of low-cost housing.

The owner of a department store located in the area challenged the condemnation, pointing out that his store was not itself blighted and arguing that the creation of a "better balanced, more attractive community" was not a valid public use. Writing for a unanimous Court, Justice Douglas refused to evaluate this claim in isolation, deferring instead to the legislative and agency judgment that the area "must be planned as a whole" for the plan to be successful. The Court explained that "community redevelopment programs need not, by force of the Constitution, be on a piecemeal basis — lot by lot, building by building." Id., at 35. The public use underlying the taking was unequivocally affirmed:

"We do not sit to determine whether a particular housing project is or is not desirable. The concept of the public welfare is broad and inclusive. . . . The values it represents are spiritual as well as physical, aesthetic as well as monetary. It is within the power of the legislature to determine that the community should be beautiful as well as healthy, spacious as well as clean, well-balanced as well as carefully patrolled. In the present case, the Congress and its authorized agencies have made determinations that take into account a wide variety of values. It is not for us to reappraise them. If those who govern the District of Columbia decide that the Nation's Capital should be beautiful as well as sanitary, there is nothing in the Fifth Amendment that stands in the way." Id., at 33.

In Hawaii Housing Authority v. Midkiff, 467 U. S. 229 (1984), the Court considered a Hawaii statute whereby fee title was taken from lessors and transferred to lessees (for just compensation) in order to reduce the concentration of land ownership. We unanimously upheld the statute and rejected the Ninth Circuit's view that it was "a naked attempt on the part of the state of Hawaii to take the property of A and transfer it to B solely for B's private use and benefit." Id., at 235. Reaffirming Berman's deferential approach to legislative judgments in this field, we concluded that the State's purpose of eliminating the "social and economic evils of a land oligopoly" qualified as a valid public use. Our opinion also rejected the contention that the mere fact that the State immediately transferred the properties to private individuals upon condemnation somehow diminished the public character of the taking. "[I]t is only the taking's purpose, and not its mechanics," we explained, that matters in determining public use.

***

Viewed as a whole, our jurisprudence has recognized that the needs of society have varied between different parts of the Nation, just as they have evolved over time in response to changed circumstances. Our earliest cases in particular embodied a strong theme of federalism, emphasizing the "great respect" that we owe to state legislatures and state courts in discerning local public needs. See Hairston v. Danville & Western R. Co., 208 U. S. 598, 606-607 (1908) (noting that these needs were likely to vary depending on a State's "resources, the capacity of the soil, the relative importance of industries to the general public welfare, and the long-established methods and habits of the people"). For more than a century, our public use jurisprudence has wisely eschewed rigid formulas and intrusive scrutiny in favor of affording legislatures broad latitude in determining what public needs justify the use of the takings power.

Those who govern the City were not confronted with the need to remove blight in the Fort Trumbull area, but their determination that the area was sufficiently distressed to justify a program of economic rejuvenation is entitled to our deference. The City has carefully formulated an economic development plan that it believes will provide appreciable benefits to the community, including — but by no means limited to — new jobs and increased tax revenue. As with other exercises in urban planning and development, the City is endeavoring to coordinate a variety of commercial, residential, and recreational uses of land, with the hope that they will form a whole greater than the sum of its parts. To effectuate this plan, the City has invoked a state statute that specifically authorizes the use of eminent domain to promote economic development. Given the comprehensive character of the plan, the thorough deliberation that preceded its adoption, and the limited scope of our review, it is appropriate for us, as it was in Berman, to resolve the challenges of the individual owners, not on a piecemeal basis, but rather in light of the entire plan. Because that plan unquestionably serves a public purpose, the takings challenged here satisfy the public use requirement of the Fifth Amendment.

To avoid this result, petitioners urge us to adopt a new bright-line rule that economic development does not qualify as a public use. Putting aside the unpersuasive suggestion that the City's plan will provide only purely economic benefits, neither precedent nor logic supports petitioners' proposal. Promoting economic development is a traditional and long-accepted function of government. There is, moreover, no principled way of distinguishing economic development from the other public purposes that we have recognized. In our cases upholding takings that facilitated agriculture and mining, for example, we emphasized the importance of those industries to the welfare of the States in question; in Berman, we endorsed the purpose of transforming a blighted area into a "well-balanced" community through redevelopment; in Midkiff, we upheld the interest in breaking up a land oligopoly that "created artificial deterrents to the normal functioning of the State's residential land market"; and in Monsanto, we accepted Congress' purpose of eliminating a "significant barrier to entry in the pesticide market." It would be incongruous to hold that the City's interest in the economic benefits to be derived from the development of the Fort Trumbull area has less of a public character than any of those other interests. Clearly, there is no basis for exempting economic development from our traditionally broad understanding of public purpose.

Petitioners contend that using eminent domain for economic development impermissibly blurs the boundary between public and private takings. Again, our cases foreclose this objection. Quite simply, the government's pursuit of a public purpose will often benefit individual private parties. For example, in Midkiff, the forced transfer of property conferred a direct and significant benefit on those lessees who were previously unable to purchase their homes. In Monsanto, we recognized that the "most direct beneficiaries" of the data-sharing provisions were the subsequent pesticide applicants, but benefiting them in this way was necessary to promoting competition in the pesticide market. . . .

It is further argued that without a bright-line rule nothing would stop a city from transferring citizen As property to citizen B for the sole reason that citizen B will put the property to a more productive use and thus pay more taxes. Such a one-to-one transfer of property, executed outside the confines of an integrated development plan, is not presented in this case. While such an unusual exercise of government power would certainly raise a suspicion that a private purpose was afoot, the hypothetical cases posited by petitioners can be confronted if and when they arise. They do not warrant the crafting of an artificial restriction on the concept of public use.

Alternatively, petitioners maintain that for takings of this kind we should require a "reasonable certainty" that the expected public benefits will actually accrue. Such a rule, however, would represent an even greater departure from our precedent. . . . A constitutional rule that required postponement of the judicial approval of every condemnation until the likelihood of success of the plan had been assured would unquestionably impose a significant impediment to the successful consummation of many such plans.

Just as we decline to second-guess the City's considered judgments about the efficacy of its development plan, we also decline to second-guess the City's determinations as to what lands it needs to acquire in order to effectuate the project. "It is not for the courts to oversee the choice of the boundary line nor to sit in review on the size of a particular project area. Once the question of the public purpose has been decided, the amount and character of land to be taken for the project and the need for a particular tract to complete the integrated plan rests in the discretion of the legislative branch." Berman, 348 U. S., at 35-36.

In affirming the City's authority to take petitioners' properties, we do not minimize the hardship that condemnations may entail, notwithstanding the payment of just compensation. We emphasize that nothing in our opinion precludes any State from placing further restrictions on its exercise of the takings power. Indeed, many States already impose "public use" requirements that are stricter than the federal baseline. Some of these requirements have been established as a matter of state constitutional law, while others are expressed in state eminent domain statutes that carefully limit the grounds upon which takings may be exercised. As the submissions of the parties and their amici make clear, the necessity and wisdom of using eminent domain to promote economic development are certainly matters of legitimate public debate. This Court's authority, however, extends only to determining whether the City's proposed condemnations are for a "public use" within the meaning of the Fifth Amendment to the Federal Constitution. Because over a century of our ease law interpreting that provision dictates an affirmative answer to that question, we may not grant petitioners the relief that they seek.

The judgment of the Supreme Court of Connecticut is affirmed.

It is so ordered.

Justice Kennedy,

concurring.

I join the opinion for the Court and add these further observations.

This Court has declared that a taking should be upheld as consistent with the Public Use Clause, U. S. Const., Arndt. 5, as long as it is "rationally related to a conceivable public purpose." Hawaii Housing Authority v. Midkiff, 467 U. S. 229, 241 (1984); see also Berman v. Parker, 348 U. S. 26 (1954). This deferential standard of review echoes the rational-basis test used to review economic regulation under the Due Process and Equal Protection Clauses. The determination that a rational-basis standard of review is appropriate does not, however, alter the fact that transfers intended to confer benefits on particular, favored private entities, and with only incidental or pretextual public benefits, are forbidden by the Public Use Clause.

A court applying rational-basis review under the Public Use Clause should strike down a taking that, by a clear showing, is intended to favor a particular private party, with only incidental or pretextual public benefits, just as a court applying rational-basis review under the Equal Protection Clause must strike down a government classification that is clearly intended to injure a particular class of private parties, with only incidental or pretextual public justifications. As the trial court in this case was correct to observe: "Where the purpose [of a taking] is economic development and that development is to be carried out by private parties or private parties will be benefited, the court must decide if the stated public purpose — economic advantage to a city sorely in need of it — is only incidental to the benefits that will be confined on private parties of a development plan."

A court confronted with a plausible accusation of impermissible favoritism to private parties should treat the objection as a serious one and review the record to see if it has merit, though with the presumption that the government's actions were reasonable and intended to serve a public purpose. Here, the trial court conducted a careful and extensive inquiry into "whether, in fact, the development plan is of primary benefit to ... the developer, and private businesses which may eventually locate in the plan area, and in that regard, only of incidental benefit to the city." The trial court considered testimony from government officials and corporate officers; documentary evidence of communications between these parties; respondents' awareness of New London's depressed economic condition and evidence corroborating the validity of this concern; the substantial commitment of public funds by the State to the development project before most of the private beneficiaries were known; evidence that respondents reviewed a variety of development plans and chose a private developer from a group of applicants rather than picking out a particular transferee beforehand; and the fact that the other private beneficiaries of the project are still unknown because the office space proposed to be built has not yet been rented.

The trial court concluded, based on these findings, that benefiting Pfizer was not "the primary motivation or effect of this development plan"; instead, "the primary motivation for [respondents] was to take advantage of Pfizer's presence." Likewise, the trial court concluded that "[t]here is nothing in the record to indicate that... [respondents] were motivated by a desire to aid [other] particular private entities." Even the dissenting justices on the Connecticut Supreme Court agreed that respondents' development plan was intended to revitalize the local economy, not to serve the interests of Pfizer, Corcoran Jennison, or any other private party. This case, then, survives the meaningful rational-basis review that in my view is required under the Public Use Clause.

***

For the foregoing reasons, I join in the Court's opinion.

Justice O'Connor,

dissenting.

Over two centuries ago, just after the Bill of Rights was ratified, Justice Chase wrote:

> "An act of the Legislature (for I cannot call it a law) contrary to the great first principles of the social compact, cannot be considered a rightful exercise of legislative authority.... A few instances will suffice to explain what I mean. ... [A] law that takes property from A. and gives it to B: It is against

all reason and justice, for a people to entrust a Legislature with such powers; and, therefore, it cannot be presumed that they have done it." Colder v. Bull, 3 Dall. 386, 388 (1798) (emphasis deleted).

Today the Court abandons this long-held, basic limitation on government power. Under the banner of economic development, all private property is now vulnerable to being taken and transferred to another private owner, so long as it might be upgraded — i.e., given to an owner who will use it in a way that the legislature deems more beneficial to the public — in the process. To reason, as the Court does, that the incidental public benefits resulting from the subsequent ordinary use of private property render economic development takings "for public use" is to wash out any distinction between private and public use of property — and thereby effectively to delete the words "for public use" from the Takings Clause of the Fifth Amendment. Accordingly I respectfully dissent.

***

The Fifth Amendment to the Constitution, made applicable to the States by the Fourteenth Amendment, provides that "private property [shall not] be taken for public use, without just compensation." When interpreting the Constitution, we begin with the unremarkable presumption that every word in the document has independent meaning, "that no word was unnecessarily used, or needlessly added." Wright v. United States, 302 U. S. 583, 588 (1938). In keeping with that presumption, we have read the Fifth Amendment's language to impose two distinct conditions on the exercise of eminent domain: "[T]he taking must be for a 'public use' and 'just compensation' must be paid to the owner." Brown v. Legal Foundation of Wash., 538 U. S. 216, 231-232 (2003).

These two limitations serve to protect "the security of Property," which Alexander Hamilton described to the Philadelphia Convention as one of the "great obj[ects] of Gov[ernment]." 1 Records of the Federal Convention of 1787, p. 302 (M. Farrand ed. 1911). Together they ensure stable property ownership by providing safeguards against excessive, unpredictable, or unfair use of the government's eminent domain power — particularly against those owners who, for whatever reasons, may be unable to protect themselves in the political process against the majority's will.

While the Takings Clause presupposes that government can take private property without the owner's consent, the just compensation requirement spreads the cost of condemnations and thus "prevents the public from loading upon one individual more than his just share of the burdens of government." Monongahela Nav. Co. v. United States, 148 U. S. 312, 325 (1893). The public use requirement, in turn, imposes a more basic limitation, circumscribing the very scope of the eminent domain power: Government may compel an individual to forfeit her property for the public's use, but not for the benefit of another private person. This requirement promotes fairness as well as security.

Where is the line between "public" and "private" property use? We give considerable deference to legislatures' determinations about what governmental activities will advantage the public. But were the political branches the sole arbiters of the public-private distinction, the Public Use Clause would amount to little more than hortatory fluff. An external, judicial check on how the public use requirement is interpreted, however limited, is necessary if this constraint on government power is to retain any meaning.

Our cases have generally identified three categories of takings that comply with the public use requirement, though it is in the nature of things that the boundaries between these categories are not always firm. Two are relatively straightforward and uncontroversial. First, the sovereign may transfer private property to public ownership — such as for a road, a hospital, or a military base. Second, the sovereign may transfer private property to private parties, often common carriers, who make the property available for the public's use — such as with a railroad, a public utility, or a stadium. But "public ownership" and "use-by-the-public" are sometimes too constricting and impractical ways to define the scope of the Public Use Clause. Thus we have allowed that, in certain circumstances and to meet certain exigencies, takings that serve a public purpose also satisfy the Constitution even if the property is destined for subsequent private use. See, e.g., Berman v. Parker, 348 U. S. 26 (1954); Hawaii Housing Authority v. Midkiff, 467 U. S. 229 (1984).

This case returns us for the first time in over 20 years to the hard question of when a purportedly "public purpose" taking meets the public use requirement. It presents an issue of first impression: Are economic development takings constitutional? I would hold that they are not. We are guided by two precedents about the taking of real property by eminent domain. In Berman, we upheld takings within a blighted neighborhood of Washington, D. C. The neighborhood had so deteriorated that, for example, 64.3% of its dwellings were beyond repair. It had become burdened with "overcrowding of dwellings," "lack of adequate streets and alleys," and "lack of light and air." Congress had determined that the neighborhood had become "injurious to the public health, safety, morals, and welfare" and that it was necessary to "eliminate] all such injurious conditions by employing all means necessary and appropriate for the purpose," including eminent domain. Mr. Berman's department store was not itself blighted. Having approved of Congress' decision to eliminate the harm to the public emanating from the blighted neighborhood, however, we did not second-guess its decision to treat the neighborhood as a whole rather than lot-by-lot.

In Midkiff, we upheld a land condemnation scheme in Hawaii whereby title in real property was taken from lessors and transferred to lessees. At that time, the State and Federal Governments owned nearly 49% of the State's land, and another 47% was in the hands of only 72 private landowners. Concentration of land ownership was so dramatic that on the State's most urbanized island, Oahu, 22 landowners owned 72.5% of the fee simple titles. The Hawaii Legislature had concluded that the oligopoly in land ownership was "skewing the State's residential fee simple market, inflating land prices, and injuring the public tranquility and welfare," and therefore enacted a condemnation scheme for redistributing title.

In those decisions, we emphasized the importance of deferring to legislative judgments about public purpose. Because courts are ill equipped to evaluate the efficacy of proposed legislative initiatives, we rejected as unworkable the idea of courts' " 'deciding on what is and is not a governmental function and . . . invalidating legislation on the basis of their view on that question at the moment of decision, a practice which has proved impracticable in other fields.' " Id., at 240-241; see Berman, supra, at 32 ("[T]he legislature, not the judiciary, is the main guardian of the public needs to be served by social legislation"). Likewise, we recognized our inability to evaluate whether, in a given case, eminent domain is a necessary means by which to pursue the legislature's ends.

Yet for all the emphasis on deference, Berman and Midkiff hewed to a bedrock principle without which our public use jurisprudence would collapse: "A purely private taking could not withstand the scrutiny of the public use requirement; it would serve no legitimate purpose of government and would thus be void." Midkiff, 467 U. S., at 245; id., at 241 ("[T]he Court's cases have repeatedly stated that 'one person's property may not be taken for the benefit of another private person without a justifying public purpose, even though compensation be paid'" (quoting Thompson v. Consolidated Gas Util. Corp., 300 U. S. 55, 80 (1937))); see also Missouri Pacific R. Co. v. Nebraska, 164 U. S. 403, 417 (1896). To protect that principle, those decisions reserved "a role for courts to play in reviewing a legislature's judgment of what constitutes a public use . . . [though] the Court in Berman made clear that it is 'an extremely narrow5 one." Midkiff, supra, at 240 (quoting Berman, supra, at 32).

The Court's holdings in Berman and Midkiff were true to the principle underlying the Public Use Clause. In both those cases, the extraordinary, precondemnation use of the targeted property inflicted affirmative harm on society — in Berman through blight resulting from extreme poverty and in Midkiff through oligopoly resulting from extreme wealth. And in both cases, the relevant legislative body had found that eliminating the existing property use was necessary to remedy the harm. Berman, supra, at 28-29; Midkiff, supra, at 232. Thus a public purpose was realized when the harmful use was eliminated. Because each taking directly achieved a public benefit, it did not matter that the property was turned over to private use. Here, in contrast, New London does not claim that Susette Kelo's and Wilhelmina Dery's well-maintained homes are the source of any social harm. Indeed, it could not so claim without adopting the absurd argument that any single-family home that might be razed to make way for an apartment building, or any church that might be replaced with a retail store, or any small business that might be more lucrative if it were instead part of a national franchise, is inherently harmful to society and thus within the government's power to condemn.

In moving away from our decisions sanctioning the condemnation of harmful property use, the Court today significantly expands the meaning of public use. It holds that the sovereign may take private property currently put to ordinary private use, and give it over for new, ordinary private use, so long as the new use is predicted to generate some secondary benefit for the public — such as increased tax revenue, more jobs, maybe even esthetic pleasure. But nearly any lawful use of real private property can be said to generate some incidental benefit to the public. Thus, if predicted (or even guaranteed) positive side effects are enough to render transfer from one private party to another constitutional, then the words "for public use" do not realistically exclude any takings, and thus do not exert any constraint on the eminent domain power.

***

Finally, in a coda, the Court suggests that property owners should turn to the States, who may or may not choose to impose appropriate limits on economic development takings. Ante, at 489. This is an abdication of our responsibility. States play many important functions in our system of dual sovereignty, but compensating for our refusal to enforce properly the Federal Constitution (and a provision meant to curtail state action, no less) is not among them.

***

Any property may now be taken for the benefit of another private party, but the fallout from this decision will not be random. The beneficiaries are likely to be those citizens with disproportionate influence and power in the political process, including large corporations and development firms. As for the victims, the government now has license to transfer property from those with fewer resources to those with more. The Founders cannot have intended this perverse result. "[T]hat alone is a just government," wrote James Madison, "which impartially secures to every man, whatever is his own." For the National Gazette, Property (Mar. 27, 1792), reprinted in 14 Papers of James Madison 266 (R. Rutland et al. eds. 1983).

I would hold that the takings in both Parcel 3 and Parcel 4A are unconstitutional, reverse the judgment of the Supreme Court of Connecticut, and remand for further proceedings.

12.2.2

Stop the Beach Renourishment, Inc. v. Florida Department of Environmental Protection
560 U.S. 702 (2010)

Supreme Court of the United States

OPINION OF THE COURT

Justice Scalia

announced the judgment of the Court and delivered the opinion of the Court with respect to Parts I, IV, and V, and an opinion with respect to Parts II and III, in which The Chief Justice, Justice Thomas, and Justice Alito join.

We consider a claim that the decision of a State's court of last resort took property without just compensation in violation of the Takings Clause of the Fifth Amendment, as applied against the States through the Fourteenth, see *Dolan* v. *City of Tigard*, 512 U.S. 374 (1994).

I

A

Generally speaking, state law defines property interests, including property rights in navigable waters and the lands underneath them. In Florida, the State owns in trust for the public the land permanently submerged beneath navigable waters and the foreshore (the land between the low-tide line and the mean high-water line). Fla. Const., Art. X, § 11; *Broward* v. *Mabry*, 58 Fla. 398, 50 So. 826 (1909). Thus, the mean high-water line (the average reach of high tide over the preceding 19 years) is the ordinary boundary between private beachfront, or littoral[1] property, and state-owned land.

Littoral owners have, in addition to the rights of the public, certain "special rights" with regard to the water and the foreshore, rights which Florida considers to be property, generally akin to easements. These include the right of access to the water, the right to use the water for certain purposes, the right to an unobstructed view of the water, and the right to receive accretions and relictions to the littoral property. This is generally in accord with well-established common law, although the precise property rights vary among jurisdictions.

At the center of this case is the right to accretions and relictions. Accretions are additions of alluvion (sand, sediment, or other deposits) to waterfront land; relictions are lands once covered by water that become dry when the water recedes. (For simplicity's sake, we shall refer to accretions and relictions collectively as accretions, and the process whereby they occur as accretion.) In order for an addition to dry land to qualify as an accretion, it must have occurred gradually and imperceptibly— that is, so slowly that one could not see the change occurring, though over time the difference became apparent. When, on the other hand, there is a "sudden or perceptible loss of or addition to land by the action of the water or a sudden change in the bed of a lake or the course of a stream," the change is called an avulsion.

In Florida, as at common law, the littoral owner automatically takes title to dry land added to his property by accretion; but formerly submerged land that has become dry land by avulsion continues to belong to the owner of the seabed (usually the State). See, *e.g., Sand Key, supra,* at 937; Maloney § 126.6, at 392; 2 W. Blackstone, Commentaries on the Laws of England 261-262 (1766) (hereinafter Blackstone). Thus, regardless of whether an avulsive event exposes land previously submerged or submerges land previously exposed, the boundary between littoral property and sovereign land does not change; it remains (ordinarily) what was the mean high-water line before the event. It follows from this that, when a new strip of land has been added to the shore by avulsion, the littoral owner has no right to subsequent accretions. Those accretions no longer add to *his* property, since the property abutting the water belongs not to him but to the State.

B

In 1961, Florida's Legislature passed the Beach and Shore Preservation Act, 1961 Fla. Laws ch. 61-246, as amended, Fla. Stat. §§ 161.011-161.45 (2007). The Act establishes procedures for "beach restoration and nourishment projects," § 161.088, designed to deposit sand on eroded beaches (restoration) and to maintain the deposited sand (nourishment). § 161.021(3), (4). A local government may apply to the Department of Environmental Protection (Department) for the funds and the necessary permits to restore a beach, see §§161.101(1), 161.041(1). When the project involves placing fill on the State's submerged lands, authorization is required from the Board of Trustees of the Internal Improvement Trust Fund (Board), which holds title to those lands.

Once a beach restoration "is determined to be undertaken," the Board sets what is called "an erosion control line." It must be set by reference to the existing mean high-water line, though in theory it can be located seaward or landward of that. . . . The fixed erosion-control line replaces the fluctuating mean high-water line as the boundary between privately owned littoral property and state property. Once the erosion-control line is recorded, the common law ceases to increase upland property by accretion (or decrease it by erosion). Thus, when accretion to the shore moves the mean high-water line seaward, the property of beachfront landowners is not extended to that line (as the prior law provided), but remains bounded by the permanent erosion-control line. Those landowners "continue to be entitled," however, "to all common-law riparian rights" other than the right to accretions. If the beach erodes back landward of the erosion-control line over a substantial portion of the shoreline covered by the project, the Board may, on its own initiative, or must, if asked by the owners or lessees of a majority of the property affected, direct the agency responsible for maintaining the beach to return the beach to the condition contemplated by the project. If that is not done within a year, the project is canceled and the erosion-control line is null and void. Finally, by regulation, if the use of submerged land would "unreasonably infringe on riparian rights," the project cannot proceed unless the local governments show that they own or have a property interest in the upland property adjacent to the project site.

C

In 2003, the city of Destin and Walton County applied for the necessary permits to restore 6.9 miles of beach within their jurisdictions that had been eroded by several hurricanes. The project envisioned depositing along that shore sand dredged from further out. It would add about 75 feet of dry sand seaward of the mean high-water line (to be denominated the erosion-control line). The Department issued a notice of intent to award the permits, and the Board approved the erosion-control line.

Petitioner here, Stop the Beach Renourishment, Inc., is a nonprofit corporation formed by people who own beachfront property bordering the project area (we shall refer to them as Members). It brought an administrative challenge to the proposed project, which was unsuccessful; the Department approved the permits. Petitioner then challenged that action in state court under the Florida Administrative Procedure Act, Fla. Stat. § 120.68 (2007). The District Court of Appeal for the First District concluded that, contrary to the Act's preservation of " 'all common-law riparian rights,' " the order had eliminated two of the Members' littoral rights: (1) the right to receive accretions to their property; and (2) the right to have the contact of their property with the water remain intact. This, it believed, would be an unconstitutional taking, which would "unreasonably infringe on riparian rights," and therefore require the showing under Fla. Admin. Code Rule 18-21.004(3Mb) that the local governments owned or had a property interest in the upland property. It set aside the Department's final order approving the permits and remanded for that showing to be made. It also certified to the Florida Supreme Court the following question (as rephrased by the latter court):

> "On its face, does the Beach and Shore Preservation Act unconstitutionally deprive upland owners of littoral rights without just compensation?" 998 So. 2d, at 1105 (footnotes omitted).

The Florida Supreme Court answered the certified question in the negative, and quashed the First District's remand. It faulted the Court of Appeal for not considering the doctrine of avulsion, which it concluded permitted the State to reclaim the restored beach on behalf of the public. It described the right to accretions as a future contingent interest, not a vested property right, and held that there is no littoral right to contact with the water independent of the littoral right of access, which the Act does not infringe. Petitioner sought rehearing on the ground that the Florida Supreme Court's decision itself effected a taking of the Members' littoral rights contrary to the Fifth and Fourteenth Amendments to the Federal Constitution. The request for rehearing was denied. We granted certiorari.

II

A

Before coming to the parties' arguments in the present case, we discuss some general principles of our takings jurisprudence. The Takings Clause—"nor shall private property be taken for public use, without just compensation," U. S. Const., Amdt. 5—applies as fully to the taking of a landowner's riparian rights as it does to the taking of an estate in land. Moreover, though the classic taking is a transfer of property to the State or to another private party by eminent domain, the Takings Clause applies to other state actions that achieve the same thing. Thus, when the government uses its own property in such a way that it destroys private property, it has taken that property. Similarly, our doctrine of regulatory takings "aims to identify regulatory actions that are functionally equivalent to the classic taking." *Lingle* v. *Chevron U. S. A. Inc.*, 544 U.S. 528, 539 (2005). Thus, it is a taking when a state regulation forces a property owner to submit to a permanent physical occupation, *Loretto* v. *Teleprompter Manhattan CATV Corp.*, 458 U.S. 419 (1982), or deprives him of all economically beneficial use of his property, *Lucas* v. *South Carolina Coastal Council*, 505 U.S. 1003, 1019 (1992). Finally (and here we approach the situation before us), States effect a taking if they re-characterize as public property what was previously private property.

The Takings Clause (unlike, for instance, the *Ex Post Facto* Clauses, see Art. I, § 9, cl. 3; § 10, cl. 1) is not addressed to the action of a specific branch or branches. It is concerned simply with the act, and not with the governmental actor ("nor shall private property *be* taken" (emphasis added)). There is no textual justification for saying that the existence or the scope of a State's power to expropriate private property without just compensation varies according to the branch of government effecting the expropriation. Nor does common sense recommend such a principle. It would be absurd to allow a State to do by judicial decree what the Takings Clause forbids it to do by legislative fiat.

Our precedents provide no support for the proposition that takings effected by the judicial branch are entitled to special treatment, and in fact suggest the contrary. . . .

***

In sum, the Takings Clause bars *the State* from taking private property without paying for it, no matter which branch is the instrument of the taking. To be sure, the manner of state action may matter: Condemnation by eminent domain, for example, is always a taking, while a legislative, executive, or judicial restriction of property use may or may not be, depending on its nature and extent. But the particular state *actor* is irrelevant. If a legislature *or a court* declares that what was once an established right of private property no longer exists, it has taken that property, no less than if the State had physically appropriated it or destroyed its value by regulation. . . .

***

We come at last to petitioner's takings attack on the decision below. . . .

Petitioner argues that the Florida Supreme Court took two of the property rights of the Members by declaring that those rights did not exist: the right to accretions, and the right to have littoral property touch the water (which petitioner distinguishes from the mere right of access to the water). Under petitioner's theory, because no prior Florida decision had said that the State's filling of submerged tidal lands could have the effect of depriving a littoral owner of contact with the water and denying him future accretions, the Florida Supreme Court's judgment in the present case abolished those two easements to which littoral-property owners had been entitled. This puts the burden on the wrong party. There is no taking unless petitioner can show that, before the Florida Supreme Court's decision, littoral-property owners had rights to future accretions and contact with the water superior to the State's right to fill in its submerged land. Though some may think the question close, in our view the showing cannot be made.

Two core principles of Florida property law intersect in this case. First, the State as owner of the submerged land adjacent to littoral property has the right to fill that land, so long as it does not interfere with the rights of the public and the rights of littoral landowners. See *Hayes* v. *Bowman,* 91 So. 2d 795 (Fla. 1957) (right to fill conveyed by State to private party). Second, if an avulsion exposes land seaward of littoral property that had previously been submerged, that land belongs to the State even if it interrupts the littoral owner's contact with the water. The issue here is whether there is an exception to this rule when the State is the cause of the avulsion. Prior law suggests there is not. In *Martin* v. *Busch,* 93 Fla. 535, 112 So. 274 (1927), the Florida Supreme Court held that when the State drained water from a lakebed belonging to the State, causing land that was formerly below the mean high-water line to become dry land, that land continued to belong to the State. *Id.,* at 574, 112 So., at 287; see also *Bryant, supra,* at 838-839 (analogizing the situation in *Martin* to an avulsion). " 'The riparian rights doctrine of accretion and reliction,' " the Florida Supreme Court later explained, " 'does not apply to such lands.' " *Bryant, supra,* at 839. This is not surprising, as there can be no accretions to land that no longer abuts the water.

Thus, Florida law as it stood before the decision below allowed the State to fill in its own seabed, and the resulting sudden exposure of previously submerged land was treated like an avulsion for purposes of ownership. The right to accretions was therefore subordinate to the State's right to fill. *Thiesen* v. *Gulf, Fla. & Ala. R. Co.* suggests the same result. That case involved a claim by a riparian landowner that a railroad's state-authorized filling of submerged land and construction of tracks upon it interfered with the riparian landowners' rights to access and to wharf out to a shipping channel. The Florida Supreme Court determined that the claimed right to wharf out did not exist in Florida, and that therefore only the right of access was compensable. 75 Fla., at 58-65, 78 So., at 501-503. Significantly, although the court recognized that the riparian-property owners had rights to accretion, the only rights it even suggested would be infringed by the railroad were the right of access (which the plaintiff had claimed) and the rights of view and use of the water (which it seems the plaintiff had not claimed).

The Florida Supreme Court decision before us is consistent with these background principles of state property law. It did not abolish the Members' right to future accretions, but merely held that the right was not implicated by the beach-restoration project, because the doctrine of avulsion applied. The Florida Supreme Court's opinion describes beach restoration as the reclamation by the State of the public's land, just as *Martin* had described the lake drainage in that case. Although the opinion does not cite *Martin* and is not always clear on this point, it suffices that its characterization of the littoral right to accretion is consistent with *Martin* and the other relevant principles of Florida law we have discussed.

***

The result under Florida law may seem counterintuitive. After all, the Members' property has been deprived of its character (and value) as oceanfront property by the State's artificial creation of an avulsion. Perhaps state-created avulsions ought to be treated differently from other avulsions insofar as the property right to accretion is concerned. But nothing in prior Florida law makes such a distinction, and *Martin* suggests, if it does not indeed hold, the contrary. Even if there might be different interpretations of *Martin* and other Florida property-law cases that would prevent this arguably odd result, we are not free to adopt them. The Takings Clause only protects property rights as they are established under state law, not as they might have been established or ought to have been established. We cannot say that the Florida Supreme Court's decision eliminated a right of accretion established under Florida law.

Petitioner also contends that the State took the Members' littoral right to have their property continually maintain contact with the water. To be clear, petitioner does not allege that the State relocated the property line, as would have happened if the erosion-control line were *landward* of the old mean high-water line (instead of identical to it). Petitioner argues instead that the Members have a separate right for the boundary of their property to be always the mean high-water line. . . .

V

Because the Florida Supreme Court's decision did not contravene the established property rights of petitioner's Members, Florida has not violated the Fifth and Fourteenth Amendments. The judgment of the Florida Supreme Court is therefore affirmed.

It is so ordered.

Justice Kennedy,

with whom Justice Sotomayor joins, concurring in part and concurring in the judgment.

The Court's analysis of the principles that control ownership of the land in question, and of the rights of petitioner's members as adjacent owners, is correct in my view, leading to my joining Parts I, IV, and V of the Court's opinion. As Justice Breyer observes, however, this case does not require the Court to determine whether, or when, a judicial decision determining the rights of property owners can violate the Takings Clause of the Fifth Amendment of the United States Constitution. This separate opinion notes certain difficulties that should be considered before accepting the theory that a judicial decision that eliminates an "established property right" constitutes a violation of the Takings Clause.

The Takings Clause is an essential part of the constitutional structure, for it protects private property from expropriation without just compensation; and the right to own and hold property is necessary to the exercise and preservation of freedom. The right to retain property without the fact or even the threat of that sort of expropriation is, of course, applicable to the States under the Due Process Clause of the Fourteenth Amendment. *Chicago, B. & Q. R. Co.* v. *Chicago,* 166 U.S. 226 (1897).

The right of the property owner is subject, however, to the rule that the government does have power to take property for a public use, provided that it pays just compensation. This is a vast governmental power. And typically, legislative bodies grant substantial discretion to executive officers to decide what property can be taken for authorized projects and uses. As a result, if an authorized executive agency or official decides that Blackacre is the right place for a fire station or Greenacre is the best spot for a freeway interchange, then the weight and authority of the State are used to take the property, even against the wishes of the owner, who must be satisfied with just compensation.

In the exercise of their duty to protect the fisc, both the legislative and executive branches monitor, or should monitor, the exercise of this substantial power. Those branches are accountable in their political capacity for the proper discharge of this obligation.

To enable officials to better exercise this great power in a responsible way, some States allow their officials to take a second look after property has been condemned and a jury returns a verdict setting the amount of just compensation. If the condemning authority, usually acting through the executive, deems the compensation too high to pay for the project, it can decide not to take the property at all. The landowner is reimbursed for certain costs and expenses of litigation and the property remains in his or her hands.

This is just one aspect of the exercise of the power to select what property to condemn and the responsibility to ensure that the taking makes financial sense from the State's point of view. And, as a matter of custom and practice, these are matters for the political branches—the legislature and the executive—not the courts.

1 Many cases and statutes use "riparian" to mean abutting any body of water. The Florida Supreme Court, however, has adopted a more precise usage whereby "riparian" means abutting a river or stream and "littoral" means abutting an ocean, sea, or lake. Walton Cty. v. Stop the Beach Renourishment, Inc., 998 So. 2d 1102, 1105, n. 3 (2008). When speaking of the Florida law applicable to this case, we follow the Florida Supreme Court's terminology.

12.2.3

Discussion: Notes, Questions, and Problems

12.2.3.1

Discussion Note #2. Feminist perspective

of Kelo v. City of New London

For a feminist perspective of *Kelo v. City of New London*, excerpted above, see Olympia Duhart, Kelo v. City of New London—*Rewritten Opinion in* Feminist Judgments: Rewritten Property Opinions (Eloisa C. Rodriguez-Dod & Elena Marty-Nelson eds., Cambridge University Press 2021). For a discussion of Duhart's revised feminist opinion, see Julia D. Mahoney, *Commentary on* Kelo v. City of New London—*Rewritten Opinion, in* Feminist Judgments: Rewritten Property Opinions (Eloisa C. Rodriguez-Dod & Elena Marty-Nelson eds., Cambridge University Press 2021).

12.2.3.2

Discussion Note #3. Fourteenth Amendment and takings

The Takings Clause of the Fifth Amendment of the U.S. Constitution applies to the States pursuant to the Fourteenth Amendment

13

Chapter 13 · Title and Real Estate Transactions

This chapter addresses various fundamental concepts regarding transfers of title to real property. We start with two U.S. Supreme Court cases, *Johnson v. M'Intosh*, excerpted below, and *Botiller v. Dominguez*, excerpted below, where the Court focused on title disputes in light of treaties.

We then turn to the first major step in a real estate purchase—the contract of sale. We also introduce how the Fair Housing Act covers sales of real property. The next section turns to the critical topic of deeds. The deed is the instrument that serves to transfer title to the real property. We then turn to recording. After addressing some of the subtle issues regarding recording, including the shelter rule and wild deeds, we then turn to the doctrine of estoppel by deed.

13.1

Competing Sovereigns and Treaties

In both *Johnson v. M'Intosh*, excerpted below, and *Botiller v. Dominguez*, excerpted below, the U.S. Supreme Court was asked to determine the effect of treaties on competing claims to land. As you read these cases, ask yourselves how power dynamics played a role in both decisions.

13.1.1

Johnson v. M'Intosh
21 U.S. 543 (1823)

Supreme Court of the United States

Marshall, Ch. J.,

delivered the opinion of the court. — The plaintiffs in this cause claim the land in their declaration mentioned, under two grants, purporting to be made, the first in

1773, and the last in 1775, by the chiefs of certain Indian tribes, constituting the Illinois and the Piankeshaw nations; and the question is, whether this title can be recognised in the courts of the United States? The facts, as stated in the case agreed, show the authority of the chiefs who executed this conveyance, so far as it could be given by their own people; and likewise show, that the particular tribes for whom these chiefs acted were in rightful possession of the land they sold. The inquiry, therefore, is, in a great measure, confined to the power of Indians to give, and of private individuals to receive, a title, which can be sustained in the courts of this country.

As the right of society to prescribe those rules by which property may be acquired and preserved is not, and cannot, be drawn into question; as the title to lands, especially, is, and must be, admitted, to depend entirely on the law of the nation in which they lie; it will be necessary, in pursuing this inquiry, to examine, not simply those principles of abstract justice, which the Creator of all things has impressed on the mind of his creature man, and which are admitted to regulate, in a great degree, the rights of civilized nations, whose perfect independence is acknowledged; but those principles also which our own government has adopted in the particular case, and given us as the rule for our decision.

On the discovery of this immense continent, the great nations of Europe were eager to appropriate to themselves so much of it as they could respectively acquire. Its vast extent offered an ample field to the ambition and enterprise of all; and the character and religion of its inhabitants afforded an apology for considering them as a people over whom the superior genius of Europe might claim an ascendency. The potentates of the old world found no difficulty in convincing themselves, that they made ample compensation to the inhabitants of the new, by bestowing on them civilization and Christianity, in exchange for unlimited independence. But as they were all in pursuit of nearly the same object, it was necessary, in order to avoid conflicting settlements, and consequent war with each other, to establish a principle, which all should acknowledge as the law by which the right of acquisition, which they all asserted, should be regulated, as between themselves. This principle was, that discovery gave title to the government by whose subjects, or by whose authority, it was made, against all other European governments, which title might be consummated by possession. The exclusion of all other Europeans, necessarily gave to the nation making the discovery the sole right of acquiring the soil from the natives, and establishing settlements upon it. It was a right with which no Europeans could interfere. It was a right which all asserted for themselves, and to the assertion of which, by others, all assented. Those relations which were to exist between the discoverer and the natives, were to be regulated by themselves. The rights thus acquired being exclusive, no other power could interpose between them.

In the establishment of these relations, the rights of the original inhabitants were, in no instance, entirely disregarded; but were, necessarily, to a considerable extent, impaired. They were admitted to be the rightful occupants of the soil, with a legal as well as just claim to retain possession of it, and to use it according to their own discretion; but their rights to complete sovereignty, as independent nations, were necessarily diminished, and their power to dispose of the soil, at their own will, to whomsoever they pleased, was denied by the original fundamental principle, that discovery gave exclusive title to those who made it. While the different nations of Europe respected the right of the natives, as occupants, they asserted the ultimate dominion to be in themselves; and claimed and exercised, as a consequence of this ultimate dominion, a power to grant the soil, while yet in possession of the natives. These grants have been understood by all, to convey a title to the grantees, subject only to the Indian right of occupancy.

The history of America, from its discovery to the present day, proves, we think, the universal recognition of these principles. Spain did not rest her title solely on the grant of the Pope. Her discussions respecting boundary, with France, with Great Britain, and with the United States, all show that she placed it on the rights given by discovery. Portugal sustained her claim to the Brazils by the same title. France, also, founded her title to the vast territories she claimed in America on discovery. However conciliatory her conduct to the natives may have been, she still asserted her right of dominion over a great extent of country, not actually settled by Frenchmen, and her exclusive right to acquire and dispose of the soil which remained in the occupation of Indians. Her monarch claimed all Canada and Acadie, as colonies of

France, at a time when the French population was very inconsiderable, and the Indians occupied almost the whole country. . . . The claim of the Dutch was always contested by the English; not because they questioned the title given by discovery, but because they insisted on being themselves the rightful claimants under that title. Their pretensions were finally decided by the sword.

No one of the powers of Europe gave its full assent to this principle, more unequivocally than England. The documents upon this subject are ample and complete. So early as the year 1496, her monarch granted a commission to the Cabots, to discover countries then unknown to Christian people, and to take possession of them in the name of the king of England. Two years afterwards, Cabot proceeded on this voyage, and discovered the continent of North America, along which he sailed as far south as Virginia. To this discovery, the English trace their title. In this first effort made by the English government to acquire territory on this continent, we perceive a complete recognition of the principle which has been mentioned. The right of discovery given by this commission, is confined to countries "then unknown to all Christian people" and of these countries, Cabot was empowered to take, possession in the name of the king of England. Thus asserting a right to take possession, notwithstanding the occupancy of the natives, who were heathens, and, at the same time, admitting the prior title of any Christian people who may have made a previous discovery. The same principle continued to be recognised. The charter granted to Sir Humphrey Gilbert, in 1578, authorizes him to discover and take possession of such remote, heathen and barbarous lands, as were not actually possessed by any Christian prince or people. This charter was afterwards renewed to Sir Walter Raleigh, in nearly the same terms.

***

Thus has our whole country been granted by the crown, while in the occupation of the Indians. These grants purport to convey the soil as well as the right of dominion to the grantees. In those governments which were denominated royal, where the right to the soil was not vested in individuals, but remained in the crown, or was vested in the colonial government, the king claimed and exercised the light of granting lands, and of dismembering the government, at his will. The grants made out of the two original colonies, after the resumption of their charters by the crown, are examples of this. The governments of New England, New York, New Jersey, Pennsylvania, Maryland, and a part of Carolina, were thus created. In all of them, the soil, at the time the grants were made, was occupied by the Indians. Yet almost every title within those governments is dependent on these grants. In some instances, the soil was conveyed by the crown, unaccompanied by the powers of government, as in the case of the northern neck of Virginia. It has never been objected to this, nor to any other similar grant, that the title as well as possession was in the Indians when it was made, and that it passed nothing on that account.

These various patents cannot be considered as nullities; nor can they be limited to a mere grant of the powers of government. A charter intended to convey political power only, would never contain words expressly granting the land, the soil and the waters. Some of them purport to convey the soil *alone;* and in those cases in which the powers of government, as well as the soil, are conveyed to individuals, the crown has always acknowledged itself to be bound by the grant. Though the power to dismember regal governments was asserted and exercised, the power to dismember proprietary governments was not claimed; and in some instances, even after the powers of government were revested in the crown, the title of the proprietors to the soil was respected. . . .

Further proofs of the extent to which this principle has been recognised, will be found in the history of the wars, negotiations and treaties, which the different nations, claiming territory in America, have carried on, and held with each other. The contests between the cabinets of Versailles and Madrid, respecting the territory on the northern coast of the gulf of Mexico, were fierce and bloody; and continued, until the establishment of a Bourbon on the throne of Spain, produced such amicable dispositions in the two crowns, as to suspend or terminate them. Between France and Great Britain, whose discoveries as well as settlements were nearly contemporaneous, contests for the country, actually covered by the Indians, began, as soon as their settlements approached each other, and were continued until finally settled in the year 1763, by the treaty of Paris. Each nation had granted, and partially settled the country, denominated by the French, Acadie, and by the English, Nova

Scotia. By the 12th article of the treaty of Utrecht, made in 1703, his most Christian Majesty ceded to the Queen of Great Britain, " all Nova Scotia or Acadie, with its ancient boundaries." A great part of the ceded territory was in the possession of the Indians, and the extent of the cession could not be adjusted by the commissioners to whom it was to be referred. . . .

After the termination of this fruitless discussion, the subject was transferred to Europe, and taken up by the cabinets of Versailles and London. This controversy embraced not only the boundaries of New England, Nova Scotia, and that part of Canada which adjoined those colonies, but embraced our whole western country also. France contended not only that the St. Lawrence was to be considered as the centre of Canada, but that the Ohio was within that colony. She founded this claim on discovery, and on having used that river for the transportation of troops, in a war with some southern Indians. This river was comprehended in the chartered limits of Virginia; but though the right of England to a reasonable extent of country, in virtue of her discovery of the sea-coast, and of the settlements she made on it, was not to be questioned, her claim of all the lands to the Pacific ocean, because she had discovered the country washed by the Atlantic, might, without derogating from the principle recognised by all, be deemed extravagant. It interfered, too, with the claims of France, founded on the same principle. She, therefore, sought to strengthen her original title to the lands in controversy, by insisting that it had been acknowledged by France, in the 15th article of the treaty of Utrecht. The dispute respecting the construction of that article has no tendency to impair the principle, that discovery gave a title to lands still remaining in the possession of the Indians. Whichever title prevailed, it was still a title to lands occupied by the Indians, whose right of occupancy neither controverted, and neither had then extinguished.

These conflicting claims produced a long and bloody war, which was terminated by the conquest of the whole country east of the Mississippi. In the treaty of 1763, France ceded and guaranteed to Great Britain, all Nova Scotia or Acadie, and Canada, with their dependencies; and it was agreed, that the boundaries between the territories of the two nations, in America, should be irrevocably fixed by a line drawn from the source of the Mississippi, through the middle of that river and the lakes

Maurepas and Ponchartrain, to the sea. This treaty expressly cedes, and has always been understood to cede, the whole country, on the English side of the dividing line, between the two nations, although a *great* and valuable part of it was occupied by the Indians. Great Britain, on her part, surrendered to France all her pretensions to the country west of the Mississippi. It has never been supposed, that she surrendered nothing, although she was not in actual possession of a foot of land. She surrendered all right to acquire the country; and any after-attempt to purchase it from the Indians, would have been considered and treated as an invasion of the territories of France. By the 20th article of the same treaty, Spain ceded Florida, with its dependencies, and all the country she claimed east or southeast of the Mississippi, to Great Britain. Great part of this territory also was in possession of the Indians. By a secret treaty, which was executed about the same time, France ceded Louisiana to Spain; and Spain has since retroceded the same country to France. At the time both of its cession and retrocession, it was occupied, chiefly, by the Indians. Thus, all the nations of Europe, who have acquired territory on this continent, have asserted in themselves, and have recognised in others, the exclusive right of the discoverer to appropriate the lands occupied by the Indians. Have the American states rejected or adopted this principle?

By the treaty which concluded the war of our revolution, Great Britain relinquished all claim, not only to the government, but to the "propriety and territorial rights of the United States," whose boundaries were fixed in the second article. By this treaty, the powers of government, and the right to soil, which had previously been in Great Britain, passed definitively to these states. We had before taken possession of them, by declaring independence; but neither the declaration of independence, nor the treaty confirming it, could give us more than that which we before possessed, or to which Great Britain was before entitled. It has never been doubted, that either the United States, or the several states, had a clear title to all the lands within the boundary lines described in the treaty, subject only to the Indian right of occupancy, and that the exclusive power to extinguish that right, was vested in that government which might constitutionally exercise it.

Virginia, particularly, within whose chartered limits the land in controversy lay, passed an act, in the year 1779, declaring her "exclusive right of pre-emption from the Indians, of all the lands within the limits of her own chartered territory, and that no person or persons whatsoever, have, or ever had, a right to purchase any lands within the same, from any Indian nation, except only persons duly authorized to make such purchase; formerly for the use and benefit of the colony, and lately for the commonwealth." The act then proceeds to annul all deeds made by Indians to individuals, for the private use of the purchasers. Without ascribing to this act the power of annulling vested rights, or admitting it to countervail the testimony furnished by the marginal note opposite to the title of the law, forbidding purchases from the Indians, in the revisals of the Virginia statutes, stating that law to be repealed, it may safely be considered as an unequivocal affirmance, on the part of Virginia, of the broad principle which had always been maintained, that the exclusive right to purchase from the Indians resided in the government. In pursuance of the same idea, Virginia proceeded, at the same session, to open her land-office, for the sale of that country which now constitutes Kentucky, a country, every acre of which was then claimed and possessed by Indians, who maintained their title with as much persevering courage as was ever manifested by any people.

The states, having within their chartered limits different portions of territory covered by Indians, ceded that territory, generally, to the United States, on conditions expressed in their deeds of cession, which demonstrate the opinion, that they ceded the soil as well as jurisdiction, and that in doing so, they granted a productive fund to the government of the Union, The lands in controversy lay within the chartered limits of Virginia, and were ceded with the whole country north-west of the river Ohio. This grant contained reservations and stipulations, which could only be made by the owners of the soil; and concluded with a stipulation, that "all the lands in the ceded territory, not reserved, should be considered as a common fund, for the use and benefit of such of the United States as have become, or shall become, members of the confederation," &c., "according to their usual respective proportions in the general charge and expenditure, and shall be faithfully and *bona fide* disposed of for that purpose, and for no other use or purpose whatsoever." The ceded territory was occupied by numerous and warlike tribes of Indians; but the exclusive right of the

United States to extinguish their title, and to grant the soil, has never, we believe, been doubted.

***

The United States, then, have unequivocally acceded to that great and broad rule by which its civilized inhabitants now hold this country. They hold, and assert in themselves, the title by which it was acquired. They maintain, as all others have maintained, that discovery gave an exclusive right to extinguish the Indian title of occupancy, either by purchase or by conquest; and gave also a right to such a degree of sovereignty, as the circumstances of the people would allow them to exercise. The power now possessed by the government of the United States to grant lands, resided, while we were colonies, in the crown or its grantees. The validity of the titles given by either has never been questioned in our courts. It has been exercised uniformly over territory in possession of the Indians. The existence of this power must negative the existence of any right which may conflict with and control it. An absolute title to lands cannot exist, at the same time, in different persons, or in different governments. An absolute, must be an exclusive title, or at least a title which excludes all others not compatible with it. All our institutions recognise the absolute title of the crown, subject only to the Indian right of occupancy, and recognise the absolute title of the crown to extinguish that right. This is incompatible with an absolute and complete title in the Indians.

We will not enter into the controversy, whether agriculturists, merchants and manufacturers, have a right, on abstract principles, to expel hunters from the territory they possess, or to contract their limits. Conquest gives a title which the courts of the conqueror cannot deny, whatever the private and speculative opinions of individuals may be, respecting the original justice of the claim which has been successfully asserted. The British government, which was then our government, and whose rights have passed to the United States, asserted a title to all the lands occupied by Indians, within the chartered limits of the British colonies. It asserted also a limited sovereignty over them, and the exclusive right of extinguishing the titles which occupancy gave to them. These claims have been maintained and established as far west as the river Mississippi, by the sword. The title to a vast portion of the lands we now hold, originates in them. It is not for the courts of this country to question the validity of this title, or to sustain one which is incompatible with it.

Although we do not mean to engage in the defence of those principles which Europeans have applied to Indian title, they may, we think, find some excuse, if not justification, in the character and habits of the people whose rights have been wrested from them. The title by conquest is acquired and maintained by force. The conqueror prescribes its limits. Humanity, however, acting on public opinion, has established, generally, that the conquered shall not be wantonly oppressed, and that their condition shall remain as eligible as is compatible with the objects of the conquest. Most usually, they are incorporated with the victorious nation, and become subjects or citizens of the government with which they are connected. The new and old members of the society mingle with each other; the distinction between them is gradually lost, and they make one people. Where this incorporation is practicable, humanity demands, and a wise policy requires, that the rights of the conquered to property should remain unimpaired; that the new subjects should be governed as equitably as the old, and that confidence in their security should gradually banish the painful sense of being separated from their ancient connections, and united by force to strangers. When the conquest is complete, and the conquered inhabitants can be blended with the conquerors, or safely governed as a distinct people, public opinion, which not even the conqueror can disregard, imposes these restraints upon him; and he cannot neglect them, without injury to his fame, and hazard to his power.

But the tribes of Indians inhabiting this country were fierce savages, whose occupation was war, and whose subsistence was drawn chiefly from the forest. To leave them in possession of their country, was to leave the country a wilderness; to govern them as a distinct people, was impossible, because they were as brave and as high-spirited as they were fierce, and were ready to repel by arms every attempt on their independence. What was the inevitable consequence of this state of things? The Europeans were under the necessity either of abandoning the country, and relinquishing their pompous claims to it, or of enforcing those claims by the sword, and by the adoption of principles adapted to the condition of a people with whom it was impossible to mix, and who could not be governed as a distinct society, or of remaining in their neighborhood, and exposing themselves and their families to the perpetual hazard of being massacred. Frequent and bloody wars, in which the whites were not always the aggressors, unavoidably ensued. European policy, numbers and skill prevailed; as the white population advanced, that of the Indians necessarily receded; the country in the immediate neighborhood of agriculturists became unfit for them; the game fled into thicker and more unbroken forests, and the Indians followed. The soil, to which the crown originally claimed title, being no longer occupied by its ancient inhabitants, was parcelled out according to the will of the sovereign power, and taken possession of by persons who claimed immediately from the crown, or mediately, through its grantees or deputies.

That law which regulates, and ought to regulate in general, the relations between the conqueror and conquered, was incapable of application to a people under such circumstances. The resort to some new and different rule, better adapted to the actual state of things, was unavoidable. Every rule which can be suggested will be found to be attended with great difficulty. However extravagant the pretension of converting the discovery of an inhabited country into conquest may appear; if the principle has been asserted in the first instance, and afterwards sustained; if a country has been acquired and held under it; if the property of the great mass of the community originates in it, it becomes the law of the land, and cannot be questioned. So too, with respect to the concomitant principle, that the Indian inhabitants are to be considered merely as occupants, to be protected, indeed, while in peace, in the possession of their lands, but to be deemed incapable of transferring the absolute title to others. However this restriction may be opposed to natural right, and to the usages of civilized nations, yet, if it be indispensable to that system under which the country has been settled, and be adapted to the actual condition of the two people, it may, perhaps, be supported by reason, and certainly cannot be rejected by courts of justice.

***

Another view has been taken of this question, which deserves to be considered. The title of the crown, whatever it might be, could be acquired only by a conveyance from the crown. If an individual might extinguish the Indian title, for his own benefit, or, in other words, might purchase it, still he could acquire only that title. Admitting their power to change their laws or usages, so far as to allow an individual to separate a portion of their lands from the common stock, and hold it in severalty, still it is a part of their territory, and is held under them, by a title dependent on their laws. The grant derives its efficacy from their will; and, if they choose to resume it, and make a different disposition of the land, the court of the United States cannot interpose for the protection of the title. The person who purchases lands from the Indians, within their territory, incorporates himself with them, so far as respects the property purchased; holds their title under their protection, and subject to their laws. If they annul the grant, we know of no tribunal which can revise and set aside the proceeding. We know of no principle which can distinguish this case from a grant made to a native Indian, authorizing him to hold a particular tract of land in severalty. As such a grant could not separate the Indian from his nation, nor give a title which our courts could distinguish from the title of his tribe, as it might still be conquered from, or ceded by his tribe, we can perceive no legal principle which will authorize a court to say, that different consequences are attached to this purchase, because it was made by a stranger. By the treaties concluded between the United States and the Indian nations, whose title the plaintiffs claim, the country comprehending the lands in controversy has been ceded to the United States, without any reservation of their title. These nations had been at war with the United States, and had an unquestionable right to annul any grant they had made to American citizens. Their cession of the country, without a reservation of this land, affords a fair presumption, that they considered it as of no validity. They ceded to the United States this very property, after having used it in common with other lands, as their own, from the date of their deeds to the time of cession; and the attempt now made, is to set up their title against that of the United States.

The proclamation issued by the king of Great Britain, in 1763, has been considered, and we think, with reason, as constituting an additional objection to the title of the plaintiffs. By that proclamation, the crown reserved under its own dominion and protection, for the use of the Indians, "all the land and territories lying to the westward of the sources of the rivers which fall into the sea from the west and northwest," and strictly forbade all British subjects from making any purchases or settlements whatever, or taking possession of the reserved lands. It has been contended, that, in this proclamation, the king transcended his constitutional powers; and the case of *Campbell* v. *Hall* (reported by Cowper), is relied on to support this position. It is supposed to be a principle of universal law, that, if an uninhabited country be discovered by a number of individuals, who acknowledge no connection with, and owe no allegiance to, any government whatever, the country becomes the property of the discoverers, so far at least as they can use it. They acquire a title in common. The title of the whole land is in the whole society. It is to be divided and parcelled out according to the will of the society, expressed by the whole body, or by that organ which is authorized by the whole to express it. If the discovery be made, and possession of the country be taken, under the authority of an existing government, which is acknowledged by the emigrants, it is supposed to be equally well settled, that the discovery is made for the whole nation, that the country becomes a part of the nation, and that the vacant soil is to be disposed of by that organ of the government which has the constitutional power to dispose of the national domains, by that organ in which all vacant territory is vested by law.

According to the theory of the British constitution, all vacant lands are vested in the crown, as representing the nation; and the exclusive power to grant them is admitted to reside in the crown, as a branch of the royal prerogative. It has been already shown, that this principle was as fully recognised in America as in the islands of Great Britain. All the lands we hold were originally granted by the crown; and the establishment of a regal government has never been considered as impairing its right to grant lands within the chartered limits of such colony. In addition to the proof of this principle, furnished by the immense grants, already mentioned, of lands lying within the chartered limits of Virginia, the continuing right of the crown to grant lands lying within that colony was always admitted. A title might be obtained, either by making an entry with the surveyor of a county, in pursuance of law, or by an order of the governor in council, who was the deputy of the king, or by an immediate grant from the crown. In Virginia, therefore, as well as elsewhere in the British dominions, the complete title of the crown to vacant lands was acknowledged. So far as respected the authority of the crown, no distinction was taken between vacant lands and lands occupied by the Indians. The title, subject only to the right of occupancy by the Indians, was admitted to be in the king, as was his right to grant that title. The lands, then, to which this proclamation referred, were lands which the king had a right to grant, or to reserve for the Indians.

According to the theory of the British constitution, the royal prerogative is very extensive, so far as respects the political relations between Great Britain and foreign nations. The peculiar situation of the Indians, necessarily considered, in some respects, as a dependent, and in some respects, as a distinct people, occupying a country claimed by Great Britain, and yet too powerful and brave not to be dreaded as formidable enemies, required, that means should be adopted for the preservation of *peace;* and that their friendship should be secured by quieting their alarms for their property. This was to be effected by restraining the encroachments of the whites; and the power to do this was never, we believe, denied by the colonies to the crown.

***

In the argument of this cause, the counsel for the plaintiffs have relied very much on the opinions expressed by men holding offices of trust, and on various proceedings in America, to sustain titles to land derived from the Indians. The collection of claims to lands lying in the western country, made in the 1st volume of the Laws of the United States, has been referred to; but we find nothing in that collection to support the argument. Most of the titles were derived from persons professing to act under the authority of the government existing at the time; and the two grants under which the plaintiffs claim, are supposed, by the person under whose inspection the collection was made, to be void, because forbidden by the royal proclamation of 1763. It is not unworthy of remark, that the usual mode adopted by the Indians for granting lands to individuals, has been to reserve them in a treaty, or to grant them under the sanction of the commissioners with whom the treaty was negotiated. The practice, in such case, to grant to the crown, for the use of the individual, is some evidence of a general understanding, that the validity even of such a grant depended on its receiving the royal sanction.

***

Much reliance is also placed on the fact, that many tracts are now held in the United States, under the Indian title, the validity of which is not questioned. . . .

***

It has never been contended, that the Indian title amounted to nothing. Their right of possession has never been questioned. The claim of government extends to the complete ultimate title, charged with this right of possession, and to the exclusive power of acquiring that right. The object of the crown was, to settle the sea-coast of America; and when a portion of it was settled, without violating the rights of others, by persons professing their loyalty, and soliciting the royal sanction of an act, the consequences of which were ascertained to be beneficial, it would have been as unwise as ungracious, to expel them from their habitations, because they had obtained the Indian title, otherwise than through the agency of government. The very grant of a charter is an assertion of the title of the crown, and its words convey the same idea. . . .

***

The acts of the several colonial assemblies, prohibiting purchases from the Indians, have also been relied on, as proving, that, independent of such prohibitions, Indian deeds would be valid. But, we think, this fact, at most, equivocal. While the existence of such purchases would justify their prohibition, even by colonies which considered Indian deeds as previously invalid, the fact that such acts have been generally passed, is strong evidence of the general opinion, that such purchases are opposed by the soundest principles of wisdom and national policy.

After bestowing on this subject a degree of attention which was more required by the magnitude of the interest in litigation, and the able and elaborate arguments of the bar, than by its intrinsic difficulty, the court is decidedly of opinion, that the plaintiffs do not exhibit a title which can be sustained in the courts of the United States; and that there is no error in the judgment which was rendered against them in the district court of Illinois.

Judgment affirmed, with costs.

13.1.2

Botiller v. Dominguez
130 U.S. 238 (1889)

Supreme Court of the United States

MILLER, J.

This is a writ of error to the supreme court of the state of California. The action was in the nature of ejectment, brought in the superior court of the county of Los Angeles by Dominga Dominguez against Brigido Botiller and others, to recover possession of a tract of land situated in said county, known as 'Rancho Las Virgenes.' The title of the plaintiff was a grant claimed to have been made by the government of Mexico to Nemecio Dominguez and Domingo Carrillo, on the 1st day of October, 1834, but no claim under this grant had ever been presented for confirmation to the board of land commissioners, appointed under the act of congress of March 3, 1851, (9 St. 631,) 'to ascertain and settle the private land claims in the state of California,' and no patent had ever issued from the United States to any one for the land, or for any part of it. It appeared that the defendants, Botiller and others, prior to the commencement of the action, had settled upon and severally were in the occupancy of the respective parcels or tracts of land claimed by them, and had improved and cultivated the same, and were in the possession thereof, with the purpose and intention of holding and improving the several tracts of land so severally held, as pre-emption or homestead settlers, claiming the same to be public lands of the United States. It was shown that they were competent and proper persons to make pre-emptions or homestead claims, and that the land in controversy was within the territorial limits of the so-called 'Rancho Las Virgenes.' On this state of facts the judge of the inferior court instructed the jury as follows: '*First.* It is made my duty to construe the written instruments received in evidence in this case, and to declare their legal effect. I therefore instruct you that the documents, plaintiff's Exhibits A and B, and the acts evidenced thereby under the Mexican law in force at the time they were made, constituted a perfect grant, and operated to vest in the grantees

541

therein named all the right, title, and interest of the Mexican government. They vested as much title under the laws of Mexico in the grantee as does a patent from the United States to the patentee under our system of government. *Second.* The title to the land by grant from Mexico being perfect at the time of the acquisition of California by the United States, the grantee was not compelled to submit the same for confirmation to the board of commissioners, established by the act of congress of March 3, 1851, nor did the grantee, Nemecio Dominguez, forfeit the land described in the grant by a failure to present his claim for confirmation before said board of commissioners, and the title so acquired by the grantee may be asserted by him or his successor in interest in the courts of this country.' To this ruling and instruction the defendants excepted. Judgment was rendered for plaintiff, which was affirmed by the supreme court of the state of California, and to that judgment this writ of error is directed.

The principal error assigned, and the only one necessary to be. considered here, is .in the following language:

" The court erred in holding that under the said act of Congress of. March- 3d, 1851,- it was not necessary for each and every person claiming lands in California, by virtue of any .right or- title derived from the Spanish or Mexican governments, to present such claim to the board» of land commissioners under said act."

The question presented is an important one in reference to land titles in the State of California, and is entitled to our serious consideration. Although it has been generally supposed that nearly all the private claims to any of the lands acquired by the United States from Mexico, by the treaty of peace made at the close of the Mexican war, have been presented to and passed upon by the board of commissioners appointed for that purpose by the act of 1851, yet claims are now often brought forward which have not been so passed upon by that board, and were never presented to it for consideration. And if the proposition on which the Supreme Court of .California decided this case is a sound one, —namely, that the board constituted under that act had no jurisdiction of, and could not by their decree affect in any manner, a title which had been perfected under the laws of the Mexican government prior to the transfer of the country to the United States, —it is impossible to tell to what extent such claims of perfected titles may be presented, even in cases where the property itself has by somebody else been brought before that board and passed upon.

The proposition seems to have been occasionally the subject of comment in the Supreme Court of California in the early days, after the land commission had ceased to exist, and it has also been frequently considered in decisions of this court of the same period. It is urged very forcibly by counsel for the plaintiff in error that this court has fully decided against it in several well considered cases, and that previous to the case of *Minturn v. Brower*, 24 Cal. 644, the decisions, or at least, the intimations, of the Supreme Court of California were also against the doctrine.

By the treaty of peace, known as that, of Guadalupe Hidalgo, of February 2, 1848, 9 Stat. 922, which closed the controversies and the war between the United States and Mexico, a cession was made of a very large territory by the government of Mexico to the government of the United States. This was a transfer of the political dominion and of the proprietary interest in this land, but the government of Mexico caused to be inserted in the instrument certain provisions intended for the protection of private property owned by Mexicans, within this territory at the time the treaty was made; and it may be con ceded that the obligation of the United States to give such protection, both Ay this treaty and by the law of nations, was perfect.

That portion of this territory which afterwards became a part of the United States under the designation of the State of California had been taken possession of during the war, in the year 1846. Most of it was in a wild state of nature, with very few resident white persons, and very little land cultivated within its limits. Article 11 of the treaty describes it in the following language:

"Considering that a great part of the territories which, by the present treaty, are to be comprehended for the future within the limits of the United States, is now occupied by savage tribes, who will, hereafter be under the exclusive control of the government of the United States, and whose incursions within the territory of Mexico would be prejudicial in the extreme, it is solemnly agreed that all such incursions shall be forcibly restrained by the government of the United States, whensoever this may be necessary."

This extract from the treaty shows the character of the country which was acquired by the United States Under that instrument.

Very soon after the American army took possession of California in 1816, it was discovered that rich mines of the precious metals were abundant in that country, and a rush of emigration almost unparalleled in history to that region commenced, which was continued from that time on for many years. It was in this condition, as to population, of the territory itself, with a proprietary title in the United States to a vast region of country included within its limits, in which miners, ranchmen, settlers under the Mexican church authorities and claimants under Mexican grants were widely scattered, that the State of California was admitted into the Union, and the necessity was presented for ascertaining by some means the validity of the claims of private individuals within its boundaries, and to establish them as distinct from the lands which belonged to the government. To this end Congress passed a statute on the 3d day of March, 1851, entitled "An act to-ascertain and settle the private land claims in the State of California." 9 Stat. 631. The first section of that statute reads as follows

" Sec. 1. That for the purpose of ascertaining and settling private land claim's in the State of California, a commission shall be, and is hereby, constituted, which shall consist of three commissioners, to be appointed by the President of the United States, by and with the advice and consent: of' the Senate, which commission shall continue for three years from the date of this act, unless sooner discontinued by the President of the United States."

Several of the succeeding sections are devoted to providing for officers, declaring their duties, directing the mode of taking depositions and regulating the sessions of the commissioners, the administration of oaths, and other matters. The eighth section is as follows:

" Sec. 8. That each and every person claiming lands in California by virtue of *any right or title derived from, the Spanish or Mexican government* shall present the same to the said commissioners when sitting as a board, together with - such documentary evidence and testimony, of witnesses as the said claimant relies upon in support of such claims;

and it shall be the duty of the commissioners, when the case is ready for hearing, to proceed promptly to examine the same upon such evidence, and upon the evidence produced in behalf of the United States, and to decide-upon the validity of the said claim, and, within thirty days after such decision is rendered, to certify the same, with the reasons on which it is founded, to the district attorney of the United States in and for the district in which such decision shall be rendered."

The ninth and tenth sections provide for appeals by the claimant and by the government from the decisions of this commission; first to the District Court of the United States within that district, and front thence to this court.

The eleventh section, prescribing the rule by which the commissioners shall decide these cases, is as follows:

" Sec. 11. That the commissioners herein provided for, and the District and Supreme Courts; in deciding on the validity of any claim brought by them under the provisions of this act, shall be governed by the treaty .of Guadalupe Hidalgo, the law of nations, the laws, usages and customs of the government from which the claim is derived, the principles of equity, and the decisions of the Supreme Court of the United States, so far as they are applicable."

Section 13 declares:

" That all lands, the claims to which have been finally rejected by the commissioners in manner herein provided, or which shall be finally decided to be invalid by the District or Supreme Court, *and all lands the claims to which shall not home been presented to the said commissioners within two years after the date of this act, shall be deemed, held and considered as part of the public domain of the United States;* and for all claims finally confirmed by the said commissioners, or by the said District or Supreme Court, a patent, shall issue to the claimant upon his presenting to the general land office an authentic certificate of such confirmation, and a plat or survey of the said land, duly certified and approved by the surveyor general of California, whose duty it shall be to cause all private claims which shall be finally confirmed to be accurately surveyed, and to furnish plats of the same," etc.

"Sec. 15. That the final decrees rendered by the said commissioners, or by the District or Supreme Court of the United States, or any patent to be issued under this act, shall be conclusive between the United States and the said claimants only, and shall not affect the interests of third persons."

Two propositions under this statute are presented by counsel in support of the decision of the Supreme Court of California. The first of these is, that the statute itself is invalid, as being in conflict with the provisions of the treaty with Mexico, and violating the protection which was guaranteed by it to' the property' of Mexican citizens, owned by them at the date of the treaty; and also in conflict with the rights of property under the Constitution and laws of the United States, so far as it may affect titles perfected under Mexico. The second proposition is that the statute was not intended to apply to claims which were supported by a complete and perfect title from the Mexican government, but, on the contrary, only to such as were imperfect, inchoate, and equitable in their character, without being a strict legal title.

With regard to the first of these propositions it may be said, that so far as the act of Congress is in conflict with the treaty with Mexico, that is a matter in which the court is bound to follow the statutory enactments of its own government. If the treaty was violated by this general statute enacted for the purpose of ascertaining the validity of claims derived from the Mexican government, it was a matter of international concern, which the two States must determine by treaty, or by such other means as enables one State to enforce upon another the obligations of a treaty. This court, in a class of cases like the present, has no power to set itself up as the instrumentality for enforcing the provisions, of a treaty with a foreign nation which the government of the United States, as a sovereign power, chooses to disregard.

The more important question, however, is — does the statute, in its provisions for the establishment. and ascertainment of private land claims in that country which was derived from Mexico, apply to such as were perfected according to the processes and laws of Mexico at the time the treaty was entered into? or is it limited to those imperfect and inchoate claims where the initiation of the proceedings necessary to secure a legal right and title to the property had been commenced but had not been completed?

There is nothing in the language of the statute to imply any such exclusion of perfected claims from the jurisdiction of the commission. The title of the act, so far as it can be relied on, repels any such distinction; it is " to ascertain and settle the private land claims in the State of California; " and the first section, above quoted, uses the same terms "That for the purpose of ascertaining and settling private land claims in the State of California, a commission shall be, and is hereby, constituted," etc. The eighth section, which prescribes the functions of the court and its duties says: " That *each and every* person claiming lands in California by virtue of *any right or title derived from the Spanish or Mexican,* government, shall present the same to the said commissioners when sitting as a board, . . . and it shall be the duty of the commissioners, when the case is ready for hearing, to proceed promptly to examine the same," etc.

In all this there is no hint or attempt at any distinction, as to the claims to be presented, between those which are perfect and those which are imperfect in their character. On the contrary, the language of the eighth section is as precise and comprehensive as it could well be made, in that it includes every person claiming lands in California " by virtue of any right or title derived from the Spanish or Mexican government."

The fifteenth section declares that the final decrees rendered in such cases, or any patent issued under the act, " shall be conclusive between the United States and the said claimants only; " that is to say, it shall be conclusive on the United States and on the claimants, but it shall not conclude the rights of anybody else, if in a position to contest the action of the board.

It is not possible, therefore, from the language of this statute, to infer that there was in the minds of its framers any distinction as to the jurisdiction they were conferring upon this board, between claims derived from the Spanish or Mexican government, which were perfect under the laws of those governments, and those which were incipient, imperfect, or inchoate.

Undoubtedly, under the powers which these commissioners had to examine into the existing claims, there would be a difference in the principles of decision which they would apply, as to their validity, between a perfected title under the Mexican government and one which was merely incipient, and which the board might reject as unworthy of confirmation for many reasons. Of this the statute takes no note, except that it provides that the principles on which the commissioners are to act shall be those mentioned in the eleventh section, above quoted.

Nor is there any reason, in the policy upon which the statute is founded and the purposes it was intended to subserve, why this distinction should be made. Obviously it was not intended to adjust or settle titles between private citizens making claim to the same lands. It is equally clear that the main purpose of the statute was to separate and distinguish the lands which the United States owned as property, which could be sold to others, either absolutely or by permitting them to settle thereon with preemption rights, or which could be reserved from public sale entirely, from those lands which belonged, either equitably or legally, to private parties under a claim of right derived from the Spanish or Mexican governments.

When this was done the aim of the statute was attained. The order of the commissioners or the decree of the court established as between the United States and the private citizen the validity or the invalidity of such claims, and enabled the government of the United States, out of all its. vast domain, to say "this is my property," and also enabled the .claimant under the Mexican government who had a just claim, whether legal or equitable, to say " this is mine." This was the purpose of the statute; and it was equally important to the object which the United States, had in the passage of it, that claims under perfect grants from the Mexican government should be established as that imperfect claims should be established or rejected.

The superior force which is attached, in the argument, of counsel, to a perfect grant from the Mexican government had its just influence in the board of commissioners, or in the courts to which their decisions could be carried by appeal. If the title was perfect, it would there be decided by a court of competent jurisdiction, holding that the claim thus presented was valid; if it was not, then it was the right and the duty of that court to determine whether it was such a claim, as the United States was bound to respect, even though it was not perfect as to all the forms and proceedings under which it was derived. So that the superior value of a perfected Mexican claim had the same influence in a court of justice which is now set up for it in an action where the title is contested.

Nor can it be said that there is anything unjust or oppressive in requiring the owner of a valid claim, in that vast wilderness of lands unclaimed, and unjustly claimed, to present his demand to a tribunal possessing all the elements of judicial functions, with a guarantee of judicial proceedings, so that his title could be established if it was found to be valid, or rejected if it was invalid.

We are unable to see any injustice, any want of constitutional power, or any violation of the treaty, in the means by which the United States undertook to separate the lands in which it held the proprietary interest from those which belonged, either equitably or by a strict legal title, to private persons. Every person owning land or other property is at all times liable to be called into a court of justice to contest his title to it. This may be done by another individual, or by the government under which he lives. It is a necessary part of a free government, in which all are equally subject to the laws, that whoever asserts rights or exercises powers over property may be called before the proper tribunals to sustain them.

No doubt could exist, and none whatever would have been suggested, if this statute, instead of requiring the individual claimants to take notice that they were called upon to establish their title and to come forward and do So, had provided that the United States should sue everybody who Was found in possession of any land in California at the time the treaty was made, and thus compel him to produce his title, if he had any. Such suits would have been sustained without hesitation, as being legal, constitutional and according to right. What difference can it make, then, that the party who is supposed to possess all the evidences which exist to support his claim is called upon to come before a similar tribunal and establish it by a judicial proceeding? It is beyond question that the latter mode is the more appropriate one to carry out the object intended, and better calculated to save time and expense, both to the government and to the party, and to arrive at safe and satisfactory conclusions.

The government of the United States, when it came to the consideration of this statute, was not without large experience in a somewhat similar class of cases arising under the treaties for the purchase of Florida from Spain and of the Territory of Louisiana from France. In the latter case, particularly, a very much larger number of claims by private individuals existed to the soil acquired by the treaty, some of whom resided on the land which they claimed, while others did not; and the titles asserted were as diverse in their nature as those arising under the cession from Mexico., The Territory of Louisiana was held for many years by Spain, then by France, and the mode of, acquiring rights, claims and titles to the public lands had been pursued according to the forms prescribed by those two governments, so that, upon its transfer to the United States, Congress was engaged for a long series of years in the business of establishing the valid claims and rejecting those which were invalid. There were in those cases many titles which had been perfected under the Spanish and French laws, as well as those which were in the most incipient stage of the assertion of rights.

***

The wisdom, therefore, of the present act in regard to the land claims in California is manifest by a comparison with those earlier statutes in which Congress undertook to do the same thing which it desired to do in the act of 1851, but which failed for want of a clear, satisfactory and simple mode of doing it, by bringing all the parties before a tribunal essentially judicial in its character, whose decisions should be final .without further reference to Congress. But to have the benefit of the superiority of the plan of 1851 over former modes of establishing private rights to lands acquired by treaty, the later statute must be carried out in accordance with the intention found in its provisions.

This view has, we think, been established and prevailed without limitation or contradiction in the decisions of this court from the earliest period when it could be raised here under the statute. In the case of *Fremont* v. *United* States, 17 How. 542, 553, the Supreme Court, in the opinion delivered by Chief Justice Taney, said:

" It will be seen from the quotation we have made, that the 8th section embraces not only inchoate or equitable titles, but legal titles also; and requires them all to undergo examination and to be passed upon by the court. The object of this provision appears

550

to be, to place the titles to land in California upon a stable foundation, and to give the parties who possess them an opportunity of placing them on the records of the country, in a manner and form that will prevent future controversy.

"In this respect it differs from the act of 1824, under which the claims in Louisiana and Florida were decided. The jurisdiction of the court, in these cases, was confined to inchoate equitable titles, which required some other act of the government to vest in the party the legal title or full ownership. If he claimed to have obtained from either of the former governments a full and perfect title, he was left to assert it in the ordinary forms of law, upon the documents under which he claimed. The court had no power to sanction or confirm it when proceeding under the act of 1824, or the subsequent laws extending its provisions."

In the subsequent case of *United States* v. *Fossatt,* 21 How. 445, 447, this proposition is repeated in the most emphatic language, as follows:

"The matter submitted by Congress to the inquiry and determination of the board of commissioners by the act of the 3d of March, 1851, (9 Stat. 632, § 8,) and to the courts of the United States on appeal, by that act and the act of 31st August, 1852, (10 Stat. 99, § 12,) are the claims 'of each and every person in California, by virtue of any right or title derived from the Spanish or Mexican government.' And it will be at once understood that these comprehend all private claims to land in California.

" The effect of the inquiry and decision of these tribunals upon the matter submitted is final and conclusive. If unfavorable to the claimant, the land ' shall be deemed, held and considered as a part of the public domain of the United States; ' but if favorable, the decrees rendered by the commissioners or the courts ' shall be conclusive between the United States and the claimants.'

" These acts of Congress do not create a voluntary jurisdiction, that the claimant may seek or decline. All claims to land that are withheld from the board of commissioners during the legal term for presentation, are treated as non-existent, and the land as belonging to the public domain."

***

A careful examination of the decisions of the Supreme Court of California on this subject will show that if they do not absolutely support this view, they contain nothing contrary to it, until the case of *Minturn v. Brower*, 24 Cal. 644. That court, in the case of *Teschemacher* v. Thompson, 18 Cal. 11, said: ,

" By the act of March 3, 1851, the government has afforded the means of protecting all titles, legal or equitable, acquired previous to the cession. Its power to thus provide . . . results from the fact that it is-sovereign and supreme as to all matters connected with the treaty and the enforcement of the obligations incurred thereunder.' ... It must determine for itself what claims to property existed at the date 'of the treaty."

And so in *Semple* v. *Hagar*, 27 Cal. 163, shortly after the decision of *Minturn v. Brower, supra,* the court used the following language:

" The court will take judicial notice that, according to the provisions of the act of Congress of March 3, 1851, every person claiming lands in California, by virtue of any right or title derived from, the Spanish or Mexican government, should present his petition for the confirmation of his title to the board of land commissioners, and that such proceedings must be had thereupon, before said board or the District or Supreme Court of the United States, that a final decree confirming the title of the claimant to the land must be entered before the patent for the land could be issued. A patent could not be issued for the land claimed under a Mexican grant, unless such proceedings were first had for the confirmation; and it is not pretended that they were not had in respect to the Jimeno grant. The patent was issued only in pursuance of the decree of confirmation, and for the purpose of carrying it into effect."

These cases show that the doctrine has not been considered as well settled in California against the views herein expressed until the case now before us, or rather until that of *Phelan* v. *Poyoreno*, 74 Cal. 448, was decided, which is referred to by the court as the foundation of its judgment in the present action. That case was argued before a commission of the Supreme Court, whose judgment was adopted by the Supreme Court of the State, under a law of California which prescribes this mode of appellate jurisdiction.

Upon the mere question of authority these decisions of the Supreme Court of the United States, and of the Supreme Court of California, would be decisive against the judgment of the latter court in this case. But we are quite satisfied that upon principle, as we have attempted to show, there can be no doubt of the proposition, that no title to land in California, dependent upon Spanish or Mexican grants can be of any validity which has not been submitted to and confirmed by the board provided for that purpose in the act of 1851; or, if rejected by that board, confirmed by the District or Supreme Court of the United States.

This proposition requires that the judgment of the Supreme Court of California in the case before us be

Reversed, and the case remanded to that court for further proceedings in conformity with this opinion.

13.1.3

Discussion: Notes, Questions, and Problems

13.1.3.1

Discussion Note #1. Feminist perspective of Johnson v. M'Intosh

For a feminist perspective of *Johnson v. M'Intosh,* excerpted above, see Alexandra Flynn, Johnson v. M'Intosh—*Rewritten Opinion in* Feminist Judgments: Rewritten Property Opinions (Eloisa C. Rodriguez-Dod & Elena Marty-Nelson eds., Cambridge University Press 2021). For a discussion of Flynn's revised feminist opinion, see Stacy L. Leeds, *Commentary on* Johnson v. M'Intosh—*Rewritten Opinion, in* Feminist Judgments: Rewritten Property Opinions (Eloisa C. Rodriguez-Dod & Elena Marty-Nelson eds., Cambridge University Press 2021).

13.1.3.2

Discussion Note #2. Feminist perspective of Botiller v. Dominguez

For a feminist perspective of *Botiller v. Dominguez,* excerpted above, see Guadalupe T. Luna, Botiller v. Dominguez—*Rewritten Opinion in* Feminist Judgments: Rewritten Property Opinions (Eloisa C. Rodriguez-Dod & Elena Marty-Nelson eds., Cambridge University Press 2021). For a discussion of Luna's revised feminist opinion, see Marc-Tizoc González, *Commentary on* Botiller v. Dominguez—*Rewritten Opinion, in* Feminist Judgments: Rewritten Property Opinions (Eloisa C. Rodriguez-Dod & Elena Marty-Nelson eds., Cambridge University Press 2021).

13.2

Contracts of Sale of Real Property

This section discusses contracts of sale of real property. The contract of sale is often referred to as the purchase and sale agreement. As you read through the cases in this section, ask yourselves how a contract of sale should be executed. Think carefully about the formalities required for a valid contract for the sale of real property. Also ask yourselves what must be included in a contract of sale and what consequences flow from executing a contract of sale. Moreover, consider what might constitute a breach of the contract of sale and what remedies may be available for such a breach. We include several cases on the nuances in this area.

13.2.1

Statute of Frauds and Disclosure Obligations

In this section, we first address the requirement of the **Statute of Frauds** for contracts of sale of real property. You already encountered the Statute of Frauds in Chapter 8. Recall that the court in *Martin v. Seeley*, excerpted above, analyzed the applicability of the Statute of Frauds to a right of first refusal. In this chapter, the court in *Fici v. Koon,* excerpted below, discusses the writing and essential elements requirements of the Statute of Frauds for a contract of sale. The court in *Sullivan v. Porter*, excerpted below, discusses the **part performance** exception to the Statute of Frauds. We will return to the Statute of Frauds when we cover leases in Chapter 14 on landlord-tenant law.

This section also addresses when a seller of real property may have disclosure obligations regarding the condition of the real property. Both *Johnson v. Davis*, excerpted below, and *Hayim Real Estate Holdings, LLC. v. Action Watercraft International Inc.*, excerpted below, address some of the seller's duties.

13.2.1.1

Fici v. Koon
642 S.E.2d 602 (S.C. 2007)

Supreme Court of South Carolina

elements of SOF

Justice MOORE:

Respondent/petitioner Patricia Fici (Buyer) brought this action against petitioners/respondents Karol Koon and Kerry Koon Stack (Sellers) seeking specific performance of a contract for the sale of land. The master-in-equity found the contract violated the Statute of Frauds and was therefore unenforceable . . . . Both parties appealed. The Court of Appeals affirmed in an unpublished opinion. We affirm . . . .

FACTS

The pertinent facts are largely undisputed. Sellers, who are sisters, jointly own fifty acres in Richland County. At Buyer's request, real estate agent Francis Hipp (Agent) contacted Sellers about their listing for the sale of thirty of the fifty acres. Agent acted as a dual agent for both Buyer and Sellers.

The parties signed a form contract dated February 27, 2001, for the sale of thirty acres at a price of $375,000 based on a rate of $12,500 per acre. The contract lists the property to be sold as: "lot 2, Polock Road, tax map # 052000102" in Irmo, Richland County. This description actually refers to the entire fifty-acre parcel owned by Sellers. The contract specifies that the property conveyed will have "at least thirty acres," that Sellers will have the property surveyed, and states: "purchaser and seller to agree on location of property lines."

On March 9, the parties met at the property site with a surveyor to determine where the property lines would be drawn. On an existing plat from 1960, the surveyor roughed in boundary lines and Sellers and Buyer signed their names. On the plat is written: "Survey to be performed week of March 12 by CTH Surveyors." Buyer and Sellers all testified they did not consider this rough plat as representing the actual parcel to be conveyed.

At this same meeting between the parties, there was some discussion of restrictions on the property, including a prohibition on subdividing, leasing, and the use of firearms. After Sellers left, Buyer told Agent that she had been advised by her attorney that any restrictions would not be valid because they were not included in the contract. Buyer's attorney subsequently contacted Agent and insisted that Sellers produce written restrictions. Because Sellers did not have an attorney, they used samples of restrictions supplied by Agent to draw up written restrictions. These restrictions applied to the entire fifty-acre parcel.

Meanwhile, the surveyor drew up a plat and delivered it to Agent on March 14. Sellers did not approve this plat. The surveyor delivered a second plat on March 20. The plat indicates three tracts: one in each of Sellers' names individually, and the third in their names jointly. Agent recorded this plat on March 21 along with the written restrictions because the surveyor told him a plat had to be filed in order to file any restrictive covenants. Buyer subsequently signed this plat indicating "property lines for tract 3 are OK with me." Sellers, however, never signed this plat. Sellers and Agent testified that Sellers were not satisfied with the property lines on either plat prepared by the surveyor.

Buyer, in turn, was unhappy with Sellers' written restrictions and wanted to compromise on new restrictions which Sellers refused to do. At the scheduled closing on March 30, Sellers appeared but refused to proceed.

Buyer subsequently brought this action. The master denied Buyer's request for specific performance of the contract finding the conveyance was unenforceable under the Statute of Frauds. . . . The Court of Appeals affirmed.

ISSUES

1. Is the conveyance enforceable?

***

DISCUSSION

BUYER'S APPEAL

Statute of Frauds

The Statute of Frauds, S.C.Code Ann. § 32-3-10 (1991), provides in pertinent part:

> § 32-3-10. Agreements required to be in writing and signed.
>
> No action shall be brought whereby:
>
> (4) To charge any person upon any contract or sale of lands, tenements or hereditaments or any interest in or concerning them;
>
> Unless the agreement upon which such action shall be brought or some memorandum or note thereof shall be in writing and signed by the party to be charged therewith or some person thereunto by him lawfully authorized.

To satisfy the Statute of Frauds, every essential element of the contract must be expressed in a writing signed by the party to be compelled. *Cash v. Maddox,* 265 S.C. 480, 220 S.E.2d 121 (1975); *Speed v. Speed,* 213 S.C. 401, 49 S.E.2d 588 (1948). The burden of proof is on the party seeking to enforce the contract. *Cash, supra.*

In the context of a land sale, a description of the property must be in a signed writing; parol evidence cannot supply this essential element. *Jackson v. Frier,* 118 S.C. 449, 110 S.E. 676 (1922); *Hyde v. Cooper,* 34 S.C. Eq. (13 Rich. Eq.) 250 (1867). Parol evidence may be used only to explain terms appearing in the description; the signed writings must contain a sufficient description of the land to show with reasonable certainty what is to be conveyed. *Cash,* 265 S.C. at 484, 220 S.E.2d at 122. A description that does not include the location of the land or its boundaries is inadequate. Where there is no adequate description of which part of a parcel is to be conveyed, the conveyance is unenforceable. *Cash, supra.*

Here, the master considered two signed writings— the form contract signed February 27 and the 1960 plat with roughed-in property lines. The form contract does not contain a description of the property to be conveyed except to specify that it is "at least thirty acres," and indicates that Buyer and Sellers were to agree on property lines. The 1960 plat, according to the testimony, was never intended to indicate the final boundaries but was to be the basis of the surveyor's plat. The master, affirmed by the Court of Appeals, found these documents insufficient to satisfy the Statute of Frauds. We agree. A conveyance of land is unenforceable if the contract provides only that the boundaries are to be determined upon agreement to a subsequent survey and plat. *Hyde v. Cooper, supra.* The signed form contract dated February 27 is nothing more than an agreement to agree which is unenforceable under the Statute of Frauds.

buyer arg.

Buyer contends the master erred in failing to consider other documents surrounding the proposed sale which supply the required description of the land to be conveyed. Buyer points to the surveyor's plat recorded with the written restrictions. This plat divides the fifty-acre parcel into three tracts, two in Sellers' names individually and one jointly in both Sellers' names. The plat itself is not signed by Sellers. Sellers did sign the restrictions filed with the plat, but these restrictions apply to the entire fifty acres and do not indicate Sellers' assent to the property lines within the fifty-acre parcel for purposes of the sale to Buyer. In fact, the undisputed testimony indicates Sellers were never satisfied with the plats prepared by the surveyor. Buyer also points to a hold-harmless agreement with Richland County acknowledging that the county had no responsibility for maintaining the access road on the property. This document was signed by the parties in contemplation of dividing the property. It does not, however, include any description of individual tracts but refers only to the entire fifty-acre parcel.

The Statute of Frauds requires that the agreement to be enforced must contain a writing, signed by Sellers, with a description of the property to be conveyed. The documents Buyer points to do not satisfy this requirement. Accordingly, we affirm the denial of specific performance. . . .

***

13.2.1.2

Sullivan v. Porter
861 A.2d 625 (Me. 2004)

Maine Supreme Judicial Court

SAUFLEY, C.J.

Merval and Susan Porter appeal from a judgment in the Superior Court (Hancock County, *Hjelm, J.*) entered in favor of Joan Sullivan and David Andrews in which the jury found that the parties had entered into an oral contract for the sale of the Porters' farm and the trial court ordered the Porters to transfer the property to Sullivan and Andrews. The Porters argue that (1) the evidence was insufficient for a jury to find that the parties entered into an oral contract for the sale of real estate; (2) the evidence of "part performance" and "reasonable reliance" was insufficient to remove the oral contract for the sale of real estate from the statute of frauds; . . . and (5) the court erred in entering an order of specific performance. We affirm the judgment.

Porters args.

I. BACKGROUND

Accepting the facts in the light most favorable to Sullivan and Andrews, as we must, *see, e.g., Marquis v. Farm Family Mut. Ins. Co.,* 628 A.2d 644, 648 (Me.1993), the jury and the court could have relied on the following facts. In December 1999, Sullivan began managing a horse stable located on property owned by Merval and Susan Porter in Bar Harbor. In July 2000, Merval informed Sullivan that he planned to move, and asked if she would like to rent the property to run a horse trail riding and lesson business. The property included a farmhouse, large barn, and over fifty-two acres of land.

Sullivan and Andrews expressed an interest in the proposal, but after touring the property decided to rent only the barn and fields because the farmhouse required too much rehabilitation. Sullivan and Andrews never had a chance to explain their decision to Merval because, when the parties met in August 2000, Merval offered to sell the property to them for $350,000. At the same time, he also offered to owner-finance the sale at an interest rate between five and seven percent for a period between twenty and thirty years, and asked for a $20,000 down payment. Sullivan and Andrews orally accepted his offer. Merval told Sullivan and Andrews that he would contact his attorney, to start the paperwork. Sullivan and Andrews informed Merval that they would refinance their house to obtain the down payment for the property.

When the Porters moved out of the farmhouse in September 2000, they gave the keys to Sullivan and Andrews. Sullivan and Andrews took possession of the property and began improving the stable and trails. The parties continued on this course without incident until November 24, 2000, when Merval arrived at the farm with a real estate agent. When questioned by Sullivan, Merval informed her that there was interest from another buyer, but told Sullivan that he would honor their agreement. The parties agreed to meet the following day for presentation of half of the down payment.

When the parties met the next day, Merval again reaffirmed his intention to honor the agreement. Sullivan offered him $10,000 in cash toward the down payment, but Merval stated that he did not feel right accepting the money until the paperwork was prepared. Nonetheless, he and his wife eventually accepted $3000 toward the down payment.

After the November 25, 2000 meeting, Sullivan and Andrews began extensive renovations of the farmhouse, which included removing four tons of horsehair plaster from the walls and replacing it with insulation and sheetrock, rewiring the electricity, installing new plumbing, erecting new fencing, and removing trash. They also started their new business, joined the chamber of commerce, repaired horse trails, began giving riding lessons and rehabilitating horses, placed advertisements in the local newspaper, and paid for an appraisal of the property. During the renovation process, Merval visited the property regularly and received updates about the renovations. When asked about the necessary paperwork, Merval always responded that he was too busy to contact his attorney.

In June 2001, Sullivan forwarded a copy of an appraisal of the Porters' property, valuing the property at $250,000, and a letter stating that Sullivan and Andrews planned to "stick to the $350,000 price [they] agreed on." Merval responded to this correspondence by offering to sell the property to Sullivan and Andrews for $450,000 with a $50,000 down payment. After the parties were unable to resolve the issues privately, Sullivan and Andrews filed a complaint alleging, among other things, the existence of a contract and promissory estoppel, and requesting specific performance. The Porters asserted the statute of frauds as an affirmative defense.

***

The jury found that the parties entered into a contract for the sale of the farm. Acting in an advisory capacity, the jury found in favor of Andrews and Sullivan on the issues of the part performance doctrine, promissory estoppel, and specific performance. Although not bound by the jury's decision, the court concluded that the jury's assessment of the equitable issues was warranted. The court also found that the evidence at trial established that the parties agreed to a $350,000 purchase price and that the Porters agreed to finance the sale at an interest rate between five and seven percent for a term of between twenty and thirty years. The court ordered the Porters to execute a purchase and sale agreement for $350,000 to be financed by the Porters unless otherwise agreed, and required them to provide notice of the terms of repayment and interest rate in the range found by the court within ten days of the judgment.

II. DISCUSSION

A. Statute of Frauds

We begin with the axiom that, absent extraordinary circumstances, a contract for the sale of land must be in writing to be enforceable. A transfer of real property without a written instrument may be enforced only if the party seeking to enforce the contract proves by clear and convincing evidence that an oral contract exists and that an exception to the statute of frauds applies. One exception to the statute of frauds is found in the part performance doctrine.

The part performance doctrine requires the party seeking to enforce the contract to establish both that she acted in partial performance of her contractual duties and that the other party made misrepresentations that induced that partial performance. Thus, to remove the contract from the operation of the statute of frauds pursuant to this doctrine, the party seeking to enforce the contract must establish by clear and convincing evidence (1) that the parties did enter into a contract; (2) that the party seeking to enforce the contract partially performed the contract; and (3) that the performance was induced by the other party's misrepresentations, which may include acquiescence or silence.

part pert.

1. Existence of a Contract

Because any action to enforce a contract depends on the existence of the contract itself, we begin by addressing the Porters' argument that there was insufficient evidence for the jury to find the existence of a contract for the sale of their farm to Sullivan and Andrews. We apply a deferential standard of review to a jury's findings of fact, and we will sustain a jury's verdict if, when viewed in the light most favorable to the plaintiff, there is any credible evidence in the record to support the verdict.

***

A review of the record supports the jury's findings that there was a meeting of the minds between the Porters and Sullivan and Andrews. The parties' agreement in August 2000 embodied the essential material terms for a contract to sell the farm, including the identification of the property, the parties to the sale, the purchase price, the amount of the down payment, and the type of financing. *Cf. A.B.C. Auto Parts, Inc. v. Moran,* 359 Mass. 327, 268 N.E.2d 844, 847 (1971) (stating that the essential terms for a written contract for the sale of real estate include the "nature of the transaction, the parties, the locus of the property, and the purchase price"). Specifically, the parties agreed to the essential elements of a contract by identifying: (1) the property to be sold as "Lakewood Farm"; (2) the parties to the transaction, the Porters as the sellers and Sullivan and Andrews as the buyers; (3) the purchase price of $350,000; (4) the $20,000 down payment; and (5) the arrangement for owner financing. The parties also established within a finite range the term of the mortgage (twenty to thirty years) and the interest rate (five to seven percent). Although the rate and duration of the loan were expressed within a range, this is not unusual in a purchase and sale agreement and did not create an unaddressed element. Moreover, the trial court allowed the sellers to choose each term within the range.

This evidence was sufficient for the jury to determine the existence of a contract and to fix the legal liabilities of the parties.

2. Part Performance

In addition to arguing that there was insufficient evidence to support the existence of the contract, the Porters also argue that Sullivan and Andrews failed to prove part performance.

The part performance doctrine is grounded in the principle of equitable estoppel. Equitable estoppel, also referred to as estoppel in pais, "involves misrepresentations, including misleading statements, conduct, or silence, that induce detrimental reliance." *Cottle Enters.*, 1997 ME 78, ¶ 17 n. 6, 698 A.2d at 835-36. "After having induced or knowingly permitted another to perform in part an agreement, on the faith of its full performance by both parties and for which he could not well be compensated except by specific performance, the other shall not insist that the agreement is void." *Woodbury*, 77 Me. at 70; *see also Landry*, 641 A.2d at 183; *Northeast Inv. Co. v. Leisure Living Communities, Inc.*, 351 A.2d 845, 855 (Me.1976). Accordingly, the party asserting partial performance must demonstrate not only meaningful partial performance, but also the other party's inducement of that performance through misrepresentation.

a. Proof of Performance

Sullivan and Andrews took possession of the farm in September 2000 with the understanding that Merval would begin the necessary paperwork to effectuate the sale of the farm. Sullivan and Andrews made extensive repairs to the farmhouse, stables, and grounds. They also offered $10,000 toward the down payment, $3000 of which the Porters actually accepted, and devoted time and money to their new business on the property. This evidence supports a conclusion that Sullivan and Andrews partially performed their contractual obligations.

b. Proof of Inducement by Misrepresentation

The evidence also supports the finding that the Porters induced Sullivan and Andrews's partial performance by misrepresentation. The Porters relinquished possession of the farm to Sullivan and Andrews. They remained silent upon learning that Sullivan and Andrews planned to refinance their home to obtain the funds for the agreed upon down payment. After accepting $3000 as a partial down payment for the farm, the Porters remained silent while they observed Sullivan and Andrews beginning extensive renovations and building their business on the property. Merval also repeatedly represented that he was having his lawyer draw up the paperwork for the sale of the farm. Taken collectively, the Porters' actions and silent acquiescence resulted in a misrepresentation that induced Sullivan and Andrews to partially perform their contractual obligations in faith that the Porters were going to perform the contract.

In sum, the evidence supports the findings that (1) the Porters entered into a contract with Sullivan and Andrews to sell the farm; (2) Sullivan and Andrews partially performed their duties under the contract; and (3) the Porters made misrepresentations through their actions and omissions that induced Sullivan and Andrews's partial performance. We therefore affirm the court's finding, consistent with the jury's advisory finding on the issue, that the parties' oral contract for the sale of land was removed from the statute of frauds based on the part performance doctrine.

***

D. Remedy

It is within the trial court's equitable powers to apply the remedy of specific performance when a legal remedy is either inadequate or impractical. *Ludington v. LaFreniere,* 1998 ME 17, ¶ 7, 704 A.2d 875, 878. An order of specific performance may be appropriate to enforce a contract for the sale of land because of the uniqueness of each parcel of real property. *See O'Halloran v. Oechslie,* 402 A.2d 67, 70 (Me.1979) (stating that "a justice may assume the inadequacy of money damages in a contract for the purchase of real estate and order the specific performance of the contract without an actual showing of the singular character of the realty"). The terms of a contract must be reasonably certain in order to be enforceable by specific performance. *See Ault v. Pakulski,* 520 A.2d 703, 704-05 (Me.1987); *Masselli v. Fenton,* 157 Me. 330, 336, 172 A.2d 728, 731 (1961). . . .

The trial court did not exceed the bounds of its discretion by finding that the nature of the property, Sullivan and Andrews's substantial investment of time and money to renovate the farmhouse and grounds, and the resources they devoted to establishing a new business, made Lakewood Farm so unique that there was no adequate remedy other than an order of specific performance. Finally, the trial court did not exceed the bounds of its discretion by finding that the terms of the contract were sufficiently certain to allow the court to order specific performance in the form of a purchase and sale agreement.

The entry is:

Judgment affirmed.

13.2.1.3

Johnson v. Davis
480 So. 2d 625 (Fla. 1985)

Florida Supreme Court

ADKINS, Justice.

We have before us a petition to review the decision in *Johnson v. Davis,* 449 So.2d 344 (Fla. 3d DCA 1984), which expressly and directly conflicts with *Banks v. Salina,* 413 So.2d 851 (Fla. 4th DCA 1982), and *Ramel v. Chasebrook Construction Co.,* 135 So.2d 876 (Fla. 2d DCA 1961). We have jurisdiction, article V, section 3(b)(3), Florida Constitution, and approve the decision of the district court.

In May of 1982, the Davises entered into a contract to buy for $310,000 the Johnsons' home, which at the time was three years old. The contract required a $5,000 deposit payment, an additional $26,000 deposit payment within five days and a closing by June 21, 1982. The crucial provision of the contract, for the purposes of the case at bar, is Paragraph F which provided:

> F. *Roof Inspection:* Prior to closing at Buyer's expense, Buyer shall have the right to obtain a written report from a licensed roofer stating that the roof is in a watertight condition. In the event repairs are required either to correct leaks or to replace damage to facia or soffit, seller shall pay for said repairs which shall be performed by a licensed roofing contractor.

The contract further provided for payment to the "prevailing party" of all costs and reasonable fees in any contract litigation.

Before the Davises made the additional $26,000 deposit payment, Mrs. Davis noticed some buckling and peeling plaster around the corner of a window frame in the family room and stains on the ceilings in the family room and kitchen of the home. Upon inquiring, Mrs. Davis was told by Mr. Johnson that the window had had a minor problem that had long since been corrected and that the stains were wallpaper glue and the result of ceiling beams being moved. There is disagreement among the parties as to whether Mr. Johnson also told Mrs. Davis at this time that there had never been any problems with the roof or ceilings. The Davises thereafter paid the remainder of their deposit and the Johnsons vacated the home. Several days later, following a heavy rain, Mrs. Davis entered the home and discovered water "gushing" in from around the window frame, the ceiling of the family room, the light fixtures, the glass doors, and the stove in the kitchen.

Two roofers hired by the Johnsons' broker concluded that for under $1,000 they could "fix" certain leaks in the roof and by doing so make the roof "watertight." Three roofers hired by the Davises found that the roof was inherently defective, that any repairs would be temporary because the roof was "slipping," and that only a new $15,000 roof could be "watertight."

The Davises filed a complaint alleging breach of contract, fraud and misrepresentation, and sought recission of the contract and return of their deposit. The Johnsons counterclaimed seeking the deposit as liquidated damages.

566

The trial court entered its final judgment on May 27, 1983. The court made no findings of fact, but awarded the Davises $26,000 plus interest and awarded the Johnsons $5,000 plus interest. Each party was to bear their own attorneys' fees.

The Johnsons appealed and the Davises cross-appealed from the final judgment. . . .

***

The contract contemplated the possibility that the roof may not be watertight at the time of inspection and provided a remedy if it was not in such a condition. The roof inspection provision of the contract did not impose any obligation beyond the seller correcting the leaks and replacing damage to the facia or soffit. The record is devoid of any evidence that the seller refused to make needed repairs to the roof. In fact, the record reflects that the Davises' never even demanded that the areas of leakage be repaired either by way of repair or replacement. Yet the Davises insist that the Johnsons breached the contract justifying remission. We find this contention to be without merit.

We also agree with the district court's conclusions under a theory of fraud and find that the Johnsons' statements to the Davises regarding the condition of the roof constituted a fraudulent misrepresentation entitling respondents to the return of their $26,000 deposit payment. In the state of Florida, relief for a fraudulent misrepresentation may be granted only when the following elements are present: (1) a false statement concerning a material fact; (2) the representor's knowledge that the representation is false; (3) an intention that the representation induce another to act on it; and, (4) consequent injury by the party acting in reliance on the representation. *See Huffstetler v. Our Home Life Ins. Co.,* 67 Fla. 324, 65 So. 1 (1914).

The evidence adduced at trial shows that after the buyer and the seller signed the purchase and sales agreement and after receiving the $5,000 initial deposit payment the Johnsons affirmatively repeated to the Davises that there were no problems with the roof. The Johnsons subsequently received the additional $26,000 deposit payment from the Davises. The record reflects that the statement made by the Johnsons was a false representation of material fact, made with knowledge of its

567

falsity, upon which the Davises relied to their detriment as evidenced by the $26,000 paid to the Johnsons.

The doctrine of caveat emptor does not exempt a seller from responsibility for the statements and representations which he makes to induce the buyer to act, when under the circumstances these amount to fraud in the legal sense. . . .

In determining whether a seller of a home has a duty to disclose latent material defects to a buyer, the established tort law distinction between misfeasance and non-feasance, action and inaction must carefully be analyzed. The highly individualistic philosophy of the earlier common law consistently imposed liability upon the commission of affirmative acts of harm, but shrank from converting the courts into an institution for forcing men to help one another. This distinction is deeply rooted in our case law. Liability for nonfeasance has therefore been slow to receive recognition in the evolution of tort law.

In theory, the difference between misfeasance and nonfeasance, action and inaction is quite simple and obvious; however, in practice it is not always easy to draw the line and determine whether conduct is active or passive. That is, where failure to disclose a material fact is calculated to induce a false belief, the distinction between concealment and affirmative representations is tenuous. Both proceed from the same motives and are attended with the same consequences; both are violative of the principles of fair dealing and good faith; both are calculated to produce the same result; and, in fact, both essentially have the same effect.

Still there exists in much of our case law the old tort notion that there can be no liability for nonfeasance. The courts in some jurisdictions, including Florida, hold that where the parties are dealing at arm's length and the facts lie equally open to both parties, with equal opportunity of examination, mere nondisclosure does not constitute a fraudulent concealment. *See Ramel v. Chasebrook Construction Co.,* 135 So.2d 876 (Fla. 2d DCA 1961). The Fourth District affirmed that rule of law in *Banks v. Salina,* 413 So.2d 851 (Fla. 4th DCA 1982), and found that although the sellers had sold a home without disclosing the presence of a defective roof and swimming pool of which the sellers had knowledge, "[i]n Florida, there is no duty to disclose when parties are dealing at arms length." *Id.* at 852.

These unappetizing cases are not in tune with the times and do not conform with current notions of justice, equity and fair dealing. One should not be able to stand behind the impervious shield of caveat emptor and take advantage of another's ignorance. Our courts have taken great strides since the days when the judicial emphasis was on rigid rules and ancient precedents. Modern concepts of justice and fair dealing have given our courts the opportunity and latitude to change legal precepts in order to conform to society's needs. Thus, the tendency of the more recent cases has been to restrict rather than extend the doctrine of caveat emptor. The law appears to be working toward the ultimate conclusion that full disclosure of all material facts must be made whenever elementary fair conduct demands it.

The harness placed on the doctrine of caveat emptor in a number of other jurisdictions has resulted in the seller of a home being liable for failing to disclose material defects of which he is aware. This philosophy was succinctly expressed in *Idngsch v. Savage,* 213 Cal.App.2d 729, 29 Cal.Rptr. 201 (1963):

> It is now settled in California that where the seller knows of facts materially affecting the value or desirability of the property which are known or accessible only to him and also knows that such facts are not known to or within the reach of the diligent attention and observation of the buyer, the seller is under a duty to disclose them to the buyer.

In *Posner v. Davis,* 76 Ill.App.3d 638, 32 Ill.Dec. 186, 395 N.E.2d 133 (1979), buyers brought an action alleging that the sellers of a home fraudulently concealed certain defects in the home which included a leaking roof and basement flooding. Relying on *Lingsch,* the court concluded that the sellers knew of and failed to disclose latent material defects and thus were liable for fraudulent concealment. *Id.* 32 Ill.Dec. at 190, 395 N.E.2d at 137. Numerous other jurisdictions have followed this view in formulating law involving the sale of homes. *See Flakus. v. Schug,* 213 Neb. 491, 329 N.W.2d 859 (1983) (basement flooding); *Thacker v. Tyree,* 297 S.E.2d 885 (W.Va.1982) (cracked walls and foundation problems); *Maguire v. Masino,* 325 So.2d 844

(La.Ct.App.1975) (termite infestation); *Weintraub v. Krobatsch,* 64 N.J. 445, 317 A.2d 68 (1974) (roach infestation); *Cohen v. Vivian,* 141 Colo. 443, 349 P.2d 366 (1960) (soil defect).

We are of the opinion, in view of the reasoning and results in *Lingsch, Posner* and the aforementioned cases decided in other jurisdictions, that the same philosophy regarding the sale of homes should also be the law in the state of Florida. Accordingly, we hold that where the seller of a home knows of facts materially affecting the value of the property which are not readily observable and are not known to the buyer, the seller is under a duty to disclose them to the buyer. This duty is equally applicable to all forms of real property, new and used.

holding

In the case at bar, the evidence shows that the Johnsons knew of and failed to disclose that there had been problems with the roof of the house. Mr. Johnson admitted during his testimony that the Johnsons were aware of roof problems prior to entering into the contract of sale and receiving the $5,000 deposit payment. Thus, we agree with the district court and find that the Johnsons' fraudulent concealment also entitles the Davises to the return of the $5,000 deposit payment plus interest. We further find that the Davises should be awarded costs and fees.

The decision of the Third District Court of Appeals is hereby approved.

It is so ordered.

BOYD, Chief Justice,

dissenting.

I respectfully but strongly dissent to the Court's expansion of the duties of sellers of real property. This ruling will give rise to a flood of litigation and will facilitate unjust outcomes in many cases. If, as a matter of public policy, the well settled law of this state on this question should be changed, the change should come from the legislature. Moreover, I do not find sufficient evidence in the record to justify rescission or a finding of fraud even under present law. I would quash the decision of the district court of appeal.

***

Although as described in the majority opinion this change in the law sounds progressive, high-minded, and idealistic, it is in reality completely unnecessary. Prudent purchasers inspect property, with expert advice if necessary, before they agree to buy. Prudent lenders require inspections before agreeing to provide purchase money. Initial deposits of earnest money can be made with the agreement to purchase being conditional upon the favorable results of expert inspections. It is significant that in the present case the major portion of the purchase price was to be financed by the Johnsons who were to hold a mortgage on the property. If they had been knowingly trying to get rid of what they knew to be a defectively constructed house, it is unlikely that they would have been willing to lend $200,000 with the house in question as their only security.

***

13.2.1.4

Nelson v. Wiggs
699 So. 2d 258 (Fla. Dist. Ct. App. 1997)

Florida District Court of Appeal

FLETCHER, Judge.

Tom Nelson and Maria Nelson appeal a final judgment following a bench trial, which judgment denied their complaint for rescission of their purchase of a house from appellee Helen K. Wiggs. We affirm.

Subsequent to the destruction of their home by Hurricane Andrew in 1992, the Nelsons, who had lived in South Dade County for ten years, began a search for a "fixer-upper" house that they could afford. They found Mrs. Wiggs' house by noticing a "For Sale By Owner" sign out front. Mrs. Wiggs, who had resided on the property since 1970, was selling, according to her testimony, because she needed to relocate close to public transportation, having recently been widowed and being unable to drive a car.

The house, accessed only by an unpaved road, is situated on an acre and a quarter of land in the eight and one-half square mile agricultural/residential area known as the East Everglades. This area lies west of the flood control levee, which levee affords most of the flood protection for that part of Dade County *east* of it. During the rainy season the East Everglades area is often flooded, the water varying in depth from ankle to knee deep. The testimony reveals that small vehicles cannot enter the area during heavier flooding, thus many residents have trucks and other large vehicles. The Nelsons testified that they cannot grow the plants that they wish and that, during the flooding, snakes and even alligators (two at least), have gathered at their property (presumably on an elevated portion) to escape the waters. The house itself, however, like some of the other houses, farm buildings, and structures in the East Everglades area, was constructed at raised elevation, thus assuring that the seasonal, flood waters do not enter the house. As a consequence, the house has not been flooded and has been continuously occupied, by the Nelsons since their purchase from Mrs. Wiggs and, before that, by Mrs. Wiggs since 1970.

The Nelsons testified that before they purchased Mrs. Wiggs' property, they did not have actual knowledge of the seasonal flooding that takes place in the East Everglades. They found the property, negotiated the sale, moved into the house, and closed on the sale during the dry season. They testified that it was not until later that they learned of the flooding, after which they filed their suit for rescission, alleging that Mrs. Wiggs knew of the flooding, but failed to disclose it to them, and that they would not have purchased the property had they been aware of the flooding. Relying principally upon *Johnson v. Davis,* 480 So.2d 625 (Fla.1985), they contended that prior to the purchase Mrs. Wiggs had the duty to advise them of the seasonal flooding.

In its final judgment, the trial court made the specific findings, thus resolving the somewhat conflicting testimony, that the Nelsons did not ask Mrs. Wiggs about flooding and that Mrs. Wiggs did not make any affirmative statements to the Nelsons regarding flooding. The trial court further found that the Nelsons requested no inspections of the property and did not talk to the neighbors about the flooding. The trial court also observed that the Nelsons had lived in the South Miami area for ten years before their purchase of property in the East Everglades. Based on these facts, the trial court concluded that *Johnson v. Davis* is inapplicable and denied rescission. We affirm the trial court's conclusion that Mrs. Wiggs had no duty to disclose the seasonal flooding as the information that the property is subject to seasonal flooding was available to the Nelsons through diligent attention.

In *Johnson v. Davis*, 480 So.2d at 629, the Supreme Court of Florida took a long look at caveat emptor, concluded that changes thereto needed to be made, and approved the salutary rule that:

> "[W]here the seller of a house knows of facts materially affecting the value of the property *which are not readily observable* and are not known to the buyer, the seller is under a duty to disclose them to the buyer." [emphasis supplied]

Thus, in order for a seller to have a duty to disclose, the material facts must not only be unknown to the buyer, but also not "readily observable." The supreme court did not define these words. Our concern is whether the supreme court intended that a buyer must be able to discern the relevant facts by simple visual observation of the property, at any and all times, or whether it had a broader meaning in mind. We have concluded that the court's intended meaning is broader. In arriving at this conclusion we have considered that the supreme court, in *Johnson*, 480 So.2d at 628, cited and quoted with approval *Lingsch v. Savage*, 213 Cal.App.2d 729, 29 Cal.Rptr. 201 (1963):

> "It is now settled in California that where the seller knows of facts materially affecting the value or desirability of the property which are *known or accessible only to him* and also knows that such facts are not *known to, or within the diligent attention and observation of the buyer,* the seller is under a duty to disclose them to the buyer." [emphasis supplied]

The supreme court, *Johnson*, 480 So.2d at 629, concluded that this philosophy (and similar philosophies from additional jurisdictions) should be the law in Florida.

We have also considered *Gilchrist Timber Co. v. ITT Rayonier, Inc.,* 696 So.2d 334 (Fla.1997), in which the Florida Supreme Court recently reaffirmed the principles of *Johnson.* While *Gilchrist* involved a negligent misrepresentation by the seller, and not inaction by the seller as here, the supreme court, immediately following its reaffirmance of *Johnson,* stated,

> "This does not mean, however, that the recipient of an erroneous representation can hide behind the unintentional negligence of the misrepresenter when the recipient is likewise negligent in failing to discover the error."

696 So.2d at 339.

Thus a buyer would be required to investigate any information furnished by the seller that a reasonable person in the buyer's position would investigate. In *Gilchrist* the information required to be investigated was the zoning on the property, specifically as it related to the property's developability in accordance with the buyer's plans.

There are distinctions, of course, between cases which involve negligent misrepresentation (Gilchrist) and no representation at all (the instant case). The point is, however, that while reaffirming the principles of *Johnson,* the supreme court has informed us that, in both types of cases, a buyer must take reasonable steps to ascertain the material facts relating to the property and to discover them — if, of course, they are reasonably ascertainable. As we understand from *Gilchrist* and *Johnson,* we need to analyze here whether the flood-prone nature of the property was known only to Mrs. Wiggs and whether, with diligent attention, the Nelsons could have learned of the property's nature (which is clearly material to their interests as buyers).

There is nothing concealed about South Florida's rainy season(s), nothing concealed about the fact that low-lying areas of the county flood during the rainy seasons, and nothing concealed about Dade County's regulations requiring that homes in such areas be built on elevations to avoid interior flooding. That Dade County enacted regulations to protect East Everglades homes from seasonal flooding clearly demonstrates that the flood-prone nature of the area is known to others as well as to Mrs. Wiggs. The regulations' enactment and availability in the public records also show that the information is within the diligent attention of any buyer.

Specifically as to the Nelsons, we observe that Mr. Nelson is a contractor (air conditioning, heating and refrigeration) who, according to his testimony, "moved to Florida knowing they had the most stringent building code in the United States." Part of his interest in buying the subject property was to rebuild the house himself, in furtherance of which he visited the county building department and reviewed with county employees the original permits and plans for the house. Mr. Nelson also testified:

> "Q. During the time that you lived there *prior to closing*, did you have the opportunity to check with Dade County?
>
> A. I did — actually I pulled the permit." [emphasis supplied]

Immediately available from the building department, open to the Nelsons' diligent attention, were the flood criteria to which the county required the house to be built in order to protect it from the seasonal flooding. We conclude that the trial court correctly denied the Nelsons' rescission complaint as the flood-prone nature of the area was within the diligent attention of the Nelsons, thus Mrs. Wiggs had no duty to disclose it.

Affirmed.

SHEVIN, J., concurs.

SORONDO, Judge

(dissenting).

Because I believe that the majority reads the Supreme Court's decision in *Johnson v. Davis*, 480 So.2d 625 (Fla.1985), too narrowly, I respectfully dissent.

***

The majority affirms the trial court's decision on the grounds that "Mrs. Wiggs had no duty to disclose the seasonal flooding as the information that the property is subject to seasonal flooding was available to the Nelsons through diligent attention." I believe that the Supreme Court's decision in *Johnson* compels a different result.

In *Johnson,* the Court stated that:

> Where the seller of a house knows of facts materially affecting the value of the property which are not readily observable and are not known to the buyer, the seller is under a duty to disclose them to the buyer.

Id. at 629. Based on the trial court's factual finding, there is no doubt that the Nelsons had no actual knowledge of the seasonal flooding that takes place in the East Everglades. Under the *Johnson* analysis the question then becomes whether the flooding problem was "readily observable" to the Nelsons.

The Nelsons testified that they first saw the property in January of 1993. They further testified that no flooding problems were apparent at that time. There is nothing in the record to suggest that the location of the flood control levee referred to by the majority was plainly identifiable or that, the Nelsons ever saw it.

***

The majority suggests that South Florida's rainy season, low-lying areas and house elevation requirements in such areas are common knowledge to everyone. This is not so. In 1982, Metropolitan Dade County passed an ordinance which requires sellers of real property within the "East Everglades area of critical environmental concern" to include a warning in the documents of sale. This warning must advise the potential purchaser that the "land is subject to periodic, natural flooding, which poses a serious risk to persons and property in the area and makes the property unsuitable for residential, commercial, and industrial development." Dade County Code §.33B-54(a). The purchaser must sign the document and indicate that he or she understands the warning. If a seller fails to give the warning, the sale of property is voidable by the purchaser during the next seven years. Dade County Code § 33B-56. Certain areas, including the area at issue here, for unknown reasons, were excluded from the ordinance. Nevertheless, the existence of the ordinance demonstrates the County's recognition that the flooding problem in this area is not commonly known, but rather is something which needs to be told to buyers.

***

A review of the facts and holding of *Johnson* is helpful. There, the plaintiff inquired of the seller why there was some peeling plaster around a window frame in the family room and stains on the ceilings in the family room and kitchen. The seller responded that the window had a minor problem that had long since been resolved. After purchasing the house, the buyer returned home during a heavy rain to find water "gushing" in through the window in question. The buyers sought rescission of the contract of sale and a return of their money. In analyzing the issues before it, the Florida Supreme Court stated:

> [W]here failure to disclose a material fact is calculated to induce a false belief, the distinction between concealment and affirmative representations is tenuous. Both proceed" from the same motives and are attended with the same consequences; both are violative of the principles of fair dealing and good faith; both are calculated to produce the same result; and, in fact, both essentially have the same effect.

Id. at 628. The Court went on to discuss the then-existing legal concept in Florida that there was no duty to disclose when parties are dealing at arm's length.

> These unappetizing cases are not in tune with the times and do not conform with current notions of justice, equity and fair dealing. One should not be able to stand behind the impervious shield of caveat emptor and take advantage of another's ignorance.... Modern concepts of justice and fair dealing have given our courts the opportunity and latitude to change legal precepts in order to conform to society's needs. Thus, the tendency of the more recent cases has been to restrict rather than extend the doctrine of caveat emptor. *The law appears to be working toward the ultimate*

conclusion that full disclosure of all material facts must be made whenever elementary
fair conduct demands it.

Id. at 628 (emphasis added). Given this language, it is inconceivable that *Johnson* does not apply to this case. Although the flooding in the area is a natural occurrence, rather than a "defect" in the property, unlike other natural phenomena such as hurricanes, tornadoes and earthquakes, it is chronic and fully predictable.

As mentioned by the majority, the Nelsons called three neighbors to the witness stand who described the accumulated water during the rainy season as being ankle to knee deep. Many of the people in the neighborhood are forced to drive trucks and other "high" vehicles because smaller vehicles cannot enter the area when it is flooded. During the flooding, the Nelsons' animals must congregate around the house, which is the only dry location on the property. The animals must also relieve themselves in the immediate area surrounding the house because they will not go in the water to do this. Finally, the Nelsons testified that other animals, not their own, gather next to the house in an apparent effort to escape the water. As described by one of the neighbors, the property is unlivable.

The majority opinion paints Mrs. Wiggs' conduct in this case in a far too positive light. When the Nelsons first spoke to Mrs. Wiggs they told her they wanted the property because they wanted to plant trees and raise animals. She responded that there were no limitations and that they could do anything they wished on the property. She never mentioned the flooding which would clearly affect the Nelsons' stated plans for the property. The Nelsons further asked her if there were any problems with the property and she responded that the only problem was with the neighbors.

The Supreme Court's decision in *Johnson,* and the many out-of-state eases cited therein, stand for the proposition that the law encompasses a moral dimension in these types of transactions. This dimension requires full disclosure of facts materially affecting the value of the property in question, which are not readily observable by the average person seeking to buy the property and which are not known by them. This concept is encapsulated in the following language from a respected treatise:

> [T]here has been a rather amorphous tendency on the part of most courts in recent years to find a duty of disclosure when the circumstances are such that the failure to disclose something would violate a standard requiring conformity to what the ordinary ethical person would have disclosed.

W. Page Keeton et al., Prosser and Keeton on the Law Torts § 106 (5th ed. 1984). . . .

***

1 With Mrs. Wiggs' permission, the Nelsons resided in the house for a month prior to the closing. [Editorial Note: This is footnote 2 of the opinion.]

2 Owners of real property are deemed to have purchased it with knowledge of the applicable land use regulations. Metropolitan Dade County v. Fontainebleau Gas & Wash., Inc., 570 So.2d 1006 (Fla. 3d DCA 1990). We discern no reason why the County's flood criteria would not be included within this rule. [Editorial Note: This is footnote 4 of the opinion.]

13.2.1.5

Hayim Real Estate Holdings, LLC. v. Action Watercraft International Inc.
15 So. 3d 724 (Fla. Dist. Ct. App. 2009)

Florida District Court of Appeal

RAMIREZ, C.J.

Plaintiff Hayim Real Estate Holdings, LLC, appeals the trial court's final order granting the defendants' Motion for Final Summary Judgment. Because we conclude that there are unresolved genuine issues of material fact, we reverse and remand for further proceedings consistent with this opinion.

I. *Factual Background*

On April 3, 2004, Hayim, as purchaser, and defendant H. Moony Investments, Ltd. ("HMI"), as seller, entered into a Purchase Agreement for the transfer of certain commercial real property as part of the asset purchase of a business that operated at that site. Article V, Section 5.03 A, of the Purchase Agreement allowed the purchaser a fifteen day grace period from the effective date of the agreement to inspect the property. During this inspection period, the purchaser could terminate the agreement for any reason without incurring liability. Furthermore, subsection 5.03 D stated as follows:

> Purchaser is purchasing the property in "AS IS" condition. Notwithstanding anything to the contrary contained in this subsection 5.03 D, all mechanical, electrical, plumbing, heating, cooling and/or ventilating system in the Property shall be in working order at Closing.

In Article XII(e), Mooney represented having "no knowledge of any facts which would indicate that the property suffers from any environmental or hazardous waste contamination."

Approximately four months following the execution of the Purchase Agreement, the parties completed the sale of the property and possession transferred to Hayim. Subsequent to the transfer, Hayim claims to have discovered several latent problems on the property. The discoveries, which included problems involving the septic tank and drainage field, resulted in this action. Hayim sued the defendant for breach of contract and fraudulent concealment/nondisclosure.

Hayim's complaint alleged that the defendants had prior knowledge of the septic tank and drainage field problems which they chose to ignore and failed to make the needed repairs. Mr. Garrett Hayim, principal of the plaintiff, claimed in his deposition that he examined the property during the inspection period including the area above the drain field, which was located underneath an asphalt lot. However, Mr. Hayim stated that prior to the inspection, the asphalt located above the drain field was torn out, and the area resurfaced "with pavers. He claimed that this was done by the defendant to conceal signs of a problem such as would be demonstrated by-water and waste overflow. Consequently, Hayim alleged that as a result of the septic tank and drainage field problems, the plumbing system was not in working order at the time of "Closing" and that this problem caused the property to suffer an environmental or hazardous waste contamination. Hayim further alleged that the defendants' failure to inform Hayim of the problems and their active concealment of them resulted in both a breach of the defendants' contractual obligations and a fraudulent misrepresentation.

hayim arg

In support of the plaintiffs allegations, the record includes an affidavit by Ms. Dulce Lopez-Proveyer. Ms. Lopez-Proveyer is a former employee of the business that the defendant sold in connection with the transfer of the real property. After the sale closed, Ms. Lopez-Proveyer continued her employment with the purchaser as its business manager. In her affidavit, Ms. Lopez-Proveyer stated that Mr. Howard Mooney "had knowledge, prior to the closing of the sale of the premises, of a defective septic drain field which he undertook to conceal by placing cement pavers over the problem." The defendants countered with an affidavit from Mr. Howard Mooney, who conceded that "prior to the installation of the pavers, the area in question was covered with asphalt" and that "Hayim executed the contract to purchase the property prior to the installation of the pavers." However, Mr. Mooney claimed that "the pavers that were installed were not installed to conceal any problems with the drainage field." This contradicts Ms. Lopez-Proveyer statement. The trial court granted the defendants' Motion for Final Summary Judgment, which Hayim now appeals.

trial court

II. *Analysis*

This court reviews de novo the decision of a trial court to grant summary judgment. "Summary judgment is proper if there is no genuine issue of material fact and if the moving party is entitled to a judgment as a matter of law." *Volusia County v. Aberdeen at Ormond Beach, L.P.,* 760 So.2d 126, 130 (Fla.2000); *see also* Fla. R. Civ. P. 1.510(c). Further, the party moving for summary judgment has the burden of proving the "absence of a genuine issue of material fact." *Holl v. Talcott,* 191 So.2d 40, 43 (Fla.1966).

581

In reaching its decision to grant summary judgment, the trial court relied on this Court's holding in *Futura Realty v. Lone Star Building Centers. (E.), Inc.,* 578 So.2d 363 (Fla. 3d DCA 1991). *Futura* stands for the doctrine of caveat emptor with regard to the sale of commercial real property: "the commercial property vendor owes no duty for damage to the land to its vendee because the vendee can protect itself in a number of ways, including careful inspection and price negotiation." *Id.* at 365. However, the instant case is distinguishable from *Futura* in that here, the plaintiff claims it owed it a duty under the express agreement it negotiated: to provide specific systems in working order as well as communicate their knowledge of specific problems. The plaintiff alleges that the defendants' failure to provide specified systems in working order at closing as well as the failure to communicate the known problems constitutes an express breach of the agreement. Intertwined with the facts regarding its contract breach argument, the plaintiff further alleges an alternate basis for a claim, the defendants' active concealment of known defects. Consequently, to affirm summary judgment, this Court would have to agree that no genuine issue of material fact remained as to whether: (1) the defendants breached an express contractual duty to inform Hayim of specified problems, (2) the defendants breached an express contractual duty by failing to have the specified systems in working order at closing; and (3) the defendants actively concealed known defects from the plaintiff.

In a commercial real property transaction, Florida law distinguishes between the mere nondisclosure of a known defect, a non-actionable offense, and the active concealment of one, an actionable offense:

> The doctrine of caveat emptor (literally, "let the buyer beware") provides that, when parties deal at arm's length, buyers are expected "to fend for themselves, protected only by their own skepticism as to the value and condition of the subject of the transaction." Biff Craine, Note, Real Property — Sellers' Liability for Nondisclosure of Real Property *Defects* — Johnson *v. Davis,* 480 So.2d 625 (Fla.1986), 14 Fl. St. U.L.Rev. 359, 361 (1986). Absent an express agreement, a material misrepresentation or active concealment of a material fact, the seller cannot be held liable for any harm sustained by the buyer or others as the result of a defect existing at the time

of the sale. See, e.g., W. Page Keeton et al., Prosser and Keeton on the Law of Torts § 64, at 447 (5th ed.1984); Frona M. Powell, The Seller's Duty to Disclose in Sales of Commercial Property, 28 Am. Bus. L.J. 245, 248-50 (1990).

Haskell Co. v. Lane Co., 612 So.2d 669, 671 (Fla. 1st DCA 1993).

Because the facts regarding the claims in the present case are intertwined, this Court does not need to examine the plaintiff's claims separately. The presence of a genuine issue of material fact regarding the active concealment of known defects by the defendants would likewise provide a genuine issue of material fact concerning the defendant's breach of its express contractual duties. We hold that Ms. Lopez-Proveyer's affidavit provides a genuine issue of material fact as to whether the defendants' actively concealed a known defect.

***

Mr. Mooney's affidavit acknowledges both that prior to the installation of the pavers, the area above the drain field was covered with asphalt and that the pavers were installed after the Purchase Agreement was executed. In Mr. Garrett Hayim's deposition, he stated that when he first inspected the property, within the 15-day window provided by the Purchase Agreement, the pavers had already been installed. These statements also raise a genuine issue of material fact as to when and why the defendants installed the pavers, particularly because the pavers represented a capital expenditure on property which had already contracted to sell for a fixed price. . . .

***

III. *Conclusion*

In sum, there remain genuine issues of material fact that should be submitted to a jury. We therefore reverse the trial court's final order granting the defendants' Motion for Final Summary Judgment.

Reversed and remanded for further proceedings consistent with this opinion.

13.2.1.6

Discussion: Notes, Questions, and Problems

13.2.1.6.1

Discussion Question #3. Part performance and Statute of Frauds?

Which actions of a buyer could be sufficient to constitute part performance for purposes of meeting the part performance exception to the Statute of Frauds? Would the buyer taking possession of the property be sufficient or would more be required of the buyer?

13.2.1.6.2

Discussion Question #4. Caveat emptor in commercial real property sales?

The court in *Hayim Real Estate Holdings, LLC. v. Action Watercraft International Inc.*, excerpted above, explained that, in Florida, caveat emptor no longer applies to sales of residential property but continues to apply to sales of commercial property. This dichotomy in the application of caveat emptor between residential and commercial real property sales was critiqued in *Haskell Co. v. Lane Co.*, which stated as follows:

> It seems to us that there is little justification for continuing to draw a distinction between transactions involving residential real property and transactions involving commercial real property. Many of the policy considerations used to justify a duty to disclose in residential cases apply with equal force to commercial cases. Is it reasonable to assume that a prospective buyer (or lessee) of commercial property is significantly more likely to be capable of examining the property to determine whether hidden defects exist than is a prospective buyer (or lessee) of residential property? What of the small businessman, or professional in solo practice—do they possess the bargaining power to insist upon express warranties from the seller (or lessor) of a small store or office? Such distinctions may have some

584

merit as to the large corporate purchaser (or lessee), but clearly are inappropriate with regard to a substantial segment of the business community. "Courts should not assume that there is a relevant distinction between purchasers who invest in commercial property and 'simple, gullible folks unable to protect themselves.' People who buy [or lease] real property for business purposes vary widely in their experience, knowledge, sophistication, bargaining power, wealth, and access to outside advisers and experts." Frona M. Powell & Jane P. Mallor, *The Case for an Implied Warranty of Quality in Sales of Commercial Real Estate*, 68 Wash. U. L.Q. 305, 333 (1990) (footnotes omitted). Moreover, the buyer (or lessee) of commercial property has the same reasonable expectations as does the buyer (or lessee) of a residence—that he or she will receive what was bargained for, and be able to use it for its intended purposes. Likewise, requiring disclosure in commercial transactions will encourage good workmanship in commercial structures, just as it will with regard to residential structures. Finally, it seems relatively clear to us that Justice Adkins' statement in *Johnson v. Davis* applies with equal force, regardless of the nature of the property—"One should not be able to stand behind the impervious shield of caveat emptor and take advantage of another's ignorance." 480 So.2d at 628.

612 So. 2d 669, 675–76 (Fla. Dist. Ct. App. 1993). Despite this criticism, caveat emptor continues to apply to commercial real estate sales in Florida. Do you think that caveat emptor should apply to commercial sales but not to residential sales of real property? Should caveat emptor apply to both? Should it apply to neither? Not all jurisdictions have the same dichotomy as in Florida, i.e., residential versus commercial. For example, in some jurisdictions, caveat emptor applies to sales of existing residential property, but does not apply to sales of newly constructed residential property.

13.2.2

Equitable Conversion

In this section, we introduce the concept of ***equitable conversion***. Specifically, we address two issues where the doctrine of equitable conversion plays a role.

The first of these issues addressed here is which party, the seller or the purchaser, would bear the ***risk of loss*** for damage to the property during the executory period. The ***executory period*** is the period of time between execution of the contract of sale and the closing.

The second equitable conversion issue addressed here involves ***installment land sale contracts***, also referred to as contracts for deed. Generally, under an installment land sale contract, the purchaser takes possession of the real property, but pays the purchase price to the seller in installments over a period of time. During that period of time, the seller retains legal title to the property. The seller only transfers title to the purchaser once the purchaser has made all installment payments.

As you read the cases excerpted below, ask yourselves how the doctrine of equitable conversion could apply to both risk of loss and installment land sale contracts.

13.2.2.1

Brush Grocery Kart, Inc. v. Sure Fine Market, Inc.

47 P.3d 680 (Colo. 2002)

Colorado Supreme Court

Justice COATS

delivered the Opinion of the Court.

Brush Grocery Kart, Inc. sought review of the court of appeals' judgment affirming the district court's determination of Brush's obligation on an option contract to purchase a building from Sure Fine Market, Inc. The district court found that Brush was not entitled to a price abatement for damages caused by a hail storm that occurred during litigation between the parties over the purchase price of the property. The court of appeals affirmed on the grounds that equitable title to the property vested in Brush when it exercised its option to purchase, whether or not it also had a right of possession, and therefore Brush bore the risk of any casualty loss after that time. Because we hold that Brush was entitled to specific performance of the contract with an abatement of the purchase price reflecting the casualty loss, the judgment of the court of appeals is reversed.

I. FACTUAL AND PROCEDURAL HISTORY

In October 1992 Brush Grocery Kart, Inc. and Sure Fine Market, Inc. entered into a five-year "Lease with Renewal Provisions and Option to Purchase" for real property, including a building to be operated by Brush as a grocery store. Under the contract's purchase option provision, any time during the last six months of the lease, Brush could elect to purchase the property at a price equal to the average of the appraisals of an expert designated by each party.

Shortly before expiration of the lease, Brush notified Sure Fine of its desire to purchase the property and begin the process of determining a sale price. Although each party offered an appraisal, the parties were unable to agree on a final price by the time the lease expired. Brush then vacated the premises, returned all keys to Sure Fine, and advised Sure Fine that it would discontinue its casualty insurance covering the property during the lease. Brush also filed suit, alleging that Sure Fine failed to negotiate the price term in good faith and asking for the appointment of a special master to determine the purchase price. Sure Fine agreed to the appointment of a special master and counterclaimed, alleging that Brush negotiated the price term in bad faith and was therefore the breaching party.

During litigation over the price term, the property was substantially damaged during a hail storm. With neither party carrying casualty insurance, each asserted that the other was liable for the damage. The issue was added to the litigation at a stipulated amount of $60,000. The court appointed a special master pursuant to C.R.C.P. 53 and accepted his appraised value of $375,000. The court then found that under the doctrine of equitable conversion, Brush was the equitable owner of the property and bore the risk of loss. It therefore declined to abate the purchase price or award damages to Brush for the loss.

Brush appealed the loss allocation, and the court of appeals affirmed on similar grounds. It considered the prior holdings of this court acknowledging the doctrine of equitable conversion and found that in Wiley v. Lininger, 119 Colo. 497, 204 P.2d 1083 (1949), that doctrine was applied to allocate the risk of casualty loss occurring during the executory period of a contract for the purchase of real property. Relying heavily on language from the opinion purporting to adopt the "majority rule," the court of appeals found that our characterization of the rule as placing the risk of casualty loss on a vendee who "is in possession," id. at 502, 204 P.2d at 1086, reflected merely the facts of that case rather than any intent to limit the rule to vendees who are actually in possession. Noting that allocation of the risk of loss in circumstances where the vendee is not in possession had not previously been addressed by an appellate court in this jurisdiction, the court of appeals went on to conclude that a "bright line rule" allocating the risk of loss to the vendee, without regard to possession, would best inform the parties of their rights and obligations under a contract for the sale of land.

Brush petitioned for a writ of certiorari to determine the proper allocation of the risk of loss and the appropriate remedy under these circumstances.

***

III. THE RISK OF CASUALTY LOSS IN THE ABSENCE OF STATUTORY AUTHORITY

In the absence of statutory authority, the rights, powers, duties, and liabilities arising out of a contract for the sale of land have frequently been derived by reference to the theory of equitable conversion. People v. Alexander, 663 P2d 1024, 1080 n. 6 (Colo.1983). This theory or doctrine, which has been described as a legal fiction, is based on equitable principles that permit the vendee to be considered the equitable owner of the land and debtor for the purchase money and the vendor to be regarded as a secured creditor. The changes in rights and liabilities that occur upon the making of the contract result from the equitable right to specific performance. . . .

The assignment of the risk of casualty loss in the executory period of contracts for the sale of real property varies greatly throughout the jurisdictions of this country. What appears to yet be a slim majority of states, see Randy R. Koenders, Annotation, Risk of Loss by Casualty Pending Contract for Conveyance of Real Property Modern Cases, 85 A.L.R 4th 288 (2001), places the risk of loss on the vendee from the moment of contracting, on the rationale that once an equitable conversion takes place, the vendee must be treated as owner for all purposes. See Skelly Oil v. Ashmore, 865 S.W.2d 582, 588 (Mo.1963)(criticizing this approach). Once the vendee becomes the equitable owner, he therefore becomes responsible for the condition of the property, despite not having a present right of occupancy or control. In sharp contrast, a handful of other states reject the allocation of casualty loss risk as a consequence of the theory of equitable conversion and follow the equally rigid "Massachusetts Rule," under which the seller continues to bear the risk until actual transfer of the title, absent an express agreement to the contrary. See, e.g., Skelly Oil, 365 S.W.2d at 588-89. A substantial and growing number of jurisdictions, however, base the legal consequences of no-fault casualty loss on the right to possession of the property at the time the loss occurs. This view has found expression in the Uniform Vendor and Purchaser Risk Act, and while a number of states have adopted some variation of the Uniform Act, others have arrived at a similar position through the interpretations of their courts. See, e.g., Lucenti v. Cayuga Apartments, 48 N.Y.2d 530, 423 N.Y.S.2d 886, 399 N.E.2d 918, 923-24 (1979).

This court has applied the theory of equitable conversion in limited circumstances affecting title, see Konecny v. von Gunten, 151 Colo. 376, 379 P.2d 158 (1968)(finding vendors incapable of unilaterally changing their tenancy in common to joint tenancy during the executory period of the contract because their interest had been equitably converted into a mere security interest and the vendee's interest into realty), and refused to apply it in some circumstances, see Chain O'Mines, 101 Colo. 231, 72 P.2d 265 (holding that even if the doctrine applies to option contracts, no conversion would take place until the option were exercised by the party having the right of election). It has also characterized the theory as affording significant protections to purchasers of realty in Colorado. See Dwyer v. Dist. Court, 188 Colo. 41, 532 P.2d 725 (1975)(finding personal jurisdiction over out-of-state vendee in part because of the protections afforded vendees of land in this jurisdiction during the executory period of the contract). It has never before, however, expressly relied on the theory of equitable conversion alone as allocating the risk of casualty loss to a vendee.

In Wiley v. Lininger, 119 Colo. 497, 204 P.2d 1083, where fire destroyed improvements on land occupied by the vendee during the multi-year executory period of an installment land contract, we held, according to the generally accepted rule, that neither the buyer nor the seller, each of whom had an insurable interest in the property, had an obligation to insure the property for the benefit of the other. We also adopted a rule, which we characterized as "the majority rule," that "the vendee under a contract for the sale of land, being regarded as the equitable owner, assumes the risk of destruction of or injury to the property where he is in possession, and the destruction or loss is not proximately caused by the negligence of the vendor." Id. (emphasis added). The vendee in possession was therefore not relieved of his obligation to continue making payments according to the terms of the contract, despite material loss by fire to some of the improvements on the property.

. . . . Whether or not a majority of jurisdictions would actually limit the transfer of risk in precisely the same way, the rule as clearly stated and adopted by this court was supported by strong policy and theoretical considerations at the time, and those considerations apply equally today.

Those jurisdictions that indiscriminately include the risk of casualty loss among the incidents or "attributes" of equitable ownership do so largely in reliance on ancient authority or by considering it necessary for consistent application of the theory of equitable conversion. See Skelly Oil, 365 S.W.2d at 592 (Stockman, J. dissenting)(quoting 4 Williston, Contracts, § 929, at 2607: "Only the hoary age and frequent repetition of the maxim prevents a general recognition of its absurdity."); see also Paine v. Meller, (1801) 6 Ves. Jr. 349, 81 Eng. Reprint 1088. Under virtually any accepted understanding of the theory, however, equitable conversion is not viewed as entitling the purchaser to every significant right of ownership, and particularly not the right of possession. As a matter of both logic and equity, the obligation to maintain property in its physical condition follows the right to have actual possession and control rather than a legal right to force conveyance of the property through specific performance at some future date. See 17 Samuel Williston, A Treatise On the Law of Contracts § 50:46, at 457-58 (Richard A. Lord ed., 4th ed. 1990) ("[I]t is wiser to have the party in possession of the property care for it at his peril, rather than at the peril of another.").

The equitable conversion theory is literally stood on its head by imposing on a vendee, solely because of his right to specific performance, the risk that the vendor will be unable to specifically perform when the time comes because of an accidental casualty loss. It is counterintuitive, at the very least, that merely contracting for the sale of real property should not only relieve the vendor of his responsibility to maintain the property until execution but also impose a duty on the vendee to perform despite the intervention of a material, no-fault casualty loss preventing him from ever receiving the benefit of his bargain. Such an extension of the theory of equitable conversion to casualty loss has never been recognized by this jurisdiction, and it is neither necessary nor justified solely for the sake of consistency.

By contrast, there is substantial justification, both as a matter of law and policy, for not relieving a vendee who is entitled to possession before transfer of title, like the vendee in Wiley, of his duty to pay the full contract price, notwithstanding an accidental loss. In addition to having control over the property and being entitled to the benefits of its use, an equitable owner who also has the right of possession has already acquired virtually all of the rights of ownership and almost invariably will have already paid at least some portion of the contract price to exercise those rights. By expressly including in the contract for sale the right of possession, which otherwise generally accompanies transfer of title, the vendor has for all practical purposes already transferred the property as promised, and the parties have in effect expressed their joint intention that the vendee pay the purchase price as promised.

In Wiley, rather than adopting a rule to the effect that a vendee assumes the risk of casualty loss as an incident of equitable ownership, our holding stands for virtually the opposite proposition. Despite being the equitable owner, the vendee in that case was prohibited from rescinding only because he was already rightfully in possession at the time of the loss. While Wiley could be read to have merely resolved the situation under an installment contract for the sale of land that gave the vendee a right of immediate possession, the rule we adopted foreshadowed the resolution of this case as well. In the absence of a right of possession, a vendee of real property that suffers a material casualty loss during the executory period of the contract, through no fault of his own, must be permitted to rescind and recover any payments he had already made. CL Uniform Vendor and Purchaser Risk Act § 1.

Furthermore, where a vendee is entitled to rescind as a result of casualty loss, the vendee should generally also be entitled to partial specific performance of the contract with an abatement in the purchase price reflecting the loss. Where the damage is ascertainable, permitting partial specific performance with a price abatement allows courts as nearly as possible to fulfill the expectations of the parties expressed in the contract, while leaving each in a position that is equitable relative to the other. Lucenti, 423 N.Y.S.2d 886, 399 N.E.2d at 923-24 (applying common law rule allowing partial specific enforcement with price abatement for casualty loss in order to effectuate substance of parties agreement). Partial specific performance with a price abatement has long been recognized in this jurisdiction as an alternative to rescission in the analogous situation in which a vendor of real property is unable to convey marketable title to all of the land described in the contract. See Murdock v. Pope, 156 Colo. 7, 396 P.2d 841 (1964)(collecting cases into the nineteenth century); cf. § 88-30-167.

Here, Brush was clearly not in possession of the property as the equitable owner. Even if the doctrine of equitable conversion applies to the option contract between Brush and Sure Fine and could be said to have converted Brush's interest to an equitable ownership of the property at the time Brush exercised its option to purchase, neither party considered the contract for sale to entitle Brush to possession. Brush was, in fact, not in possession of the property, and the record indicates that Sure Fine considered itself to hold the right of use and occupancy and gave notice that it would consider Brush a holdover tenant if it continued to occupy the premises other than by continuing to lease the property. The casualty loss was ascertainable and in fact stipulated by the parties, and neither party challenged the district court's enforcement of the contract except with regard to its allocation of the casualty loss. Both the court of appeals and the district court therefore erred in finding that the doctrine of equitable conversion required Brush to bear the loss caused by hail damage.

IV. CONCLUSION

Where Brush was not an equitable owner in possession at the time of the casualty loss, it was entitled to rescind its contract with Sure Fine. At least under the circumstances of this case, where Brush chose to go forward with the contract under a stipulation as to loss from the hail damage, it was also entitled to specific performance with an abatement of the purchase price equal to the casualty loss. The judgment of the court of appeals is therefore reversed and the case is remanded for further proceedings consistent with this opinion.

1 Our grant of certiorari was on the following issue:

> Whether or not the Colorado Court of Appeals erred in its determination that under Colorado law, a purchaser of real property assumes the risk and burden of casualty loss to the subject real property as of the date of the execution of the contract or other instrument whereby a purchaser has agreed to purchase and the seller has agreed to sell the subject real property even though neither possession nor title has passed to the purchaser.

2 Under the Uniform Vendor and Purchaser Risk Act § 1, 14 U.LA. 471 (1968)("Risk of Loss"):

> Any contract hereafter made in this State for the purchase and sale of realty shall be interpreted as including an agreement that the parties shall have the following rights and duties, unless the contract expressly provides otherwise:

> (a) If, when neither the legal title nor the possession of the subject matter of the contract has been transferred, all or a material part thereof is destroyed without fault of the purchaser or is taken by eminent domain, the vendor

cannot enforce the contract, and the purchaser is entitled to recover any portion of the price that he has paid;

(b) If, when either the legal title or the possession of the subject matter of the contract has been transferred, all or any part thereof is destroyed without fault of the vendor or is taken by eminent domain, the purchaser is not thereby relieved from a duty to pay the price, nor is he entitled to recover any portion thereof that he has paid.

13.2.2.2

H & L Land Co. v. Warner
258 So. 2d 293 (Fla. Dist. Ct. App. 1972)

Florida District Court of Appeal

LILES, Judge.

This is an interlocutory appeal wherein H & L Land Company, Inc., appellant here, sold one of its parcels to appellee, Dana Warner. Documentary evidence of the sale was an installment land sale contract, sometimes called a contract for deed, which the buyer promptly recorded in the public records. The seller took a down payment of ten per cent, and the balance bore interest and was payable in monthly installments over a period of approximately ten years, with prepayment privileges. The buyer had the obligation to pay real estate taxes after the year of sale. We may assume that the buyer took possession or had the right to do so. Under the contract, the buyer was entitled to a deed only upon payment of all installments plus interest. The buyer paid installments for five or six years, and then stopped doing so, not because of any fault of the seller. Soon after the buyer fell into default, the seller made demand for the delinquent installments, but the buyer did not respond, and communications ceased. We cannot determine from the record whether the seller gave the buyer notice of an election to terminate the contract with a reasonable opportunity for the buyer thereafter to cure the default. In any event, after four years of mutual silence, the buyer tendered to the seller the entire unpaid balance of the purchase price plus interest, and demanded a deed. The seller refused to accept payment or give a deed, and insisted that the buyer, because of his default, had forfeited further rights in the land. The buyer sued for specific performance of the contract, and the seller counterclaimed for removal of the contract as a cloud on the seller's title. The contract did say that if the buyer failed to pay any installment, the seller was entitled to terminate the contract, repossess the land, and keep all money already received; the seller relies upon those provisions to justify the position that the seller has no further obligation to the buyer and that the buyer has no further rights in the land. Before this action was commenced, the seller made no offer to refund any monies already received upon the purchase price. In responding to the buyer's complaint in this action, the seller offered to refund any monies that exceeded the fair rental value of the land plus the seller's expenses incurred in selling the land and in collecting the purchase price; but the seller contended that the monies received did not exceed the sum of the rental value and expenses, and, accordingly, that no refund was necessary. In effect, then, the seller wants to keep the down payment plus monthly installments paid for more than five years, and also to get back all of the land sold.

buyer arg. The buyer contends that the contract made him the equitable owner of the land, that the seller held legal title as security for the balance of the purchase price, and that the seller cannot unilaterally and summarily extinguish the buyer's equitable title, notwithstanding the buyer's default in payment, but must invoke the remedy of foreclosure, thus giving the buyer an opportunity to redeem.

trial court The trial court agreed with the buyer's position, and held that the parties were in essentially the same position as if the seller held a purchase money mortgage to secure the buyer's performance of the buyer's contract obligations.

holding We hold that the vendor under a specifically enforceable installment land sale contract, who has received part of the purchase price and has given the vendee possession of the land and the benefits and burdens of ownership, is in essentially the same position as a vendor who has conveyed the legal title and taken back a purchase money mortgage, and he cannot unilaterally and summarily extinguish the vendee's equitable title upon the vendee's default.

An installment land sale contract, or so-called contract for deed, evidences a sale of the land and an obligation of the seller to convey and of the purchaser to pay the purchase price in installments, usually extending over a long period of time, and is essentially a security instrument taking the place of a purchase money mortgage. In Florida, it is subject to a documentary stamp tax both as a conveyance and as a written obligation to pay money and to an intangible tax as a money obligation secured by a real property lien.

The doctrine of equitable conversion is established in Florida. See Arko Enterprises, Inc. v. Wood, Fla.App.1966, 185 So.2d 734, and cases cited therein. If a land sale contract is specifically enforceable, and is free of equitable imperfections, the vendee [purchaser] becomes the equitable owner of the land and the vendor holds legal title as security for the vendee's performance.

Moreover, we concur with the decision of the District Court of Appeal for the First District in Mid-State Investment Corporation v. O'Steen, Fla.App.1961, 133 So.2d 455, holding that an installment land sale contract is in essence a mortgage, and pursuant to Fla.Stat. § 697.01, F.S.A., the safeguards for the debtor and the remedies for the creditor are the same as those between a mortgagor and mortgagee. . . . By way of dictum, the Supreme Court of Florida in Huguley v. Hall, Fla. 1963, 157 So.2d 417, recognized that in Florida a defaulting purchaser pursuant to a contract for deed is ordinarily entitled to an opportunity to redeem (sometimes inaccurately called an "equity of redemption"), subject to the protection of a court of equity.

***

The issue here is significant, and has been difficult for us to resolve. Appellate decisions involving the question have not been uniform and clear. More certainty and predictability is desirable. Legislative attention may be needed. See Boyer, Florida Real Estate Transactions § 4.07 (rev.ed. 1971). With respect to rights, remedies, and safeguards, we believe that there should not be substantial differences based solely upon whether the buyer's obligation to pay the deferred portion of the sale price is evidenced and secured by an installment land sale contract or by a purchase money mortgage. In the absence of statutory direction to the contrary, we seek by our holding to afford well-established safeguards to an installment buyer and to allow an installment seller a reasonable and traditional remedy.

***

For these reasons the judgment of the trial court is therefore affirmed and this cause is remanded for action consistent with this opinion.

13.2.2.3

Discussion: Notes, Questions, and Problems

13.2.2.3.1

Discussion Question #5. Risk of loss and insurance?

Recall that in *Brush Grocery Kart, Inc. v. Sure Fine Market, Inc.*, excerpted above, the court described various default provisions the jurisdictions use to allocate risk of loss for damage to property during the executory period of the contract of sale. Which of the default rules do you think most likely aligns with the expectations of modern prospective purchasers? Which party—the seller or the purchaser—is more likely to have insurance covering the property prior to the closing?

13.2.2.3.2

Discussion Question #6. Drafting to avoid doctrine of equitable conversion?

Assume you represent a prospective purchaser and are negotiating the terms of a purchase in a jurisdiction where, during the executory period, the risk of loss is on the buyer pursuant to the doctrine of equitable conversion. What express provisions would you include in the contract of sale regarding the responsibility for damage to the property during the executory period?

13.2.2.3.3

Discussion Question #7. Installment land

sale contract?

How did the court in *H & L Land Co. v. Warner*, excerpted above, characterize the installment land sale contract upon the buyer's default in payments of the purchase price?

13.3

Fair Housing Act: Sales

The *Fair Housing Act*, 42 U.S.C. §§ 3601 *et seq.*, prohibits discriminating against "any person in the terms, conditions, or privileges of sale or rental of a dwelling, or in the provision of services or facilities in connection therewith, because of race, color, religion, sex, familial status, or national origin," 42 U.S.C. § 3604(b). It also prohibits discrimination in the sale or rental of a dwelling "because of a handicap" of the buyer or renter or person residing with, or associated with, the buyer or renter. 42 U.S.C. § 3604(f). Thus, the Fair Housing Act applies to both sales and leases of residential property. It also applies to related residential real estate transactions, including financing the purchase of residential real property or acting as a broker or appraiser for residential real estate transactions. In this chapter, we focus on the applicability of the Fair Housing Act to residential sales. In chapter 14—when we explore landlord and tenant issues—we will return to the Fair Housing Act to consider its applicability to leases.

Discrimination claims under the Fair Housing Act are brought under either a *disparate treatment* or *disparate impact* legal theory. Under disparate treatment, a plaintiff must allege discriminatory intent or motive, which can be proved by either direct or indirect evidence. Disparate impact, however, does not require proof of intent, but rather is demonstrated when a facially neutral policy or practice disproportionately adversely affects a group protected under the Fair Housing Act.

Another federal housing statute that addresses housing discrimination is the Civil Rights Act of 1866, 42 U.S.C. Section 1982. That statute provides as follows: "All citizens of the United States shall have the same right, in every State and Territory, as is enjoyed by white citizens thereof to inherit, purchase, lease, sell, hold, and convey real and personal property."

Before turning to *Bank of Am. Corp. v. City of Miami*, excerpted below, it helps to review carefully several of the following provisions of the Fair Housing Act.

§ 3601. Declaration of Policy

It is the policy of the United States to provide, within constitutional limitations, for fair housing throughout the United States.

§ 3602. Definitions

As used in this subchapter—

. . . .

(b) "Dwelling" means any building, structure, or portion thereof which is occupied as, or designed or intended for occupancy as, a residence by one or more families, and any vacant land which is offered for sale or lease for the construction or location thereon of any such building, structure, or portion thereof.

(c) "Family" includes a single individual.

. . . .

(h) "Handicap" means, with respect to a person—

    (1) a physical or mental impairment which substantially limits one or more of such person's major life activities,

    (2) a record of having such an impairment, or

    (3) being regarded as having such an impairment,

but such term does not include current, illegal use of or addiction to a controlled substance (as defined in section 802 of title 21).

(i) "Aggrieved person" includes any person who—

    (1) claims to have been injured by a discriminatory housing practice; or

    (2) believes that such person will be injured by a discriminatory housing practice that is about to occur.

. . . .

(k) "Familial status" means one or more individuals (who have not attained the age of 18 years) being domiciled with—

> (1) a parent or another person having legal custody of such individual or individuals; or

> (2) the designee of such parent or other person having such custody, with the written permission of such parent or other person.

The protections afforded against discrimination on the basis of familial status shall apply to any person who is pregnant or is in the process of securing legal custody of any individual who has not attained the age of 18 years.

. . . .

§ 3603(b). Exemptions

Nothing in section 3604 of this title (other than subsection (c)) shall apply to—

(1) any single-family house sold or rented by an owner: Provided, That such private individual owner does not own more than three such single-family houses at any one time: Provided further, That in the case of the sale of any such single-family house by a private individual owner not residing in such house at the time of such sale or who was not the most recent resident of such house prior to such sale, the exemption granted by this subsection shall apply only with respect to one such sale within any twenty-four month period: . . . Provided further, That after December 31, 1969, the sale or rental of any such single-family house shall be excepted from the application of this subchapter only if such house is sold or rented (A) without the use in any manner of the sales or rental facilities or the sales or rental services of any real estate broker, agent, or salesman, or of such facilities or services of any person in the business of selling or renting dwellings, or of any employee

or agent of any such broker, agent, salesman, or person and (B) without the publication, posting or mailing, after notice, of any advertisement or written notice in violation of section 3604(c) of this title; . . . or

(2) rooms or units in dwellings containing living quarters occupied or intended to be occupied by no more than four families living independently of each other, if the owner actually maintains and occupies one of such living quarters as his residence.

§ 3604. Discrimination in the sale or rental of housing and other prohibited practices

As made applicable by section 3603 of this title and except as exempted by sections 3603(b) and 3607 of this title, it shall be unlawful—

(a) To refuse to sell or rent after the making of a bona fide offer, or to refuse to negotiate for the sale or rental of, or otherwise make unavailable or deny, a dwelling to any person because of race, color, religion, sex, familial status, or national origin.

(b) To discriminate against any person in the terms, conditions, or privileges of sale or rental of a dwelling, or in the provision of services or facilities in connection therewith, because of race, color, religion, sex, familial status, or national origin.

(c) To make, print, or publish, or cause to be made, printed, or published any notice, statement, or advertisement, with respect to the sale or rental of a dwelling that indicates any preference, limitation, or discrimination based on race, color, religion, sex, handicap, familial status, or national origin, or an intention to make any such preference, limitation, or discrimination.

(d) To represent to any person because of race, color, religion, sex, handicap, familial status, or national origin that any dwelling is not available for inspection, sale, or rental when such dwelling is in fact so available.

(e) For profit, to induce or attempt to induce any person to sell or rent any dwelling by representations regarding the entry or prospective entry into the neighborhood of a person or persons of a particular race, color, religion, sex, handicap, familial status, or national origin.

(f)(1) To discriminate in the sale or rental, or to otherwise make unavailable or deny, a dwelling to any buyer or renter because of a handicap of—

(A) that buyer or renter;

(B) a person residing in or intending to reside in that dwelling after it is so sold, rented, or made available; or

(C) any person associated with that buyer or renter.

(2) To discriminate against any person in the terms, conditions, or privileges of sale or rental of a dwelling, or in the provision of services or facilities in connection with such dwelling, because of a handicap of—

(A) that person; or

(B) a person residing in or intending to reside in that dwelling after it is so sold, rented, or made available; or

(C) any person associated with that person.

(3) For purposes of this subsection, discrimination includes—

(A) a refusal to permit, at the expense of the handicapped person, reasonable modifications of existing premises occupied or to be occupied by such person if such modifications may be necessary to afford such person full enjoyment of the premises except that, in the case of a rental, the landlord may where it is reasonable to do so condition permission for a modification on the renter agreeing to restore the interior of the premises to the condition that existed before the modification, reasonable wear and tear excepted;

(B) a refusal to make reasonable accommodations in rules, policies, practices, or services, when such accommodations may be necessary to afford such person equal opportunity to use and enjoy a dwelling; or

. . . .

§ 3605. Discrimination in residential real estate-related transactions

(a) In general

It shall be unlawful for any person or other entity whose business includes engaging in residential real estate-related transactions to discriminate against any person in making available such a transaction, or in the terms or conditions of such a transaction, because of race, color, religion, sex, handicap, familial status, or national origin.

(b) "Residential real estate-related transaction" defined

As used in this section, the term "residential real estate-related transaction" means any of the following:

> (1) The making or purchasing of loans or providing other financial assistance—

>> (A) for purchasing, constructing, improving, repairing, or maintaining a dwelling; or

>> (B) secured by residential real estate.

> (2) The selling, brokering, or appraising of residential real property.

. . . .

§ 3607. Religious organization or private club exemption

(a) Nothing in this subchapter shall prohibit a religious organization, association, or society, or any nonprofit institution or organization operated, supervised or controlled by or in conjunction with a religious organization, association, or society, from limiting the sale, rental or occupancy of dwellings which it owns or operates for other than a commercial purpose to persons of the same religion, or from giving preference to such persons, unless membership in such religion is restricted on account of race, color, or national origin. Nor shall anything in this subchapter prohibit a private club not in fact open to the public, which as an incident to its primary purpose or purposes provides lodgings which it owns or operates for other than a commercial purpose, from limiting the rental or occupancy of such lodgings to its members or from giving preference to its members.

(b)(1) Nothing in this subchapter limits the applicability of any reasonable local, State, or Federal restrictions regarding the maximum number of occupants permitted to occupy a dwelling. Nor does any provision in this subchapter regarding familial status apply with respect to housing for older persons.

. . . .

§ 3617. Interference, coercion, or intimidation

It shall be unlawful to coerce, intimidate, threaten, or interfere with any person in the exercise or enjoyment of, or on account of his having exercised or enjoyed, or on account of his having aided or encouraged any other person in the exercise or enjoyment of, any right granted or protected by section 3603, 3604, 3605, or 3606 of this title.

13.3.1

Bank of Am. Corp. v. City of Miami
137 S. Ct. 1296 (2017)

Supreme Court of the United States

Justice BREYER delivered the opinion of the Court.

The Fair Housing Act (FHA or Act) forbids

"discriminat[ing] against any person in the terms, conditions, or privileges of sale or rental of a dwelling, or in the provision of services or facilities in connection therewith, because of race...." 42 U.S.C. § 3604(b).

It further makes it unlawful for

"any person or other entity whose business includes engaging in residential real estate-related transactions to discriminate against any person in making available such a transaction, or in the terms or conditions of such a transaction, because of race...." § 3605(a).

The statute allows any "aggrieved person" to file a civil action seeking damages for a violation of the statute. §§ 3613(a)(1)(A), 3613(c)(1). And it defines an "aggrieved person" to include "any person who ... claims to have been injured by a discriminatory housing practice." § 3602(i).

The City of Miami claims that two banks, Bank of America and Wells Fargo, intentionally issued riskier mortgages on less favorable terms to African-American and Latino customers than they issued to similarly situated white, non-Latino customers, in violation of §§ 3604(b) and 3605(a). The City, in amended complaints, alleges that these discriminatory practices have (1) "adversely impacted the racial composition of the City," (2) "impaired the City's goals to assure racial integration and desegregation," (3) "frustrate[d] the City's longstanding and active interest in promoting fair housing and securing the benefits of an integrated community," and (4) disproportionately "cause[d] foreclosures and vacancies in minority communities in Miami." Those foreclosures and vacancies have harmed the City by decreasing "the property value of the foreclosed home as well as the values of other homes in the neighborhood," thereby (a) "reduc[ing] property tax revenues to the City," and (b) forcing the City to spend more on "municipal services that it provided and still must provide to remedy blight and unsafe and dangerous conditions which exist at properties that were foreclosed as a result of [the Banks'] illegal lending practices." The City claims that those practices violate the FHA and that it is entitled to damages for the listed injuries.

The Banks respond that the complaints do not set forth a cause of action for two basic reasons. First, they contend that the City's claimed harms do not "arguably" fall within the "zone of interests" that the statute seeks to protect, *Association of Data Processing Service Organizations, Inc. v. Camp,* 397 U.S. 150, 153, 90 S.Ct. 827, 25 L.Ed.2d 184 (1970) ; hence, the City is not an "aggrieved person" entitled to sue under the Act, § 3602(i). Second, they say that the complaint fails to draw a "proximate-cause" connection between the violation claimed and the harm allegedly suffered. In their view, even if the City proves the violations it charges, the distance between those violations and the harms the City claims to have suffered is simply too great to entitle the City to collect damages.

We hold that the City's claimed injuries fall within the zone of interests that the FHA arguably protects. Hence, the City is an "aggrieved person" able to bring suit under the statute. We also hold that, to establish proximate cause under the FHA, a plaintiff must do more than show that its injuries foreseeably flowed from the alleged statutory violation. The lower court decided these cases on the theory that foreseeability is all that the statute requires, so we vacate and remand for further proceedings.

I

In 2013, the City of Miami brought lawsuits in federal court against two banks, Bank of America and Wells Fargo. The City's complaints charge that the Banks discriminatorily imposed more onerous, and indeed "predatory," conditions on loans made to minority borrowers than to similarly situated nonminority borrowers. Those "predatory" practices included, among others, excessively high interest rates, unjustified fees, teaser low-rate loans that overstated refinancing opportunities, large prepayment penalties, and-when default loomed-unjustified refusals to refinance or modify the loans. Due to the discriminatory nature of the Banks' practices, default and foreclosure rates among minority borrowers were higher than among otherwise similar white borrowers and were concentrated in minority neighborhoods. Higher foreclosure rates lowered property values and diminished property-tax revenue. Higher foreclosure rates-especially when accompanied by vacancies-also increased demand for municipal services, such as police, fire, and building and code enforcement services, all needed "to remedy blight and unsafe and dangerous conditions" that the foreclosures and vacancies generate. The complaints describe statistical analyses that trace the City's financial losses to the Banks' discriminatory practices.

The District Court dismissed the complaints on the grounds that (1) the harms alleged, being economic and not discriminatory, fell outside the zone of interests the FHA protects; (2) the complaints fail to show a sufficient causal connection between the City's injuries and the Banks' discriminatory conduct; and (3) the complaints fail to allege unlawful activity occurring within the Act's 2-year statute of limitations. The City then filed amended complaints (the complaints now before us) and sought reconsideration. The District Court held that the amended complaints could solve only the statute of limitations problem. It consequently declined to reconsider the dismissals.

The Court of Appeals reversed the District Court. It held that the City's injuries fall within the "zone of interests" that the FHA protects. It added that the complaints adequately allege proximate cause. And it remanded the cases while ordering the District Court to accept the City's complaints as amended.

The Banks filed petitions for certiorari, asking us to decide whether, as the Court of Appeals had in effect held, the amended complaints satisfied the FHA's zone-of-interests and proximate-cause requirements. We agreed to do so.

II

***

Here, we conclude that the City's claims of financial injury in their amended complaints-specifically, lost tax revenue and extra municipal expenses satisfy the "cause-of-action" (or "prudential standing") requirement. . . .

The FHA permits any "aggrieved person" to bring a housing-discrimination lawsuit. 42 U.S.C. § 3613(a). The statute defines "aggrieved person" as "any person who" either "claims to have been injured by a discriminatory housing practice" or believes that such an injury "is about to occur." § 3602(i).

This Court has repeatedly written that the FHA's definition of person "aggrieved" reflects a congressional intent to confer standing broadly. We have said that the definition of "person aggrieved" in the original version of the FHA, § 810(a), 82 Stat. 85, "showed 'a congressional intention to define standing as broadly as is permitted by Article III of the Constitution.' "

Thus, we have held that the Act allows suits by white tenants claiming that they were deprived benefits from interracial associations when discriminatory rental practices kept minorities out of their apartment complex, *Trafficante,* 409 U.S., at 209-212, 93 S.Ct. 364 ; a village alleging that it lost tax revenue and had the racial balance of its community undermined by racial-steering practices, *Gladstone,* 441 U.S., at 110-111, 99 S.Ct. 1601 ; and a nonprofit organization that spent money to combat housing discrimination, *Havens Realty,* 455 U.S., at 379, 102 S.Ct. 1114. Contrary to the dissent's view, those cases did more than "sugges[t]" that plaintiffs similarly situated to the City have a cause of action under the FHA. *Post,* at 1308. They held as much. And the dissent is wrong to say that we characterized those cases as resting on "ill-considered dictum." *Post,* at 1308 (quoting *Thompson, supra,* at 176, 131 S.Ct. 863). The "dictum" we cast doubt on in *Thompson* addressed who may sue under Title VII, the employment discrimination statute, not under the FHA.

Finally, in 1988, when Congress amended the FHA, it retained without significant change the definition of "person aggrieved" that this Court had broadly construed. Compare § 810(a), 82 Stat. 85, with § 5(b), 102 Stat. 1619-1620 (codified at 42 U.S.C. § 3602(i)) (changing "person aggrieved" to "aggrieved person" and making other minor changes to the definition). Indeed, Congress "was aware of" our precedent and "made a considered judgment to retain the relevant statutory text," *Texas Dept. of Housing and Community Affairs v. Inclusive Communities Project, Inc.,* 576 U.S. ----, ----, 135 S.Ct. 2507, 2519, 192 L.Ed.2d 514 (2015).

The Banks do not deny the broad reach of the words "aggrieved person" as defined in the FHA. But they do contend that those words nonetheless set boundaries that fall short of those the Constitution sets. The Court's language in *Trafficante, Gladstone,* and *Havens Realty,* they argue, was exaggerated and unnecessary to decide the cases then before the Court. Moreover, they warn that taking the Court's words literally-providing everyone with constitutional standing a cause of action under the FHA-would produce a legal anomaly. After all, in *Thompson,* 562 U.S., at 175-177, 131 S.Ct. 863 we held that the words " 'person claiming to be aggrieved' " in Title VII of the Civil Rights Act of 1964, the employment discrimination statute, did not stretch that statute's zone of interest to the limits of Article III. We reasoned that such an interpretation would produce farfetched results, for example, a shareholder in a company could bring a Title VII suit against the company for discriminatorily firing an employee. The Banks say it would be similarly farfetched if restaurants, plumbers, utility companies, or any other participant in the local economy could sue the Banks to recover business they lost when people had to give up their homes and leave the neighborhood as a result of the Banks' discriminatory lending practices. That, they believe, cannot have been the intent of the Congress that enacted or amended the FHA.

We need not discuss the Banks' argument at length, for even if we assume for argument's sake that some form of it is valid, we nonetheless conclude that the City's financial injuries fall within the zone of interests that the FHA protects. Our case law with respect to the FHA drives that conclusion. The City's complaints allege that the Banks "intentionally targeted predatory practices at African-American and Latino neighborhoods and residents." That unlawful conduct led to a "concentration" of "foreclosures and vacancies" in those neighborhoods. Those concentrated "foreclosures and vacancies" caused "stagnation and decline in African-American and Latino neighborhoods." They hindered the City's efforts to create integrated, stable neighborhoods. And, highly relevant here, they reduced property values, diminishing the City's property-tax revenue and increasing demand for municipal services.

***

The upshot is that the City alleges economic injuries that arguably fall within the FHA's zone of interests, as we have previously interpreted that statute. Principles of *stare decisis* compel our adherence to those precedents in this context. And principles of statutory interpretation require us to respect Congress' decision to ratify those precedents when it reenacted the relevant statutory text.

III

The remaining question is one of causation: Did the Banks' allegedly discriminatory lending practices proximately cause the City to lose property-tax revenue and spend more on municipal services? The Eleventh Circuit concluded that the answer is "yes" because the City plausibly alleged that its financial injuries were foreseeable results of the Banks' misconduct. We conclude that foreseeability alone is not sufficient to establish proximate cause under the FHA, and therefore vacate the judgment below.

It is a " 'well established principle of [the common] law that in all cases of loss, we are to attribute it to the proximate cause, and not to any remote cause.' " *Lexmark,* 572 U.S., at ----, 134 S.Ct., at 1390. We assume Congress "is familiar with the common-law rule and does not mean to displace it *sub silentio* " in federal causes of action. *Ibid.* A claim for damages under the FHA-which is akin to a "tort action," *Meyer v. Holley,* 537 U.S. 280, 285, 123 S.Ct. 824, 154 L.Ed.2d 753 (2003) -is no exception to this traditional requirement. "Proximate-cause analysis is controlled by the nature of the statutory cause of action. The question it presents is whether the harm alleged has a sufficiently close connection to the conduct the statute prohibits." *Lexmark, supra,* at ----, 134 S.Ct., at 1390.

In these cases, the "conduct the statute prohibits" consists of intentionally lending to minority borrowers on worse terms than equally creditworthy nonminority borrowers and inducing defaults by failing to extend refinancing and loan modifications to minority borrowers on fair terms. The City alleges that the Banks' misconduct led to a disproportionate number of foreclosures and vacancies in specific Miami neighborhoods. These foreclosures and vacancies purportedly harmed the City, which lost property-tax revenue when the value of the properties in those neighborhoods fell and was forced to spend more on municipal services in the affected areas.

The Eleventh Circuit concluded that the City adequately pleaded that the Banks' misconduct proximately caused these financial injuries. 800 F.3d, at 1282. The court held that in the context of the FHA "the proper standard" for proximate cause "is based on foreseeability." *Id.,* at 1279, 1282. The City, it continued, satisfied that element: Although there are "several links in the causal chain" between the charged discriminatory lending practices and the claimed losses, the City plausibly alleged that "none are unforeseeable." *Id.,* at 1282.

We conclude that the Eleventh Circuit erred in holding that foreseeability is sufficient to establish proximate cause under the FHA. As we have explained, proximate cause "generally bars suits for alleged harm that is 'too remote' from the defendant's unlawful conduct." *Lexmark, supra,* at ----, 134 S.Ct., at 1390. In the context of the FHA, foreseeability alone does not ensure the close connection that proximate cause requires. The housing market is interconnected with economic and social life. A violation of the FHA may, therefore, " 'be expected to cause ripples of harm to flow' " far beyond the defendant's misconduct. *Associated Gen. Contractors of Cal., Inc. v. Carpenters,* 459 U.S. 519, 534, 103 S.Ct. 897, 74 L.Ed.2d 723 (1983). Nothing in the statute suggests that Congress intended to provide a remedy wherever those ripples travel. And entertaining suits to recover damages for any foreseeable result of an FHA violation would risk "massive and complex damages litigation." *Id.,* at 545, 103 S.Ct. 897.

Rather, proximate cause under the FHA requires "some direct relation between the injury asserted and the injurious conduct alleged." *Holmes v. Securities Investor Protection Corporation,* 503 U.S. 258, 268, 112 S.Ct. 1311, 117 L.Ed.2d 532 (1992). . . .

The parties have asked us to draw the precise boundaries of proximate cause under the FHA and to determine on which side of the line the City's financial injuries fall. We decline to do so. The Eleventh Circuit grounded its decision on the theory that proximate cause under the FHA is "based on foreseeability" alone. 800 F.3d, at 1282. We therefore lack the benefit of its judgment on how the contrary principles we have just stated apply to the FHA. Nor has any other court of appeals weighed in on the issue. The lower courts should define, in the first instance, the contours of proximate cause under the FHA and decide how that standard applies to the City's claims for lost property-tax revenue and increased municipal expenses.

IV

The judgments of the Court of Appeals for the Eleventh Circuit are vacated, and the cases are remanded for further proceedings consistent with this opinion.

It is so ordered.

Justice GORSUCH took no part in the consideration or decision of these cases.

Justice THOMAS, with whom Justice KENNEDY and Justice ALITO join, concurring in part and dissenting in part.

These cases arise from lawsuits filed by the city of Miami alleging that residential mortgage lenders engaged in discriminatory lending practices in violation of the Fair Housing Act (FHA). The FHA prohibits "discrimination" against "any person" because of "race, color, religion, sex, handicap, familial status, or national origin" with respect to the "sale or rental" of "a dwelling." 42 U.S.C. § 3604 ; accord, § 3605(a) ; § 3606. Miami's complaints do not allege that any defendant discriminated against it within the meaning of the FHA. Neither is Miami attempting to bring a lawsuit on behalf of its residents against whom petitioners allegedly discriminated. Rather, Miami's theory is that, between 2004 and 2012, petitioners' allegedly discriminatory mortgage-lending practices led to defaulted loans, which led to foreclosures, which led to vacant houses, which led to decreased property values, which led to reduced property taxes and urban blight. See 800 F.3d 1262, 1268 (C.A.11 2015) ; 801 F.3d 1258, 1266 (C.A.11 2015). Miami seeks damages from the lenders for reduced property tax revenues and for the cost of increased municipal services-"police, firefighters, building inspectors, debris collectors, and others"-deployed to attend to the blighted areas. 800 F.3d, at 1269, 801 F.3d, at 1263.

The Court today holds that Congress intended to remedy those kinds of injuries when it enacted the FHA, but leaves open the question whether Miami sufficiently alleged that the discriminatory lending practices caused its injuries. . . . I would hold that Miami's injuries fall outside the FHA's zone of interests. I would also hold that, in any event, Miami's alleged injuries are too remote to satisfy the FHA's proximate-cause requirement.

***

13.4

Deeds

To transfer title to real property by *deed*, there must be *intent* to convey the real property, *delivery* of a valid deed, and *acceptance* of the deed. For a deed to be deemed valid, it must contain the following: (1) grantor's name; (2) grantee's name; (3) words of conveyance; (4) legal description of the land; and (5) grantor's signature. Various states include other requirements, such as witnesses or notarization.

There are generally three types of deeds—general warranty deed, special warranty deed, and quitclaim deed. The types of deeds are distinguished by the particular *warranties* included in the deed. A ***general warranty deed*** carries six warranties. A ***special warranty deed***, sometimes referred to as a limited warranty deed, may contain all six or fewer of the warranties. However, the promises are limited to matters of title that occurred while the grantor owned the property. A ***quitclaim deed*** conveys no warranties of title and simply states that the grantor is conveying whatever interest, right, and title the grantor has to convey.

The warranties, also referred to as covenants of title, are the following: (1) *covenant of seisin*; (2) *covenant of right to convey*; (3) *covenant against encumbrances*; (4) *covenant of quiet enjoyment*; (5) *covenant of warranty*; and (6) *covenant of further assurances*. The first three covenants—seisin, right to convey, and covenant against encumbrances—are present covenants and are breached, if at all, at the moment the deed is delivered and do not run with the land. By contrast, the last three covenants—quiet enjoyment, warranty, and further assurances—are future covenants that run with the land and are broken if and when there is an attempt to evict the grantee from the land.

do not run w land

do run w land

This section also addresses various issues that arise during the executory period. Recall that the executory period is the time between execution of the contract of sale and the closing, which is when the deed is delivered to the purchaser. Also recall that you have already analyzed a few of the issues that could arise during the executory period, including risk of loss. Other issues can arise during the executory period. During the executory period, the prospective purchaser generally inspects the property, obtains financing, and performs a title search. The prospective seller is generally required to deliver ***marketable title*** at closing. If, for example, certain encumbrances are not listed in the purchase contract, then the buyer could claim there is a breach of marketable title. *Wilcox v. Pioneer Homes*, excerpted below, focuses on such encumbrances. *American National Self Storage v. Lopez-Aguiar*, excerpted below, addresses the issue of whether promises in the contract of sale *merge* into the deed and are waived if not included in the deed.

13.4.1

Smith v. Smith
637 S.E.2d 662 (Ga. 2006)

Supreme Court of Georgia

HINES, Justice.

This is an appeal from the setting aside of a deed to part of a family farm in Pierce County and the partitioning of the farmland among family members. For the reasons that follow, the judgments setting aside the deed and partitioning the farmland are affirmed.

Oswell Smith ("Mr. Smith") and his sons, Walter David Smith ("David") and Terry Smith ("Terry"), operated a farm in partnership on a family-owned 153-acre tract of land in Pierce County; each of the sons claimed title to a third of the land, with Mr. Smith and his wife Kathryn ("Ms. Smith") together having the remaining third.

Mr. Smith controlled the farm's operation until he developed Alzheimer's disease in the early 1990's. At first, he continued to live on the farm, but later he moved to a nursing home. At the nursing home, on October 5, 1995, Mr. Smith and Ms. Smith conveyed their "one-third (1/3) undivided fee simple interest" in the land to David's wife, Debra Sue Smith ("Debra Sue"). Terry learned about the conveyance of the farmland to Debra Sue in April 1996.

In August 1996, Terry filed suit against David and Debra Sue seeking, inter alia, to set aside the conveyance of Mr. Smith to Debra Sue, an accounting of the farm assets, and a partitioning of the land; Mr. Smith died and Ms. Smith was added as a party defendant. Following a bench trial, the superior court, on May 23, 2001, issued an order setting aside the conveyance from Mr. Smith to Debra Sue on the basis that at the time of execution of the deed, Mr. Smith lacked the requisite mental capacity; finding the doctrine of "after-acquired property" inapplicable; finding that Terry was entitled to recover a portion of the money that he contributed to the operation of the farm and awarded him $15,000; and directing that the farmland be equitably divided by the parties, and in the event that the parties were unable to agree among themselves on a satisfactory division, the court would undertake the partitioning. The parties could not agree on the division of the farmland, and after consideration of the evidence and arguments of counsel, on July 15, 2005, the superior court issued an order awarding undivided interests in the farmland to all of the parties and partitioning the real property into separate tracts for them. Defendants David, Debra Sue, and Ms. Smith (collectively "defendants") appeal the partition order as well as the earlier order setting aside the conveyance from Mr. Smith and awarding money to Terry.

def. arg

The defendants contend that the superior court erred in setting aside the conveyance because Terry failed to prove Mr. Smith's incompetence at the time of execution of the deed in that four witnesses who testified to his incapacity were not physicians and were not properly qualified as medical experts, and there was no evidence of Mr. Smith's incompetency at the precise time of execution of the deed. But, the complaints are unavailing.

Each of the four witnesses in question was either a present or former registered nurse or licensed practical nurse who provided care for Mr. Smith during his bout with Alzheimer's disease. The law does not require that only physicians be allowed to give testimony regarding a medical issue, but permits others with certain training and experience to testify on issues within the scope of their expertise, and a licensed practical nurse or registered nurse is qualified to testify as an expert witness within the areas of his or her expertise. *Hunter v. State,* 192 Ga. App. 675 (2) (385 SE2d 764) (1989). . . .

The witnesses testified in some detail about their care of Mr. Smith and their observations about his mental state and his apparent lack of capacity. One who assisted Mr. Smith regularly in a day program for Alzheimer's patients prior to his entry into the nursing home testified that Mr. Smith did not recognize his own sister, who was also in the program, and that by the time he went to the nursing home, he could not even sign his own name. Another witness who provided Mr. Smith with home care services and later was responsible for his direct care at the nursing home testified that Mr. Smith, who had been an emergency admission, was "chronically disoriented"; "had Alzheimers dementia"; did not "know when he needed to use the bathroom"; "had to be cued a lot of times just to eat"; "sometimes he required feeding"; "required constant redirection and reorientation"; and "not only had dementia of the Alzheimers type, but he also had psychotic features with it where he was actually delusional at times." Yet another witness testified that Mr. Smith was so disoriented that he thought that his wife was his mother.

As to the defendants' complaint that such evidence of lack of capacity did not address specifically the time of execution of the deed, it is not essential to establish incapacity by someone who was present when the document was signed or who saw the grantor on the day that the deed was executed because evidence about the state of mind of the grantor prior to and subsequent to the date of the execution of the document is illustrative of the incompetency of the grantor at the time of execution. *Kievman v. Kievman,* 260 Ga. 853 (1) (400 SE2d 317) (1991). Moreover, when incapacity is shown to exist prior to the execution of the document and it is further shown that this condition continues for a period of time subsequent to the date of execution, it is evidence showing incapacity at the time of execution. Id.

The question of a grantor's mental capacity to execute a deed is a question of fact for the trier of fact. And in a bench trial, the trial court sits as the trier of fact and its findings cannot be set aside unless they are clearly erroneous; therefore, the superior court's finding of Mr. Smith's lack of capacity at the time of execution of the deed to Debra Sue must be affirmed if there is any evidence to support it. As has been detailed, there is ample evidence to support the finding.

Defendants next contend that even if the deed to Debra Sue was set aside, "under the doctrine of after-acquired property, [Ms. Smith's] one-third of one-sixth (one eighteenth) would vest in Debra Sue," and the superior court erred in finding that such doctrine was inapplicable. They argue that the superior court's finding of inapplicability was erroneously based on Terry's assertion that there was a parol agreement with Mr. Smith that he would leave the farm to his sons for the consideration of their services, but that Terry failed to prove the existence of such an agreement. However, pretermitting any question of such a parol agreement, application of the doctrine is inappropriate for a more basic reason; the circumstances of this case do not lend themselves to its application.

The concept of "after-acquired property" or estoppel by deed is codified in OCGA § 44-5-44, and provides that a grantor who conveys by warranty deed an interest that the grantor does not then own, but later acquires, is estopped to deny the validity of the first deed. *Reece v. Smith,* 276 Ga. 404, 406 (2) (577 SE2d 583) (2003); *Yaali, Ltd. v. Barnes & Noble,* 269 Ga. 695, 697 (2) (506 SE2d 116) (1998). However, this doctrine cannot be used to transfer title or to remedy flaws in the legal requirements for the creation of a property interest. *Reece v. Smith,* supra at 406 (2); *Yaali, Ltd. v. Barnes & Noble,* supra at 697 (2). Here, there is no question of Ms. Smith conveying anything that she did not then own, i.e., she granted to Debra Sue her ownership interest in the property at that time. The problem is with the ownership interest attempted to be conveyed by Mr. Smith, but the conveyance was invalid because of his lack of capacity, which the equitable doctrine does not address much less cure.

Defendants further contend that the superior court erred in finding that Terry was entitled to recover $15,000 because the evidence shows that David put far more money into the farm than Terry. But, here again in this situation of a bench trial, the superior court's finding cannot be set aside unless it is clearly erroneous, that is, it must be affirmed if there is any evidence to support it. And the record discloses evidence as would authorize the award.

Finally, the defendants contend that the final judgment partitioning the farm land cannot be upheld because it was based upon the prior erroneous order of May 23, 2001. But, the contention is without merit because defendants have failed to show error in the prior order setting aside the deed and making the award to Terry.

Judgments affirmed.

All the Justices concur.

1 In its order, the superior court expressly found that the parties failed to carry their respective burdens of proof regarding separate interests in or ownership in the estate property; therefore, it deemed all real estate and improvements to be the property of

the estate, except as other interests were or had been established by deed or prior court rulings; the total real estate and improvements had a fair market value of between $280,000 and $290,000; by way of intestate succession or deed, Terry had an undivided interest of 7/18, David had an undivided interest of 7/18, Debra Sue had an undivided interest of 3/18, and Ms. Smith had an undivided interest of 1/18; and the parties elected to present the family farm to the court for partitioning without providing a survey, but rather introduced into evidence aerial photographs to enable the court to draw property lines on such photographs. [Editorial Note: This is footnote 5 of the opinion.]

2 It appears that this calculation of Ms. Smith's one-sixth interest in the property is premised upon the conclusion that Mr. Smith possessed a one-sixth or three-eighteenths fee simple interest, and that upon his death such interest passed by intestacy to his wife and sons, and the parties do not dispute that if the conveyance from Mr. Smith to Debra Sue is determined to be invalid, Mr. Smith's interest passes by intestacy; therefore, it is unnecessary to address the correctness of the premise, and consequently, the nature of Mr. Smith's property interest. [Editorial Note: This is footnote 7 of the opinion.]

3 OCGA § 44-5-44 states:

> The maker of a deed cannot subsequently claim adversely to his deed under a title acquired after the making thereof. He is estopped from denying his right to sell and convey the property treated in the deed. [Editorial Note: This is footnote 8 of the opinion.]

13.4.2

Wilcox v. Pioneer Homes, Inc.
254 S.E.2d 214 (N.C. App. 1979)

North Carolina Court of Appeal

In October 1976, plaintiffs brought this action to recover damages for breach of warranty against encumbrances contained in a warranty deed from defendant to plaintiffs.

The record tends to show that on 17 November 1974, the parties entered into a contract whereby the defendant agreed to construct a house on Lot I, Clifton Forge Subdivision in Hope Mills, and to convey the house and lot to plaintiffs for $52,000. Defendant agreed to convey a good and marketable title, free of all encumbrances. On 1 May 1975, defendant conveyed the house and lot to plaintiffs by warranty deed. In 1976, plaintiffs entered into a contract to sell the property and prior to closing the sale, the purchasers caused a survey of the property to be made. The survey revealed that the lot was narrower than the defendant had represented. The house was located 3.5 feet from the side line of the lot, in violation of a Hope Mills City ordinance which provided for a minimum side lot requirement of 15 feet. The house was also in violation of a restrictive covenant applicable to lots in the Clifton Forge Subdivision which provided that no structure shall be located less than 7 feet from the side lines of the lot. The plaintiffs thereafter purchased a triangular strip of property adjacent to the lot for $1,500 in order to bring the house and lot into compliance with the ordinance and covenants, and deeded the strip of land to the purchasers of the house and lot.

finding on summary judgment

Plaintiffs then brought this action to recover $1,500, alleging in the complaint that the defendant had breached the covenant against encumbrances contained in the warranty deed to plaintiffs. Both parties moved for summary judgment. On 25 April 1978, the court found that there was no genuine issue of material fact and entered summary judgment in favor of defendant. The court concluded as a matter of law that:

> "1. A restriction upon the use which may be made of land, or upon its transfer, which is imposed by a statute or ordinance enacted pursuant to the police power, such as a zoning ordinance or an ordinance regulating the size of lots, fixing building lines or otherwise regulating a subdivision of an area into lots is not an encumbrance upon the land within the meaning of a covenant against encumbrances or a contract or option to convey the land free from encumbrances.
>
> 2. The existence of the ordinance and the failure of the defendant to comply with its provisions did not constitute an encumbrance such as to prevent it

(defendants) from giving a deed that is both marketable and free from encumbrances."

CLARK, Judge.

Plaintiff claim — The plaintiffs assign as error the court's granting of summary judgment in favor of defendant. Plaintiffs contend that a violation of a municipal ordinance regulating the use of real property at the time of sale constitutes an encumbrance on the land and a breach of the warranty against encumbrances.

encumbrance — An encumbrance, within the meaning of such a covenant, has been defined as "any burden or charge on the land and includes any right existing in another whereby the use of the land by the owner is restricted." *Gerdes v. Shew,* 4 N.C. App. 144, 148, 166 S.E. 2d 519, 522 (1969). The general view is that the existence of a public restriction on the use of real property does not constitute an encumbrance within the meaning of the covenant against encumbrances. This view was adopted in North Carolina in *Fritts v. Gerukos,* 273 N.C. 116, 159 S.E. 2d 536 (1968). In *Fritts,* the plaintiffs purchased an option on a tract of land containing 49 lots. The defendant agreed to deliver a deed with full covenants and warranty against encumbrances. At the time the parties entered into the option contract, an ordinance of the City of Gastonia prohibited the transfer or sale of land by reference to a subdivision plat without obtaining the city's approval of the plat. After exercising the option, plaintiffs advertised an auction sale of the 49 lots. The City of Gastonia enjoined the sale for failure of plaintiffs to obtain approval of the plat. Plaintiffs then brought suit for breach of warranty against encumbrances contending that the existence of the ordinance constituted an encumbrance. The North Carolina Supreme Court rejected plaintiffs' contention on the grounds that:

> "A restriction upon the use which may be made of land, or upon its transfer, which is imposed by a statute or ordinance enacted pursuant to the police power, such as a zoning ordinance or an ordinance regulating the size of lots, fixing building lines or otherwise regulating the subdivision of an area into lots, is not an encumbrance upon the land within the meaning of a covenant against encumbrances . . . being distinguishable in this respect

from restrictions imposed by a covenant in a deed. (Citations omitted.) Thus, the *existence* of the Subdivision Standard Control Ordinance ... at the time the option *agreement* was executed did not cause the title of the defendant to be subject to an encumbrance . . . ." (Emphasis added.) *Id.* at 119, 159 S.E. 2d at 539.

In the case *sub judice,* however, plaintiffs do not contend that the *existence* of the municipal ordinance constituted an encumbrance on the property, but contend that a violation of the ordinance, existing at the time of the conveyance to plaintiffs, constituted an encumbrance. There are no North Carolina cases which consider whether an existing violation of public restrictions on the use of real property constitutes an encumbrance. There is a split of authority among the jurisdictions which have considered this question. The majority of the jurisdictions have held that, although the existence of a public restriction on the use of real property is not an encumbrance rendering the title to the real property unmarketable, an existing violation of such an ordinance is an encumbrance within the meaning of a warranty against encumbrances. *Lohmeyer v. Bower,* 170 Kan. 442, 227 P. 2d 102 (1951), (minimum side lot violation); *Oatis v. Delcuze,* 226 La. 751, 77 So. 2d 28 (1954), (non-conforming building); *Moyer v. De Vincentis Construction Co.,* 107 Pa. Super. 588, 164 A. Ill (1933), (violation of set-back requirement). *See Hartman v. Rizzuto,* 123 Cal. App. 2d 186, 266 P. 2d 539 (1954), (violation of rear-yard requirement); *Miller v. Milwaukee, Odd Fellows Temple, Inc.,* 206 Wis. 547, 240 N.W. 193 (1932); *Genske v. Jensen,* 188 Wis. 17, 205 N.W. 548 (1925). Annot., 39 A.L.R. 3d 362 §§ 5-6 (1971).

We hold that the existing violation of the minimum side lot requirement as set forth in the ordinance of the City of Hope Mills, constitutes an encumbrance within the meaning of the covenant against encumbrances contained in the plaintiffs' warranty deed.

The summary judgment for defendant was improvidently entered. The judgment is reversed and the cause remanded for proceedings consistent with this opinion.

Reversed and remanded.

13.4.3

American National Self Storage, Inc. v. Lopez-Aguiar
521 So. 2d 303 (Fla. Dist. Ct. App. 1988)

Florida District Court of Appeal

DANIEL S. PEARSON, Judge.

American National Self Storage, the purchaser of a parcel of real property, sued the seller, Carlos Lopez-Aguiar, alleging that the seller breached the following express warranty contained in the contract of sale:

"The Seller further represents and warrants that water, sewer and electric service are presently available at the property line or lines of the premises with sufficient capacity to accommodate a 45,000 sq. ft. office/warehouse building."

American alleged that the water and sewer connections were not, as warranted, "presently available at the property line," but rather were so distant from it that American had to pay more than $25,000 to extend the lines for its use. Lopez-Aguiar countered, first, that the contract containing the warranty merged into the deed, which contained no such warranty and, thus, American's right to enforce the provision of the sales contract was extinguished . . . . The trial court entered a summary judgment for the seller. American appeals.

Because we conclude that the execution and delivery of the deed did not, ipso facto, extinguish the warranty of the contract, and because the seller has not otherwise attempted to show that the parties intended that the warranty of the contract be merged into and extinguished by the silent deed, we reverse the summary judgment under review and remand the cause for further proceedings.

Where a provision of a contract to sell land is not performed or satisfied by the execution and delivery of the deed, "[t]he rule that acceptance of a deed tendered in performance of a contract to convey land merges or extinguishes the covenants and stipulations contained in the contract does not apply...." *Milu, Inc. v. Duke,* 204 So.2d 81, 33 (Fla. 3d DCA 1967). It is said that "[i]n such case, the delivery of the conveyance is merely a part performance of the contract, which remains binding as to its further provisions." *Gabel v. Simmons,* 100 Fla. 526, 529, 129 So. 777, 778 (1930).

The continued efficacy, then, of collateral agreements which are not usually included in the terms of a deed is not affected by the merger rule. *See Milu, Inc. v. Duke,* 204 So.2d 31; *Soper v. Stine,* 184 So.2d 892 (Fla. 2d DCA 1966). Such collateral agreements call for acts by the seller which go beyond merely conveying clear title and placing the purchaser in possession of the property. For example, in *Campbell v. Rawls,* 381 So.2d 744 (Fla. 1st DCA 1980), the court found that because the seller's warranty in the contract of sale that the air conditioning and heating systems would be in working order at the time of closing was an independent covenant generally excepted from the merger doctrine, the buyer was not required to inspect the property and report discrepancies before closing in order to preserve his rights under the warranty. Likewise, in *Mallin v. Good,* 93 Ill.App.3d 843, 49 Ill.Dec. 168, 417 N.E.2d 858 (1981), the buyer was entitled to close on the property with knowledge of the seller's breach of covenants in the sales contract without losing the right to enforce them. The court, reversing summary judgment for the seller, found that the covenants — that "all heating, plumbing, electrical and air conditioning would be in working order at the time of closing" and that "any damage to [the] roof to be repaired by seller" — survived the conveyance of title by deed because they were collateral undertakings, incidental to the transfer of title. *Mallin v. Good,* 49 Ill.Dec. at 169, 417 N.E.2d at 859. *See also Stiles v. Bodkin,* 43 Cal. App.2d 839, 111 P.2d 675 (1941) (no merger despite acceptance of deed to property on which improvements, called for by the contract of sale, had not yet been made); *Knight v. Hedden,* 112 Ga.App. 847, 146 S.E.2d 556 (1965) (jury question presented as to merger of seller's guarantee in sales contract of dry basement and working fire place); *McKee v. Cartledge,* 79 Ga.App. 629, 54 S.E.2d 665 (1949) (acceptance of deed does not act as a merger of seller's obligations under written sales contract to complete and properly finish house and install *improvements);* *Mueller v. Banker's Trust Co.,* 262 Mich. 53, 247 N.W. 103 (1933) (seller's undertaking in contract to build bridge not merged in deed); *Caparrelli v. Rolling Greens, Inc.,* 39 N.J. 585, 190 A.2d 369 (1963) (seller's warranty that panelled section of basement was habitable and usable for normal daily activity deemed to be collateral undertaking which survived delivery and acceptance of deed).

In contrast, where the provision in the contract of sale pertains to the title to the property or warrants that the title is unencumbered — covenants usually included in the deed itself — the merger rule applies. *See, e.g., Stephan v. Brown,* 233 So.2d 140 (Fla. 2d DCA 1970) (warranty in contract that the realty would be free of encumbrances not enforceable after purchaser accepted a deed which did not contain the warranty); *Volunteer Security Co. v. Dowl,* 159 Fla. 767, 33 So.2d 150 (1947) (restrictive covenants contained in contract but omitted from deed not enforceable once deed accepted); *St. Clair v. City Bank & Trust Co.,* 175 So.2d 791 (Fla. 2d DCA 1965) (where buyers accepted quitclaim deed at closing, sellers' prior agreement to convey by warranty deed extinguished by merger).

Turning now to the present case, it is clear to us that the seller's agreement —that water, sewer and electrical service are presently available at the property line —calls for acts by the seller that go beyond merely conveying good title and placing the purchaser in possession of the property; it is not an agreement usually contained in a deed, related to the condition of the title to property, or satisfied by the execution and delivery of the deed. We have no difficulty in concluding, then, that the warranty in American's contract was not merged in and extinguished by the deed, and that, therefore, the summary judgment for the seller which concluded otherwise was improper. Our reversal of the summary judgment does not, however, foreclose the seller from attempting to prove, by evidence other than the deed itself, that the parties intended that the warranty of the contract of sale was to be extinguished by the conveyance of the property. Furthermore there remains to be resolved at trial a dispute over whether the warranty — assuming it survived — was fulfilled, that is, whether the water and sewer lines were, as promised, "presently available at the property line" at the time of closing.

Reversed and remanded.

13.4.4

Kohlbrand v. Ranieri

823 N.E.2d 76 (Ohio 2005)

Ohio Court of Appeals

Mark P. Painter, Judge.

In both life and law, sometimes the sum of the parts is greater than the whole. And sometimes it is less. In the present case, it is exactly the same.

Third-party defendant-appellant Monfort Supply Company appeals the trial court's grant of summary judgment. We affirm.

This dispute centers on whether Monfort has the duty to defend and indemnify the third-party plaintiffs-appellees, Giovanni, Susanne, Leonardo, Eliza, Nicola, and Tracy Ranieri, in a dispute about a real-estate conveyance and a long-existing easement. The procedural complexity leading up to the current dispute belies the simplicity of the answer: when one party warrants that it will indemnify another "against all claims of all persons" and does not make any exceptions to that guarantee — well, we think the answer should be obvious.

I. A Parcel, a Pipeline, and a Promise

Nearly 50 years ago — all the way back in 1955 — Monfort purchased a parcel of land from Norbert and Edna Frey, and the deed was properly recorded in Hamilton County. The Frey deed stated that the parcel was subject to an "easement for construction and maintenance of an oil pipeline to defendant Mid-Valley Pipeline Co., as recorded in Deed Book 2832, Page 38 of the Hamilton County Ohio Deed Records."

The pipeline was indeed under the land (it ran from Texas to Lima, Ohio), but the easement was not recorded in Deed Book 2832. It was actually in Deed Book 2382. The easement called for a 50-foot area surrounding the pipeline to remain free from any obstruction so that Mid-Valley could obtain access to and repair the pipeline if necessary.

Monfort subdivided the land into smaller parcels suitable for single-family homes. In 1986, Monfort sold the lot involved in this case to the Ranieris. That deed warranted that the "title so conveyed is Clear, Free and Unincumbered [sic]; And further, That

[Monfort] does Warrant and will Defend the same against all claims of all persons whomsoever." The deed also described an easement for septic purposes, but did not contain any description of the pipeline easement. It also referred to a plat book, which, in turn, referred to an easement for a pipeline "as recorded in D.B. 2832, PG 38." Again, the easement was actually in Deed Book 2382, not 2832.

In 2001, plaintiffs Gerald and Deborah Kohlbrand purchased the same plot from the Ranieris. Their deed made no mention of the pipeline easement. Soon after their purchase, the Kohlbrands discovered the pipeline easement. They sued the Ranieris and eventually sued Mid-Valley, alleging that fraudulent nondisclosure of the pipeline easement had resulted in damages. In response, the Ranieris filed a third-party complaint against Monfort, claiming that Monfort was obligated to indemnify and defend the Ranieris because of the general warranty contained in the deed to them. The Ranieris moved for, and were granted, summary judgment on this limited issue. The trial court was correct

II. Legalism at Its Lowest

Monfort now appeals, claiming in its sole assignment of error that summary judgment was inappropriate.

We review summary-judgment determinations de novo, without deference to the trial court's ruling. . . .

The facts of this case are basically undisputed. . . . All that concerns us is whether Monfort has a duty to defend and to indemnify the Ranieris in the underlying case. Monfort now argues that the deed referred to the plat, which referred to the easement, which meant that the easement was incorporated by reference into the deed. Not so.

We decline to impose a rule that would require grantees to skip around the county recorder's office looking for any encumbrances that might exist on a prospective purchase where there is no mention of any encumbrance— and especially when there is a warranty *against* any encumbrance. Deeds subject to an easement should disclose the easement on the face of the deed. If Monfort had wanted to create an exception for the pipeline easement, it simply could have added "subject to" and referred to the easement in the general warranty section of the deed. But it did not.

And even if the plat reference had been incorporated by reference, the reference to the easement in the plat was wrong.

III. The Normans Strike Again

Monfort contends, "Although a 'clear title' is one that is not subject to any restrictions, the case at bar involved a 'free and clear' title, which is the same as a marketable title." So, according to Monfort, a free and clear title is worse than a clear title. Say what?

Would that Harold had not lost the Battle of Hastings.

Free and *clear* mean the same thing. Using both is an unnecessary lawyerism. *Free* is English; *clear* is from the Old French *cler*. After the Norman Conquest, English courts were held in French. The Normans were originally Vikings, but after they conquered the region of Normandy, they became French; then they took over England. But most people in England, surprisingly enough, still spoke English. So lawyers started using two words for one and forgot to stop for the last 900 years.

So *free* and *clear* do not mean separate things; they mean, and were always meant to mean, *exactly the same thing*. Just as *null* and *void* and *due* and *payable* mean the same thing. All of these couplets are redundant and irritating lawyerisms. And they invite just what has happened here — an assertion that they somehow have different meanings.

The Norman Conquest was in 1066. We can safely eliminate the couplets now.

And this case involved a "clear, free and unincumbered" title. Would Monfort argue that this, too, provides less protection than a clear title? Black's Law Dictionary defines "clear" as "free from encumbrances and claims." And "incumbrance" means the same thing as "encumbrance," so we can deduce that "unincumbered" means the same thing as "unencumbered." So it is only logical that "clear, free and unincumbered" is a mere redundancy for clear or for "free from encumbrance."

An easement for an oil pipeline is certainly an encumbrance. And any title that is subject to an easement is not a clear title. Despite its warranty to the contrary, Monfort did not actually convey the land "free, clear and unencumbered," and it therefore had a duty to indemnify and defend the Ranieris. Not only was summary judgment appropriate, but any other result would have stretched the bounds of legalese to ridiculous proportions.

If the answer's glaring simplicity were not enough, the Eighth Appellate District addressed a nearly identical case some 20 years ago in *Katana v. Harbin*, There, an older deed had listed a sewer easement, but the newer deed did not. But the newer deed contained a general warranty that the land was free of encumbrances with exceptions for building, zoning, or other easements — but not for the sewer easement. The court held that the exception to the covenant in the newer deed " 'should not be extended beyond the plain and ordinary meaning of its terms.' * * * Therefore, what is written on the face of the deed must control."

We could not agree more. What is written on the face of the Monfort deed is that the conveyance was unencumbered and that Monfort would defend the Ranieris against any claims to the contrary. The conveyance wasn't, and Monfort didn't. There are no genuine issues of material fact; there are no issues of fact whatsoever. This was a simple case of legal interpretation that any first-year law student should be able to answer: a "free, clear and unencumbered title" is the same as a "clear title." Monfort warranted, in the plainest of language, that the land was unencumbered and that it would defend the Ranieris against any claims to the contrary. Summary judgment was therefore appropriate.

IV. The Normans Conquer Lorain County

Monfort cites *Zilka v. Cent. S. Ltd.*, a Ninth Appellate District case that distinguished a clear title from a free and clear title in much the same way that Monfort now argues. "In short, while 'clear title' cannot have any encumbrance or restriction whatsoever, 'free and clear' title is a marketable title * * *." We are, thankfully, unable to find any case that has cited this aberration — the Norman invasion has not progressed any farther south in Ohio.

We may consider *Zilka* and give it the weight that we consider appropriate. And we consider it inappropriate to give *Zilka* any weight at all.

The Normans and *Zilka* have also corrupted an Ohio real-estate treatise — namely, Baldwin's Ohio Real Estate Law. In the section defining "marketable title," the treatise states, "Title that is 'free and clear' is not the same as 'clear title.' Rather, 'free and clear title' means title that is unencumbered by any liens and is marketable." It then cites *Zilka.*

Before *Zilka,* we are sure that Baldwin's made no such claim. Another venerable Ohio treatise (published before *Zilka)* states it properly: "['Clear title'] usually refers not to the title itself but to the absence of liens or encumbrances against the real estate. The term typically appears in the following context: The seller agrees to convey to the purchaser marketable title, 'free and clear' of liens and encumbrances." So the sample used to define "clear title" used the term "free and clear" title. But Monfort argues that they are two different things. Is it any wonder that lawyers get a bad rap?

Nine hundred years later, courts in Ohio are still dealing with the consequences of the Norman invasion. We can only hope that some day logic will prevail over silly tradition.

Since the trial court got it right, we affirm the trial court's judgment.

Judgment affirmed.

1 (Feb. 7, 1985), 8th Dist. No. 48543, 1985 WL 17565. [Editorial Note: This is footnote 6 of the opinion.]

2 Id., quoting Stambaugh v. Smith (1873), 23 Ohio St. 584, 1873 WL 13. [Editorial Note: This is footnote 7 of the opinion.]

3 (July 19, 2000), 9th Dist. No. 99CA007482, 2000 WL 988765. [Editorial Note: This is footnote 8 of the opinion.]

4 Baldwin's Ohio Real Estate Law (2003) 170. [Editorial Note: This is footnote 10 of the opinion.]

5 Ohio Real Property and Practice (5 Ed.1996) 172, citing Frank v. Murphy (1940), 64 Ohio App. 501, 18 O.O. 221, 29 N.E.2d 41. [Editorial Note: This is footnote 11 of the opinion.]

13.5

Recording

To understand recording, it helps to recall the fundamental concept that, as between a grantor and a grantee, title to real property transfers upon intent, delivery, and acceptance of a valid deed. As you may recall, the court in *Reicherter v. McCauley*, excerpted in Chapter 7, noted that title to real property transfers "at the time of delivery of the deed" and that "[r]ecording is not necessary to effectively deliver a deed."

There are, however, recording statutes in every State. Since recording is not a requirement for title to transfer between a grantor and a grantee, what purposes are served by recording statutes? Recording serves critical functions in real estate transactions. The recording system serves as a way to ascertain ownership of, and interests in, real property. It also serves to protect a grantee's interest by imparting notice of the transaction to subsequent purchasers. The *Reicherter* court describes a function of recording as follows: "the purpose of recording instruments of conveyance [is] to impart constructive notice to subsequent purchasers or mortgagees."

As you will see below, there are three different types of recording statutes: race, notice, and race-notice. As you work through the recording statutes, you should keep in mind that, under the common law, as between successive grantees, the first in time prevails. To overcome the common law rule of first in time and prevail pursuant to a recording statute, a subsequent purchaser would have to meet the exact requirements of the State's applicable statute.

Before turning to analyzing the three different types of recording statutes, a note on indexing is in order. Jurisdictions use different types of indexing systems for recording instruments. The most prevalent indexing systems used in the United States are the grantor-grantee index system and the tract index system. The ***grantor-***

grantee index system uses a separate index for grantors and a separate index for grantees. Under this system, instruments are listed alphabetically and chronologically. Under the grantor index, instruments are listed alphabetically and chronologically under the grantor's surname. For the grantee index, instruments are similarly listed alphabetically and chronologically but, instead, under the grantee's surname. The index itself contains critical information. It includes the names of the grantor and the grantee, the legal description, the type of instrument, the date recorded, and the volume and page number where the instrument may be located. By contrast, a *tract index* system lists instruments based on the legal description of the tract affected by the instrument , not by the names of the grantor and grantee.

13.5.1

Types of Recording Statutes: Race, Notice, Race-Notice

There are three different types of recording statutes. Under a *race* statute, a subsequent purchaser who records first prevails over a prior purchaser. Under a *notice* statute, a subsequent purchaser without notice at the time of the conveyance, prevails over a prior purchaser. Under a *race-notice* statute, a subsequent purchaser without notice who records first prevails over a prior purchaser.

Review carefully the requirements of the various types of recording statutes. See, for example, the recording statutes in North Carolina (race), Texas (notice), and California (race-notice) excerpted here.

N.C. Gen. Stat. Ann. § 47-18. Conveyances, contracts to convey, options, and leases of land

(a) No (i) conveyance of land, (ii) contract to convey, (iii) option to purchase or convey, (iv) lease of land for more than three years, (v) right of first refusal, or (vi) right of first offer is valid to pass any property interest as against lien creditors or purchasers for a valuable consideration from the donor, bargainor, or lessor but from the time of its registration in the county where the land lies, or if the land is located in more than one county, then in each county where any portion of the land lies to be effective as to the land in that county. Unless otherwise stated either on the registered instrument or on a separate registered instrument duly executed by the party whose priority interest is adversely affected, (i) instruments registered in the office of the register of deeds have priority based on the order of registration as determined by the time of registration, . . .

Tex. Prop. Code Ann. § 13.001. Validity of Unrecorded Instrument

(a) A conveyance of real property or an interest in real property or a mortgage or deed of trust is void as to a creditor or to a subsequent purchaser for a valuable consideration without notice unless the instrument has been acknowledged, sworn to, or proved and filed for record as required by law.

Cal. Civ. Code § 1214. Prior recording of subsequent conveyances, mortgages, judgments *California = race · notice*

Every conveyance of real property or an estate for years therein, other than a lease for a term not exceeding one year, is void as against any subsequent purchaser or mortgagee of the same property, or any part thereof, in good faith and for a valuable consideration, whose conveyance is first duly recorded, and as against any judgment affecting the title, unless the conveyance shall have been duly recorded prior to the record of notice of action. *0 to A* *A record.* *0 to B* *B recorded* *gift* *no notice*

13.5.1.1

Anderson v. Anderson
435 N.W.2d 687 (N.D. 1989)

race·notice

North Dakota Supreme Court

MESCHKE, Justice.

Plaintiffs appealed from a judgment quieting defendants' title to an undivided one-fourth of 280 acres in McKenzie County. We reverse and remand.

Kari Anderson patented the 280 acres from the United States in 1916. In 1922, Kari conveyed the 280 acres to her four children, A.T. Anderson, James T. Anderson, Julia Anderson, and Theodore T. Anderson, as tenants in common, each acquiring an undivided one-fourth.

This dispute is only about Julia's undivided one-fourth received from Kari. The plaintiffs are children of James T. Anderson's son, George Teleford Anderson. They have record title to three-fourths of the 280 acres and claim the remaining one-fourth . . . through a deed from Julia to James T., dated February 7, 1934, but not recorded until December 14, 1983. The defendants, heirs of Julia's children, Ida Mathews and Willie H. Anderson, claim one-fourth of the 280 acres through a quit-claim deed from Julia to Ida and Willie, dated October 1, 1951, and recorded October 11, 1951.

***

The trial court . . . concluded that the recorded 1951 deed from Julia to her children, Ida and Willie, had priority over the unrecorded 1934 deed from Julia to James T. Anderson because, under Section 47-19-41, N.D.C.C., Julia's children were purchasers in good faith and for a valuable consideration. The court quieted defendants' title to one-fourth of the property. Plaintiffs appealed.

We consider the relative priority of the 1934 and 1951 deeds under Section 47-19-41, N.D.C.C., which, in relevant part, says:

> "Every conveyance of real estate not recorded shall be void as against any subsequent purchaser in good faith, and for a valuable consideration, of the same real estate, or any part or portion thereof, whose conveyance, ... first is deposited with the proper officer for record and subsequently recorded, whether entitled to record or not, ... prior to the recording of such conveyance."

Plaintiffs contended that Ida Mathews and Willie H. Anderson were not good faith purchasers for a valuable consideration in 1951. Defendants responded that Ida and Willie were good faith purchasers for a valuable consideration under Section 47-19-41, N.D.C.C., so that their 1951 deed, recorded in 1951, had priority over the 1934 deed, recorded in 1983. . . .

Although this court has often considered the requirements of notice for a good faith purchase under § 47-19-41, N.D.C.C., *e.g., Williston Co-op. Credit Union v. Fossum,* 427 N.W.2d 804 (N.D.1988); *Ildvedsen v. First State Bank of Bowbells,* 24 N.D. 227, 139 N.W. 105 (1912), the element of valuable consideration has not been directly examined.

Generally, for protection under a recording act as a good faith purchaser for value, the purchase must be for a valuable and not a nominal consideration. The consideration does not have to be an equivalent value in order to be valuable, but it must be substantial and not merely nominal. In *Horton v. Kyburz,* 53 Cal.2d 59, 346 P.2d 399, 403 (1959), the court quoted an explanation of the rationale:

> " 'The recording laws were not enacted to protect those whose ignorance of the title is deliberate and intentional, nor does a mere nominal consideration satisfy the requirement that a valuable consideration must be paid. Their purpose is to protect those who honestly believe they are acquiring a good title, and who invest some substantial sum in reliance on that belief.' "

***

The recital of a nominal consideration in a deed is insufficient to establish a valuable consideration or to raise a presumption of value for a good faith purchase. Moreover, the party claiming to be a good faith purchaser has the burden of proof to establish valuable consideration from evidence other than the deed.

In this case, the defendants relied on the abstract of title to establish that Ida and Willie paid Julia "$10.00 & OG & VC" for the 1951 quit-claim deed. The defendants presented no evidence of any actual consideration. We conclude, as a matter of law, that the consideration recited in the 1951 quit-claim deed was a nominal consideration and did not constitute a valuable consideration. Ida and Willie were not good faith purchasers for a valuable consideration under Section 47-19-41, N.D.C.C. Therefore, the defendants cannot claim priority over the plaintiffs by virtue of the 1951 deed.

Accordingly, we reverse the judgment and remand for entry of judgment quieting title in the plaintiffs.

13.5.1.2

Discussion: Notes, Questions, and Problems

13.5.1.2.1

Discussion Question #8. Florida recording statute?

Examples of the recording statutes in North Carolina, Texas, and California are excerpted above. Review carefully the excerpt below of the Florida recording statute. Which type of recording statute is the Florida statute? Is it race, notice, or race-notice?

Fla. Stat. Ann. § 695.01. Conveyances and liens to be recorded

florida = notice

(1) No conveyance, transfer, or mortgage of real property, or of any interest therein, nor any lease for a term of 1 year or longer, shall be good and effectual in law or equity against creditors or subsequent purchasers for a valuable consideration and without notice, unless the same be recorded according to law; nor shall any such instrument made or executed by virtue of any power of attorney be good or effectual in law or in equity against creditors or subsequent purchasers for a valuable consideration and without notice unless the power of attorney be recorded before the accruing of the right of such creditor or subsequent purchaser.

(2) Grantees by quitclaim, heretofore or hereafter made, shall be deemed and held to be bona fide purchasers without notice within the meaning of the recording acts.

13.5.1.2.2

Discussion Problem #9. Owen multiple conveyances problem

B
A
A
B

Assume Owen, owner of Blackacre, conveyed Blackacre by deed to Alan, who failed to record. Owen subsequently conveyed Blackacre by deed to Bob, who had actual knowledge of the prior conveyance from Owen to Alan. Bob recorded the deed from

O to A
no record

O to B
notice
recorded

635

B
records

$

Owen to Bob. As between Alan and Bob, who prevails in a race jurisdiction? Who prevails in a notice jurisdiction? Who prevails in a race-notice jurisdiction?

13.5.1.2.3

Discussion Problem #10. Olivia multiple conveyances problem

Assume Olivia, owner of Blackacre, conveyed Blackacre by deed to Ana, who failed to record. Olivia subsequently conveyed Blackacre by deed to Belinda, who did not have actual knowledge or inquiry notice of the prior conveyance from Olivia to Ana. Belinda recorded the deed from Olivia to Belinda. As between Ana and Belinda, who prevails in a race jurisdiction? Who prevails in a notice jurisdiction? Who prevails in a race-notice jurisdiction?

O to A   O to B   B   B
no record   no notice   records   B
                                                      B

13.5.1.2.4

Discussion Problem #11. Notice gift problem

In a notice jurisdiction, Opal conveys Blackacre to Alina as a gift. Alina recorded. Opal then conveyed Blackacre to Barbara for valuable consideration. When Opal conveyed Blackacre to Barbara, Opal did not tell Barbara about his previous conveyance of Blackacre to Alina. Barbara recorded. Who prevails in a notice jurisdiction?

13.5.1.2.5

Discussion Problem #12. Race-notice gift problem

In a race-notice jurisdiction, Omar conveys Blackacre to Alfredo for valuable consideration. Alfredo did not record. Omar then conveys Blackacre to Bernardo as a gift. Bernardo did not know of the prior conveyance to Alfredo. Bernardo records. As between Alfredo and Bernardo, who prevails in the race-notice jurisdiction and why?

13.5.2

notice - B (handwritten)

Shelter Rule

Now that you are familiar with the various types of recording statutes, we introduce the nuance of the shelter rule. Generally, the ***shelter rule*** provides that if a person takes from a bona fide purchaser protected by the jurisdiction's applicable recording statute that person has the same rights that the bona fide purchaser (the person's grantor) had pursuant to the recording statute. *Nampa Highway District No. 1 v. Knight*, excerpted below, discusses the shelter rule. As you read the case, ask yourselves what purposes are served by the shelter rule. Also ask yourselves how the shelter rule would apply in a race jurisdiction, in a notice jurisdiction, and in a race-notice jurisdiction.

13.5.2.1

Nampa Highway District No. 1 v. Knight
462 P.3d 137 (Id. 2020)

Supreme Court of Idaho

Idaho = race-notice (handwritten)

MOELLER, Justice

Nampa Highway District No. 1 (NHD) brought this action against the named defendants seeking to quiet title to a thirty-three-foot-wide strip of land constituting the south half of West Orchard Avenue in Canyon County, Idaho. NHD claims that a 1941 deed conveyed the land to NHD. Appellants argued that because the deed was not recorded until 1989, it does not affect their interests pursuant to the "Shelter Rule," which protects a purchaser with notice if their predecessor in interest was an innocent purchaser. The district court granted summary judgment in NHD's favor. Appellants timely appealed. For the reasons stated below, we reverse.

I. FACTUAL AND PROCEDURAL BACKGROUND

A. Factual Background

This case involves the real property located at 2505 West Orchard Avenue, Nampa, Idaho, currently owned by Appellants Brian and Lisa Knight (the Knight Property), and the real property located at 2403 West Orchard Avenue, Nampa, Idaho, currently owned by Appellants Manuel and Maria Dominguez (the Dominguez Property). Years prior, the Knight Property and the Dominguez Property were part of a larger tract of land (the Property), with the known chain of title starting with W.A. and Lou Dedman in 1920.

On April 5, 1920, the Dedmans transferred their interest in the Property to Ora Lupton by deed. The deed was recorded on May 12, 1920.

In 1921, West Orchard Avenue (the Road) was constructed along the front of the Property as a twenty-two-foot-wide two-lane road. This portion of the Road has remained twenty-two feet in width since 1921.

Approximately twenty years later, on June 2, 1941, NHD held a board meeting wherein a delegation appeared seeking to put the Road in condition for oiling. The minutes from the meeting explain that "Commissioners set Thursday afternoon, June 5th, as a time for visiting this road and asked that deeds for right of way for 66-foot road be secured." A couple months later, NHD held another board meeting. The minutes from the meeting explain that

> [a] committee from Orchard Avenue again appeared to learn of steps taken
> to improve Orchard Avenue Road. It was learned that an engineer had done
> some work on this road to establish center lines, and the Committee was
> definitely told that they should submit Right of Way deeds for thirty-three
> feet on each side of center of road to establish this road before definite plans
> be made to improve the road. The deeds were to be filed in the office of the
> Nampa Highway District.

On August 4, 1941, J.G. and Ora Lupton conveyed a thirty-three-foot-wide strip of land on each side of the centerline of the Road to NHD via a Deed of Right-of-Way. However, NHD *did not* record the deed at that time. The Deed of Right-of-Way states:

> Whereas, it is desirable, proper, and necessary that a public highway be laid
> out and opened for public use 33 feet wide on each side of a line,
> commencing at a point in the intersection of the center line of the existing
> public highway with the section line between Sections 19 and 20 in

Township 3 N. R. 2. W. R. M. thence Easterly along said North Boundary line of Section 20 a strip of land 33 feet wide and extending thence Easterly distance of 2640 feet more or less along the North boundary line of the Northwest Quarter of Section 20.

Although the purpose of the conveyance was to "improve the road," NHD never improved the road.

In 1945, Ora Lupton died and the probate of her estate resulted in the transfer of her interest in the Property to her surviving spouse, J.G. Lupton. J.G. Lupton died in 1958, and the probate of his estate resulted in the transfer of his interest in the Property to his heirs, Howard Lupton and Marvin Lupton. The same day it was transferred by the estate, Marvin Lupton transferred his interest in the Property to Howard Lupton. Howard Lupton divided the Property into several parcels, including those that eventually became the Knight Property and the Dominguez Property.

On June 21, 1963, Howard Lupton transferred his interest in one of the parcels, the Knight Property, to Billy and Vonda Downs by deed. On August 31, 1983, Howard Lupton transferred his interest in another parcel, the Dominguez Property, to Roy and Judith Beets by deed. Neither deed referenced the right-of-way.

On February 21, 1989, over forty-seven years after the Deed of Right-of-Way was executed, NHD recorded the deed. The record does not reveal why NHD recorded the deed at that time or why it was not recorded earlier.

Following the recording of the Deed of Right-of-Way, the Downses conveyed their interest in the Knight Property to the Knights by deed. The deed was recorded on July 17, 1998. The Knights are the current owners of the Knight Property. The Knights subsequently granted a Deed of Trust to Chicago Title Insurance Company as Trustee on behalf of Appellant Mortgage Electronic Registration Systems, Inc. (MERS), as the beneficiary and nominee for Appellant Quicken Loans Inc., and its successor and assigns.

On May 24, 1999, the Beets transferred their interest in the Dominguez Property to Kalvin and Julie Wilkinson. The Wilkinsons transferred their interest in the Dominguez Property to Manuel Dominguez who subsequently transferred his interest to Manuel and Maria Dominguez. The deed was recorded on July 24, 2018. Manuel and Maria Dominguez are the current owners of the Dominguez Property.

B. Procedural Background

On October 25, 2018, NHD filed a Complaint for Declaratory Judgment and Quiet Title seeking to quiet title to a thirty-three-foot-wide strip of land as described in the Deed of Right-of-Way in NHD. NHD also sought a declaratory judgment decreeing that it holds title to the thirty-three-foot-wide strip of land in fee simple . . . .

All parties moved for summary judgment. NHD asked the district court to grant summary judgment in its favor because there was no genuine issue of material fact that the Knights and the Dominguezes, as well as their predecessors in interest, were not bona fide purchasers. NHD argued that Appellants and their predecessors had notice of NHD's interest in the deeded right-of-way either pursuant to the recorded Deed of Right-of-Way or pursuant to the construction, use, maintenance, and physical possession of the Road by the public. Accordingly, NHD asserts that it acquired fee simple title to the property described in the right-of-way deed.

Appellants asked the district court to grant summary judgment in their favor . . . under what is known as the "Shelter Rule" since their predecessors in interest, *i.e.*, the Beets and the Downses, were bona fide purchasers. Therefore, NHD's interest in the right-of-way property is void as against Appellants.

Following a hearing, the district court entered its Order on Motions for Summary Judgment. The court held that Appellants are not protected under the Shelter Rule because they failed to prove their predecessors in interest were bona fide purchasers. The court explained that, because the Road has existed as a public highway since 1921, every subsequent purchaser had . . . notice of a possible adverse claim and therefore had a duty to inquire further, which Appellants failed to prove they did. . . .

II. STANDARD OF REVIEW

"When reviewing an order for summary judgment, the standard of review used by this Court is the same standard used by the district court in ruling on the motion." *Van v. Portneuf Med. Ctr.,* 147 Idaho 552, 556, 212 P.3d 982, 986 (2009). Summary judgment is appropriate "if the movant shows that there is no genuine dispute as to any material fact and the movant is entitled to judgment as a matter of law." I.R.C.P. 56(a). . . .

III. ANALYSIS

A. The district court erred in granting summary judgment in NHD's favor because there is a genuine issue of material fact as to what a reasonable investigation by Appellants' predecessors in interest would have revealed.

question

The primary question before the Court is whether Appellants acquired the status of bona fide purchasers under the "Shelter Rule," which protects a purchaser with notice if their predecessor in interest was an innocent purchaser. The district court held that Appellants did not acquire the status of bona fide purchasers under the Shelter Rule because their predecessors in interest were not bona fide purchasers since they all had . . . notice of the Road. In light of such . . . notice, Appellants' predecessors in interest were charged with a duty to inquire further, which would have revealed the existence of the right-of-way.

district court holding

Appellants contend that their predecessors in interest were bona fide purchasers because they only had notice of the Road as it has existed since 1921, *i.e.,* twenty-two feet in width, and that it is "outside the scope of a reasonable inquiry to check for a large and unused right of way simply because a road is present." NHD contends that Appellants' predecessors in interest were not bona fide purchasers because the existence of the Road itself provided . . . notice and imposed a duty to inquire further, which Appellants failed to prove they did. We agree that the existence of the Road provided Appellants' predecessors in interest with . . . notice of a potentially adverse ownership interest related to the road, thereby establishing a duty to inquire further. Nevertheless, we hold that there is a genuine issue of material fact as to what a reasonable investigation would have revealed.

appellant arg

NHD arg.

genuine issue of material fact →

Idaho Code section 55-812 provides that "[e]very conveyance of real property other than a lease for a term not exceeding one (1) year, is void as against any subsequent purchaser or mortgagee of the same property, or any part thereof, in good faith and for a valuable consideration, whose conveyance is first duly recorded." Accordingly, in a race-notice jurisdiction like Idaho, an unrecorded conveyance of real property is void against a subsequent purchaser of the same property where the subsequent purchaser takes the property in good faith and for valuable consideration and records their interest in the property first.

However, even if a subsequent purchaser is not a bona fide purchaser, if they took an interest in their property from a bona fide purchaser, they may be vicariously sheltered in the latter's protective status. This is known as the "Shelter Rule." The "Shelter Rule" is a common law doctrine that exists to "prevent the stagnation of property, and because the first purchaser, being entitled to hold and enjoy, must be equally entitled to sell." *Strekal v. Espe*, 114 P.3d 67, 74 (Colo. App. 2004). Many states have recognized the Shelter Rule in one form or another. *See, e.g., W. W. Planning, Inc. v. Clark*, 10 Ariz.App. 86, 456 P.2d 406, 409 (1969); *Reiner v. Danial*, 211 Cal.App.3d 682, 259 Cal.Rptr. 570, 574 (1989); *Strekal*, 114 P.3d at 74; *Schulte v. City of Detroit*, 242 Mich. 152, 218 N.W. 690, 690-91 (1928); *Swan Quarter Farms, Inc. v. Spencer*, 133 N.C.App. 106, 514 S.E.2d 735, 739 (1999); *Knowles v. Freeman*, 649 P.2d 532, 536 (Okla. 1982); *Duty v. Duty*, 276 Va. 298, 661 S.E.2d 476, 478-79 (2008); *Hawkes v. Hoffman*, 56 Wash. 120, 105 P. 156, 158 (1909).

The Shelter Rule was recognized by the Idaho Court of Appeals in *Sun Valley Land and Minerals, Inc. v. Burt*, 123 Idaho 862, 868, 853 P.2d 607, 613 (Ct. App. 1993):

> The "Shelter Rule" provides that one who is not a bona fide purchaser, but who takes an interest in property from a bona fide purchaser, may be sheltered in the latter's protective status. This rule is established in many jurisdictions. However, it has not been articulated in Idaho. Idaho code § 55-606, describing a bona fide purchaser, was adopted from a nearly identical section of the California Civil code, therefore it is presumed to carry the construction given by the jurisdiction from which the statute was taken. When construing their own statute, the California courts have established that a bona fide purchaser can transfer good title to a person who has notice of a prior adverse equity or right. *Jones v. Indep. Title Co.*, 23 Cal.2d 859, 147 P.2d 542 (1944); *Rose v. Knapp*, 153 Cal.App.2d 379, 314 P.2d 812 (1957).

***

Here, Appellants do not dispute that they are not bona fide purchasers because NHD recorded the Deed of Right-of-Way prior to Appellants taking an interest in their respective properties. Rather, Appellants rely on the Shelter Rule to protect their interests. Accordingly, the initial question is whether there is a bona fide purchaser in Appellants' chain of title. The answer to that question depends on whether Appellants' predecessors in interest had notice of the right-of-way, and whether such notice prompted a duty to inquire.

To be a bona fide purchaser of real property, one must have purchased the property in "good faith." I.C. § 55-812. "Good faith means a party purchased the property without knowing of any adverse claims to the property." *Sun Valley Hot Springs Ranch, Inc. v. Kelsey,* 131 Idaho 657, 661, 962 P.2d 1041, 1045 (1998). "[O]ne who fails to investigate the open and obvious inconsistent claim cannot take in good faith." *Tiller White, LLC v. Canyon Outdoor Media, LLC,* 160 Idaho 417, 419, 374 P.3d 580, 582 (2016).

Moreover, "[o]ne buying property in the possession of a third party is put upon notice of any claim of title or right of possession by such third party, which a reasonable investigation would reveal." *Langroise v. Becker,* 96 Idaho 218, 220, 526 P.2d 178, 180 (1974); *see also Villager Condo. Ass'n, Inc. v. Idaho Power Co.,* 121 Idaho 986, 990-91, 829 P.2d 1335, 1339-40 (1992) ("[W]hatever is notice enough to excite the attention of a man of ordinary prudence and prompt him to further inquiry, amount[s] to notice of all such facts as a reasonable investigation would disclose."). "When determining whether a party is a bona fide purchaser ... the Court must look at what notice the party had before and up to the time the party recorded its interest." *Sun Valley Hot Springs Ranch, Inc.,* 131 Idaho at 661, 962 P.2d at 1045.

We hold that the existence of the Road was sufficient to impart . . . notice to Appellants' predecessors in interest. Although NHD was only in physical possession of a portion of the land conveyed in the Deed of Right-of-Way and there were no physical indications on the property itself signifying that NHD had a claim to an additional twenty-two feet of highway from the centerline, the existence of the Road alone is notice enough to excite the attention of a reasonable person and prompt him or her to inquire further.

The next question is the pivotal one in this case: what would such an inquiry have disclosed? As mentioned above, such an inquiry "amount[s] to notice of all such facts as a *reasonable investigation* would disclose." *Villager Condo. Ass'n, Inc.,* 121 Idaho at 991, 829 P.2d at 1340 (emphasis added). The controlling words here are "reasonable investigation." The district court held that "a reasonable inquiry would have discovered the public highway right-of-way." However, neither party provided any evidence to support the court's holding. Rather, NHD argued during the summary judgment hearing that Appellants had a duty to contact NHD and ask whether they "are in possession of a portion of our property.... And at that point in time if the Nampa Highway District pulls out the deed of right-of-way and says, '[b]y virtue of this,' then, you know, they're obviously aware of what is occurring." However, NHD did not allege that they would have been able to produce the deed at the time the predecessors in interest to the Knights and Dominguezes took possession. In fact, there is no evidence in the record indicating why the deed was not recorded in 1941, where the deed was located from 1941 to 1989 (the year it was eventually recorded), or whether NHD was even aware that it possessed the deed over much of the forty-seven years it remained unrecorded, yet in its possession. Thus, based on NHD's statement and the lack of evidence in the record, there exists a genuine issue of material fact as to what a reasonable investigation would have disclosed.

Accordingly, we remand this case to the district court to determine what a reasonable investigation would have disclosed. If the facts show that a reasonable investigation would have revealed NHD's interest in the right-of-way, then Appellants' predecessors in interest were not bona fide purchasers. On the other hand, if the facts show that a reasonable investigation would not have revealed NHD's interest in the right-of-way, then Appellants' predecessors in interest were bona fide purchasers and Appellants would be sheltered in the latter's protective status. If that is the case, then the Deed of Right-of-Way cannot be enforced against Appellants.

***

IV. CONCLUSION

We reverse the district court's grant of summary judgment in favor of NHD and vacate its declaration that NHD is the fee simple titleholder of the right-of-way. Accordingly, we remand this case for further proceedings consistent with this decision. . . .

13.5.3

Wild Deeds

A deed is deemed a ***wild deed*** when such instrument is recorded outside the chain of title. With a wild deed, an instrument, even though filed in the recorder of deeds office, would not be deemed sufficiently recorded such as to impart constructive record notice. *Sabo v. Horvath*, excerpted below, discusses the concept of a wild deed.

13.5.3.1

Sabo v. Horvath
559 P.2d 1038 (Alaska 1976)

Alaska Supreme Court

BOOCHEVER, Chief Justice.

This appeal arises because Grover C. Lowery conveyed the same five-acre piece of land twice — first to William A. Horvath and Barbara J. Horvath and later to William Sabo and Barbara Sabo. Both conveyances were by separate documents entitled "Quitclaim Deeds." Lowery's interest in the land originates in a patent from the United States Government under 43 U.S.C. § 687a (1970) ("Alaska Homesite Law"). Lowery's conveyance to the Horvaths was prior to the issuance of patent, and his subsequent conveyance to the Sabos was after the issuance of patent. The Horvaths recorded their deed in the Chitna Recording District on January 5, 1970; the Sabos recorded their deed on December 13, 1973. The transfer to the Horvaths, however, predated patent and title, and thus the Horvaths' interest in the land was recorded "outside the chain of title." Mr. Horvath brought suit to quiet title, and the Sabos counterclaimed to quiet their title.

In a memorandum opinion, the superior court ruled that Lowery had an equitable interest capable of transfer at the time of his conveyance to the Horvaths and further said the transfer contemplated more than a "mere quitclaim" — it warranted patent would be transferred. The superior court also held that Horvath had the superior claim to the land because his prior recording had given the Sabos constructive notice for purposes of AS 34.15.290. The Sabos' appeal raises the following issues:

1. Under 43 U.S.C. § 687a (1970), when did Lowery obtain a present equitable interest in land which he could convey?

2. Are the Sabos, as grantees under a quitclaim deed, "subsequent innocent purchaser[s] in good faith"?

3. Is the Horvaths' first recorded interest, which is outside the chain of title, constructive notice to Sabo?

We affirm the trial court's ruling that Lowery had an interest to convey at the time of his conveyance to the Horvaths. We further hold that Sabo may be a "good faith purchaser" even though he takes by quitclaim deed. We reverse the trial court's ruling that Sabo had constructive notice and hold that a deed recorded outside the chain of title is a "wild deed" and does not give constructive notice under the recording laws of Alaska.

The facts may be stated as follows. Grover C. Lowery occupied land in the Chitna Recording District on October 10, 1964 for purposes of obtaining Federal patent. Lowery filed a location notice on February 24, 1965, and made his application to purchase on June 6, 1967 with the Bureau of Land Management (BLM). On March 7, 1968, the BLM field examiner's report was filed which recommended that patent issue to Lowery. On October 7, 1969, a request for survey was made by the United States Government. On January 3, 1970, Lowery issued a document entitled "Quitclaim Deed" to the Horvaths; Horvath recorded the deed on January 5, 1970 in the Chitna Recording District. Horvath testified that when he bought the land from Lowery, he knew patent and title were still in the United States Government, but he did not rerecord his interest after patent had passed to Lowery.

Following the sale to the Horvaths, further action was taken by Lowery and the BLM pertaining to the application for patent and culminating in issuance of the patent on August 10, 1973.

Almost immediately after the patent was issued, Lowery advertised the land for sale in a newspaper. He then executed a second document also entitled "quitclaim" to the Sabos on October 15, 1973. The Sabos duly recorded this document on December 13, 1973.

***

The first question this court must consider is whether Lowery had an interest to convey at the time of his transfer to the Horvaths. Lowery's interest was obtained pursuant to patent law 43 U.S.C. § 687a (1970) commonly called the "Alaska Home-site Law." Since Lowery's title to the property was contingent upon the patent ultimately issuing from the United States Government and since Lowery's conveyance to the Horvaths predated issuance of the patent, the question is "at what point in the pre-patent chain of procedures does a person have a sufficient interest in a particular tract of land to convey that land by quitclaim deed." *Willis* v. *City of Valdez,* 546 P.2d 570, 575 (Alaska 1976).

***

In *Willis v. City of Valdez, supra* at 578, we held that one who later secured a patent under the Solders' Additional Homestead Act had an interest in land which was alienable at the time that he requested a survey. Here, Lowery had complied with numerous requirements under the Homesite Law including those of occupancy, and the BLM had recommended issuance of the patent. Since 43 U.S.C. § 687a (1970) does not prohibit alienation, we hold that at the time Lowery executed the deed to the Horvaths he had complied with the statute to a sufficient extent so as to have an interest in the land which was capable of conveyance.

Since the Horvaths received a valid interest from Lowery, we must now resolve the conflict between the Horvaths' first recorded interest and the Sabos' later recorded interest.

The Sabos, like the Horvaths, received their interest in the property by a quitclaim deed. They are asserting that their interest supersedes the Horvaths under Alaska's statutory recording system. AS 34.15.290 provides that:

> A conveyance of real property . . . is void as against a subsequent innocent purchaser . . . for a valuable consideration of the property . . . whose conveyance is first duly recorded. An unrecorded instrument is valid . . . as against one who has actual notice of it.

Initially, we must decide whether the Sabos, who received their interest by means of a quitclaim deed, can ever be "innocent purchaser[s]" within the meaning of AS 34.15.290. Since a "quitclaim" only transfers the interest of the grantor, the question is whether a "quitclaim" deed itself puts a purchaser on constructive notice. Although the authorities are in conflict over this issue, the clear weight of authority is that a quitclaim grantee can be protected by the recording system, assuming, of course, the grantee purchased for valuable consideration and did not otherwise have actual or constructive knowledge as defined by the recording laws. We choose to follow the majority rule and hold that a quitclaim grantee is not precluded from attaining the status of an "innocent purchaser."

In this case, the Horvaths recorded their interest from Lowery prior to the time the Sabos recorded their interest. Thus, the issue is whether the Sabos are charged with constructive knowledge because of the Horvaths' prior recordation. Horvath is correct in his assertion that in the usual case a prior recorded deed serves as constructive notice pursuant to AS 34.15.290, and thus precludes a subsequent recordation from taking precedence. Here, however, the Sabos argue that because Horvath recorded his deed prior to Lowery having obtained patent, they were not given constructive notice by the recording system. They contend that since Horvaths' recordation was outside the chain of title, the recording should be regarded as a "wild deed."

It is an axiom of hornbook law that a purchaser has notice only of recorded instruments that are within his "chain of title." If a grantor (Lowery) transfers prior to obtaining title, and the grantee (Horvath) records prior to title passing, a second

648

grantee who diligently examines all conveyances under the grantor's name from the date that the grantor had secured title would not discover the prior conveyance. The rule in most jurisdictions which have adopted a grantor-grantee index system of recording is that a "wild deed" does not serve as constructive notice to a subsequent purchaser who duly records.

Alaska's recording system utilizes a "grantor-grantee" index. Had Sabos searched title under both grantor's and grantee's names but limited his search to the chain of title subsequent to patent, he would not be chargeable with discovery of the pre-patent transfer to Horvath.

On one hand, we could require Sabo to check beyond the chain of title to look for pretitle conveyances. While in this particular case the burden may not have been great, as a general rule, requiring title checks beyond the chain of title could add a significant burden as well as uncertainty to real estate purchases. To a certain extent, requiring title searches of records prior to the date of a grantor acquired title would thus defeat the purposes of the recording system. The records as to each grantor in the chain of title would theoretically have to be checked back to the later of the grantor's date of birth or the date when records were first retained.

On the other hand, we could require Horvath to rerecord his interest in the land once title passes, that is, after patent had issued to Lowery. As a general rule, rerecording an interest once title passes is less of a burden than requiring property purchasers to check indefinitely beyond the chain of title.

It is unfortunate that in this case due to Lowery's double conveyances, one or the other party to this suit must suffer an undeserved loss. We are cognizant that in this case, the equities are closely balanced between the parties to this appeal. Our decision, however, in addition to resolving the litigants' dispute, must delineate the requirements of Alaska's recording laws.

Because we want to promote simplicity and certainty in title transactions, we choose to follow the majority rule and hold that the Horvaths' deed, recorded outside the chain of title, does not give constructive notice to the Sabos and is not "duly recorded" under the Alaskan Recording Act, AS 34.15.290. Since the Sabos' interest is the first duly recorded interest and was recorded without actual or constructive knowledge of the prior deed, we hold that the Sabos' interest must prevail. The trial court's decision is accordingly.

REVERSED.

1 AS 34.15.290 states:

> A conveyance of real property in the state hereafter made, other than a lease for a term not exceeding one year, is void as against a subsequent innocent purchaser or mortgagee in good faith for a valuable consideration of the property or a portion of it, whose conveyance is first duly recorded. An unrecorded instrument is valid as between the parties to it and as against one who has actual notice of it.

2 Because we hold Lowery had a conveyable interest under the Federal statute, we need not decide issues raised by the parties regarding after-acquired property and the related issue of estoppel by deed.

13.5.3.2

Discussion: Notes, Questions, and Problems

13.5.3.2.1

Discussion Note #13. Estoppel by deed

Generally, under the doctrine of ***estoppel by deed***, if a grantor by warranty deed purports to convey property the grantor does not own and subsequently the grantor obtains title to that property, the grantor cannot deny the grantee's title. In fact, when the doctrine applies, title is automatically deemed to be in the hands of the grantee when it is actually acquired by the grantor. Footnote 2 in *Sabo v. Horvath*, excerpted above, provides the following: "Because we hold Lowery had a conveyable interest under the Federal statute, we need not decide issues raised by the parties regarding after-acquired property and the related issue of estoppel by deed." Another reason why the *Sabo* court did not need to address the doctrine of estoppel by deed is because Lowery conveyed his interest by quitclaim deed, rather than by warranty deed, and the doctrine of estoppel by deed generally only applies when the grantor warrants the title the grantor is purporting to convey.

14

Chapter 14 · Landlord Tenant

We introduced leasehold estates in Chapter 8 and noted that we would explore them in earnest in this chapter and that moment has now arrived. Many of you have likely entered into *residential* leases. Thus, we expect that several of the concepts in this chapter will be familiar to you. Some of you may also have familiarity with *commercial* leases—which involve nonresidential use, such as retail or office use.

When you entered into a lease, you likely signed a written lease agreement delineating the terms of the lease. As you will see from the cases, there is a tension in landlord tenant law as to whether a lease is primarily a conveyance or a contract. This tension is often characterized as a struggle between the primacy of the *conveyance theory* and the *contract theory*. Under the conveyance theory, a lease is primarily viewed as a conveyance of an estate in land. The contract theory primarily views the lease more as a contract between a landlord and a tenant. Under the conveyance theory, covenants are generally independent, such that a breach by one party does not relieve the other party of their obligation to comply with their covenants in the lease. In other words, a breach could lead to damages, but does not relieve the other party of compliance with their obligations. There is an exception to covenants being independent, however, even under the conveyance theory. If the landlord denies the tenant *possession* of the premises, then, even under the conveyance theory, the tenant would be relieved of the obligation to pay rent. When a lease is treated instead primarily as a contract rather than as a conveyance, certain material covenants beyond possessory covenants may be deemed dependent rather than independent. Keep these theories in mind as you read the cases.

Also, keep in mind the distinction between residential and commercial leases as you analyze the respective duties of landlords and tenants. Before we turn to such duties, however, we start this chapter by describing the types of leasehold estates.

14.1

Classification of Leasehold Estates and Statute of Frauds

Of the leasehold estates, two of them—the tenancy for a fixed term and the periodic tenancy—are created expressly by agreement of the parties. A ***tenancy for a fixed term*** (also referred to as an estate for years) has a computable period and certainty of duration. In fact, the death of the landlord or the tenant does not terminate the tenancy for a fixed term. Rather, the tenancy for a fixed term terminates automatically at the date set in the lease. Thus, no notice is needed for the tenancy for a fixed term to terminate. A ***periodic tenancy*** is a lease that provides for identical periods (*e.g.,* month to month; year to year) and continues for successive periods until the landlord or the tenant provides proper notice to terminate. If proper notice is not provided, the periodic tenancy automatically extends to another period.

The third type of leasehold estate—the tenancy at will—could be created expressly or could be inferred by the facts. A ***tenancy at will*** has no period of duration. Traditionally, the tenancy at will depended on the ongoing assent of both parties and could be terminated at the will of either the landlord or the tenant. Several modern statutes require some notice to be provided before termination of a tenancy at will.

The fourth type of leasehold estate, which is not truly much of a tenancy at all—the tenancy at sufferance—is inferred from the facts. A ***tenancy at sufferance***, also referred to as a holdover, results when a tenant who was originally in lawful possession remained in possession after the lease expired. Under the common law, when faced with a holdover tenant, the landlord could bring an action to evict the holdover tenant or the landlord could elect to extend the lease for another term.

Another important issue to consider when first analyzing leases is the applicability of the Statute of Frauds. Every State has a ***Statute of Frauds*** that mandates a writing and other requirements for conveyances of interests in real property to be enforceable. Recall in Chapter 13 that the court in *Fici v. Koon*, excerpted above, analyzed the applicability of the Statute of Frauds to a contract of sale of real property. Because a leasehold interest is an interest in land, the Statute of Frauds applies to leases as well. Typically, there is an exception for leases that do not exceed one year. Thus, an oral lease of one year or less would not violate the Statute of Frauds. As you will see, however, in *Kusper v. Poll Farms, Inc.*, excerpted below, the exception in some states is for leases that do not exceed three years.

14.1.1

S. S. Air, Inc. v. City of Vidalia
628 S.E.2d 117 (Ga. Ct. App. 2006)

Court of Appeals of Georgia

Miller, Judge.

Aileen Nobles and S. S. Air, Inc. ("S. S. Air"), hold ownership interests in an aircraft hangar that was installed on real property owned by the City of Vidalia (the "City"). Following a hearing, the Superior Court of Toombs County entered an order allowing the City to remove the hangar from its property at appellants' expense. S. S. Air and Nobles appeal, contending that this ruling was erroneous. We discern no error and affirm.

The relevant evidence reveals that the City allowed Piggly Wiggly Southern, Inc. ("Piggly Wiggly"), to build an aircraft hangar on City property that was being used for an airport. Nobles purchased the hangar from Piggly Wiggly, and in 1998 entered into a lease-purchase agreement with S. S. Air. S. S. Air used the hangar to store airplanes, boats, light fixtures, and office equipment; and it has charged rental fees to others whom it has allowed to use the hangar. The hangar is bolted to a concrete slab, allowing for its disassembly, removal, and reassembly elsewhere.

No formal lease agreement exists between the City and S. S. Air and Nobles that requires them to pay rent to the City for allowing them to maintain their hangar on City property. No one has paid rent to the City in connection with the hangar since 2001.

The City pursued purchasing the hangar, but when these efforts proved unsuccessful, the City decided that it simply wanted to have the hangar removed from its property. The City then filed a petition for dispossessory and for injunctive relief to compel S. S. Air and Nobles to remove the hangar. Following a hearing, the trial court ordered S. S. Air and Nobles to remove the hangar at their expense. S. S. Air and Nobles appealed this ruling to the Supreme Court of Georgia, but the case was then transferred to this Court.

The central issue on appeal is whether the trial court properly determined that a landlord-tenant relationship existed between the City and appellants that would permit the removal of appellants' hangar from City property at appellants' expense. For the reasons that follow, we hold that the trial court did not err in reaching its conclusions.

A landlord-tenant relationship "is created when the owner of real estate grants to another person, who accepts such grant, the right simply to possess and enjoy the use of such real estate either for a fixed time or at the will of the grantor." OCGA § 44-7-1 (a). A landlord-tenant relationship may exist even where the purported tenant is not required to pay rent, since "[t]he payment of rent is not essential to the creation of a tenancy at will." *May v. May,* 165 Ga. App. 461, 462 (1) (300 SE2d 215) (1983). It is undisputed that the City owned the property on which appellants maintained their hangar and that the appellants had been maintaining the hangar on City property rent free since 2001. Evidence supported the trial court's conclusion that a landlord-tenant relationship existed between the City and appellants.

As a landlord, the City had the right to seek possession of its land from its tenants. Indeed, appellants had no formal agreement with the City entitling them to extend their stay on City property, and the City could therefore elect to remove them at any time. As tenants at will, appellants were obligated to remove any "trade fixtures" from the landlord's property upon notification by the City of the expiration of the lease term:

> During the term of his tenancy or any continuation thereof or while he is in
> possession under the landlord, a tenant may remove trade fixtures erected

by him. After the term and his possession are ended, any trade fixtures remaining will be regarded as abandoned for the use of the landlord and will become the landlord's property.

OCGA§ 44-7-12; see also *Youngblood & Harris v. Eubank,* 68 Ga. 630, 634 (1882) ("[T]he tenant must remove his fixtures before he quits possession on the termination of his lease. And when a tenant quits possession without removing a fixture, he is understood as making dedication of it to the landlord. . .").

***

The trial court did not err in concluding that a landlord-tenant relationship existed between the City and appellants. Accordingly, appellants were obligated to remove their trade fixture — in this case the aircraft hangar — at their own expense upon the request of the City.

***

Judgment affirmed.

14.1.2

Kusper v. Poll Farms, Inc.
649 F. Supp. 2d 917 (N.D. Ind. 2009)

United States District Court for the Northern District of Indiana

PHILIP P. SIMON, District Judge.

Gordon Poll and Poll Farms produced hogs on farmland that they leased from Joseph, Kathleen, and Laverne Kusper. The Kuspers are now suing Poll and Poll Farms for two counts of breach of contract, promissory estoppel, and unjust enrichment all relating to the lease of the farmland. . . .

I. BACKGROUND

On April 1, 2000, the Kuspers entered into an agreement with David Pursifull to lease certain farmland and farm buildings to Pursifull for the purpose of producing hogs. Pursifull's obligations under the Lease were guaranteed by Poll Farms via a separate guaranty agreement. The term of the original Lease was to run from April 1, 2000 to December 31, 2007, with an option to renew the lease for an additional four years. Notably, the Lease contained a provision that "[a]ny amendments to [the] Lease shall be in writing and signed by the Landlord and Tenant" and that "no oral or verbal amendment, express or implied, shall be valid."

On December 6, 2000, the Kuspers and Pursifull executed a written amendment to the Lease. The First Amendment did three things: (1) it extended the lease term for an additional six months, through June 30, 2008; (2) it reduced the monthly rent from $10,000 monthly to $5,000 monthly for the months of January 2001 through April 2001; and (3) it shifted the dates of Pursifull's four-year renewal option to reflect the six-month extension of the initial lease term. Then on February 1, 2001, the Pursifull assigned his interests in the lease to Poll and Poll Farms by way of a letter agreement approved by the Kuspers.

Kuspers claim

The Kuspers claim that the Parties entered into a Second Amendment to the Lease on or around May 26, 2005. The Second Amendment purports to do the following: (1) retroactively reduce monthly rent payments to $5,000 monthly for the period of May 2001 through December 2003; (2) extend the Lease term through February 28, 2011; and (3) allow Poll to lease a farm house located on the property for an additional $600 per month for the term of the Lease. The parties never signed this Second Amendment, but the Kuspers contend both parties performed their obligations pursuant to its terms. Specifically, Poll paid the reduced rent payments from May 2001 through December 2003; and the Kuspers accepted these payments based on Poll's later representations that they were operating under the Second Amendment.

At some point in 2008 (the exact timing is not clear from the Complaint), Poll decided he was no longer interested raising hogs at the Kuspers' farm yet he didn't vacate the premises, all of which prompted this lawsuit. The Complaint was filed in LaPorte Superior Court, and Defendants removed this case to federal court alleging diversity jurisdiction. The Complaint alleges Poll breached the First Amendment by failing to leave by June 30, 2008 and by failing to pay the full rent from May 2001 to

December 2003 (Count One).The Kuspers claim alternatively that Poll breached the Second Amendment by failing to continue the lease of the farm through February 2011 (Count Two). . . .

II. DISCUSSION

***

Polls seeks dismissal of Count Two of the Complaint which deals with the breach of the Second Amendment to the Lease which was never signed by the parties. Poll contends that allowing the Kuspers to proceed on this claim would run afoul of Indiana's statute of frauds. In order to fully understand the issue I must review Indiana's statute of frauds and some Indiana Supreme Court cases with a lot of dust on them.

Like most statutes of fraud, Indiana's version provides that certain contracts are unenforceable unless they are in writing and signed by the party against whom the action is brought. *See* Ind.Code § 32-21-1-1. The requirement that certain contracts be written and signed applies to six categories of contracts, including:

> (4) ... any contract for the sale of land; [and]

> (5) ... any agreement that is not to be performed within one year from the making of the agreement.

Ind.Code §§ 32-21-1-1 (1)(b)(4), 32-21-1-1(l)(b)(5). But the statute of frauds "does not apply to a lease for a term of not more than three years." Ind.Code § 32-21-1-1(l)(a). Therefore, a lease for more than three years — like the Second Amendment at issue in this case — falls within the statute of frauds, and must be signed and in writing in order to be binding. *See Soroka v. Knott,* 90 IndApp. 649, 168 N.E. 703, 705 (1929).

In Indiana, the doctrine of part performance removes some contracts out of the statute of frauds. *See Coca-Cola Co. v. Babyback's Int'l, Inc.,* 841 N.E.2d 557, 566 (Ind.2006). The doctrine is based on the rationale that equity will not permit a party who breaches an oral agreement to invoke the statute of frauds where the other party has performed his part of the agreement to such an extent that repudiation of the contract would lead to an unjust or fraudulent result. . . .

This begs the question: does a lease of real property for more than three years fall within subsection (b)(4) or (b)(5) of the statute of frauds? There are persuasive arguments for both. On the one hand, a lease agreement may be broadly considered a "sale of land" because it conveys an interest in real property. Conversely, a lease agreement for a term of multiple years cannot be performed within one year, and would seem to fit within the subsection (b)(5) category of contracts. Fortunately, and for better or worse, the Indiana courts have provided an answer to that question by holding long ago that lease agreements involving real property are sales of land falling under subsection (b)(4) — not subsection (b)(5) — of the statute of frauds. *See, e.g., St. Joseph Hydraulic Co. v. Globe Tissue-Paper Co.,* 156 Ind. 665, 59 N.E. 995, 998-99 (1901); *Railsback v. Walke,* 81 Ind. 409, 1882 WL 6118 at *2 (Ind.1882); *Sourbier v. Claman,* 101 Ind.App. 679, 200 N.E. 721, 724-25 (1936). Accordingly, the Indiana courts have also held that the doctrine of part performance applies to leases of more than three years. *See id.*

Defendants implore me to find that these cases, in particular *St. Joseph Hydraulic,* do not reflect the current state of Indiana law. In essence, they are asking me to overturn precedent that has been considered good law in Indiana for nearly a century. That's an odd thing to ask a federal judge presiding over a diversity action to do. Perhaps Defendants would have faired better by not removing the case to federal court, thus giving themselves an opportunity to argue for a change in the law through the state court system. But my job is to apply state law as the Indiana Supreme Court announces it and not to modify it as Poll tacitly asks me to do. *See Birchler v. Gehl,* 88 F.3d 518, 521 (7th Cir.1996).

And in any event, Defendants' arguments are unpersuasive on this point. To make their case, Defendants rely primarily on the Indiana Supreme Court's recent decision in *Coca-Cola* and its much earlier decision *in Fleming,* 103 Ind. 105, 2 N.E. 325 (1885). In *Wolke,* a landlord invoked the doctrine of part performance to enforce an oral assignment of a ten year lease against the assignee who was in possession of the property. *Wolke,* 2 N.E. at 326. The assignee argued that part performance did not apply because the assignment was a contract that could not be performed in one year. *Id.* The Indiana Supreme Court declined to address whether this provision of the statute of frauds had applicability to contracts conveying an interest in land, but acknowledged previous cases held that it did not. *Id.* at 328. The court ultimately decided the issue on other grounds, but commented "[i]t is difficult to conceive any reason why the doctrine of part performance does not apply to a lease." *Id.* at 329.

In *Coca-Cola,* the Indiana Supreme Court affirmed the well established principle that the doctrine of part performance does not excuse a contract not to be performed in one year from the statute of frauds. *Coca-Cola,* 841 N.E.2d at 566. The contract at issue in *Coca-Cola* was a multi-year marketing agreement, so the court had no opportunity to discuss leases for real property. *See id.* And like *Wolke,* the *Coca-Cola* decision did not overturn precedent holding that leases are considered sales of land under the statute of frauds. Thus *Wolke* and *Coca-Cola* have limited applicability to this case. I am not aware of, nor has Poll presented, any case law overturning *St. Joseph Hydraulic.* Therefore, the Kuspers may rely on the doctrine of part performance to pursue their breach of contract claim as to the Second Amendment to the Lease.

***

III. CONCLUSION

For the reasons stated above, Defendants' Motion for Judgment on the Pleadings is GRANTED IN PART and DENIED IN PART....

SO ORDERED.

14.1.3

Discussion: Notes, Questions, and Problems

14.1.3.1

Discussion Note #1. Statute of Frauds for leases

Read carefully the following excerpt of Fla. Stat. § 689.01 to discern its requirement for leases. Also review Fla. Stat. § 725.01 for the requirements for agreements into leases.

689.01. How real estate conveyed—

(1) No estate or interest of freehold, or for a term of more than 1 year, or any uncertain interest of, in, or out of any messuages, lands, tenements, or hereditaments shall be created, made, granted, transferred, or released in any manner other than by instrument in writing, signed in the presence of two subscribing witnesses by the party creating, making, granting, conveying, transferring, or releasing such estate, interest, or term of more than 1 year, or by the party's lawfully authorized agent, unless by will and testament, or other testamentary appointment, duly made according to law; and no estate or interest, either of freehold, or of term of more than 1 year, or any uncertain interest of, in, to, or out of any messuages, lands, tenements, or hereditaments, shall be assigned or surrendered unless it be by instrument signed in the presence of two subscribing witnesses by the party so assigning or surrendering, or by the party's lawfully authorized agent, or by the act and operation of law; provided, however, that no subscribing witnesses shall be required for a lease of real property or any such instrument pertaining to a lease of real property. . . .

725.01. Promise to pay another's debt, etc.—No action shall be brought . . . upon any contract for the sale of lands, tenements or hereditaments, or of any uncertain interest in or concerning them, or for any lease thereof for a period longer than 1 year, or upon any agreement that is not to be performed within the space of 1 year from the making thereof, . . . unless the agreement or promise upon which such action shall be brought, or some note or memorandum thereof shall be in writing and signed by the party to be charged therewith or by some other person by her or him thereunto lawfully authorized.

[handwritten margin note: signed + 2 witnesses]

[handwritten margin note: signed by party to be charged]

14.1.3.2

Discussion Question #2. Statute of Frauds and modification or rescission of a lease?

If a lease must be in writing pursuant to the Statute of Frauds because the term of the lease exceeds one year, would a modification or rescission of the lease also have to be in writing? *See Gee v. Nieberg*, 501 S.W.2d 542 (Mo. Ct. App. 1973).

14.1.3.3   *recission: termination*

Discussion Question #3. Termination of tenancy at will?

In *S. S. Air, Inc. v. City of Vidalia*, excerpted above, the court held that a tenancy at will had been created and, thus, the City—as the landlord—could terminate the landlord-tenant relationship. What if, instead, in *S. S. Air, Inc. v. City of Vidalia*, it had been the tenant who desired to terminate the relationship? Could the City have required the tenant to remain as a tenant?

14.2

Duty to Deliver Possession

The *sine qua non* of a lease is the transfer of possession to a tenant. As you read *Hannan v. Dusch*, excerpted below, ask yourselves whether, in the absence of an express covenant regarding the landlord's **duty to deliver possession**, there is an implied duty on a landlord as to delivery of possession? Pay careful attention to the difference between the American rule and the English rule regarding the landlord's duty to deliver possession.   *right to possession is critical*

14.2.1

Hannan v. Dusch
153 S.E. 824 (Va. 1930)

Supreme Court of Appeals of Virginia

Prentis, C. J.,

delivered the opinion of the court.

The declaration filed by the plaintiff, Hannan, against the defendant, Dusch, alleges that Dusch had on August 31, 1927, leased to the plaintiff certain real estate in the city of Norfolk, Virginia, therein described, for fifteen years, the term to begin January 1, 1928, at a specified rental; that it thereupon became and was the duty of the defendant to see to it that the premises leased by the defendant to the plaintiff should be open for entry by him on January 1, 1928, the beginning of the term, and to put said petitioner in possession of the premises on that date; that the petitioner was willing and ready to enter upon and take possession of the leased property, and so informed the defendant; yet the defendant failed and refused to put the plaintiff in possession or to keep the property open for him at that time or on any subsequent date; and that the defendant suffered to remain on said property a certain tenant or tenants who occupied a portion or portions thereof, and refused to take legal or other action to oust said tenants or to compel their removal from the property so occupied. Plaintiff alleged damages which he had suffered by reason of this alleged breach of the contract and deed, and sought to recover such damages in the action. There is no express covenant as to the delivery of the premises nor for the quiet possession of the premises by the lessee.

The defendant demurred to the declaration on several grounds, one of which was "that under the lease set out in said declaration the right of possession was vested in said plaintiff and there was no duty as upon the defendant, as alleged in said declaration, to see that the premises were open for entry by said plaintiff."

The single question of law therefore presented in this case is whether a landlord, who without any express covenant as to delivery of possession leases property to a tenant, is required under the law to oust trespassers and wrongdoers so as to have it open for entry by the tenant at the beginning of the term—that is, whether without an express covenant there is nevertheless an implied covenant to deliver possession.

663

For an intelligent apprehension of the precise question it may be well to observe that some questions somewhat similar are not involved.

It seems to be perfectly well settled that there is an implied covenant in such cases on the part of the landlord to assure to the tenant the legal right of possession—that is, that at the beginning of the term there shall be no legal obstacle to the tenant's right of possession. This is not the question presented. Nor need we discuss in this case the rights of the parties in case a tenant rightfully in possession under the title of his landlord is thereafter disturbed by some wrongdoer. In such case the tenant must protect himself from trespassers, and there is no obligation on the landlord to assure his quiet enjoyment of his term as against wrongdoers or intruders.

Of course, the landlord assures to the tenant quiet possession as against all who rightfully claim through or under the landlord.

The discussion then is limited to the precise legal duty of the landlord in the absence of an express covenant, in case a former tenant, who wrongfully holds over, illegally refuses to surrender possession to the new tenant. This is a question about which there is a hopeless conflict of the authorities. It is generally claimed that the weight of the authority favors the particular view contended for. There are, however, no scales upon which we can weigh the authorities. In numbers and respectability they may be quite equally balanced.

It is then a question about which no one should be dogmatic, but all should seek for that rule which is supported by the better reason.

That great annotator, Hon. A. C. Freeman, has collected the authorities as they were at the time he wrote, in 1909, in a note to Sloan v. Hart (150 N. C. 269, 63 S. E. 1037), 134 Am. St. Rep. 916. We shall quote from and paraphrase that note freely because it is the most succinct and the most comprehensive discussion of the question with which we are familiar.

It is conceded by all that the two rules, one called the English rule, which implies a covenant requiring the lessor to put the lessee in possession, and that called the American rule, which recognizes the lessee's legal right to possession, but implies no such duty upon the lessor as against wrongdoers, are irreconcilable.

The English rule is that in the absence of stipulations to the contrary, there is in every lease an implied covenant on the part of the landlord that the premises shall be open to entry by the tenant at the time fixed by the lease for the beginning of his term. . . .

***

It must be borne in mind, however, that the courts which hold that there is such an implied covenant do not extend the period beyond the day when the lessee's term begins. If after that day a stranger trespasses upon the property and wrongfully obtains or withholds possession of it from the lessee, his remedy is against the stranger and not against the lessor.

It is not necessary for either party to involve himself in uncertainty, for by appropriate covenants each may protect himself against any doubt either as against a tenant then in possession who may wrongfully hold over by refusing to deliver the possession at the expiration of his own term, or against any other trespasser.

In Rhodes v. Purvis, 74 Ark. 227, 85 S. W. 235, the lessor agreed that the term should commence "from the date of occupancy, which shall commence as soon as vacated by the present occupants." He was not able to eject them as soon as contemplated, and it was held that this provision exempted him from any liability to the new tenant for failure to deliver possession prior to such vacation by the tenants in possession.

As has been stated, the lessee may also protect himself by having his lessor expressly covenant to put him in possession at a specified time, in which case, of course, the lessor is liable for breach of his covenant where a trespasser goes into possession, or wrongfully holds possession, and thereby wrongfully prevents the lessee from obtaining possession. Snodgrass v. Reynolds, 79 Ala. 452, 58 Am. Rep. 601.

***

[A] case which supports the English rule is Herpolsheimer v. Christopher, 76 Neb. 352, 107 N. W. 382, 111 N. W. 359, 9 L. R. A. (N. S.) 1127,14 Ann. Cas. 399, note. In that case the court gave these as its reasons for following the English rule: "We deem it unnecessary to enter into an extended discussion, since the reasons pro and con are fully given in the opinions of the several courts cited. We think, however, that the English rule is most in consonance with good conscience, sound principle, and fair dealing. Can it be supposed that the plaintiff in this case would have entered into the lease if he had known at the time that he could not obtain possession on the 1st of March, but that he would be compelled to begin a lawsuit, await the law's delays, and follow the case through its devious turnings to an end before he could hope to obtain possession of the land he had leased? Most assuredly not. It is unreasonable to suppose that a man would knowingly contract for a lawsuit, or take the chance of one. Whether or not a tenant in possession intends to hold over or assert a right to future term may nearly always be known to the landlord, and is certainly much more apt to be within his knowledge than within that of the prospective tenant. Moreover, since in an action to recover possession against a tenant holding over, the lessee would be compelled largely to rely upon the lessor's testimony in regard to the facts of the claim to hold over by the wrongdoer, it is more reasonable and proper to place the burden upon the person within whose knowledge the facts are most apt to lie. We are convinced, therefore, that the better reason lies with the courts following the English doctrine, and we therefore adopt it, and hold that, ordinarily, the lessor impliedly covenants with the lessee that the premises leased shall be open to entry by him at the time fixed in the lease as the beginning of the term."

In commenting on this line of cases, Mr. Freeman says this: "The above rule practically prohibits the landlord from leasing the premises while in the possession of a tenant whose term is about to expire, because notwithstanding the assurance on the part of the tenant that he will vacate on the expiration of his term, he may change his mind and wrongfully hold over. It is true that the landlord may provide for such a contingency by suitable provisions in the lease to the prospective tenant, but it is equally true that the prospective tenant has the privilege of insisting that his prospective landlord expressly agree to put him in possession of the premises if he imagines there may be a chance for a lawsuit by the tenant in possession holding over. It seems to us that to raise by implication a covenant on the part of the landlord to put the tenant into possession is to make a contract for the parties in regard to a matter which is equally within the knowledge of both the landlord and tenant."

So let us not lose sight of the fact that under the English rule a covenant which might have been but was not made is nevertheless implied by the court, though it is manifest that each of the parties might have provided for that and for every other possible contingency relating to possession by having express covenants which would unquestionably have protected both.

Referring then to the American rule: Under that rule, in such cases, "the landlord is not bound to put the tenant into actual possession, but is bound only to put him in legal possession, so that no obstacle in the form of superior right of possession will be interposed to prevent the tenant from obtaining actual possession of the demised premises. If the landlord gives the tenant a right of possession he has done all that he is required to do by the terms of an ordinary lease, and the tenant assumes the burden of enforcing such right of possession as against all persons wrongfully in possession, whether they be trespassers or former tenants wrongfully holding over."

. . . .

So that, under the American rule, where the new tenant fails to obtain possession of the premises only because a former tenant wrongfully holds over, his remedy is against such wrongdoer and not against the landlord—'this because the landlord has not covenanted against the wrongful acts of another and should not be held responsible for such a tort unless he has expressly so contracted. This accords with the general rule as to other wrongdoers, whereas the English rule appears to create a specific exception against lessors. It does not occur to us now that there is any other instance in which one clearly without fault is held responsible for the independent tort of another in which he has neither participated nor concurred and whose misdoings he cannot control.

***

In Snider v. Deban, 249 Mass. 59, 144 N. E. 69, the same question was presented. The lease was silent as to the delivery of possession, the former tenant wrongfully refused to vacate the premises, and there was no evidence of collusion on the part of the lessor. After stating the conflict in the authorities, citing them, and showing that eases in which the lessor expressly agrees to put the lessee in possession, or where there is an unexpired term of a previous lessee, have no application, the court adheres to the American rule, saying: "It is founded on the theory that the implied covenants of the lessor are that the premises are, and shall be, free and unencumbered for the term of the lease, but that there is no warranty against the acts of strangers. The lessee is entitled, as of right, under the implied covenant of the lease, to enter upon and enjoy the premises for the entire term. There is a breach of this implied covenant when the premises are in possession of anyone under a superior right as of a tenant under an unexpired term, or of one claiming under a paramount title. But there is no breach of this implied covenant when a party is in possession, wrongfully holding after the expiration of a pre-existing lease. He is a pure wrongdoer. A lessor makes no covenant against such a wrongdoer any more than against a wrongdoer who, without right, and without warranty from the land-lord, expels the tenant after the term has begun."

Another recent American case is Rice v. Biltmore Apartment Co., 141 Md. 514, 119 Atl. 364, in which this is said: "But aside from that it affirmatively appears from the declaration that the plaintiff had leased the property to Bear from the 1st day of October, 1920, but it does not appear that he covenanted or agreed in that lease to put Bear in possession. Under these circumstances while the law will imply a covenant to protect a tenant against a paramount title or against anyone claiming under the lessor, it will not imply a covenant to protect the lessee against a stranger or a mere trespasser wrongfully in possession of the property, such as a tenant holding over after the expiration of his term, but as to such wrongdoer it remits the lessee to the assertion and establishment in the proper forum of the title and right of possession granted to him under the lease. The rule as thus stated is not universally approved, but it is, we think, supported by the weight of authority, and has been accepted by this court."

***

There are some underlying fundamental considerations. Any written lease, for a specific term, signed by the lessor and delivered is like a deed signed, sealed and delivered by the grantor. This lease for fifteen years is, and is required to be, by deed. It is a conveyance. During the term the tenant is substantially the owner of the property, having the right of possession, dominion and control over it. Certainly, as a general rule, the lessee must protect himself against trespassers or other wrongdoers who disturb his possession. It is conceded by those who favor the English rule, that should the possession of the tenant be wrongfully disturbed the second day of the term, or after he has once taken possession, then there is no implied covenant on the part of his landlord to protect him from the torts of others. The English rule seems to have been applied only where the possession is disturbed on the first day, or perhaps more fairly expressed, where the tenant is prevented from taking possession on the first day of his term; but what is the substantial difference between invading the lessee's right of possession on the first or a later day? To apply the English rule you must imply a covenant on the part of the landlord to protect the tenant from the tort of another, though he has entered into no such covenant. This seems to be a unique exception, an exception which stands alone in implying a contract of insurance on the part of the lessor to save his tenant from all the consequences of the flagrant wrong of another person. Such an obligation is so unusual and the prevention of such a tort so impossible as to make it certain, we think, that it should always rest upon an express contract.

For the reasons which have been so well stated by those who have enforced the American rule, our judgment is that there is no error in the judgment complained of.

***

We are confirmed in our view by the Virginia statute, providing a summary remedy for unlawful entry or detainer, Code, section 5445, et seq. The adequate, simple and summary remedy for the correction of such a wrong provided by the statute was clearly available to this plaintiff. It specifically provides that it shall lie for one entitled to possession "in any case in which a tenant shall detain the possession of land after his right has expired without the consent of him who is entitled to possession." Section 5445.

***

The plaintiff alleges in his declaration as one of the grounds for his action that the defendant suffered the wrongdoer to remain in possession, but the allegations show that he it was who declined to assert bis remedy against the wrongdoer, and so he it was who permitted the wrongdoer to retain the possession. Just why he valued his legal right to the possession so lightly as not to assert it in the effective way open to him does not appear. Whatever ethical duty in good conscience may possibly have rested upon the defendant, the duty to oust the wrongdoer by the summary remedy provided by the unlawful detainer statute clearly rested upon the plaintiff. . The law helps those who help themselves, generally aids the vigilant, but rarely the sleeping, and never the acquiescent.

Affirmed.

Epes, J.,

concurring: I concur in the conclusions reached by the chief justice in the opinion in this case, because of the fact that under the provisions of the law of Virginia (Code, section 5445, etc.), a lessor, having made a lease to take effect immediately upon termination of an expiring lease, appears to have been left without power or process to himself evict a tenant under the expiring lease, who tortiously holds over on the day succeeding the termination of his lease, and therefore the power to evict being denied by law to the lessor, no covenant to put the new tenant into possession should or can be properly implied.

But I am further of the opinion that what is stated to be the English rule in the opinion of the chief justice is the law under the common law, and that in the absence of a statute which by express provision or necessary implication changes this common law, it is the law of Virginia on the subject. If at any time the statutes of Virginia be so amended as to permit the lessor after the moment of the expiration of the prior lease to evict his tenant tortiously holding over under the expiring lease, I am of opinion that the English rule, the rule of the common law, will again become the law of the land in Virginia.

14.2.2

Discussion: Notes, Questions, and Problems

14.2.2.1

Discussion Question #4. Concurring opinion in Hannan v. Dusch?

What was the reasoning behind Judge Epes' concurring opinion in *Hannan v. Dusch*, excerpted above?

14.2.2.2

Discussion Question #5. American rule or English rule?

After carefully reading *Hannan v. Dusch*, excerpted above, which rule do you think should be applied to leases? Should there be a distinction for commercial leases as opposed to residential leases?

14.2.2.3

Discussion Question #6. Drafting lease provision for delivery of possession?

When negotiating a lease, the landlord and tenant could expressly include in the lease a provision delineating the landlord's duty of delivery of possession. If you represent the landlord, what language would you want to include in the lease regarding the landlord's duty of delivery of possession? If you represent the tenant, what language would you want to include in the lease regarding the landlord's duty of delivery of possession? Moreover, if you represent the tenant, how would you draft a provision regarding damages should the landlord breach the express covenant you drafted regarding the duty of delivery of possession?

14.2.2.4

Discussion Question #7. Discouraging holdover tenants?

What should landlords do to discourage holdover tenants, such as the tenant who remained in possession in *Hannan v. Dusch*, excerpted above?

14.3

Covenant of Quiet Enjoyment

Hannan v. Dusch, excerpted above, involved the tenant bringing an action against the landlord for damages. In that case, the tenant was, in effect, arguing that the landlord breached the implied duty of delivery of possession because the tenant did not obtain physical possession of the premises on the occupancy date stated on the lease. In this section, instead of a tenant bringing the action, the cases involve landlords bringing actions against tenants for nonpayment of rent and tenants defending by asserting denial of continued possession and, thus, breach by the landlords of the **covenant of quiet enjoyment.** The first two cases excerpted below, *Olin v. Goehler* and *Smith v. McEnany*, involve actual physical evictions, albeit *Smith v. McEnany* involves a **partial actual physical eviction** rather than a **total actual physical eviction**. In the subsequent two cases excerpted below, *Automobile Supply Co. v. Scene-in-Action Corp.* and *Blackett v. Olanoff*, the tenants argue constructive eviction, rather than an actual eviction, as a defense to nonpayment of rent. Generally, a tenant claiming **constructive eviction** must prove the following four elements: (1) the landlord breached a duty or covenant; (2) the landlord's breach was substantial or of a grave and permanent nature; (3) the tenant gave notice to the landlord; and (4) the tenant vacated the premises within a reasonable time.

14.3.1

Olin v. Goehler
694 P.2d 1129 (Wash. Ct. App. 1985)

Washington Court of Appeals

Reed, J.

Frederick and Mary Goehler appeal an award to their landlords of 4 months' back rent, unpaid utility expenses, storage costs and attorney's fees. Finding that the Goehlers were unlawfully evicted and that their counterclaims for conversion and unlawful eviction should not have been dismissed, we reverse and remand for a trial on those issues.

Frederick and Mary Goehler operated the Feed Store Restaurant in McCleary under a 10-year lease from Richard Olin. The lease could be assigned with Olin's written consent, but the Goehlers would remain liable for rents and other charges after any assignment. Olin reserved the right to cancel the lease in the event of default and reenter the premises after giving "the notice required by law."

As part and parcel of the sale of their restaurant business, Goehlers assigned their leasehold interest to Ronald and Virginia Carter. By conditional sales contract and the required Uniform Commercial Code documentation and filings, the Goehlers retained a security interest in the restaurant personalty to protect them should the Carters default under either the lease or contract. The contract included "the sellers' leasehold interest in property where said business is located," and provided that a breach of the lease would also be a breach of the contract, entitling Goehlers to forfeiture of the collateral. Olin's consent to the assignment of the lease was contained in a separate document, which specifically referred to the Carter contract and Goehlers' "collateral rights" reserved therein.

On September 27, 1981, the Carters, who were facing bankruptcy, abandoned the restaurant. The next day the Goehlers contacted Olin and requested access to the restaurant and their collateral in order to continue the business or negotiate another sale. Olin, however, told them that the restaurant could not reopen until September's rent and utilities were paid, and that he would retain the personalty until the true owner was determined. The building's locks were changed and on October 1, 1981, Olin sent the Goehlers a letter demanding payment of both the September and October rent. On November 6 a second notice threatening termination of the lease was mailed, and on November 23 a notice of termination was sent. Later, Olin removed most of the collateral and placed it in commercial storage in his own name. In January of 1982, Olin relet the building and permitted the new lessee to use the balance of Goehlers' property in the operation of the business.

The Goehlers first argue that this "lockout" constituted a wrongful eviction because they had a right to reenter the leased premises upon the Carters' abandonment. We agree. An absolute assignment of a leasehold acts to divest the assignor of his estate and gives him no right of reentry on his assignee's abandonment. On the other hand, if the assignment is conditional, the assignor is not divested of his entire interest in the leasehold and his reservation of a right of reentry on breach of condition is valid and enforceable. Here, no express right of reentry was reserved. Such a right has been *implied,* however, where the lessee's leasehold is assigned in conjunction with the sale of his business, the sale documents reserve a security interest in personalty located on the leased premises, and a contemporaneous assignment refers to the contract.

The rationale for implying a right of reentry in such a situation is that:

It seems unreasonable ... to say that a seller of a leasehold and furnishings of a [business] . . . would jeopardize his investment by permitting the vendee of a conditional sale contract to take absolute title to the leasehold interest and thus place it beyond the seller's power, in the event of default, to recapture his entire investment. In other words, the furniture and furnishings would be merely of nominal value without the right to occupy the . . . building and conduct business therein. We have no doubt that it was the intention of the parties when entering into this contract that the leasehold interest should never be separated from the furniture and furnishings. In the event of a default everything covered by the contract was to be returned to the seller.

Smith v. Larson, 36 Wn.2d at 243-44. Here, not only did Olin's consent to the assignment refer to the conditional sale contract, which reserved a security interest in the property sold (including the leasehold), but it expressly referred to the Goehlers' "collateral rights." In fact, Olin recognized the Goehlers as his tenants after Carters' abandonment, insisting only that delinquent rents and utility charges be paid as a condition to Goehlers retaking possession.

A lessor's unlawful lockout of one with a right to possession is a breach of the implied covenant of quiet enjoyment. Here, there was no abandonment by the Goehlers to make the lockout "lawful." An "abandonment" requires "clear, unequivocal and decisive evidence" of an intent to abandon. The Goehlers, however, continually and unambiguously expressed their desire to resume possession in order to reopen or perhaps resell the restaurant. Olin's action was in fact unlawful because he excluded the Goehlers, without following the notice requirements. Once having unlawfully ousted the Goehlers, Olin himself was in default and could not retrench and take advantage of his own reentry rights; he is precluded from recovering the rents thereafter accruing. In addition, Olin is liable for any damage caused by his self-help eviction.

Olin is also liable for the conversion of the personalty in the leased building. A conversion is a willful interference with a chattel without lawful justification, whereby a person entitled thereto is deprived of the possession of it. . . .

We reverse the judgment and remand for a determination of the damages due the Goehlers as a result of the wrongful eviction and conversion, less the rent and utilities that were due before they were unlawfully excluded.

14.3.2

Smith v. McEnany
48 N.E. 781 (Mass. 1897)

Massachusetts Supreme Judicial Court

Holmes, J.

This is an action upon a lease for rent, and for breach of a covenant to repair. . . . The defence is an eviction. The land is a lot in the city of Boston, the part concerned being covered by a shed which was used by the defendant to store wagons. The eviction relied on was the building of a permanent brick wall for a building on adjoining land belonging to the plaintiff's husband, which encroached nine inches by the plaintiff's admission, or, as his witness testified from measurements, thirteen and a half inches, or, as the defendant said, two feet, for thirty-four feet along the back of the shed. The wall was built with the plaintiff's assent, and with knowledge that it encroached on the demised premises. The judge ruled that the defendant had a right to treat this as an eviction determining the lease. The plaintiff asked to have the ruling so qualified as to make the question depend upon whether the wall made the premises "uninhabitable for the purpose for which they were hired, materially changing the character and beneficial enjoyment thereof." This was refused, and the plaintiff excepted. The bill of exceptions is unnecessarily complicated by the insertion of evidence of waiver and other matters; but the only question before us is the one stated, and we have stated all the facts which are necessary for its decision.

The refusal was right. It is settled in this State, in accordance with the law of England, that a wrongful eviction of the tenant by the landlord from a part of the premises suspends the rent under the lease. The main reason which is given for the decisions is, that the enjoyment of the whole consideration is the foundation of the debt and the condition of the covenant, and that the obligation to pay cannot be apportioned. It also is said that the landlord shall not apportion his own wrong, following an expression in some of the older English books. . . . It leaves open the question why the landlord may not show that his wrong extended only to a part of the premises. No doubt the question equally may be asked why the lease is construed to exclude apportionment, and it may be that this is partly due to the traditional doctrine that the rent issues out of the land, and that the whole rent is charged on every part of the land. . . . The land is hired as one whole. If by his own fault the landlord withdraws a part of it, he cannot recover either on the lease or outside of it for the occupation of the residue.

It follows from the nature of the reason for the decisions which we have stated, that when the tenant proves a wrongful deforcement by the landlord from an appreciable part of the premises, no inquiry is open as to the greater or less importance of the parcel from which the tenant is deforced. Outside the rule *de minimis*, the degree of interference with the use and enjoyment of the premises is important only in the case of acts not physically excluding the tenant, but alleged to have an equally serious practical effect, just as the intent is important only in the case of acts not necessarily amounting to an entry and deforcement of the tenant. The inquiry is for the purpose of settling whether the landlord's acts had the alleged effect; that is, whether the tenant is evicted from any portion of the land. If that is admitted, the rent is suspended, because, by the terms of the instrument as construed, the tenant has made it an absolute condition that he should have the whole of the demised premises, at least as against wilful interference on the landlord's part. . . .

. . . An eviction like the present does not necessarily end the lease; or other obligations of the tenant under it, such as the covenant to repair.

Exceptions overruled.

14.3.3

Automobile Supply Co. v. Scene-in-Action Corp.
172 N.E. 35 (Ill. 1930)

Illinois Supreme Court

Mr. Chief Justice Dunn

delivered the opinion of the court:

The Automobile Supply Company recovered a judgment by confession against the Scene-in-Action' Corporation on a lease for $1750 rent for the last five months of the term ending September 30, 1928, and $20 attorney's fees. The defendant made a motion to vacate the judgment, which was denied, and on appeal the Appellate Court affirmed the judgment. The record has been certified to us as a return to a writ of *certiorari* allowed on the petition of the defendant.

The defense alleged in the motion to vacate was a constructive eviction of the lessee by the breach of the landlord's covenant to furnish steam heat during ordinary business hours of the heating season, the premises having been rented by the defendant for office purposes and for the manufacture, sale and shipping of electrical advertising display signs. The affidavit filed by the defendant in support of its motion to vacate showed that the office was rented for the use of the officers of the defendant, its clerks, stenographers, book-keepers and other employees and the rest of the premises for the manufacture, sale and shipping of electrical display advertising signs by artists, workmen, designers, mechanics, clerks and other employees of the defendant; that it was necessary for the proper conduct of the business that not only the office but the work-rooms should be kept at a comfortable temperature, otherwise the officers, clerks, stenographers, artists, designers and workmen could not do a reasonable amount of work, or work of proper kind or *accuracy;* that the kind of work, the materials used and the class of workmen and artists employed all required that the premises be kept at a reasonably comfortable degree of heat, all of which was well known to the plaintiff and its officers and agents at and before the execution and delivery of the lease; that the plaintiff did not furnish heat reasonably adequate to make the premises tenantable for office purposes or for the manufacture, sale and shipment of electrical advertising display signs, but, on the contrary, in November, 1927, during cold days the premises were without heat from two to five hours on several days; that during December, 1927, there were eight cold days when the premises were without heat from two to five hours each day; that one day for six hours the premises were without heat and were cold, uncomfortable and untenantable for the purpose for which they were rented; that complaint was frequently made during this period to the plaintiff and its agents but without effect; that the plaintiff was indifferent, and though often requested did not attempt to remedy the matter or give adequate heat for the purpose for which the premises were rented; that on February 20, 1928, at the opening of the usual business hours, the temperature in the premises was below 50° owing to the negligence of the plaintiff in failing to heat them and the defendant was unable to do business until after ten o'clock on that day, and the defendant gave notice to the plaintiff that owing to the failure to comply with the terms of the lease, it would be terminated and canceled on April 30, 1928, and that the defendant would vacate the premises on that date; that no attempt was made by the plaintiff to better such conditions and on many days during February and March the temperature was below 50° Fahrenheit; that on April 9, 1928, it was below 50° upon the arrival of the employees, and remained so until after 11:30 owing to the negligence of the plaintiff and its employees; that during the months of November, December, February, March and April the defendant had from thirty to thirty-five employees on said premises who for a considerable time and parts of many days were unable to work because of the frigid temperature, and it was impossible to make the artistic designs, plates, pictures, photographs and displays necessary in and about the manufacture of its signs unless the temperature was above 55° Fahrenheit; that a number of the employees of the defendant were rendered sick and unable to carry on their work by reason of colds caused by the lack of proper heat in the premises and were obliged to go home and abandon their work for days at a time, to the great loss and damage of the defendant, and at other times said employees labored under great handicaps and were unable to produce the amount and character of work which they ordinarily produced when the rooms were comfortably warm, thereby again causing great loss and damage to the defendant and the output of work was much less than it would have been if the premises had been kept adequately heated; that by reason of the premises, and especially the failure on the part of the plaintiff to furnish adequate heat, the defendant was deprived of the beneficial use and enjoyment of the premises leased, was unable to carry on its business, and was obliged to, and did, vacate and abandon the premises, and on April 30, 1928, surrendered them to the plaintiff and delivered the keys to its agent, who accepted them, and since that date and during the period for which the judgment for rent was confessed the defendant did not occupy the premises or any portion of them and has not been and is not a tenant of the plaintiff.

The eviction of a tenant from the possession or enjoyment of the demised premises, or any part thereof, by the landlord releases the tenant from the further payment of rent. Rent is the return made to the lessor by the lessee for his use of the land, and the landlord's claim for rent therefore depends upon the tenant's enjoyment of the land for the term of his contract. It follows that if the tenant is deprived of the premises by any agency of the landlord the obligation to pay rent ceases, because such obligation has force only from the consideration of the enjoyment of the premises. The eviction which will discharge the liability of the tenant to pay rent is not necessarily an actual physical expulsion from the premises or some part of them, but any act of the landlord which renders the lease unavailing to the tenant or deprives him of the beneficial enjoyment of the premises constitutes a constructive eviction of the tenant, which exonerates him from the terms and conditions of the lease and he may abandon it.

Not every act of a landlord in violation of his covenants or of the tenant's enjoyment of the premises under the lease will amount to a constructive eviction. Some acts of interference may be mere acts of trespass to which the term "eviction" is not applicable. To constitute an eviction there must be something of a grave and permanent character done by the landlord clearly indicating the intention of the landlord to deprive the tenant of the longer beneficial enjoyment of the premises in accordance with the terms of the lease. The failure of a landlord to furnish heat for the demised premises in accordance with the terms of his covenant in the lease justifies the tenant in removing from the premises, and if he does so he is discharged from the payment of rent thereafter. These facts constitute a constructive eviction. There can be no constructive eviction, however, without the vacating of the premises. Where a tenant fails to surrender possession after the landlord's commission of acts justifying the abandonment of the premises the liability for rent will continue so long as possession of the premises is continued. Whether the acts of the landlord amount to a constructive eviction is ordinarily a question of fact for the decision of a jury, depending upon the circumstances of the particular case.

The affidavit in support of the motion to vacate the judgment did not show a defense to the claim for rent under the principles stated. Conceding, without deciding, .that .the affidavit stated with sufficient definiteness and particularity conditions in regard to the furnishing of heat which would have justified the vacating of the premises in December, on February 20 and on April 9, yet the defendant did not vacate them. It complained frequently in November and December. Its complaints were not heeded, and by its continued occupation of the premises it waived its right to terminate the lease for those breaches of the landlord's duty. The waiver, however, did not waive subsequent breaches, and when new breaches occurred in February, the plaintiff in error, in addition to its complaints, notified the defendant in error, not that it elected to determine the lease and vacate the property for the defendant in error's failure to furnish heat in accordance with its covenant, but that for the failure of the defendant in error to comply with the terms of the lease it would be terminated and canceled on April 30, more than two months after the giving of the notice, and that the plaintiff in error would vacate the premises on that date. It further appears that in February and March the temperature was below 50° Fahrenheit on many days, the number not stated nor for what length of time the low temperature continued on any day, but on April 9 the temperature was below 50° upon the arrival of the employees and so continued until 11:30 o'clock.

Where a landlord is guilty of such a breach of his duty to his tenant under the terms of the lease that the tenant would be justified in vacating the premises, he is not obliged to vacate immediately but is entitled to a reasonable time in which to do so. What is such reasonable time is usually a question of fact, though under the circumstances of a particular case it may become a question of law. If the plaintiff in error on account of the failure of the defendant in error to furnish heat in December, as it had agreed, would then have been entitled to vacate the premises, it does not appear that it did so within a reasonable time, and it must therefore be regarded as having waived the defendant in error's breach of its covenant. Neither does it appear that the plaintiff in error vacated the premises within a reasonable time after February 20. If it had a right on that date to vacate the premises within a reasonable time for the previous breach of the defendant in error it did not have the right to declare a termination of the lease to take effect two months later. And the same thing is true of the breach of April 9. The affidavit shows no cause of complaint subsequent to April 9. The burden of showing a vacation of the premises on account of the landlord's breach of his duty to the tenant under the lease within a reasonable time after such breach is upon the tenant. The affidavit sets out' that by reason of the plaintiff's failure to furnish adequate heat the defendant was deprived of the beneficial use and enjoyment of the premises and was obliged to, and did, vacate and abandon them, and on April 30, 1928, surrendered them to the plaintiff and delivered the keys to its agent. The plaintiff in error no doubt stated the defense as strongly as the evidence would show it and the affidavit must be taken most strongly against it. It alleges that the defendant surrendered the premises to the plaintiff on April 30, and we cannot presume that it did so on any earlier day. The leased premises were the sixth floor of a building, and we cannot take judicial notice that three weeks was a reasonable time to vacate the premises after the last failure mentioned to furnish heat on April 9. The question was one of fact for the jury, and in the absence of an allegation of fact tending to show the reasonableness of the time there was no question to submit to the jury on behalf of the defendant, who had the burden of proof.

***

The judgment of the Appellate Court is affirmed.

Judgment affirmed.

14.3.4

Blackett v. Olanoff
358 N.E.2d 817 (Mass. 1977)

Massachusetts Supreme Judicial Court

Wilkins, J.

The defendant in each of these consolidated actions for rent successfully raised constructive eviction as a defense against the landlords' claim. The judge found that the tenants were "very substantially deprived" of quiet enjoyment of their leased premises *"for a substantial* time" (emphasis original). He ruled that the tenants' implied warranty of quiet enjoyment was violated by late evening and early morning music and disturbances coming from nearby premises which the landlords leased to others for use as a bar or cocktail lounge (lounge). The judge further found that, although the landlords did not intend to create the conditions, the landlords "had it within their control to correct the conditions which... amounted to a constructive eviction of each [tenant]." He also found that the landlords promised each tenant to correct the situation, that the landlords made some attempt to remedy the problem, but they were unsuccessful, and that each tenant vacated his apartment within a reasonable time. Judgment was entered for each tenant; the landlords appealed; and we transferred the appeals here. We affirm the judgments.

The landlords argue that they did not violate the tenants' implied covenant of quiet enjoyment because they are not chargeable with the noise from the lounge. The landlords do not challenge the judge's conclusion that the noise emanating from the lounge was sufficient to constitute a constructive eviction, if that noise could be attributed to the landlords. Nor do the landlords seriously argue that a constructive eviction could not be found as matter of law because the lounge was not on the same premises as the tenants' apartments. The landlords' principal contention, based on the denial of certain requests for rulings, is that they are not responsible for the conduct of the proprietors, employees, and patrons of the lounge.

Our opinions concerning a constructive eviction by an alleged breach of an implied covenant of quiet enjoyment sometimes have stated that the landlord must perform some act with the intent of depriving the tenant of the enjoyment and occupation of the whole or part of the leased premises. See *Katz* v. *Duffy,* 261 Mass. 149, 151-152 (1927), and cases cited. There are occasions, however, where a landlord has not intended to violate a tenant's rights, but there was nevertheless a breach of the landlord's covenant of quiet enjoyment which flowed as the natural and probable consequence of what the landlord did, what he failed to do, or what he permitted to be done. *Charles E. Burt, Inc.* v. *Seven Grand Corp.,* 340 Mass. 124, 127 (1959) (failure to supply light, heat, power, and elevator services). *Westland Housing Corp.* v. *Scott,* 312 Mass. 375, 381 (1942) (intrusions of smoke and soot over a substantial period of time due to a defective boiler). *Shindler* v. *Milden,* 282 Mass. 32, 33-34 (1933) (failure to install necessary heating system, as agreed). *Case* v. *Minot,* 158 Mass. 577, 587 (1893) (landlord authorizing another lessee to obstruct the tenant's light and air, necessary for the beneficial enjoyment of the demised premises). *Skally* v. *Shute,* 132 Mass. 367, 370-371 (1882) (undermining of a leased building rendering it unfit for occupancy). Although some of our opinions have spoken of particular action or inaction by a landlord as showing a presumed intention to evict, the landlord's conduct, and not his intentions, is controlling. See *Westland Housing Corp.* v. *Scott, supra* at 382-383.

The judge was warranted in ruling that the landlords had it within their control to correct the condition which caused the tenants to vacate their apartments. The landlords introduced a commercial activity into an area where they leased premises for residential purposes. The lease for the lounge expressly provided that entertainment in the lounge had to be conducted so that it could not be heard outside the building and would not disturb the residents of the leased apartments.

The potential threat to the occupants of the nearby apartments was apparent in the circumstances. The landlords complained to the tenants of the lounge after receiving numerous objections from residential tenants. From time to time, the pervading noise would abate in response to the landlord's complaints. We conclude that, as matter of law, the landlords had a right to control the objectionable noise coming from the lounge and that the judge was warranted in finding as a fact that the landlords could control the objectionable conditions.

This situation is different from the usual annoyance of one residential tenant by another, where traditionally the landlord has not been chargeable with the annoyance. Here we have a case more like *Case* v. *Minot,* 158 Mass. 577 (1893), where the landlord entered into a lease with one tenant which the landlord knew permitted that tenant to engage in activity which would interfere with the rights of another tenant. There, to be sure, the clash of tenants' rights was inevitable, if each pressed those rights. Here, although the clash of tenants' interests was only a known potentiality initially, experience demonstrated that a decibel level for the entertainment at the lounge, acoustically acceptable to its patrons and hence commercially desirable to its proprietors, was intolerable for the residential tenants.

Because the disturbing condition was the natural and probable consequence of the landlords' permitting the lounge to operate where it did and because the landlords could control the actions at the lounge, they should not be entitled to collect rent for residential premises which were not reasonably habitable. Tenants such as these should not be left only with a claim against the proprietors of the noisome lounge. To the extent that our opinions suggest a distinction between nonfeasance by the landlord, which has been said to create no liability, and malfeasance by the landlord, we decline to perpetuate that distinction where the landlord creates a situation and has the right to control the objectionable conditions.

Judgments affirmed.

1 There was evidence that the lounge had amplified music (electric musical instruments and singing, at various times) which started at 9:30 P.M. and continued until 1:30 A.M. or 2 A.M., generally on Tuesdays through Sundays. The music

could be heard through the granite walls of the residential tenants' building, and was described variously as unbelievably loud, incessant, raucous, and penetrating. The noise interfered with conversation and prevented sleep. There was also evidence of noise from patrons' yelling and fighting. [Editorial Note: This is footnote 3 of the opinion.]

2 The general, but not universal, rule in this country is that a landlord is not chargeable because one tenant is causing annoyance to another (A.H. Woods Theatre v. North American Union, 246 Ill. App. 521, 526-527 [1927] [music from one commercial tenant annoying another commercial tenant's employees]), even where the annoying conduct would be a breach of the landlord's covenant of quiet enjoyment if the landlord were the miscreant.

The rule in New York appears to be that the landlord may not recover rent if he has had ample notice of the existence of conduct of one tenant which deprives another tenant of the beneficial enjoyment of his premises and the landlord does little or nothing to abate the nuisance. A tenant with sufficient bargaining power may be able to obtain an agreement from the landlord to insert and to enforce regulatory restrictions in the leases of other, potentially offending, tenants. [Editorial Note: This is footnote 4 of the opinion.]

14.3.5

Discussion: Notes, Questions, and Problems

14.3.5.1

Discussion Question #8. Damages for breach of covenant of quiet enjoyment?

What damages should a tenant be able to recover if the landlord has breached the covenant of quiet enjoyment through an actual total eviction of the tenant? What damages should a tenant be able to recover if the landlord has breached the covenant of quiet enjoyment through an actual partial eviction of the tenant? What is the difference between apportionment and non-apportionment for actual partial evictions?

14.4

Implied Warranty of Habitability

You are already familiar with the landlord's covenants regarding possession that are implied into all leases under the common law—the duty of delivery of possession and the covenant of quiet enjoyment. Now we turn to the question of what duties, if any, the landlord may have regarding the condition of the premises. The traditional common law view—which generally continues to apply to commercial leases—is *caveat emptor*. Under **caveat emptor**, the tenant takes the premises "as is" and the landlord has no implied covenant and is under no obligation to warrant that the premises are fit. *Caveat emptor* dovetails with characterizing a lease primarily as a conveyance of an estate in land. Note, however, that even where *caveat emptor* applies, the landlord would generally be responsible for the condition of the premises in common areas, e.g., the lobby in a commercial office building. Moreover, despite *caveat emptor*, under the common law, the landlord would also be responsible for the condition of the premises in the following three instances: (1) short-term leases of furnished dwellings; (2) leases of buildings under construction; and (3) material misrepresentations or fraudulent concealment by the landlord regarding the condition of the premises. As you read *Wade v. Jobe*, excerpted below, you will see that the ***implied warranty of habitability*** has significantly lessened the impact of *caveat emptor* for residential leases.

14.4.1

Wade v. Jobe
818 P.2d 1006 (Utah 1991)

Utah Supreme Court

DURHAM, Justice:

In June 1988, defendant Lynda Jobe (the tenant) rented a house in Ogden, Utah, from plaintiff Clyde Wade (the landlord). Jobe had three young children. Shortly after she took occupancy, the tenant discovered numerous defects in the dwelling, and within a few days, she had no hot water. Investigation revealed that the flame of the water heater had been extinguished by accumulated sewage and water in the basement which also produced a foul odor throughout the house. The tenant notified the landlord, who came to the premises a number of times, each time pumping the sewage and water from the basement onto the sidewalk and relighting the water heater. These and other problems persisted from July through October 1988.

In November 1988, the tenant notified the landlord that she would withhold rent until the sewage problem was solved permanently. The situation did not improve, and an inspection by the Ogden City Inspection Division (the division) in December 1988 revealed that the premises were unsafe for human occupancy due to the lack of a sewer connection and other problems. Within a few weeks, the division made another inspection, finding numerous code violations which were a substantial hazard to the health and safety of the occupants. The division issued a notice that the property would be condemned if the violations were not remedied.

After the tenant moved out of the house, the landlord brought suit in the second circuit court to recover the unpaid rent.

At trial, the landlord was awarded judgment of unpaid rent of $770, the full rent due under the parties' original agreement. . . . This appeal followed . . . .

***

I. WARRANTY OF HABITABILITY

At common law, the leasing of real property was viewed primarily as a conveyance of land for a term, and the law of property was applied to landlord/tenant transactions. At a time when the typical lease was for agricultural purposes, it was assumed that the land, rather than any improvements, was the most important part of the leasehold. *See generally* 2 R. Powell, *The Law of Real Property* ¶ 221[1], at 16-7 to -9, ¶ 233, at 16B-39 to -40 (1991); *Javins v. First Nat'l Realty Corp.,* 428 F.2d 1071, 1077 (D.C.Cir.), *cert. denied,* 400 U.S. 925 (1970). Under the rule of caveat emptor, a tenant had a duty to inspect the premises to determine their safety and suitability for the purposes for which they were leased before entering a lease. Moreover, absent deceit or fraud on the part of the landlord or an express warranty to the contrary, the landlord had no duty to make repairs during the course of the tenancy. Under the law of waste, it was the tenant's implied duty to make most repairs.

Unlike tenants in feudal England, most modern tenants bargain for the use of structures on the land rather than the land itself. Modern tenants generally lack the necessary skills or means to inspect the property effectively or to make repairs. *Javins,* 428 F.2d at 1078-79. Moreover, the rule of caveat emptor assumes an equal bargaining position between landlord and tenant. Modern tenants, like consumers of goods, however, frequently have no choice but to rely on the landlord to provide a habitable dwelling. *See Javins,* 428 F.2d at 1079. Where they exist, housing shortages, standardized leases, and racial and class discrimination place today's tenants, as consumers of housing, in a poor position to bargain effectively for express warranties and covenants requiring landlords to lease and maintain safe and sanitary housing. *Javins,* 428 F.2d at 1079; *Green v. Superior Court,* 10 Cal.3d 616, 111 Cal.Rptr. 704, 709, 517 P.2d 1168, 1173 (1974).

In consumer law, implied warranties are designed to protect ordinary consumers who do not have the knowledge, capacity, or opportunity to ensure that goods which they are buying are in safe condition. *See Henningsen v. Bloomfield Motors, Inc.,* 32 N.J. 358, 161 A.2d 69, 78 (1960); Utah Code Ann. §§ 70A-2-314 to -316 (implied warranties contained in Uniform Commercial Code). The implied warranty of habitability has been adopted in other jurisdictions to protect the tenant as the party in the less advantageous bargaining position.

The concept of a warranty of habitability is in harmony with the widespread enactment of housing and building codes which reflect a legislative desire to ensure decent housing. *See Hall v. Warren,* 632 P.2d 848, 850 (Utah 1981). It is based on the theory that the residential landlord warrants that the leased premises are habitable at the outset of the lease term and will remain so during the course of the tenancy. *See Javins,* 428 F.2d at 1081. The warranty applies to written and oral leases, *see Javins,* 428 F.2d at 1077 n. 29, and to single-family as well as to multiple-unit dwellings. The warranty of habitability has been adopted, either legislatively or judicially, in over forty states and the District of Columbia. *See* 2 R. Powell, *The Law of Real Property* ¶ 233[2], at 16B-50 to -51 n. 42 (cases), ¶ 233[3], at 16B-64 (statutes) (1991).

In recent years, this court has conformed the common law in this state to contemporary conditions by rejecting the strict application of traditional property law to residential leases, recognizing that it is often more appropriate to apply contract law. *See Reid v. Mutual of Omaha Ins. Co.,* 776 P.2d 896, 902 n. 3 (Utah 1989); *Williams v. Melby,* 699 P.2d at 726-27; *Hall v. Warren,* 632 P.2d at 850. Similarly, we have expanded landlord liability in tort. *See Williams; Hall; Stephenson v. Warner,* 581 P.2d 567 (Utah 1978) (landlord must use ordinary care to ensure leased premises are reasonably safe). Consistent with prevailing trends in consumer law, products liability law, and the law of torts, we reject the rule of caveat emptor and recognize the common law implied warranty of habitability in residential leases.

The determination of whether a dwelling is habitable depends on the individual facts of each case. To guide the trial court in determining whether there is a breach of the warranty of habitability, we describe some general standards that the landlord is required to satisfy. We note initially that the warranty of habitability does not require the landlord to maintain the premises in perfect condition at all times, nor does it preclude minor housing code violations or other defects. Moreover, the landlord will not be liable for defects caused by the tenant. *See Javins,* 428 F.2d at 1082 n. 62. Further, the landlord must have a reasonable time to repair material defects before a breach can be established.

As a general rule, the warranty of habitability requires that the landlord maintain "bare living requirements," *see Academy Spires, Inc. v. Brown,* 111 N.J.Super. 477, 268 A.2d 556, 559 (1970), and that the premises are fit for human occupation. *See Mease v. Fox,* 200 N.W.2d 791 (Iowa 1972); *Hilder v. St. Peter,* 144 Vt. 150, 478 A.2d 202, 208 (1984). Failure to supply heat or hot water, for example, breaches the warranty. A breach is not shown, however, by evidence of minor deficiencies such as the malfunction of Venetian blinds, minor water leaks or wall cracks, or a need for paint. *See Academy Spires, Inc. v. Brown,* 268 A.2d at 559.

Substantial compliance with building and housing code standards will generally serve as evidence of the fulfillment of a landlord's duty to provide habitable premises. Evidence of violations involving health or safety, by contrast, will often sustain a tenant's claim for relief. *See Green v. Superior Court,* 517 P.2d at 1182-83. At the same time, just because the housing code provides a basis for implication of the warranty, a code violation is not necessary to establish a breach so long as the claimed defect has an impact on the health or safety of the tenant. *Hilder v. St. Peter,* 478 A.2d at 209.

In the instant case, in support of her claim that the premises were not in habitable condition, the tenant presented two city housing inspection reports detailing numerous code violations which were, in the words of the trial judge, "a substantial hazard to the health and safety of the occupants." Those violations included the presence of raw sewage on the sidewalks and stagnant water in the basement, creating a foul odor. At trial, the tenant testified that she had repeatedly informed the landlord of the problem with the sewer connection and the resulting lack of hot water, but the landlord never did any more than temporarily alleviate the problem. The landlord did not controvert the evidence of substantial problems. At trial, the court granted judgment for the landlord, concluding that Utah law did not recognize an implied warranty of habitability for residential rental premises. As discussed above, we have now recognized the warranty. We therefore remand this case to the trial court to determine whether the landlord has breached the implied warranty of habitability as defined in this opinion. If the trial court finds a breach of the warranty of habitability, it must then determine damages.

A. Remedies

Under traditional property law, a lessee's covenant to pay rent was viewed as independent of any covenants on the part of the landlord. *See General Ins. Co. of America v. Christiansen Furniture Co.,* 119 Utah 470, 229 P.2d 298 (1951); *Jespersen v. Deseret News Publishing Co.,* 119 Utah 235, 225 P.2d 1050 (1951). Even when a lessor expressly covenanted to make repairs, the lessor's breach did not justify the lessee's withholding rent. Under the prevailing contemporary view of the residential lease as a contractual transaction, however, *see Javins,* 428 F.2d at 1075, the tenant's obligation to pay rent is conditioned upon the landlord's fulfilling his part of the bargain. The payment of rent by the tenant and the landlord's duty to provide habitable premises are, as a result, dependent covenants.

Once the landlord has breached his duty to provide habitable conditions, there are at least two ways the tenant can treat the duty to pay rent. The tenant may continue to pay rent to the landlord or withhold the rent. If the tenant continues to pay full rent to the landlord during the period of uninhabitability, the tenant can bring an affirmative action to establish the breach and receive a reimbursement for excess rents paid. Rent withholding, on the other hand, deprives the landlord of the rent due during the default, thereby motivating the landlord to repair the premises. *See 2 R. Powell, The Law of Real Property* 11228[6][d], at 16A-51 (1990).

Some jurisdictions have taken the position that the tenant is entitled to an abatement only against the withheld rent in a rent collection case, holding that damages for the uninhabitable conditions existing prior to the tenant's withholding must be recovered in a separate action. *See C.F. Seabrook Co. v. Beck,* 174 N.J.Super. 577, 417 A.2d 89 (1980). We reject this reasoning; it is more in keeping with the policy behind our adoption of the warranty of habitability to provide for retroactive abatement of the rent during the period of the landlord's default whether or not the tenant withholds rent.

B. Damages

In general, courts have applied contract remedies when a breach of the warranty of habitability has been shown. One available remedy, therefore, is damages. Special damages may be recovered when, as a foreseeable result of the landlord's breach, the tenant suffers personal injury, property damage, relocation expenses, or other similar injuries. General damages recoverable in the form of rent abatement or reimbursement to the tenant are more difficult to calculate.

Several different measures for determining the amount of rent abatement to which a tenant is entitled have been used by the courts. The first of these is the fair rental value of the premises as warranted less their fair rental value in the unrepaired condition. Under this approach, the contract rent may be considered as evidence of the value of the premises as warranted. Another measure is the contract rent less the fair rental value of the premises in the unrepaired condition. Methodological difficulties inherent in both of these measures, combined with the practical difficulties of producing evidence on fair market value, however, limit the efficacy of those measures for dealing with residential leases. For this reason, a number of courts have adopted what is called the "percentage diminution" (or percentage reduction in use) approach which places more discretion with the trier of fact.

Under the percentage diminution approach, the tenant's recovery reflects the percentage by which the tenant's use and enjoyment of the premises has been reduced by the uninhabitable conditions. In applying this approach, the trial court must carefully review the materiality of the particular defects and the length of time such defects have existed. It is true that the percentage diminution approach requires the trier of fact to exercise broad discretion and some subjective judgment to determine the degree to which the defective conditions have diminished the habitability of the premises. It should be noted, however, that despite their theoretical appeal, the other approaches are not objectively precise either. Furthermore, they involve the use of an expert witness's subjective opinion of the "worth" of habitable and uninhabitable premises.

As the foregoing discussion demonstrates, the determination of appropriate damages in cases of a breach of the warranty of habitability will often be a difficult task. None of the approaches described above is inherently illegitimate, but we think that the percentage diminution approach has a practical advantage in that it will generally obviate the need for expert testimony and reduce the cost and complexity of enforcing the warranty of habitability. We acknowledge the limitation of the method but conclude that it is as sound in its result as any other and more workable in practice. We will have to depend on development of the rule in specific cases to determine whether it will be universally applicable.

***

CONCLUSION

The decision of the trial court . . . regarding the implied warranty of habitability . . . is reversed. We remand this case to the trial court to determine whether the landlord breached the implied warranty of habitability as defined in this opinion. If the trial court determines that he was not in breach, the landlord will be entitled to payment for all the past due rent. If the trial court determines that his breach of the warranty of habitability totally excused the tenant's rent obligation (i.e., rendered the premises virtually uninhabitable), the landlord's action to recover rent due will fail. If the trial court determines that the landlord's breach partially excused the tenant's rent obligation, the tenant will be entitled to a percentage rent abatement for the period during which the house was uninhabitable.

1 We do not decide whether the warranty is implied in commercial leases. [Editorial Note: This is footnote 2 of the opinion.]

2 In addition, some jurisdictions recognize rent application, also known as "repair and deduct," allowing the tenant to use the rent money to repair the premises. Because this remedy has not been relied on or sought in the instant case, we do not at this time make a ruling on its availability in Utah. [Editorial Note: This is footnote 3 of the opinion.]

3 The majority of jurisdictions that permit rent withholding allow the tenant to retain the funds subject to the discretionary power of the court to order the deposit of the rent into escrow. See 2 R. Powell, The Law of Real Property ¶ 228[6][d], at 16A-54 (1990). Like the court in Javins, we think this type of escrow account would provide a useful protective procedure in the right circumstances. See Javins, 428 F.2d at 1083 n. 67. [This is footnote 4 of the opinion.]

4 Before the tenant may receive a rent abatement, she must put the landlord in breach by giving her actual or constructive notice of the defects and a reasonable time in which to make repairs. See Hinson v. Delis, 26 Cal.App.3d 62, 102 Cal.Rptr. 661 (1972). [This is footnote 5 of the opinion.]

5 Under either approach, at least one market value is almost certain to require expert testimony. The production of such testimony will increase the cost, in time and money, of the typical case. [Editorial Note: This is footnote 11 of the opinion.]

14.4.2

Discussion: Notes, Questions, and Problems

14.4.2.1

Discussion Problem #9. Larry Landlord's premises problem

Larry Landlord, a landlord, and Trendy, Inc., a successful advertising firm, after extensive negotiations by both sides, properly executed a written 10-year lease allowing Trendy to rent the entire 6th floor of Landlord's building for office space. The lease provides that Trendy promises to pay $25,000 per month in rent. The lease further provides that any breach by Trendy in the payment of rent immediately allows Landlord to evict Trendy. Two years into the lease, the air conditioning system breaks, the office becomes rat and roach infested, and the elevator in the building stops working. Trendy immediately notified Landlord of the problems. Landlord agreed to repair the elevator but refused to correct any problems in the leased area. Landlord reminded Trendy of the following provision of the lease agreement: "The Landlord makes no warranty express or implied regarding the condition or maintenance of the premises. The Tenant hereby waives any warranty that could be implied by law regarding the maintenance or condition of the leased premises." Immediately after receiving the notice from Trendy, Landlord repaired the elevator but did not make any further repairs to the building. Trendy stopped paying rent. After Trendy's default in rent, Landlord brought an action to evict Trendy. Trendy responds that Trendy should be allowed to remain in the leased premises rent free until Landlord repairs the premises and that Trendy should only be responsible for paying rent on the lease once the repairs are made. You are the law clerk to the Judge in the eviction action. After thorough research, you discover that your jurisdiction has found an implied warranty of habitability exists for residential leases. Assume you represent the Trendy. What arguments would you make on behalf of Trendy? For an outlier case finding an implied warranty of suitability in a commercial lease, see *Davidow v. Inwood N. Pro. Grp.—Phase I*, 747 S.W.2d 373 (Tex. 1988). If instead, the problems in the premises had involved a residential lease rather than a commercial lease, what arguments would a residential tenant have that may not be available to a tenant under a commercial lease?

14.5

Retaliatory Eviction

Retaliatory eviction is a protective measure to ensure that tenants are not intimidated from asserting their rights as tenants. Generally, the concept of retaliatory eviction applies when the landlord refuses to renew the lease, increases rent, or decreases services for a retaliatory reason. In those instances, the landlord is prevented from evicting the tenant or taking other retaliatory actions. The landlord, generally, cannot take such actions until the retaliatory purpose has dissipated or the landlord can prove a valid nonretaliatory reason for the landlord's actions. Read carefully the court's analysis of retaliatory eviction in *Edwards v. Habib*, excerpted below. Several states have statutory provisions governing retaliatory evictions. For example, review carefully, Fla. Stat. Ann. § 83.64, which provides as follows:

83.64. Retaliatory conduct—

(1) It is unlawful for a landlord to discriminatorily increase a tenant's rent or decrease services to a tenant, or to bring or threaten to bring an action for possession or other civil action, primarily because the landlord is retaliating against the tenant. In order for the tenant to raise the defense of retaliatory conduct, the tenant must have acted in good faith. Examples of conduct for which the landlord may not retaliate include, but are not limited to, situations where:

(a) The tenant has complained to a governmental agency charged with responsibility for enforcement of a building, housing, or health code of a suspected violation applicable to the premises;

(b) The tenant has organized, encouraged, or participated in a tenant organization;

(c) The tenant has complained to the landlord pursuant to § 83.56(1);

(d) The tenant is a servicemember who has terminated a rental agreement pursuant to § 83.682;

(e) The tenant has paid rent to a condominium, cooperative, or homeowners' association after demand from the association in order to pay the landlord's obligation to the association; or

(f) The tenant has exercised his or her rights under local, state, or federal fair housing laws.

(2) Evidence of retaliatory conduct may be raised by the tenant as a defense in any action brought against him or her for possession.

(3) In any event, this section does not apply if the landlord proves that the eviction is for good cause. Examples of good cause include, but are not limited to, good faith actions for nonpayment of rent, violation of the rental agreement or of reasonable rules, or violation of the terms of this chapter.

(4) "Discrimination" under this section means that a tenant is being treated differently as to the rent charged, the services rendered, or the action being taken by the landlord, which shall be a prerequisite to a finding of retaliatory conduct.

14.5.1

Edwards v. Habib
397 F.2d 687 (D.C. Cir. 1968)

United States Court of Appeals for the District of Columbia Circuit

J. SKELLY WRIGHT,

Circuit Judge:

In March 1965 the appellant, Mrs. Yvonne Edwards, rented housing property from the appellee, Nathan Habib, on a month-to-month basis. Shortly thereafter she complained to the Department of Licenses and Inspections of sanitary code violations which her landlord had failed to remedy. In the course of the ensuing inspection, more than 40 such violations were discovered which the Department ordered the landlord to correct. Habib then gave Mrs. Edwards a 30-day statutory notice to vacate and obtained a default judgment for possession of the premises. Mrs. Edwards promptly moved to reopen this judgment, alleging excusable neglect for the default and also alleging as a defense that the notice to quit was given in retaliation for her complaints to the housing authorities. Judge Greene, sitting on motions in the Court of General Sessions, set aside the default judgment and, in a very thoughtful opinion, concluded that a retaliatory motive, if proved, would constitute a defense to the action for possession. At the trial itself, however, a different judge apparently deemed evidence of retaliatory motive irrelevant and directed a verdict for the landlord.

Mrs. Edwards then appealed to this court for a stay pending her appeal to the District of Columbia Court of Appeals, and on December 3, 1965, we granted the stay, provided only that Mrs. Edwards continue to pay her rent. She then appealed to the DCCA, which affirmed the judgment of the trial court. In reaching its decision the DCCA relied on a series of its earlier decisions holding that a private landlord was not required, under the District of Columbia Code, to give a reason for evicting a month-to-month tenant and was free to do so for any reason or for no reason at all. The court acknowledged that the landlord's right to terminate a tenancy is not absolute, but felt that any limitation on his prerogative had to be based on specific statutes or very special circumstances. Here, the court concluded, the tenant's right to report violations of law and to petition for redress of grievances was not protected by specific legislation and that any change in the relative rights of tenants and landlords should be undertaken by the legislature, not the courts. We granted appellant leave to appeal that decision to this court. We hold that the promulgation of the housing code by the District of Columbia Commissioners at the direction of Congress impliedly effected just such a change in the relative rights of landlords and tenants and that proof of a retaliatory motive does constitute a defense to an action of eviction. Accordingly, we reverse the decision of the DCCA with directions that it remand to the Court of General Sessions for a new trial where Mrs. Edwards will be permitted to try to prove to a jury that her landlord who seeks to evict her harbors a retaliatory intent.

I

Appellant has launched a constitutional challenge to the judicial implementation of 45 D.C. Code §§ 902 and 910 in aid of a landlord who is evicting because his tenant has reported housing code violations on the premises. . . .

Appellant arg.

Appellant argues first that to evict her because she has reported violations of the law to the housing authorities would abridge her First Amendment rights to report violations of law and to petition the government for redress of grievances. . . .

***

III

But we need not decide whether judicial recognition of this constitutional defense is constitutionally compelled. We need not, in other words, decide whether 45 D.C. Code § 910 could validly compel the court to assist the plaintiff in penalizing the defendant for exercising her constitutional right to inform the government of violations of the law; for we are confident that Congress did not intend it to entail such a result.

45 D.C. Code § 910, in pertinent part, provides:

> "Whenever * * * any tenancy shall be terminated by notice as aforesaid [45 D.C. Code § 902, *see* Note 1 *supra*], and the tenant shall fail or refuse to surrender possession of the leased premises, * * * the landlord may bring an action to recover possession before the District of Columbia Court of General Sessions, as provided in sections 11-701 to 11-749."

And 16 D.C. Code § 1501, in pertinent part, provides:

> "When a person detains possession of real property * * * after his right to possession has ceased, the District of Columbia Court of General Sessions * * * may issue a summons to the party complained of to appear and show

cause why judgment should not be given against him for restitution of possession."

These provisions are simply procedural. They neither say nor imply anything about whether evidence of retaliation or other improper motive should be unavailable as a defense to a possessory action brought under them. It is true that in making his affirmative case for possession the landlord need only show that his tenant has been given the 30-day statutory notice, and he need not assign any reason for evicting a tenant who does not occupy the premises under a lease. But while the landlord may evict for any legal reason or for no reason at all, he is not, we hold, free to evict in retaliation for his tenant's report of housing code violations to the authorities. As a matter of statutory construction and for reasons of public policy, such an eviction cannot be permitted.

The housing and sanitary codes, especially in light of Congress' explicit direction for their enactment, indicate a strong and pervasive congressional concern to secure for the city's slum dwellers decent, or at least safe and sanitary, places to live. Effective implementation and enforcement of the codes obviously depend in part on private initiative in the reporting of violations. Though there is no official procedure for the filing of such complaints, the bureaucratic structure of the Department of Licenses and Inspections establishes such a procedure, and for fiscal year 1966 nearly a third of the cases handled by the Department arose from private complaints. To permit retaliatory evictions, then, would clearly frustrate the effectiveness of the housing code as a means of upgrading the quality of housing in Washington.

> "The Commissioners of the District of Columbia hereby find and declare that there exist residential buildings and areas within said District which are slums or are otherwise blighted, and that there are, in addition, other such buildings and areas within said District which are deteriorating and are in danger of becoming slums or otherwise blighted unless action is taken to prevent their further deterioration and decline.

> "The Commissioners further find and declare that such unfortunate conditions are due, among other circumstances, to certain conditions

affecting such residential buildings and such areas, among them being the following: dilapidation, inadequate maintenance, overcrowding, inadequate toilet facilities, inadequate bathing or washing facilities, inadequate heating, insufficient protection against fire hazards, inadequate lighting and ventilation, and other insanitary or unsafe conditions.

"The Commissioners further find and declare that the aforesaid conditions, where they exist, and other conditions . which contribute to or cause the deterioration of residential buildings and areas, are deleterious to the health, safety, welfare and morals of the community and its inhabitants."

As judges, "we cannot shut our eyes to matters of public notoriety and general cognizance. When we take our seats on the bench we are not struck with blindness, and forbidden to know as judges what we see as men." Ho Ah Kow v. Nunan, C.C.D.Cal., 12 Fed.Cas. 252, 255 (No. 6546) (1879). In trying to effect the will of Congress and as a court of equity we have the responsibility to consider the social context in which our decisions will have operational effect. In light of the appalling condition and shortage of housing in Washington, the expense of moving, the inequality of bargaining power between tenant and landlord, and the social and economic importance of assuring at least minimum standards in housing conditions, we do not hesitate to declare that retaliatory eviction cannot be tolerated. There can be no doubt that the slum dweller, even though his home be marred by housing code violations, will pause long before he complains of them if he fears eviction as a consequence. Hence an eviction under the circumstances of this ease would not only punish appellant for making a complaint which she had a constitutional right to make, a result which we would not impute to the will of Congress simply on the basis of an essentially procedural enactment, but also would stand as a warning to others that they dare not be so bold, a result which, from the authorization of the housing code, we think Congress affirmatively sought to avoid.

The notion that the effectiveness of remedial legislation will be inhibited if those reporting violations of it can legally be intimidated is so fundamental that a presumption against the legality of such intimidation can be inferred as inherent in the legislation even if it is not expressed in the statute itself. Such an inference was recently drawn by the Supreme Court from the federal labor statutes to strike down under the supremacy clause a Florida statute denying unemployment insurance to workers discharged in retaliation for filing complaints of federally defined unfair labor practices. While we are not confronted with a possible conflict between federal policy and state law, we do have the task of reconciling and harmonizing two federal statutes so as to best effectuate the purposes of each. The proper balance can only be struck by interpreting 45 D.C. Code §§ 902 and 910 as inapplicable where the court's aid is invoked to effect an eviction in retaliation for reporting housing code violations.

This is not, of course, to say that even if the tenant can prove a retaliatory purpose she is entitled to remain in possession in perpetuity. If this illegal purpose is dissipated, the landlord can, in the absence of legislation or a binding contract, evict his tenants or raise their rents for economic or other legitimate reasons, or even for no reason at all. The question of permissible or impermissible purpose is one of fact for the court or jury, and while such a determination is not easy, it is not significantly different from problems with which the courts must deal in a host of other contexts, such as when they must decide whether the employer who discharges a worker has committed an unfair labor practice because he has done so on account of the employee's union activities. As Judge Greene said, "There is no reason why similar factual judgments cannot be made by courts and juries in the context of economic retaliation [against tenants by landlords] for providing information to the government."

Reversed and remanded.

***

DANAHER, Circuit Judge

(dissenting):

Basically at issue between my colleagues and me is a question as to the extent to which the power of the court may here be exercised where by their edict the landlord's right to his property is being denied. They concede as they must "that in making his affirmative case for possession the landlord need only show that his tenant has been given, the 30-day statutory notice, and he need not assign any reason for evicting a tenant who does not occupy the premises under a lease."

That fundamental rule of our law of property must give way, it now develops. My colleagues so rule despite the absence of a statutory prescription of discernible standards as to what may constitute "violations," or of provision for compensating2 the landlord for the deprivation of his property. They say that the court will not "frustrate the effectiveness of the housing code as a means of upgrading the quality of housing in Washington." Since they recognize that there is an "appalling condition and shortage of housing in Washington,"3 they say the court must take account of the "social and economic importance of assuring at least minimum standards in housing conditions." So to meet such needs, the burden would now be met, not pursuant to a congressionally prescribed policy, with adequate provision for construction or acquisition costs, or for compensation to property owners, but by private landlords who will be saddled with what should have been a public charge.

Note how my colleagues achieve that result as they rule:

"But while the landlord may evict for any legal reason or for no reason at all, he is not, we hold, free to evict in retaliation for his tenant's report of housing code violations to the authorities. As a matter of statutory construction and for reasons of public policy, such an eviction cannot be permitted."

Just as do my colleagues, I deplore the effort of any landlord for a base reason to secure possession of his own property, but if his right so to recover in accordance with our law is to be denied, Congress should provide the basis. Appropriate standards as a pre-condition thus could be spelled out in legislation and just compensation thereupon be awarded if found to be due.

I am not alone in my position, I dare say, as I read the Congressional Record for March 13, 1968, page H 1883. In President Johnson's message to the Congress he said:

"One of the most abhorrent injustices committed by some landlords in the District is to evict — or threaten to evict — tenants who report building code violations to the Department of Licenses and Inspections.

"This is intimidation, pure and simple. It is an affront to the dignity of the tenant. It often makes the man who lives in a cold and leaking tenement afraid to report those conditions.

"Certainly the tenant deserves the protection of the law when he lodges a good faith complaint.

"I recommend legislation to prevent retaliatory evictions by landlords in the District." (Emphasis added.)

He seems to think as do I that congressional action is required.

1 It is common knowledge that following Berman v. Parker, supra note 2, the housing structures in one entire quadrant of the City of Washington were razed, driving thousands of tenants to seek whatever "appalling" accommodations they could find. In place of the destroyed housing, beautiful apartment buildings have been built, to be sure, with "co-ops" in some costing up to $100,000 per apartment, with rentals in others priced far beyond the capacity to pay of thousands of those who had been displaced. And even the affluent tenants having chosen to do so, must be presumed, at least until now, to have taken the premises in the condition in which they found them, cockroaches and all.

The Washington Post on April 1, 1968 editorialized upon the need for a renewal project after "the wholesale bulldozing of slums and massive uprooting of families with them which characterized the Southwest development." [Editorial Note: This is footnote 3 of the opinion.]

2 See Report of the National Capital Planning Commission, Problems of Housing People in Washington, JO. C., reprinted in Hearings, supra Note 43, at 410:

"* * * Poor families are responding to Washington's housing shortage by doubling and overcrowding; by living in structurally substandard or other hazardous housing; by sharing or doing without hot water, heat, light, or kitchen or bathroom facilities; by farming out their children wherever they can; by denying their children exist to landlords and public officials; by paying rents which are high compared to incomes so they must sacrifice other living necessities; and by living without dignity or privacy. Each one of these features has been measured separately or has been observed in Washington's poverty areas." [Editorial Note: This is footnote 45 of the opinion.]

3 "Miserable and disreputable housing conditions may do more than spread disease and crime and immorality. They may also suffocate the spirit by reducing the people who live there to the status of cattle. They may indeed make living an almost insufferable burden. They may also be an ugly sore, a blight on the community which robs it of charm, which makes it a place from which men turn. The misery of housing may despoil a community as an open sewer may ruin a river." Berman v. Parker, 348 U.S. 26, 32-33, 75 S.Ct. 98, 102, 99 L.Ed. 27 (1954). See also Frank v. State of Maryland, 359 U.S. 360, 371, 79 S.Ct. 804, 811, 3 L.Ed.2d 877 (1959): "The need to maintain basic, minimal standards of housing, to prevent the spread of disease and of that pervasive breakdown in the fiber of a people which is produced by slums and the absence of the barest essentials of civilized living, has mounted to a major concern of American government."

According to the Report of the Planning Commission, supra Note 45, at pp. 5-6, "more than 100,000 children are growing up in Washington now under one or more housing conditions which create psychological, social, and medical impairments, and make satisfactory home life difficult or a practical impossibility." Reprinted in Hearings, supra Note 43, at 410. [Editorial Note: This is footnote 47 of the opinion.]

14.6

Illegal Activity

The U.S. Supreme Court case of *Department of Housing & Urban Development v. Rucker*, excerpted below, found that public housing authorities could evict a tenant when a member of the tenant's household engaged in certain illegal activities even if the tenant was not aware of the activity. As you read *Rucker*, ask yourselves how the law could or should develop for a more equitable landlord tenant system. If the purported illegal activity by a guest or a member of the tenant's household was conducted off the premises, should the tenant be evicted? Should an eviction be limited only to those instances when the purported illegal activity is conducted by the tenant, rather than including purported illegal activity by guests or household members?

14.6.1

Department of Housing & Urban Development v. Rucker
535 U.S. 125 (2002)

Supreme Court of the United States

Chief Justice Rehnquist

delivered the opinion of the Court.

With drug dealers "increasingly imposing a reign of terror on public and other federally assisted low-income housing tenants," Congress passed the Anti-Drug Abuse Act of 1988. § 5122, 102 Stat. 4301, 42 U. S. C. § 11901(3) (1994 ed.). The Act, as later amended, provides that each "public housing agency shall utilize leases which ... provide that any criminal activity that threatens the health, safety, or right to peaceful enjoyment of the premises by other tenants or any drug-related criminal activity on or off such premises, engaged in by a public housing tenant, any member of the tenant's household, or any guest or other person under the tenant's control, shall be cause for termination of tenancy." 42 U. S. C. § 1437d(Z)(6) (1994 ed., Supp. V). Petitioners say that this statute requires lease terms that allow a local public housing authority to evict a tenant when a member of the tenant's household or a guest engages in drug-related criminal activity, regardless of whether the tenant knew, or had reason to know, of that activity. Respondents say it does not. We agree with petitioners.

Respondents are four public housing tenants of the Oakland Housing Authority (OHA). Paragraph 9(m) of respondents' leases, tracking the language of §

1437d(Z)(6), obligates the tenants to "assure that the tenant, any member of the household, a guest, or another person under the tenant's control, shall not engage in... [a]ny drug-related criminal activity on or near the premise[s]." App. 59. Respondents also signed an agreement stating that the tenant "understand[s] that if I or any member of my household or guests should violate this lease provision, my tenancy may be terminated and I may be evicted." *Id.,* at 69.

In late 1997 and early 1998, OHA instituted eviction proceedings in state court against respondents, alleging violations of this lease provision. The complaint alleged: (1) that the respective grandsons of respondents William Lee and Barbara Hill, both of whom were listed as residents on the leases, were caught in the apartment complex parking lot smoking marijuana; (2) that the daughter of respondent Pearlie Rucker, who resides with her and is listed on the lease as a resident, was found with cocaine and a crack cocaine pipe three blocks from Rucker's apartment; and (3) that on three instances within a 2-month period, respondent Herman Walker's caregiver and two others were found with cocaine in Walker's apartment. OHA had issued Walker notices of a lease violation on the first two occasions, before initiating the eviction action after the third violation.

United States Department of Housing and Urban Development (HUD) regulations administering § 1437d(Z)(6) require lease terms authorizing evictions in these circumstances. The HUD regulations closely track the statutory language, and provide that "[i]n deciding to evict for criminal activity, the [public housing authority] shall have discretion to consider all of the circumstances of the case . . . ." 24 CFR § 966.4(∆)(5)(i) (2001). The agency made clear that local public housing authorities' discretion to evict for drug-related activity includes those situations in which "[the] tenant did not know, could not foresee, or could not control behavior by other occupants of the unit." 56 Fed. Reg. 51560, 51567 (1991).

After OHA initiated the eviction proceedings in state court, respondents commenced actions against HUD, OHA, and OHA's director in United States District Court. They challenged HUD's interpretation of the statute under the Administrative Procedure Act, 5 U. S. C. § 706(2)(A), arguing that 42 U. S. C. § 1437d(Z)(6) does not require lease terms authorizing the eviction of so-called "innocent" tenants, and, in the alternative, that if it does, then the statute is unconstitutional. The District Court issued a preliminary injunction, enjoining OHA from "terminating the leases of tenants pursuant to paragraph 9(m) of the 'Tenant Lease' for drug-related criminal activity that does not occur within the tenant's apartment unit when the tenant did not know of and had no reason to know of, the drug-related criminal activity." App. to Pet. for Cert, in No. 00-1770, pp. 165a-166a.

PP

A panel of the Court of Appeals reversed, holding that § 1437d(Z)(6) unambiguously permits the eviction of tenants who violate the lease provision, regardless of whether the tenant was personally aware of the drug activity, and that the statute is constitutional. See *Rucker* v. *Davis,* 203 F. 3d 627 (CA9 2000). An en banc panel of the Court of Appeals reversed and affirmed the District Court's grant of the *CoA* preliminary injunction. See *Rucker* v. *Davis,* 237 F. 3d 1113 (2001). That court held that HUD's interpretation permitting the eviction of so-called "innocent" tenants "is inconsistent with Congressional intent and must be rejected" under the first step of *Chevron U. S. A. Inc.* v. *Natural Resources Defense Council, Inc.,* 467 U. S. 837, 842-843 (1984). 237 F. 3d, at 1126.

holding

We granted certiorari and now reverse, holding that 42 U. S. C. § 1437d(Z)(6) unambiguously requires lease terms that vest local public housing authorities with the discretion to evict tenants for the drug-related activity of household members and guests whether or not the tenant knew, or should have known, about the activity.

That this is so seems evident from the plain language of the statute. It provides that "[e]ach public housing agency shall utilize leases which . . . provide that . . . any drug-related criminal activity on or off such premises, engaged in by a public housing tenant, any member of the tenant's household, or any guest or other person under the tenant's control, shall be cause for termination of tenancy." 42 U. S. C. § 1437d(Z)(6) (1994 ed., Supp. V). The en banc Court of Appeals thought the statute did not address "the level of personal knowledge or fault that is required for eviction." 237 F. 3d, at 1120. Yet Congress' decision not to impose any qualification in the statute, combined with its use of the term "any" to modify "drug-related criminal activity," precludes any knowledge requirement. See *United States* v. *Monsanto,* 491 U. S. 600, 609 (1989). As we have explained, "the word 'any' has an expansive meaning, that is, 'one or some indiscriminately of whatever kind.' " *United States* v. *Gonzales,* 520 U. S. 1, 5 (1997). Thus, *any* drug-related activity engaged in by the specified persons is grounds for termination, not just drug-related activity that the tenant knew, or should have known, about.

The en banc Court of Appeals also thought it possible that "under the tenant's control" modifies not just "other person," but also "member of the tenant's household" and "guest." 237 F. 3d, at 1120. The court ultimately adopted this reading, concluding that the statute prohibits eviction where the tenant, "for a lack of knowledge or other reason, could not realistically exercise control over the conduct of a household member or guest." *Id.,* at 1126. But this interpretation runs counter to basic rules of grammar. The disjunctive "or" means that the qualification applies only to "other person." Indeed, the view that "under the tenant's control" modifies everything coming before it in the sentence would result in the nonsensical reading that the statute applies to "a public housing tenant . . . under the tenant's control." HUD offers a convincing explanation for the grammatical imperative that "under the tenant's control" modifies only "other person": "by 'control,' the statute means control in the sense that the tenant has permitted access to the premises." 66 Fed. Reg. 28781 (2001). Implicit in the terms "household member" or "guest" is that access to the premises has been granted by the tenant. Thus, the plain language of § 1437d(Z)(6) requires leases that grant public housing authorities the discretion to terminate tenancy without regard to the tenant's knowledge of the drug-related criminal activity.

***

The en banc Court of Appeals next resorted to legislative history. The Court of Appeals correctly recognized that reference to legislative history is inappropriate when the text of the statute is unambiguous. 237 F. 3d, at 1123. Given that the en banc Court of Appeals' finding of textual ambiguity is wrong, see *supra,* at 130-132, there is no need to consult legislative history.

Nor was the en banc Court of Appeals correct in concluding that this plain reading of the statute leads to absurd results.5 The statute does not *require* the eviction of any tenant who violated the lease provision. Instead, it entrusts that decision to the local public housing authorities, who are in the best position to take account of, among other things, the degree to which the housing project suffers from "rampant drug-related or violent crime," 42 U. S. C. § 11901(2) (1994 ed. and Supp. V), "the seriousness of the offending action," 66 Fed. Reg., at 28803, and "the extent to which the leaseholder has … taken all reasonable steps to prevent or mitigate the offending action," *ibid.* It is not "absurd" that a local housing authority may sometimes evict a tenant who had no knowledge of the drug-related activity. Such "no-fault" eviction is a common "incident of tenant responsibility under normal landlord-tenant law and practice." 56 Fed. Reg., at 51567. . . .

***

We hold that "Congress has directly spoken to the precise question at issue." *Chevron U. S. A. Inc.* v. *Natural Resources Defense Council, Inc.,* 467 U. S., at 842. Section 1437d(Z)(6) requires lease terms that give local public housing authorities the discretion to terminate the lease of a tenant when a member of the household or a guest engages in drug-related activity, regardless of whether the tenant knew, or should have known, of the drug-related activity.

Accordingly, the judgment of the Court of Appeals is reversed, and the cases are remanded for further proceedings consistent with this opinion.

It is so ordered.

1 The regulations require public housing authorities (PHAs) to impose a lease obligation on tenants:

"To assure that the tenant, any member of the household, a guest, or another person under the tenant's control, shall not engage in:

"(A) Any criminal activity that threatens the health, safety, or right to peaceful enjoyment of the PHA's public housing premises by other residents or employees of the PHA, or

"(B) Any drug-related criminal activity on or near such premises.

"Any criminal activity in violation of the preceding sentence shall be cause for termination of tenancy, and for eviction from the unit." 24 CFR §966.4(f)(12)(i) (2001). [Editorial Note: This is footnote 2 of the opinion.]

2 Respondents Rucker and Walker also raised Americans with Disabilities Act claims that are not before this Court. And all of the respondents raised state-law claims against OHA that are not before this Court. [Editorial Note: This is footnote 3 of the opinion.]

14.6.2

Moretalara v. Boston Housing Authority 161 N.E.3d 444 (Mass. App. Ct. 2020)

Appeals Court of Massachusetts

MILKEY, J.

The plaintiff, Flavia Moretalara, is an elderly tenant who suffers from various disabilities. Her son often visited her at her apartment to help take care of her. Unbeknownst to the plaintiff, her son also hid heroin and a high-capacity firearm magazine there. When he was arrested and the contraband discovered, the Boston Housing Authority (BHA) terminated the plaintiff's Section 8 housing benefits. She, in turn, sought to reverse that decision in court, claiming that her disabilities prevented her from detecting and preventing her son's misconduct on the premises. She also provided evidence that, going forward, her son had agreed not to return to her apartment, and that she had secured a new personal care attendant who would help her monitor her apartment. Based on a record developed over a series of administrative hearings, a Housing Court judge ruled in the plaintiff's favor and enjoined the BHA from terminating her Section 8 benefits. On the BHA's appeal, we affirm.

Background. 1. Flavia Moretalara. The plaintiff, who is a cancer survivor, has long suffered from numerous medical conditions. These include vertigo, which caused her to fall and injure herself on at least one occasion, and various sources of intermittent or chronic pain. Her pain often directly limits her mobility, and she has undergone numerous surgeries dating back to at least 2011 to address that pain. One of the BHA's hearing officers summarized the plaintiff's condition as follows: she experiences "fatigue, swelling of the leg, dizziness, weakness, forgetfulness, and high blood pressure"; during acute episodes, migraines, disabling vertigo, and intense pain can make her unable to tolerate light, sound, or food; and her physical symptoms cause "stress, excessive worry and panic attacks."

The plaintiff rents an apartment in the Jamaica Plain section of Boston with the help of a Section 8 housing choice voucher administered by the BHA. She has lived in that apartment since October 2001. Her family members, including her son, often visited her to help care for her. The family members would stay in the apartment's second bedroom when visiting. According to an uncontested averment by the plaintiff, her son "was especially helpful because he was strong enough to pick me up if I fell," and could "help[ ] me physically if I fell or struggled, which happened and still happens regularly."

2. Section 8 benefits terminations. The plaintiff's lease imposed various obligations on her, including, as relevant here, a duty "to refrain from engaging in and to cause ... guest(s), or any person under [her] control to refrain from engaging in any criminal or illegal activity in the rented Premises." Should she commit serious or repeated lease violations, the BHA is authorized -- but not required -- to terminate her Section 8 benefits. See 24 C.F.R. §§ 982.551(e), 982.552(c)(1)(i). See also BHA Administrative Plan for Section 8 Programs § 13.5.2(d) (rev. 2020). However, Federal law grants the plaintiff, and beneficiaries like her, two important protections. First, in deciding whether to terminate Section 8 benefits pursuant to 24 C.F.R. § 982.552(c)(1)(i), the BHA may consider all relevant circumstances, which include "the extent of participation or culpability of individual family members, mitigating circumstances related to the disability of a family member, and the effects of denial or termination of assistance on other family members who were not involved in the" event leading to termination. 24 C.F.R. § 982.552(c)(2)(i). Second, "[i]f the family includes a person with disabilities," the BHA must consider granting a "reasonable accommodation" of the disability in accordance with Federal law and the BHA's own policies. 24 C.F.R. § 982.552(c)(2)(iv).

The BHA's current reasonable accommodation policy (BHARAP) is dated February 12, 2016. Under it, a Section 8 beneficiary may seek an accommodation "related to policies and practices, such as when [a beneficiary's] disability leads to a program violation, leading to a request that the BHA not proceed with termination if [she] provides sufficient evidence of an effective plan to prevent the violation from recurring." BHARAP § 3.2. As explained by the BHA, such a request provides equal opportunity by helping put a beneficiary "in the same position as someone who does not have [their] disability." Id. In effect, "[t]he [beneficiary] requests that [they] be given another chance to comply with the program requirements and remain housed because a person without [their] disability would not have violated the requirements in the first place." Id.

When a beneficiary requests such an accommodation, the "BHA will determine whether it is reasonable to believe that the violation is unlikely to recur if it provides the requested Accommodation." BHARAP § 5.2. Importantly, the policy contains a presumption in the beneficiary's favor:

"As an initial matter, BHA will assume that a Client is an expert on his/her own disability and any appropriate Accommodations. Unless BHA can identify specific reasons for doing otherwise, it should accept the Client's judgment that an Accommodation is needed and that the Accommodation proposed for meeting those needs is the most appropriate."

BHARAP § 3.5. Also, "[i]f a Client requests an Accommodation in the context of a ... proposed termination, and it is determined to be ineffective or unreasonable, BHA will propose alternative Accommodations, if they exist, to resolve the matter." BHARAP § 5.3.

3. The son's arrest and the BHA's efforts to terminate the plaintiff's benefits. At approximately 6:30 A.M. one morning in 2015, Boston Police Department officers announced themselves at the plaintiff's apartment. The plaintiff, her sister, and the plaintiff's son were at the apartment at the time. The police officers were starting to breach the apartment door, but the plaintiff opened the door before they did so.

After being admitted to the apartment, the police officers executed a search warrant targeting the plaintiff's son. In the second bedroom, they found a plastic bag containing about one gram of heroin, a high-capacity firearm magazine in a safe in the closet, and certain drug paraphernalia under the mattress and in the closet. It is not clear how long these items had been in the apartment. The officers arrested the plaintiff's son. Boston emergency medical services was called to address the plaintiff's apparent distress during the execution of the warrant, but she declined transportation to a hospital.

Although the plaintiff had no knowledge of her son's misconduct, the BHA moved to terminate the plaintiff's Section 8 benefits. Thus began a tortuous procedural history that we need not describe in detail. It suffices to note the following, reserving some additional facts for future discussion. After an administrative hearing, the hearing officer (initial hearing officer) concluded that the tenant had committed a serious lease violation and approved the termination of her Section 8 benefits.

The plaintiff then filed a complaint against the BHA in the Housing Court, raising both Federal and State law disability claims, as well as other claims. Separately, she formally requested from the BHA a reasonable accommodation allowing her to stay in the apartment with a commitment from her son that he would stay away from her apartment and with the support of a personal care attendant. In accordance with its policy for evaluating reasonable accommodation requests, the BHA met with the plaintiff and her lawyer and invited the plaintiff to submit additional information, which she did. See BHARAP §§ 3.5, 3.6. The BHA then denied the plaintiff's request without proposing an alternative.

A second administrative hearing to consider that denial followed. It took place before a different hearing officer (subsequent hearing officer) who took evidence, heard argument, and then upheld the BHA's decision. The Housing Court judge, concerned that the subsequent hearing officer had misapplied cases addressing the "innocent tenant" defense, then remanded the matter to the subsequent hearing officer with instructions to reconsider the matter without relying on those cases. On remand, the subsequent hearing officer again upheld the BHA's decision, albeit on different grounds.

In the meantime, the BHA had filed a dispositive motion in the Housing Court seeking judgment on the pleadings or summary judgment, which the plaintiff had opposed. After the third administrative decision issued, the judge ruled for the plaintiff on her Federal and State discrimination claims. He reversed the hearing officers' decisions and ordered the BHA to reinstate the plaintiff's Section 8 benefits. Then, because the plaintiff had an adequate alternative legal remedy, the judge ordered her certiorari claims dismissed.

Discussion. 1. Legal framework and standard of review. The winding path this case has taken has created considerable confusion as to what claims properly are before us and what standard of review applies. . . .

We review the judge's decision de novo. Our determining the appropriate standard of review to apply to the hearing officers' decisions is considerably simplified by the fact that the parties agreed on one in the Housing Court. Specifically, the record reflects that the parties agreed that this case would be resolved by a review of whether the BHA's decisions were supported by substantial evidence on the record forged before the authority, and were otherwise legally tenable. We respect that agreement here without deciding whether it was the proper means of deciding these 42 U.S.C. § 1983 claims.

Our inquiry is "whether the Housing Court judge correctly ruled that the hearing officer committed legal errors that adversely affected [the plaintiff's] material rights. As part of this inquiry, we examine the record to determine whether the hearing officer's factual findings were supported by substantial evidence." Figgs v. Boston Hous. Auth., 469 Mass. 354, 362, 14 N.E.3d 229 (2014). . . .

***

2. Merits. For the plaintiff to be entitled to the reasonable accommodation she seeks, she must show the following: first, that she is disabled; second, that there was a causal link, or nexus, between her disability and her lease violation, see Boston Hous. Auth. v. Bridgewaters, 452 Mass. 833, 848, 898 N.E.2d 848 (2009); third, that the accommodation is indeed reasonable, see BHARAP § 3.3; and fourth, that her

proposed plan to prevent future lease violations is reasonably likely to be effective, see BHARAP § 5.2.

The parties agree that the plaintiff is disabled within the meaning of the applicable laws. The remaining factors are disputed. We take them in turn.

a. Whether there was a causal link between the plaintiff's disability and her lease violation. "[A] reasonable accommodation is required where there is a causal link between the disability for which the accommodation is requested and the misconduct that is the subject of the eviction or other challenged action." Bridgewaters, 452 Mass. at 848, 898 N.E.2d 848.

The plaintiff argued that there was a causal link between her disability and her son's misconduct at her apartment because the plaintiff's disability prevented her from detecting and addressing her son's misconduct. The subsequent hearing officer rejected these arguments and found as a matter of both law and fact that there was no causal link. We address these grounds in turn.

i. Import of Department of Hous. & Urban Dev. v. Rucker and Boston Hous. Auth. v. Garcia. To understand the BHA's claim that the plaintiff was precluded, as a matter of law, from demonstrating a causal link between her disabilities and the lease violation, some additional context is necessary. In the past, Massachusetts public housing tenants and Section 8 beneficiaries could avail themselves of the "innocent tenant" or "special circumstances" defense, which "provide[d] relief from termination when special circumstances indicate[d] that the tenant could not have foreseen the misconduct or was unable to prevent it by any available means, including outside help." Boston Hous. Auth. v. Garcia, 449 Mass. 727, 728, 871 N.E.2d 1073 (2007). However, beginning in 1988, Congress mandated that public housing tenants' leases permit termination as a sanction for specified criminal activity. Anti Drug-Abuse Act , Pub. L. No. 100-690, § 5101, 102 Stat. 4300 (1988). Specifically, the law as amended requires such leases to "provide that any criminal activity that threatens the health, safety, or right to peaceful enjoyment of the premises by other tenants or any drug-related criminal activity on or off such premises, engaged in by a public housing tenant ... or any guest or other person under the tenant's control, shall be cause for termination of tenancy" ("one strike" lease provisions). 42 U.S.C. § 1437d(l)(6). Comparable requirements apply to Section 8 beneficiaries. See 42 U.S.C. § 1437f(d)(1)(B)(iii); 24 C.F.R. §§ 982.551(l), 982.553(iii)(b)-(c). The United States Supreme Court later confirmed in Department of Hous. & Urban Dev. v. Rucker, 535 U.S. 125, 127-128, 122 S.Ct. 1230, 152 L.Ed.2d 258 (2002), that the one strike lease provisions are "strict liability" provisions: in other words, covered criminal activity is an eviction-worthy breach of the lease "regardless of whether the tenant knew, or had reason to know, of that activity." After Rucker, the Supreme Judicial Court confirmed in Garcia that the one strike lease provisions' strict liability nature preempted Massachusetts's innocent tenant defense. Garcia, 449 Mass. at 734-735, 871 N.E.2d 1073.

The subsequent hearing officer concluded that the abolition of the innocent tenant defense precluded the plaintiff, as a matter of law, from claiming that her disabilities caused her lease violations. In other words, the hearing officer concluded that the plaintiff's disability-based arguments are nothing more than a repackaged innocent tenant defense.

This misapplies Rucker and Garcia, neither of which involved disability-related claims. Indeed, the Rucker Court made clear that it was not addressing such claims. Rucker, 535 U.S. at 129 n.3, 122 S.Ct. 1230. Nor does anything in Garcia suggest a view that the one strike lease provisions preclude defenses to eviction rooted in Federal or State disability law. Garcia, 449 Mass. at 732, 871 N.E.2d 1073.

In fact, the Supreme Judicial Court already has made it clear that the BHA's Federal fair housing obligations, including the obligation to reasonably accommodate disabled tenants, override the strict liability nature of one strike lease provisions. See Bridgewaters, 452 Mass. at 847 n.22, 898 N.E.2d 848, citing 24 C.F.R. § 966.4(l)(5)(vii)(F) (2008). See also 24 C.F.R. § 982.552(c)(2)(iv) ("If the family includes a person with disabilities, the [public housing authority] decision [to terminate benefits] is subject to consideration of reasonable accommodation in accordance with Section 8 of this title"). This is also reflected in § 3.7.2 of the BHARAP, which states that "[d]isability law does not protect a Client from eviction, program termination, or findings of ineligibility if his/her tenancy or participation poses a 'direct threat' as a result of a disability, unless the threat can be eliminated by [a reasonable accommodation]." . . .

ii. Whether a causal link existed in fact. Having determined that Rucker and Garcia do not bar the plaintiff from asserting her causal theory as a matter of law, we now turn to whether a causal link existed in fact.

The plaintiff presented a facially plausible case that her mobility-limiting disabilities prevented her from finding items that her son secreted in a bedroom that she did not use. As the plaintiff, the BHA, and the subsequent hearing officer all have acknowledged, if the BHA wants to reject a tenant's proffered theory as to how her disability caused a lease violation, it is required by its own policies to identify specific reasons to do so. BHARAP § 3.5. See Bridgewaters, 452 Mass. at 849, 898 N.E.2d 848. Of course, it is up to the BHA, not a reviewing court, to decide whether such reasons exist to overcome the presumption. Nonetheless, to withstand judicial review, any such reasons offered must be legally valid and supported by substantial evidence.

The subsequent hearing officer articulated two factual reasons for rejecting the causal links offered by the plaintiff, which we address in order. She first concluded that the plaintiff's disability was not the "proximate cause for the presence of the drugs ... because it was her son who brought the drugs into the unit." This reasoning relies on a crabbed view of causation that fails to appreciate the precise nature of the lease violation and the role the plaintiff's disabilities may have played in causing it. The plaintiff's Section 8 benefits were terminated not because her son wanted to keep illegal material at the plaintiff's apartment, but instead because she failed to prevent him from doing so. The hearing officer should not have dispensed with the plaintiff's arguments that her disabilities prevented her from policing her son's activities simply by noting that the son was more culpable than she was and initially may have brought the contraband to the apartment for reasons unrelated to her disabilities.

The second reason that the subsequent hearing officer offered for the lack of a nexus between the plaintiff's disabilities and the lease violation was the finding that the plaintiff was not suffering from a severe episode of any medical condition on the date of her son's arrest. This is a non sequitur. There is no evidence on when the contraband arrived in the apartment. Given that, the question was not whether the plaintiff's disabilities prevented her from monitoring her apartment and deterring her son's misconduct on the specific morning that the police arrested him, but whether it interfered with her monitoring him more generally.

In sum, in the face of the presumption lying in the plaintiff's favor, the BHA failed to establish legally tenable "specific reasons" why there was no causal link between her disabilities and the lease violation for which it terminated her Section 8 benefits.

b. Whether the plaintiff's proposed accommodation was reasonable. To be reasonable, a proposed accommodation must not pose an undue financial or administrative burden, and it must not require a "fundamental alteration" to BHA's Section 8 program. An accommodation "requires a fundamental alteration of BHA's program if it would cause the agency to act outside of its primary purpose as a provider of subsidized housing." BHARAP § 3.3.2. An accommodation also requires a fundamental alteration of BHA's policy if it would "require BHA to operate contrary to the requirements placed upon it by law or regulation." Id.

The subsequent hearing officer concluded that the requested accommodation would fundamentally alter the BHA's Section 8 program for two reasons, neither of which passes legal muster. First, she concluded that the accommodation would improperly import a knowledge requirement into the strict liability termination provision that Federal law requires. This was another way of saying that the plaintiff's defense was barred because it was simply a repackaged innocent tenant defense. As discussed, such a conclusion is erroneous as a matter of law.

Second, the subsequent hearing officer concluded that the proposed accommodation would improperly put the personal care attendant's knowledge at the heart of future termination proceedings. Specifically, she expressed her concern that "[i]n order to terminate [the plaintiff] in the future, [the BHA] would be required to show that the specific personal care attendant observed suspicious activity, informed [the plaintiff], and thereafter [the plaintiff] did not address the matter properly."

This concern is understandable, but misplaced. Accommodating the plaintiff does not rewrite her legal obligations. If more criminal activity occurs on the premises, the BHA may make a second effort to terminate her benefits. If the plaintiff raises her, or her personal care attendant's, lack of knowledge of the activity as a defense, it will be as part of a request that the BHA exercise its discretion on the plaintiff's behalf in light of mitigating circumstances, or in another request for reasonable accommodation. In the event she makes such a request, the current plan's failure to prevent the subsequent criminal activity may factor into the analysis of whether granting such a request is appropriate.

The proposed accommodation would not require a fundamental alteration to BHA's Section 8 program, and the subsequent hearing officer erred in concluding otherwise.

c. Whether the plaintiff's proposed accommodation was likely to be effective. As noted, the plaintiff enjoys a presumption that "the Accommodation proposed for meeting those needs is the most appropriate ... [u]nless BHA can identify specific reasons for doing otherwise." BHARAP § 3.5. We conclude that the BHA has again failed to identify adequate reasons that the plaintiff's plan for preventing future violations likely would not be effective.

The plaintiff's plan had two parts. First, she banned her son from visiting her apartment. He agreed to stay away and even provided an affidavit under the pains and penalties of perjury in support of the plaintiff's reasonable accommodation request. Second, the plaintiff recruited a new personal care attendant who could care for her without her son's assistance. The plaintiff had acquired funding to pay the personal care attendant for about twice as many hours of work as her prior attendant. The attendant, a friend of the plaintiff's, had also committed to stay for many more hours on a volunteer basis, including overnight if the plaintiff needed her to do so. There were also some indications that the plaintiff was receiving care that would improve her mobility.

The subsequent hearing officer concluded that the accommodation was unlikely to be effective, mostly because the plaintiff was paying her new personal care attendant for only a limited number of hours per day, and there was no guarantee that this friend would be able to continue working as the plaintiff's personal care attendant. The subsequent hearing officer expressed concern that a future personal care attendant would be unable to volunteer additional unpaid hours to help the plaintiff. Although we recognize these uncertainties, we think that the subsequent hearing officer applied too strict a standard; she at least verged on asking the plaintiff to prove a negative. As the judge wrote, the plaintiff "cannot be expected to" do so. There was no indication in the record that the son's promise was made in bad faith, or that the plaintiff would allow him in if he did come to the apartment for some reason. Again, as the judge wrote, the plaintiff "has agreed to take all reasonable steps to keep [her son] from returning to her apartment. Her inability to provide absolute assurance that [her son] may not try to return does not render this part of her proposed accommodation unreasonable." Nor was there any suggestion that any other third party might engage in criminal activity at the apartment. In fact, at the time of the incident, the plaintiff had lived in the apartment for well over a decade without apparent incident. It is also undisputed that the incident involving the son placed the plaintiff and her personal caregivers on alert about the possibility of misconduct at her apartment.

Of course, our conclusion does not make the issues identified by the subsequent hearing officer irrelevant. We reiterate that if the plaintiff is forced to request another accommodation due to future criminal activity on the premises, the current plan's failure may factor into an analysis of whether to grant her request.

We conclude that the subsequent hearing officer failed to articulate specific reasons, supported by substantial evidence, that the plaintiff's plan to prevent future lease violations is unlikely to prevent future violations.

3. Remedy. Through its own informal process and three administrative hearings, the BHA has had ample opportunity to try to justify its decision to terminate the plaintiff's Section 8 benefits. For the reasons set forth above, we conclude that the BHA has not done so. Moreover, as noted, the BHA's own policies establish a presumption in the plaintiff's favor with regard to the import of the plaintiff's disabilities. Nearly five years now have elapsed since the BHA first sought to terminate the plaintiff's subsidies. Under these circumstances, we conclude that it is

appropriate to affirm the judgment of the Housing Court, without ordering another remand for the agency to take another bite at the apple. We therefore affirm the judgment of the Housing Court.

So ordered.

14.6.3

Discussion: Notes, Questions, and Problems

14.6.3.1

Discussion Note #10. Feminist perspective of evictions for illegal activities

For a feminist discussion of evictions for illegal activities, see Pamela A. Wilkins, Phillips Neighborhood Housing Trust v. Brown—*Rewritten Opinion in* Feminist Judgments: Rewritten Property Opinions (Eloisa C. Rodriguez-Dod & Elena Marty-Nelson eds., Cambridge University Press 2021), and Lua Kamál Yuille, *Commentary on* Phillips Neighborhood Housing Trust v. Brown—*Rewritten Opinion, in* Feminist Judgments: Rewritten Property Opinions (Eloisa C. Rodriguez-Dod & Elena Marty-Nelson eds., Cambridge University Press 2021).

14.7

Assignments and Subleases

When a tenant transfers the entire remaining term of the lease, the transfer is an **assignment**. A **sublease** occurs, however, when a tenant does not transfer the entire remaining term of the lease and retains the right to possession of the demised premises for some period of time after the sublease ends. In the absence of an express covenant restricting a tenant's ability to assign or sublease, may a tenant assign or sublease the demised area? What if the lease expressly prohibits assignments and subleases without the landlord's prior written consent, are there any limitations on the landlord's ability to deny consent or may the landlord deny consent arbitrarily? After reviewing the cases, think about how you would negotiate and draft a lease provision regarding assignments and subleases if you represent a landlord. Similarly, think about how you would negotiate and draft a lease provision regarding assignments and subleases if you represent a tenant.

14.7.1

Rowe v. Great Atlantic & Pacific Tea Co. 385 N.E.2d 566 (N.Y. 1978)

New York Court of Appeals

Gabrielli, J.

We are called upon to determine whether a certain real property lease agreement contains an implied covenant limiting the lessee's power to assign the lease. The property subject to the lease is located in Sag Harbor, New York. In 1964, petitioner, Robert Rowe, an experienced attorney and businessman and the owner of the land involved herein, leased the property to respondent Great Atlantic & Pacific Tea Co. (A&P) for use as a "general merchandise business". The agreement required Rowe to erect a building on the property, and provided for a yearly rental of $14,000 for a 10-year term. It also granted A&P options to renew for two additional seven-year periods, at a slightly lower rental. The lease contained no restrictions on assignment of the lease by A&P. Rowe constructed the building as agreed, and A&P took possession and utilized the premises for a supermarket.

Some years later, both parties sought to renegotiate the agreement. Rowe desired a higher rental because of increases in taxes and other expenses, while A&P wished to have the building enlarged. Following protracted negotiations, a new lease was executed in 1971, in which it was provided that Rowe would expand the building by an additional 6,313 square feet, and that the base rental would be increased to $34,420 per year. This figure was reached by estimating the cost to Rowe of the improvements to the building and then computing a rate of return agreed to by the parties and adding that to the old rental. The new lease was for a period of 15 years, and provided A&P with the option to renew for three additional seven-year periods at the same rental. In addition to the base rental, the new lease provided that Rowe was to receive 1½% of the store's annual gross receipts in excess of $2,294,666 and less than $5,000,000. In other words, unless gross receipts reached the $2,294,666 mark, the percentage clause would be inoperable. There was no warranty, stipulation or promise by A&P that sales would climb to the minimum necessary to trigger the percentage clause. The lease contained no restriction on the lessee's right to assign the lease. Nor did it make any reference to assignability other than providing that the lease would bind the heirs and assigns of the parties.

Unfortunately for all concerned, the new store did not fare as well as had been hoped. Indeed, A&P entered into a period of retrenchment in which it decided to close several of its less profitable stores, and the Sag Harbor store was one of those selected. Following months of discussion with Rowe and others, and over Rowe's objections, A&P in 1975 shut down its operation in Sag Harbor and assigned the lease of the premises to respondent Southland Corp., which operates a chain of supermarkets under the name Gristede Brothers. Rowe then commenced this proceeding seeking to recover possession of the premises as well as money damages. His claim is premised on the theory that A&P breached an implied covenant against assignment without consent of the lessor.

Following a nonjury trial, Supreme Court dismissed the petition on the merits, concluding that in the absence of bad faith, which was not shown, A&P had the unqualified right to assign the lease since there existed no provision limiting that right. With respect to Rowe's claim that the lease contained an implied covenant limiting A&P's right to assign, the court concluded that he had not met his burden of proof on this issue in that he had failed to prove that no reasonable landlord would have entered into this lease without an implicit understanding that the lessee could not freely assign the lease. The court reasoned that in order to show the existence of such an implicit covenant, the lessor would first be required to prove that without the percentage rent clause, which was the only factor indicating that there might actually exist such an implied agreement, the lease would have been unconscionable.

Petitioner appealed and the Appellate Division reversed, stating that the trial court had placed too heavy a burden upon petitioner. Noting that the courts will find the existence of an implied covenant limiting the right to assign if the lease is such that the landlord entered into it in reliance upon the special ability or characteristics of the lessee, the court reasoned that the existence of a percentage clause in a lease is a strong indication of such reliance. Although the existence of a base rental in addition to the percentage rental would be some evidence to the contrary, the Appellate Division concluded that in this case that was not true because in the court's judgment the base rental was not substantial. Accordingly, the Appellate Division reversed Supreme Court and ruled in favor of petitioner. We cannot agree with that determination.

A lease agreement, like any other contract, essentially involves a bargained-for exchange between the parties. Absent some violation of law or transgression of a strong public policy, the parties to a contract are basically free to make whatever agreement they wish, no matter how unwise it might appear to a third party. It is, of course, far too late in the day to seriously suggest that the law has not made substantial inroads into such freedom of private contracts. There exists an unavoidable tension between the concept of freedom to contract, which has long been basic to our socioeconomic system, and the equally fundamental belief that an enlightened society must to some extent protect its members from the potentially harsh effects of an unchecked free market system. Thus, rightly or wrongly, society has chosen to intervene in various ways in the dealings between private parties. This intervention is perhaps best exemplified by statutes mandating the express or implicit inclusion of certain substantive or procedural provisions in various types of contracts. It is also illustrated by judicial decisions to the effect that there exists in every contract certain implied-bylaw covenants, such as the promise to act with good faith in the course of performance. In a similar vein, the law has developed the concept of unconscionability so as to prevent the unjust enforcement of onerous contractual terms which one party is able to impose under the other because of a significant disparity in bargaining power. Despite all this, there yet remains substantial room for bargaining by the parties.

Contrary to petitioner's contentions, this appeal does not implicate any of the methods utilized by society to police both the substance of contracts and the process of contracting. There has been no violation of law or of public policy, nor does it appear that A&P acted in bad faith. Moreover, the status of the parties to this contract is not such that the doctrine of unconscionability would normally be applicable even if there were any indications that the contract was unusually one-sided. Finally, we are not here confronted with a situation in which a party seeks to apply a covenant which must be implied by law in a particular contract. Rather, it is petitioner's claim that the parties in fact impliedly did agree that A&P could not assign the lease without Rowe's permission, and simply neglected, for one reason or another, to verbalize that understanding and to incorporate it into their written contract.

That a particular provision has not been expressly stated in a contract does not necessarily mean that no such covenant exists. As was eloquently stated by Judge Cardozo, (t)he law has outgrown its primitive stage of formalism when the precise word was the sovereign talisman, and every slip was fatal. It takes a broader view today. A promise may be lacking, and yet the whole writing may be 'instinct with an obligation,' imperfectly expressed" (*Wood v Duff-Gordon*, 222 NY 88, 91, quoting *McCall Co. v Wright*, 133 App Div 62, 68). More succinctly expressed, "the undertaking of each promisor in a contract must include any promises which a reasonable person in the position of the promisee would be justified in understanding were included" (5 Williston, Contracts [rev ed. 1937], § 1293, p 3682).

Nonetheless, a party who asserts the existence of an implied-in-fact covenant bears a heavy burden, for it is not the function of the courts to remake the contract agreed to by the parties, but rather to enforce it as it exists. Thus, a party making such a claim must prove not merely that it would have been better or more sensible to include such a covenant, but rather that the particular unexpressed promise sought to be enforced is in fact implicit in the agreement viewed as a whole. This is especially so where, as here, the implied covenant sought to be recognized and enforced is of a type not favored by the courts.

It has long been the law that covenants seeking to limit the right to assign a lease are "restraints which courts do not favor. They are construed with the utmost jealousy, and very easy modes have always been countenanced for defeating them" (*Riggs v Pursell*, 66 NY 193, 201). This is so because they are restraints on the free alienation of land, and as such they tend to prevent full utilization of the land, which is contrary to the best interests of society. Since such covenants are to be construed strictly even if expressly stated, it follows that a court should not recognize the existence of an implied limitation upon assignment unless the situation is such that the failure to do so would be to deprive a party of the benefit of his bargain.

In the case presently before us petitioner Rowe has failed to prove the existence of an implied covenant limiting the lessee's right to assign the lease. Such a covenant is to be recognized only if it is clear that a reasonable landlord would not have entered into the lease without such an understanding, for it is only in such a situation that it can be said with the requisite certainty that to refuse to recognize such a covenant would be to deprive the landlord of the fruits of his bargain. This is not such a case.

An implied covenant limiting the right to assign will often be found in those situations in which it is evident that the landlord entered into the lease in reliance upon some special skill or ability of the lessee which will have a material effect upon the fulfillment of the landlord's reasonable contractual expectations. In the typical lease in which the landlord is assured of a set monthly rent, and has not placed any unusual restrictions upon the use of the premises, there is no occasion to find an implied covenant precluding or limiting assignment. This is so because the only reasonable expectation of the landlord is that the rent will be paid and the premises not abused, and thus the identity of the tenant is not material to the landlord's expectations under the lease. If, however, the expectations of the landlord are substantially dependent upon some special skill or trait of the lessee, the lack of which might endanger the lessor's legitimate contractual expectations, then it may be appropriate to find the existence of an implied covenant limiting the right to assign, for in such circumstances no reasonable person would enter into the contract without assurance that the tenant could not be replaced by an assignee lacking the requisite skills or character traits. Even in such a case, however, the implied restrictions must of course be limited to the extent possible without destroying the landlord's legitimate interests.

The type of situation in which a court may properly find that there exists a covenant limiting the right to assign is illustrated by the factual pattern which confronted the court in *Nassau Hotel Co. v Barnett & Barse Corp.* (212 NY 568, affg on opn at 162 App Div 381). There, the owner of a hotel had leased the hotel and all its appurtenances to two men, one of whom was an experienced hotel manager. The lease granted them " 'the exclusive possession, control and management' " of the hotel, and they not only became responsible " 'for the operation * * * and maintenance' " of the hotel, but also promised that they would operate it " 'at all times, in a first class, businesslike manner' " (162 App Div, at p 382). In lieu of any set rental, the owner was to receive 19% of the gross receipts of the hotel. Subsequently, the lessees assigned the lease to a corporation and the landlord sued to recover the premises. The courts concluded that the lease could not be assigned without the owner's consent, even though the lease did not contain a provision limiting the lessees' power to assign, because the entire agreement indicated conclusively that a fundamental premise of the agreement was that the two original lessees would operate the hotel. This was so in part because the landlord had agreed to accept a percentage of the receipts in place of rent, and thus his legitimate expectations were completely dependent on the ability and honesty of the two individual lessees. To deprive him of the right to depend on the fact that the hotel was being operated by the individuals with whom he had contracted would have been to deprive him of a substantial element of his reasonable and legitimate contractual expectations.

Although the existence of the percentage clause was a significant factor in that decision, it alone was not dispositive. Rather, the court properly considered the entire agreement, with its emphasis on the operation of the hotel and the implicit dependence of the landlord upon the identity of the operators of the hotel. Thus, while a percentage clause in a lease is some sign of an implied agreement to limit the lessee's power to assign the lease, its significance will vary with the other terms of the lease, the surrounding circumstances, the nature of the business conducted upon the premises, and the identities and expectations of the parties.

Although the lease we are called upon to interpret today does contain a percentage clause, it is a far cry from that involved in *Nassau Hotel*. There, the percentage of gross receipts to be received by the landlord was the only value the landlord was to receive from the agreement, for there was no set rental. Here, in contradistinction, the landlord is provided with an annual rental of some $34,420 in addition to whatever amount he might receive pursuant to the percentage clause. We would also emphasize that the percentage clause does not result in any additional income to the landlord until and unless the store first attains sales of over $2,294,666 in a particular year. Of some interest is the fact that this figure is considerably higher than the previous record gross sales at the Sag Harbor store at the time the lease was entered into. It is thus evident that the percentage clause, although doubtless of considerable interest to the landlord as a hedge against inflation and as a means of sharing in the hoped for success of the store, was not a material part of the lessor's fundamental expectations under the lease. Hence, it cannot be said that the lease was entered into in sole reliance upon the skill, expertise, and reputation of A&P, and thus there is no reason to find an implied covenant limiting the lessee's right to assign the lease.

This conclusion is buttressed by consideration of the circumstances surrounding and preceding the making of the new lease in 1971. It should not be forgotten that at that time the landlord was bound by a long-term lease which provided substantially less rent per square foot of store space than does the current lease, taking into account the expansion in size of the store. Indeed, examination of the two leases indicates that even absent the percentage clause, the new lease was an improvement over the old from the landlord's point of view. Moreover., comparison with other supermarket leases indicates that the base rental in the new lease is not out of line with the rentals reserved in other leases. Thus we cannot agree with the Appellate Division that it is "not substantial".

Of additional interest is the identity of the parties to this agreement. Petitioner is an experienced attorney and businessman knowledgeable in real estate transactions. A&P is, of course, a national firm presumably represented by capable agents. The negotiations which resulted in the new lease were long and exhaustive, dealing with a variety of topics, and the lease itself is obviously the result of a process of give and take. Although A&P might well have agreed to include a provision limiting its right to assign the lease had petitioner insisted upon such a clause, we may safely assume that petitioner would have had to pay a price for that concession. In these circumstances, the courts should be extremely reluctant to interpret an agreement as impliedly stating something which the parties have neglected to specifically include.

As we have previously declared in a similar context, "such lack of foresight does not create rights or obligations" *(Mutual Life Ins. Co. of N. Y. v Tailored Woman,* 309 NY 248, 253).

Finally, although not necessary to our disposition of this appeal, we would note that even were the circumstances such as to support the conclusion that the lease contains a provision limiting the lessee's right to assign the lease, that finding alone would not justify judgment in favor of petitioner. It would then be necessary to further consider whether that implied restriction would in fact be violated by assignment of the lease to another supermarket chain in light of all the facts and circumstances.

Accordingly, the order appealed from should be reversed, with costs, and the judgment of Supreme Court, Suffolk County, reinstated.

14.7.2

Julian v. Christopher
575 A.2d 735 (Md. 1990)

Court of Appeals of Maryland

CHASANOW, Judge.

In 1961, this Court decided the case of Jacobs v. Klawans, 225 Md. 147, 169 A.2d 677 (1961) and held that when a lease contained a "silent consent" clause prohibiting a tenant from subletting or assigning without the consent of the landlord, landlords had a right to withhold their consent to a subletting or assignment even though the withholding of consent was arbitrary and unreasonable.

. . . We now have before us the issue of whether the common law rule applied in Klawans should be changed.

In the instant case, the tenants, Douglas Julian and William J. Gilleland, III, purchased a tavern and restaurant business, as well as rented the business premises from landlord, Guy D. Christopher. The lease stated in clause ten that the premises, consisting of both the tavern and an upstairs apartment, could not be assigned or sublet "without the prior written consent of the landlord." Sometime after taking occupancy, the tenants requested the landlord's written permission to sublease the upstairs apartment. The landlord made no inquiry about the proposed sublessee, but wrote to the tenants that he would not agree to a sublease unless the tenants paid additional rent in the amount of $150.00 per month. When the tenants permitted the sublessee to move in, the landlord filed an action in the District Court of Maryland in Baltimore City requesting repossession of the building because the tenants had sublet the premises without his permission.

At the district court trial, the tenants testified that they specifically inquired about clause ten, and were told by the landlord that the clause was merely included to prevent them from subletting or assigning to "someone who would tear the apartment up." The district court judge refused to consider this testimony. He stated in his oral opinion that he would "remain within the four corners of the lease, and construe the document strictly," at least as it pertained to clause ten. Both the District Court and, on appeal, the Circuit Court for Baltimore City found in favor of the landlord. The circuit judge noted: "If you don't have the words that consent will not be unreasonably withheld, then the landlord can withhold his consent for a good reason, a bad reason, or no reason at all in the context of a commercial lease, which is what we're dealing with." We granted certiorari to determine whether the Klawans holding should be modified in light of the changes that have occurred since that decision.

While we are concerned with the need for stability in the interpretation of leases, we recognize that since the Klawans case was decided in 1961, the foundations for that holding have been substantially eroded. The Klawans opinion cited Restatement of Property § 410 as authority for its holding. The current Restatement (Second) of Property § 15.2 rejects the Klawans doctrine and now takes the position that:

> A restraint on alienation without the consent of the landlord of the tenant's interest in the leased property is valid, but the landlord's consent to an alienation by the tenant cannot be withheld unreasonably, unless a freely negotiated provision in the lease gives the landlord an absolute right to withhold consent.

Another authority cited in Klawans in support of its holding was 2 R. Powell, Powell on Real Property. The most recent edition of that text now states:

> Thus, if a lease clause prohibited the tenant from transferring his or her interest without the landlord's consent, the landlord could withhold consent arbitrarily. This result was allowed because it was believed that the objectives served by allowing the restraints outweighed the social evils implicit in them, inasmuch as the restraints gave the landlord control over choosing the person who was to be entrusted with the landlord's property and was obligated to perform the lease covenants.
>
> It is doubtful that this reasoning retains full validity today. Relationships between landlord and tenant have become more impersonal and housing space (and in many areas, commercial space as well) has become scarce. These changes have had an impact on courts and legislatures in varying degrees. Modern courts almost universally adopt the view that restrictions on the tenant's right to transfer are to be strictly construed. (Footnotes omitted.)

2 R. Powell, Powell on Real Property § 248[1] (1988).

Finally, in support of its decision in Klawans, this Court noted that, "although it, apparently, has not been passed upon in a great number of jurisdictions, the decisions of the courts that have determined the question are in very substantial accord." Klawans, 225 Md. at 151, 169 A.2d at 679. This is no longer true. Since Klawans, the trend has been in the opposite direction. "The modern trend is to impose a standard of reasonableness on the landlord in withholding consent to a sublease unless the lease expressly states otherwise." Campbell v. Westdahl, 148 Ariz. 432, 715 P.2d 288, 292 (Ariz.Ct.App.1985).

***

Traditional property rules favor the free and unrestricted right to alienate interests in property. Therefore, absent some specific restriction in the lease, a lessee has the right to freely alienate the leasehold interest by assignment or sublease without obtaining the permission of the lessor.

silent consent

Contractual restrictions on the alienability of leasehold interests are permitted. Consequently, landlords often insert clauses that restrict the lessee's common law right to freely assign or sublease. Id. Probably the most often used clause is a "silent consent" clause similar to the provision in the instant case, which provides that the premises may not be assigned or sublet without the written consent of the lessor.

In a "silent consent" clause requiring a landlord's consent to assign or sublease, there is no standard governing the landlord's decision. Courts must insert a standard. The choice is usually between 1) requiring the landlord to act reasonably when withholding consent, or 2) permitting the landlord to act arbitrarily and capriciously in withholding consent.

Public policy requires that when a lease gives the landlord the right to withhold consent to a sublease or assignment, the landlord should act reasonably, and the courts ought not to imply a right to act arbitrarily or capriciously. If a landlord is allowed to arbitrarily refuse consent to an assignment or sublease, for what in effect is no reason at all, that would virtually nullify any right to assign or sublease.

Because most people act reasonably most of the time, tenants might expect that a landlord's consent to a sublease or assignment would be governed by standards of reasonableness. Most tenants probably would not understand that a clause stating "this lease may not be assigned or sublet without the landlord's written consent" means the same as a clause stating "the tenant shall have no right to assign or sublease." Some landlords may have chosen the former wording rather than the latter because it vaguely implies, but does not grant to the tenant, the right to assign or sublet.

There are two public policy reasons why the law enunciated in Klawans should now be changed. The first is the public policy against restraints on alienation. The second is the public policy which implies a covenant of good faith and fair dealing in every contract.

public policy

Because there is a public policy against restraints on alienation, if a lease is silent on the subject, a tenant may freely sublease or assign. Restraints on alienation are permitted in leases, but are looked upon with disfavor and are strictly construed.

Powell on Real Property, supra. If a clause in a lease is susceptible of two interpretations, public policy favors the interpretation least restrictive of the right to alienate freely. Interpreting a "silent consent" clause so that it only prohibits subleases or assignments when a landlord's refusal to consent is reasonable, would be the interpretation imposing the least restraint on alienation and most in accord with public policy.

Since the Klawans decision, this Court has recognized that in a lease, as well as in other contracts, "there exists an implied covenant that each of the parties thereto will act in good faith and deal fairly with the others." Food Fair v. Blumberg, 234 Md. 521, 534, 200 A.2d 166, 174 (1964). When the lease gives the landlord the right to exercise discretion, the discretion should be exercised in good faith, and in accordance with fair dealing; if the lease does not spell out any standard for withholding consent, then the implied covenant of good faith and fair dealing should imply a reasonableness standard.

We are cognizant of the value of the doctrine of stare decisis, and of the need for stability and certainty in the law. However, as we noted in Harrison v. Mont. Co. Bd. of Educ., 295 Md. 442, 459, 456 A.2d 894, 903 (1983), a common law rule may be modified "where we find, in light of changed conditions or increased knowledge, that the rule has become unsound in the circumstances of modern life, a vestige of the past, no longer suitable to our people." The Klawans common law interpretation of the "silent consent" clause represents such a "vestige of the past," and should now be changed.

REASONABLENESS OF WITHHELD CONSENT

In the instant case, we need not expound at length on what constitutes a reasonable refusal to consent to an assignment or sublease. We should, however, point out that obvious examples of reasonable objections could include the financial irresponsibility or instability of the transferee, or the unsuitability or incompatibility of the intended use of the property by the transferee. We also need not expound at length on what would constitute an unreasonable refusal to consent to an assignment or sublease. If the reasons for withholding consent have nothing to do with the intended transferee or the transferee's use of the property, the motivation may be suspect. Where, as alleged in this case, the refusal to consent was solely for the purpose of securing a rent increase, such refusal would be unreasonable unless the new subtenant would necessitate additional expenditures by, or increased economic risk to, the landlord.

PROSPECTIVE EFFECT

The tenants ask us to retroactively overrule Klawans, and hold that in all leases with "silent consent" clauses, no matter when executed, consent to assign or sublease may not be unreasonably withheld by a landlord. We decline to do so. In the absence of evidence to the contrary, we should assume that parties executing leases when Klawans governed the interpretation of "silent consent" clauses were aware of Klawans and the implications drawn from the words they used. We should not, and do not, rewrite these contracts.

In appropriate cases, courts may "in the interest of justice" give their decisions only prospective effect. Contracts are drafted based on what the law is; to upset such transactions even for the purpose of improving the law could be grossly unfair. Overruling prospectively is particularly appropriate when we are dealing with decisions involving contract law. The courts must protect an individual's right to rely on existing law when contracting.

***

For leases with "silent consent" clauses which were entered into before the mandate in this case, Klawans is applicable, and we assume the parties were aware of the court decisions interpreting a "silent consent" clause as giving the landlord an unrestricted right to withhold consent.

For leases entered into after the mandate in this case, if the lease contains a "silent consent" clause providing that the tenant must obtain the landlord's consent in order to assign or sublease, such consent may not be unreasonably withheld. If the parties intend to preclude any transfer by assignment or sublease, they may do so by a freely negotiated provision in the lease. If the parties intend to limit the right to assign or sublease by giving the landlord the arbitrary right to refuse to consent, they may do so by a freely negotiated provision of the lease clearly spelling out this intent. For example, the clause might provide, "consent may be withheld in the sole and absolute subjective discretion of the lessor."

The final question is whether the tenants in the instant case, having argued successfully for a change in the law, should receive the benefit of the change. There should be some incentive to challenge an infirm doctrine or seek reversal of unsound precedent. As the Supreme Court of Illinois has stated:

> At least two compelling reasons exist for applying the new rule to the instant case while otherwise limiting its application to cases arising in the future. First, if we were to merely announce the new rule without applying it here, such announcement would amount to mere dictum. Second, and more important, to refuse to apply the new rule here would deprive appellant of any benefit from his effort and expense in challenging the old rule which we now declare erroneous. Thus there would be no incentive to appeal the upholding of precedent since appellant could not in any event benefit from a reversal invalidating it.

Molitor v. Kaneland Community Unit District No. 302, 18 Ill.2d 11, 163 N.E.2d 89, 97 (1959).

For these reasons, even though a decision is to have only prospective effect, this Court has applied the new rule to the case before it, unless it would be unfair to do so.

The tenants in the instant case should get the benefit of the interpretation of the "silent consent" clause that they so persuasively argued for, unless this interpretation would be unfair to the landlord. We note that the tenants testified they were told that the clause was only to prevent subleasing to "someone who would tear the apartment up." Therefore, we will reverse the judgment of the Circuit Court with instructions to vacate the judgment of the District Court and remand for a new trial. At that trial, the landlord will have the burden of establishing that it would be unfair to interpret the "silent consent" clause in accordance with our decision that a landlord must act reasonably in withholding consent. He may establish that it would be unfair to do so by establishing that when executing the lease he was aware of and relied on the Klawans interpretation of the "silent consent" clause. We recognize that we may be giving the tenants a benefit that other tenants with leases entered into before our mandate will not receive. . . .

JUDGMENT OF THE CIRCUIT COURT FOR BALTIMORE CITY REVERSED, AND CASE REMANDED TO THAT COURT WITH DIRECTIONS TO VACATE THE JUDGMENT OF THE DISTRICT COURT OF MARYLAND IN BALTIMORE CITY AND TO REMAND THE CASE TO THAT COURT FOR FURTHER PROCEEDINGS NOT INCONSISTENT WITH THIS OPINION. COSTS TO BE PAID BY RESPONDENT.

1 At present the following courts have adopted the minority rule: Homa-Goff Interiors, Inc. v. Cowden, 350 So.2d 1035 (Ala.1977); Hendrickson v. Freericks, 620 P.2d 205 (Alaska 1980); Tucson Medical Center v. Zoslow, 147 Ariz. 612, 712 P.2d 459 (Ariz.Ct.App.1985); Warmack v. Merchants Nat. Bank of Fort Smith, 272 Ark. 166, 612 S.W.2d 733 (1981); Kendall v. Ernest Pestana, Inc., 40 Cal.3d 488, 709 P.2d 837, 220 Cal.Rptr. 818 (1985); Basnett v. Vista Village Mobile Home Park, 699 P.2d 1343 (Colo.Ct.App.1984), rev'd on other grounds, 731 P.2d 700 (Colo.1987); Warner v. Konover, 210 Conn. 150, 553 A.2d 1138 (1989); 1010 Potomac Assoc. v. Grocery Manufacturers, 485 A.2d 199 (D.C.1984); Fernandez v. Vazquez, 397 So.2d 1171 (Fla.Dist.Ct.App. 1981); Funk v. Funk, 102 Idaho 521, 633 P.2d 586 (1981); Jack Frost Sales v. Harris Trust & Sav. Bank, 104 Ill.App.3d 933, 60 Ill.Dec. 703, 433 N.E.2d 941 (1982); First Federal Sav. Bank v. Key Markets, 532 N.E.2d 18 (Ind.Ct.App.1988); Gamble v. New Orleans Housing Mart, Inc., 154 So.2d 625 (La.Ct.App.1963); Newman v. Hinky Dinky Omaha-Lincoln, Inc., 229 Neb. 382, 427 N.W.2d 50 (1988); Boss Barbara, Inc. v. Newbill, 97 N.M. 239, 638 P.2d 1084 (1982).

2 The common law right may have some limitations. For example, a lessee may not sublet or assign the premises to be used in a manner which is injurious to the property or inconsistent with the terms of the original lease.

14.7.3

First American National Bank of Nashville v. Chicken System of America, Inc. 616 S.W.2d 156 (Tenn. Ct. App. 1980)

Tennessee Court of Appeals

LEWIS, Judge.

This case arose out of a lease entered into on May 28, 1968, between plaintiff First American National Bank, Trustee, (First American) and defendant Chicken System of America, Inc., (Chicken System). The lease contained a provision which expressly prohibited any assignment or subletting without the written consent of First American. The lease was for a term of 180 months from May 28, 1968, at a rental of $1049.08 per month, and in addition Chicken System was required to pay premiums on all insurance and to pay all real estate taxes. Chicken System entered and took possession of the premises under the lease and paid all obligations to and including the month of April, 1969. On April 30, 1969, the President of defendant Performance Systems, Inc., (PSI) wrote to C. H. Wright of Wriking Foods/Beverage Systems, Inc., the parent company of Chicken System. We set out the pertinent parts of that letter:

> This will confirm our mutual agreement for the purchase by us at March 30, 1969, of the Minnie Pearl's Chicken retail outlets owned by your subsidiaries at Murfreesboro Road and Nolensville Road, Nashville, Tennessee, for the sum of $137,329, plus $24,895.00. We will assume the contract payable to the Third National Bank, Nashville, Tennessee for the Nolensville Road Store, together with the rent deposit note to us on Murfreesboro Road per schedule attached. At the time of closing you will discharge your equipment note to Nashco Equipment and Supply Company in the amount of $24,895.00. For the price mentioned above and the assumption of these liabilities, we will acquire from you all inventories, store equipment, rent deposits and your franchise to operate these outlets.

> You understand and agree that other liabilities relating to the operation
> of these stores incurred by you are for your account, except that the real
> estate and sign leases are our responsibility after April 30, 1969.

On May 5, 1969, First American was advised by Gale Smith & Company of insurance cancellations on the leased property and was informed of Gale Smith's understanding that the business had been purchased by PSI. Prior to that time First American had no knowledge of any agreement or possible agreement between Chicken System and PSI.

On May 8, 1969, First American's counsel wrote PSI in regard to the insurance coverage and also informed PSI that the premises could only be subleased with the written consent of First American. On June 6, 1969, First American's Counsel wrote to all concerned parties. Pertinent portions of that letter are as follows:

> Under Section 24 of the lease agreement there may be no assignment or subletting without the written consent of the lessor. I wish to make it plain that as of this time no such consent has been given, nor will any such consent be given unless there is a formal request in writing, requesting same. Upon our receipt of such a written request, we will submit the proposal to those three individuals who have guaranteed performance of the lease by Chicken System of America, Inc., and if they have no objection to the assignment or sub-letting and will continue bound on their guaranty agreement, the Bank will probably have no objection to consenting to a sub-lease or assignment.

The guarantors did not at any time agree to remain bound on their guaranty agreement if the premises were sublet or assigned to PSI. The guarantors were originally defendants in this suit, but prior to trial a nonsuit as to them was taken by First American. There were several letters written by plaintiff's counsel and PSI's counsel regarding subletting or assignment, but at no time did First American ever consent to an assignment of the lease from Chicken System to PSI.

PSI entered the premises and took possession and from May 1, 1969, through October, 1970, paid rent to First American. On November 1, 1970, PSI defaulted in payment of the rent and vacated the premises. Thereafter, First American filed suit in the Chancery Court for Davidson County against Chicken System and PSI and sought rent, insurance, taxes, and maintenance under the terms of the lease agreement due and owing until September 1, 1972. PSI's primary defense was that First American had withheld consent, that absent consent by First American the "assignment" from Chicken System to PSI was invalid and PSI was merely a tenant at suffera[nce], and that when PSI vacated the premises in November, 1970, its obligations and rights under the lease were suspended. The Chancellor held that the lack of consent could be waived by First American and could not be raised by PSI as a defense, that PSI's surrender of the premises in November, 1970, did not terminate privity of estate between it and First American, and that PSI was liable to First American for obligations of the lease running with the land, including the obligation to pay rent. PSI appealed, and the Supreme Court affirmed the Chancellor. *First American National Bank v. Chicken System of America, Inc.,* 510 S.W.2d 906 (Tenn.1974). The Court stated: "[T]here is privity of estate between an original lessor and a subsequent assignee that makes the assignee fully responsible to the lessor for the lease provisions." *Id.* at 908. The Court remanded to the Chancery Court for the purpose of ascertaining damages. The damages were stipulated, but the Chancellor allowed interest on the recovery. PSI again appealed to the Supreme Court which again affirmed the Chancellor.

Following PSPs default in the payment of rent in November, 1970, First American, along with PSI, made efforts to find another tenant for the premises and received some ten proposals. PSI wrote First American and granted approval for First American to enter the premises in the interest of subleasing the land and permanent improvements. On June 1, 1971, PSI wrote First American again and stated: "It is important that we place a tenant in the property at the earliest possible time." First American, without consulting PSI or requesting PSPs consent, entered into a lease with Rodney E. and Melanie

Fortner, d/b/a Sir Pizza of Madison, for a term of 60 months beginning the first day of September, 1972, at a rental of $600 per month. The Sir Pizza lease was renewed effective September 1, 1977, for a rental of $1000 per month.

First American has brought this suit for the deficiency in the rent and other obligations occurring after September 1,1972, the date of the Sir Pizza lease. This case was presented to the Trial Court on stipulated facts, and the Chancellor found that First American was entitled to recover $47,384.27 from PSI. PSI has appealed. While both PSI and First American have set forth issues, we are of the opinion that answering only the following question is necessary to resolve this case. Is PSI liable to First American under either privity of estate or privity of contract?

PRIVITY OF ESTATE

> Three legal factors arise to create a liability running from the assignee of a leasehold to the lessor (a) privity of estate (b) covenants in the lease running with the land and (c) actual assumption of the covenants of the lease by the assignee. An assignee of a lease is bound by privity of estate to perform the express covenants which run with the land, but, in the absence of express agreement on his part, he is liable only on such covenants as run with the land and only during such time as he holds the term. (Footnote omitted.)

3A *Thompson on Real Property* § 1216 (1959).

> An assignee, unless he has personally assumed the obligation of the lease, may absolve himself from further liability by an act which terminates his privity of estate. [The lessee's assignee] has the benefit and the burden of all covenants running with the land as long as he holds the estate. Liability of the assignee to the lessor, being based solely on privity of estate, does not continue after he transfers his interest to another. The assignee may thus put an end to his liability by making a further assignment, and this ... although the second assignee is financially irresponsible. (Footnotes omitted.)

1 *American Law of Property* (A. Casner ed. 1952) § 3.61.

In accord with this rule is *McLean v. Caldwell,* 107 Tenn. 138, 64 S.W. 16 (1901), in which the Court stated:

> As a general rule, the assignee of a lease is only liable for rents while in possession, *provided he reassigns the lease to the lessor or any other person;* and it does not matter that such assignment is made to a beggar, a minor, a married woman, a prisoner, or an insolvent, or to one hired to take the assignment, or made expressly to rid himself of liability.... (Emphasis added.)
>
> The reason is that such reassignment and surrender of possession terminate the privity of estate existing between him and the landlord. (Citations omitted.)

Id. at 140-41, 64 S.W. at 16-17.

A. D. Juilliard & Co. v. American Wollen Co., 69 R.I. 215, 32 A.2d 800 (1943), is closely akin in facts to the case at bar. There the landlord leased premises to a lessee which, in turn, assigned the lease to the defendant. Thereafter, the defendant reassigned to a third party. The defendant assignee there, as here, had not expressly assumed the lease. The lessor there, as First American here, contended "that the assignee of a lease of real property ... is liable for the payment of the stipulated rent for the entire unexpired term, notwithstanding that the assignee did not agree to assume such obligation and assigned the lease before the expiration of the term." *Id.* at 216, 32 A.2d at 801. The Court, in *Juilliard,* stated:

> This contention is contrary to the overwhelming weight of authority both in England and this country .... [T]he courts in this country have consistently held that, in the absence of the assumption by the assignee of the obligations of the lease, the liability of such assignee to the lessor rests in privity of estate which is terminated by a new assignment of the lease made by the assignee.

Id. With this rule, First American says it "has no quarrel." It insists, however, that the rule has no relevance to the case at bar since there was not a reassignment by PSI but a reletting of the premises by First American for the benefit of PSI. This contention is a distinction without difference. While mere abandonment by PSI without reassignment of the lease would not have terminated privity of estate, *McLean v. Caldwell,* 107 Tenn. 138, 141, 64 S.W. 16, 17 (1901), there was a reletting of the premises on September 1, 1972, by First American. When First American relet the premises to Sir Pizza, PSI's possessory rights to the premises terminated just as if PSI had reassigned the lease. Privity of estate terminated, and PSI had no further leasehold interest in the premises.

First American's contention that PSI is charged with knowledge of the covenants of the lease is correct only so long as the basis of liability exists, *i.e.,* during privity of estate. When privity of estate ended between First American and PSI, PSI was no longer charged with knowledge of the covenants of the lease. An assignee who has not assumed the lease "stands in the shoes" of the original lessee only for covenants that run with the land and then only during privity of estate. If this were not so, then the "dumping" of an unfavorable lease would not be possible. Tennessee clearly recognizes that an assignee who has not assumed the lease may "dump it." *Id.* at 140-41, 64 S.W. at 17.

PRIVITY OF CONTRACT

First American contends that the following stipulated facts "demonstrate that PSI assumed the obligations of the Chicken System lease thereby placing it in privity of contract with First American":

> 1. An agreement was entered into between Chicken System of America, Inc. and Performance Systems, Inc., which is reflected in a letter dated April 30, 1969, from Edward G. Nelson, President of Performance Systems, Inc., to C. H. Wright of Wriking Food/Beverage Systems, Inc., the parent company of Chicken System of America, Inc.

> 2. The letter, as it related to PSPs purchase of the Nolensville Road store, provided in relevant part that "You understand and agree that other liabilities relating to the operation of these stores incurred by you

are for your account, except that the real estate and sign leases are our responsibility [PSI] after April 30, 1969.

3. After April 30, 1969, neither Chicken System of America, nor its parent corporation paid any rent on the property. Rent on the property was paid by PSI from May 1, 1969 through October, 1970, and PSI was in possession of the premises during that time.

First American cites *Sander v. Piggly Wiggly Stores, Inc.,* 20 Tenn.App. 107, 95 S.W.2d 1266 (1936), and says that the facts there "strikingly resemble" the facts in the case at bar. We disagree. . . In *Sander* the assignee acknowledged that it had assumed the lease contract, and the Court found that the assignee had agreed to perform the covenants of the lease. In the case at bar, we find no such acknowledgement.

In *Hart v. Socony-Vacuum Oil Co.,* 291 N.Y. 13, 50 N.E.2d 285 (1943), several years after an oral assignment of the lease the assignee signed a modification agreement in regard to the insurance requirements of the lease. The modification agreement contained the following provision: "It is further mutually understood and agreed that except as herein expressly modified, all other provisions and covenants contained in said lease shall remain in full force and effect." *Id.* at 15, 50 N.E.2d at 286. In rejecting the lessor's argument that this agreement was a personal assumption of the covenants of the lease on the part of the assignee, the Court stated:

> There is strong authority which says that to hold liable an assignee under a lease, after he has given up the lease and vacated the premises, there must be produced an express promise by him to perform the covenants of the lease.... [S]uch an express covenant is never assumed to have been made — it must always be proven.... It is not every reference to, or mention of, the covenants of a lease, by an assignee, that amounts to an assumption by him. Even where he covenants that his assignment is to be "subject" to the terms of the lease, that language, without more definite words of promise, does not make him liable as by privity of

contract. (Citations omitted.)

Id. at 15-18, 50 N.E.2d at 286-87.

***

Before there is privity of contract between the assignee and the lessor, there must be an actual assumption of the lease. In the case at bar there was not an actual assumption, only a mere acceptance of an assignment.

***

"The mere acceptance of an assignment is not an assumption. Every assignment requires acceptance, ... yet 'an assignee ... who does not assume the performance of the covenants of the lease holds the lease merely under a privity of estate ....'" *Packard-Bamberger & Co.* v. *Maloof,* 89 N.J.Super. 128, 214 A.2d 45, 46-47 (1965).

While no contention is made that there was a written contract between PSI and First American, First American argues, nevertheless, that certain statements made by PSI to other parties after the assignment by Chicken System to PSI created privity of contract between First American and PSI. First American cites *Crow v. Kaupp,* 50 S.W.2d 995 (Mo.1932), in support of this contention. *Crow* is readily distinguishable from the case at bar. In *Crow* the assignee assumed the lease by written assignment which provided, in pertinent part: " '[T]he second parties ... hereby further bind and obligate themselves, their heirs and assigns, to assume the payment of all rent ... to the said ... owner ... it being understood that the second parties hereto assume the above mentioned contract, together with all liabilities and obligations created thereby....'" *Id.* at 996-97. The assignee, in *Crow,* made a complete and detailed assumption of the lease. In the case at bar, the assignment to PSI by Chicken System was oral, and PSI made no promise at any time to be bound to First American.

We are of the opinion that privity of estate between First American and PSI terminated upon PSI's abandonment of the premises and the reletting of the premises to Sir Pizza by First American. We further hold that there was no privity of contract between PSI and First American.

The judgment of the Chancellor is reversed, and this cause is dismissed with costs to First American.

14.7.4

Discussion: Notes, Questions, and Problems

14.7.4.1

Discussion Question #11. Commercially reasonable objections?

What commercially reasonable objections might a landlord raise to deny consent for a proposed assignee or subtenant?

14.7.4.2

Discussion Question #12. Drafting restrictions on assignments and subleases clauses?

If you represent a landlord negotiating a lease with an anchor tenant in a shopping center, how would you draft a clause restricting assignments and subleases? If you represent the anchor tenant, and the landlord is insisting on an express provision in the lease restricting assignments and subleases, how would you draft a clause such that the landlord must, at least, have a commercially reasonable objection?

14.8

Fair Housing Act: Leasing

You were introduced to the Fair Housing Act in Chapter 13 regarding sales of residential housing. As discussed therein, the Fair Housing Act applies not only to sales but also to leases of residential property. Review carefully *Tex. Dep't of Hous. & Cmty. Affairs v. Inclusive Cmtys. Project, Inc.*, excerpted below, where the U.S. Supreme Court addressed, in the context of low-income, mutli-family rental housing, whether disparate impact claims are cognizable under the Fair Housing Act.

14.8.1

Tex. Dep't of Hous. & Cmty. Affairs v. Inclusive Cmtys. Project, Inc. 576 U.S. 519 (2015)

Supreme Court of the United States

Justice KENNEDY delivered the opinion of the Court.

The underlying dispute in this case concerns where housing for low-income persons should be constructed in Dallas, Texas-that is, whether the housing should be built in the inner city or in the suburbs. This dispute comes to the Court on a disparate-impact theory of liability. In contrast to a disparate-treatment case, where a "plaintiff must establish that the defendant had a discriminatory intent or motive," a plaintiff bringing a disparate-impact claim challenges practices that have a "disproportionately adverse effect on minorities" and are otherwise unjustified by a legitimate rationale. *Ricci v. DeStefano,* 557 U.S. 557, 577, 129 S.Ct. 2658, 174 L.Ed.2d 490 (2009)(internal quotation marks omitted). The question presented for the Court's determination is whether disparate-impact claims are cognizable under the Fair Housing Act (or FHA), 82 Stat. 81, as amended, 42 U.S.C. § 3601 *et seq.*

I

A

Before turning to the question presented, it is necessary to discuss a different federal statute that gives rise to this dispute. The Federal Government provides low-income housing tax credits that are distributed to developers through designated state agencies. 26 U.S.C. § 42. Congress has directed States to develop plans identifying selection criteria for distributing the credits. § 42(m)(1). Those plans must include certain criteria, such as public housing waiting lists, § 42(m)(1)(C), as well as certain preferences, including that low-income housing units "contribut[e] to a concerted community revitalization plan" and be built in census tracts populated predominantly by low-income residents. §§ 42(m)(1)(B)(ii)(III), 42(d)(5)(ii)(I). Federal law thus favors the distribution of these tax credits for the development of housing units in low-income areas.

In the State of Texas these federal credits are distributed by the Texas Department of Housing and Community Affairs (Department). Under Texas law, a developer's application for the tax credits is scored under a point system that gives priority to statutory criteria, such as the financial feasibility of the development project and the income level of tenants.

Tex. Govt.Code Ann. §§ 2306.6710(a)-(b)(West 2008). The Texas Attorney General has interpreted state law to permit the consideration of additional criteria, such as whether the housing units will be built in a neighborhood with good schools. Those criteria cannot be awarded more points than statutorily mandated criteria. Tex. Op. Atty. Gen. No. GA-0208, pp. 2-6 (2004), 2004 WL 1434796, *4-*6.

The Inclusive Communities Project, Inc. (ICP), is a Texas-based nonprofit corporation that assists low-income families in obtaining affordable housing. In 2008, the ICP brought this suit against the Department and its officers in the United States District Court for the Northern District of Texas. As relevant here, it brought a disparate-impact claim under §§ 804(a) and 805(a) of the FHA. The ICP alleged the Department has caused continued segregated housing patterns by its disproportionate allocation of the tax credits, granting too many credits for housing in predominantly black inner-city areas and too few in predominantly white suburban neighborhoods. The ICP contended that the Department must modify its selection criteria in order to encourage the construction of low-income housing in suburban communities.

The District Court concluded that the ICP had established a prima facie case of disparate impact. It relied on two pieces of statistical evidence. . . .

The District Court then placed the burden on the Department to rebut the ICP's prima facie showing of disparate impact. After assuming the Department's proffered interests were legitimate, the District Court held that a defendant-here the Department-must prove "that there are no other less discriminatory alternatives to advancing their proffered interests," *ibid.* Because, in its view, the Department "failed to meet [its] burden of proving that there are no less discriminatory alternatives," the District Court ruled for the ICP. *Id.*, at 331.

The District Court's remedial order required the addition of new selection criteria for the tax credits. For instance, it awarded points for units built in neighborhoods with good schools and disqualified sites that are located adjacent to or near hazardous conditions, such as high crime areas or landfills. The remedial order contained no explicit racial targets or quotas.

While the Department's appeal was pending, the Secretary of Housing and Urban Development (HUD) issued a regulation interpreting the FHA to encompass disparate-impact liability. See Implementation of the Fair Housing Act's Discriminatory Effects Standard, 78 Fed.Reg. 11460 (2013). The regulation also established a burden-shifting framework for adjudicating disparate-impact claims. Under the regulation, a plaintiff first must make a prima facie showing of disparate impact. That is, the plaintiff "has the burden of proving that a challenged practice caused or predictably will cause a discriminatory effect." 24 CFR § 100.500(c)(1) (2014). If a statistical discrepancy is caused by factors other than the defendant's policy, a plaintiff cannot establish a prima facie case, and there is no liability. After a plaintiff does establish a prima facie showing of disparate impact, the burden shifts to the defendant to "prov[e] that the challenged practice is necessary to achieve one or more substantial, legitimate, nondiscriminatory interests." § 100.500(c)(2). HUD has clarified that this step of the analysis "is analogous to the Title VII requirement that an employer's interest in an employment practice with a disparate impact be job related." 78 Fed.Reg. 11470. Once a defendant has satisfied its burden at step two, a plaintiff may "prevail upon proving that the substantial, legitimate, nondiscriminatory interests supporting the challenged practice could be served by another practice that has a less discriminatory effect." § 100.500(c)(3).

The Court of Appeals for the Fifth Circuit held, consistent with its precedent, that disparate-impact claims are cognizable under the FHA. 747 F.3d 275, 280

(2014). On the merits, however, the Court of Appeals reversed and remanded. Relying on HUD's regulation, the Court of Appeals held that it was improper for the District Court to have placed the burden on the Department to prove there were no less discriminatory alternatives for allocating low-income housing tax credits. *Id.*, at 282-283. . . .

The Department filed a petition for a writ of certiorari on the question whether disparate-impact claims are cognizable under the FHA. The question was one of first impression. It is now appropriate to provide a brief history of the FHA's enactment and its later amendment.

B

De jure residential segregation by race was declared unconstitutional almost a century ago, *Buchanan v. Warley,* 245 U.S. 60, 38 S.Ct. 16, 62 L.Ed. 149 (1917), but its vestiges remain today, intertwined with the country's economic and social life. Some segregated housing patterns can be traced to conditions that arose in the mid-20th century. Rapid urbanization, concomitant with the rise of suburban developments accessible by car, led many white families to leave the inner cities. This often left minority families concentrated in the center of the Nation's cities. During this time, various practices were followed, sometimes with governmental support, to encourage and maintain the separation of the races: Racially restrictive covenants prevented the conveyance of property to minorities, see *Shelley v. Kraemer,* 334 U.S. 1, 68 S.Ct. 836, 92 L.Ed. 1161 (1948); steering by real-estate agents led potential buyers to consider homes in racially homogenous areas; and discriminatory lending practices, often referred to as redlining, precluded minority families from purchasing homes in affluent areas. See, *e.g.,* M. Klarman, Unfinished Business: Racial Equality in American History 140-141 (2007); Brief for Housing Scholars as *Amici Curiae* 22-23. By the 1960's, these policies, practices, and prejudices had created many predominantly black inner cities surrounded by mostly white suburbs.

The mid-1960's was a period of considerable social unrest; and, in response, President Lyndon Johnson established the National Advisory Commission on

Civil Disorders, commonly known as the Kerner Commission. Exec. Order No. 11365, 3 CFR 674 (1966-1970 Comp.). After extensive factfinding the Commission identified residential segregation and unequal housing and economic conditions in the inner cities as significant, underlying causes of the social unrest. See Report of the National Advisory Commission on Civil Disorders 91 (1968) (Kerner Commission Report). The Commission found that "[n]early two-thirds of all nonwhite families living in the central cities today live in neighborhoods marked by substandard housing and general urban blight." *Id.* ,at 13. The Commission further found that both open and covert racial discrimination prevented black families from obtaining better housing and moving to integrated communities. *Ibid.* The Commission concluded that "[o]ur Nation is moving toward two societies, one black, one white-separate and unequal." *Id.,* at 1. To reverse "[t]his deepening racial division," *ibid.,* it recommended enactment of "a comprehensive and enforceable open-occupancy law making it an offense to discriminate in the sale or rental of any housing ... on the basis of race, creed, color, or national origin." *Id.,* at 263.

In April 1968, Dr. Martin Luther King, Jr., was assassinated in Memphis, Tennessee, and the Nation faced a new urgency to resolve the social unrest in the inner cities. Congress responded by adopting the Kerner Commission's recommendation and passing the Fair Housing Act. The statute addressed the denial of housing opportunities on the basis of "race, color, religion, or national origin." Civil Rights Act of 1968, § 804, 82 Stat. 83. Then, in 1988, Congress amended the FHA. Among other provisions, it created certain exemptions from liability and added "familial status" as a protected characteristic. See Fair Housing Amendments Act of 1988, 102 Stat. 1619.

II

The issue here is whether, under a proper interpretation of the FHA, housing decisions with a disparate impact are prohibited. . . .

***

Against this background understanding in the legal and regulatory system,

Congress' decision in 1988 to amend the FHA while still adhering to the operative language in §§ 804(a) and 805(a) is convincing support for the conclusion that Congress accepted and ratified the unanimous holdings of the Courts of Appeals finding disparate-impact liability. "If a word or phrase has been ... given a uniform interpretation by inferior courts ..., a later version of that act perpetuating the wording is presumed to carry forward that interpretation." A. Scalia & B. Garner, Reading Law: The Interpretation of Legal Texts 322 (2012); see also *Forest Grove School Dist. v. T.A.,* 557 U.S. 230, 244, n. 11, 129 S.Ct. 2484, 174 L.Ed.2d 168 (2009)("When Congress amended [the Act] without altering the text of [the relevant provision], it implicitly adopted [this Court's] construction of the statute"); *Manhattan Properties, Inc. v. Irving Trust Co.,* 291 U.S. 320, 336, 54 S.Ct. 385, 78 L.Ed. 824 (1934)(explaining, where the Courts of Appeals had reached a consensus interpretation of the Bankruptcy Act and Congress had amended the Act without changing the relevant provision, "[t]his is persuasive that the construction adopted by the [lower federal] courts has been acceptable to the legislative arm of the government").

Further and convincing confirmation of Congress' understanding that disparate-impact liability exists under the FHA is revealed by the substance of the 1988 amendments. The amendments included three exemptions from liability that assume the existence of disparate-impact claims. The most logical conclusion is that the three amendments were deemed necessary because Congress presupposed disparate impact under the FHA as it had been enacted in 1968.

The relevant 1988 amendments were as follows. First, Congress added a clarifying provision: "Nothing in [the FHA] prohibits a person engaged in the business of furnishing appraisals of real property to take into consideration factors other than race, color, religion, national origin, sex, handicap, or familial status." 42 U.S.C. § 3605(c). Second, Congress provided: "Nothing in [the FHA] prohibits conduct against a person because such person has been convicted by any court of competent jurisdiction of the illegal manufacture or distribution of a controlled substance." § 3607(b)(4). And finally, Congress specified: "Nothing in [the FHA] limits the applicability of any reasonable ... restrictions regarding

the maximum number of occupants permitted to occupy a dwelling." §
3607(b)(1).

The exemptions embodied in these amendments would be superfluous if
Congress had assumed that disparate-impact liability did not exist under the
FHA. See *Gustafson v. Alloyd Co.,*513 U.S. 561, 574, 115 S.Ct. 1061, 131 L.Ed.2d
1 (1995)("[T]he Court will avoid a reading which renders some words altogether
redundant"). Indeed, none of these amendments would make sense if the FHA
encompassed only disparate-treatment claims. If that were the sole ground for
liability, the amendments merely restate black-letter law. If an actor makes a
decision based on reasons other than a protected category, there is no disparate-
treatment liability. See, *e.g., Texas Dept. of Community Affairs v. Burdine,*450 U.S.
248, 254, 101 S.Ct. 1089, 67 L.Ed.2d 207 (1981). But the amendments do
constrain disparate-impact liability. For instance, certain criminal convictions
are correlated with sex and race. See, *e.g., Kimbrough v. United States,*552 U.S. 85,
98, 128 S.Ct. 558, 169 L.Ed.2d 481 (2007)(discussing the racial disparity in
convictions for crack cocaine offenses). By adding an exemption from liability
for exclusionary practices aimed at individuals with drug convictions, Congress
ensured disparate-impact liability would not lie if a landlord excluded tenants
with such convictions. The same is true of the provision allowing for reasonable
restrictions on occupancy. And the exemption from liability for real-estate
appraisers is in the same section as § 805(a)'s prohibition of discriminatory
practices in real-estate transactions, thus indicating Congress' recognition that
disparate-impact liability arose under § 805(a). In short, the 1988 amendments
signal that Congress ratified disparate-impact liability.

A comparison to *Smith*'s discussion of the ADEA further demonstrates why the
Department's interpretation would render the 1988 amendments superfluous.
Under the ADEA's reasonable-factor-other-than-age (RFOA) provision, an
employer is permitted to take an otherwise prohibited action where "the
differentiation is based on reasonable factors other than age." 29 U.S.C. §
623(f)(1). In other words, if an employer makes a decision based on a reasonable
factor other than age, it cannot be said to have made a decision on the basis of

an employee's age. According to the *Smith* plurality, the RFOA provision "plays its principal role" "in cases involving disparate-impact claims" "by precluding liability if the adverse impact was attributable to a nonage factor that was 'reasonable.' " 544 U.S., at 239, 125 S.Ct. 1536. The plurality thus reasoned that the RFOA provision would be "simply unnecessary to avoid liability under the ADEA" if liability were limited to disparate-treatment claims. *Id.,* at 238, 125 S.Ct. 1536.

A similar logic applies here. If a real-estate appraiser took into account a neighborhood's schools, one could not say the appraiser acted because of race. And by embedding 42 U.S.C. § 3605(c)'s exemption in the statutory text, Congress ensured that disparate-impact liability would not be allowed either. Indeed, the inference of disparate-impact liability is even stronger here than it was in *Smith.* As originally enacted, the ADEA included the RFOA provision, see § 4(f)(1), 81 Stat. 603, whereas here Congress added the relevant exemptions in the 1988 amendments against the backdrop of the uniform view of the Courts of Appeals that the FHA imposed disparate-impact liability.

Recognition of disparate-impact claims is consistent with the FHA's central purpose. See *Smith, supra,* at 235, 125 S.Ct. 1536(plurality opinion); *Griggs,*401 U.S., at 432, 91 S.Ct. 849. The FHA, like Title VII and the ADEA, was enacted to eradicate discriminatory practices within a sector of our Nation's economy. See 42 U.S.C. § 3601("It is the policy of the United States to provide, within constitutional limitations, for fair housing throughout the United States"); H.R. Rep., at 15 (explaining the FHA "provides a clear national policy against discrimination in housing").

These unlawful practices include zoning laws and other housing restrictions that function unfairly to exclude minorities from certain neighborhoods without any sufficient justification. Suits targeting such practices reside at the heartland of disparate-impact liability. See, *e.g., Huntington,*488 U.S., at 16-18, 109 S.Ct. 276(invalidating zoning law preventing construction of multifamily rental units); *Black Jack,*508 F.2d, at 1182-1188(invalidating ordinance prohibiting construction of new multifamily dwellings); *Greater New Orleans Fair Housing*

Action Center v. St. Bernard Parish, 641 F.Supp.2d 563, 569, 577-578 (E.D.La.2009)(invalidating post-Hurricane Katrina ordinance restricting the rental of housing units to only " 'blood relative[s]' " in an area of the city that was 88.3% white and 7.6% black); see also Tr. of Oral Arg. 52-53 (discussing these cases). The availability of disparate-impact liability, furthermore, has allowed private developers to vindicate the FHA's objectives and to protect their property rights by stopping municipalities from enforcing arbitrary and, in practice, discriminatory ordinances barring the construction of certain types of housing units. See, *e.g., Huntington, supra,* at 18, 109 S.Ct. 276. Recognition of disparate-impact liability under the FHA also plays a role in uncovering discriminatory intent: It permits plaintiffs to counteract unconscious prejudices and disguised animus that escape easy classification as disparate treatment. In this way disparate-impact liability may prevent segregated housing patterns that might otherwise result from covert and illicit stereotyping.

But disparate-impact liability has always been properly limited in key respects that avoid the serious constitutional questions that might arise under the FHA, for instance, if such liability were imposed based solely on a showing of a statistical disparity. Disparate-impact liability mandates the "removal of artificial, arbitrary, and unnecessary barriers," not the displacement of valid governmental policies. *Griggs, supra,* at 431, 91 S.Ct. 849. The FHA is not an instrument to force housing authorities to reorder their priorities. Rather, the FHA aims to ensure that those priorities can be achieved without arbitrarily creating discriminatory effects or perpetuating segregation.

Unlike the heartland of disparate-impact suits targeting artificial barriers to housing, the underlying dispute in this case involves a novel theory of liability. See Seicshnaydre, Is Disparate Impact Having Any Impact? An Appellate Analysis of Forty Years of Disparate Impact Claims Under the Fair Housing Act, 63 Am. U. L. Rev. 357, 360-363 (2013)(noting the rarity of this type of claim). This case, on remand, may be seen simply as an attempt to second-guess which of two reasonable approaches a housing authority should follow in the sound exercise of its discretion in allocating tax credits for low-income housing.

An important and appropriate means of ensuring that disparate-impact liability is properly limited is to give housing authorities and private developers leeway to state and explain the valid interest served by their policies. This step of the analysis is analogous to the business necessity standard under Title VII and provides a defense against disparate-impact liability. See 78 Fed.Reg. 11470(explaining that HUD did not use the phrase "business necessity" because that "phrase may not be easily understood to cover the full scope of practices covered by the Fair Housing Act, which applies to individuals, businesses, nonprofit organizations, and public entities"). As the Court explained in *Ricci,* an entity "could be liable for disparate-impact discrimination only if the [challenged practices] were not job related and consistent with business necessity." 557 U.S., at 587, 129 S.Ct. 2658. Just as an employer may maintain a workplace requirement that causes a disparate impact if that requirement is a "reasonable measure[ment] of job performance," *Griggs, supra,* at 436, 91 S.Ct. 849so too must housing authorities and private developers be allowed to maintain a policy if they can prove it is necessary to achieve a valid interest. To be sure, the Title VII framework may not transfer exactly to the fair-housing context, but the comparison suffices for present purposes.

It would be paradoxical to construe the FHA to impose onerous costs on actors who encourage revitalizing dilapidated housing in our Nation's cities merely because some other priority might seem preferable. Entrepreneurs must be given latitude to consider market factors. Zoning officials, moreover, must often make decisions based on a mix of factors, both objective (such as cost and traffic patterns) and, at least to some extent, subjective (such as preserving historic architecture). These factors contribute to a community's quality of life and are legitimate concerns for housing authorities. The FHA does not decree a particular vision of urban development; and it does not put housing authorities and private developers in a double bind of liability, subject to suit whether they choose to rejuvenate a city core or to promote new low-income housing in suburban communities. As HUD itself recognized in its recent rulemaking, disparate-impact liability "does not mandate that affordable housing be located in neighborhoods with any particular characteristic."78 Fed.Reg. 11476.

In a similar vein, a disparate-impact claim that relies on a statistical disparity must fail if the plaintiff cannot point to a defendant's policy or policies causing that disparity. A robust causality requirement ensures that "[r]acial imbalance ... does not, without more, establish a prima facie case of disparate impact" and thus protects defendants from being held liable for racial disparities they did not create. *Wards Cove Packing Co. v. Atonio,*490 U.S. 642, 653, 109 S.Ct. 2115, 104 L.Ed.2d 733 (1989), superseded by statute on other grounds, 42 U.S.C. § 2000e-2(k). Without adequate safeguards at the prima facie stage, disparate-impact liability might cause race to be used and considered in a pervasive way and "would almost inexorably lead" governmental or private entities to use "numerical quotas," and serious constitutional questions then could arise. 490 U.S., at 653, 109 S.Ct. 2115.

The litigation at issue here provides an example. From the standpoint of determining advantage or disadvantage to racial minorities, it seems difficult to say as a general matter that a decision to build low-income housing in a blighted inner-city neighborhood instead of a suburb is discriminatory, or vice versa. If those sorts of judgments are subject to challenge without adequate safeguards, then there is a danger that potential defendants may adopt racial quotas-a circumstance that itself raises serious constitutional concerns.

Courts must therefore examine with care whether a plaintiff has made out a prima facie case of disparate impact and prompt resolution of these cases is important. A plaintiff who fails to allege facts at the pleading stage or produce statistical evidence demonstrating a causal connection cannot make out a prima facie case of disparate impact. For instance, a plaintiff challenging the decision of a private developer to construct a new building in one location rather than another will not easily be able to show this is a policy causing a disparate impact because such a one-time decision may not be a policy at all. It may also be difficult to establish causation because of the multiple factors that go into investment decisions about where to construct or renovate housing units. And as Judge Jones observed below, if the ICP cannot show a causal connection between the Department's policy and a disparate impact-for instance, because federal law substantially limits the Department's discretion-that should result in dismissal of this case. 747 F.3d, at 283-284(specially concurring opinion).

The FHA imposes a command with respect to disparate-impact liability. Here, that command goes to a state entity. In other cases, the command will go to a private person or entity. Governmental or private policies are not contrary to the disparate-impact requirement unless they are "artificial, arbitrary, and unnecessary barriers." *Griggs,* 401 U.S., at 431, 91 S.Ct. 849. Difficult questions might arise if disparate-impact liability under the FHA caused race to be used and considered in a pervasive and explicit manner to justify governmental or private actions that, in fact, tend to perpetuate race-based considerations rather than move beyond them. Courts should avoid interpreting disparate-impact liability to be so expansive as to inject racial considerations into every housing decision.

The limitations on disparate-impact liability discussed here are also necessary to protect potential defendants against abusive disparate-impact claims. If the specter of disparate-impact litigation causes private developers to no longer construct or renovate housing units for low-income individuals, then the FHA would have undermined its own purpose as well as the free-market system. And as to governmental entities, they must not be prevented from achieving legitimate objectives, such as ensuring compliance with health and safety codes. The Department's *amici,* in addition to the well-stated principal dissenting opinion in this case, see *post,* at 2532 - 2533, 2548 - 2549 (opinion of ALITO, J.), call attention to the decision by the Court of Appeals for the Eighth Circuit in *Gallagher v. Magner,* 619 F.3d 823 (2010). Although the Court is reluctant to approve or disapprove a case that is not pending, it should be noted that *Magner* was decided without the cautionary standards announced in this opinion and, in all events, the case was settled by the parties before an ultimate determination of disparate-impact liability.

Were standards for proceeding with disparate-impact suits not to incorporate at least the safeguards discussed here, then disparate-impact liability might displace valid governmental and private priorities, rather than solely "remov[ing] ... artificial, arbitrary, and unnecessary barriers." *Griggs,*401 U.S., at 431, 91 S.Ct. 849. And that, in turn, would set our Nation back in its quest to reduce the salience of race in our social and economic system.

It must be noted further that, even when courts do find liability under a disparate-impact theory, their remedial orders must be consistent with the Constitution. Remedial orders in disparate-impact cases should concentrate on the elimination of the offending practice that "arbitrar[ily] ... operate[s] invidiously to discriminate on the basis of rac[e]." *Ibid.* If additional measures are adopted, courts should strive to design them to eliminate racial disparities through race-neutral means. See *Richmond v. J.A. Croson Co.,*488 U.S. 469, 510, 109 S.Ct. 706, 102 L.Ed.2d 854 (1989)(plurality opinion) ("[T]he city has at its disposal a whole array of race-neutral devices to increase the accessibility of city contracting opportunities to small entrepreneurs of all races"). Remedial orders that impose racial targets or quotas might raise more difficult constitutional questions.

While the automatic or pervasive injection of race into public and private transactions covered by the FHA has special dangers, it is also true that race may be considered in certain circumstances and in a proper fashion. Cf. *Parents Involved in Community Schools v. Seattle School Dist. No. 1,*551 U.S. 701, 789, 127 S.Ct. 2738, 168 L.Ed.2d 508 (2007)(KENNEDY, J., concurring in part and concurring in judgment) ("School boards may pursue the goal of bringing together students of diverse backgrounds and races through other means, including strategic site selection of new schools; [and] drawing attendance zones with general recognition of the demographics of neighborhoods"). Just as this Court has not "question[ed] an employer's affirmative efforts to ensure that all groups have a fair opportunity to apply for promotions and to participate in the [promotion] process," *Ricci,*557 U.S., at 585, 129 S.Ct. 2658it likewise does not impugn housing authorities' race-neutral efforts to encourage revitalization of communities that have long suffered the harsh consequences of segregated housing patterns. When setting their larger goals, local housing authorities may choose to foster diversity and combat racial isolation with race-neutral tools, and mere awareness of race in attempting to solve the problems facing inner cities does not doom that endeavor at the outset.

The Court holds that disparate-impact claims are cognizable under the Fair Housing Act upon considering its results-oriented language, the Court's interpretation of similar language in Title VII and the ADEA, Congress' ratification of disparate-impact claims in 1988 against the backdrop of the unanimous view of nine Courts of Appeals, and the statutory purpose.

III

In light of the longstanding judicial interpretation of the FHA to encompass disparate-impact claims and congressional reaffirmation of that result, residents and policymakers have come to rely on the availability of disparate-impact claims. See Brief for Massachusetts et al. as *Amici Curiae*2 ("Without disparate impact claims, States and others will be left with fewer crucial tools to combat the kinds of systemic discrimination that the FHA was intended to address"). Indeed, many of our Nation's largest cities-entities that are potential defendants in disparate-impact suits-have submitted an *amicus* brief in this case supporting disparate-impact liability under the FHA. See Brief for City of San Francisco et al. as *Amici Curiae* 3-6. The existence of disparate-impact liability in the substantial majority of the Courts of Appeals for the last several decades "has not given rise to ... dire consequences." *Hosanna-Tabor Evangelical Lutheran Church and School v. EEOC,* 565 U.S. ----, ----, 132 S.Ct. 694, 710, 181 L.Ed.2d 650 (2012).

Much progress remains to be made in our Nation's continuing struggle against racial isolation. In striving to achieve our "historic commitment to creating an integrated society," *Parents Involved, supra,* at 797, 127 S.Ct. 2738 (KENNEDY, J., concurring in part and concurring in judgment), we must remain wary of policies that reduce homeowners to nothing more than their race. But since the passage of the Fair Housing Act in 1968 and against the backdrop of disparate-impact liability in nearly every jurisdiction, many cities have become more diverse. The FHA must play an important part in avoiding the Kerner Commission's grim prophecy that "[o]ur Nation is moving toward two societies, one black, one white-separate and unequal." Kerner Commission Report 1. The Court acknowledges the Fair Housing Act's continuing role in moving the Nation toward a more integrated society.

The judgment of the Court of Appeals for the Fifth Circuit is affirmed, and the case is remanded for further proceedings consistent with this opinion.

It is so ordered.

14.9

Termination of Landlord Tenant Relationship

The landlord tenant relationship could terminate on time, early, or too late. Issues arise when the tenant leaves early or the tenant stays too long.

When a tenant leaves too soon, it is referred to as an ***abandonment***. What are the landlord's options when a tenant abandons a lease? In *Mesilla Valley Mall Co. v. Crown Industries*, excerpted below, the court discusses a landlord's options under the conveyance theory when a tenant abandons the premises. Under the conveyance theory, a landlord may (1) accept the surrender, (2) mitigate, or (3) do nothing and hold the tenant liable as the rent becomes due. As you read *Frenchtown Square Partnership v. Lemstone, Inc.*, excerpted below, note that other jurisdictions reject the conveyance theory when a tenant abandons the premises and embrace the contract theory. Under the contract theory, upon abandonment, the landlord has two options: (1) accept the surrender or (2) mitigate.

When a tenant stays too long, it is referred to as a ***holdover***. The court in *Tuttle v. Builes*, excerpted below, describes a holdover as follows: "A tenant who continues to occupy leased premises after expiration or termination of its lease." Read carefully *Tuttle v. Builes* and determine a landlord's options when face with a holdover tenant.

14.9.1

Mesilla Valley Mall Co. v. Crown Industries
808 P.2d 633 (N. Mex. 1991)

Supreme Court of New Mexico

RANSOM, Justice.

This appeal is from a decision of the trial court that the lessor had accepted the lessee's surrender of a leasehold, relieving the lessee of any further obligation under the lease. There being substantial evidence to support the factual findings of the trial court, and having no disagreement on the applicable principles of law, we affirm.

The essential facts of this case are few and uncontested. Crown Industries, doing business as Lemon Tree, Inc., occupied retail premises at the Mesilla Valley Mall in Las Cruces under a long-term lease with the Mesilla Valley Mall Company. Lemon Tree had attempted to renegotiate the terms of the lease, but the Mall Company refused to make adjustments. Lemon Tree advised the Mall Company that it simply would vacate the premises, and it did so on January 20, 1989. Rent was paid only to February 1, and the unpaid rent under the unexpired portion of the lease totaled $35,056.58.

The Mall Company repossessed the premises and, beginning on February 1, 1989, allowed the Las Cruces Museum of Natural History to occupy the space rent free in the interest of promoting good community relations. The Museum remodeled the premises for its own use and has occupied the premises continuously since it first took possession. The Mall Company describes the Museum as a tenant at sufferance. In the past, the Museum has occupied several locations in the Mall. The Museum occupied these locations, and the space at issue in this case, with the understanding that it would immediately vacate the premises at the request of the Mall Company should another rent-paying tenant become available.

In April 1989 the Mall Company brought suit to collect all amounts due under

Trial court

the lease. At trial Lemon Tree raised the affirmative defense of surrender and acceptance. The trial court determined that after the lessee had abandoned the property the Museum's rent-free tenancy was for the benefit of the lessor and not the lessee, and that this use was inconsistent with the rights of the lessee. Specifically, the court found "nothing in the lease agreement allowed the Mall to re-enter the property for any other purpose [than to relet for the benefit of the tenant], and, in particular to re-lease the property for no rent and for its own benefit." The court concluded that under the doctrine of surrender and acceptance the lease agreement terminated on February 1, 1989.

In the absence of legal justification, a tenant who abandons occupancy before the expiration of a lease remains liable for rent for the remainder of the term; and, under traditional common-law property rules, the landlord is under no obligation to relet the premises to mitigate the tenant's liability under the lease. 2 R. Powell, *The Law of Real Property* ¶ 249[1] (1991); *Restatement (Second) of Property, Landlord & Tenant* § 12.1(3) (1977). The landlord, however, may elect to retake possession on behalf of the tenant and to relet the premises for the tenant's account. *Noce v. Stemen,* 71 N.M. 71, 419 P.2d 450 (1966); *Heighes v. Porterfield,* 28 N.M. 445, 214 P. 323 (1923). Or, the landlord may choose to accept what is in effect the tenant's offer to surrender the leasehold, thereby terminating the lease and leaving the tenant liable only for rent that accrued before the acceptance. *Id.; Restatement (Second) of Property, Landlord & Tenant* § 12.1(3)(a) (1977).

A surrender and acceptance of the lease may arise either from the express agreement of the parties or by operation of law. *Elliott v. Gentry,* 40 N.M. 358, 60 P.2d 203 (1936). Here, there is no contention that there was a surrender and acceptance by express agreement of the parties. A surrender by operation of law only can occur when the conduct of the landlord is inconsistent with the continuing rights of the tenant under the lease. Thus, where the landlord has reappropriated the property for his own use and benefit and not for the benefit of the original tenant as well, surrender and the acceptance results by operation of law. Cancellation of the lease occurs under principles of estoppel, because it would be inequitable for either landlord or tenant to assert the continued existence of the lease.

In this case Lemon Tree claims the Mall Company relet the premises solely for its own benefit. The Mall Company admits the presence of the Museum attracts large numbers of potential customers to the Mall and so benefits the Mall Company and its tenants,' but the Mall Company claims its actions were permissible under the lease and the lease is controlling. In this case it is true that the lease provides the lessor may relet the premises without terminating the lease. When a clause in a lease permits the landlord to relet the premises, the clause creates a presumption that the re-entry and reletting of the premises was not the acceptance of a surrender or a termination of the lease. *Collet v. American Nat'l Stores, Inc.,* 708 S.W.2d 273 (Mo.Ct.App.1986). However, the reletting still must be for the benefit of the original tenant as well as for the justifiable ends of the landlord. If not, the landlord's actions would be inconsistent with a continued landlord-tenant relationship to which the landlord seeks to hold the tenant. We are in substantial agreement on this point with the discussion of Milton R. Friedman in his respected treatise on leases.

> Any reletting under a survival clause must be for the tenant's benefit in order to preserve the landlord's rights under the clause. A tenant is released, despite a survival clause, if the landlord resumes possession for his own use. A tenant is also released when a landlord relets to a third person rent-free — a result fair enough in view of the lack of benefit to the original tenant. Reletting with a rent concession does not release the original tenant but abates his liability for the period covered by the concession.

2 M. Friedman, *Friedman on Leases* § 16.302, at 1001 (3d ed. 1990) (footnotes and citations omitted).

The lease provisions in this case regarding reletting are consistent with these principles; that is, the lease itself suggests that any reletting will benefit the original tenant. The lease states that if the landlord elects to relet in the event of abandonment of the leased premises, then *rentals received* by the landlord shall be applied against the debts of the tenant who shall remain liable for any deficiency, and any residue shall be held by the landlord and applied in payment of future rent as it becomes due. The lease clearly anticipates *some* payment of rent and in no way suggests that the Mall Company can simply donate the occupancy of the premises to a third party or use the property for any purpose whatsoever.

We believe there was substantial evidence to support the court's finding that the re-entry was for the lessor's own benefit and not for the benefit of the tenant. Consequently, that finding is binding upon us even though there was strong evidence to support a finding to the contrary. The court's conclusion necessarily follows: The Mall Company accepted the surrender of the lease and the lease was terminated by operation of law on February 1, 1989. For these reasons we affirm the judgment of the trial court.

We remand for the trial court to hear and decide the issue of attorney fees to which Lemon Tree may be entitled on appeal under the provision of the lease agreement that the party prevailing in any action brought thereunder shall be entitled to recover its attorney fees.

IT IS SO ORDERED.

1 The Mall Company made efforts to re-lease the premises by advertising the space at national trade shows, and by showing the premises to persons or businesses interested in leasing premises in the mall. The Museum understood that it would be required to move on as little as one day's notice if a paying tenant were found for the space. The leasing agent testified the Museum's occupancy in no way affected his ability to relet the premises. The lease provided that re-entry by the Mall Company "shall [not] be construed as an election to terminate this lease nor shall it cause a forfeiture of rents or other charges remaining to be paid during the balance of the term hereof, unless a written notice of such intention be given." No written notice was given Lemon Tree. [Editorial Note: This is footnote 2 of the opinion.]

14.9.2

Frenchtown Square Partnership v. Lemstone, Inc. 791 N.E.2d 417 (Ohio 2003)

Supreme Court of Ohio

O'Connor, J.

***

. . . [T]he only issue before us is whether a landlord has a duty to mitigate damages caused by a tenant who breaches a commercial lease and abandons the leasehold.

Facts and Procedural History

This case is before us from the Seventh District Court of Appeals, which affirmed in part and reversed in part summary judgment in Frenchtown's favor and held that Frenchtown bore a duty to mitigate its damages after Lemstone, Inc. ("Lemstone") breached its lease.

Frenchtown owns Frenchtown Square Shopping Center, a mall located in Monroe, Michigan. Lemstone is an Illinois corporation doing business as a Christian bookstore. On June 3, 1989, Frenchtown leased store space in its mall to Lemstone for a period of ten years.

Frenchtown leased other mall space to Alpha Gifts, a business that, in 1998, began to sell items similar or identical to products sold by Lemstone. Lemstone argues that competition from Alpha Gifts reduced its profitability to the point where it could no longer meet its rent obligations under the lease. Approximately six months prior to lease expiration, Lemstone ceased conducting business at Frenchtown Square and abandoned its store space. For the balance of the lease's term, Lemstone did not pay rent to Frenchtown, and Frenchtown did not relet the property.

Frenchtown sued Lemstone for rent due, incidental fees, and taxes. Lemstone answered that Frenchtown failed to mitigate its damages, and it filed multiple counterclaims. Ultimately, the trial court granted summary judgment in Frenchtown's favor on all issues.

On appeal, Lemstone maintained ten assigned errors. The appeals court affirmed the trial court's judgment in part but held that Frenchtown, as a commercial lessor, had a duty to mitigate damages when Lemstone abandoned the leasehold. Accordingly, the appeals court remanded the case to the trial court to determine whether Frenchtown had properly mitigated its damages.

From the Seventh District's judgment, Frenchtown filed the instant appeal. This case is now before us as a discretionary appeal.

Analysis

A certain duality inheres to leases. Specifically, because they are contractual instruments by which parties convey interests in real property, they are arguably susceptible of both contract law and property law principles.

Under common law, a lessor bore no obligation to mitigate damages when a lessee abandoned the leasehold. The common law allowed a lessor to "stand by and do nothing, arbitrarily refusing to accept any new tenant." Solomon, The Commercial Landlord's Duty to Mitigate Damages (Feb.1988), 122 N.J.Law. 31.

Fundamentally, a duty to mitigate did not exist because leases were viewed as transfers of property interests. The lessor did not simply permit the lessee to occupy the lessor's property; rather, the lessee owned an abstract portion of the land, albeit for a limited duration, and rent was a fixed obligation. "Thus, when a tenant abandoned the leasehold, he was viewed as having vacated his estate," not that of the lessor. *Rubin v. Dondysh* (1989), 146 Misc.2d 37, 45, 549 N.Y.S.2d 579.

Conversely, under the common law of contracts, mitigation is a fundamental tenet of a damage calculus. Contracts are the mutual exchange of promises, with each party holding an expectation of certain obligations and benefits. Thus, contract law acknowledges that mitigation, otherwise known as the doctrine of avoidable consequences, may justly place an injured party "in as good a position had the contract not been breached at the least cost to the defaulting party." *F. Ent, Inc. v. Kentucky Fried Chicken Corp.* (1976), 47 Ohio St.2d 154, 159-160, 1 O.O.3d 90, 351 N.E.2d 121.

As Frenchtown and Lemstone acknowledge, a "modern trend" is eroding the common-law approach of treating leases strictly as conveyances of real property. Barker, Commercial Landlords' Duty upon Tenants' Abandonment — To Mitigate? (Summer 1995), 20 J.Corp.L. 627. Many states, via legislative or judicial mandate, have addressed a commercial or residential lessor's duty to mitigate. Although relatively few jurisdictions have expressly determined a commercial lessor's duty, the trend favors Lemstone.

Previously, this court refrained from determining whether a commercial landlord has a duty to mitigate his damages. . . .

Further, in *Dennis v. Morgan* (2000), 89 Ohio St.3d 417, 417, 732 N.E.2d 391, we addressed "whether, absent specific provisions in the lease, a landlord's election to terminate a lease agreement releases a tenant from liability for rent not yet due at the time of eviction." We stated, "Lessees are potentially liable for rents coming due under the agreement as long as the property remains unrented. The important corollary to that is that *landlords have a duty, as all parties to contracts do,* to mitigate their damages caused by a breach. Landlords mitigate by attempting to rerent the property. Their efforts to do so must be reasonable, and the reasonableness should be determined at the trial level." (Emphasis added.) Id. at 419, 732 N.E.2d 391.

In *Dennis,* we noted that certain real property leases are susceptible of contract-law principles, including mitigation. Because the duty to mitigate extends to lessors of real property, we need not explore the theoretical arguments that attempt to classify leases as conveyances of real property, as contracts, or as a hybrid of these two concepts. Accordingly, the narrow issue before us is whether the duty to mitigate is applicable to commercial leases.

Frenchtown argues that failing to exempt commercial leases would create an incentive for tenants to abandon property, thereby encouraging vandalism and punishing the injured party. These are long-standing arguments against treating leases as contracts but do nothing to distinguish commercial leases from other types of leases. Further, there is merit to Lemstone's argument that a rule that permits landlords to "stand by and do nothing" while still reaping the benefit of its lease agreement would encourage vacant properties at least as much as a rule disfavoring mitigation. In fact, if Frenchtown did not take reasonable steps to relet its Frenchtown Square property following Lemstone's abandonment, then it contributed to the problem it asks us to prevent.

F-town arg.

In an attempt to distinguish commercial leases from other types of leases, Frenchtown argues that the overall mix of shopping-center tenants is a material aspect of the bargained-for performance in a shopping-center lease. Essentially, by employing contract-law principles, Frenchtown argues that a proper mix of tenants creates a synergistic effect, and a rule that encourages abandonment will detrimentally affect not only the lessor, but also the other tenants. While we acknowledge that where two or more shops adjoin, a symbiotic relationship may exist, we decline to create a rule of law that distinguishes between single- and multishop commercial settings. The duty to mitigate arises in all commercial leases of real property, just as it exists in all other contracts.

We emphasize that our holding does not require a lessor to accept just any available lessee. The duty to mitigate requires only reasonable efforts. Thus, the tenant mix may reasonably factor into a lessor's decisions to relet. Finally, whether the breaching tenant caused damages beyond the failure to pay rent is a measure of damages. Our holding that contract principles apply to the calculation of damages extends to all damages provable by the lessor. If the breaching tenant caused harm such that the lessor's profitability is affected, then that harm is compensable to the extent it is proved. This, as well as the reasonableness of introducing a replacement lessee, is a question for the trier of fact.

Conclusion

As we stated in *Dennis,* landlords owe a duty to mitigate their damages caused by a breaching tenant. That rule flows from the premise that modern leases are more than simply property-interest transfers; rather, leases possess contractual qualities that often include myriad covenants and duties and arise from a bargained-for relationship. In a practical sense, lessors and lessees contract for the use of property. Accordingly, barring contrary contract provisions, a duty to mitigate damages applies to all leases.

We see no valid reason to exempt commercial leases from the duty to mitigate. A lessor has a duty to mitigate damages caused by a lessee's breach of a commercial lease if the lessee abandons the leasehold. The lessor's efforts to mitigate must be reasonable, and the reasonableness should be determined by the trial court. Failure to mitigate damages caused by a breach of a commercial lease is an affirmative defense.

Accordingly, we affirm the appeals court's decision and remand this case to the trial court on the question of mitigation, and for a determination of damages.

Judgment affirmed.

1 At the time that Frenchtown sued Lemstone, the lease term had not expired. Since Frenchtown's complaint, the lease has expired, and claimed damages have reached $44,490.61, excluding interest. [Editorial Note: This is footnote 2 of the opinion.]

2 States that have expressly determined that commercial landlords bear no duty to mitigate include Alabama: See Ex Parte Kaschak (Ala.1996), 681 So.2d 197; Minnesota: See Markoe v. Naiditch & Sons (1975), 303 Minn. 6, 226 N.W.2d 289; New York: See Holy Properties Ltd., L.P. v. Kenneth Cole Productions, Inc. (1995), 87 N.Y.2d 130, 637 N.Y.S.2d 964, 661 N.E.2d 694; and Pennsylvania: See Stonehedge Square Ltd. Partnership v. Movie Merchants, Inc. (1998), 552 Pa. 412, 715 A.2d 1082.

States that are part of the modem trend include Arkansas: See Baston v. Davis (1958), 229 Ark. 666, 318 S.W.2d 837 (tenant who sublet property owed duty to mitigate upon sublessee's breach); Colorado: See Schneiker v. Gordon (Colo.1987), 732 P.2d 603 (duty to mitigate requires lessor to mitigate breach of commercial lease); Connecticut: See Danpar Assoc. v. Somersville Mills Sales Room, Inc. (1980), 182 Conn. 444, 438 A.2d 708 (landlord that sued for damages caused by lessee's breach is obligated to mitigate damages); Delaware: Del.Code Ann., Sections 5101 and 5507(d), Title 25; Idaho: See Consol. Ag of Curry, Inc. v. Rangen, Inc. (1996), 128 Idaho 228, 912 P.2d 115 (lessor of real property is obligated to mitigate damages if lessee fails to pay rent and abandons the leasehold); Iowa: See Aurora Business Park Assoc., L.P. v. Michael Albert, Inc. (1996), 548 N.W.2d 153 (stating, "In Iowa 'we are committed to the doctrine that when a tenant wrongfully abandons leased premises, the landlord is under a duty to show reasonable diligence has been used to relet the property at the best obtainable rent and thereby obviate or reduce the resulting damage.' " [Citations omitted.] Id. at 157.); Kansas: See Gordon v. Consol. Sun Ray, Inc., (1965), 195 Kan. 341, 404 P.2d 949 (nonconsensual surrender of leasehold entitles lessor to damages mitigated by reasonable efforts to relet); Nebraska: See S.N. Mart, Ltd. v. Maurices Inc. (1990), 234 Neb. 343, 451 N.W.2d 259 (failure to mitigate bars recovery to the extent that damages could have been avoided by reasonable efforts); New Jersey: See McGuire v. Jersey City (1991), 125 N.J. 310, 593 A.2d 309 (holding that commercial lessors are bound by the same duty of mitigation as residential lessors); Oregon: See U.S. Natl. Bank of Oregon v. Homeland, Inc. (1981), 291 Ore. 374, 631 P.2d 761 (lessor of real property owes duty to mitigate its damages upon abandonment of leasehold); Texas: See Austin Hill Country Realty, Inc., supra (barring contractual provision, lessor owes duty to mitigate its damages upon abandonment of leasehold); Vermont: See O'Brien v. Black (1994), 162 Vt. 448, 648 A.2d 1374 (lessor owes duty to mitigate its damages upon abandonment of commercial leasehold); and Wisconsin: See First Wisconsin Trust Co. v. L. Wiemann Co. (1980), 93 Wis.2d 258, 286 N.W.2d 360 (landlord may accept surrender of leasehold and terminate lease or take possession and mitigate its damages). [Editorial Note: This is footnote 4 of the opinion.]

3 If the overall mix of stores is as vital as Frenchtown asserts, we question why Frenchtown would opt for vacant premises and damages as opposed to pursuing

a more profitable mix of stores. [Editorial Note: This is footnote 5 of the opinion.]

4 See Barker, 20 J.Corp.L 627, 644 ("In a commercial context, many covenants are negotiated and altered from lease to lease. The increasing importance of covenants in commercial leases emphasizes that a modern commercial lease is predominantly an exchange of promises"). [Editorial Note: This is footnote 6 of the opinion.]

14.9.3

Tuttle v. Builes
572 S.W.3d 344 (Tex. Ct. App. 2019)

Court of Appeals of Texas

KEITH STRETCHER, JUSTICE

This appeal primarily involves a dispute over the amount of damages the trial court awarded to a landlord because of a tenant holding over after a commercial lease expired. Appellants, Roland Tuttle and 1st Jaray, Ltd., and Appellees, Eduardo Builes and B&A Laboratories, Inc. d/b/a Xenco Laboratories, Inc., were parties to the commercial lease. After a bench trial, the trial court rendered final judgment in favor of Appellants, awarding Appellants damages based upon the reasonable rental value of the property during the holdover period.

Appellants present six issues for review. In Appellants' first issue, they challenge the trial court's conclusion that Appellees became tenants at sufferance after the lease expired. In Appellants' second and third issues, they oppose the method the trial court used for calculating damages. In Appellants' fourth and fifth issues, they challenge the admissibility and sufficiency of the evidence to support the trial court's award of damages. In Appellants' sixth issue, they contend that the trial court erred when it failed to award them attorney's fees. We overrule Issues One, Two, and Three, and we sustain Issues Four, Five, and Six. Accordingly, we affirm in part, and we reverse and remand in part.

Background Facts

Tuttle is the sole owner of Jaray, which owns commercial property in Odessa. On

January 3, 2007, Tuttle leased the Odessa property to Xenco for a term of five years. Builes owns Xenco and, during the relevant period of time, was the president of Xenco and operated Xenco on the Odessa property. In a separate agreement, Tuttle also agreed in writing to give Builes, or his assigns, the exclusive option to purchase the Odessa property for $180,000 on or before the date the lease expired. The lease was set to expire on December 31, 2011. Before the lease expired, the parties renegotiated the amount of rent Xenco was required to pay. On May 21, 2010, they entered into a new lease, which superseded the original, to reflect this change. The new lease required Xenco to pay $6,000 per month in rent on the first day of each month; the parties made no other material changes. The lease also included a penalty provision for the late payment of rent and included the following holdover provision:

> 41.1 Any holding over after the expiration of this lease, with Landlord's consent, shall be construed to be a tenancy from month to month, cancellable upon thirty (30) days written notice, and at a minimum rental of TWO HUNDRED PERCENT (200%) of the minimum rental, and upon the terms that existed during the last year of the term of this lease.

On December 15, 2011, Builes sent a formal notice in writing indicating Appellees' intent to exercise their exclusive option to purchase the Odessa property. The letter was delivered to Tuttle's address on December 23, 2011. However, Tuttle did not respond to the notice, and the lease expired on December 31, 2011. The next day, on January 1, 2012, Xenco failed to pay $12,000 in rent as required by the holdover provision. Apart from a late $6,000 rent payment on January 12, which Tuttle accepted, Xenco did not make any other payments in January. Nor did Xenco make any payments in February. Appellees continued to attempt to contact Tuttle throughout January and February to finalize the purchase agreement, but Tuttle failed to respond.

After Xenco also failed to pay rent in March, Tuttle sent Builes two written notices of termination and default that month. In the letters, Tuttle gave notice that he was exercising his option to terminate the lease and instructed Builes that Xenco had ten days to vacate the premises.

Builes and Xenco failed to vacate. As a result, in March, Tuttle filed a petition for forcible detainer in justice court to evict them from the premises. Appellees responded by filing a suit to quiet title in district court. Appellees argued that they were the rightful owners of the Odessa property because they had exercised their exclusive right to purchase the property. Appellants' eviction action was stayed pending resolution of the current lawsuit. . . .

In May 2016, after years of litigation, the trial court granted partial summary judgment in favor of Appellants. The trial court determined that Appellees were not entitled to ownership of the Odessa property because Builes improperly exercised the exclusive option contract. . . .

***

After hearing the evidence, the trial court rendered final judgment in favor of Appellants. The trial court also issued findings of fact and conclusions of law. In relevant part, the trial court concluded that Xenco became a tenant at sufferance after the lease expired. . . . This appeal followed.

Analysis

In Appellants' first issue, they contend that the evidence is both legally and factually insufficient to support the trial court's conclusion that Xenco was a tenant at sufferance. According to Appellants, after the lease expired, Xenco became a tenant at will because Xenco paid partial rent in January, which Tuttle accepted; Xenco remained in possession of the property; and Tuttle later testified that he consented to Xenco's possession throughout the holdover period. . . .

***

A tenant who continues to occupy leased premises after expiration or termination of its lease is a "holdover tenant." *See Gym-N-I Playgrounds, Inc. v. Snider*, 220 S.W.3d 905, 908 (Tex. 2007). "The status and rights of a holdover tenant, however, differ depending on whether the tenant becomes a 'tenant at will' or a 'tenant at sufferance.' " *Coinmach Corp. v. Aspenwood Apartment Corp.* , 417 S.W.3d 909, 915 (Tex. 2013).

A tenant at will is a holdover tenant who "holds possession with the landlord's consent but without fixed terms (as for duration or rent)." BLACK'S LAW DICTIONARY 1694 (10th ed. 2014). Because tenants at will remain in possession with their landlord's consent, their possession is lawful, but it is not for a fixed term, and the landlord can put them out of possession at any time. *Coinmach* , 417 S.W.3d at 915. By contrast, a tenant at sufferance is "[a] tenant who has been in lawful possession of property and wrongfully remains as a holdover after the tenant's interest has expired." BLACK'S LAW DICTIONARY 1605 (9th ed. 2009); *see also Bockelmann v. Marynick*, 788 S.W.2d 569, 571 (Tex. 1990) ("A tenant who remains in possession of the premises after termination of the lease occupies 'wrongfully' and is said to have a tenancy at sufferance."). The defining characteristic of a tenancy at sufferance is the lack of the landlord's consent to the tenant's continued possession of the premises. *Coinmach*, 417 S.W.3d at 915. Thus, with the owner's consent, the holdover tenant becomes a tenant at will; without it, a tenant at sufferance. *Id.* at 915-16.

Commercial lease agreements often provide that, in the event the tenant holds over after the expiration of the lease, the tenancy will automatically convert to a month-to-month tenancy. Here, the trial court correctly determined that Appellees were holdover tenants after December 31, 2011, because Appellees did not properly exercise their option to purchase the property and because Appellees remained in possession of the property after the lease expired.

However, because the holdover provision in this case did not state that *any* "holding over" will be deemed a tenancy at will but, instead, based that determination solely upon whether the landlord consented, we must now determine whether Appellants consented to Appellees remaining on the premises as holdover tenants. If Appellants did consent, then Appellees became tenants at will after the lease expired. *Coinmach*, 417 S.W.3d at 915-16. But if Appellants did not consent, then Appellees became tenants at sufferance during the holdover period. To determine whether Appellants consented to Xenco becoming a holdover tenant, we must look to the parties conduct after the lease expired.

" 'Under the common law holdover rule, a landlord may elect to treat a tenant holding over as either a trespasser'-that is, a tenant at sufferance-'or as a tenant holding under the terms of the original lease'-that is, a tenant at will." *Coinmach*, 417 S.W.3d at 916. Thus, an implied agreement to create a new lease using the terms of the prior lease may arise if both parties engage in conduct that manifests such intent. For example, if the tenant remains in possession and continues to pay rent, and the landlord, having knowledge of the tenant's possession, continues to accept the rent without objection to the continued possession, the tenant is a tenant at will, and the terms of the prior lease will continue to govern the new arrangement absent an agreement to the contrary. The mere fact that the tenant remains in possession, however, is not sufficient to create a tenancy at will. Unless the parties' conduct demonstrates the landlord's consent to the continued possession, the tenant is a tenant at sufferance. Here, the parties' conduct shows that Appellants did not consent to Xenco's continued possession of the property after December 31, 2011. Although Tuttle testified at trial that Appellees where holding over with his consent after the lease expired, the parties' conduct during the holdover period showed the contrary. Once the lease expired, Xenco was required to pay $12,000 on the first of each month to maintain lawful possession of the property on a month-to-month basis. However, Xenco did not pay any rent on January 1, 2012, and only paid partial rent on January 12, 2012. Additionally, under the holdover provision, which incorporated the terms of the lease, Xenco was required to pay late fees, which it likewise failed to do. Although Tuttle accepted the partial rent payment of $6,000, the acceptance of a one-time, partial payment of rent, by itself, does not automatically create a tenancy at will. Xenco did not make any other payments of rent or late fees in January. And the record does not reflect any separate agreement between the parties that would have enabled Xenco to remain on the premises without paying full rent. Moreover, Xenco did not make any payments in February but continued to occupy the premises. *See Coinmach* , 417 S.W.3d at 916 (explaining that mere possession of the property alone is insufficient to create a tenancy at will). Accordingly, given Xenco's failure to pay full rent, Appellants sent Xenco notices to vacate the premises and filed a forcible detainer suit to evict Xenco in March 2012. Further, although Xenco remained in possession of the property throughout litigation, it never paid any rent or late fees during the holdover period (January 1, 2012, to October 31, 2016). We also note that, after the lease expired, Xenco was operating under the assumption that it had validly executed its exclusive option to purchase the property and, thus, did not believe a landlord-tenant relationship existed. Therefore, because the parties' conduct indicates that Xenco lacked Appellants' consent to occupy the premises during the holdover period, we conclude that the evidence is both legally and factually sufficient to support the trial court's conclusion that Xenco was a tenant at sufferance after the lease expired. conclusion issues 4 q 5

***

In Appellants' second and third issues, they challenge the method the trial court used to calculate damages. In both issues, they contend that the trial court erred when it failed to award damages based upon the "liquidated amounts" under the lease regarding holdover rent and late fees. However, we note that the prior lease terms do not control in a tenancy at sufferance. Rather, when the holdover tenant is a tenant at sufferance, the proper measure of damages is the reasonable rental value of the property during the holdover period. *conclusion on issue 2 & 3*

Here, as we discussed in our disposition of Appellant's first issue, Xenco was a tenant at sufferance during the holdover period. As a result, the trial court correctly determined that damages should be based upon the reasonable rental value of the property. Accordingly, we conclude that the trial court did not err when it declined to award damages as defined by the terms of the prior lease agreement. We overrule Appellants' second and third issues.

In Appellants' fourth issue, they challenge the admissibility of Builes's valuation testimony. . . . We agree with Appellants' argument that Builes's valuation testimony was not relevant, given its conclusory and speculative nature. *conclusion on issue 4*

***

In Appellants' fifth issue, they contend that the evidence is both legally and factually insufficient to support the trial court's award of damages. We agree with Appellants' argument that the evidence was legally insufficient. Because we sustain Appellants' legal-sufficiency argument, we do not reach their challenge to the factual sufficiency of the evidence. *conclusion on issue 5*

The rental value of a property must be established with reasonable certainty. When the evidence does not indicate the factual basis behind the witness's valuation, such evidence is legally insufficient to sustain a judgment regarding the reasonable rental value of property. . . .

***

This Court's Ruling

We reverse the trial court's judgment insofar as it pertains to the amount of damages awarded to Appellants for the reasonable rental value of the property during the holdover period and the denial of attorney's fees to Appellants. In all other respects, we affirm the judgment of the trial court. We remand the cause to the trial court for further proceedings consistent with this opinion.

1 The trial court explained that Builes did not properly exercise his option to purchase the Odessa property because the notice he gave Tuttle of Builes's intent to exercise the option included additional terms not present in the original option contract. [Editorial Note: This is footnote 4 of the opinion.]

14.9.4

Discussion: Notes, Questions, and Problems

14.9.4.1

Discussion Note #13. Tenant abandonment statutes

Many jurisdictions address a landlord's rights upon tenant abandonment by statute. See, for example, Fla. Stat. § 83.595, which provides as follows:

> **83.595. Choice of remedies upon breach or early termination by tenant—**
>
> If the tenant breaches the rental agreement for the dwelling unit and the landlord has obtained a writ of possession, or the tenant has surrendered possession of the dwelling unit to the landlord, or the tenant has abandoned the dwelling unit, the landlord may:
>
> (1) Treat the rental agreement as terminated and retake possession for his or her own account, thereby terminating any further liability of the tenant;
>
> (2) Retake possession of the dwelling unit for the account of the tenant, holding the tenant liable for the difference between the rent stipulated to be paid under the rental agreement and what the landlord is able to recover from a reletting. If the landlord retakes possession, the landlord has a duty to exercise good faith in attempting to relet the premises, and any rent received by the landlord as a result of the reletting must be deducted from the balance of rent due from the tenant. For purposes of this subsection, the term "good faith in attempting to relet the premises" means that the

landlord uses at least the same efforts to relet the premises as were used in the initial rental or at least the same efforts as the landlord uses in attempting to rent other similar rental units but does not require the landlord to give a preference in renting the premises over other vacant dwelling units that the landlord owns or has the responsibility to rent;

(3) Stand by and do nothing, holding the lessee liable for the rent as it comes due; or

(4) Charge liquidated damages, as provided in the rental agreement, or an early termination fee to the tenant if the landlord and tenant have agreed to liquidated damages or an early termination fee, if the amount does not exceed 2 months' rent, and if, in the case of an early termination fee, the tenant is required to give no more than 60 days' notice, as provided in the rental agreement, prior to the proposed date of early termination. This remedy is available only if the tenant and the landlord, at the time the rental agreement was made, indicated acceptance of liquidated damages or an early termination fee. The tenant must indicate acceptance of liquidated damages or an early termination fee by signing a separate addendum to the rental agreement containing a provision in substantially the following form:

[ ] I agree, as provided in the rental agreement, to pay $____(an amount that does not exceed 2 months' rent) as liquidated damages or an early termination fee if I elect to terminate the rental agreement, and the landlord waives the right to seek additional rent beyond the month in which the landlord retakes possession.

[ ] I do not agree to liquidated damages or an early termination fee, and I acknowledge that the landlord may seek damages as provided by law.

> (a) In addition to liquidated damages or an early termination fee, the landlord is entitled to the rent and other charges accrued through the end of the month in which the landlord retakes possession of the dwelling unit and charges for damages to the dwelling unit.

15

Chapter 15 · Introduction to Intellectual Property

Intellectual property law constitutes a vital area of property law. Three central areas of intellectual property law—patents, copyrights, and trademarks—are governed by federal statutes. Other intellectual property areas, such as trade secrets, are mostly governed by state laws, however, the federal Defend Trade Secrets Act is an important federal law providing federal protection for trade secrets. By way of introduction to intellectual property, we include two cases: *Ass'n for Molecular Pathology v. Myriad Genetics, Inc.*, excerpted below, which involves patent law, and *White v. Samsung Electronics America, Inc.*, excerpted below, which involves the right of publicity.

15.1

Ass'n for Molecular Pathology v. Myriad Genetics, Inc.
569 U.S. 576 (2013)

Supreme Court of the United States

Justice THOMAS delivered the opinion of the Court.

Respondent Myriad Genetics, Inc. (Myriad), discovered the precise location and sequence of two human genes, mutations of which can substantially increase the risks of breast and ovarian cancer. Myriad obtained a number of patents based upon its discovery. This case involves claims from three of them and requires us to resolve whether a naturally occurring segment of deoxyribonucleic acid (DNA) is patent eligible under 35 U.S.C. § 101 by virtue of its isolation from the rest of the human genome. We also address the patent eligibility of synthetically created DNA known as complementary DNA (cDNA), which contains the same protein-coding information found in a segment of natural DNA but omits portions within the DNA segment that do not code for proteins. For the reasons that follow, we hold that a naturally occurring DNA segment is a product of nature and not patent eligible merely because it has been isolated, but that cDNA is patent eligible because it is not naturally occurring. We, therefore, affirm in part and reverse in part the decision of the United States Court of Appeals for the Federal Circuit.

I

A

Genes form the basis for hereditary traits in living organisms. The human genome consists of approximately 22,000 genes packed into 23 pairs of chromosomes. Each gene is encoded as DNA, which takes the shape of the familiar "double helix" that Doctors James Watson and Francis Crick first described in 1953. Each "cross-bar" in the DNA helix consists of two chemically joined nucleotides. The possible nucleotides are adenine (A), thymine (T), cytosine (C), and guanine (G), each of which binds naturally with another nucleotide: A pairs with T; C pairs with G. The nucleotide cross-bars are chemically connected to a sugar-phosphate backbone that forms the outside framework of the DNA helix. Sequences of DNA nucleotides contain the information necessary to create strings of amino acids, which in turn are used in the body to build proteins. Only some DNA nucleotides, however, code for amino acids; these nucleotides are known as "exons." Nucleotides that do not code for amino acids, in contrast, are known as "introns."

Creation of proteins from DNA involves two principal steps, known as transcription and translation. In transcription, the bonds between DNA nucleotides separate, and the DNA helix unwinds into two single strands. A single strand is used as a template to create a complementary ribonucleic acid (RNA) strand. The nucleotides on the DNA strand pair naturally with their counterparts, with the exception that RNA uses the nucleotide base uracil (U) instead of thymine (T). Transcription results in a single strand RNA molecule, known as pre-RNA, whose nucleotides form an inverse image of the DNA strand from which it was created. Pre-RNA still contains nucleotides corresponding to both the exons and introns in the DNA molecule. The pre-RNA is then naturally "spliced" by the physical removal of the introns. The resulting product is a strand of RNA that contains nucleotides corresponding only to the exons from the original DNA strand. The exons-only strand is known as messenger RNA (mRNA), which creates amino acids through translation. In translation, cellular structures known as ribosomes read each set of three nucleotides, known as codons, in the mRNA. Each codon either tells the ribosomes which of the 20 possible amino acids to synthesize or provides a stop signal that ends amino acid production. DNA's informational sequences and the processes that create mRNA, amino acids, and proteins occur naturally within cells. Scientists can, however, extract DNA from cells using well known laboratory methods. These methods allow scientists to isolate specific segments of DNA-for instance, a particular gene or part of a gene-which can then be further studied, manipulated, or used. It is also possible to create DNA synthetically through processes similarly well known in the field of genetics. One such method begins with an mRNA molecule and uses the natural bonding properties of nucleotides to create a new, synthetic DNA molecule. The result is the inverse of the mRNA's inverse image of the original DNA, with one important distinction: Because the natural creation of mRNA involves splicing that removes introns, the synthetic DNA created from mRNA also contains only the exon sequences. This synthetic DNA created in the laboratory from mRNA is known as complementary DNA (cDNA).

Changes in the genetic sequence are called mutations. Mutations can be as small as the alteration of a single nucleotide-a change affecting only one letter in the genetic code. Such small-scale changes can produce an entirely different amino acid or can end protein production altogether. Large changes, involving the deletion, rearrangement, or duplication of hundreds or even millions of nucleotides, can result in the elimination, misplacement, or duplication of entire genes. Some mutations are harmless, but others can cause disease or increase the risk of disease. As a result, the study of genetics can lead to valuable medical breakthroughs.

B

This case involves patents filed by Myriad after it made one such medical breakthrough. Myriad discovered the precise location and sequence of what are now known as the BRCA1 and BRCA2 genes. Mutations in these genes can dramatically increase an individual's risk of developing breast and ovarian cancer. The average American woman has a 12- to 13-percent risk of developing breast cancer, but for women with certain genetic mutations, the risk can range between 50 and 80 percent for breast cancer and between 20 and 50 percent for ovarian cancer. Before Myriad's discovery of the BRCA1 and BRCA2 genes, scientists knew that heredity played a role in establishing a woman's risk of developing breast and ovarian cancer, but they did not know which genes were associated with those cancers.

Myriad identified the exact location of the BRCA1 and BRCA2 genes on chromosomes 17 and 13. Chromosome 17 has approximately 80 million nucleotides, and chromosome 13 has approximately 114 million. Within those chromosomes, the BRCA1 and BRCA2 genes are each about 80,000 nucleotides long. If just exons are counted, the BRCA1 gene is only about 5,500 nucleotides long; for the BRCA2 gene, that number is about 10,200. *Ibid.* Knowledge of the location of the BRCA1 and BRCA2 genes allowed Myriad to determine their typical nucleotide sequence. That information, in turn, enabled Myriad to develop medical tests that are useful for detecting mutations in a patient's BRCA1 and BRCA2 genes and thereby assessing whether the patient has an increased risk of cancer.

Once it found the location and sequence of the BRCA1 and BRCA2 genes, Myriad sought and obtained a number of patents. Nine composition claims from three of those patents are at issue in this case. The first claim asserts a patent on "[a]n isolated DNA coding for a BRCA1 polypeptide," which has "the amino acid sequence set forth in SEQ ID NO:2." . . . Put differently, claim 1 asserts a patent claim on the DNA code that tells a cell to produce the string of BRCA1 amino acids listed in SEQ ID NO:2.

Claim 2 of the '282 patent operates similarly. It claims "[t]he isolated DNA of claim 1, wherein said DNA has the nucleotide sequence set forth in SEQ ID NO:1." . . . Importantly, SEQ ID NO:1 lists only the cDNA exons in the BRCA1 gene, rather than a full DNA sequence containing both exons and introns. As a result, the Federal Circuit recognized that claim 2 asserts a patent on the cDNA nucleotide sequence listed in SEQ ID NO:1, which codes for the typical BRCA1 gene.

Claim 5 of the '282 patent claims a subset of the data in claim 1. In particular, it claims "[a]n isolated DNA having at least 15 nucleotides of the DNA of claim 1." The practical effect of claim 5 is to assert a patent on any series of 15 nucleotides that exist in the typical BRCA1 gene. Because the BRCA1 gene is thousands of nucleotides long, even BRCA1 genes with substantial mutations are likely to contain at least one segment of 15 nucleotides that correspond to the typical BRCA1 gene. Similarly, claim 6 of the '282 patent claims "[a]n isolated DNA having at least 15 nucleotides of the DNA of claim 2." This claim operates similarly to claim 5, except that it references the cDNA-based claim 2. The remaining claims at issue are similar, though several list common mutations rather than typical BRCA1 and BRCA2 sequences.

C

Myriad's patents would, if valid, give it the exclusive right to isolate an individual's BRCA1 and BRCA2 genes (or any strand of 15 or more nucleotides within the genes) by breaking the covalent bonds that connect the DNA to the rest of the individual's genome. The patents would also give Myriad the exclusive right to synthetically create BRCA cDNA. In Myriad's view, manipulating BRCA DNA in either of these fashions triggers its "right to exclude others from making" its patented composition of matter under the Patent Act. 35 U.S.C. § 154(a)(1).

But isolation is necessary to conduct genetic testing, and Myriad was not the only entity to offer BRCA testing after it discovered the genes. The University of Pennsylvania's Genetic Diagnostic Laboratory (GDL) and others provided genetic testing services to women. Petitioner Dr. Harry Ostrer, then a researcher at New York University School of Medicine, routinely sent his patients' DNA samples to GDL for testing. After learning of GDL's testing and Ostrer's activities, Myriad sent letters to them asserting that the genetic testing infringed Myriad's patents. App. 94-95 (Ostrer letter). In response, GDL agreed to stop testing and informed Ostrer that it would no longer accept patient samples. Myriad also filed patent infringement suits against other entities that performed BRCA testing, resulting in settlements in which the defendants agreed to cease all allegedly infringing activity. Myriad, thus, solidified its position as the only entity providing BRCA testing.

Some years later, petitioner Ostrer, along with medical patients, advocacy groups, and other doctors, filed this lawsuit seeking a declaration that Myriad's patents are invalid under 35 U.S.C. § 101. Citing this Court's decision in *MedImmune, Inc. v. Genentech, Inc.,* 549 U.S. 118, 127 S.Ct. 764, 166 L.Ed.2d 604 (2007), the District Court denied Myriad's motion to dismiss for lack of standing. The District Court then granted summary judgment to petitioners on the composition claims at issue in this case based on its conclusion that Myriad's claims, including claims related to cDNA, were invalid because they covered products of nature. The Federal Circuit reversed, and this Court granted the petition for certiorari, vacated the judgment, and remanded the case in light of *Mayo Collaborative Services v. Prometheus Laboratories, Inc.,* 566 U.S. ----, 132 S.Ct. 1289, 182 L.Ed.2d 321 (2012).

On remand, the Federal Circuit affirmed the District Court in part and reversed in part, with each member of the panel writing separately. All three judges agreed that only petitioner Ostrer had standing. They reasoned that Myriad's actions against him and his stated ability and willingness to begin BRCA1 and BRCA2 testing if Myriad's patents were invalidated were sufficient for Article III standing.

With respect to the merits, the court held that both isolated DNA and cDNA were patent eligible under § 101. The central dispute among the panel members was whether the act of *isolating* DNA-separating a specific gene or sequence of nucleotides from the rest of the chromosome-is an inventive act that entitles the individual who first isolates it to a patent. Each of the judges on the panel had a different view on that question. Judges Lourie and Moore agreed that Myriad's claims were patent eligible under § 101 but disagreed on the rationale. Judge Lourie relied on the fact that the entire DNA molecule is held together by chemical bonds and that the covalent bonds at both ends of the segment must be severed in order to isolate segments of DNA. This process technically creates new molecules with unique chemical compositions. See *id.,* at 1328 ("Isolated DNA ... is a free-standing portion of a larger, natural DNA molecule. Isolated DNA has been cleaved (*i.e.,* had covalent bonds in its backbone chemically severed) or synthesized to consist of just a fraction of a naturally occurring DNA molecule"). Judge Lourie found this chemical alteration to be dispositive, because isolating a particular strand of DNA creates a nonnaturally occurring molecule, even though the chemical alteration does not change the information-transmitting quality of the DNA. See *id.,* at 1330 ("The claimed isolated DNA molecules are distinct from their natural existence as portions of larger entities, and their informational content is irrelevant to that fact. We recognize that biologists may think of molecules in terms of their uses, but genes are in fact materials having a chemical nature"). Accordingly, he rejected petitioners' argument that isolated DNA was ineligible for patent protection as a product of nature.

Judge Moore concurred in part but did not rely exclusively on Judge Lourie's conclusion that chemically breaking covalent bonds was sufficient to render isolated DNA patent eligible. Instead, Judge Moore also relied on the United States Patent and Trademark Office's (PTO) practice of granting such patents and on the reliance interests of patent holders. However, she acknowledged that her vote might have come out differently if she "were deciding this case on a blank canvas."

Finally, Judge Bryson concurred in part and dissented in part, concluding that isolated DNA is not patent eligible. As an initial matter, he emphasized that the breaking of chemical bonds was not dispositive: "[T]here is no magic to a chemical bond that requires us to recognize a new product when a chemical bond is created or broken." Instead, he relied on the fact that "[t]he nucleotide sequences of the claimed molecules are the same as the nucleotide sequences found in naturally occurring human genes." Judge Bryson then concluded that genetic "structural similarity dwarfs the significance of the structural differences between isolated DNA and naturally occurring DNA, especially where the structural differences are merely ancillary to the breaking of covalent bonds, a process that is itself not inventive." Moreover, Judge Bryson gave no weight to the PTO's position on patentability because of the Federal Circuit's position that "the PTO lacks substantive rulemaking authority as to issues such as patentability."

Although the judges expressed different views concerning the patentability of isolated DNA, all three agreed that patent claims relating to cDNA met the patent eligibility requirements of § 101. We granted certiorari.

II

A

Section 101 of the Patent Act provides:

> "Whoever invents or discovers any new and useful ... composition of matter, or any new and useful improvement thereof, may obtain a patent therefor, subject to the conditions and requirements of this title." 35 U.S.C. § 101.

We have "long held that this provision contains an important implicit exception[:] Laws of nature, natural phenomena, and abstract ideas are not patentable." *Mayo*, 566 U.S., at ----, 132 S.Ct., at 1293 (internal quotation marks and brackets omitted). Rather, " 'they are the basic tools of scientific and technological work' " that lie beyond the domain of patent protection. As the Court has explained, without this exception, there would be considerable danger that the grant of patents would "tie up" the use of such tools and thereby "inhibit future innovation premised upon them." This would be at odds with the very point of patents, which exist to promote creation.

The rule against patents on naturally occurring things is not without limits, however, for "all inventions at some level embody, use, reflect, rest upon, or apply laws of nature, natural phenomena, or abstract ideas," and "too broad an interpretation of this exclusionary principle could eviscerate patent law." 566 U.S., at ----, 132 S.Ct., at 1293. As we have recognized before, patent protection strikes a delicate balance between creating "incentives that lead to creation, invention, and discovery" and "imped[ing] the flow of information that might permit, indeed spur, invention." *Id.,* at ----, 132 S.Ct., at 1305. We must apply this well-established standard to determine whether Myriad's patents claim any "new and useful ... composition of matter," § 101, or instead claim naturally occurring phenomena.

B

It is undisputed that Myriad did not create or alter any of the genetic information encoded in the BRCA1 and BRCA2 genes. The location and order of the nucleotides existed in nature before Myriad found them. Nor did Myriad create or alter the genetic structure of DNA. Instead, Myriad's principal contribution was uncovering the precise location and genetic sequence of the BRCA1 and BRCA2 genes within chromosomes 17 and 13. The question is whether this renders the genes patentable.

Myriad recognizes that our decision in *Chakrabarty* is central to this inquiry. Brief for Respondents 14, 23-27. In *Chakrabarty,* scientists added four plasmids to a bacterium, which enabled it to break down various components of crude oil. The Court held that the modified bacterium was patentable. It explained that the patent claim was "not to a hitherto unknown natural phenomenon, but to a nonnaturally occurring manufacture or composition of matter-a product of human ingenuity 'having a distinctive name, character [and] use.' " The *Chakrabarty* bacterium was new "with markedly different characteristics from any found in nature," 447 U.S., at 310, 100 S.Ct. 2204, due to the additional plasmids and resultant "capacity for degrading oil." In this case, by contrast, Myriad did not create anything. To be sure, it found an important and useful gene, but separating that gene from its surrounding genetic material is not an act of invention.

Groundbreaking, innovative, or even brilliant discovery does not by itself satisfy the § 101 inquiry. In *Funk Brothers Seed Co. v. Kalo Inoculant Co.,* 333 U.S. 127, 68 S.Ct. 440, 92 L.Ed. 588 (1948), this Court considered a composition patent that claimed a mixture of naturally occurring strains of bacteria that helped leguminous plants take nitrogen from the air and fix it in the soil. The ability of the bacteria to fix nitrogen was well known, and farmers commonly "inoculated" their crops with them to improve soil nitrogen levels. But farmers could not use the same inoculant for all crops, both because plants use different bacteria and because certain bacteria inhibit each other. Upon learning that several nitrogen-fixing bacteria did not inhibit each other, however, the patent applicant combined them into a single inoculant and obtained a patent. The Court held that the composition was not patent eligible because the patent holder did not alter the bacteria in any way. His patent claim thus fell squarely within the law of nature exception. So do Myriad's. Myriad found the location of the BRCA1 and BRCA2 genes, but that discovery, by itself, does not render the BRCA genes "new ... composition[s] of matter," § 101, that are patent eligible.

Indeed, Myriad's patent descriptions highlight the problem with its claims. For example, a section of the '282 patent's Detailed Description of the Invention indicates that Myriad found the location of a gene associated with increased risk of breast cancer and identified mutations of that gene that increase the risk. In subsequent language Myriad explains that the location of the gene was unknown until Myriad found it among the approximately eight million nucleotide pairs contained in a subpart of chromosome 17. The '473 and '492 patents contain similar language as well. Many of Myriad's patent descriptions simply detail the "iterative process" of discovery by which Myriad narrowed the possible locations for the gene sequences that it sought. Myriad seeks to import these extensive research efforts into the § 101 patent-eligibility inquiry. But extensive effort alone is insufficient to satisfy the demands of § 101.

Nor are Myriad's claims saved by the fact that isolating DNA from the human genome severs chemical bonds and thereby creates a nonnaturally occurring molecule. Myriad's claims are simply not expressed in terms of chemical composition, nor do they rely in any way on the chemical changes that result from the isolation of a particular section of DNA. Instead, the claims understandably focus on the genetic information encoded in the BRCA1 and BRCA2 genes. If the patents depended upon the creation of a unique molecule, then a would-be infringer could arguably avoid at least Myriad's patent claims on entire genes (such as claims 1 and 2 of the '282 patent) by isolating a DNA sequence that included both the BRCA1 or BRCA2 gene and one additional nucleotide pair. Such a molecule would not be chemically identical to the molecule "invented" by Myriad. But Myriad obviously would resist that outcome because its claim is concerned primarily with the information contained in the genetic *sequence,* not with the specific chemical composition of a particular molecule.

Finally, Myriad argues that the PTO's past practice of awarding gene patents is entitled to deference, citing *J.E.M. Ag Supply, Inc. v. Pioneer Hi-Bred Int'l, Inc.,* 534 U.S. 124, 122 S.Ct. 593, 151 L.Ed.2d 508 (2001). We disagree. *J.E.M.* held that new plant breeds were eligible for utility patents under § 101 notwithstanding separate statutes providing special protections for plants. After analyzing the text and structure of the relevant statutes, the Court mentioned that the Board of Patent Appeals and Interferences had determined that new plant breeds were patent eligible under § 101 and that Congress had recognized and endorsed that position in a subsequent Patent Act amendment. In this case, however, Congress has not endorsed the views of the PTO in subsequent legislation. While Myriad relies on Judge Moore's view that Congress endorsed the PTO's position in a single sentence in the Consolidated Appropriations Act of 2004, that Act does not even mention genes, much less isolated DNA. § 634, 118 Stat. 101 ("None of the funds appropriated or otherwise made available under this Act may be used to issue patents on claims directed to or encompassing a human organism").

Further undercutting the PTO's practice, the United States argued in the Federal Circuit and in this Court that isolated DNA was *not* patent eligible under § 101, and that the PTO's practice was not "a sufficient reason to hold that isolated DNA is patent-eligible." These concessions weigh against deferring to the PTO's determination.

C

cDNA does not present the same obstacles to patentability as naturally occurring, isolated DNA segments. As already explained, creation of a cDNA sequence from mRNA results in an exons-only molecule that is not naturally occurring.

Petitioners concede that cDNA differs from natural DNA in that "the non-coding regions have been removed." They nevertheless argue that cDNA is not patent eligible because "[t]he nucleotide sequence of cDNA is dictated by nature, not by the lab technician." That may be so, but the lab technician unquestionably creates something new when cDNA is made. cDNA retains the naturally occurring exons of DNA, but it is distinct from the DNA from which it was derived. As a result, cDNA is not a "product of nature" and is patent eligible under § 101, except insofar as very short series of DNA may have no intervening introns to remove when creating cDNA. In that situation, a short strand of cDNA may be indistinguishable from natural DNA.

III

It is important to note what is *not* implicated by this decision. First, there are no method claims before this Court. Had Myriad created an innovative method of manipulating genes while searching for the BRCA1 and BRCA2 genes, it could possibly have sought a method patent. But the processes used by Myriad to isolate DNA were well understood by geneticists at the time of Myriad's patents "were well understood, widely used, and fairly uniform insofar as any scientist engaged in the search for a gene would likely have utilized a similar approach," 702 F.Supp.2d, at 202-203, and are not at issue in this case.

Similarly, this case does not involve patents on new *applications* of knowledge about the BRCA1 and BRCA2 genes. Judge Bryson aptly noted that, "[a]s the first party with knowledge of the [BRCA1 and BRCA2] sequences, Myriad was in an excellent position to claim applications of that knowledge. Many of its unchallenged claims are limited to such applications." 689 F.3d, at 1349.

Nor do we consider the patentability of DNA in which the order of the naturally occurring nucleotides has been altered. Scientific alteration of the genetic code presents a different inquiry, and we express no opinion about the application of § 101 to such endeavors. We merely hold that genes and the information they encode are not patent eligible under § 101 simply because they have been isolated from the surrounding genetic material.

* * *

For the foregoing reasons, the judgment of the Federal Circuit is affirmed in part and reversed in part.

It is so ordered.

15.2

White v. Samsung Electronics America, Inc.
971 F.2d 1395 (9th Cir. 1992)

United States Court of Appeals for the Ninth Circuit

GOODWIN, Senior Circuit Judge:

This case involves a promotional "fame and fortune" dispute. In running a particular advertisement without Vanna White's permission, defendants Samsung Electronics America, Inc. (Samsung) and David Deutsch Associates, Inc. (Deutsch) attempted to capitalize on White's fame to enhance their fortune. White sued, alleging infringement of various intellectual property rights, but the district court granted summary judgment in favor of the defendants. We affirm in part, reverse in part, and remand.

Plaintiff Vanna White is the hostess of "Wheel of Fortune," one of the most popular game shows in television history. An estimated forty million people watch the program daily. Capitalizing on the fame which her participation in the show has bestowed on her, White markets her identity to various advertisers.

The dispute in this case arose out of a series of advertisements prepared for Samsung by Deutsch. The series ran in at least half a dozen publications with widespread, and in some cases national, circulation. Each of the advertisements in the series followed the same theme. Each depicted a current item from popular culture and a Samsung electronic product. Each was set in the twenty-first century and conveyed the message that the Samsung product would still be in use by that time. By hypothesizing outrageous future outcomes for the cultural items, the ads created humorous effects. For example, one lampooned current popular notions of an unhealthy diet by depicting a raw steak with the caption: "Revealed to be health food. 2010 A.D." Another depicted irreverent "news"-show host Morton Downey Jr. in front of an American flag with the caption: "Presidential candidate. 2008 A.D."

The advertisement which prompted the current dispute was for Samsung video-cassette recorders (VCRs). The ad depicted a robot, dressed in a wig, gown, and jewelry which Deutsch consciously selected to resemble White's hair and dress. The robot was posed next to a game board which is instantly recognizable as the Wheel of Fortune game show set, in a stance for which White is famous. The caption of the ad read: "Longest-running game show. 2012 A.D."

Defendants referred to the ad as the "Vanna White" ad. Unlike the other celebrities used in the campaign, White neither consented to the ads nor was she paid.

Following the circulation of the robot ad, White sued Samsung and Deutsch in federal district court under: (1) California Civil Code § 3344; (2) the California common law right of publicity; and (3) § 43(a) of the Lanham Act, 15 U.S.C. § 1125(a). The district court granted summary judgment against White on each of her claims. White now appeals.

I. Section 3344

White first argues that the district court erred in rejecting her claim under section 3344. Section 3344(a) provides, in pertinent part, that "[a]ny person who knowingly uses another's name, voice, signature, photograph, or likeness, in any manner, ... for purposes of advertising or selling, ... without such person's prior consent ... shall be liable for any damages sustained by the person or persons injured as a result thereof."

White argues that the Samsung advertisement used her "likeness" in contravention of section 3344. In Midler v. Ford Motor Co., 849 F.2d 460 (9th Cir.1988), this court rejected Bette Midler's section 3344 claim concerning a Ford television commercial in which a Midler "sound-alike" sang a song which Midler had made famous. In rejecting Midler's claim, this court noted that "[t]he defendants did not use Midler's name or anything else whose use is prohibited by the statute. The voice they used was [another person's], not hers. The term 'likeness' refers to a visual image not a vocal imitation." Id. at 463.

In this case, Samsung and Deutsch used a robot with mechanical features, and not, for example, a manikin molded to White's precise features. Without deciding for all purposes when a caricature or impressionistic resemblance might become a "likeness," we agree with the district court that the robot at issue here was not White's "likeness" within the meaning of section 3344. Accordingly, we affirm the court's dismissal of White's section 3344 claim.

II. Right of Publicity

White next argues that the district court erred in granting summary judgment to defendants on White's common law right of publicity claim. In Eastwood v. Superior Court, 149 Cal.App.3d 409, 198 Cal.Rptr. 342 (1983), the California court of appeal stated that the common law right of publicity cause of action "may be pleaded by alleging (1) the defendant's use of the plaintiff's identity; (2) the appropriation of plaintiff's name or likeness to defendant's advantage, commercially or otherwise; (3) lack of consent; and (4) resulting injury." Id. at 417, 198 Cal.Rptr. 342 (citing Pros-ser, Law of Torts (4th ed. 1971) § 117, pp. 804-807). The district court dismissed White's claim for failure to satisfy East-wood's second prong, reasoning that defendants had not appropriated White's "name or likeness" with their robot ad. We agree that the robot ad did not make use of White's name or likeness. However, the common law right of publicity is not so confined.

The Eastwood court did not hold that the right of publicity cause of action could be pleaded only by alleging an appropriation of name or likeness. Eastwood involved an unauthorized use of photographs of Clint Eastwood and of his name. Accordingly, the Eastwood court had no occasion to consider the extent beyond the use of name or likeness to which the right of publicity reaches. That court held only that the right of publicity cause of action "may be" pleaded by alleging, inter alia, appropriation of name or likeness, not that the action may be pleaded only in those terms.

The "name or likeness" formulation referred to in Eastwood originated not as an element of the right of publicity cause of action, but as a description of the types of cases in which the cause of action had been recognized. The source of this formulation is Prosser, Privacy, 48 Cal.L.Rev. 383, 401-07 (1960), one of the earliest and most enduring articulations of the common law right of publicity cause of action. In looking at the case law to that point, Prosser recognized that right of publicity cases involved one of two basic factual scenarios: name appropriation, and picture or other likeness appropriation. Id. at 401-02, nn. 156-57.

Even though Prosser focused on appropriations of name or likeness in discussing the right of publicity, he noted that "[i]t is not impossible that there might be appropriation of the plaintiff's identity, as by impersonation, without the use of either his name or his likeness, and that this would be an invasion of his right of privacy." Id. at 401, n. 155. At the time Prosser wrote, he noted however, that "[n]o such case appears to have arisen." Id.

Since Prosser's early formulation, the case law has borne out his insight that the right of publicity is not limited to the appropriation of name or likeness. In Motschenbacher v. R.J. Reynolds Tobacco Co., 498 F.2d 821 (9th Cir.1974), the defendant had used a photograph of the plaintiffs race car in a television commercial. Although the plaintiff appeared driving the car in the photograph, his features were not visible. Even though the defendant had not appropriated the plaintiff's name or likeness, this court held that plaintiffs California right of publicity claim should reach the jury.

In Midler, this court held that, even though the defendants had not used Midler's name or likeness, Midler had stated a claim for violation of her California common law right of publicity because "the defendants ... for their own profit in selling their product did appropriate part of her identity" by using a Midler sound-alike. Id. at 463-64.

In Carson v. Here's Johnny Portable Toilets, Inc., 698 F.2d 831 (6th Cir.1983), the defendant had marketed portable toilets under the brand name "Here's Johnny" — Johnny Carson's signature "Tonight Show" introduction — without Carson's permission. The district court had dismissed Carson's Michigan common law right of publicity claim because the defendants had not used Carson's "name or likeness." Id. at 835. In reversing the district court, the sixth circuit found "the district court's conception of the right of publicity ... too narrow" and held that the right was implicated because the defendant had appropriated Carson's identity by using, inter alia, the phrase "Here's Johnny." Id. at 835-37.

These cases teach not only that the common law right of publicity reaches means of appropriation other than name or likeness, but that the specific means of appropriation are relevant only for determining whether the defendant has in fact appropriated the plaintiff's identity. The right of publicity does not require that appropriations of identity be accomplished through particular means to be actionable. It is noteworthy that the Midler and Carson defendants not only avoided using the plaintiff's name or likeness, but they also avoided appropriating the celebrity's voice, signature, and photograph. The photograph in Motschenbacher did include the plaintiff, but because the plaintiff was not visible the driver could have been an actor or dummy and the analysis in the case would have been the same.

Although the defendants in these cases avoided the most obvious means of appropriating the plaintiffs' identities, each of their actions directly implicated the commercial interests which the right of publicity is designed to protect. As the Carson court explained:

> [t]he right of publicity has developed to protect the commercial interest of celebrities in their identities. The theory of the right is that a celebrity's identity can be valuable in the promotion of products, and the celebrity has an interest that may be protected from the unauthorized commercial exploitation of that identity. If the celebrity's identity is commercially exploited, there has been an invasion of his right whether or not his "name or likeness" is used.

Carson, 698 F.2d at 835. It is not important how the defendant has appropriated the plaintiff's identity, but whether the defendant has done so. Motschenbacher, Midler, and Carson teach the impossibility of treating the right of publicity as guarding only against a laundry list of specific means of appropriating identity. A rule which says that the right of publicity can be infringed only through the use of nine different methods of appropriating identity merely challenges the clever advertising strategist to come up with the tenth.

Indeed, if we treated the means of appropriation as dispositive in our analysis of the right of publicity, we would not only weaken the right but effectively eviscerate it. The right would fail to protect those plaintiffs most in need of its protection. Advertisers use celebrities to promote their products. The more popular the celebrity, the greater the number of people who recognize her, and the greater the visibility for the product. The identities of the most popular celebrities are not only the most attractive for advertisers, but also the easiest to evoke without resorting to obvious means such as name, likeness, or voice.

Consider a hypothetical advertisement which depicts a mechanical robot with male features, an African-American complexion, and a bald head. The robot is wearing black hightop Air Jordan basketball sneakers, and a red basketball uniform with black trim, baggy shorts, and the number 23 (though not revealing "Bulls" or "Jordan" lettering). The ad depicts the robot dunking a basketball one-handed, stiff-armed, legs extended like open scissors, and tongue hanging out. Now envision that this ad is run on television during professional basketball games. Considered individually, the robot's physical attributes, its dress, and its stance tell us little. Taken together, they lead to the only conclusion that any sports viewer who has registered a discernible pulse in the past five years would reach: the ad is about Michael Jordan.

Viewed separately, the individual aspects of the advertisement in the present case say little. Viewed together, they leave little doubt about the celebrity the ad is meant to depict. The female-shaped robot is wearing a long gown, blond wig, and large jewelry. Vanna White dresses exactly like this at times, but so do many other women. The robot is in the process of turning a block letter on a game-board. Vanna White dresses like this while turning letters on a game-board but perhaps similarly attired Scrabble-playing women do this as well. The robot is standing on what looks to be the Wheel of Fortune game show set. Vanna White dresses like this, turns letters, and does this on the Wheel of Fortune game show. She is the only one. Indeed, defendants themselves referred to their ad as the "Vanna White" ad. We are not surprised.

Television and other media create marketable celebrity identity value. Considerable energy and ingenuity are expended by those who have achieved celebrity value to exploit it for profit. The law protects the celebrity's sole right to exploit this value whether the celebrity has achieved her fame out of rare ability, dumb luck, or a combination thereof. We decline Samsung and Deutch's invitation to permit the evisceration of the common law right of publicity through means as facile as those in this case. Because White has alleged facts showing that Samsung and Deutsch had appropriated her identity, the district court erred by rejecting, on summary judgment, White's common law right of publicity claim.

III. The Lanham Act

White's final argument is that the district court erred in denying her claim under § 43(a) of the Lanham Act, 15 U.S.C. § 1125(a). The version of section 43(a) applicable to this case provides, in pertinent part, that "[a]ny person who shall … use, in connection with any goods or services … any false description or representation … shall be liable to a civil action … by any person who believes that he is or is likely to be damaged by the use of any such false description or designation." 15 U.S.C. § 1125(a).

To prevail on her Lanham Act claim, White is required to show that in running the robot ad, Samsung and Deutsch created a likelihood of confusion.

This circuit recognizes several different multi-factor tests for determining whether a likelihood of confusion exists. None of these tests is correct to the exclusion of the others. Normally, in reviewing the district court's decision, this court will look to the particular test that the district court used. However, because the district court in this case apparently did not use any of the multi-factor tests in making its likelihood of confusion determination, and because this case involves an appeal from summary judgment and we review de novo the district court's determination, we will look for guidance to the 8-factor test enunciated in AMF, Inc. v. Sleekcraft Boats, 599 F.2d 341 (9th Cir. 1979). According to AMF, factors relevant to a likelihood of confusion include:

(1) strength of the plaintiff's mark;

(2) relatedness of the goods;

(3) similarity of the marks;

(4) evidence of actual confusion;

(5) marketing channels used;

(6) likely degree of purchaser care;

(7) defendant's intent in selecting the mark;

(8) likelihood of expansion of the product lines.

599 F.2d at 348-49. We turn now to consider White's claim in light of each factor.

In cases involving confusion over endorsement by a celebrity plaintiff, "mark" means the celebrity's persona. The "strength" of the mark refers to the level of recognition the celebrity enjoys among members of society. If Vanna White is unknown to the segment of the public at whom Samsung's robot ad was directed, then that segment could not be confused as to whether she was endorsing Samsung VCRs. Conversely, if White is well-known, this would allow the possibility of a likelihood of confusion. For the purposes of the Sleekcraft test, White's "mark," or celebrity identity, is strong.

In cases concerning confusion over celebrity endorsement, the plaintiff's "goods" concern the reasons for or source of the plaintiff's fame. Because White's fame is based on her televised performances, her "goods" are closely related to Samsung's VCRs. Indeed, the ad itself reinforced the relationship by informing its readers that they would be taping the "longest-running game show" on Samsung's VCRs well into the future.

The third factor, "similarity of the marks," both supports and contradicts a finding of likelihood of confusion. On the one hand, all of the aspects of the robot ad identify White; on the other, the figure is quite clearly a robot, not a human. This ambiguity means that we must look to the other factors for resolution.

The fourth factor does not favor White's claim because she has presented no evidence, of actual confusion.

Fifth, however, White has appeared in the same stance as the robot from the ad in numerous magazines, including the covers of some. Magazines were used as the marketing channels for the robot ad. This factor cuts toward a likelihood of confusion.

Sixth, consumers are not likely to be particularly careful in determining who endorses VCRs, making confusion as to their endorsement more likely.

Concerning the seventh factor, "defendant's intent," the district court found that, in running the robot ad, the defendants had intended a spoof of the "Wheel of Fortune." The relevant question is whether the defendants "intended to profit by confusing consumers" concerning the endorsement of Samsung VCRs. We do not disagree that defendants intended to spoof Vanna White and "Wheel of Fortune." That does not preclude, however, the possibility that defendants also intended to confuse consumers regarding endorsement. The robot ad was one of a series of ads run by defendants which followed the same theme. Another ad in the series depicted Morton Downey Jr. as a presidential candidate in the year 2008. Doubtless, defendants intended to spoof presidential elections and Mr. Downey through this ad. Consumers, however, would likely believe, and would be correct in so believing, that Mr. Downey was paid for his permission and was endorsing Samsung products. Looking at the series of advertisements as a whole, a jury could reasonably conclude that beneath the surface humor of the series lay an intent to persuade consumers that celebrity Vanna White, like celebrity Downey, was endorsing Samsung products.

Finally, the eighth factor, "likelihood of expansion of the product lines," does not appear apposite to a celebrity endorsement case such as this.

Application of the Sleekcraft factors to this case indicates that the district court erred in rejecting White's Lanham Act claim at the summary judgment stage. In so concluding, we emphasize two facts, however. First, construing the motion papers in White's favor, as we must, we hold only that White has raised a genuine issue of material fact concerning a likelihood of confusion as to her endorsement. Whether White's Lanham Act claim should succeed is a matter for the jury. Second, we stress that we reach this conclusion in light of the peculiar facts of this case. In particular, we note that the robot ad identifies White and was part of a series of ads in which other celebrities participated and were paid for their endorsement of Samsung's products.

IV. The Parody Defense

In defense, defendants cite a number of cases for the proposition that their robot ad constituted protected speech. The only cases they cite which are even remotely relevant to this case are Hustler Magazine v. Falwell, 485 U.S. 46, 108 S.Ct. 876, 99 L.Ed.2d 41 (1988) and L.L. Bean, Inc. v. Drake Publishers, Inc., 811 F.2d 26 (1st Cir.1987). Those cases involved parodies of advertisements run for the purpose of poking fun at Jerry Falwell and L.L. Bean, respectively. This case involves a true advertisement run for the purpose of selling Samsung VCRs. The ad's spoof of Vanna White and Wheel of Fortune is subservient and only tangentially related to the ad's primary message: "buy Samsung VCRs." Defendants' parody arguments are better addressed to non-commercial parodies. The difference between a "parody" and a "knock-off" is the difference between fun and profit.

V. Conclusion

In remanding this case, we hold only that White has pleaded claims which can go to the jury for its decision.

AFFIRMED IN PART, REVERSED IN PART, and REMANDED.

15.3

Discussion: Notes, Questions, and Problems

15.3.1

Discussion Note #1. Feminist perspective of Association for Molecular Pathology v. Myriad Genetics, Inc.

For a feminist perspective of *Association for Molecular Pathology v. Myriad Genetics*, Inc., excerpted above, see Kali Murray and Erika George, Association for Molecular Pathology v. Myriad Genetics, Inc.—*Rewritten Opinion in* Feminist Judgments: Rewritten Property Opinions (Eloisa C. Rodriguez-Dod & Elena Marty-Nelson eds., Cambridge University Press 2021). For a discussion of Murray and George's revised feminist opinion, see Dan L. Burk, *Commentary on* Association for Molecular Pathology v. Myriad Genetics, Inc.—*Rewritten Opinion, in* Feminist Judgments: Rewritten Property Opinions (Eloisa C. Rodriguez-Dod & Elena Marty-Nelson eds., Cambridge University Press 2021).

15.3.2

Discussion Note #2. Feminist perspective of White v. Samsung Electronics America, Inc.

For a feminist perspective of *White v. Samsung Electronics America, Inc.*, excerpted above, see Jon M. Garon, White v. Samsung Electronics America, Inc.—*Rewritten Opinion in* Feminist Judgments: Rewritten Property Opinions (Eloisa C. Rodriguez-Dod & Elena Marty-Nelson eds., Cambridge University Press 2021). For a discussion of Garon's revised feminist opinion, see Brian L. Frye, *Commentary on* White v. Samsung Electronics America, Inc.—*Rewritten Opinion, in* Feminist Judgments: Rewritten Property Opinions (Eloisa C. Rodriguez-Dod & Elena Marty-Nelson eds., Cambridge University Press 2021).

Made in United States
Orlando, FL
07 March 2022

15499614R00180